AKADEMIE DER WISSENSCHAFTEN UND DER LITERATUR

JAHRBUCH 1998

49. Jahrgang

AKADEMIE DER WISSENSCHAFTEN UND DER LITERATUR · MAINZ
FRANZ STEINER VERLAG · STUTTGART

Akademie der Wissenschaften und der Literatur, Mainz
Geschwister-Scholl-Straße 2
D-55131 Mainz
Telefon 0 61 31 / 5 77-(0)
Telefax 0 61 31 / 5 77-1 11
Telefax 0 61 31 / 5 77-1 04 (Dr. Servatius)
Telefax 0 61 31 / 5 77-1 33 (Stemmler)
Telefax 0 61 31 / 5 77-2 06 (Klein)

ISBN 3-515-07553-4

Herstellung: Lektorat der Akademie

Satz und Druck: Rheinhessische Druckwerkstätte Alzey. Printed in Germany
April 1999

Gedruckt auf säurefreiem, chlorfrei gebleichtem Papier

Daher werden wir nicht zu Unrecht behaupten, Denken und Handeln seien die eigentlichen Aufgaben allein des Menschen; und wir meinen, dies sei in einer solchen Ausschließlichkeit das Spezifische des Menschen, daß das Denken und das Handeln dem menschlichen Wesen noch mehr entspricht als das Lachen.

[Giannozzo Manetti, De dignitate et excellentia hominis III 46]

Inhalt

Das Berichtsjahr

Präsidium

Präsident

Dr. Clemens Zintzen, o. Professor

Vizepräsidenten

Mathematisch-naturwissenschaftliche Klasse
Dr. Elke Lütjen-Drecoll, o. Professorin

Geistes- und sozialwissenschaftliche Klasse
Dr. Wolfgang P. Schmid, o. Professor

Klasse der Literatur
Walter Helmut Fritz

*

Generalsekretär

Dr. Wulf Thommel

Geldverwendungsausschuß

Präsident: Zintzen

Vizepräsidenten: Lütjen-Drecoll, Schmid, Fritz

Mitglieder: Bender, Hesse (ab 1. 6. 1998), Issing (bis 31. 5. 1998), Schaefer

Generalsekretär: Thommel

Verlagsausschuß

Lauer (Vorsitzender), Born, Fritz

*

Verein der Freunde und Förderer der Akademie der Wissenschaften und der Literatur zu Mainz e.V.

Vorsitzender: Klaus G. Adam

Verwaltung

Generalsekretär: Dr. iur. Wulf Thommel

Stellvertreter des Generalsekretärs; Koordinierungsaufgaben:
Dr. phil. Carlo Servatius, Akademischer Direktor

Büroleitender Beamter: Wolfgang Stemmler, Oberamtsrat

*

Referentin der Klasse der Literatur: Dr. phil. Heidemarie Gruppe

Bibliothek und Schriftentausch: Dr. phil. Ute Ecker

Lektorat und Herstellung: Christine Göhring M.A.
Gabriele Corzelius, Karola Kammerdiener (zeitweise)

*

Sachbearbeiterinnen: Renate Albin, Karola Borg,
Sabine Gill, Birgitt Hatzinger, Eva-Elisabeth Herbst, Karin Junker,
Karola Kammerdiener, Juliane Klein, Gabriele Ladner,
Heidi Thierolf, Erika Werner

Hausverwaltung: Reinhard Lukas
Ingeborg Hergenröther, Christa Müller , Hedwig Panusch

Personalrat

Dipl. Biol. Almuth Alsleben, Kiel; Karola Borg, Mainz;
Dr. Thomas Braun, Kiel; Dr. Gabriele Buschmeier, Mainz;
Christine Göhring M.A. (stellv. Vorsitz), Mainz;
Dr. Ekkehart Rotter (stellv. Vorsitz), Frankfurt;
Dr. Dieter Rübsamen (Vorsitz), Mainz

*

Sprecherin der wissenschaftlichen Mitarbeiterinnen und Mitarbeiter:
Dr. Daniela Philippi (Mainz), Vertreter: Dr. Ulrich Schmidt (Tübingen)

*

Beauftragte: Dr. Rüdiger Fuchs (Datenschutz),
Tanja Gölz M.A., Vertreterin: Sabine Gill (Gleichstellung),
Professor Dr. Ernst-Dieter Hehl (Netzwerk und Sicherheit)

Mitglieder

Stand: 15. März 1999 – Die ordentlichen Mitglieder sind durch Sternchen (*) gekennzeichnet.

Alp, Dr. phil., Dr. h.c. Sedat, o. Professor, Çankaya cad. 18/6, TR-06680 Ankara-Çankaya, Türkei, Hethitologie.

*Andreae, Dr. phil. Bernard, Professor, Via del Monte della Farina 30, I-00187 Rom, Tel./Fax 00 39 06/6 87 71 99, Archäologie.

Arf, Dr. Cahit, Professor, Matematik Enstitüsü, Kücükbebek, Caddesi, Basaren Apt. No: 8, Istanbul, Türkei, Zahlentheorie.

Arias, Dr. phil. Paolo Enrico, privat: Viale delle Piagge 8, I-56124 Pisa, Tel. 00 39 50/57 05 00, Griechische Archäologie.

*Ax, Dr. rer. nat. Peter, em. o. Professor, II. Zoologisches Institut und Museum der Universität, Berliner Straße 28, 37073 Göttingen, Tel. 05 51/39 54 64, Fax 05 51/39 54 48, privat: Gervinusstraße 3a, 37085 Göttingen, Tel. 05 51/4 33 59, Zoologie.

*Barthlott, Dr. rer. nat. Wilhelm, o. Professor, Botanisches Institut der Universität Bonn, Meckenheimer Allee 170, 53115 Bonn, Tel. 02 28/73 25 26, Fax 02 28/73 31 20, e-mail barthlott@uni-bonn.de, privat: Trierer Str. 145, 53115 Bonn, Botanik.

Bauer, Dr. ès Lettres Roger, em. o. Professor, Institut für Allgemeine und Vergleichende Literaturwissenschaft, Schellingstraße 3, 80799 München, privat: Aiblingerstraße 8, 80639 München, Tel. 0 89/16 87 59, Neuere deutsche Literatur und Vergleichende Literaturwissenschaft.

Baumgärtner, Dr. rer. nat. Franz, em. o. Professor, Institut für Radiochemie der Technischen Universität, Walter-Meissner-Straße 3, 85747 Garching (Paketpost: 85748 Garching), Tel. 0 89/32 09 22 02, e-mail bgt@rad.chemie.tu-muenchen.de. privat: Grosostraße 10d, 82166 Gräfelfing, Tel. 0 89/85 13 47, Fax 0 89/8 54 44 87, Radiochemie.

Bazin, Dr. phil. Louis, Professor, Institut d'Etudes Turques, 13, rue de Santeuil, F-75231 Paris Cedex 05, Tel. 0 03 31/1-45 87 40 72, privat: 77, quai du Port-au-Fouarre, F-94100 Saint-Maur, Turkologie.

*Becker, Jürgen, Am Klausenberg 84, 51109 Köln, Literatur.

*Bellen, Dr. phil. Heinz, em. o. Professor, Institut für Alte Geschichte, 55099 Mainz (Paketpost: Saarstraße 21, 55122 Mainz), Tel. 0 61 31/39 27 52, privat: Alfred-Nobel-Straße 23, 55124 Mainz, Tel. 0 61 31/47 29 19, Alte Geschichte.

Bellow, Saul, Professor, University of Chicago, 1126 E. 59th St., Chicago, Illinois 60637, USA, Tel. 00 13 12/9 62 84 05, Literatur.

*Bender, Dr. h.c. Hans, Professor, Taubengasse 11, 50676 Köln, Tel. 0221/230131, Literatur.

*Benedum, Dr. phil. Jost, o. Professor, Institut für Geschichte der Medizin, Jheringstraße 6, 35392 Gießen, Tel. 0641/99-47700, Fax 0641/99-47709, privat: In den Gärten 22, 35398 Gießen, Tel. 06403/2430, Geschichte der Medizin.

*Benzing, Dr. phil. habil. Johannes, em. o. Professor, Seminar für Orientkunde, 55099 Mainz (Paketpost: Saarstraße 21, 55122 Mainz), privat: Albblickweg 7, 78126 Königsfeld, Tel. 07725/7342, Islamische Philologie und Islamkunde, Turkologie.

*Birbaumer, Dr. rer. nat. Niels-Peter, Professor, Institut für Medizinische Psychologie und Verhaltensneurobiologie, Gartenstr. 29, 72074 Tübingen, Tel. 07071/2974219, Fax 07071/295956, e-mail niels.birbaumer@uni-tuebingen.de, Psychologie.

*Bock, Dr. rer. nat., Dr. rer. nat. h.c. Hans Professor, Fachbereich 14: Marie-Curie-Str. 11, 60439 Frankfurt, Tel. 069/79829181, Fax 069/79829188, privat: Rombergweg 1a, 61462 Königstein, Tel. 06174/931016, Anorganische Chemie.

Böhner, Dr. phil., Dr. h.c. Kurt, Professor, Generaldirektor des Römisch-Germanischen Zentralmuseums i. R., privat: Am Holderstock 21, 91725 Ehingen, Tel. 09835/309, Prähistorische Archäologie.

Borbein, Dr. phil. Adolf Heinrich, Universitätsprofessor, Seminar für Klassische Archäologie der Freien Universität Berlin, Kiebitzweg 11, 14195 Berlin, Tel. 030/8383712, Fax 030/8386578, e-mail borbein@zedat.fu-berlin.de, privat: Wundtstr. 58/60, 14057 Berlin, Klassische Archäologie.

*Borchers, Elisabeth, Arndtstraße 17, 60325 Frankfurt, Tel. 069/746391, Literatur.

*Born, Dr. phil. Karl Erich, em. o. Professor, Stauffenbergstraße 72, 72074 Tübingen, Tel. 07071/24900, Wirtschafts- und Sozialgeschichte.

Brang, Dr. phil. Peter, o. Professor, privat: Bundtstraße 20, CH-8127 Forch/Zürich, Tel. 00411/9800950, Slavische Philologie.

Braun, Volker, Wolfshagener Straße 68, 13187 Berlin, Tel./Fax 030/47535752, Literatur.

Brück, Dr. phil., Ph. D., D. Sc. h.c. Hermann Alexander, em. o. Professor, Royal Observatory, GB-Edinburgh EH9 3HJ, privat: Craigower, Penicuik, Midlothian EHS26Space9LA, Großbritannien, Astrophysik.

Buchmann, Dr. rer. nat. Johannes, Professor, TU Darmstadt, Fachbereich Informatik, Alexanderstraße 10, 64283 Darmstadt, Tel. 06151/163416, Fax 06151/166036, e-mail buchmann@cdc.informatik.tu-darmstadt.de, privat: Heinrich-Delp-Str. 142 A, 64297 Darmstadt, Tel. 06151/537563, Informatik.

Büchel, Dr. rer. nat., Dr. h.c. mult. Karl Heinz, Professor, privat: Dabringhausener Straße 42, 51399 Burscheid, Tel. 02174/60932, Organische Chemie.

Chantraine, Dr. phil. Heinrich, o. Professor, Seminar für Alte Geschichte, Schloß, 68131 Mannheim, Tel. 0621/2922886, privat: Neudorf 33, 64756 Mossautal, Tel. 06062/3234, Alte Geschichte.

Cullmann, Dr. theol., Dr. phil. h.c. Oscar, o. Professor, Birmannsgasse 10A, CH-4055 Basel, Tel. 004161/251566, rue Ravignan 20, F-75018 Paris, Tel. 00331/42549912, Geschichte der Anfänge des Christentums und Patristik. († Januar 1999).

Debus, Dr. phil. Friedhelm, em. o. Professor, Germanistisches Seminar, Christian-Albrechts-Universität Kiel, 24098 Kiel, (Paketpost: Haus Leibnizstr. 8, Olshausenstr. 40, 24118 Kiel), Tel. 0431/8802310, Fax 0431/8807302, privat: Dorfstraße 21, 24241 Schierensee, Tel. 04347/7505, Deutsche Philologie.

Demargne, Dr. phil. Pierre, Professor, Les Hespérides Vaugirard, 233, Rue de Vaugirard, F-75015 Paris, Tel. 00331/45666922, Griechische Archäologie.

Dhom, Dr. med. Georg, em. o. Professor, Am Webersberg 20, 66424 Homburg, Tel. 06841/3813, Pathologie.

Diestelkamp, Dr. iur., Dr. iur. h.c. Bernhard, em. Professor, Kiefernweg 12, 61476 Kronberg, Tel. 06173/63559, Fax 06173/640819, Bürgerliches Recht, Rechtsgeschichte.

*Dittberner, Dr. phil. Hugo, Hauptstr. 54, 37589 Echte, Tel. 05553/3688, Fax 05553/3648, Literatur.

*Dorst, Tankred, Karl-Theodor-Straße 102, 80796 München, Literatur.

*Eggebrecht, Dr. phil., Dr. h.c. mult. Hans Heinrich, em. o. Professor, Handwörterbuch der musikalischen Terminologie, Belfortstraße 20, 79098 Freiburg, Tel. 0761/203095, privat: Kreuzgartenstr. 2, 79238 Ehrenkirchen, Tel. 07633/82933, Musikwissenschaft.

Ehlers, Dr. rer. nat. Jürgen, Professor, Max-Planck-Institut für Gravitationsphysik, Albert-Einstein-Institut, Schlaatzweg 1, 14473 Potsdam, Tel. 0331/2753721, Fax 0331/2753798, e-mail ehlers@aei-potsdam.mpg.de, privat: Roßkastanienstraße 43, 14469 Potsdam-Eiche, Tel. 0331/502368, Theoretische Physik.

*Ehrenberg, Dr. rer. nat. Hans, em. o. Professor, Institut für Kernphysik, Postfach 3980, 55099 Mainz, Tel. 06131/395830, privat: Alfred-Mumbächer-Straße 38, 55128 Mainz, Tel. 06131/331312, Kernphysik.

Ehrhardt, Dr. rer. nat. Helmut, Professor, Fachbereich Physik der Universität Kaiserslautern, Erwin-Schrödinger-Straße 56, 67663 Kaiserslautern, Tel. 0631/2052382, Fax 0631/2052834, privat: Spinozastraße 29, 67663 Kaiserslautern, Tel. 0631/17407, Experimentalphysik.

Etkind, Dr. phil. Efim, o. Professor, 15 av. Henri Sellier, F-92800 Puteaux, Tel. 00331-477-63486, Fax 00331-477-46051, Literatur und Vergleichende Literaturgeschichte.

Finscher, Dr. phil. Ludwig, em. o. Professor, Am Walde 1, 38302 Wolfenbüttel, Tel. 05331/32713, Fax 05331/33276, Musikwissenschaft.

Fischer, Dr. Alfred G., Professor, Princeton University, Department of Geological and Geophysical Sciences, Guyot Hall, Princeton/New Jersey 08544, USA, Tel. 001-609-452-4101, Geologie und Paläontologie.

von Fischer, Dr. phil. Kurt, em. o. Professor, Burgerheim HH 74, Postfach 5672, Viererfeldweg 7, CH-3001 Bern, Tel. 0041/31/3029059, Musikwissenschaft.

*Fleckenstein, Dr. med. Bernhard, o. Professor, Institut für Klinische und Molekulare Virologie der Friedrich-Alexander-Universität Erlangen-Nürnberg, Schloßgarten 4, 91054 Erlangen, Tel. 09131/853563, Fax 09131/852101, privat: Tel. 09199/931, Virologie.

*Frenzel, Dr. rer. nat., Dr. phil. h.c. Burkhard, o. Professor, Institut für Botanik 210 der Universität Hohenheim, Garbenstraße 30, 70599 Stuttgart, Tel. 0711/4592194, Fax 0711/4593355, e-mail frenzel@pkdb.botanik.uni-hohenheim.de, privat: Friedhofstraße 10, 70771 Leinfelden-Echterdingen, Tel. 0711/795267, Botanik.

*Fried, Dr. Johannes, o. Professor, Historisches Seminar der Johann Wolfgang Goethe-Universität Frankfurt, 60054 Frankfurt, Tel. 069/79823288, Fax 069/798-22702, e-mail fried@em.uni-frankfurt.de, privat: Friedrichstraße 13a, 69117 Heidelberg, Tel. 06221/20395, Fax 06221/181560, Geschichtswissenschaften.

*Fritz, Walter Helmut, Kolberger Straße 2a, 76139 Karlsruhe, Tel. 0721/683346, Literatur.

Fuchs, Dr. med. Christoph, Professor, Bundesärztekammer, Postfach 410220, 50862 Köln (Paketpost: Herbert-Lewin-Straße 1, 50931 Köln), Tel. 0221/4004-400/401, Fax 0221/4004-380, privat: Königstr. 32a, 50321 Brühl, Tel. 02232/942975, Fax 02232/942977, Physiologie und Innere Medizin.

*Funke, Dr. phil. Gerhard, em. o. Professor, Philosophisches Seminar Universität Mainz, 55099 Mainz (Paketpost: Saarstraße 21, 55122 Mainz), Tel. 06131/392388, privat: Viktoriastraße 5, 76646 Bruchsal, Tel. 07251/2786, Philosophie.

Furrer, Dr. phil. Gerhard, Professor, Geographisches Institut der Universität Zürich, privat: Im Leisibühl 45, CH-8044 Gockhausen, Tel. 0041/1/8212858, Geographie.

Gärtner, Dr. phil. Kurt, Universitätsprofessor, Fachbereich II Sprach- und Literaturwissenschaften der Universität Trier, Postfach 3825, 54286 Trier, Tel. 0651/2012323, Fax 0651/2013909, e-mail gaertner@uni-trier.de, privat: Sonnhalde 9, 35041 Marburg, Tel. 06421/35356, Fax 06421/35415, e-mail gaertnek@mailer.uni-marburg.de, Ältere deutsche Philologie.

Galimov, Dr. rer. nat. Eric Mikhailovich, Professor, Director of V. I. Vernadsky Institute of Geochemistry and Analytical, Chemistry Russia Academy of Sciences, Kosyginstr. 19, 117975 Moscow, Russia, Tel. 007-095/1374127, Fax 007-095/9382054, e-mail galimov@geokhi.msk.su, Geochemie.

*Ganzer, Dr. theol. Klaus, em. o. Professor, Gärtnerweg 38, 86825 Bad Wörishofen, Tel. 08247/332244, Kirchengeschichte des Mittelalters und der Neuzeit.

Gerok, Dr. med., Dr. med. h.c. Wolfgang, em. o. Professor, Medizinische Universitätsklinik, Hugstetter Straße 55, 79106 Freiburg, privat: Horbener Straße 25, 79100 Freiburg, Tel. 0761/29373, Fax 0761/29382, Innere Medizin.

Gibbons, Dr. phil. Brian, Professor, Englisches Seminar der Westfälischen Wilhelms-Universität Münster, Johannisstraße 12–20, 48143 Münster, Tel. 0251/8324593, Fax 0251/8324827, e-mail gibbons@uni-muenster.de, privat: Burchardstraße 4, 48145 Münster, Tel. 0251/36195, Englische Philologie.

Götz, Dr. rer. nat. Karl Georg, Professor, Max-Planck-Institut für Biologische Kybernetik, Spemannstraße 38, 72076 Tübingen, Tel. 07071/601560, Fax 07071/601575, e-mail karl.goetz@tuebingen.mpg.de, privat: Ferdinand-Christian-Baur-Straße 15, 72076 Tübingen, Tel. 07071/64268, Biophysik.

Grauert, Dr. rer. nat., Dr. h.c. mult. Hans, o. Professor, Mathematisches Institut, Bunsenstraße 3-5, 37073 Göttingen, Tel. 0551/397749, privat: Ewaldstraße 67, 37075 Göttingen, Tel. 0551/41580, Mathematik.

Grégoire, Dr. med. Charles, em. Professor, Biochemisches Institut der Universität Lüttich, privat: 20, Route de Malmedy, B-4970 Stavelot, Elektronenmikroskopie (Biologie, Paläontologie).

*Grewing, Dr. rer. nat. Michael, o. Professor, Institut für Astronomie und Astrophysik der Universität Tübingen, Waldhäuserstr. 64, 72076 Tübingen, Direktor des Institut de Radio Astronomie Millimetrique (IRAM), 300 Rue de la Piscine, Domaine Universitaire, F-38406 Saint Martin d'Heres, Tel. 33/476824953, Fax 33/476515938, privat: Max-Planck-Str. 30, 72810 Gomaringen, Tel. 07072/6983, Astronomie.

Gründer, Dr. phil. Karlfried, em. o. Professor, Schuppenhörnlestraße 44, 79868 Feldberg/Falkau, Tel. 07655/534, Geschichte der Philosophie und der Geisteswissenschaften.

Guarducci, Dr. phil. Margherita, em. o. Professorin, Via Marco Valerio Corvo 46, I-00174 Rom, Griechische Epigraphik und Altertumskunde.

Gustafsson, Lars, Professor, 2312 Tower Drive, Austin, TX 78703, USA, Literatur.

Haberland, Dr. med., Dr. med. h.c. Gert L., Professor, August-Jung-Weg 12, 42113 Wuppertal, Tel. 0202/721630, Fax 0202/722742, Pharmakologie.

Habicht, Dr. phil. Werner, o. Professor, Institut für Englische Philologie, Universität Würzburg, Am Hubland, 97074 Würzburg, Tel. 0931/8885658, Fax 0931/8885674, e-mail whabicht@t-online.de, privat: Allerseeweg 14, 97204 Höchberg, Tel. 0931/49267, Anglistik.

*Hachenberg, Dr. rer. nat. Otto, o. Professor, Radioastronomisches Institut, Auf dem Hügel 17, 53121 Bonn, Tel. 0228/733657/58, privat: Brüsseler Straße 25, 53117 Bonn, Tel. 0228/674333, Radioastronomie.

Hadot, Dr. phil. Pierre, em. o. Professor, Collège de France, 11, Place Marcelin Berthelot, F-75231 Paris Cedex 05, Tel. 00331/44271019, privat: 2, rue Tolstoi, F-91470 Limours, Tel. 0033/1/64910503, Fax 0033/1/64915372, Philosophie und Geschichte der Geisteswissenschaften.

*Härtling, Peter, Finkenweg 1, 64546 Mörfelden-Walldorf, Tel. 06105/6109, Fax 06105/74687, Literatur.

Hansen, Dr.-Ing. Dipl.-Kfm., Dr. rer. nat. h.c. Kurt, Professor, Aufsichtsrat Bayer AG, 51368 Leverkusen, Tel. 0214/3071015, privat: Sürderstraße 14, 51375 Leverkusen, Tel. 0214/51850, Organische Chemie.

*Harig, Dr. phil. h.c. Ludwig, Oberdorfstraße 36, 66280 Sulzbach, Tel./Fax 06897/52936, Literatur.

Harnisch, Dr. rer. nat., Dr.-Ing. e.h. Heinz, Professor, Hoechst AG, Forschungszentrum, Postfach 800320, 65903 Frankfurt, Tel. 069/3051, privat: Narzissenweg 8, 53925 Kall-Benenberg, Tel. 02482/2404, Angewandte Anorganische Chemie.

*Hartung, Harald, Professor, Rüdesheimer Platz 4, 14197 Berlin, Tel. 030/82704431, Fax 030/82704430, Literatur.

*Haubrichs, Dr. phil. Wolfgang, o. Professor, Fachbereich 8.1 Germanistik, Universität des Saarlandes, Postfach 151150, 66041 Saarbrücken (Paketpost: Universität, 66123 Saarbrücken), Tel. 0681/302-2328, Fax 0681/302-2293, e-mail w.haubrichs@rz.uni-sb.de, privat: Dr. Schier-Straße 14k, 66386 St. Ingbert, Tel. 06894/87176, Deutsche Literatur des Mittelalters und Deutsche Sprachgeschichte.

*Haussherr, Dr. phil. Reiner, o. Univ.-Professr, Kunsthistorisches Institut, Koserstraße 20, 14195 Berlin, Tel. 030/8383811, Fax 030/8383810, privat: Motzstraße 6, 10777 Berlin, Tel. 030/2153735, Kunstgeschichte.

*Heckmann, Dr. phil. Herbert, Professor, Siesmayerstraße 9, 61118 Bad Vilbel-Gronau, Literatur.

*Heinen, Dr. phil. Heinz, Professor, Universität Trier, Fachbereich III, Alte Geschichte, 54286 Trier, Tel. 0651/2012437, Fax 0651/2013926, e-mail heinen@uni-trier.de, privat: In der Pforte 11, 54296 Trier, Tel. 0651/16121, Alte Geschichte.

*Heitsch, Dr. phil. Ernst, em. o. Professor, Mattingerstraße 1, 93049 Regensburg, Tel. 0941/31944, Klassische Philologie.

*Hempel, Dr. phil. Wido, em. o. Professor, Romanisches Seminar, Wilhelmstraße 50, 72074 Tübingen, Tel. 07071/2972376, privat: Schönbuchstraße 20, 72135 Dettenhausen, Tel. 07157/64066, Romanische Philologie und Vergleichende Literaturwissenschaft.

*Henn, Dr.-Ing., Dr. h.c. mult. Walter, em. o. Professor, Ramsachleite 13, 82418 Murnau, Tel. 08841/9531, Fax 08841/99390, Industriebau.

*Henning, Dr. phil. Hansjoachim, o. Professor, Fachbereich Philosophie, Religions- und Gesellschaftswissenschaften, 47048 Duisburg, Tel. 0203/3793083/3791385, Fax 0203/3793084, e-mail h.henning@uni-duisburg.de, privat: Kapellenerstraße 45, 47239 Duisburg, Tel. 02151/409549, Wirtschafts- und Sozialgeschichte.

Herrmann, Dr. rer. nat. Günter, em. o. Professor, Institut für Kernchemie, 55029 Mainz (Paketpost: Fritz-Straßmann-Weg 2, 55099 Mainz), Tel. 06131/395852, Fax 06131/394488, privat: Kehlweg 74, 55124 Mainz, Tel. 06131/472899, Chemie.

Herrmann, Dr. rer. nat., Dr. h.c. mult. Wolfgang A., Professor, Präsident der TU München, Lehrstuhl für Anorganische Chemie I, Anorganisch-Chemisches Institut, Technische Universität München, 85747 Garching (Paketpost: Lichtenbergstraße 4, 85748 Garching), Tel. 089/289/22200, Fax 089/289/23399, e-mail praesident@tu-muenchen.de oder herrmann@zaphod.anorg.chemie.tu-muenchen.de, privat: Gartenstraße 69c, 85354 Freising, Tel. 08161/12425, Fax 08161/12973, Anorganische Chemie.

*Hesse, Dr. rer. pol., Dr. h.c. Helmut, Professor, Berliner Straße 9, 37120 Bovenden, Tel. 0551/8875, Wirtschaftstheorie.

*Hillebrand, Dr. phil. Bruno, o. Professor, Deutsches Institut, 55099 Mainz (Paketpost: Saarstraße 21, 55122 Mainz), Tel. 06131/392613, privat: Heinrich-Emerich-Str. 45, 88662 Überlingen, Tel. 07551/68160, Literatur, insbesondere Neuere deutsche Literaturgeschichte.

Himmelmann, Dr. phil., Dres. phil. h.c. Nikolaus, o. Professor, Archäologisches Institut und Akademisches Kunstmuseum der Universität Bonn, Am Hofgarten 21, 53113 Bonn, Tel. 0228/735011, privat: Körnerstraße 23, 53175 Bonn, Tel. 0228/351141, Klassische Archäologie.

*von Hinüber, Dr. phil. Oskar, o. Professor, Orientalisches Seminar (Indologie), Humboldtstraße 5, Kollegiengebäude III/1, 79085 Freiburg, Tel. 0761/2033158, Fax 0761/2033152, privat: Kartäuserstraße 138, 79102 Freiburg, Tel. 0761/39112, Indologie.

Hirzebruch, Dr. rer. nat. Friedrich, o. Professor, Max-Planck-Institut für Mathematik, Gottfried-Claren-Straße 26, 53225 Bonn, Tel. 0228/402244, Fax 0228/402277, e-mail hirzebruch@mpim-bonn.mpg.de, privat: Thüringer Allee 127, 53757 St. Augustin, Tel. 02241/332377, Mathematik.

*Hoffmann, Dieter, 96160 Markt Geiselwind/Ebersbrunn, Unterfranken, Haus 19, Tel. 09556/1056, Fax 09556/817, Literatur.

*Hotz, Dr. rer. nat. Dr. h.c. mult. Günter, Ehrenprofessor der Academia Sinica, o. Professor, Fachbereich Informatik, Universität des Saarlandes, 66041 Saarbrücken, Tel. 0681/3022414, Fax 0681/3024812, e-mail hotz@cs.uni-sb.de, privat: Karlstraße 10, 66386 St. Ingbert, Tel. 06894/2678, Angewandte Mathematik und Informatik.

Huber, Dr. rer. nat., Drs. rer. nat. h.c., Dr. h.c. Franz, Professor, Max-Planck-Institut für Verhaltensphysiologie, 82319 Seewiesen, Tel. 08157/932335, Fax 08157/932209, privat: Watzmannstraße 16, 82319 Starnberg, Tel. 08151/15630, Zoologie.

Hunger, Dr. phil., Dr. phil. h.c. mult. Herbert, em. o. Professor, Institut für Byzantinistik, Postgasse 7, A-1010 Wien, Tel. 00431/5202217, privat: Weißgerberlände 40, A-1030 Wien, Tel. 00431/7132662, Byzantinistik.

*Issing, Dr. rer. pol., Dr. h.c. mult. Otmar, Professor, Mitglied des Direktoriums der Europäischen Zentralbank, Kaiserstraße 29, 60311 Frankfurt am Main, Postfach 160319, 60066 Frankfurt, Tel. 069/13447180, Fax 069/13447183, privat: Georg-Sittig-Straße 8, 97074 Würzburg, Tel. 0931/85312, Volkswirtschaftslehre, Geld und Internationale Beziehungen.

Jäger, Dr. rer. nat. Eckehart J., Universitätsprofessor, Institut für Geobotanik und Botanischer Garten, Martin-Luther-Universität Halle-Wittenberg, Neuwerk 21, 06108 Halle, Tel. 0345/5526210, Fax 0345/5527094, e-mail jaeger@botanik.uni-halle.de, privat: Lindenweg 8, 06179 Bennstedt, Tel. 034601/26078, Botanik.

*Jentschke, Dr. phil., Dr. rer. nat. h.c. Willibald, em. o. Professor, II. Institut für Experimentalphysik, Luruper Chaussee 149, 22761 Hamburg, Tel. 040/89982285, privat: Kiefernweg 18, 25421 Pinneberg, Tel. 04101/61659, Physik.

*Jost, Dr. rer. nat. Jürgen, Professor, Max-Planck-Institut für Mathematik in den Naturwissenschaften, Inselstraße 22-26, 04103 Leipzig, Tel. 03 41/9 95 95 50, Fax 03 41/ 9 95 95 55, e-mail jost@mis.mpg.de, privat: Stieglitzstraße 48, 04229 Leipzig, Mathematik.

Kahsnitz, Dr. phil. Rainer, Professor, Bayerisches Nationalmuseum, Prinzregentenstraße 3, 80538 München, Tel. 0 89/21 12 42 46, Fax 0 89/21 12 42 01, privat: Herzogstraße 58, 80803 München, Tel. 0 89/33 84 56, Mittelalterliche Kunstgeschichte.

Kalkhof-Rose, Sibylle (Ehrenmitglied), Burgstraße 7, 55130 Mainz-Weisenau, Tel. 0 61 31/8 12 12.

Kandel, Dr. rer. nat. Eric Richard, Professor, Center for Neurobiology and Behavior, Columbia University, 722 West 168th Street, New York 10032, USA, Tel. 00 12 12/ 9 23 72 69, privat: 9 Sigma Place, Riverdale, New York 10471, USA, Neurobiologie.

Karling, Dr. rer. nat. Tor G., em. Professor, Naturhistoriska riksmuseet, Sektionen för evertebratzoologi, Roslagsvägan 124, S-10405 Stockholm 50, privat: Radarvägen 23^{VI}, S-18361 Täby, Zoologie.

Kirchgässner, Dr. rer. nat. Klaus, Professor, Mathematisches Institut A, Pfaffenwaldring 57, 70569 Stuttgart, Tel. 07 11/6 85 55 45, Fax 07 11/6 85 55 35, privat: Kimbernstr. 49, 71101 Schönaich, Tel. 0 70 31/65 18 07, Mathematik.

*Kirsten, Wulf, Paul-Schneider-Straße 11, 99423 Weimar, Tel./Fax 0 36 43/50 28 89, Literatur.

Kitzinger, Dr. phil. Ernst, em. o. Professor, Harvard University, privat: 14 Richmond Road, GB-Oxford OX1 2JJ, Tel. 0 04 48 65/5 72 01, Kunstgeschichte.

Kleiber, Dr. phil. Wolfgang, em. o. Professor, Fachbereich 13, Deutsches Institut, Johannes Gutenberg-Universität, 55099 Mainz (Paketpost: Saarstraße 21, 55122 Mainz), Tel. 0 61 31/39 26 11, Fax 06131/393366, privat: Bebelstraße 24, 55128 Mainz, Tel. 0 61 31/36 67 86, Deutsche Philologie und Volkskunde.

*Kleßmann, Eckart, Kötherbusch 27a, 19258 Klein Bengerstorf, Tel./Fax 03 88 43/ 2 10 06, Literatur.

*Klingenberg, Dr. phil. Wilhelm, em. o. Professor, Mathematisches Institut, Wegelerstraße 10, 53115 Bonn, Tel. 02 28/73 77 85, privat: Am Alten Forsthaus 42, 53125 Bonn, Tel. 02 28/25 15 29, Mathematik.

*Kodalle, Dr. phil. Klaus-Michael, o. Professor, Friedrich-Schiller-Universität, Institut für Philosophie, Zwätzengasse 9, 07740 Jena, Tel. 0 36 41/94 41 20, 94 41 21, Fax 0 36 41/94 41 22, privat: Ibrahimstr. 25, 07745 Jena, Tel. 0 36 41/61 97 00, Praktische Philosophie.

*König, Barbara, Brunnenstraße 14, 86911 Dießen, Tel./Fax 08807/332 (Schellingstraße 88, 80798 München, Tel. 089/5233363), Literatur.

Koller, Dr. phil. Heinrich, o. Professor, Institut für Geschichte, Rudolfskai 42, A-5020 Salzburg, Tel. 0043662/80444791, privat: Buchenweg 10, A-5400 Hallein/Rif, Tel. 00436 24/576416, Mittelalterliche Geschichte und historische Hilfswissenschaften.

*Kollmann, Dr.-Ing., Dr.-Ing. E. h. Franz Gustav, o. Professor, Fachgebiet Maschinenelemente u. -akustik der TU Darmstadt, Magdalenenstraße 4, 64289 Darmstadt, Tel. 06151/162901, Fax 06151/16290, e-mail kollmann@memak.tu-darmstadt.de, privat: Annastraße 20, 64285 Darmstadt, Tel. 06151/293233, Fax 06151/997325, Maschinenbau und Maschinenakustik.

Konrád, György, Torockó u. 3, H-1026 Budapest, Literatur.

*Krebs, Dr. rer. nat. Bernt, Professor, Anorganisch-Chemisches Institut der Westfälischen Wilhelms-Universität, Wilhelm-Klemm-Straße 8, 48149 Münster, Tel. 0251/83-33131, Fax. 0251/83-38366, e-mail krebs@uni-muenster.de, privat: Schürbusch 65, 48163 Münster, Tel. 0251/717960, Anorganische Chemie.

Kresten, Dr. phil. Otto, Professor, Institut für Byzantinistik und Neogräzistik der Universität Wien, Postgasse 7/I/3, A-1010 Wien, Tel. 00431/5120217, Fax 00431/5127023, e-mail otto.kresten@univie.ac.at, privat: Laaerbergstraße 32/1/8/36, A-1100 Wien, Tel. 00431/6030989, Byzantinistik.

Kristeller, Dr. phil. Paul Oskar, em. o. Professor, 423 West 120th St., Apt. 63, New York, NY 10027, USA, Tel. 001212/8647720, Philosophie und Geistesgeschichte.

Krolow, Dr. phil. h. c. Karl, Park Rosenhöhe 5, 64287 Darmstadt, Tel. 06151/75680, Literatur.

*Krüger, Michael, Carl Hanser Verlag, Kolbergerstraße 22, 81679 München, Tel. 089/998300, Fax 089/9827119, privat: Lucile-Grahn-Straße 44, 81675 München, Tel. 089/475428, Literatur.

*Krummacher, Dr. phil. Hans-Henrik, o. Professor, Deutsches Institut, 55099 Mainz (Paketpost: Saarstraße 21, 55122 Mainz), Tel. 06131/392755, Fax 06131/393366, privat: Am Mainzer Weg 10, 55127 Mainz, Tel. 06131/477550, Neuere deutsche Literaturgeschichte.

*Kühn, Dr. phil. Dieter, Wiener Platz 2, 51065 Köln, Tel. 0221/622911, Literatur.

*Kuhn, Dr. phil., Dr. rer. nat. h.c. mult. Hans, em. Professor, Max-Planck-Institut für biophysikalische Chemie, Am Faßberg, 37077 Göttingen, privat: Ringoldswilstraße 50, CH-3656 Tschingel ob Gunten, Tel./Fax 004133/2513379, Physikalische Chemie.

Kurelec, Dr. phil., Dr. med. vet. Branko, o. Professor, Rudjer Bošković Institute, Center for Marine and Environmetal Research, Bijenička 54, P.O.B. 1016, HR-10000 Zagreb, Croatia, Tel. 0 03 85/1/4 56 10 88, Fax 0 03 85/1/4 68 02 43, e-mail kurelec@rudjer.irb.hr, privat: Zelenjak 3, HR-10000 Zagreb, Biochemie.

*Lange, Dr. jur. Hermann, em. o. Professor, Ferdinand-Christian-Baur-Straße 3, 72076 Tübingen, Tel. 0 70 71/6 12 16, Römisches Recht, Bürgerliches Recht.

*Lauer, Dr. rer. nat. Wilhelm, o. Professor, Geographisches Institut, Meckenheimer Allee 166, 53115 Bonn, Tel. 02 28/73 73 83, privat: Endenicher Allee 7, 53115 Bonn, Tel. 02 28/63 63 20, Geographie.

*Lautz, Dr. rer. nat. Günter, em. o. Professor, Fallsteinweg 97, 38302 Wolfenbüttel, Tel. 0 53 31/7 28 29, Elektrophysik.

Lehmann, Dr. phil., Dr. theol. Karl, Professor, Bischof von Mainz, Bischofsplatz 2a, 55116 Mainz, Tel. 0 61 31/25 31 01, Dogmatik und Ökumenische Theologie.

Lehmann, Dipl. Phys. Klaus-Dieter, Professor, Präsident der Stiftung Preußischer Kulturbesitz, von-der-Heydt-Straße 16–18, 10785 Berlin, Tel. 0 30/25 46 32 00, Fax 0 30/25 46 32 68, e-mail lehmann@hv.spk-berlin.de, privat: Hebbelstraße 3, 10585 Berlin, Tel. 0 30/34 70 69 25, Fax 0 30/34 70 69 26, Literatur.

Lehn, Dr. rer. nat. Jean-Marie, Professor, Collège de France, Université Louis Pasteur, Institut le Bel, 4, Rue Blaise Pascal, F-67000 Straßburg, Tel. 0 03 33 88/41 60 56, Fax 0 03 33 88/41 10 20, e-mail lehn@chimie.u-strasbg.fz, privat: 6, rue des Pontonniers, F-67000 Straßburg, Tel. 0 03 33 88/37 06 42, Organische Chemie.

*Leonhard, Kurt, Professor, Auchtweg 24, 73734 Esslingen, Tel. 07 11/38 46 88, Literatur.

Lienhard, Dr. theol. Marc, Professor, Präsident des Direktoriums der Kirche Augsburgischem Bekenntnisses von Elsaß und Lothringen, 1b Quai Saint-Thomas, F-67081 Straßburg cedex, Tel. 0 03 33 88/25 90 05, Fax 0 03 33 88/25 90 99, privat:1 rue Martin Luther, F-67000 Straßburg, Tel. 0 03 33 88/22 31 87, Kirchengeschichte.

*Lindauer, Dr. rer. nat. Dr. h.c. mult. Martin, em. o. Professor, Theodor-Boveri-Institut für Biowissenschaften (Biozentrum), Zoologie II, Am Hubland, 97074 Würzburg, Tel. 09 31/8 88 43 06, privat: Frankenstraße 1, 97249 Eisingen, Tel. 0 93 06/81 64, Zoologie.

Loher, Dr. rer. nat., Dr. phil. Werner, o. Professor, Department of Entomological Sciences, University of California, Wellmann Hall, Berkeley, CA 94720, USA, Tel. 00 14 15/6 42 09 75, privat: 1386 Euclid Ave., Berkeley, CA 94708, USA, Tel. 00 14 15/8 48 33 88, Physiologie des Verhaltens.

*Loos, Dr. phil. Erich, em. o. Professor, Institut für Romanische Philologie der Freien Universität Berlin, privat: Mainzer Straße 12, 10715 Berlin, Tel. 030/8537957, Romanische Philologie.

Ludwig, Dr. rer. nat. Günther, em. o. Professor, Sperberweg 11, 35043 Marburg, Tel. 06421/41313, Theoretische Physik.

Lübbe, Dr. phil. Hermann, em. o. Professor für Philosophie und politische Theorie an der Universität Zürich, Beustweg 3, CH-8032 Zürich, Tel./Fax 00411/3637582.

Lübbers, Dr. med. Dietrich W., Professor, Max-Planck-Institut für Molekulare Physiologie, Rheinlanddamm 201, 44139 Dortmund, Tel. 0231/1206-500, Fax 0231/1206-464, e-mail dietrich.luebbers@mpi-dortmund.mpg.de, privat: Wenkerstraße 30, 44141 Dortmund, Tel. 0231/524810, Physiologie.

Lüddeckens, Dr. phil. Erich, em. o. Professor, Schillerstraße 10, 97209 Veitshöchheim, Tel. 0931/92347, Ägyptologie, insbesondere Demotistik und Koptologie.

*Lütjen-Drecoll, Dr. med. Elke, o. Professorin, Anatomisches Institut II der Universität Erlangen-Nürnberg, Universitätsstraße 19, 91054 Erlangen, Tel. 09131/8522865, Fax 09131/8522862, e-mail anat2.ko@anatomie.uni-erlangen.de, privat: Am Veilchenberg 29, 91080 Spardorf, Tel. 09131/54608, Anatomie.

Lützeler, Dr. phil. Paul Michael, Rosa May Distinguished University Professor in the Humanities, Department of Germanic Languages and Literature, Washington University in St. Louis, Campus Box 1104, One Brookings Drive, St. Louis, Missouri 63130-4899, Tel. 001-314/935-4784, Fax 001-314/935-7255, e-mail europe@artsci.wustl.edu, privat: 7260 Balson Avenue, Mo 63130 St. Louis, USA, Literatur.

*Malkowski, Rainer, Bahnhofstr. 10, 83098 Brannenburg, Tel. 08034/7430, Fax 08034/7399, Literatur.

Martin, Albrecht, Staatsminister a. D. (Ehrenmitglied), Hugo-Reich-Straße 10, 55543 Bad Kreuznach, Tel. 0671/65700.

Mažiulis, Dr. sc. Vytautas, o. Professor, Båltu filologijos katedra, Universiteto gatvė 3, Universitetas, 232734 Vilnius, Litauen, privat: Kalvariju gatvė 276–27, 2057 Vilnius, Lietuva, Baltische Sprachwissenschaft.

*Mehl, Dr. phil. Dieter, o. Professor, Universität Bonn, Englisches Seminar, Regina-Pacis-Weg 5, 53113 Bonn, Tel./Fax 0228/737623, privat: Uckerather Straße 74, 53639 Königswinter, Tel./Fax 02244/82994, Englische Philologie.

Menzel, Dr. rer. nat. Randolf, o. Professor, Institut für Tierphysiologie, Fachbereich Biologie der FU Berlin, Königin-Luise-Straße 28-30, 14195 Berlin, Tel. 030/8383930, Fax 030/8385455, e-mail menzel@zedat.fu-berlin.de, privat: Tollensestraße 42e, 14167 Berlin, Tel. 030/8177808, Neurobiologie und Verhaltensbiologie.

Messerli, Dr. phil. Bruno, Professor, Geographisches Institut der Universität Bern, Hallerstraße 12, CH-3012 Bern, Tel. 031/631 80 18, Fax 031/631 85 11, e-mail messerli@ giubunibe:ch, privat: Brunnweid, CH-3086 Zimmerwald, Tel. 031/8 19 33 81, Geomorphologie, Klimageschichte, Ökologie, speziell Gebirge der Tropen und Subtropen.

Meyer zum Büschenfelde, Dr. med., Dr. med. vet. Karl-Hermann, o. Professor, I. Medizinische Klinik und Poliklinik, 55101 Mainz (Paketpost: Langenbeckstraße 1, 55131 Mainz), Tel. 0 61 31/17 72 75, Fax 0 61 31/17 66 09, privat: Kleine Windmühlenstraße 1, 55131 Mainz, Tel. 0 61 31/22 99 24, Innere Medizin.

Michaelis, Dr. med. Jörg, o. Professor, Institut für Medizinische Statistik und Dokumentation der Johannes Gutenberg-Universität Mainz, 55101 Mainz (Paketpost: Langenbeckstraße 1, 55131 Mainz), Tel. 0 61 31/17 32 52, privat: Liebermannstraße 26, 55127 Mainz, Tel. 0 61 31/7 12 28, Medizinische Statistik und Dokumentation.

Michelsen, Dr. phil. Axel, Professor, Biologisk Institut, Odense Universitet, Campusvej 55, DK-5230 Odense M, Tel. 00 45/66 15 86 00, Fax 00 45/65 93 04 57, e-mail a.michelsen@biology.ou.dk, privat: Laessógade 204, DK-5230 Odense M, Tel. 00 45/ 66 11 75 68, Zoologie.

*Miller, Dr. phil. Norbert, o. Professor, Technische Universität Berlin, Institut für Deutsche Philologie, Allgemeine und Vergleichende Literaturwissenschaft, Sekr. H 61, Straße des 17. Juni 135, 10623 Berlin, Tel. 030/31 42 36 11, Fax 030/31 42 31 07, privat: Am Schlachtensee 132, 14129 Berlin, Tel. 030/8 03 20 65, Literatur.

Miltenburger, Dr. rer. nat. Herbert G., Profesor, Institut für Zoologie, Technische Universität Darmstadt, Schnittspahnstraße 3, 64287 Darmstadt, Tel. 0 61 51/16 35 03, Fax 0 61 54/80 72 63, e-mail miltenburger@bio.tu-darmstadt.de, privat: Hobrechtstraße 15, 64285 Darmstadt, Tel. 0 61 51/4 61 62, Zellbiologie, Zytogenetik, Zellkultur, Mutagenese.

Moser, Dr. rer. nat. Jürgen, Professor, Eidgenössische Technische Hochschule Zürich, Mathematik ETH-Zentrum, CH-8092 Zürich, Mathematik.

Müller, Dr. phil. Carl Werner, o. Professor, Institut für Klassische Philologie der Universität des Saarlandes, 66041 Saarbrücken, Tel. 06 81/3 02 23 05, Fax 06 81/3 02 37 11, privat: Goerdelerstraße 87, 66121 Saarbrücken, Tel. 06 81/81 76 70, Klassische Philologie.

*Müller, Dr. theol., DD Gerhard, Professor, Landesbischof i.R., Sperlingstraße 59, 91056 Erlangen, Tel. 0 91 31/49 09 39, Historische Theologie.

*Müller, Dr. phil. Walter W., o. Professor, Seminar für Semitistik der Philipps-Universität, 35032 Marburg (Paketpost: Wilhelm-Röpke-Straße 6, Block F, 35039 Marburg), Tel. 0 64 21/28 47 92, Fax 0 64 21/28 48 29, e-mail muellerw@mailer.uni-marburg.de, privat: Holderstrauch 7, 35041 Marburg, Tel. 0 64 21/3 18 47, Semitistik.

*Müller-Wille, Dr. phil. Michael, Professor, Institut für Ur- und Frühgeschichte der Christian-Albrechts-Universität Kiel, 24098 Kiel (Paketpost: Olshausenstraße 40, 24118 Kiel), Tel. 0431/8802334, Fax 0431/8807300, e-mail mmuellerwille@ufg.uni-kiel.de, privat: Holtenauer Straße 178, 24105 Kiel, Tel. 0431/83027, Ur- und Frühgeschichte.

Muschg, Dr. phil. Adolf, Professor, Hasenackerstraße 24, CH-8708 Männedorf, Tel. 00411/9204838, Literatur.

*Mutschler, Dr. rer. nat., Dr. med. Ernst, o.Professor, Pharmakologisches Institut für Naturwissenschaftler, Biozentrum Niederursel, Marie-Curie-Str. 9, Geb. N260, 60439 Frankfurt, Tel. 069/79829372, Fax 069/79829374, privat: Am Hechenberg 24, 55129 Mainz, Tel. 06131/581275, Fax 06131/581271, Pharmakologie.

*Nachtigall, Dr. rer. nat. Werner, o. Professor, Zoologisches Institut der Universität des Saarlandes, 66041 Saarbrücken, Tel. 0681/3022411, Fax 0681/3024610, e-mail w.nachtigall@rz.uni-sb.de, privat: Höhenweg 169, 66133 Scheidt, Tel. 0681/897173, Zoologie.

*Neu, Dr. phil. Erich, o. Professor, Sprachwissenschaftliches Institut, Ruhr-Universität, 44780 Bochum (Paketpost: Universitätstraße 150, 44801 Bochum), Tel. 0234/7002460, Fax 0234/7094137, e-mail neu@linguistics.ruhr-uni-bochum.de, privat: Postfach 250424, 44742 Bochum, Tel. 0234/705517, Allgemeine und Vergleichende Sprachwissenschaften, Hethitologie.

Oberreuter, Dr. phil., Dr. h.c. M.A. Heinrich, o. Professor, Universität Passau, Direktor der Akademie für Politische Bildung, Buchensee 1, 82323 Tutzing, Tel. 08158/25647, Fax 08158/25637, privat: Eppaner Str. 12, 94036 Passau, Tel. 0851/58606, Politikwissenschaft.

Oelschläger, Dr. rer. nat., Dr. med. h.c., Dr. rer. nat. h.c., Dr. pharm. h.c., Herbert, em. o. Professor, Institut für Pharmazeutische Chemie, Marie-Curie-Str. 9, 60439 Frankfurt, Tel. 069/79829310, Fax 069/79829352, Honorarprofessor und Direktor des Instituts für Pharmazie der Universität Jena, Philosophenweg 14, 07743 Jena, Tel. 03641/949800, Fax 03641/949802, privat: Billstedter Hauptstraße 82, 22117 Hamburg, Tel. 040/7313202, Pharmazeutische Chemie.

Oesterhelt, Dr. rer. nat. Dieter, Professor, Max-Planck-Institut für Biochemie, Am Klopferspitz, 82143 Martinsried, Tel. 089/85782386, Fax 089/85783557, Biochemie.

Osche, Dr. phil. nat. Günther, o. Professor, Institut für Biologie I (Zoologie), Albertstraße 21a, 79104 Freiburg, Tel. 0761/2032489, privat: Jacobistraße 54, 79104 Freiburg, Tel. 0761/22214, Zoologie.

*Otten, Dr. rer. nat. Ernst Wilhelm, Professor, Institut für Physik, Staudingerweg 7, 55128 Mainz, Tel. 06131/392518, privat: Carl-Orff-Straße 47, 55127 Mainz, Tel. 06131/476621, Experimentalphysik.

*Otten, Dr. phil. Fred, o. Professor, Freie Universität Berlin, Fachbereich Philosophie und Geisteswissenschaften, Institut für Slavische Philologie und Balkanologie (WE 3), Garystraße 55, 14195 Berlin, Tel. 030/8384033, Fax 030/8383788, privat: Zehntwerderweg 168, 13469 Berlin, Tel. 030/4028778, Slavische Philologie.

*Otten, Dr. phil. Heinrich, em. o. Professor, Arbeitsstelle für Hethitische Forschungen (Kommission für den Alten Orient), Akademie der Wissenschaften und der Literatur, Mainz, Geschwister-Scholl-Str. 2, 55131 Mainz, Tel. 06131/577230, privat: Carl-Benz-Straße 1a, 55131 Mainz, Tel. 06131/52166, Altorientalische Sprachen und Kulturen.

Parisse, Dr. phil. Michel, o. Professor, Paris I, U. F. R. D'Histoire 17, rue de la Sorbonne, F-75231 Paris, Tel. 0140462786, Fax 0140463180, privat: 8, rue Cail, F-75010 Paris, Tel. 0140341246, Mittelalterliche Geschichte.

Pfister, Dr. phil., Dr. h.c. mult. Max, o. Professor, Fachbereich 8.2 Romanistik, Universität des Saarlandes, Postfach 151150, 66041 Saarbrücken, (Paketpost: Universität, 66123 Saarbrücken), Tel. 0681/3023671, Fax 0681/3024588, e-mail m. pfister@rz.uni-saarland.de, privat: Steinbergstraße 20, 66424 Homburg-Einöd, Tel. 06848/6323, Romanische Philologie.

*Pilkuhn, Dr. rer. nat. Manfred, o. Professor, Physikalisches Institut, Pfaffenwaldring 57, 70569 Stuttgart, Tel. 0711/6855111, privat: Bussardstraße 50, 71032 Böblingen, Tel. 07031/273646, Experimentalphysik.

*Pörksen, Dr. phil. Uwe, o. Professor, Albert-Ludwigs-Universität, Deutsches Seminar, Abteilung für Sprache und Ältere Literatur, Werthmannplatz, 79098 Freiburg, Tel. 0761/2033237, privat: Erwinstraße 28, 79102 Freiburg, Tel. 0761/73985, Literatur.

Radnoti-Alföldi, Dr. phil. Maria, o. Professorin, Seminar für Griechische und Römische Geschichte – Hilfswissenschaften –, Postfach 111932, 60054 Frankfurt (Paketpost: Gräfstraße 76 VII, 60325 Frankfurt), Tel. 069/79828220, Fax 069/79822898, privat: Hans-Sachs-Str. 1, 60487 Frankfurt, Tel. 069/7073157, Antike Numismatik.

*Ramm, Dr.-Ing. Ekkehard, o. Professor, Universität Stuttgart, Institut für Baustatik, Pfaffenwaldring 7, 70550 Stuttgart, Tel. 0711/685-6123, Fax 0711/685-6130, privat: Sperberweg 31, 71032 Böblingen, Tel. 07031/275513, Bauingenieurwesen.

*Rau, Dr. phil. Wilhelm, em. o. Professor, privat: Herderstr. 55, 07545 Gera, Tel. 0365/4201980, Indische Philologie.

*Rauh, Dr. rer. nat. Werner, em. o. Professor, Jahnstraße 4, 69120 Heidelberg, Tel. 06221/484183, Botanik.

Reichert-Facilides, Dr. jur., LL.M. Fritz, o. Professor, Innrain 52, A-6020 Innsbruck, Tel. 004351 2/5078131, Fax 004351 2/5072916, privat: Lorettoweg 20, A-6065 Thaur b. Innsbruck, Tel. 00435223/492727, Versicherungsrecht und internationales Privatrecht.

*Riethmüller, Dr. phil. Albrecht, o. Professor, Musikwissenschaftliches Seminar der Freien Universität Berlin, Hüttenweg 7, 14195 Berlin, Tel. 030/8386610, Fax 030/8383006, e-mail albrieth@zedat.fu-berlin.de, privat: Max-Eyth-Straße 41, 14195 Berlin, Tel./Fax 030/8312825, Musikwissenschaft.

*Ringsdorf, Dr. rer. nat. Helmut, o. Professor Institut für Organische Chemie, 55099 Mainz (Paketpost: J. J. Becher-Weg 18–20, 55128 Mainz), Tel. 06131/392402, Fax 06131/393145, e-mail ringsdorf@mzdmza.zdv.uni-mainz.de, privat: Kehlweg 41, 55124 Mainz, Tel. 06131/472884, Organische und Makromolekulare Chemie.

Rittner, Dr. med. Christian, o. Professor, Institut für Rechtsmedizin der Universität Mainz, Am Pulverturm 3, 55131 Mainz, Tel. 06131/173511, Fax 06131/393183, privat: Höhenweg 8, 55268 Nieder-Olm, Rechtsmedizin.

*Rohen, Dr. med., Dr. med. h.c. Johannes W., em. o. Professor, Anatomisches Institut der Universität Erlangen-Nürnberg, Universitätsstraße 19, 91054 Erlangen, Tel. 09131/8526737, Fax 09131/8522862, privat: Streitbaumweg 3, 91077 Neunkirchen a. Br., Tel. 09134/687, Funktionelle Anatomie, Embryologie und Histologie.

*Rosendorfer, Herbert, Professor, Lammweg 23 B, I – 39050 Girlan, Tel. 00390/471/664767, Fax 00390/471/664768, Literatur.

Rydbeck, Dr. sc., Sc. D. h.c., Drs. h. c. Olof Erik Hans, Professor, Forschungsinstitut für Raumphysik, S-43992 Onsala, Tel. 0046(0)300/35500, Fax 0046(0)300/35590, privat: Lundavägen 30 B, S-43935 Onsala, Tel./Fax 0046(0)300/64249, Physik und Raumphysik.

Samuelson, Dr. Dr. h.c. mult. Paul A., M.A., Professor, Institute Professor Emeritus, Massachusetts Institute of Technology, Department of Economics, E52-383 Cambridge, MA 02138, USA, Tel. (617)253-3368, privat: 94 Somerset Street, USA Belmont, MA 02178, Wirtschaftswissenschaften.

Sandeman, Dr. rer. nat. David, Professor, School of Biological Science, University of New South Wales, Sydney, 2052. N.S.W. Australia, Tel. 61(2)93852117/2114, Fax 61(2)93851558, e-mail d.sandeman@unsw.edu.au, Biologie.

*Schaefer, Dr. rer. nat. Matthias, o. Professor, Institut für Zoologie und Anthropologie, Abteilung Ökologie, Berliner Straße 28, 37073 Göttingen, Tel. 0551/395445, Fax 0551/395448, e-mail mschaef@gwdg.de, privat: Konrad-Adenauer-Straße 15, 37075 Göttingen, Tel. 0551/21229, Tierökologie.

Schäfer, Dr. phil. Fritz Peter, em. Professor, Max-Planck-Institut für biophysikalische Chemie, Postfach 2841, 37018 Göttingen (Paketpost: Am Faßberg, 37077 Göttingen), Tel. 0551/2011333/334, privat: Senderstraße 53, 37077 Göttingen, Tel. 0551/24496, Fax 0551/23536, Biophysik.

Scharf, Dr. med., Dr. rer. nat., Dr. h.c. Joachim-Hermann, o. Professor, Institut für Anatomie der Universität, Postfach 302, 06097 Halle, privat: Ernst-Moritz-Arndt-Straße 1, 06114 Halle, Tel. 0345/5233389, Anatomie.

Scheibe, Dr. rer. nat. Erhard, em. o. Professor, Philosophisches Seminar der Universität, Marsiliusplatz 1, 69117 Heidelberg, Tel. 06221/542483, privat: Moorbirkenkamp 2 A, 22391 Hamburg, Tel. 040/5368107, Philosophie.

*Schirmbeck, Heinrich, Ludwig Engel-Weg 13, Park Rosenhöhe, 64287 Darmstadt, Tel. 06151/712583, Literatur.

Schlögl, Dr. rer. nat. Reinhard W., em. o. Professor, Max-Planck-Institut für Biophysik, Kennedyallee 70, 60596 Frankfurt, e-mail r.schloegl@em.uni-frankfurt.de, privat: Im Hirschgarten 3, 61479 Glashütten, Tel. 06174/61409, 06174/964548, Biophysik.

*Schmid, Dr. phil. Wolfgang P., o. Professor, Sprachwissenschaftliches Seminar der Universität Göttingen, Humboldtallee 13, 37073 Göttingen, Tel. 0551/395482, Fax 0551/395803, privat: Schladeberg 20, 37133 Friedland (Niedernjesa), Indogermanische Sprachwissenschaft.

*Schmidt, Dr. med., Ph. D., D. Sc. h.c., Robert F., o. Professor, Physiologisches Institut, Röntgenring 9, 97070 Würzburg, Tel. 0931/312730, Fax 0931/312741, 0931/59210, e-mail rfs@rzroe. uni-wuerzburg.de, privat: Oberer Dallenbergweg 6, 97082 Würzburg, Tel. 0931/7841420/1, Fax 0931/7841422, Neurophysiologie.

Schölmerich, Dr. med., Dr. med. h.c. Paul, em. o. Professor, Weidmannstraße 67, 55131 Mainz, Tel. 06131/82679, Innere Medizin und Kardiologie.

*Schröder, Dr. phil. Werner, em. o. Professor, Roter Hof 10, 35037 Marburg, Tel. 06421/34459, Germanische und deutsche Philologie.

*Schütz, Helga, Professorin, Jägersteig 4, 14482 Potsdam, Tel. 0331/708656, Literatur.

Schwarz, Dr. phil. Hans-Peter, o. Professor, Seminar für Politische Wissenschaft an der Rheinischen Friedrich-Wilhelms-Universität Bonn, Lennéstraße 25, 53113 Bonn, Tel. 0228/737511, privat: Welfenstraße 10, 53173 Bonn, Wissenschaft von der Politik und Zeitgeschichte.

Seebach, Dr. rer. nat. Dieter, Professor, Laboratorium für Organische Chemie, Eidgenössische Technische Hochschule Zürich, ETH-Zentrum, Universitätsstraße 16, CH-8092 Zürich, Tel. 00411/6322990, Fax 00411/6321144, e-mail seebach@org.chem.ethz.ch, Organische Chemie.

Seefelder, Dr. rer. nat. Matthias, Professor, Aufsichtsrat BASF, 67056 Ludwigshafen, Tel. 0621/6043261, Fax 0621/6049021, Organische Chemie.

*Seibold, Dr. rer. nat., Dres. rer. nat. h.c. Eugen, em. o. Professor, Richard-Wagner-Straße 56, 79104 Freiburg, Tel. 0761/553368, Fax 0761/2032463, Geologie.

Simon, Dr. rer. nat. Arndt, Professor, Max-Planck-Institut für Festkörperforschung, Heisenbergstraße 1, 70569 Stuttgart, Tel. 0711/689-1640, e-mail remon@simpow.mpi-stuttgart.mpg.de, privat: Ob dem Steinbach 15, 70569 Stuttgart, Tel. 0711/6876292, Anorganische Chemie.

Sinn, Dr. rer. nat., Dr. rer. nat. h.c., Dipl.-Chem. Hansjörg, o. Professor, Institut für Technische und Makromolekulare Chemie der Universität Hamburg, Martin-Luther-King-Platz 6, 20146 Hamburg, Tel. 040/41233162, privat: Poolstieg 14, 22846 Norderstedt, Tel. 040/5222353, Technische und Makromolekulare Chemie.

Söllner, Dr. jur. Alfred, em. o. Professor, Richter des Bundesverfassungsgerichts a.D., Hein-Heckroth-Straße 35, 35394 Gießen, Fax 0641/48272, Römisches Recht, Bürgerliches Recht, Arbeits- und Sozialrecht.

*Stadler, Dr. phil. Arnold, Walder-Straße 32, 88605 Rast über Messkirch, Tel. 07578/2462, Literatur.

Stent, Dr. phil., Dr. rer. nat. h.c. Günter S., Professor, 329 Life Sciences Addition, Department of Molecular and Cell Biology, University of California, Berkeley, CA 94720-3200, USA, Tel. 001510/6425214, Fax 001510/6436791, e-mail stent@uclink4.berkeley.edu, privat: 145 Purdue Ave., Berkeley, CA 94708, USA, Neurobiologie.

*Stolleis, Dr. jur. Michael, Professor, Fachbereich Rechtswissenschaft der Johann Wolfgang Goethe-Universität, Senckenberganlage 31, 60054 Frankfurt, Tel. 069/79823192, privat: Waldstraße 15, 61476 Kronberg, Tel. 06173/65651, Öffentliches Recht, Neuere Rechtsgeschichte, Kirchenrecht.

*Strauch, Dr. rer. nat Friedrich, o. Professor, Geologisch-Paläontologisches Institut und Museum, Corrensstraße 24, 48149 Münster, Tel. 0251/83-33951, Fax 0251/83-33968, e-mail strauch@uni-muenster.de, privat: Südostring 26, 48329 Havixbeck, Tel. 02507/2120, Fax 02507/570645, Paläontologie, Geologie.

Strehler, Dr. phil. Bernhard Louis, Professor, Department of Molecular Biology, University of Southern California University Park, Los Angeles, CA 90089-1340, USA, Tel. 0012 13/7416019, privat: 2235 W. 25th St., San Pedro, CA 90732, Tel. 001213/5190831, Mikrobiologie, Alternsforschung.

Streit, Dr. rer. pol. Manfred E., Professor, Geschäftsführender Direktor am Max-Planck-Institut zur Erforschung von Wirtschaftssystemen, Abt. Institutionenökonomik und Wirtschaftspolitik, Kahlaische Straße 10, 07745 Jena, Tel. 03641/686601, Fax 03641/686610, e-mail streit@mpiew-jena.mpg.de, privat: Kobenhüttenweg 43, 66123 Saarbrücken, Tel 0681/65281, Wirtschaftswissenschaften.

Szentágothai, Dr. med. János, o. Professor, Hungarian Academy of Sciences, Tüzoltó u. 58, H-1450 Budapest, Tel. 0 03 61/1 13 88 06, Fax 0 03 61/1 33 51 58, privat: Magyar Jakobinusok t. 2–3, H-1122 Budapest, Tel. 0 03 61/1 56 72 80, Neuroanatomie.

*Thews, Dr. rer. nat., Dr. med. Gerhard, em. o. Professor, Physiologisches Institut, 55099 Mainz (Paketpost: Saarstraße 21, 55122 Mainz), Tel. 0 61 31/39 56 48, privat: Weidmannstraße 29, 55131 Mainz, Tel. 0 61 31/8 29 87, Physiologie.

*Thiede, Dr. rer. nat. Jörn, o. Professor, Direktor des Alfred-Wegener-Institutes für Polar- und Meeresforschung, Columbusstraße, 27568 Bremerhaven, Tel. 0471/4831-100, Fax 0471/4831-102, e-mail jthiede@awi-bremerhaven.de, privat: Bartelsallee 8, 24105 Kiel, Tel. 0431/80 16 35, Paläo-Ozeanologie.

Thissen, Dr. phil. Heinz Josef, o. Professor, Seminar für Ägyptologie der Universität 50923 Köln, Tel. 0221/470 38 76, Fax 0221/470 50 79, privat: Bertolt-Brecht-Straße 67, 50374 Erftstadt, Tel. 0 22 35/4 42 46, Ägyptologie.

Thomas, Dr. phil. Werner, em. o. Professor, privat: Weinbergsweg 64, 61348 Bad Homburg, Tel. 0 61 72/4 18 13, Indogermanische Sprachwissenschaft.

*Vaupel, Dr. med. Peter W., M.A./Univ. Harvard, Univ.-Professor, Institut für Physiologie und Pathophysiologie, Johannes Gutenberg-Universität, Duesbergweg 6, 55099 Mainz, Tel. 0 61 31/39 59 29, Fax 0 61 31/39 57 74, e-mail vaupel@mail.uni-mainz.de, privat: Am Eiskeller 71, 55126 Mainz, Tel. 0 61 31/47 25 55, Physiologie und Pathophysiologie.

*Vesper, Guntram, Herzberger Landstraße 34a, 37085 Göttingen, Tel. 05 51/5 75 37, Literatur.

Vogel, Dr. rer. nat. Paul Stefan, o. Professor, Arbeitsstelle: Institut für Botanik der Universität, Rennweg 14, A-1030 Wien, Tel. 00 43/1/79794-2 45, Fax 00 43/1/79794-1 31, privat: Am Steinfeld 11-6, A-2344 Maria Enzersdorf am Gebirge, Tel. 00 43/2 23 62 11 37, Botanik.

*Vormweg, Dr. phil. Heinrich, Professor e.h., Johannes-Dech-Straße 20, 50737 Köln, Tel. 02 21/5 99 23 07, Literatur.

Waetzoldt, Dr. phil. Stephan, Professor, Erlenweg 72, App. 581, 14532 Kleinmachnow, Tel. 03 32 03/5 65 81, Kunstgeschichte.

Weber, Dr. phil. Werner, o. Professor, Seminar für Vergleichende Literaturwissenschaft, Plattenstraße 43, CH-8032 Zürich, Tel. 0 04 11/2 57 35 26, privat: Eidmattstr. 59, CH-8032 Zürich, Tel. 0 04 11/3 82 55 70, Literatur.

Weberling, Dr. rer. nat., Dr. h.c. Focko, em. o. Professor, Arbeitsstelle Biosystematik, Oberer Eselsberg, Helmholtzstraße 20, R 116, 89069 Ulm, Tel. 0731/5 03 10 10, privat: Buchenstraße 3, 89155 Erbach, Tel. 0 73 05/85 85, Fax 0 73 05/2 18 01, Morphologie und Systematische Botanik.

*Wedepohl, Dr. rer. nat. Karl Hans, o. Professor, Geochemisches Institut, Goldschmidtstraße 1, 37077 Göttingen, Tel. 0551/393971, Fax 0551/393982, privat: Hasenwinkel 36, 37079 Göttingen, Tel. 0551/91415, Geochemie.

*Wegner, Dr. rer. nat. Gerhard, Professor, Max-Planck-Institut für Polymerforschung, Ackermannweg 10, Postfach 3148, 55021 Mainz, Tel. 06131/379130, Fax 06131/379130, e-mail wegner@mpip-mainz.mpg.de, privat: Carl-Zuckmayer Str. 1, 55127 Mainz, Tel. 06131/476724.

Wehner, Dr. phil. nat. Rüdiger, o. Professor, Zoologisches Institut Abteilung Neurobiologie, Winterthurerstraße 190, CH-8057 Zürich, Tel. 00411/6354831, Fax 00411/6355716, e-mail rwehner@zool.unizh.ch, privat: Zürichbergstrasse 130, CH-8044 Zürich, Tel. 00411/2611374, Neuro- und Verhaltensbiologie.

*Weiland, Dr.-Ing. Thomas, Professor, Technische Universität Darmstadt, Fachbereich 18, Schloßgartenstraße 8, 64289 Darmstadt, Tel. 06151/162161, Fax 06151/164611, e-mail weiland@temf.tu-darmstadt.de, privat: Ohlystraße 69, 64285 Darmstadt, Tel. 06151/423753, Fax 06151/423891, Theorie Elektromagnetischer Felder.

*Wellershoff, Dr. phil. Dieter, Professor e.h., Mainzer Straße 45, 50678 Köln, Tel. 0221/388565, Literatur.

Welte, Dr. Dr. h.c. Dietrich H., o. Professor, Direktor am Institut 4 – Erdöl u. Organische Geochemie, Institut für Chemie und Dynamik der Geosphäre, Forschungszentrum Jülich GmbH, Briefpost: 52425 Jülich, Fracht/Paketpost: 52428 Jülich, Tel. 02461/614702, Fax 02461/612484, privat: Heidweg 75, 52076 Aachen, Tel. 0241/63621, Fax 0241/63621.

Welzig, Dr. phil. Werner, o. Professor, Östereichische Akademie der Wissenschaften, Dr. Ignaz-Seipel-Platz 2, A-1010 Wien, Tel. 00431/51581-203, Fax 00431/51581-209, e-mail werner.welzig@oeaw.ac.at, privat: Enzersdorfer Straße 6, A-2345 Brunn am Gebirge, Tel. 00432236/34269, Neuere Deutsche Literaturgeschichte.

Westphal, Dr. rer. nat., Dr. med. h.c. Otto H. E., Professor, Max-Planck-Institut für Immunbiologie, Stübeweg 51, 79108 Freiburg, Tel. 0761/51080, privat: Chemin de Ballallaz 18, CH-1820 Montreaux, Tel. 004121/9635486, Immunbiologie und Biochemie.

*Wickert, Dr. phil. Erwin, Botschafter a. D., Rheinhöhenweg 22, 53424 Remagen, Tel. 02228/1726, Fax 02228/7006, Literatur.

Willson, A. Leslie, Professor Ph. D., 4205 Far West Blvd., Austin, Texas 78731, USA, Tel. 001512/3450622, Literatur.

*Winiger, Dr. rer. nat. Matthias, Professor, Geographisches Institut der Universität Bonn, Meckenheimer Allee 166, 53115 Bonn, Tel. 0228/737239, Fax 0228/737506, privat: Rheinaustraße 188, 53225 Bonn, Tel. 0228/479287, Geographie, Klimatologie, Hochgebirge.

*Zahn, Dr. med., Dr. h.c., Rudolf K., em. Universitätsprofessor, Professor for Medical Biochemistry, Arbeitsgruppe Molekulare Mechanismen umweltbedingter Gentoxizität (AMMUG), Obere Zahlbacher Straße 63, 55101 Mainz, Tel. 06131/173311/14/15, Fax 06131/173364, e-mail rzahn@goofy.zdv.uni-mainz.de, privat: Oderstraße 12, 65201 Wiesbaden, Tel. 0611/22984, Physiologische Chemie.

*Zeller, Dr. phil., Dr. phil. h.c., Litt. D. h.c. Bernhard, Professor, Schiller-Nationalmuseum und Deutsches Literaturarchiv, Schillerhöhe, Postfach 57, 71672 Marbach, Tel. 07144/848605, privat: Kernerstraße 45, 71672 Marbach, Tel. 07144/97645, Literatur, insbesondere Deutsche Literaturwissenschaft.

*Zeller, Eva, Sponholzstraße 45, 12159 Berlin, Tel. 030/85965127, Literatur.

Zeltner-Neukomm, Dr. phil. Gerda, Rütistraße 11, CH-8032 Zürich, Tel. 00411/2516632, Literatur.

*Zimmermann, Dr. theol., Dr. phil., Dr. hist. h.c. Harald, o. Professor, Historisches Seminar, Abt. für Mittelalterliche Geschichte, Wilhelmstraße 36, 72074 Tübingen, Tel. 07071/2975498, privat: Beckmannweg 1, 72076 Tübingen, Tel. 07071/62973, Mittelalterliche Geschichte.

*Zintzen, Dr. phil. Clemens, o. Professor, Institut für Altertumskunde, Albertus-Magnus-Platz, 50923 Köln, Tel. 0221/4702357, privat: Lechenicher Weg 33, 50354 Hürth, Tel. 02233/70387, Fax 02233/707364, Klassische Philologie und Renaissanceforschung.

*Zippelius, Dr. jur. Reinhold, em. o. Professor, Institut für Rechtsphilosophie und Allgemeine Staatslehre der Universität Erlangen-Nürnberg, Schillerstr. 1, 91054 Erlangen, Tel. 09131/8526966, privat: Niendorfstraße 5, 91054 Erlangen, Tel. 09131/55726, Allgemeine Staatslehre und Rechtsphilosophie.

Zwierlein, Dr. phil. Otto, o. Professor, Philologisches Seminar, Am Hof 1e, 53113 Bonn, Tel. 0228/737339, Fax 0228/737748, e-mail upl3104@snphilos1.philos.uni-bonn.de, privat: Mozartstraße 30, 53115 Bonn, Tel. 0228/633943, Klassische und Mittellateinische Philologie.

Sachverständige der Kommissionen

Bachmann, Dr. rer. nat. et med. habil. Michael, Johannes Gutenberg-Universität Mainz, Institut für Physiologische Chemie, Duesbergweg 6, 55099 Mainz, Tel. 0 61 31/ 39 57 95, Fax 0 61 31/39 52 43, privat: Dingesweg 4, 65779 Kelkheim, Tel. 0 61 95/6 54 59.

Beck, Dr. phil. Hanno, Universitätsprofessor, Geographische Institute, Meckenheimer Allee 166, 53115 Bonn, privat: Dürenstraße 36, 53173 Bonn, Tel. 02 28/35 14 26, Geschichte der Naturwissenschaften, insbesondere Geschichte der Geographie, Erdwissenschaften, Kartographie, Reisen und Wissenschaftstheorie.

Belentschikow, Dr. phil. habil. Renate, Professorin, Institut für fremdsprachliche Philologien, Otto-von-Guericke-Universität, Virchowstraße 24, 39104 Magdeburg, Tel. 03 91/6 71 65 55, Fax 03 91/6 71 65 53, e-mail renate.belentschikow@gse-w.uni-magdeburg.de, privat: Moosgrund 28, 39130 Magdeburg, Tel. 03 91/7 23 89 42, Fax 03 91/7 23 89 43, Slavistische Linguistik.

Bendix, Dr. rer. nat. Jörg, Universitätsprofessor, Ludwig Maximilians Universität München, Institut für Geographie, Luisenstraße 37, 80333 München, Tel. 0 89/ 21 80 66 71, Fax 0 89/21 80 66 75, e-mail bendix@beauty.giub.uni-bonn.de, privat: Talhofstraße 3d, 82205 Gilching, Tel. 0 81 05/77 76 66, Fax 0 81 05/77 76 69, Geographie.

Brennecke, Dr. rer. nat. Peter, Direktor und Professor, Bundesamt für Strahlenschutz, Albert-Schweitzer-Straße 18, 38226 Salzgitter, Tel. 0 53 41/88 56 10, Fax 0 53 41/ 88 56 05, e-mail ahollmann@bfs.de, privat: Am Hohen Felde 4, 38104 Braunschweig, Tel. 05 31/77 40 64, Physik und Energietechnik.

Buddecke, Dr. med. Eckhart, o. Professor, Institut für Physiologische Chemie, Waldeyer-Straße 15, 48149 Münster, Tel. 02 51/8 35 86 22, Fax 02 51/8 35 86 28, e-mail buddeck@uni-muenster.de, privat: Mausbach-Straße 7, 48149 Münster, Biochemie und Pathobiochemie.

Buddruss, Dr. phil., Dr. h.c. Georg, em. o. Professor, Seminar für Indologie, Postfach 3980, 55029 Mainz, Tel. 0 61 31/39 26 47, privat: Am Judensand 45, 55122 Mainz, Tel. 0 61 31/32 05 00, Indologie.

Cardauns, Dr. phil. Burkhart, o. Professor, Seminar für Klassische Philologie, Schloß, 68131 Mannheim, Tel. 06 21/2 92 56 74, Fax 06 21/2 92 56 76, privat: Von-Schilling-Straße 32, 50259 Brauweiler-Pulheim, Tel. 0 22 34/8 47 07, Klassische Philologie, insbesondere Latinistik.

Croll, Dr. phil. Gerhard, em. o. Professor, Universität Salzburg, Gluck-Gesamtausgabe, Bergstr. 10, A-5020 Salzburg, Tel. 0662/8044-4655, Fax 0662/8044-4660, privat: Alberto-Susat-Straße 2 A, A-5026 Salzburg-Aigen, Tel./Fax 0662/622835, Musikwissenschaft.

D e c k e r s, Dr. phil. Johannes Georg, o. Professor, Institut für Byzantinistik, Geschwister-Scholl-Platz 1, 80539 München, Tel. 089/21802399, Fax 089/21803578, privat: Talstr. 3, 86450 Altenmünster, Tel. 08296/1528, Frühchristliche und Byzantinische Kunstgeschichte.

D r e s c h e r, Dr. phil. Horst W., Universitätsprofessor, Johannes Gutenberg-Universität, Fachbereich Angewandte Sprach- und Kulturwissenschaft, Institut für Anglistik und Amerikanistik, Scottish Studies Centre, An der Hochschule 2, 76711 Germersheim, Tel. 07274/508240/508247, Fax 07274/508429, privat: Kurt-Schumacher-Ring 6, 76756 Bellheim, Tel. 07272/8931, Englische Philologie, Scottistik.

E i c h i n g e r, Dr. phil. Ludwig Maximilian, Professor, Christian-Albrechts-Universität zu Kiel, Germanistisches Seminar, 24098 Kiel (Paketpost: Leibnizstr. 8, 24118 Kiel), Tel. 0431/8802316, Fax 0431/8807302, e-mail eichinger@germsem.uni-kiel.de, privat: Prinz-Eugen-Str. 43, 94034 Passau, Tel. 0851/41978, Deutsche Philologie.

E n g e l s, Dr. phil. Heinz-Josef, Hauptkonservator, Landesamt für Denkmalpflege, Kleine Pfaffengasse 10, 67346 Speyer, Tel. 06232/107300, Fax 06232/107320, privat: Albrecht-Dürer-Straße 2, 67346 Speyer, Tel. 06232/25346, Archäologie.

E w e, Dr. rer. nat. Henning, Professor, Hochschulübergreifender Studiengang Wirtschaftsingenieur an der Universität Hamburg, FH Hamburg, TU Hamburg-Harburg, Lohbrügger Kirchstraße 65, 21033 Hamburg, Tel. 040/72522715, privat: Kienenhagen 2a, 21035 Hamburg, Technisch-Physikalische Forschung.

F a b i a n, Dr. phil. Bernhard, em. o. Professor, Englisches Seminar, Johannisstr. 12–20, 48143 Münster, Tel. 0251/8324501, Fax 0251/8324827, privat: Zur Windmühle 60, 48163 Münster, Tel. 02501/5492, Fax 02501/59148, Anglistik und Buchwissenschaft.

F e n n, Dr. jur. Herbert, o. Professor, Lehrstuhl für Bürgerliches Recht, Arbeitsrecht und Zivilprozeßrecht, Lennéstraße 46, 53113 Bonn, Tel. 0228/737905, privat: Thüringer Allee 156, 53757 St. Augustin, Tel. 02241/332420, Arbeitsrecht, Bürgerliches Recht und Zivilprozeßrecht.

F r a n k e n b e r g, Dr. rer. nat., Dr. h. c. Peter, o. Professor, Rektor der Universität Mannheim, Postfach 103462, 68131 Mannheim, Tel. 0621/2925151, Fax 0621/2922587, e-mail rektor@rektorat.uni-mannheim.de, privat: Salinenstraße 55, 67098 Bad Dürkheim, Tel. 06322/65843, Geographie.

G a d a m e r, Dr. phil., Dr. phil. h.c. Hans-Georg, em. o. Professor, Philosophisches Seminar, Schulgasse 6, 69117 Heidelberg, privat: Am Büchsenackerhang 53, 69118 Heidelberg, Tel. 06221/802536, Philosophie.

G o l d m a n n, Dr. phil. Bernd, Direktor des Internationalen Künstlerhauses, Villa Concordia, Unterer Kaulberg 4, 96049 Bamberg, Tel. 0951/955010, Fax 0951/9550129, privat: Adelheidstraße 61, 65185 Wiesbaden, Tel. 0611/376077, Literatur.

G o s s a u e r, Dr. rer. nat. Albert, Professor, Institut für Organische Chemie der Universität Freiburg, Pérolles, CH-1700 Freiburg i. Ue., privat: Route du Bugnon 30, CH-1752 Villars-sur-Glâne/FR, Tel. 0041 26/4 02 71 77, Organische Chemie.

G r e h n, Dr. med. Dr. h.c. Franz, Professor, Direktor der Universitäts-Augenklinik Würzburg, Josef-Schneider-Str. 11, 97080 Würzburg, Tel. 0931/2 01-56 01, Fax 0931/2 01-22 45, e-mail f.grehn@augenklinik.wuerzburg.de, privat: Walter-von-der-Vogelweide-Str. 34, 97074 Würzburg, Tel. 0931/784 05 00, Fax 0931/784 05 02, Augenheilkunde.

G r e u l e, Dr. phil. Albrecht, Professor, Institut für Germanistik der Universität Regensburg, Lehrstuhl für deutsche Sprachwissenschaft, 93040 Regensburg (Paketpost: Universitätsstraße 31, 93053 Regensburg), Tel. 0941/943 34 44, Fax 0941/9 43 49 92, e-mail albrecht.greule@sprachlit.uni-regensburg.de, privat: Hangstr. 30, 93173 Wenzenbach-Grünthal, Tel. 0 94 07/9 00 50, Deutsche Philologie.

G r o t e, Dr. med., Dr. rer. nat. Jürgen, o. Professor, Physiologisches Institut, Nußallee 11, 53115 Bonn, Tel. 0228/73 24 03/04, Fax 0228/73 24 08, privat: Am Eselsweg 44, 55128 Mainz, Tel. 0 61 31/36 11 31, Physiologie.

G r u b m ü l l e r, Dr. phil. Klaus, o. Professor, Seminar für Deutsche Philologie der Universität, Humboldtallee 13, 37073 Göttingen, Tel. 0551/75 25, Fax 0551/75 11, privat: Am Steinberg 13, 37136 Seeburg, Tel. 0 55 07/23 90, Deutsche Philologie.

G u t s c h m i d t, Dr. phil., Dr. h.c. Karl, Professor, Institut für Slavistik der Technischen Universität Dresden, Zeunerstraße 1d, 01069 Dresden, Tel. 0351/4 63 42 20, Fax 0351/4 63 70 71, privat: Zingster Str. 35, 13051 Berlin, Tel./Fax 030/929 14 45, Slavische Sprachwissenschaft.

H a g e m a n n, Dr. rer. nat. Wolfgang, em. Universitätsprofessor, Werderplatz 11a, 69120 Heidelberg, Tel. 0 62 21/43 92 60, Botanik.

H a r r i s, Dr. phil. Edward Paxton, o. Professor, Dept. of Germanic Languages and Literatures, University of Cincinnati, Cincinnati, Ohio 45221, USA, privat: 3309 Morrison Ave., Cincinnati, Ohio 45220, USA, Tel. 00 15 13/2 21 02 34, Fax 00 15 13/2 21 64 41, e-mail mmharris@fuse.net, Literatur, insbesondere Neuere Germanistik.

H a r t h, Dr. phil. Helene, o. Professorin, Universität Potsdam, Institut für Romanistik, Postfach 601553, 14415 Potsdam, Tel. 0331/977 23 61, Fax 0331/977 20 55, e-mail harth@rz.uni-potsdam.de, privat: Zimmermannstr. 15, 12163 Berlin, Tel. 030/791 87 93, Romanistik, insbesondere italienische und französische Literatur.

H ö l l e r m a n n, Dr. rer. nat. Peter, o. Professor, Geographisches Institut, Meckenheimer Allee 166, 53115 Bonn, Tel. 0228/73 72 34, privat: Dohmstraße 2, 53121 Bonn, Tel. 0228/62 68 85, Geographie.

Holtmeier, Dr. rer. nat. Friedrich-Karl, Universitätsprofessor, Institut für Landschaftsökologie, Robert-Koch-Straße 26, 48149 Münster, Tel. 0251/833994, Fax 0251/8331970, e-mail holtmei@uni-muenster.de, privat: Dionysiusstraße 6, 48329 Havixbeck, Tel. 02507/7741, Geoökologie und Biogeographie.

Huder, Dr. phil. Walter, Professor, Alt-Tempelhof 7, 12099 Berlin, Literatur und Theaterwissenschaft.

Hutten, Dr.-Ing. Helmut, o. Professor, Institut für Elektro- und Biomedizinische Technik, Inffeldgasse 18, A-8010 Graz, Tel. 0043/3168737390, Fax 0043/3164465348, e-mail hutten@ibmt.tu-graz.ac.at, privat: St. Peter-Pfarrweg 30/39, A-8042 Graz, Tel. 0043/3164666663, Biomedizinische Technik und Biophysik.

Illhardt, Dr. theol. Franz Josef, Privatdozent, Zentrum für Ethik und Recht in der Medizin, Elsässer Str. 2m/Haus 1a, 79110 Freiburg, Tel. 0270/7262/60, Fax 0270/7263, e-mail illhardt@sfa.ukl.uni-freiburg.de, privat: Kreuzgartenstraße 2, 79238 Ehrenkirchen, Tel. 07633/6348, Ethik in der Medizin.

von Kaenel, Dr. phil. Hans-Markus, o. Professor, Seminar für Griechische und Römische Geschichte, Abt. II, Geschichte und Kultur der römischen Provinzen sowie Hilfswissenschaften der Altertumskunde der Johann Wolfgang Goethe-Universität Frankfurt, Gräfstr. 76, EG, Postfach 111932, 60054 Frankfurt, Tel. 069/79822286, Fax 069/79822898, privat: Gustav-Freytag-Straße 36, 60320 Frankfurt, Tel. 069/565178, Hilfswissenschaften der Altertumskunde.

Kambartel, Dr. rer. nat. Friedrich, o. Professor, J. W. Goethe-Universität, Fachbereich Philosophie u. Geschichtswissenschaften, Institut für Philosophie, Dantestr. 4–6, 60054 Frankfurt, Tel. 069/79828666, Fax 069/79828732, privat: Schulstr. 13, 25873 Rantrum, Tel. 04848/1477, Philosophie und Wissenschaftstheorie.

Keim, Dr. phil. Anton M., Peter-Weyer-Straße 80, 55129 Mainz, Tel. 06131/59818, Exilliteratur.

Klein, Dr. phil. Thomas, o. Professor, Germanistisches Seminar, Universität Bonn, Am Hof 1d, 53113 Bonn, Tel. 0228/737712, privat: Zedernweg 167, 53757 St. Augustin, Tel. 02241/330101, Geschichte der deutschen Sprache.

Kleinschmidt, Dr. med. Albrecht K., em. o. Professor, Institut für Mikrobiologie, Universität Ulm, Albert-Einstein-Allee 11, 89081 Ulm, Tel. 0731/502-3334, Fax 0731/502-2038, e-mail albrecht.kleinschmidt@medizin.uni-ulm.de, privat: Ginsterweg 15, 89233 Neu-Ulm, Tel. 0731/710716, Mikrobiologie und Molekularbiologie.

Koselleck, Dr. phil., Dr. h.c. Reinhart, o. Professor, Fakultät für Geschichtswissenschaft, Universitätsstraße, 33615 Bielefeld, Tel. 0521/1063221, privat: Luisenstraße 36, 33602 Bielefeld, Tel. 0521/170961, Theorie der Geschichte.

Kramer, Dr. phil. Johannes, Universitätsprofessor, Fachbereich II (Romanistik), Universität, 54286 Trier, Tel. 0651/2012222, Fax 0651/2013929, privat: Am Trimmelter Hof 68, 54296 Trier, Tel. 0651/455 15, Fax 0651/180782, Romanische Sprachwissenschaft.

Krampitz, Dr. agr. Gottfried, em. Universitätsprofessor, Institut für Anatomie, Physiologie und Hygiene der Haustiere, Katzenburgweg 7–9, 53115 Bonn, Tel. 0228/732804, privat: Endenicher Allee 5, 53115 Bonn, Tel. 0228/652577, Biochemie.

Kümmel, Dr. phil. Werner F., Professor, Medizinhistorisches Institut der Johannes Gutenberg-Universität Mainz, Universitätsklinikum, 55101 Mainz, Tel. 06131/177355, privat: Schillerstraße 6a, 55288 Udenheim, Geschichte der Medizin.

Kunze, Dr.-Ing. Ulrich, Professor, Lehr- und Forschungsbereich Werkstoffe der Elektrotechnik, Ruhr-Universität Bochum, Universitätsstraße 150/IC2, 44780 Bochum, Tel. 0234/700-2300, Fax 0234/7094-166, privat: Dahlienweg 30, 45525 Hattingen, Tel. 02324/24182, Werkstoffe der Elektrotechnik, Nanoelektronik.

Lehfeldt, Dr. phil. Werner, Professor, Seminar für Slavische Philologie, Humboldtallee 19, 37073 Göttingen, Tel. 0551/394771, Fax 0551/394702, e-mail wlehfel@gwdg.de, privat: Steinbreite 9c, 37085 Göttingen, Tel. 0551/7907034, Slavische Philologie.

Lemp, Richard, Schinkelstraße 44, 80805 München, Tel. 089/3617088, Literatur.

Lenz, Dr. phil., dr. hab. Rudolf, Professor, Forschungsstelle für Personalschriften, Liebigstraße 37, 35037 Marburg, Tel. 06421/283800, Fax 06421/284501, e-mail lenzs@mailer.uni-marburg.de, privat: Wilhelmstraße 50, 35037 Marburg, Tel. 06421/26394, Sozial- und Wirtschaftsgeschichte.

Mommsen, Dr. phil. D. litt. h. c. Wolfgang J., o. Professor, Historisches Seminar der Universität Düsseldorf, Universitätsstr. 1, 40225 Düsseldorf, Tel. 0211/81-14078, Fax 0211/81-14255, e-mail mommsen@phil-fak.uni-duesseldorf.de, privat: Am Kleianskreuz 29 a, 40489 Düsseldorf, Tel. 0211/400492, Neuere und neueste Geschichte.

zur Mühlen, Dr. theol. Karl-Heinz, o. Professor, Evangel.-Theolog. Seminar der Universität Bonn, Abt. Kirchengeschichte, Am Hof 1, 53113 Bonn, Tel. 0228/737331, Fax 0228/737649, privat: Marienburger Str. 108, 53340 Meckenheim, Tel 02225/3812, Kirchengeschichte.

Müller, Dr. phil. Klaus-Detlef, o. Professor, Eberhard-Karls-Universität Tübingen, Deutsches Seminar, Wilhelmstr. 50, 72074 Tübingen, Tel. 07071/72481, 07071/78439, Fax 07071/5321, e-mail klaus-detlef.mueller@uni-tuebingen.de, privat: Am Baylerberg 5, 72070 Tübingen, Tel. 07073/3515, Neuere Deutsche Literaturwissenschaft.

Müller, Dr. rer. nat. Werner E. G., Professor, Institut für Angewandte Molekularbiologie, Duesbergweg 6, 55099 Mainz, Tel. 06131/395910, privat: Semmelweißstraße 12, 65203 Wiesbaden, Tel. 0611/67161, Molekularbiologie und Biologie des Alterns.

Müller-Klieser, Dr. rer. nat. Wolfgang, Professor, Institut für Physiologie und Pathophysiologie, Bereich Pathophysiologie, Duesbergweg 6, 55099 Mainz, Tel. 06131/395761, Fax 06131/395560, e-mail mue-kli@mail.uni-mainz.de, Physiologie.

Nagel, Dr. rer. nat. Roland, Professor, Institut für Hydrobiologie, TU Dresden, 01062 Dresden, Tel. 0351/4635462, Fax. 0351/4637108, privat: Bayreuther Str. 21, 01187 Dresden, Tel. 0351/4755243, Ökotoxikologie.

Oexle, Dr. Otto Gerhard, Professor, Direktor am Max-Planck-Institut für Geschichte, Postfach 2833, 37018 Göttingen (Paketpost: Hermann-Föge-Weg 11, 37073 Göttingen), Tel. 0551/495613, Fax 0551/495670, e-mail oexle@mpgs-nts1.mpi-g.gwdg.de, privat: Planckstraße 15, 37073 Göttingen, Tel. 0551/45328, Geschichte des Mittelalters.

Ogura, Dr. med., Ph. D. Ryohei, Professor, Department of Medical Biochemistry, Kurume University School of Medicine, 67 Asahimachi, Kurume, Japan 830, Tel. 0081942/353311 Ext. 224, privat: 247-7 Nishimachi, Kurume, Japan 830, Tel. 0081942/327791.

Osterkamp, Dr. phil. Ernst, Professor, Humboldt-Universität zu Berlin, Philosophische Fakultät II, Institut für Deutsche Literatur, Unter den Linden 6, 10099 Berlin, Tel. 030/20196646, Fax 030/20196690, privat: Heimat 35, 14165 Berlin, Tel. 030/8155293, Deutsche Literatur.

Porembski, Dr. rer. nat. Stefan, Professor, Universität Rostock, Institut für Biodiversitätsforschung i. Gr., Wismarsche Str. 8, 18051 Rostock, Tel. 0381/4981990, Fax 0381/4981980, e-mail stefan.porembski@biologie.uni-rostock.de, privat: Blücherstr. 66, 18055 Rostock, Tel. 0381/4934658, Botanik.

Ramge, Dr. phil. Hans, o. Professor, Fachbereich 09 Germanistik der Justus-Liebig-Universität Gießen, Otto-Behaghel-Straße 10, 35394 Gießen, Tel. 0641/99-29040, Fax 0641/99-29049, e-mail hans.ramge@germanistik.uni-giessen.de, privat: Tilsiter Straße 3, 35444 Biebertal, Tel. 06409/7818, Germanistische Sprachwissenschaft.

Raspe, Dr. med., Dr. phil. Hans Heinrich, Univ.-Professor, Direktor des Instituts für Sozialmedizin der Universität zu Lübeck, Beckergrube 43–47, 23552 Lübeck, Tel. 0451/799250, Fax 0451/7992522, e-mail raspeh@aol.com, privat: Lutherstr. 10, 23568 Lübeck, Sozialmedizin.

Riemer, Dr. phil. Peter, o. Professor, Institut für Klassische Philologie, Universität Potsdam, Postfach 601553, 14415 Potsdam, Tel. 0331/9772579, Fax 0331/9772094, e-mail riemer@rz.uni-potsdam.de, privat: Carl-von-Ossietzky-Str. 2, 14471 Potsdam, Tel. 0331/9512830, Fax 0331/9512836.

Rupprecht, Dr. jur. Hans-Albert, o. Professor, Institut für Rechtsgeschichte und Papyrusforschung, Universitätsstraße 7, 35032 Marburg, Tel. 06421/283140-41, Fax 06421/283181, e-mail hansalbertrupprecht@online.de, privat: In den Opfergärten 5, 35085 Ebsdorfergrund, Tel. 06424/1679, Papyrusforschung.

Sappler, Dr. phil. Paul, Professor, Deutsches Seminar der Universität Tübingen, Wilhelmstr. 50, 72074 Tübingen, Tel. 07071/2975327, Fax 07071/295321, e-mail paul.sappler@uni-tuebingen.de, privat: Sportplatzweg 16, 72181 Starzach, Deutsche Philologie.

Scholtz, Dr. phil. Gunter, Professor, Institut für Philosophie, Ruhr-Universität Bochum, 44780 Bochum (Paketpost: Universitätsstraße 150, 44801 Bochum), Tel. 0234/700 2139, Fax 0234/709 4288, privat: Rauendahlstraße 78, 45529 Hattingen, Tel. 02324/83738, Philosophie.

Schröder, Dr. rer. nat., Dr. med. Heinz C., Professor, Institut für Physiologische Chemie, Duesbergweg 6, 55099 Mainz, Tel. 06131/395791, Fax 06131/395243, e-mail hschroed@mzdmza.zdv.uni-mainz.de, privat: Hans-Bredow-Straße 37a, 65189 Wiesbaden, Tel. 0611/761391, Molekularbiologie.

Schumacher, Dr. phil. Leonhard, Professor, Institut für Alte Geschichte, Johannes Gutenberg-Universität, 55099 Mainz, Tel. 06131/392751, Fax 06131/393823, privat: Rembrandtstr. 15, 55127 Mainz, Tel. 06131/227506, Alte Geschichte.

Schweinfurth, Dr. rer. nat. Ulrich, em. o. Professor, Postfach 103066, 69020 Heidelberg, Geographie.

Sell, Dr. rer. nat. Yves, Professor, Laboratoire de Morphologie Expérimentale, Institut de Botanique, Université Louis Pasteur, 28, Rue Goethe, F-67083 Strasbourg Cedex, Tel. 0033 88/35 82 77, Fax 0033 88/35 84 84, privat: 6, Rue d'Ankara, F-67000 Strasbourg, Tel. 0033 88/61 21 90, Vergleichende und experimentelle Pflanzenmorphologie.

Stackmann, Dr. phil., Dr. h.c. Karl, em. o. Professor, Nonnenstieg 12, 37073 Göttingen, Tel. 0551/55002, Deutsche Philologie.

Tarot, Dr. phil. Rolf, Professor, Deutsches Seminar der Universität Zürich, Schönberggasse 9, CH-8001 Zürich, Tel. 00411/634 25 43/82, Fax 00411/634 49 05, e-mail rtarot@ds.unizh.ch, privat: Hinterer Engelstein 13, CH-8344 Bäretswil, Tel. 00411/939 21 76, Neuere deutsche Literaturgeschichte.

Tautz, Dr. rer. nat. Jürgen, o. Professor, Theodor-Boveri-Institut (Biozentrum) der Universität, Lehrstuhl für Verhaltensphysiologie und Soziobiologie, Am Hubland, 97074 Würzburg, Tel. 0931/888 43 19, Fax 0931/888 43 09, e-mail tautz@biozentrum.uni-wuerzburg.de, privat: Hohe-Baum-Straße 22, 97295 Waldbrunn, Tel. 09306/8174, Verhaltensphysiologie und Soziobiologie.

Tennstedt, Dr. disc. pol. Florian, Professor Fachbereich 4 Sozialwesen der Gesamthochschule, 34109 Kassel (Paketpost: Arnold-Bode-Straße 10, 34127 Kassel), Tel. 0561/804 29 45, 804 29 03, Fax 0561/804 33 88, privat: Grubenrain 10, 34132 Kassel, Tel. 0561/40 67 98, Sozialpolitik.

Thieme, Dr. phil. Paul, em. o. Professor, Seminar für Indologie, Münzgasse 30, 72070 Tübingen, privat: Spemannstraße 14, 72076 Tübingen, Tel. 07071/644144, Indologie, insbesondere Veda und altindische Sprachwissenschaft, sowie Vergleichende Religionswissenschaft.

Weber, Dr. rer. nat. Hans, em. o. Professor, Institut für Spezielle Botanik und Botanischer Garten, Saarstraße 21, 55122 Mainz, Tel. 06131/392624, privat: Oechsnerstraße 10, 55131 Mainz, Tel. 06131/53848, Botanik.

Winau, Dr. phil., Dr. med. Rolf, o. Professor, Institut für Geschichte der Medizin der FU Berlin, Klingsorstraße 119, 12203 Berlin, Tel. 030/8300923 0/31, Fax 030/ 83009237, e-mail winau@medizin.fu-berlin.de, privat: Nicolaistraße 50, 12247 Berlin, Tel./Fax 030/7711765, Geschichte der Medizin.

Winter, Priv.-Doz. Dr. med. Stefan, Dezernent für Wissenschaft und Forschung, Geschäftsführung der Bundesärztekammer, Herbert-Lewin-Str. 1, 50931 Köln, Tel. 0221/4004460, Fax 0221/4004386, e-mail baek.dez-6@dgn.de, privat: Lyngsbergstr. 14, 53177 Bonn, Molekulare Medizin, Gesundheitstechnologiebewertung.

Wlosok, Dr. phil. Antonie, o. Professor, Seminar für Klassische Philologie der Johannes Gutenberg-Universität Mainz, 55099 Mainz (Paketpost: Saarstraße 21, 55122 Mainz), Tel. 06131/392335, Fax 06131/394797, privat: Elsa-Brändström-Straße 19, 55124 Mainz, Tel. 06131/681584, Klassische Philologie.

Woesler, Dr. phil. Winfried, Professor, Fachbereich Sprach- und Literaturwissenschaft, Universität Osnabrück, Neuer Graben 40, 49069 Osnabrück, Tel. 0541/9694366, 0541/9694168, Fax 0541/9694256, e-mail wwoesler@uos.de, privat: August-Schlüter-Str. 39, 48249 Dülmen, Tel. 02594/84944, Fax 02594/948752, Neuere deutsche Literatur, Editionswissenschaft.

Zeittafel

EHRENMITGLIED

Datum der Wahl	
22. 6.1990	Albrecht Martin
21. 6.1996	Sibylle Kalkhof-Rose

ORDENTLICHE MITGLIEDER

Datum der Wahl	Mathematisch-naturwissenschaftliche Klasse	Geistes- und sozialwissenschaftliche Klasse	Klasse der Literatur
23.10.1959		Heinrich Otten	
2. 3.1962	Willibald Jentschke		
28. 7.1962	Walter Henn		
30.10.1964			Heinrich Schirmbeck
29. 4.1965	Otto Hachenberg		
29. 4.1965			Hans Bender
29. 4.1965			Walter Helmut Fritz
30. 7.1965		Hans Heinr. Eggebrecht	
25. 2.1966		Johannes Benzing	
29. 7.1966			Peter Härtling
29. 7.1966		Wolfgang P. Schmid	
28. 7.1967	Hans Ehrenberg		
16. 2.1968			Dieter Wellershoff
11.10.1968	Werner Rauh		
11.10.1968	Johannes Rohen		
11. 4.1969	Peter Ax		
11. 7.1969			Dieter Hoffmann
11. 7.1969			Heinrich Vormweg
10.10.1969		Karl Erich Born	
13. 2.1970	Wilhelm Lauer		
13. 2.1970	Martin Lindauer		
13. 2.1970	Gerhard Thews		
10. 4.1970			Elisabeth Borchers
10. 4.1970	Karl Hans Wedepohl		
16.10.1970			Bernhard Zeller
23. 4.1971	Rudolf Zahn		
16. 7.1971		Hermann Lange	
11. 2.1972			Kurt Leonhard
11. 2.1972	Eugen Seibold		
11. 2.1972		Harald Zimmermann	
12.10.1973			Barbara König
25. 6.1976		Gerhard Funke	
15.10.1976		Erich Loos	
29. 4.1977		Ernst Heitsch	
29. 4.1977		Clemens Zintzen	
17. 2.1978		Reiner Haussherr	
28. 4.1978			Bruno Hillebrand
28. 4.1978		Werner Schröder	

Datum der Wahl	Mathematisch-naturwissenschaftliche Klasse	Geistes- und sozialwissenschaftliche Klasse	Klasse der Literatur
23. 6.1978		Heinz Bellen	
16. 2.1979		Gerhard Müller	
27. 4.1979		Wilhelm Rau	
9.11.1979	Wilhelm Klingenberg		
9.11.1979	Hans Kuhn		
9.11.1979	Günter Lautz		
9.11.1979	Helmut Ringsdorf		
9.11.1979			Erwin Wickert
7.11.1980		Bernard Andreae	
7.11.1980	Werner Nachtigall		
23. 4.1982			Ludwig Harig
5.11.1982			Tankred Dorst
17. 2.1984			Jürgen Becker
17. 2.1984			Michael Krüger
17. 2.1984	Ernst Mutschler		
4. 5.1984	Burkhard Frenzel		
6. 7.1984	Hans Bock		
26.10.1984		Hans-Henrik Krummacher	
8.11.1985			Norbert Miller
8.11.1985	Günter Hotz		
8.11.1985		Reinhold Zippelius	
14. 2.1986	Ernst Wilhelm Otten		
20. 6.1986			Uwe Pörksen
10. 4.1987		Wido Hempel	
26. 6.1987	Robert F. Schmidt		
6.11.1987		Walter W. Müller	
19. 2.1988			Herbert Rosendorfer
24. 6.1988		Klaus Ganzer	
4.11.1988	Manfred Pilkuhn		
17. 2.1989			Eva Zeller
3.11.1989			Dieter Kühn
16. 2.1990		Michael Müller-Wille	
16. 2.1990			Guntram Vesper
9.11.1990	Wilhelm Barthlott		
15. 2.1991	Gustav Kollmann		
15. 2.1991		Fred Otten	
19. 4.1991		Otmar Issing	
21. 6.1991			Eckart Kleßmann
21. 6.1991	Friedrich Strauch		
8.11.1991	Elke Lütjen-Drecoll		
8.11.1991		Erich Neu	
8.11.1991		Albrecht Riethmüller	
8.11.1991	Jörn Thiede		
14. 2.1992			Harald Hartung
14. 2.1992		Michael Stolleis	
6.11.1992	Thomas Weiland		
6.11.1992			Herbert Heckmann
4. 2.1993	Matthias Schaefer		
25. 6.1993		Jost Benedum	
25. 6.1993	Niels-Peter Birbaumer		
25. 6.1993		Hansjoachim Henning	

Datum der Wahl	Mathematisch-naturwissenschaftliche Klasse	Geistes- und sozialwissenschaftliche Klasse	Klasse der Literatur
25. 6.1993		Oskar von Hinüber	
5.11.1993			Hugo Dittberner
22. 4.1994		Helmut Hesse	
22. 4.1994			Rainer Malkowski
24. 6.1994	Michael Grewing		
4.11.1994			Wulf Kirsten
4.11.1994			Helga Schütz
17. 2.1995	Matthias Winiger		
23. 6.1995		Dieter Mehl	
10.11.1995	Bernhard Fleckenstein		
23. 2.1996	Bernt Krebs		
8.11.1996	Gerhard Wegner		
18. 4.1997		Wolfgang Haubrichs	
20. 6.1997	Ekkehard Ramm		
8.11.1997		Johannes Fried	
27. 2.1998	Jürgen Jost		
19. 6.1998		Klaus-Michael Kodalle	
6.11.1998		Heinz Heinen	
6.11.1998			Arnold Stadler
6.11.1998	Peter W. Vaupel		

KORRESPONDIERENDE MITGLIEDER

Datum der Wahl	Mathematisch-naturwissenschaftliche Klasse	Geistes- und sozialwissenschaftliche Klasse	Klasse der Literatur
29. 4.1955	Hermann Alexander Brück		
29. 4.1955	Cahit Arf		
26. 7.1957		Oscar Cullmann	
25. 4.1958			Karl Krolow
28. 7.1961		Louis Bazin	
26. 4.1963	Otto Westphal		
30.10.1964		Pierre Demargne	
30.10.1964		Margherita Guarducci	
30.10.1964		Werner Thomas	
30.10.1964			Werner Weber
19. 4.1968		Erich Lüddeckens	
11.10.1968		Kurt von Fischer	
11. 4.1969	János Szentágothai		
11. 7.1969			Gerda Zeltner-Neukomm
10.10.1969	Günther Osche		
12. 2.1971			Lars Gustafsson
16. 7.1971		Karlfried Gründer	
16. 7.1971	Olof Erik Hans Rydbeck		
15.10.1971	Charles Grégoire		
15.10.1971		Pierre Hadot	
13.10.1972	Gert Haberland		
14.10.1972	Friedrich Hirzebruch		
16. 2.1973	Paul Schölmerich		
13. 4.1973		Herbert Hunger	
29. 6.1973	Franz Huber		
29. 6.1973		Paul Oskar Kristeller	
19. 4.1974		Paolo Enrico Arias	
28. 6.1974		Hermann Lübbe	
10.10.1974	Tor Karling		
11.10.1974		Nikolaus Himmelmann	
14. 2.1975		Kurt Böhner	
14. 2.1975		Wolfgang Kleiber	
11. 4.1975	Paul Stefan Vogel		
27. 6.1975	Kurt Hansen		
27. 6.1975		Stephan Waetzoldt	
27. 6.1975			A. Leslie Willson
17.10.1975	Dietrich W. Lübbers		
13. 2.1976			Efim G. Etkind
25. 6.1976		Vytautas Mažiulis	
15.10.1976	Georg Dhom		
15.10.1976	Matthias Seefelder		
15.10.1976	Hansjörg Sinn		
11. 2.1977		Roger Bauer	
11. 2.1977	Günther Ludwig		
11. 2.1977	Rüdiger Wehner		
29. 4.1977			Volker Braun
14.10.1977	Franz Baumgärtner		
28. 4.1978		Fritz Reichert-Facilides	

Datum der Wahl	Mathematisch-naturwissenschaftliche Klasse	Geistes- und sozialwissenschaftliche Klasse	Klasse der Literatur
28. 4.1978	Focko Weberling		
27. 4.1979	Bernard Louis Strehler		
29. 6.1979		Sedat Alp	
29. 6.1979	Jürgen Ehlers		
9.11.1979			Adolf Muschg
27. 6.1980		Ernst Kitzinger	
27. 6.1980		Carl Werner Müller	
27. 6.1980		Otto Zwierlein	
13. 2.1981	Erhard Scheibe		
24. 4.1981		Ludwig Finscher	
24. 4.1981	Hans Grauert		
24. 4.1981	Reinhard Schlögl		
6.11.1981	Jürgen Moser		
23. 4.1982	Alfred G. Fischer		
23. 4.1982	Joachim-Hermann Scharf		
24. 6.1983			Saul Bellow
24. 6.1983	Karl Georg Götz		
24. 6.1983	Werner J. Loher		
17. 2.1984	Fritz Peter Schäfer		
4. 5.1984	Branko Kurelec		
6. 7.1984		Max Pfister	
26.10.1984	Günter Herrmann		
26.10.1984	Dieter Oesterhelt		
26.10.1984		Alfred Söllner	
22. 2.1985	Wolfgang Gerok		
22. 2.1985		Friedhelm Debus	
28. 6.1985	Karl Heinz Büchel		
20. 6.1986	Heinz Harnisch		
7.11.1986	Herbert Oelschläger		
7.11.1986		Maria Radnoti-Alföldi	
13. 2.1987		Karl Lehmann	
26. 6.1987		Peter Brang	
6.11.1987		Werner Welzig	
6.11.1987		Paul Anthony Samuelson	
22. 4.1988		Marc Lienhard	
24. 6.1988		Heinrich Chantraine	
24. 6.1988	Karl-Hermann Meyer zum Büschenfelde		
4.11.1988	Eric Richard Kandel		
17. 2.1989		Heinrich Koller	
14. 4.1989		Hans-Peter Schwarz	
23. 6.1989			Klaus-Dieter Lehmann
23. 6.1989	Herbert Miltenburger		
3.11.1989	Jean-Marie Lehn		
3.11.1989	Günther S. Stent		
16. 2.1990	Christoph Fuchs		
16. 2.1990	Wolfgang A. Herrmann		
27. 4.1990			Györgi Konrád
27. 4.1990	Dieter Seebach		
22. 6.1990	Axel Michelsen		
22. 6.1990		Kurt Gärtner	

Datum der Wahl	Mathematisch-naturwissenschaftliche Klasse	Geistes- und sozialwissenschaftliche Klasse	Klasse der Literatur
19. 4.1991	Jörg Michaelis		
2. 4.1992	Helmut Ehrhardt		
2. 4.1992		Rainer Kahsnitz	
6.11.1992	Gerhard Furrer		
6.11.1992	Bruno Messerli		
5.11.1993	Klaus Kirchgässner		
5.11.1993	David Sandeman		
18. 2.1994		Bernhard Diestelkamp	
18. 2.1994	Christian Rittner		
18. 2.1994		Heinz Josef Thissen	
22. 4.1994		Werner Habicht	
22. 4.1994			Michael Lützeler
22. 4.1994	Randolf Menzel		
22. 4.1994	Arndt Simon		
22. 4.1994		Manfred Streit	
24. 6.1994		Heinrich Oberreuter	
10.11.1995	Johannes Buchmann		
19. 4.1996	Dietrich H. Welte		
18. 4.1997		Michel Parisse	
24. 4.1998	Eric Mikhailovich Galimov		
24. 4.1998	Eckehart Jäger		
19. 6.1998		Adolf Borbein	
19. 6.1998		Brian Charles Gibbons	
6.11.1998		Otto Kresten	

LEIBNIZ-MEDAILLE

Im Oktober 1960 hat die Akademie als höchste Auszeichnung, die sie zu vergeben hat, die Leibniz-Medaille gestiftet. Sie wird bestimmungsgemäß an Persönlichkeiten verliehen, die sich um die Akademie besonders verdient gemacht haben.

Die Medaille zeigt auf der Vorderseite das gleiche Bild von Leibniz wie auf dem Medaillon an der Kette des Präsidenten. Die Umschrift lautet: „Academia scientiarum et literarum Moguntina". Auf der Rückseite wird der Name des Ausgezeichneten eingraviert. Er ist mit der Umschrift umgeben: „Fautori gratias agit plurimas". Nach der Verleihung einer Leibniz-Medaille bleiben die Geehrten der Akademie verbunden. Sie können an den wissenschaftlichen Sitzungen teilnehmen.

INHABER DER LEIBNIZ-MEDAILLE

Verleihungsjahr	
1974	Jockel Fuchs Oberbürgermeister a. D., Mainz
1974	Dr. Johannes Baptist Rösler ehem. Bürgerbeauftragter des Landes Rheinland-Pfalz, Mainz
1979	Professor Dr. Herbert Grünewald ehem. Vorsitzender des Aufsichtsrates der Bayer AG, Leverkusen
1979	Professor Dr. Werner Krämer ehem. Präsident des Deutschen Archäologischen Instituts
1981	Dr. Hanna-Renate Laurien Berlin
1982	Kuno Huhn Notar in Mainz
1983	Professor Dr. Hans Rüdiger Vogel Frankfurt a.M.
1984	Professor Dr. Otto Bardong Worms
1985	Albrecht Martin Staatsminister a. D.
1987	Hans Helzer Rektor a.D. Altenkirchen
1987	Professor Dr. Klaus Töpfer Bundesminister a. D.

1988	Professor Dr. Dr. Herbert Franke Gauting
1989	Professor Dr. Rita Süssmuth ehem. Präsidentin des Deutschen Bundestages
1989	Dr. Bernhard Vogel Ministerpräsident des Landes Thüringen
1990	Dr. Marie-Luise Zarnitz Tübingen
1991	Professor Dr. Fritz Preuss Bad Dürkheim
1991	Dr. Heinz Peter Volkert Koblenz
1992	Sibylle Kalkhof-Rose Mainz
1993	Walter P. Becker Direktor a.D. des Landtages Rheinland-Pfalz Mainz
1994	Dr. Wolfgang Paulig Ministerialrat a. D. Bonn
1995	Rolf Möller Staatssekretär a.D. Generalsekretär der Volkswagen-Stiftung a.D. Bonn
1996	August Frölich Ministerialdirigent a. D. Mainz
1997	Dr. h.c. Sylvester Rostosky Bonn
1998	Dr. jur. Hans Franzen Wiesbaden

VERSTORBENE INHABER DER LEIBNIZ-MEDAILLE

(Todesdaten in Klammern)

Peter Altmeier (28. 8. 1977)
Horst Backsmann (9. 7. 1984)
Siegfried Balke (11. 6. 1984)
Hugo Brandt (12. 9. 1989)
Heinrich Delp (2. 1. 1973)
Klaus-Berto von Doemming (28. 1. 1993)
Hermann Eicher (30. 7. 1984)

Karl-August Forster (11. 9. 1984)
Gotthard Gambke (1. 12. 1988)
Mathilde Gantenberg (29. 10. 1975)
Irène Giron (29. 4. 1988)
Walter Kalkhof-Rose (6. 7. 1988)
Adolf Kern (15. 5. 1963)
Ernst Nord (7. 9. 1981)
Eduard Orth (31. 3. 1968)
Konrad Petersen (21. 6. 1990)
Ernst Schäck (14. 2. 1998)
Werner T. Schaurte (25. 7. 1978)
Adolf Steinhofer (20. 8. 1990)
Adolf Süsterhenn (24. 11. 1974)
Wolfgang Treue (10. 9. 1989)
Richard Voigt (10. 3. 1970)
Otto van Volxem (16. 2. 1994)
Otto Wegner (12. 3. 1984)

WILHELM-HEINSE-MEDAILLE

Die Akademie der Wissenschaften und der Literatur hat eine Wilhelm-Heinse-Medaille ins Leben gerufen, die für essayistische Literatur im weitesten Sinne vergeben wird. Die Medaille ist die letzte plastische Arbeit des Münchner Bildhauers Toni Stadler. Um eine Kontinuität und zugleich eine Beschränkung des Preises zu gewährleisten, wurden von der Medaille 20 Abgüsse genommen.

Die Medaille trägt den Namen des Dichters Wilhelm Heinse (1746–1803), der seit 1786 als Vorleser, seit 1787 als Bibliothekar des Kurfürsten Karl Joseph ihn und dessen Hofstaat mit seinem „Ardinghello und die glückseeligen Inseln“ in Mainz ergötzte. Durch neue Impulse hatte Heinse auf die Kunst-Schriftstellerei und Musik-Schriftstellerei seiner Zeit, aber auch auf die der Romantik, nachhaltigen Einfluß.

PREISTRÄGER DER WILHELM-HEINSE-MEDAILLE

Verleihungsjahr

1978 Professor Michael Hamburger, B. A., M.A. (London)

1979 Susan Sontag (New York und Paris)

1983 Professor Dr. h.c. Marcel Reich-Ranicki (Frankfurt a.M.)

1985 Professor Hans Schwab-Felisch (Meerbusch)

1986 Professor Dr. Werner Haftmann (Waakirchen)

1987 Dr. Werner Kraft (Jerusalem)

1988 Carola Stern (Köln)

1989 György Konrád (Budapest)

1990 Dr. Eduard Beaucamp (Frankfurt a. M.)

1992 Philippe Jaccottet (Grignan)

1994 Professor Dr. Karl Heinz Bohrer (Bielefeld)

1996 Dr. Rüdiger Safranski (Berlin)

1997 Dr. Martin Walser (Nußdorf)

VERSTORBENE PREISTRÄGER DER WILHELM-HEINSE-MEDAILLE

(Todesdaten in Klammern)

Hans Heinz Stuckenschmidt
(15. 8. 1988)

Dolf Sternberger
(27. 7. 1989)

Giorgio Manganelli
(28. 5. 1990)

Albrecht Fabri
(11. 2. 1998)

Octavio Paz
(19. 4. 1998)

NOSSACK-AKADEMIEPREIS
für Dichter und ihre Übersetzer

Der Preis wird Dichtern und ihren Übersetzern von der Klasse der Literatur unter dem Patronat der Akademie verliehen. Er ist benannt nach dem 1977 verstorbenen Mitglied der Klasse der Literatur Hans Erich Nossack. Ausgezeichnet werden mit diesem Preis richtungweisende literarische Arbeiten und deren Übertragung, die schöpferische Qualität hat.

Der Preis wird in der Regel im Turnus von zwei Jahren verliehen.

PREISTRÄGER DES NOSSACK-AKADEMIEPREISES

Verleihungsjahr	
1993	Michel Butor und Helmut Scheffel
1995	Lars Gustafsson und Verena Reichel
1998	Antonio Tabucchi und Karin Fleischanderl

JOSEPH-BREITBACH-PREIS

Nach dem Willen des am 9. Mai 1980 in München verstorbenen Literaten Joseph Breitbach, der in Koblenz geboren, in Paris gelebt hat, verleiht die Akademie im Zusammenwirken mit der Stiftung Joseph Breitbach alljährlich einen Literaturpreis. Er trägt den Namen Joseph-Breitbach-Preis der Akademie der Wissenschaften und der Literatur, Mainz. Mit dem Preis sollen deutschsprachige Werke aller Literaturgattungen ausgezeichnet werden. Die Preissumme kann unter verschiedenen Autoren aufgeteilt werden.

Preisträger des Jahres 1998: Hans Boesch, Friedhelm Kemp, Brigitte Kronauer

WALTER KALKHOF-ROSE-GEDÄCHTNISPREIS

Der von Sibylle Kalkhof-Rose gestiftete Preis erinnert an das 1988 verstorbene Ehrenmitglied und den Inhaber der Leibniz-Medaille Walter Kalkhof-Rose und hat zum Ziel, den wissenschaftlichen Nachwuchs zu fördern. Der Preis wird jährlich durch die Akademie abwechselnd in den Natur- und in den Geisteswissenschaften vergeben.

Preisträger 1995: Dr. Ernst Tamm, National Institute of Health, Bethesda/USA
Preisträger 1996: Dr. Laurenz Lütteken, Münster
Preisträger 1997: Dr. Jörg Bendix, Bonn
Preisträger 1998: Dr. Stefan Trappen, Mainz

WALTER UND SIBYLLE KALKHOF-ROSE-STIFTUNG

Frau Sibylle Kalkhof-Rose hat eine öffentliche Stiftung des Bürgerlichen Rechts errichtet. Zweck der Stiftung ist die Förderung und Weiterbildung des besonders qualifizierten wissenschaftlichen Nachwuchses. Es sollen alle wissenschaftlichen Fachrichtungen ausgewogen berücksichtigt werden. Die Stiftung verwirklicht ihre Ziele insbesondere durch die Vergabe von Stipendien und Sachmitteln an förderungswürdige Personen. Die Förderungsmaßnahmen werden über die Akademie der Wissenschaften und der Literatur, Mainz, abgewickelt, deren Präsident Mitglied der Stiftung ist.

RUDOLF-MEIMBERG-PREIS

Der von Professor Dr. Rudolf Meimberg gestiftete Preis wird verliehen für herausragende in- oder ausländische Publikationen, in denen der Verantwortung des Menschen für sich und die Allgemeinheit in besonderer Weise Rechnung getragen wird oder für Forschungen im Bereich der griechisch-orientalischen Altertumskunde in Verbindung zur Kultur der Gegenwart sowie der Tradition des Humanismus und der Humanität.

Preisträger 1996: Dr. Stephanie-Gerrit Bruer, Stendal
Preisträger 1998: Professor Dr. Kurt Sier, Leipzig

FÖRDERPREIS BIODIVERSITÄT

Der auf eine Stiftung zurückgehende Förderpreis wird an Nachwuchswissenschaftler verliehen, die eine herausragende Arbeit auf dem Gebiet der Biodiversitätsforschung vorgelegt haben. Der Preis versteht sich als Beitrag zur Förderung des akademischen Nachwuchses und als Motivation, eine wissenschaftliche Laufbahn entschlossen zu verfolgen.

Preisträger 1996: Dr. Pierre Leonhard Ibisch, Bonn

COLLOQUIA ACADEMICA

Im Zusammenwirken mit dem Minister für Bildung, Wissenschaft und Weiterbildung des Landes Rheinland-Pfalz und der Johannes Gutenberg-Universität Mainz hat die Akademie 1995 die Veranstaltung „Colloquia Academica – Akademievorträge junger Wissenschaftler“ geschaffen. Junge Geistes- und Naturwissenschaftler, vorwiegend aus den Ländern Rheinland-Pfalz, Hessen und dem Saarland, sollen sich in Vortrag und anschließender Diskussion einem fachkompetenten Publikum in der Akademie vorstellen. Die jungen Gelehrten sollen in die Forschungsbereiche der Akademie einbezogen werden und auf diese Weise eine Ermutigung in ihren Bestrebungen erfahren; andererseits will die Akademie mit dieser Veranstaltungsreihe dokumentieren, daß sie sich der Förderung des hochqualifizierten wissenschaftlichen Nachwuchses verpflichtet weiß.

Am 7. Juli 1998 wurden folgende Vorträge gehalten:

Dr. habil. Bernd Hansjürgens, Philipps-Universität Marburg: Die Sicht des Äquivalenzprinzips in der Finanzwissenschaft

Dr. Peter Oestmann, Johann Wolfgang Goethe-Universität Frankfurt a.M.: Die Grenzen richterlicher Rechtskenntnis

Dr. Ingrid Biehl, Technische Universität Darmstadt: Copyright-Schutz digitaler Daten durch kryptographische Fingerprinting-Schemata

Dr. habil. Michael Thielscher, Technische Universität Darmstadt: Kognitive Robotik – Perspektiven und Grenzen der KI-Forschung

Die gleichnamige Publikationsreihe erscheint im Franz Steiner Verlag, Stuttgart.

POETIKDOZENTUR DER AKADEMIE DER WISSENSCHAFTEN UND DER LITERATUR AN DER UNIVERSITÄT MAINZ

Die Poetikdozentur wurde 1980 begründet. Im Rahmen von Seminaren bietet sie Studenten der Literaturwissenschaft die Möglichkeit, im Gespräch mit Schriftstellern poetologische Fragen zu diskutieren. Mit einem öffentlichen Vortrag in der Universität stellen sich die Autoren abschließend einem größeren Publikum vor.

WS 1980/81: Jürgen Becker
WS 1981/82: Helmut Heißenbüttel
SS 1982: Hans Jürgen Fröhlich
WS 1982/83: Hans Bender
SS 1983: Walter Helmut Fritz
WS 1983/84: Paul Wühr
SS 1984: Herbert Heckmann
WS 1984/85: Klaus Hoffer
SS 1985: Ludwig Harig
WS 1985/86: Ralph Thenior
SS 1986: Guntram Vesper
WS 1986/87: Christoph Meckel
SS 1987: Eva Zeller
WS 1987/88: Franz Mon
SS 1988: Gabriele Wohmann
WS 1988/89: Hans Jürgen Heise
SS 1989: Paul Wühr
WS 1989/90: Hilde Domin
SS 1990: Dieter Hoffmann
WS 1990/91: Heinz Czechowski
SS 1991: Zsuzsanna Gahse
WS 1991/92: Franz Mon; Walter Helmut Fritz; Guntram Vesper; Rainer Malkowski; Wulf Kirsten; Uwe Wittstock
SS 1992: Herbert Heckmann; Harald Hartung
WS 1992/93: Elisabeth Borchers
SS 1993: Ulrich Woelk
WS 1993/94: Michael Zeller
SS 1994: Dagmar Leupold
WS 1994/95: Harald Hartung
SS 1995: Arnold Stadler
WS 1995/96: Durs Grünbein
SS 1996: Hugo Dittberner
WS 1996/97: Thomas Kling
SS 1997: Herbert Rosendorfer
WS 1997/98: Robert Schindel
SS 1998: Brigitte Oleschinski

PRÄSIDENTEN

der Akademie der Wissenschaften und der Literatur · Mainz

1949	Professor Dr.-Ing. Dr. e.h. Karl Willy Wagner
31. 10. 1953	Professor Dr. Eduard Justi
28. 2. 1958	Professor Dr. Dr. h.c. Peter Rassow
29. 7. 1961	Professor Dr. Joseph Vogt
1. 3. 1963	Professor Dr. Pascual Jordan
1. 5. 1967	Professor Dr. Hellmut Georg Isele
12. 2. 1971	Professor Dr. Heinrich Bredt
16. 2. 1979	Professor Dr. Heinrich Otten
26. 4. 1985	Professor Dr. Dr. Gerhard Thews
1. 7. 1993	Professor Dr. Clemens Zintzen

VIZEPRÄSIDENTEN

Mathematisch-naturwissenschaftliche Klasse

1949	Professor Dr. Pascual Jordan
1. 3. 1963	Professor Dr. Dr.-Ing. E.h. Richard Vieweg
29. 4. 1966	Professor Dr.-Ing. E.h. Dr. Ing. E.h. Karl Küpfmüller
11. 4. 1969	Professor Dr. Heinrich Bredt
23. 4. 1971	Professor Dr. Johannes W. Rohen
29. 4. 1977	Professor Dr. Dr. Gerhard Thews
28. 6. 1985	Professor Dr. Wilhelm Lauer
1. 2. 1998	Professorin Dr. Elke Lütjen-Drecoll

VIZEPRÄSIDENTEN

Geistes- und sozialwissenschaftliche Klasse

1949	Professor Dr. Dr. h.c. Christian Eckert
24. 4. 1953	Professor Dr. Dr. Dr. h.c. Dr. E.h. Paul Diepgen
2. 3. 1956	Professor Dr. Hellmut Georg Isele
2. 3. 1962	Professor Dr. Heinrich Otten
11. 2. 1977	Professor Dr. Wolfgang P. Schmid
14. 2. 1986	Professor Dr. Clemens Zintzen
1. 7. 1993	Professor Dr. Wolfgang P. Schmid

VIZEPRÄSIDENTEN

Klasse der Literatur

1949	Dr. Alfred Döblin
31. 7. 1953	Walter von Molo
29. 4. 1955	Dr. Frank Thiess
1. 8. 1964	Hans Erich Nossack
12. 7. 1968	Hans Bender
11. 10. 1974	Dieter Hoffmann
7. 11. 1980	Barbara König
4. 11. 1983	Professor Dr. Dr. h.c. Bernhard Zeller
1. 2. 1990	Walter Helmut Fritz

GENERALSEKRETÄRE

1949	Professor Dr. Dr. h.c. Helmuth Scheel
16. 2. 1968	Dr. Günter Brenner
1. 12. 1993	Dr. Wulf Thommel

VERSTORBENE EHRENMITGLIEDER

(Todesdaten in Klammern)

Emil Abderhalden (5. 8. 1950)
Wolfgang Freihr. von Buddenbrock-Hettersdorf (11. 4. 1964)
Alfred Döblin (28. 6. 1957)
Otto Hahn (28. 7. 1968)
Willy Hellpach (6. 7. 1952)
Theodor Heuss (12. 12. 1963)
Walter Kalkhof-Rose (6. 7. 1988)
Luigi Lombardi (7. 2. 1958)
Walter von Molo (27. 10. 1958)
Gaetano de Sanctis (9. 4. 1957)
Arnold Sommerfeld (26. 4. 1951)

VERSTORBENE MITGLIEDER

(Todesdaten in Klammern)

Hans W. Ahlmann (10. 3. 1974)
Andreas Alföldi (12. 2. 1981)
Ernst Alker (5. 8. 1972)
Martin Almagro Basch (28. 8. 1984)
Ludwig Alsdorf (25. 3. 1978)
Clemens-August Andreae (26. 5. 1991)
Sir Edward Victor Appleton (22. 4. 1965)
Walter Artelt (26. 1. 1976)

Walter Baade (25. 6. 1960)
Günter Bandmann (24. 2. 1975)
Ernst H. Bárány (16. 6. 1991)
Wolfgang Bargmann (20. 6. 1978)
Felice Battaglia (28. 3. 1977)
Günter Baumgartner (11. 8. 1991)
Otto Bayer (1. 8. 1982)
Friedrich Becker (25. 12. 1985)
Wilhelm Becker-Obolenskaja (20. 11. 1996)
Henri Graf Bégouën (4. 11. 1956)
Georg von Békésy (13. 6. 1972)
Emil Belzner (8. 8. 1979)
Alfred Benninghoff (18. 2. 1953)
Ernst Benz (29. 12. 1978)
Werner Bergengruen (4. 9. 1964)
Helmut Berve (6. 4. 1979)
Helmut Beumann (14. 8. 1995)
Jan Białostocki (25. 12. 1988)
Friedrich Bischoff (21. 5. 1976)
Karl Bischoff (25. 11. 1983)
Kurt Bittel (30. 1. 1991)
Wilhelm Blaschke (17. 3. 1962)
Hans Blumenberg (28. 3. 1996)
Heinrich Böll (16. 7. 1985)
Niels Bohr (18. 11. 1962)
Viktor Ivanovič Borkovskij (26. 12. 1982)
Nicolas Born (7. 12. 1979)
Charles van den Borren (14. 1. 1966)
Herbert Bräuer (20. 12. 1989)
Heinrich Bredt (1. 11. 1989)
Bernard von Brentano (29. 12. 1964)
Henri Breuil (14. 8. 1961)
Louis-César Duc de Broglie (1987)
Otto Brunner (12. 6. 1982)
Julius Büdel (28. 8. 1983)
Dino Buzzati (28. 1. 1972)

Walter Cady (1974)
Maurice Caullery (13. 7. 1958)
Hans Helmut Christmann (26. 7. 1995)
Jean Cocteau (11. 10. 1963)
Fabio Conforto (24. 2. 1954)
Antonio Augusto Esteves Mendes Corrêa (7. 1. 1960)

Elena Croce (20. 11. 1994)

Adolf Dabelow (27. 7. 1984)
Hellfried Dahlmann (7. 7. 1988)
Albert Defant (24. 12. 1974)
Ludwig Dehio (24. 11. 1963)
Karl Deichgräber (16. 12. 1984)
Honorio Delgado (27. 11. 1969)
Otto Demus (17. 11. 1990)
Tibor Déry (18. 9. 1977)
Max Deuring (20. 12. 1984)
Paul Diepgen (2. 1. 1966)
Hans Diller (15. 12. 1977)
Alfred Döblin (26. 6. 1957)
Gerhard Domagk (24. 4. 1964)
Georges Duhamel (13. 4. 1966)
Ejnar Dyggve (6. 8. 1961)

Wolfram Eberhard (15. 8. 1989)
Christian Eckert (27. 6. 1952)
Johannes Edfelt (27. 8. 1997)
Tilly Edinger (27. 5. 1967)
Kasimir Edschmid (31. 8. 1966)
Karl Egle (26. 10. 1975)
Günter Eich (21. 12. 1972)
Herbert von Einem (5. 8. 1983)
Otto Eißfeld (23. 4. 1973)
Carl August Emge (20. 1. 1970)
Wilhelm Emrich (7. 8. 1998)
Heinrich Karl Erben (15. 7. 1997)
Wolja Erichsen (25. 4. 1966)

Karl-Georg Faber (15. 9. 1982)
Heinrich von Ficker (29. 4. 1957)
Robert Folz (5. 3. 1996)
Hubert Forestier (1975)
Dagobert Frey (13. 5. 1962)
Hans-Albrecht Freye (24. 5. 1994)
Hans Freyer (18. 1. 1969)
Albert Frey-Wyssling (30. 8. 1988)
Karl von Frisch (12. 6. 1982)
Hans Jürgen Fröhlich (22. 11. 1986)

Jean Gaston Gagé (1986)
Ernst Gamillscheg (18. 3. 1971)
Joseph Gantner (7. 4. 1988)
Lothar Geitler (1. 5. 1990)
Friedrich Gerke (24. 8. 1966)
Willy Giese (4. 4. 1973)
Natalia Ginzburg (8. 10. 1991)
Helmuth von Glasenapp (25. 6. 1963)
Kurt Goldammer (7. 2. 1997)
Gernot Gräff (6. 11. 1982)
Richard Grammel (26. 6. 1964)
Johann Hjalmar Granholm (4. 2. 1972)
Julien Green (13. 8. 1998)
Henri Grégoire (28. 9. 1964)
Ludwig Greve (12. 7. 1991)
Kaare Grønbech (21. 1. 1957)
Wilibald Gurlitt (15. 12. 1963)

Georg Hamel (4. 10. 1954)
George M. A. Hanfmann (13. 3. 1986)
Ernst Hanhart (5. 9. 1973)
Björn Helland Hansen (7. 9. 1957)
Robert Comte d'Harcourt (18. 6. 1965)
Hermann Hartmann (22. 10. 1984)
Nicolai Hartmann (9. 10. 1950)
Helmut Hasse (26. 12. 1979)
Otto Haupt (10. 11. 1988)
Wilhelm Hausenstein (3. 6. 1957)
Manfred Hausmann (6. 8. 1986)
Johan Arvid Hedvall (24. 12. 1974)
Hermann Heimpel (23. 12. 1988)
Heinz Heimsoeth (10. 9. 1975)
Helmut Heißenbüttel (19. 9. 1996)
Walter Heinrich Heitler (15. 11. 1981)
Werner Helwig (4. 2. 1985)
Corneille Heymans (18. 7. 1968)
Rudolf Hirsch (19. 6. 1996)
Helmut Hoffmann (8.10.1992)
Herfried Hoinkes (4. 4. 1975)
Karl August Horst (30. 12. 1973)
Edouard Houdremont (10. 6. 1958)
Taha Husein (28. 10. 1973)
Aldous Huxley (22. 11. 1963)

Hans Herloff Inhoffen (31. 12. 1992)
Hans Ulrich Instinsky (30. 6. 1973)
Hellmut Georg Isele (7. 3. 1987)
Erwin Iserloh (14. 4. 1996)

Werner Jaeger (19. 10. 1961)
Hans Henny Jahnn (29. 11. 1959)
Hubert Jedin (16. 7. 1980)
Pascual Jordan (31. 7. 1980)
Richard Jung (25. 7. 1986)
Christian Junge (18. 6. 1996)
Eduard Justi (16. 12. 1986)

Erich Kästner (29. 7. 1974)
Hermann Kasack (10. 1. 1966)
Marie Luise von Kaschnitz-Weinberg (10. 10. 1974)
Valentin Katajew (12. 4. 1986)
Bernhard Kellermann (17. 10. 1951)
Martin Kessel (14. 4. 1990)
Hermann Kesten (3. 5. 1996)
Valentin Kiparsky (18. 5. 1983)
Wilhelm Kisch (9. 3. 1952)
Kurt Klöppel (13. 8. 1985)
Ulrich Klug (7. 5. 1993)
Werner Koch (30. 3. 1992)
Max Kohler (31. 3. 1982)
Annette Kolb (3. 12. 1967)
August Kopff (24. 4. 1960)
Paul Koschaker (1. 6. 1951)
Curt Kosswig (29. 3. 1982)
Ernest A. Kraft (19. 6. 1962)
Hans Krahe (25. 6. 1965)
Ernst Kreuder (24. 12. 1972)
Wolfgang Krull (12. 4. 1971)
Herbert Kühn (25. 6. 1980)
Ernst Kühnel (5. 8. 1964)
Karl Küpfmüller (26. 12. 1977)

Horst Lange (6. 7. 1971)
Elisabeth Langgässer (25. 7. 1950)
Raymond Lantier (14. 4. 1980)
Torbern Laurent (22. 9. 1981)
Christine Lavant (7. 6. 1973)
Fritz Laves (12. 8. 1978)
Halldór Laxness (9. 2. 1998)
Wilhelm Lehmann (17. 11. 1968)
Horst Leithoff (25. 12. 1998)
Widukind Lenz (25. 2. 1995)
Hans Lewald (10. 11. 1963)
Mechtilde Lichnowsky (4. 6. 1958)
Ragnar Liljeblad (13. 10. 1967)
Bertil Lindblad (25. 6. 1965)
Zofia Lissa (26. 3. 1980)
Enno Littmann (4. 5. 1958)
Fritz Loewe (27. 3. 1974)
Erhard Lommatzsch (20. 1. 1975)
Konrad Lorenz (27. 2. 1989)
Franz Lotze (13. 2. 1971)
Alexander Luther (9. 8. 1970)

Anneliese Maier (2. 12. 1971)
André Malraux (23. 11. 1976)
Gunter Mann (16. 1. 1992)
Ernst Marcus (30. 6. 1968)
Alfred von Martin (11. 6. 1979)
Louis Massignon (31. 10. 1962)
Ernest Matthes (10. 9. 1958)
Friedrich Matz (3. 8. 1974)
Klaus Mehnert (2. 1. 1984)
Max Mell (12. 12. 1971)
Clemente Merlo (13. 1. 1960)
Werner Milch (20. 4. 1950)
Robert Minder (10. 9. 1980)
Guiseppe Moruzzi (11. 3. 1986)
Kurt Mothes (12. 2. 1983)
Heiner Müller (30. 12. 1995)
Hermann Joseph Müller (5. 4. 1967)

Dimitrij Nikolaevič Nasledov (9. 1. 1975)
Ernst Harald Norinder (6. 7. 1969)
Hans Erich Nossack (2. 11. 1977)

Aziz Ogan (5. 10. 1956)
Horst Oppel (17. 7. 1982)
Karl Otten (20. 3. 1963)

Max Pagenstecher (12. 7. 1957)
Jean Comte de Pange (20. 7. 1957)
Leo Pardi (27. 12. 1991)
Franz Patat (11. 12. 1982)
Christina Yvon Pauc (8. 1. 1981)
Konstantin Paustovskij (14. 7. 1968)
Johannes Pedersen (22. 12. 1977)

Ernst Penzoldt (27. 1. 1955)
Wilhelm Peters (29. 3. 1963)
Max Pfannenstiel (1. 1. 1976)
André Piganiol (24. 5. 1968)
Robert Pinget (25. 8. 1997)
Rudolf Plank (16. 6. 1973)
Helmuth Plessner (12. 6. 1985)
Nikolaus Poppe (8. 6. 1991)
Walter Porzig (14. 10. 1961)

Gustav Radbruch (23. 11. 1949)
Peter Rassow (19. 5. 1961)
Kurt von Raumer (22. 11. 1982)
Horst Claus Recktenwald (28. 4. 1990)
Werner Reichardt (18. 9. 1992)
Adolf Remane (22. 12. 1976)
Herbert Riehl (1. 6. 1997)
Erwin Riezler (14. 1. 1953)
Yannis Ritsos (11. 11. 1990)
Joachim Ritter (3. 8. 1974)
Erich Rothacker (10. 8. 1965)
Bernhard de Rudder (27. 3. 1962)
Max Rychner (10. 4. 1965)

Rolf Sammet (19. 1. 1997)
Mariano San Nicoló (15. 5. 1955)
Albrecht Schaeffer (4. 12. 1950)
Walter Schätzel (9. 4. 1961)
Fritz Schalk (20. 9. 1980)
Helmuth Scheel (6. 6. 1967)
Richard Scherhag (31. 8. 1970)
Theodor Schieder (8. 10. 1984)
Hans Friedrich Wilhelm Erich Schimank (25. 8. 1979)
Otto H. Schindewolf (10. 6. 1971)
Wilhelm Schmidtbonn (3. 7. 1952)
Arnold Schmitz (1. 11. 1980)
Günter Schmölders (7. 11. 1991)
Franz Schnabel (25. 2. 1966)
Friedrich Schnack (6. 3. 1977)
Hermann Schneider (9. 4. 1961)
Reinhold Schneider (6. 4. 1958)
Gerhard Schramm (3. 2. 1969)
Rudolf Alexander Schröder (22. 8. 1962)
Karl Schwedhelm (9. 3. 1988)
Ilse Schwidetzky-Roesing (18. 3. 1997)
Leonardo Sciascia (20. 11. 1989)
Friedrich Seewald (4. 2. 1974)
Didrik Arup Seip (3. 5. 1963)
August Seybold (11. 12. 1965)
Karl Manne Georg Siegbahn (24. 9. 1978)
Adolf Smekal (7. 3. 1959)
Wolfram Freiherr von Soden (6. 10. 1996)
Hugo Spatz (27. 1. 1969)
Franz Specht (13. 11. 1949)
Wilhelm Speyer (1. 12. 1952)
Heinrich Ritter von Srbik (16. 2. 1951)
Helmut Stimm (30. 3. 1987)
Jules Supervielle (17. 5. 1960)
Tomoji Suzuki (1997)

Franz Tank (22. 4. 1981)
Frank Thiess (22. 12. 1977)
Wolfgang Thoenes (3. 3. 1992)
Carl Troll (21. 7. 1975)
Wilhelm Troll (28. 12. 1978)
Poul Tuxen (29. 5. 1955)

Boris Ottokar Unbegaun (4. 3. 1973)
Fritz Usinger (9. 12. 1982)

Giancarlo Vallauri (7. 5. 1957)
Henri Vallois (26. 8. 1981)
Max Vasmer (30. 11. 1962)
Giorgio del Vecchio (28. 11. 1970)
Otmar Frhr. von Verschuer (8. 8. 1969)
Richard Vieweg (20. 10. 1972)
Joseph Vogt (14. 7. 1986)

Karl Willy Wagner (4. 9. 1953)
Kurt Wagner (17. 9. 1973)
Richard Walzer (16. 4. 1975)
Adolf Weber (5. 1. 1963)
Ludwig Weickmann (29. 11. 1961)
Elias Wessén (30. 1. 1981)

Karl Wezler (17. 7. 1987)
Ernest Wickersheimer (6. 8. 1965)
Theodor Wieland (24. 11. 1995)
Leopold von Wiese und Kaiserswaldau (11. 1. 1969)
Thornton Wilder (7. 12. 1975)
Julius Wilhelm (5. 5. 1983)
Karl Winnacker (5. 6. 1989)
Hermann von Wissmann (5. 9. 1979)
Emil Woermann (15. 9. 1980)
Carl Wurster (14. 12. 1974)

Friedrich E. Zeuner (6. 11. 1963)
Feng Zhi (22. 2. 1993)
Leopold Ziegler (25. 11. 1958)
Karl Günter Zimmer (29. 2. 1988)
Carl Zuckmayer (18. 1. 1977)
Otto von Zwiedineck-Südenhorst (4. 8. 1957)

Kommissionen

(Stand 15. März 1999)

I. MATHEMATISCH-NATURWISSENSCHAFTLICHE KLASSE

Kommission für Chemisch-technische Forschung

Vorsitzender: Bock

Mitglieder: G. Herrmann, Kuhn, Schlögl, Simon

Kommission für Physikalisch-technische Forschung

Vorsitzender: Pilkuhn

Mitglieder: Ehrenberg, Hachenberg, Lautz

Sachverständige: Brennecke, Ewe, Kunze

Kommission für chronisch degenerative Erkrankungen, Ursachen und Symptome

Vorsitzende: Lütjen-Drecoll

Mitglieder: Dhom, Fleckenstein, Haberland, Lindauer, Menzel, Michelsen, Miltenburger, Nachtigall, Rohen, Schmidt, Schölmerich, Strehler, Thews, Wehner, Zahn

Sachverständiger: Buddecke, W. E. G. Müller, Tautz

Mitarbeiter: BTA Susanne Ax, Mainz; Med.-Techn. Ass. Angelika Hauser, Erlangen; Med.-Techn. Ass. Barbara Teschemacher, Erlangen; Dr. med. Gertrud Zahn-Daimler, Mainz

Kommission für Botanische Forschung

Vorsitzender: Barthlott

Mitglieder: Jäger, Rauh, Vogel, Weberling

Sachverständige: Hagemann, Porembski, Sell

Mitarbeiter: Professor Dr. habil. rer. nat. Eberhard Fischer, Koblenz; Professor Dr. rer. nat. Hans A. Froebe, Aachen; Dr. rer. nat. Elvira Groß, Bonn; Professor Dr. rer. nat. Thomas Stützel, Bochum

Kommission für Zoologie

Vorsitzender: Ax

Mitglieder: Karling, Lindauer, Schaefer

Mitarbeiter: Dr. rer. nat. Jörn Alphei, Göttingen; Professor Dr. rer nat. Thomas Bartolomaeus, Bielefeld; Dr. rer. nat. Beate Ehlers, Göttingen; Professor

Dr. rer. nat Ulrich Ehlers, Göttingen; Dr. rer. nat. Wolfgang Mielke, Göttingen; Professor Dr. rer. nat. Stefan Scheu, Darmstadt

Kommission für Humanforschung

Vorsitzender: Thews

Mitglieder: Haberland, Lübbers, Rohen, Schmidt, Zahn

Sachverständige: Grote, Hutten, Müller-Klieser

Mitarbeiter: Dr.-Ing. Jürgen Bergeler, Mainz; Dr. Karlfried Groebe, Mainz; Dr. Oliver Thews, Mainz; Dr. Klaus Zimmer, Bonn

Kommission für Biochemie und Makromolekulare Chemie

Vorsitzender: Ringsdorf

Mitglieder: Kuhn, Mutschler, Oesterhelt, Sinn

Mitarbeiter: Dr. Steffen Denzinger, Mainz; Dr. Markus Seitz, Wiesbaden; Dr. Alice Wagenknecht, Mainz

Kommission für Erdwissenschaftliche Forschung

Vorsitzender: Lauer

Mitglieder: Frenzel, Furrer, Messerli, Rauh, Seibold, Strauch, Thiede, Wedepohl, Welte, Winiger

Sachverständige: Bendix, Frankenberg, Höllermann, Holtmeier

Mitarbeiter: Dipl.-Geogr. Christof Angermann, Niederkassel; Dipl.-Geogr. Astrid Bendix, Bonn; Dipl.-Geogr. Dr. Mohammad Daud Rafiqpoor, Bonn

Kommission für Molekularbiologie

Vorsitzender: Zahn

Mitglieder: Kurelec, Lütjen-Drecoll, Miltenburger, Mutschler, Rohen

Sachverständige: Bachmann, Kleinschmidt, W. E. G. Müller, Nagel, Ogura, H. C. Schröder

Mitarbeiter: BTA Susanne Ax, Mainz; PD Dr. rer. nat. Renato Batel, Rovinj; PD Dr. rer. nat. Nevenka Bihari, Rovinj; Dipl.-Ing. Holger Bohnert, Neu-Anspach; Dr. rer. nat. Vera Gamulin, Zagreb; Dipl.-Biol. Bojan Hamer, Rovinj; Dipl.-Biol. Magarete Hergenröder, Mainz; MTA Marita Mauer, Bingen; Dipl.-Biol. Imke Metz, Mainz; Dr. rer. nat. Georg Reifferscheid, Neuwied; Dipl.-Biol. Claudia Schmid, Mainz; Dr. rer. nat. Petra Waldmann, Mainz; Dr. med. Gertrud Zahn-Daimler, Wiesbaden

Kommission für Mathematik und Astronomie

Vorsitzender: Ehlers

Mitglieder: Hachenberg, Ludwig

Kommission für medizinische Forschung

Vorsitzender: Mutschler

Mitglieder: Dhom, Fleckenstein, Fuchs, Gerok, Lütjen-Drecoll, Meyer zum Büschenfelde, Michaelis, Oelschläger, Rittner, Rohen, Schmidt, Schölmerich, Thews

Sachverständiger: Illhardt, Raspe, Winter

II. GEISTES- UND SOZIALWISSENSCHAFTLICHE KLASSE

Kommission für Philosophie und Begriffsgeschichte

Vorsitzender: Kodalle

Mitglieder: Funke, Gründer, Hadot, Heitsch, Kristeller, Lübbe, C. W. Müller, Schmid, Zeller, Zintzen

Sachverständige: Gadamer, Kambartel, Koselleck, Scholtz

Mitarbeiter: Dr. Helmut Hühn, Berlin; Dr. Margarita Kranz-Schröder M.A., Berlin; Dr. Astrid von der Lühe, Berlin (bis 30. 11. 1998); Dr. Winfried Schröder, Berlin (bis 30. 11. 1998)

Kommission für die Valentin Weigel-Ausgabe

Vorsitzender: Krummacher

Mitglieder: Gärtner, Gründer, G. Müller, Schröder

Mitarbeiter: Dr. Horst Pfefferl, Marburg

Kommission für Geschichte des Altertums

Vorsitzender: Bellen

Mitglieder: Andreae, Benedum, Chantraine, Heinen, Heitsch, Himmelmann, Müller-Wille, H. Otten, Radnoti-Alföldi, Söllner, Zintzen

Sachverständige: von Kaenel, Schumacher

Mitarbeiter „Antike Sklaverei": Professor Dr. Jürgen Blänsdorf, Mainz; Professor Dr. Johannes Christes, Berlin; Johannes Deißler M.A., Mainz; Dr. Constanze Ebner, Innsbruck; Dr. Johanna Filip-Fröschl, Salzburg; Dr. Richard Gamauf, Wien; Priv.-Doz. Dr. Thomas Grünewald, Duisburg; Prof. Dr. Fritz Gschnitzer, Heidelberg; Priv.-Doz. Dr. Elisabeth Herrmann-Otto, Mainz; Univ.-Doz. Dr. Evelyn Höbenreich, Graz; Hochschuldozent Dr. Gerhard Horsmann, Mainz; Professor Dr. Hans Klees, Erlangen-Nürnberg; Professor Dr. Richard Klein, Erlangen-Nürnberg; Professor Dr. Janez Kranjc, Ljubljana; Professor Dr. Fridolf Kudlien, Kiel; Anastassia Maximova, Kazan; Professor Dr. Hermann Nehlsen, München; Univ.-Doz. Dr. Martin Pennitz, Graz; Professor Dr. Günter Prinzing, Mainz; Professor Dr. Michael Rainer, Graz; Priv.-Doz. Dr. Christoph Schäfer, Regensburg; Dorothea Schäfer, M. A., Mainz; Univ.-Doz. Dr. Walter Scheidel, Wien; Professor Dr. Reinhold Scholl, Leipzig; Professor Dr. Leonhard Schumacher, Mainz; Professor Dr. Alfred Söllner, Gießen; Professor Dr. Heikki Solin, Helsinki; Professor Dr. Hans-Dieter Spengler, München; Dr. Oliver Stoll, Mainz; Professor Dr. Zoltan Vegh, Salzburg; Professor Dr. Artur Völkl, Innsbruck; Professor Dr. Andreas Wacke, Köln; Professor Dr. Wolfgang Waldstein, Salzburg; Professor Dr. Ingomar Weiler, Graz; Professor Dr. Karl-Wilhelm Welwei, Bochum; Professor Dr. Thomas Wiedemann, Nottingham; Professor Dr. Hans Wieling, Trier; Professor Dr. Reinhard Willvonseder, Wien

Mitarbeiter: „Fundmünzen der Antike“: Dr. Dirk Backendorf, Frankfurt/M; Cruces Blazquez Cerrato, Salamanca; Dr. Bistra K. Boschkowa, Sofia; Dr. Patrizia Calabria, Rom; Dr. Joachim Gorecki, Frankfurt/M.; Dr. Holger Komnick, Frankfurt/M.; Dr. Peter Kos, Ljubljana; Dr. Rudolf Laser, Berlin; Dr. Peter-Hugo Martin, Karlsruhe; Dr. Auguste Miron, Saarbrücken; Dr. Hans-Christoph Noeske, Frankfurt/M.; Dr. Gerd Rupprecht, Mainz; Dr. Andrej Schemrow, Ljubljana; Dr. Helmut Schubert, Frankfurt/M.; Dr. Karlhorst Stribrny, Frankfurt/M.; Drs. Jos van der Vin, Leiden; Dr. h.c. Raymond Weiller, Luxemburg; Ulrich Werz, M.A., Offenbach; Dr. David Wigg, Frankfurt/M.

Kommission für Klassische Philologie

Vorsitzender: Heitsch

Mitglieder: Andreae, Bellen, Benedum, Hadot, Himmelmann, Hunger, C.W. Müller, H. Otten, Schmid, Zintzen, Zwierlein

Sachverständige: Cardauns, Harth, Riemer, Rupprecht, Wlosok

Mitarbeiter: Dr. Karl-Heinz Chelius, Würzburg (bis 28. 2. 1999); Dr. Ute Ecker, Mainz; Priv.-Doz. Dr. Irene Frings, Köln; Prof. Dr. Dorothea Gall, Köln/Hamburg; Andreas Grote, Würzburg (ab 1. 3. 1999); Dr. Andrea Jördens, Marburg

Kommission für Archäologie

Vorsitzender: Andreae

Mitglieder: Bellen, Böhner, Borbein, Demargne, Gründer, Haussherr, Heitsch, Himmelmann, Kahsnitz, Krummacher, Miller, C. W. Müller, H. Otten, Radnoti-Alföldi, Schröder, Zintzen

Sachverständige: Deckers, Osterkamp

Mitarbeiter: Dr. Maria Andreadaki-Vlasaki, Chania; Dr. Vassilis Aravantinos, Athen; John H. Betts, Bristol; Professor Sir John Boardman, Oxford; Dr. Helen Brock, Oxford; Dr. Phanouria Dakoronia, Lamia; Professor Dr. Costis Davaras, Athen; Dr. Katie Demakopoulou, Athen; Professor Dr. Christos Drumas, Athen; Angeliki Dousougli-Zachos, Joannina; Dr. Jan Driessen, Liège; Professor Dr. Henri van Effenterre und Micheline van Effenterre, Paris; Professor Dr. K. Gallis, Komotini; Dr. Margaret A. V. Gill, Glasbury/Hereford (England); Marianne Gross, Stendal (bis 31. 3. 1999); Dr. Erik Hallager, Århus; Professor Dr. Sigrid Deger-Jalkotzy; Olga Kakavojanni, Athen; Dr. Lazaros Kolonas, Patras; Eleni Konsolaki, Athen; Professor G. St. Korres, Athen; Kalliopi Krystalli-Votsi, Athen; Dr. Olga Krzyszkowska, London; Priv.-Doz. Dr. Max Kunze, Stendal; Angelos Liangouras, Olympia; Professor A. MacGillivray, New York; Zoi Malakassioti, Volos; Dr. Marisa Marthari, Athen; Dimitris Matsas, Komotini; Dr. Walter Müller, Marburg; Professor Dr. Wolf-Dietrich Niemeier, Heidelberg; Dr. Jean Pierre Olivier, Brüssel; Professor Dr. Ingo Pini, Marburg; Eleni Palaiologou, Nafplion; Professor Dr. Jean-Claude Poursat, Clermont-Ferrand; Dr. Jannis Sakellarakis, Athen; Privatdozent Dr. Eberhard Thomas, Köln; Dr. Metaxia Tsipopoulou, Athen; Dr. Jannis Tzedakis, Athen; Gisela Walberg,

Cincinnati; Dr. Judith Weingarten, Amsterdam; Dr. Hans-Joachim Weißhaar, Bonn; Professor Dr. John Younger, Durham (USA)

Kommission für Kunstgeschichte und Christliche Archäologie

Vorsitzender: Haussherr

Mitglieder: Andreae, Himmelmann, Kahsnitz, Kitzinger, Lübbe, Waetzoldt, Zimmermann, Zintzen

Sachverständiger: Deckers

Mitarbeiter: Professor Dr. Rüdiger Becksmann, Freiburg i. Br.; Bettina Elmendorff, Freiburg i. Br.; Andrea Gössel, Eschbach; Fritz Herz, Hüfingen; Dr. Daniel Hess, Röthenbach; Dr. Gabriela Laipple, Oberelchingen; Dr. Ivo Rauch, Koblenz; Dr. Dorothee Renner-Volbach, Mainz; Dr. Hartmut Scholz, Freiburg i. Br.; Rainer Wohlrabe, Kappel-Grafenhausen.

Kommission für Frühgeschichtliche Archäologie

Vorsitzender: Müller-Wille

Mitglieder: Bellen, Böhner, Debus, Frenzel, Himmelmann, Kleiber, F. Otten, Schmid

Sachverständiger: Engels

Mitarbeiter: Dipl. Biol. Almuth Alsleben, Kiel; Dr. Dietrich Meier, Kiel; Dr. Antje Schmitz, Kiel; Dr. Angelika Sehnert-Seibel, Essen

Historische Kommission

Vorsitzender: Born

Mitglieder: Bellen, Fried, Henning, Koller, Lange, K.-D. Lehmann, Schwarz, Zimmermann

Sachverständige: Mommsen, Oexle, Tennstedt

Mitarbeiter: Dr. Wolfgang Ayaß, Kassel; Karin Christl, Kassel; Irene Feldmann, Duisburg; Professor Dr. Ernst-Dieter Hehl, Mainz; Margit Peterle, Kassel; Gisela Rust-Schmöle, Kassel (ab 1.5.1998); Andrea Schröder, Kassel (bis 28.2.1998); Carsten Stiller, Mainz; Heidi Winter, Kassel

Inschriften-Kommission

Vorsitzender: Zimmermann

Mitglieder: Bellen, Born, Fried, Haubrichs, Haussherr, Kahsnitz, Krummacher, Zwierlein

Mitarbeiter: Dr. Rüdiger Fuchs, Mainz; Dr. Yvonne Monsees, Mainz; Dr. Eberhard J. Nikitsch, Mainz; Dr. Sebastian Scholz, Mainz; Gepa Spitzner, Mainz; Thomas G. Tempel, Mainz

Kommission für Kirchengeschichte

Vorsitzender: Ganzer

Mitglieder: Born, Cullmann, Fried, Henning, Krummacher, Lienhard, G. Müller, Zimmermann

Sachverständiger: zur Mühlen

Mitarbeiter: Dr. Norbert Jäger, Mainz; Volker Mantey, Bonn (ab 1. 3. 1999); Wolfgang Matz, Bonn (bis 28. 2. 1999); Ellen Sippel, Mainz; Christoph Stoll, München

Orientalische Kommission

Vorsitzender: W. W. Müller

Mitglieder: Bazin, Benzing, Lüddeckens, Neu, H. Otten, Thissen

Mitarbeiter: Dr. Wolfgang Brunsch, Würzburg; Priv.-Doz. Dr. Günter Vittmann, Würzburg; Professor Dr. Karl-Theodor Zauzich, Würzburg

Kommission für Indologie

Vorsitzender: von Hinüber

Mitglieder: Rau, Schmid, Thomas

Sachverständige: Buddruss, Thieme

Kommission für den Alten Orient

Vorsitzender: Neu

Mitglieder: Bellen, Benzing, W. W. Müller, H. Otten, Schmid, Thomas

Mitarbeiter: Dr. Silvin Košak, Mainz; Christel Rüster, Mainz

Kommission für Vergleichende Sprachwissenschaft

Vorsitzender: Schmid

Mitglieder: Debus, Kleiber, Neu, F. Otten, Pfister, Thomas, Zintzen

Sachverständiger: Greule
Mitarbeiter: Professor Dr. Albrecht Greule, Wenzenbach-Grünthal; Dr. Wolfgang Kramer, Göttingen; Professor Dr. Hermann Ölberg, Innsbruck; Dr. Rolf Spang, Baiersdorf; Professor Dr. Jürgen Udolph, Rosdorf 3 OT. Sieboldshausen; Dr. Sophie Wauer, Berlin

Kommission für Deutsche Philologie

Vorsitzender: Krummacher

Mitglieder: Debus, Gärtner, Habicht, Haubrichs, Kleiber, Mehl, Pfister, Schmid, Schröder, Welzig, B. Zeller, Zwierlein

Sachverständige: Eichinger, Müller, Tarot, Woesler

Mitarbeiter: Dr. Maria Besse, Riegelsberg (ab 1.3.1999); Dr. Sigrid Bingenheimer, Kaiserslautern; Dr. Julie Boghardt, Wolfenbüttel; Dr. Thomas Braun, Kiel; Dr. Reinhard Goltz, Kiel; Stefanie Hose, Kiel; Dr. Dieter Merzbacher, Braunschweig; Dr. Martin Schröder, Kiel; Sigrid Wack, Kaiserslautern

Kommission für das Mittelhochdeutsche Wörterbuch

Vorsitzender: Schröder

Mitglieder: Debus, Gärtner, Haubrichs, Kleiber, Pfister, Schmid

Sachverständige: Grubmüller, Klein, Sappler, Stackmann

Kommission für Namenforschung

Vorsitzender: Kleiber

Mitglieder: Debus, Gärtner, Haubrichs, Pfister, Schmid, Schröder

Sachverständige: Greule, Ramge

Mitarbeiter: Dr. Wolf-Dietrich Zernecke, Mainz

Kommission für Englische Philologie

Vorsitzender: Mehl

Mitglieder: Habicht, Haussherr, Loos, Schröder

Sachverständiger: Drescher

Mitarbeiter: Professor Dr. Hildegard Hammerschmidt-Hummel, Mainz; Jutta Ziegler, Mainz

Kommission für Romanische Philologie

Vorsitzender: Hempel

Mitglieder: Loos, Pfister, Zintzen

Sachverständiger: Kramer

Mitarbeiter: Heide Hauck, Saarbrücken; Dr. Thomas Hohnerlein-Buchinger, Gersheim-Peppenkum; Dott. Elisabetta Indiano, S. Maria al Bagno; Astrid Rein, Saarbrücken; Dr. Gunnar Tancke, Saarbrücken

Kommission für Slavische Philologie und Kulturgeschichte

Vorsitzender: F. Otten

Mitglieder: Benzing, Brang, Neu, Pfister, Schmid, Thomas

Sachverständige: Belentschikow, Gutschmidt, Lehfeldt

Mitarbeiter: Svetlana Ernstberger C.Sc., Marburg a.d.L.; Dr. Hans-Jochen Pasenow M.A., Marburg a.d.L.; Dr. Klaus Piperek M.A., Berlin; Dr. Elisabeth Timmler M.A., Berlin

Kommission für Musikwissenschaft

Vorsitzender: Riethmüller

Mitglieder: Eggebrecht, Finscher, von Fischer, Mehl

Sachverständiger: Croll

Mitarbeiter: Dr. Markus Bandur, Freiburg i. Br.; Dr. Michael Beiche, Freiburg i. Br.; Dr. Gabriele Buschmeier, Mainz; Dr. Sabine Ehrmann-Herfort, Freiburg i. Br.; Dr. Sabine Feißt, Berlin; Tanja Gölz M.A., Mainz; Dr. Eva Hanau, Berlin; Margret Jestremski M.A., Berlin (bis 31. 10. 1998); Dr. Daniela Philippi, Mainz; Erla Scholz M.A., Mainz; Dr. Martina Weindel, Berlin

Kommission für Geschichte der Medizin und der Naturwissenschaften

Vorsitzender: Benedum

Mitglieder: Ax, C.W. Müller, Scharf, Schölmerich, Zintzen

Sachverständige: Fabian, Kümmel, Winau

Mitarbeiter: Professor Dr. Gerhard Aumüller, Marburg a. d. L.; Professor Dr. Dr. Olaf Breidbach, Jena; Dr. Franz Dumont, Mainz; Ulrike Enke, Gießen; Professor Dr. Reinhard Hildebrand, Münster; Priv.-Doz. Dr. Michael Kutzer, Mainz; Dr. Sigrid Oehler-Klein, Gießen; Dr. Hans-Peter Rösler, Bingen; Dr. Irmtraut Sahmland, Gießen; Dr. Manfred Wenzel, Gießen

Kommission für Rechtswissenschaft

Vorsitzender: Stolleis

Mitglieder: Diestelkamp, Lange, Söllner, Zimmermann, Zippelius

Sachverständiger: Fenn

Mitarbeiter: Christin Löchel M.A., Bad Homburg; Dr. Ronald Neumann, Frankfurt; Dr. Ute Rödel, Mainz; Dr. Ekkehard Rotter, Frankfurt/M.

Kommission für Wirtschafts- und Sozialwissenschaften

Vorsitzender: Hesse

Mitglieder: Born, Henning, Issing, Oberreuter, Samuelson, Schölmerich, Streit, Zintzen

Kommission für Personalschriften (Leichenpredigten)

Vorsitzender: G. Müller

Mitglieder: Born, Ganzer, Haussherr, Kleiber, Krummacher, Schröder, Zimmermann

Sachverständiger: Lenz

Mitarbeiter: Gabriele Bosch M.A., Marburg a. d. L.; Dr. Eva-Maria Dickhaut, Marburg a. d. L.; Lic. theol. Werner Hupe, Dresden; Dr. Raphaela Lauf M. A., Marburg

a. d. L. (bis 14. 1. 1998); Dr. Horst Nieder M. A., Dresden; Dr. Hartmut Peter, Marburg a. d. L. (ab 1. 7. 1998); Dr. Helga Petzoldt, Dresden; Anke Tiedemann M. A., Marburg a. d. L. (1. 2. 1998 bis 14. 10. 1998); Dr. Jörg Witzel M.A., Lahntal; Dipl. theol. Mario Zielezinski, Dresden (ab 1. 10. 1998)

Deutsche Kommission für die Bearbeitung der Regesta Imperii e.V.
bei der Akademie der Wissenschaften und der Literatur, Mainz

Vorstand

Vorsitzender: Zimmermann

Stellvertretender Vorsitzender: Professor Dr. Rudolf Schieffer, München

Sekretär: Professor Dr. Dr. h.c. Roderich Schmidt, Marburg a. d. L.

Geschäftsführer: Priv.-Doz. Dr. Paul-Joachim Heinig, Mainz

Mitglieder: Professor Dr. Peter Acht, München; Professor Dr. Gerhard Baaken, Tübingen; Professor Dr. Dr. h.c. Bernhard Diestelkamp, Frankfurt a. M.; Professor Dr. Johannes Fried, Frankfurt a. M.; Professor Dr. Dr. h.c. mult. Horst Fuhrmann, München; Professor Dr. Othmar Hageneder, Wien; Professor Dr. Rudolf Hiestand, Düsseldorf; Dr. Karel Hruza, Wien; Professor Dr. Kurt-Ulrich Jäschke, Saarbrücken; Professor Dr. Theo Kölzer , Bonn; Professor Dr. Heinrich Koller, Salzburg; Professor Dr. Peter Moraw, Gießen; Professor Dr. Wolfgang Petke, Göttingen; Professor Dr. Tilman Struve, Köln; Professor Dr. Dr. h.c. Hermann Wiesflecker, Graz

Mitarbeiter: Dorothee Arnold M. A., Erlangen; Dr. Katrin Baaken, Tübingen; Dr. Irmgard Fees, Gießen; Dr. Karl Augustin Frech, Tübingen; Priv.-Doz. Dr. Paul-Joachim Heinig, Mainz; Professor Dr. Klaus Herbers, Erlangen; Dr. Gerhard Lubich, Köln; Priv.-Doz. Dr. Michael Menzel, München; Dr. Monika Minninger, Bielefeld; Dr. Ronald Neumann, Mainz; Dr. Dieter Rübsamen, Mainz; Dr. Ulrich Schmidt, Tübingen; Priv.-Doz. Dr. Peter Thorau, Saarbrücken; Dr. Johannes Wetzel, München; Professor Dr. Herbert Zielinski, Gießen

III. KLASSE DER LITERATUR

Kommission für „Die Mainzer Reihe“

Vorsitzender: Bender

Mitglieder: Fritz, D. Hoffmann, Kleßmann, König, B. Zeller

Sachverständiger: Goldmann

Mitarbeiterin: Dr. Heidemarie Gruppe, Mainz

Kommission für Exilliteratur

Vorsitzender: Bender

Mitglieder: Fritz, D. Hoffmann, B. Zeller

Sachverständige: Huder, Keim

Mitarbeiterin: Dr. Heidemarie Gruppe, Mainz

Kommission für die Poetik-Dozentur

Vorsitzender: Hillebrand

Mitglieder: Fritz, Hartung, Leonhard, B. Zeller

*

Editionsvorhaben „Hans Erich Nossack, Briefwechsel 1943–1956“

Leitung: Miller

Mitarbeiterin: Dr. Gabriele Söhling, Mainz

Arbeitsstellen

(Stand 15. März 1999)

I. Mathematisch-Naturwissenschaftliche Klasse

Biodiversität und Pflanzensystematik
Leitung: Hr. Barthlott
Botanisches Institut und Botanischer Garten der Universität Bonn
Meckenheimer Allee 170, 53115 Bonn
Tel. 0228/732526, Fax 0228/733120
e-mail barthlott@uni-bonn.de

Experimentelle Glaukom- und Alternsforschung
Leitung: Hr. Rohen, Frau Lütjen-Drecoll
Anatomisches Institut II
Universitätsstraße 19, 91054 Erlangen
Tel. 09131/8526737, Fax 09131/8522862
e-mail anat2.gl@anatomie.uni-erlangen.de

Geoökologie
Leitung: Hr. Lauer
Geographisches Institut der Universität Bonn
Meckenheimer Allee 166, 53115 Bonn
Tel. 0228/737383, Fax 0228/737506
e-mail d.rafiqpoor@giub.uni-bonn.de

Makromolekulare Chemie
Leitung: Hr. Ringsdorf
Institut für Organische Chemie
Johannes Gutenberg-Universität
J. J.-Becher-Weg 18–20, 55099 Mainz
Tel. 06131/ 392-402, Fax 06131/393-145
e-mail ringsdorf@mzdmza.zdv.uni-mainz.de

Mikrofauna des Meeresbodens und Stammesgeschichte der Tiere
Leitung: Hr. Ax
II. Zoologisches Institut der Georg-August-Universität
Berliner Straße 28, 37073 Göttingen
Tel. 0551/395464, Fax 0551/395448
e-mail bsopott@gwdg.de

Molekularbiologie
Leitung: Hr. Zahn
1.) Arbeitsgruppe Molekulare Mechanismen
umweltbedingter Gentoxizität (AMMUG)
Obere Zahlbacher Straße 63, 55101 Mainz
Tel. 06131/17-3314, 17-3315, Fax 06131/173364
e-mail rzahn@goofy.zdv.uni-mainz.de

2.) Laboratory for Marine Toxicology
Center for Marine Research
Paliaga 5, HR 52210, Kroatien
Tel. 0038/552-815-44, Fax 0038/552-813-3496

Neurowissenschaften mit Schwerpunkt Schmerz
Leitung: Hr. Schmidt
Physiologisches Institut
Röntgenring 9, 97070 Würzburg
Tel. 0931/312730, Fax 0931/312741, 0931/59210
e-mail rfs@rzroe.uni-wuerzburg.de

Pflanzenmorphologie
Leitung: Hr. Weberling
Arbeitsgruppe Biosystematik, Universität Ulm
Helmholtzstraße 20, R 116, 89081 Ulm
Tel. 0731/5031010, Fax 07305/21801 (Hr. Weberling priv.)

Pleistozänforschung und Chronologie des Holozäns
Leitung: Hr. Frenzel
Institut für Botanik 210,
Universität Hohenheim, 70593 Stuttgart
Tel. 0711/459-2194, Fax 0711/459-3355
e-mail lentner@pkdb.botanik.uni-hohenheim.de

II. Geistes- und Sozialwissenschaftliche Klasse

Archiv für Begriffsgeschichte, Bochum
Leitung: Professor Dr. Gunter Scholtz
Institut für Philosophie, Ruhr-Universität Bochum
Universitätsstr. 150, 44780 Bochum
Tel. 0234/700-2139, Fax 0234/7094288
e-mail gunter.scholtz@ruhr-uni-bochum.de

Archiv für Gewässernamen
(Hydronymia Germaniae und Hydronymia Europaea)
Leitung: Hr. Schmid
Sprachwissenschaftliches Seminar, Universität Göttingen
Humboldtallee 13, 37073 Göttingen
Tel. 0551/39-5481, 39-5482, Fax 0551/39-5803

Augustinus-Lexikon
Leitung: Professor Dr. Cornelius Mayer
Dominikanerplatz 4, 97070 Würzburg
Tel. 0931/3097-300, Fax 0931/3097-301
e-mail augustinus-lexikon@wuerzburg.beynet.de

Busoni-Editionen
Leitung: Hr. Riethmüller
Arbeitsstelle Busoni-Editionen, Musikwissenschaftliches Seminar
der Freien Universität Berlin
Hüttenweg 7, 14195 Berlin
Tel. 030/838-6610, Fax 030/838-3006
e-mail eltobeck@zedat.fu-berlin.de

Concilia der Willigis-Ära (Arbeitsstelle der Akademie in Verbindung mit den Monumenta Germaniae Historica)
Leitung: Hr. Zimmermann
Concilia der Willigis-Ära, Akademie der Wissenschaften und der Literatur
Geschwister-Scholl-Straße 2, 55131 Mainz
Tel. 06131/577-107, Fax 06131/577-111
e-mail ehehl@mail.uni-mainz.de

Corpus der Minoischen und Mykenischen Siegel
Leitung: Hr. Andreae und Professor Dr. Ingo Pini
CMS
Schwanallee 19, 35037 Marburg
Tel. 06421/25817, Fax 06421/210798
e-mail pini@mailer.uni-marburg.de

Corpus Vitrearum Medii Aevi
Leitung: Hr. Haussherr und Professor Dr. Rüdiger Becksmann
Corpus Vitrearum Medii Aevi
Lugostraße 13, 79100 Freiburg
Tel. 0761/75502, Fax 0761/709319
e-mail cvma@uni-freiburg.de

Demotisches Namenbuch, Würzburg
Leitung: Hr. Thissen
Demotisches Namenbuch, Universitätsbibliothek
Julius-Maximilians-Universität
Am Hubland, 97074 Würzburg
Tel. 0931/888-5980

Erforschung der antiken Sklaverei
Leitung: Hr. Bellen
Kommission für Geschichte des Altertums
Akademie der Wissenschaften und der Literatur
Geschwister-Scholl-Straße 2, 55131 Mainz
Tel. 06131/577-250
e-mail antsklav@mail.uni-mainz.de

Forschungsstelle für Personalschriften (Leichenpredigten)
Leitung: Hr. Müller und Akad. Direktor Professor Dr. dr hab. Rudolf Lenz
Arbeitsstelle für Personalschriften an der Universität Marburg
Liebigstraße 37, 35037 Marburg
Tel. 06421/283800, Fax 06421/284501
e-mail lenzs@mailer.uni-marburg.de

Arbeitsstelle für Personalschriften an der Technischen Universität Dresden
01062 Dresden
Tel. 0351/463-2816, Fax 0351/463-7139

Fundmünzen der Antike
Leitung: Frau Radnoti-Alföldi und Professor Dr. Hans-Markus von Kaenel
Seminar für Griechische und Römische Geschichte, Abt. II
Gräfstraße 76 VII, 60325 Frankfurt
Tel. 069/79828220, Fax 069/79822898
e-mail wigg@em.uni-frankfurt.de

Religionsgespräche des 16. Jahrhunderts
Leitung: Hr. Ganzer und Professor Dr. Karl-Heinz zur Mühlen
Akademie der Wissenschaften und der Literatur
Geschwister-Scholl-Straße 2, 55131 Mainz
Tel. 06131/577-260, Fax 06131/577-111

Griechische Papyrusurkunden
Leitung: Professor Dr. Hans-Albert Rupprecht
Institut für Rechtsgeschichte und Papyrusforschung
Philipps-Universität
Universitätsstraße 7, 35032 Marburg
Tel. 06421/283140, -41, Fax 06421/283181
e-mail hansalbertrupprecht@t-online.de

Handwörterbuch der musikalischen Terminologie
Leitung: Hr. Eggebrecht
Schriftleitung: Dr. Markus Bandur
Albert-Ludwigs-Universität
Belfortstraße 20, 79085 Freiburg
Tel. 0761/203 3095, Fax 0761/2033098
e-mail bandur@ruf.uni-freiburg.de

Herzog-Anton-Ulrich-Ausgabe
Leitung: Hr. Krummacher und Professor Dr. Rolf Tarot
Anton Ulrich-Ausgabe, Herzog August Bibliothek
Lessingplatz 1, 38304 Wolfenbüttel
Tel. 05331/808-232, 808-276

Hethitische Forschungen
Leitung: Hr. Neu und Hr. H. Otten
Akademie der Wissenschaften und der Literatur
Geschwister-Scholl-Straße 2, 55131 Mainz
Tel. 06131/577-230, Fax 06131/577-111

Historisches Wörterbuch der Philosophie
Leitung: Prof. Dr. Gottfried Gabriel (Jena)
Historisches Wörterbuch der Philosophie
Königin-Luise-Str. 34, 14195 Berlin
Tel. 030/841084-55/66/88, Fax 030/841084-99

Die Deutschen Inschriften
Leitung: Hr. Zimmermann
Akademie der Wissenschaften und der Literatur
Geschwister-Scholl-Straße 2, 55131 Mainz
Tel. 06131/577-220, Fax 06131/577-111
e-mail rfuchs@mail.uni-mainz.de

Koptische Textilien
Leitung: Hr. Haussherr
Akademie der Wissenschaften und der Literatur
Geschwister-Scholl-Straße 2, 55131 Mainz
Tel. 06131/577-0, Fax 06131/577-111

Lateinische Literatur der Renaissance
Leitung: Hr. Zintzen (Mainz/Köln) und Prof. Dr. Dorothea Gall (Köln/Hamburg), Professor Dr. Helene Harth (Potsdam), Professor Dr. Peter Riemer (Potsdam).
Arbeitsstelle Mainz, Akademie der Wissenschaften und der Literatur
Geschwister-Scholl-Straße 2, 55131 Mainz
Tel. 06131/577-202, Fax 06131/577-111
e-mail ecker@mail.uni-mainz.de

Arbeitsstelle Köln, Institut für Altertumskunde
Universität zu Köln, 50923 Köln
Tel. 0221/470-2414, Fax 0221/470-5931

Arbeitsstelle Potsdam, Institut für Klassische Philologie, Universität Potsdam
Am Neuen Palais 10, 14469 Potsdam
Tel. 0331/977-2579, Fax 0331/977-2094
e-mail riemer@rz.uni-potsdam.de

Lessico Etimologico Italiano
Leitung: Hr. Pfister
Lessico etimologico italiano, Universität des Saarlandes
FR 8.2 Romanistik
Postfach 15 11 50, 66041 Saarbrücken
Tel. 0681/3023671, Fax 0681/3024588
e-mail m.pfister@rz.uni-saarland.de

Medizinhistorisches Journal
Leitung: Professor Dr. Werner Kümmel
Medizinhistorisches Institut, Johannes Gutenberg-Universität
Am Pulverturm 13, 55131 Mainz
Tel. 06131/177355, 177356, Fax 06131/176682
e-mail kuzer@mail.uni-mainz.de

Mittelhochdeutsches Wörterbuch und
EDV in den Geisteswissenschaften
Leitung: Hr. Gärtner
Fachbereich II Sprach- und Literaturwissenschaften der Universität Trier
Postfach 3825, 54286 Trier
Tel. 0651/2012323, Fax 0651/2013909
e-mail gaertner@uni-trier.de

Pfälzisches Wörterbuch Archiv
Ansprechpartner: Dr. Sigrid Bingenheimer
Benzinoring 6, 67657 Kaiserslautern
Tel./Fax 0631/92896

Preußisches Wörterbuch
Leitung: Hr. Debus und Akad. Rat Dr. Reinhard Goltz
Christian Albrechts-Universität
Olshausenstraße 40, 24118 Kiel
Tel. 0431/880-3423, Fax 0431/880-7302
e-mail rgoltz@germsem.uni-kiel.de

Quellensammlung zur Geschichte der deutschen Sozialpolitik 1867–1914
Leitung: Hr. Born (Tübingen), Hr. Henning (Duisburg)
und Professor Dr. Florian Tennstedt
Arbeitsstelle Universität Duisburg, Fachbereich Philosophie,
Religions- und Gesellschaftswissenschaften
47048 Duisburg
Tel. 0203/379-3083, 379-1385, Fax 0203/379-3084
e-mail h.henning@uni-duisburg.de

Arbeitsstelle Universität Kassel, FB 4/Sozialwesen
Arnold-Bode-Str. 10, 34127 Kassel
Tel. 0561/8042945, 8042903, Fax 0561/8042903
e-mail ayass@hrz.uni-kassel.de

Urkundenregesten zur Tätigkeit des Deutschen König- und Hofgerichts bis 1451
Leitung: Hr. Diestelkamp
J. W. Goethe Universität Frankfurt
Sophienstraße 1-3, 60487 Frankfurt/a.M.
(Postanschrift: Haus-Fach 23, 60054 Frankfurt)
Tel. 069/7982-3897, -8799, Fax 069/7982-8798

Rheinhessisch-Pfälzisches Flurnamenarchiv
Leitung: Hr. Kleiber
Akademie der Wissenschaften und der Literatur
Geschwister-Scholl-Straße 2, 55131 Mainz
Tel. 06131/577-108, Fax 06131/577-111

Shakespeare-Bildarchiv, Mainz
Leitung: Hr. Habicht
Shakespeare-Bildarchiv, Akademie der Wissenschaften und der Literatur
Geschwister-Scholl-Straße 2, 55131 Mainz
Tel. 06131/577-280, Fax 06131/577-111

Soemmerring-Edition
Leitung: Hr. Benedum
Arbeitsstelle Gießen: Institut für Geschichte der Medizin
der Justus-Liebig-Universität Gießen
Jheringstraße 6, 35392 Gießen
Tel. 0641/99-75239, Fax 0641/99-47709

Arbeitsstelle Mainz: Medizinhistorisches Institut
der Johannes Gutenberg-Universität Mainz
Am Pulverturm 13, 55131 Mainz
Tel. 06131/173258, Fax 06131/176682
e-mail kuzer@mail.uni-mainz.de

Staatsrecht und Staatstheorie
Leitung: Hr. Zippelius
Arbeitsstelle für Staatsrecht und Staatstheorie
Schillerstraße 1, 91054 Erlangen
Tel. 09131/85-6966, 85-6420

Starigard/Oldenburg–Wolin–Novgorod
Leitung: Hr. Müller-Wille
Institut für Ur- und Frühgeschichte der Universität Kiel, 24098 Kiel
Tel. 0431/8802334, Fax 0431/8807300
e-mail mmuellerwille@ufg.uni-kiel.de

Winckelmann-Ausgabe
Leitung: Hr. Borbein
c/o Winckelmann-Museum
Winckelmannstraße 36/37, 39576 Stendal
Tel./Fax 03931/212026

WDW · Wörterbuch der deutschen Winzersprache
Leitung: Hr. Haubrichs
Benzinoring 6, 67657 Kaiserslautern
Tel./Fax 0631/92896

Wörterbuch der russischen Sprache der Gegenwart
Leitung: Frau Prof. Dr. R. Belentschikow (Magdeburg)
Arbeitsstelle Berlin: FU Berlin
Fachbereich Philosophie und Geisteswissenschaften
Institut für Slavische Philologie und Balkanologie (WE 3)
Garystraße 55, 14195 Berlin-Dahlem
Tel. 030/8384033, Fax 030/8383788

Arbeitsstelle Marburg: Am Vogelherd 19, 35043 Marburg
Tel. 06421/44766

Deutsche Kommission für die Bearbeitung der Regesta Imperii e.V.
bei der Akademie der Wissenschaften und der Literatur Mainz
Leitung: Hr. Zimmermann, Professor Dr. Rudolf Schieffer und Professor Dr. Dr. Dr. h.c. Roderich Schmidt
Geschäftsführer: PD Dr. Paul-Joachim Heinig
Akademie der Wissenschaften und der Literatur
Geschwister-Scholl-Straße 2, 55131 Mainz
Tel. 06131/577-210, Fax 06131/577-214
e-mail regimpmz@mail.uni-mainz.de
Arbeitsstellen in Gießen, Graz, Köln, Mainz, München,
Saarbrücken und Tübingen

III. Klasse der Literatur

Exilliteratur
Leitung: Hr. Bender
Akademie der Wissenschaften und der Literatur
Geschwister-Scholl-Straße 2, 55131 Mainz
Tel. 06131/577-102, Fax 06131/577-111
e-mail gruppe@mail.uni-mainz.de

Mainzer Reihe
Leitung: Hr. Bender
Akademie der Wissenschaften und der Literatur
Geschwister-Scholl-Straße 2, 55131 Mainz
Tel. 06131/577-102, Fax 06131/577-111
e-mail gruppe@mail.uni-mainz.de

Hans Erich Nossack: Briefwechsel 1943–1956
Leitung: Hr. Miller
Akademie der Wissenschaften und der Literatur
Geschwister-Scholl-Straße 2, 55131 Mainz
Tel. 06131/577-109, Fax 06131/577-111
e-mail soehling@mail.uni-mainz.de

Neuwahlen

Die Akademie wählte im Berichtsjahr

zu ordentlichen Mitgliedern

Jürgen Jost, Professor für Mathematik und Direktor am Max-Planck-Institut für Mathematik in den Naturwissenschaften in Leipzig (27. Februar 1998, Mathematisch-naturwissenschaftliche Klasse)

Klaus-Michael Kodalle, Professor für Praktische Philosophie/Ethik an der Friedrich-Schiller-Universität Jena (19. Juni 1998, Geistes- und sozialwissenschaftliche Klasse)

Heinz Heinen, Professor für Alte Geschichte an der Universität Trier (6. November 1998, Geistes- und sozialwissenschaftliche Klasse)

Arnold Stadler, Schriftsteller (6. November 1998, Klasse der Literatur)

Peter W. Vaupel, Universitätsprofessor am Institut für Physiologie und Pathophysiologie der Johannes Gutenberg-Universität Mainz (6. November 1998, Mathematisch-naturwissenschaftliche Klasse)

zu korrespondierenden Mitgliedern

Eric Mikhailovich Galimov, Professor für Geochemie an der Staatlichen Universität Moskau und Direktor des Vernadsky Instituts für Geochemie und Analytische Chemie der Russischen Akademie der Wissenschaften Moskau (24. April 1998, Mathematisch-naturwissenschaftliche Klasse)

Eckehart Jäger, Professor für Geobotanik und Direktor an der Martin-Luther-Universität Halle-Wittenberg (24. April 1998, Mathematisch-naturwissenschaftliche Klasse)

Adolf Borbein, Professor für Archäologie an der Freien Universität Berlin (19. Juni 1998, Geistes- und sozialwissenschaftliche Klasse)

Brian Charles Gibbons, Professor für Englische Philologie an der Universität Münster (19. Juni 1998, Geistes- und sozialwissenschaftliche Klasse)

Otto Kresten, Professor am Institut für Byzantinistik und Neogräzistik Wien (6. November 1998, Geistes- und sozialwissenschaftliche Klasse)

Todesfälle

Es verstarben die Mitglieder

Halldór Laxness
Literatur
am 9. Februar 1998

Professor Dr. phil. Wilhelm Emrich
Germanistik
am 7. August 1998

Julien Green
Literatur
am 13. August 1998

Professor Dr. med. Horst Leithoff
Rechtsmedizin
am 25. Dezember 1998

Das Berichtsjahr

JAHRESFEIER
DER AKADEMIE DER WISSENSCHAFTEN UND DER LITERATUR

am Freitag, dem 6. November 1998, im Plenarsaal des Akademiegebäudes

ANSPRACHE DES PRAESIDENTEN
PROFESSOR DR. CLEMENS ZINTZEN

Meine Damen und Herren.

Ein goldner Bienenkorb, in dessen Waben
summend das Volk sich drängt, so scheint
das Haus mit seinem hingeströmten Licht
und der Erwartung vieler Menschen, die
in schwärmender Erregung sich versammeln ...

So hat Stefan Zweig einmal die Situation vor einem Konzert beschrieben; nun hat dieser Saal wenig Gold, und dies ist auch keine Musikveranstaltung, aber doch so etwas wie ein Konzert, in das Sie zu unserer Freude gekommen sind in der Erwartung, zu hören und zu lernen, was diese Akademie aus der Sicht des letzten Jahres und des heutigen Tages Ihnen präsentiert. Wie immer, wenn das Haus voll ist, freut sich der Veranstalter am Interesse, das sich in Ihrer heutigen Anwesenheit hier dokumentiert. Wir kommen diesem Interesse gerne entgegen, um Ihnen zu erläutern, wie es – und ich darf viele von Ihnen einschliessen, wenn ich sage – wie es um unsere Akademie steht, was die Arbeit des letzten Jahres erbracht, welche Ziele wir haben, wo die Hindernisse sich türmen und vor allem, wie wir unser Handeln verstehen und was wir als Verpflichtung und Aufgabe empfinden. Ich will mit Ihnen heute weniger rückwärts auf Erreichtes blicken, sondern vor allem nach vorne. Gerade in der Zeit begrenzter und immer enger werdender Ressourcen ist es wichtig zu wissen, wohin man will, und zu erspüren, wo der Weg zum Ziel einzuschlagen ist.

Die Ouvertüre ist natürlich die Begrüssung: Ich heisse Sie alle, meine Damen und Herren, und jeden von Ihnen heute hier herzlich willkommen. Die Zahl der anwesenden Repräsentanten aus den verschiedenen Bereichen des kulturellen, wissenschaftlichen, politischen und wirtschaftlichen Lebens ist zu unserer besonderen Freude gross; Sie zeigen damit, dass Ihnen am Leben dieser Institution gelegen ist, und dass Sie deren Schicksal mit wachem Auge verfolgen wollen. Ich kann Sie nicht alle eigens apostrophieren. Gestatten Sie mir, dass ich namentlich nur wenige offizielle Gäste hier anspreche.

Mein besonderer Gruss gilt Ihnen, Herr Ministerpraesident Beck. Seit Ihrer Wahl in dieses Amt ist dies die 5. Feier unserer Akademie. Bei vier von fünf Jahresfeiern waren Sie anwesend; wenn ich es prozentual ausdrücke, so haben Sie, lieber Herr Beck, bei solchen Gelegenheiten eine Anwesenheitsquote von 80% bisher erreicht; dass diese beileibe nicht von jedem Ministerpräsidenten bei solchem Anlass erreichte Prozentzahl so erhalten bleibt oder sich sogar im Laufe der Jahre noch erhöht, wünsche ich Ihnen und uns. Erst in der vergangenen Woche haben Sie bei einer aus Anlass der Tage der Forschung in Zusammenarbeit zwischen dem Landtag, der Akademie und der Landesbank Rheinland-Pfalz im Landtag abgehaltenen Vortragsveranstaltung zur Sozialpolitik sich aktiv in Vortrag und Diskussion beteiligt – und dabei zu meiner grossen Freude die Geisteswissenschaften verteidigt. Ich danke Ihnen für dieses offenkundige Interesse, das Sie gegenüber dieser Akademie aufbringen. Sie wählt zwar überregional ihre Mitglieder, aber in Mainz, dieser, wie Goethe sagte, herrlichen Stadt, hat sie ihren Sitz und fühlt sich hier zunehmend eingebunden in das öffentliche und kulturelle Leben. Ich habe vor einiger Zeit ein Wort von Ihnen, verehrter Herr BECK, gelesen: „Ich mag keine Andeutungen“, so haben Sie gesagt, „sondern eine klare Sprache.“ Ich verspreche Ihnen, heute hier kurz, aber klar zu sprechen.

Herzlich begrüsse ich Sie, Herr ZÖLLNER, als den für uns zuständigen Ressortminister für Bildung, Wissenschaft und Weiterbildung. Ihre Zuwendung zur Akademie ist für uns förderlich und geschieht in einem vertrauensvollen Umgang miteinander. Bei dieser Gelegenheit begrüsse ich auch die hier anwesenden Mitarbeiter aus Ihrem Hause.

[Es folgten weitere Begrüssungen von Vertretern der Ministerien, des Landtages, der Universitäten, der Kirchen, der Botschaften, der Konsulate und der Stadt Mainz. Ferner wurden begrüsst die Inhaber der Leibniz-Medaille, die Mitglieder des Vereins der Freunde und Förderer der Akademie mit ihrem Vorsitzenden Herrn ADAM, die Stifter Frau KALKHOF-ROSE, Herr Professor MEIMBERG und Herr Dr. FRANZEN, sowie die Repräsentanten der wissenschaftlichen Institutionen und Gesellschaften und der in der Konferenz der deutschen Akademien der Wissenschaften zusammengeschlossenen Akademien.]

Sie alle, meine Damen und Herren, die Sie heute zu uns gekommen sind, sind uns herzlich willkommen. Aus vielen Ihrer Zusagen entnehme ich: Sie besuchen uns wie gute Freunde, die interessiert fragen, wie es denn gehe, und wir, die Akademie, wollen in dieser Stunde in einen Dialog mit Ihnen eintreten.

I.

Im vergangenen Jahr hat die Akademie schmerzlich den Tod von vier Menschen zu beklagen, die ihr seit langer Zeit verbunden waren; insbesondere die Klasse der Literatur hat drei Mitglieder durch den Tod verloren.

Es verstarben:

am 9. Februar 1998 Halldór LAXNESS, Reykjavik, geb. am 23. April 1902, korrespondierendes Mitglied der Klasse der Literatur seit 1977;

am 14. Februar 1998 Ernst SCHÄCK, Ministerialdirigent a. D., Mainz, geb. am 15. September 1908, Inhaber der Leibniz-Medaille des Jahres 1974;

am 7. August 1998 Wilhelm EMRICH, em. ord. Professor für deutsche Literatur, Berlin, geb. am 29. November 1909, ordentliches Mitglied der Klasse der Literatur seit 1956;

am 13. August 1998 Julien GREEN, Paris, geb. am 6. September 1900, korrespondierendes Mitglied der Klasse der Literatur seit 1950.

Die Toten haben die Arbeit unserer Akademie z.T. erheblich und entscheidend gefördert, sie sind alle ihren Weg in dieser Institution gegangen; im Jahrbuch werden wir ihrer ausführlich und angemessen gedenken. Wir werden sie zusammen mit unseren anderen Toten, die ja alle auch einmal ein Stück Leben dieser Akademie dargestellt haben, nicht vergessen.

Ich danke Ihnen.

Tod und Leben ergänzen einander zu einer Kette, die Dauer darstellt. So hat die Akademie im abgelaufenen Jahr 10 Mitglieder neu gewählt:

Als ordentliches Mitglied der Klasse der Literatur wurde der Schriftsteller Dr. Arnold STADLER gewählt.

Die Mathematisch-naturwissenschaftliche Klasse wählte zu ordentlichen Mitgliedern:

Jürgen JOST, Professor der Mathematik und Direktor am Max-Planck-Institut für Mathematik in den Naturwissenschaften in Leipzig;

Peter VAUPEL, Professor der Physiologie und Pathophysiologie an der Universität Mainz.

Zu korrespondierenden Mitgliedern der Mathematisch-naturwissenschaftlichen Klasse wurden gewählt:

Eric Mikhailovich GALIMOV, Professor der Geochemie an der Universität Moskau;

Eckehart J. JÄGER, Professor der Geobotanik an der Universität Halle-Wittenberg.

Die Geistes- und sozialwissenschaftliche Klasse wählte zu ordentlichen Mitgliedern:

Heinz HEINEN, Professor der Alten Geschichte an der Universität Trier;

Klaus-Michael KODALLE, Professor der Praktischen Philosophie und Ethik an der Universität Jena.

Zu korrespondierenden Mitgliedern der Geistes- und sozialwissenschaftlichen Klasse wurden gewählt:

Adolf BORBEIN, Professor der Archäologie an der Freien Universität Berlin; Brian Charles GIBBONS, Professor der Englischen Philologie an der Universität Münster und Otto KRESTEN, Professor am Institut für Byzantinistik und Neogräzistik Wien.

Vor 180 Jahren, im Jahre 1818, hat der bekannte Rechtsgelehrte Savigny ein Gutachten über den Stand und die Aufgaben der Preußischen Akademie verfasst. Er nennt darin die Postulate, die an neu gewählte Mitglieder zu richten sind: Es sei nicht die Aufgabe der Mitglieder, die Akademie zu einer erzwungenen Abhandlungsfabrik zu machen, vielmehr könne der natürliche Zweck einer solchen Wahl nur sein: 1. die Wissenschaft zu fördern und 2. eine Rückwirkung zu erzeugen auf das wissenschaftliche Leben der Mitglieder. Die Verwirklichung beider Bestrebungen wünsche ich uns und den neu gewählten Mitgliedern unserer Akademie.

II.

Meine Damen und Herren. Die Jahresfeier ist der Anlass und die Gelegenheit, in der die Akademie sich der Öffentlichkeit vorstellt. Aber es ist dies auch eine Gelegenheit, mit Ihnen, dem interessierten Publikum, und mit den in öffentlichen und politischen Ämtern Tätigen in ein Gespräch einzutreten und vor allem uns kritisch darauf zu besinnen, was wir zu tun haben, wozu wir da sind, und wie eine solche Institution eingebettet ist in das grössere Gesamtgefüge unserer wissenschaftlichen wie kulturellen Landschaft und der gesellschaftlichen Gegebenheiten. Ich will einige Gedanken äussern, wie aus unserer Sicht der Umgang vorzustellen ist auf dem nicht gefahrlosen Glacis zwischen wissenschaftlicher Institution und politischer Macht.

Unsere Satzung weist darauf hin, dass die Akademie der Pflege der Wissenschaften und der Literatur zu dienen hat und auf diese Weise für die Bewahrung und Förderung der Kultur tätig ist. Akademien sind gegründet worden, um der Forschung Raum zu schaffen, sie voranzubringen und verlässliche wissenschaftliche Erkenntnisse zu gewinnen. Sie leben abseits der Universitätslandschaft und sind keine Ausbildungsstätten im engeren Sinn. Allerdings sind sie mit den Hochschulen verbunden, weil ja die Mitglieder durchweg Professoren an Universitäten sind. Akademien sind Institutionen, die sich in ihrem Personalbestand ergänzen und erneuern durch die Wahl von herausragenden Wissenschaftlern – ich scheue mich nicht, das Wort „Eliten" in den Mund zu nehmen. Jedenfalls sollten die in eine Akademie gewählten Mitglieder zu den herausragenden Vertretern ihres jeweiligen Faches gehören. Wissenschaftliche Eliten sind relativ ungefährlich, sie suchen ja nicht im politischen Bereich Macht, sondern sie streben, wenn sie ihre Aufgaben und ihren Status recht erfassen, nach verlässlichem Wissen und nach Erkenntnis über uns selbst und unsere Welt. Dabei ist klar, dass für unsere Gesellschaft beides von herausragender Bedeutung ist: Sie braucht Erkenntnisse, die Grundlage jeden Fortschritts sind, und sie braucht den Freiraum, solche Erkenntnis zum Wohl der Allgemeinheit umzusetzen. Das eine ist Aufgabe der Wissenschaft, das andere die der Politik!

Der Wissenschaftler wird daran gemessen, was er in seinem Fach kann und darin leistet, der Politiker daran, was er bewirkt im Sinne der Gesellschaft und speziell derjenigen, die ihn in sein Amt gewählt haben. Jeder von Ihnen hier im Saal, meine Damen und Herren, weiß, wie eng Wissenschaft und Politik in unserer Gesellschaft verflochten und verbunden sind. Und wenn schon Leibniz immer wieder die Tätigkeit auch der Wissenschaft zum Wohle der Menschen und, wie es in der Denkschrift an den preußischen König Friedrich I. von 1710 heißt, zum Nutzen der Allgemeinheit angemahnt hat, so besteht diese Verpflichtung auch heute. Aber es ist eine Verpflichtung auf Gegenseitigkeit. Auch unsere Gesprächspartner in der Politik haben die Aufgabe, einen ausreichenden Rahmen zu spannen, in dem die Ergebnisse der Forschung erst erzielt werden können. Ich will auch hier gleich nicht verschweigen, dass auf vielen Ebenen der Öffentlichen Hand diese Verpflichtung gesehen und wahrgenommen wird. Die präzise Aufgabe der Akademien aber ist das Vorantreiben von Einzelforschungen und die Organisation wissenschaftlicher Arbeit. Darin haben sie ihr Existenzrecht.

Die Organisation wissenschaftlicher Arbeit und der Erfolg solcher Arbeit muss in einem Zusammenwirken dreier Seiten erfolgen und kann nur so wirksam sein, wie jede dieser drei Seiten ihre Verpflichtung ernst nimmt. Dies sind

1. die einzelnen Mitglieder der Akademie und die Mitarbeiter in den Projekten,
2. die Akademie als Institution und
3. unsere Gesprächspartner in der politischen Öffentlichkeit.

Lassen Sie mich diese 3 Perspektiven in kritischer Besinnung kurz verdeutlichen:

1. Die Mitglieder: Die Wahl in eine Akademie wird gemeinhin als Ehre für den betreffenden Gelehrten empfunden. Das ist sie auch, weil sie die Anerkennung seiner bisherigen Lebensleistung darstellt. Viel entscheidender aber ist, daß der so herausgehobene Wissenschaftler erkennt, welche Verpflichtung er auf sich nimmt: Er hat dahin zu wirken, seine Wissenschaft zu fördern; dies kann – wie schon gesagt – in Einzelforschungen geschehen oder in ein grösseres Projekt eingebunden sein. Das Jahrbuch der Akademie weist die einzelnen Vorhaben und die darin erzielten Fortschritte im einzel-

nen aus. Es sind in unserer Akademie insgesamt 35 Vorhaben, davon 31 im Rahmen des Bund-Länder-Abkommens geförderte Projekte, von denen einige in den kommenden Jahren an ihr Ende gelangen. Als Projektleiter haben die Mitglieder der Akademie die Verantwortung für den effizienten Fortgang der wissenschaftlichen Arbeit und für die Sicherung der Qualität Sorge zu tragen. Ich weiss, dass die Projekt – und Arbeitsstellenleiter diese Forderungen erkennen, aber ich sage dies durchaus auch selbstkritisch, um uns an diese Verpflichtung zu erinnern, deren Erfüllung unabdingbar im Interesse der Sache liegt und dazu für das Bild der Akademie nach aussen sehr massgebend ist. Auch die Mitarbeiter in den Projekten, die ja meist hochspezialisiert sind und oft auch in Dauerstellungen sich befinden, stehen unter der Verpflichtung, sich zu bewähren; und sie tun es in der Regel ja auch. Erst vor zwei Monaten ist Herrn Dr. ZERNECKE, dem Mitarbeiter in der Kommission für Namenforschung, in Anerkennung seiner Leistung der Henning Kaufmann-Preis verliehen worden. Nicht selten ergeben sich in den Langfristvorhaben arbeitsrechtliche Probleme, die nicht einfach zu lösen sind, oft sogar die Quadratur des Kreises verlangen. Auch hier müssen die Verantwortlichen gemeinsam nachdenken, und Lösungswege sind hier meist nur unter Mitarbeit aller Beteiligten zu finden. Insgesamt sollte die Arbeit in den Vorhaben der Akademie von allen, den Leitenden wie den Mitarbeitenden, begriffen werden als eine Chance und respektable Möglichkeit, die Wissenschaft voranzubringen und sich selbst weiterzubilden.

2. Die Akademie als Institution hat ihre Verpflichtungen, denen sie in verschiedenen Hinsichten nachkommen muss:

[1] Das Vordringlichste ist auch hier, die Qualität der Forschung zu sichern. Daher betreuen, beraten und lenken begleitende sachkompetente Kommissionen jedes Vorhaben der Akademie, und die Akademien unterwerfen sich von Zeit zu Zeit der Evaluierung ihrer Vorhaben.

[2] Eine zweite Aufgabe der wissenschaftlichen Institution Akademie ist darin gelegen, daß sie eine Verpflichtung gegenüber der Allgemeinheit wahrnimmt, indem sie Forderungen unserer modernen Gesellschaft, die sich als dringende Probleme ergeben, nicht ausweicht. Klimauntersuchungen und Umweltschutz sind hier genauso zu nennen wie die Wahrnehmung eines ethischen Horizontes, der mit aller Wissenschaft verbunden ist, vor allem aber dann, wenn Ergebnisse der Grundlagenforschung die Möglichkeit zu Anwendungen geben, die uns alle berühren, aber im Sinne des Ethos und der Würde des Menschen nicht unbedenklich erscheinen. Dass auch unsere Akademie sich dieser Aufgabe bewusst ist, zeigen die Titel vieler hier in unserem Hause abgehaltenen Symposien. Ich erinnere an das gerade vor wenigen Tagen unter der Mitleitung unseres Mitgliedes Hrn. SCHÖLMERICH abgehaltene Symposion „Ethik-Beratung in der Medizin" oder auch an den internationalen Rechtsmedizinerkongress im Mai, der unter der Leitung von Hrn. RITTNER stand. In Zusammenarbeit mit anderen Institutionen, so auch mit dem Ministerium für Bildung, Wissenschaft und Weiterbildung, sind im abgelaufenen Jahr insgesamt 10 grosse Symposionsveranstaltungen in dieser Akademie abgehalten worden. Ich will aber zur Verdeutlichung sagen, dass in der Berücksichtigung von Aspekten des modernen Lebens wir keinen Modernismen huldigen wollen und dass die Akademie in Mainz jedenfalls alte Vorhaben, wenn sie sich bewährt haben und effizient arbeiten, nicht beschneiden wird, lediglich um modernen Fragestellungen zu dienen.

[3] In einer dritten Hinsicht empfindet die Akademie eine Verpflichtung: Es ist dies die Förderung des wissenschaftlichen Nachwuchses. Auch wenn Akademien keine Ausbildungsstätten sind, so ist doch die Pflege des wissenschaftlichen Nachwuchses uns allen aufgegeben und eine unserer vornehmsten Aufgaben. In einem Land, dessen Ressourcen, wie wir alle wissen, in der Intelligenz seiner Bevölkerung liegen, sollte auch der Freiraum der Wissenschaft besonders sorgsam beachtet werden und die Pflege und Förderung wissenschaftlicher Kreativität besondere Fürsorge geniessen. In zweifacher Hinsicht muss die Förderung des Nachwuchses angegangen werden: Es muss die Möglichkeit zur Vervollkommnung des fachlichen Wissens und der Bewährung auch von seiten einer Institution wie der Akademie gegeben sein, und es muss das Ethos der jungen Wissenschaftler gestärkt werden. Diese Aufgabe ist innerhalb der eigenen Mauern und ausserhalb zu erfüllen. Im eigenen Hause müssen die Mitarbeiter motiviert werden, an der Sache interessiert zu sein. Daher begrüssen wir es, wenn sie durch Lehraufträge ihr Wissen anwenden. Einige haben sich habilitiert oder sind auf dem Wege dazu; und es ist ein schönes Ergebnis, wenn dann wie im vergangenen Jahr auch ein Mitarbeiter, Herr HERBERS, auf eine Professur berufen wird.

Goethe hat im Wilhelm Meister einmal das Bild eines solchen Mitarbeiters geschildert, wie er ihn sah, wie wir ihn nicht sehen wollen, und wie er sich selbst auch nicht sehen sollte: *Ein kümmerlich armer Teufel, den man an seinem verschabten, graulich-braunen Rocke und an seinen übel konditionierten Unterkleidern für einen Magister hätte halten können, wie sie auf Akademien zu vermodern pflegen.* So wollen wir das Bild unserer Mitarbeiter eben nicht, und sie sind ja auch in Wirklichkeit nicht so!

Die Vergabe von Preisen dient der Ermutigung des Nachwuches. In diesem Jahr werden Sie gleich anschliessend die Verleihung des Walter-Kalkhof-Rose-Gedächtnispreises an Herrn Privatdozenten Dr. Stefan TRAPPEN (aus Mainz) und des Meimberg-Preises an Professor Dr. Kurt SIER (aus Leipzig) erleben. Und schliesslich haben wir die Freude, durch den hier anwesenden Herrn Dr. FRANZEN einen ansehnlichen Preis als Stiftung erhalten zu haben für Arbeiten zur Erforschung der Geschichte des 20. Jahrhunderts. Die Akademie ist dankbar für alle diese von privater Seite unternommenen Initiativen und sieht sich in ihrem als notwendig empfundenen Bemühen hier nachhaltig unterstützt. Schliesslich haben die *Colloquia Academica*, die ja mit Unterstützung des Ministers für Bildung, Wissenschaft und Weiterbildung und in Zusammenarbeit mit der Johannes Gutenberg-Universität von der Akademie durchgeführt werden, wieder junge Gelehrte verschiedener Fachrichtungen zu uns in die Akademie geführt. Es hat sich auch in diesem Jahr wieder eindrucksvoll und ermutigend gezeigt, wie junge Wissenschaftler ganz verschiedener Ausrichtung ihr Fach mit Begeisterung vertreten können. Die von der Akademie angestrebte Wirkung liegt hier in einer Richtung, die auch Ihnen, Herr Minister ZÖLLNER, ein wesentliches Anliegen ist: Wir müssen alle zusammen daran arbeiten, die jungen Gelehrten in ihrem wissenschaftlichen Ethos zu sensibilisieren und zu bestärken. Als Emeritus und aus jahrelanger Erfahrung erlaube ich mir in diesem Kreis das Urteil: Ein grosser Teil der Misere in der deutschen Universitätslandschaft hat darin ihren Grund, dass zu viele arrivierte Hochschullehrer vergessen haben, wozu sie berufen worden sind, und zu wenig Verpflichtung ihrem Fach und den nachwachsenden jungen Wissenschaftlern gegenüber empfinden. Ich freue mich, dass in Zusammenwirken mit Ihnen, Herr Minister, und den Landeshochschulpräsidenten in 14 Tagen hier in der Akademie ein Symposion über Qualitätssicherung in der

Wissenschaft stattfinden wird, und will ausdrücklich betonen, daß die Sicherung der Qualität und die Förderung des wissenschaftlichen Nachwuchses auch von der Akademie als eine Aufgabe gesehen werden. Aus Mitteln der Kalkhof-Rose-Stiftung sind im abgelaufenen Jahr zwei junge Habilitanden gefördert worden, im kommenden Jahr werden es drei sein. Wie alle anderen Akademien versuchen auch wir, durch Stipendien und Preise Motivationen zu wecken und Leistung zu bestärken.

3. Unsere Gesprächspartner in der politischen Öffentlichkeit: Im Umkreis der Verpflichtungen, die wir empfinden und denen wir nachzukommen versuchen, habe ich von den Mitgliedern wie den Mitarbeitern der Akademie gesprochen und von der Akademie als Institution; es bleibt mir ein Hinweis auf den dritten Eckpunkt des Geflechtes, in das wir eingewoben sind: auf das, was wir von unseren Gesprächspartnern in der politischen Öffentlichkeit erwarten. Ich maße mir nicht an, Ihnen zu sagen, was Sie zu tun haben, aber wenn wir in einem Dialog stehen, innerhalb dessen sich die Akademien auch zu ihrer Verantwortung für die Gesellschaft bekennen, dann werden Sie sogar erwarten, dass wir Ihnen unsere Vorstellungen eines Zusammenwirkens verdeutlichen.

Ich will auch diesen Punkt nur kurz berühren, da aber hier Probleme angesprochen werden, welche die übrigen Akademien ebenso wie die Akademie in Mainz berühren, bitte ich um Verständnis, wenn ich hier gelegentlich auch den Blickwinkel der Konferenz, die ab 1. Januar 1999 Union der deutschen Akademien der Wissenschaften heißen wird, berücksichtige. (Die Regierungserklärung der neuen Bundesregierung liegt noch nicht vor, wir hoffen, dass sie von Verantwortung gegenüber der Forschung und von Ausgewogenheit in der Akzentsetzung getragen sein wird.)

Nicht als *captatio benevolentiae* will ich zunächst ausdrücklich betonen, dass auch unsere Akademie die im Bund-Länder-Abkommen gewährte Förderung der Vorhaben dankbar anerkennt. Gerade auch die Verhandlungen mit dem hiesigen Ministerium für Bildung, Wissenschaft und Weiterbildung sind seit langem getragen von fürsorglichem Verantwortungsbewusstsein der politischen Seite. In vielen Fällen, gerade bei Auslaufen von Vorhaben und Umschichtung von Landesmitteln, hat sich eine unserer Akademie gegenüber offene, positive und konstruktive Haltung gezeigt. Dafür sind wir Ihrem Haus, Herr Minister ZÖLLNER, sehr dankbar.

Ich will aber noch einmal etwas Grundsätzliches zum Umgang zwischen Akademien und politischen Stellen in Bund und Ländern sagen: Wenn die Beziehungen zwischen Akademien und den öffentlichen Instanzen reibungslos und vor allem effektiv verlaufen sollen, müssen bestimmte Grundkonstanten gewährleistet sein, die im Umgang miteinander sozusagen die Schiene unserer Begegnung sind und den Boden darstellen, auf dem sich dann ein fruchtbarer Austausch entwickeln kann. Dazu gehört im Bereich des Grundsätzlichen, dass die Autonomie der Wissenschaft gewahrt bleibt. Das ist eine Aussage unseres Grundgesetzes und wird auch so gehandhabt; aber diese Forderung schliesst auch ein, dass bei aller Beurteilung von wissenschaftlichen Vorhaben und Unternehmungen der Sachverstand der Wissenschaft eine Grundkoordinate sein und bleiben muss, an der sich auch der Umgang mit den Akademien orientiert. Bei der Zumessung der Mittel, die über Bestand oder Untergang mancher Vorhaben entscheidet, muss die Sachkompetenz im Urteil den Ausschlag geben. Dabei gehört es zum Ethos wissenschaftlicher Beurteilung, dass das Bessere der Feind des Guten ist; aber das besagt auch, dass das Gute nicht beseitigt wird, ohne dass etwas Besseres an seine Stelle tritt.

Es sollte auch nicht der Versuch unternommen werden, den Sachverstand durch Bürokratie zu ersetzen. Sie alle und gerade auch unsere Dialogpartner auf der politischen Seite wissen, dass die Mitglieder von Akademien nicht leichter zu handhaben sind, wenn sie sich mit einem dichten Koordinatennetz formaler Vorschriften konfrontiert sehen. Natürlich verstehen wir, dass geordnete Abläufe in allem nötig sind, aber gerade in einer Zeit beengter Spielräume dürfen weder die sachlich-wissenschaftliche Kreativität noch die kameralistische Erfindungsgabe schematisch beengt werden.

Uns allen ist klar, dass die öffentlichen Haushalte unter starkem Druck stehen. Wir erfahren auch schmerzhaft, dass die Mittel im Bereich der ja vorwiegend geisteswissenschaftlich ausgerichteten Akademien sich sehr begrenzt ausnehmen. Aber ich will doch auch sagen, dass die Geisteswissenschaften in den Akademien ein Beispiel dafür abgeben, wie mit unverhältnismässig geringen Mitteln respektable Ergebnisse erzielt werden. Der „schnelle Brüter" in Kalkar hat insgesamt mit den Kosten seiner Stillegung 8 Millarden DM gekostet, ohne je eine Leistung erbracht zu haben. Mit dieser Summe wäre das gesamte Akademienprogramm mit allen darin enthaltenen Grundlagenforschungen in seiner derzeitigen Höhe 111 Jahre, also bis zum Jahre 2110 zu finanzieren. Ich will damit keine politische Aussage machen, sondern nur die Relation verdeutlichen. Gemessen an den Etats der DFG und der Max-Planck-Gesellschaft nimmt sich das Akademienprogramm minimal aus. Unabhängig davon, dass das Akademienprogramm nicht nur keinen entsprechenden Zuwachs wie die anderen grossen Wissenschaftsorganisationen hat, stellt eine Kürzung der benötigten und für 1998 angemeldeten Mittel um die Summe von 4,6 Millionen DM sich als sehr bedrohlich heraus. Die in der Konferenz zusammengeschlossenen einzelnen Akademien haben diese Mittel durch eine globale Minderausgabe von 6,065% sehr mühsam erwirtschaftet. Aber kaum ist das erste Gewitter vorbei, folgt der zweite Sturm: Für 1999 zeichnet sich zwischen dem angemeldeten Bedarf aus Altvorhaben, Sondertatbeständen und Neuvorhaben und der zu erwartenden Summe von 73 Millionen ein Fehlbedarf von etwa 5 Millionen ab, der durch eine globale Minderausgabe von etwa 7% ausgeglichen werden müsste. Dabei ist uns allen noch nicht klar, wie die Finanzen sich wirklich im Jahre 1999 gestalten. Diese Situation hat ihre besondere Wirkung bei Neuvorhaben: Neuvorhaben sind wichtig und unerlässlich, um das Akademienprogramm lebendig und auf Dauer effektiv zu gestalten und eben nicht nur mit auslaufenden Modellen zu wirtschaften. Daher ist auch geplant, aus den geisteswissenschaftlichen Langzeitvorhaben der DFG je nach Möglichkeit einzelne Vorhaben in das Akademienprogramm aufzunehmen. Aber wenn bei solcher Enge an Neuvorhaben gedacht ist, dann stellt sich als Folge der Misere ein, dass sie nur in reduzierter Form angegangen werden können und wir im Vorgriff von der Substanz der durch Auslaufen freiwerdenden Mittel leben müssen; damit aber werden unsere Möglichkeiten für die Zukunft vorweg erheblich beschnitten. Wir können in der Finanzierung der Projekte nicht in der gleichen Form, wie der Staat dies ja seit langem tut, zu Lasten unserer eigenen Zukunft leben.

Und noch einer Gefahr müssen wir begegnen: Der verstärkt auf uns lastende Kostendruck sollte nicht dazu führen, eine Lösung oder Linderung darin zu sehen, dass die Akademien bei freiwerdenden Bundesmitteln sich in ihren Beständen gegenseitig beerben wollen.

Ich will Sie jetzt mit einzelnen Zahlen nicht langweilen, sondern nur generell das Problem, mit dem wir alle – Bund, Länder und am Ende die Akademien – konfrontiert sind, aufweisen. Mir kommt unsere augenblickliche Lage so vor, wie es einem Schwimmer geht, der sich voll Energie und trotz harter Anstrengung mit gutem Mut seiner Zielmarke nähert und plötzlich erkennen muss, dass man ihm die Schwimmbahn verlängert hat. Es wird nicht lange dauern und seine Kräfte werden ihn verlassen.

Abweichend von dem sonst üblichen Schema einer Jahresfeierrede wollte ich Sie heute nicht mit der Darstellung einzelner Vorhaben aus den drei Klassen ermüden; die Nachrichten darüber können Sie ausführlicher in diesem Jahrbuch nachlesen.

Zur Arbeit in unserer Klasse der Literatur will ich wenigstens noch erwähnen, daß neben den Veranstaltungen im Landtag, „Literatur im Landtag" und „Lesezeit – Literatur für junge Leute", auch die Vergabe des Joseph-Breitbach-Preises die Öffentlichkeit am Leben unserer Klasse der Literatur hat teilnehmen lassen. Der Breitbach-Preis wurde durch die Stiftung Joseph Breitbach ermöglicht. Er ist gedacht zur Förderung der deutschsprachigen Literatur und wurde in diesem Jahr vergeben an Hans Boesch, Friedhelm Kemp und Brigitte Kronauer. Wir wollen mit einem solchen hochdotierten Preis nicht in Konkurrenz zu anderen Preisen treten, sondern einfach nach unseren Möglichkeiten Literatur fördern.

Meine Damen und Herren: In einer Zeit, die so viele Beengungen aufweist, wie wir sie jetzt erleben, sind alle Teile der Gesellschaft zum Nachdenken aufgerufen. Ich glaube daher, dass auch im Rahmen einer solchen Stunde eine eher grundsätzliche und kritische Besinnung auf die Ziele hin angebracht ist, worauf die Akademie selbst und ihre Partner in Politik und Gesellschaft achten müssen. Die gelegentliche Bonhomie vergangener Zeiten nach dem Muster „die Arbeiten wurden planmässig fortgeführt" genügt nicht mehr! Ebensowenig ist bei aller Finanznot ein schematisches Verfahren im Umgang mit der Wissenschaft angebracht: Beide Seiten müssen verantwortungsvoll und sensibel miteinander umgehen – das Bemühen darum auf beiden Seiten soll dankbar anerkannt werden –, und für beide Seiten gilt: Wer Kreativität und Vorankommen will, darf nicht bei Standards stehen bleiben.

Damit komme ich zum Schluss und will den vielfältigen Dank, den die Akademie empfindet, nur andeuten: Wir danken unserem Sitzland Rheinland-Pfalz für alle Förderung und empfinden dankbar, dass die Zusammenarbeit mit den für uns zuständigen politischen Repräsentanten in Parlament, Regierung und Ministerium auch im letzten Jahr vertrauensvoll und hilfreich war und sich vertieft hat. Die Akademie dankt der Bundesregierung und den Regierungen der Länder, in denen wir Arbeitsstellen unterhalten, für alle Unterstützung. Dem Verein der Freunde und Förderer unserer Akademie danke ich für die Hilfe auf ganz verschiedenen Feldern, die klug und zielgenau in dringenden Notfällen gewährt wurde. Der Dank geht an alle Mitglieder der Akademie und unsere Mitarbeiter, die ihre jeweiligen Projekte gefördert haben. Der Verwaltung im Hause danke ich für Einsatz und Pflichterfüllung, ohne die unsere Arbeit nicht zu einem guten Ende kommen könnte.

Meine Damen und Herren: In Zeiten politischer Veränderungen glaubt man, dass immer auch das Glück oder Unglück, der Zufall, *fortuna*, eine grosse Rolle spiele im Hinblick darauf, was sich denn ereignen werde. Wir alle werden sehen, wie die Situation sich darstellen wird, von der auch für die Wissenschaft und damit für die Akademien Entscheidendes abhängt. Auch wenn vieles durch die Gunst und Ungunst der Umstände bedingt ist, so sollten wir doch alle, Sie, die Sie die Betreuung auf der Seite der Politik wahrnehmen, und wir, die wir auf der Seite der Wissenschaft Ihre Fürsorge brauchen, den Mut nicht sinken lassen und es mit dem Satz halten, den im 15. Jahrhundert der Florentiner Humanist Leon Battista Alberti in ähnlich bedrängter Lage einmal geschrieben hat: *So gross ist die Macht des Zufalls nicht, so leicht, wie einige naiv glauben, ist es nicht, über den Herr zu werden, der nicht unterliegen will.*

ANTRITTSREDE DES HRN. JOHANNES FRIED

Herr Präsident, meine Damen und Herren!
Danken möchte ich Ihnen für die Wahl in diese Akademie, die ich als einen Vertrauensvorschuß empfinde, den ich zu rechtfertigen habe.

Ich wurde 1942 geboren, doch erinnern kann ich mich daran nicht. Ich vertraue seit je Dokumenten und Erzählungen. Solches Urvertrauen in fremde Berichte beherrscht mein Tun bis heute. – Geboren also im Bombenjahr, in Hamburg, kurz vor der großen Zerstörung der Stadt; von einer Mutter aus Leipzig, mit einem Vater aus München, mütterlichen Vorfahren, die im Braunschweigischen, väterlichen, die in der Pfalz zu Hause waren. Später ging ich in Heidelberg zur Schule, heiratete eine Schlesierin, begann in Köln und zuletzt in Frankfurt zu lehren; bin mithin gesamtdeutsch, ohne recht zu wissen, ob das noch etwas ist. Künstler, Wissenschaftler, Beamte, Pastoren, auch Katholiken oder Sektierer begegnen unter meinen Vorfahren – deutsch bin ich also, wie man deutscher nicht sein kann.

Indes, der Bombenhagel, in den ich hineingeboren wurde, hielt mir alle Nationalismen fern. Gleichwohl wurde ich neugierig, wie es einstmals eigentlich gewesen. Zur Mediävistik, deretwegen ich eben die Ehre habe, vor Ihnen über mich und meine Arbeit zu sprechen, gelangte ich eher beiläufig, genau genommen durch Schlamperei und mangelnde Selbstorganisation. Ich hatte mich semesterferienlang auf mein erstes Hauptseminar zu diesem Gegenstand vorbereitet, doch die noch übliche Aufnahmeklausur dann zwar nicht verschlafen, aber doch verpaßt; beim nächsten Anlauf vertiefte ich mich wiederum semesterferienlang so in die Materie des angekündigten Seminars, daß mir die Fortberufung des Dozenten verborgen blieb. Immerhin wußte ich nach zwei Fehlversuchen ein wenig mehr als die meisten Kommilitonen; und dieser Vorsprung wurde beim dritten Anlauf bemerkt und reichte, wenn ich so sagen darf, bis heute.

Zudem hatte ich Glück, unwahrscheinliches Glück, daß nämlich Peter Classen nach Heidelberg kam, erst eine Hilfskraft, dann einen Assistenten gebrauchen konnte, mich nicht nur für beides akzeptierte, sondern in seine strenge Schule nahm und sich bis zuletzt, bis zu seinem allzufrühen Tod, um meine Zukunft sorgte. Classen verband die Geistesgeschichte mit der Sozialgeschichte, besaß eine stupende Quellenkenntnis, eine phänomenale Auffassungsgabe, praktizierte methodische Korrektheit, begriffliche Schärfe, gedankliche Exaktheit und verlangte gleiches von seinen Schülern. Er vergesse nichts, womit er sich einmal beschäftigt habe. Solche Bekenntnisse konnten erschrekken und warnen, zumal vergeßliche Menschen wie mich. Doch verwiesen sie, was ich damals nicht ahnte, auf das Gedächtnis, dem heute meine Aufmerksamkeit als Forscher gilt.

Ich lernte bei Classen die Beachtung der Details und der großen Linien, der sprachlichen Feinheiten und des übergreifenden Sinnes historischer Texte; gewiß auch die mangelnde Scheu vor wissenschaftlichen Kontroversen. Wie, was ist oder war, zu erkennen sei, liegt eben nicht auf der Hand. Mich nötigte diese Frage zur Suche nach dem Sach-, Norm- und Handlungswissen im Mittelalter, nach den damals virulenten Denkweisen und Deutungsmustern; ich begann mich dafür zu interessieren, wie im 8., 10. oder 12. Jahrhundert Welterfahrung konzipiert, expliziert und in Handeln umgesetzt wurde. Dieser Zusammenhang von Erfahrung, theoretischem Wissen und Praxis, näherhin die sozialen, politischen, religiösen Bedingungen von Wissenschaft und ihrer sozialen Veränderungspotentiale, die Formen und Wirkungen der Religion, des kollektiven Glaubens, des gemeinsam ausgehandelten Wissens beschäftigten mich bald mehr als die schlichten Daten und Artefakten vertrauter Weltgeschichte.

Warum konnte beispielsweise im 11./12. Jahrhundert eine neue Wissenschaft entstehen, die Jurisprudenz? Es kam einer wissenschaftlichen Revolution gleich. Hatte zuvor das ältere Rechtswesen versagt? Die Gesellschaft sich geändert, ihre Denkweisen neu geordnet? Die soziale Stellung und politische Bedeutung der Juristen galt es zu prüfen. – Eine andere Wirkung neuartiger hochmittelalterlicher Gelehrsamkeit war am Beispiel des päpstlichen Schutzes für Laienfürsten zu verfolgen. Der Papst – Priester, Bischof, Beter, höchster Repräsentant einer *waffenlosen* Kirche – erschien da als Schutzherr kriegserprobter Fürsten. Wie mochte das gehen? Die Antwort wurde eine Studie über das gelehrte Kirchenrecht als Waffe im Machtkampf weltlicher, machtversessener, staatenlenkender Fürsten.

Welche Inhalte formten derartiges praktisches Denken? Wo lagen die Grenzen seiner Leistungskraft? Wie reagierte es auf Herausforderungen unterschiedlichster Art? Die Schwelle von der Spätantike zum frühen Mittelalter erschien mir wie ein Nadelöhr allen antiken Wissens. Nur weniges gelangte hindurch, mit dem die Erben, Kinder der Kirche, zu wuchern begannen. Ein endloser Rezeptions-, Einübungs- und Entfaltungsprozeß antiker Rhetorik und Dialektik setzte im früheren Mittelalter ein. Deren Studium, von Angelsachsen erneuert und von Karl dem Großen zum *allgemeinen* Schulprogramm des Frankenreiches erhoben, galt fortan, so ergab sich, als Wisssenschaft schlechthin. Unablässig wurde seitdem und mit konsequenterer Ausschließlichkeit als je im Altertum an *allen* Schulen des lateinisch denkenden Europa die *eine* Zirkumstanzenlehre der Rhetorik, mithin das eine Fragesystem des *Quis? Quid? Ubi? Quibus auxiliis? Cur? Quomodo? Quando?*, die *eine* Kathegorienlehre des Aristoteles, die *wenigen* Regeln widerspruchsfreien logischen Schließens eingeübt, das von Bekanntem zu Unbekanntem zu führen verhieß.

Meine Fragen wandten sich den sinnlichen Wahrnehmungen und den psychischen Wissens-, Vorstellungs- und Verstehenswelten mittelalterlicher Zeitgenossen zu. Wie etwa begegneten die Europäer, dialektisch und rhetorisch geschult, wie sie nun waren, dem Fremden, dem noch nie Erlebten, beispielsweise dem verheerenden Mongoleneinfall, der um 1240 gleich einem Unwetter über Europa hereinbrach? – Wie entzifferten sie irrige Vorurteile, zumal solche, die sich durch die Rezeption antiken Wissens bei ihnen eingenistet hatten? Warum beispielsweise glaubten sie so unerschütterlich zuversichtlich an die wahrheitsfördernde Wirkung gerichtlicher Folter, der „regina probationum“, daß noch der Aufklärer Thomasius sich schwertat, von ihr abzurücken? Der Dynamik von Wissenskultur und sozialem Wandel sowie der in sich dynamischen Vernetzung dieser beiden Faktorenbündel soll nun, in künftiger Forschung, an dem Beispiel des spätstaufischen Kaiserhofes als eines Wissenszentrums im Großen untersucht werden, abseits also der Latein- und der Hohen Schulen, gleichwohl effizient, im Schnittpunkt mannigfacher sozialer Kräfte gelegen, gelehrter Universitätsabsolventen wie der Meister der verschiedenen Handwerke, der Roßknechte ebenso wie des Kaisers selbst.

Endlich wurde der Geschichtsschreiber und mit ihm der Historiker zu meinem Forschungsobjekt. Wie gelangten oder gelangen sie zu ihren Erkenntnissen? Welche

Faktoren spielen dabei zusammen? Die Fragen wiesen mich auf die Wirksamkeit konstruktiver und schöpferischer Phantasie beim Konzipieren historischer Vergangenheiten. Das Gedächtnis als Gegenstand historischer Forschung, das Erinnern und Vergessen, kehrte zurück – nicht jenes kulturelle Gedächtnis, das sich in Traditionen oder Bibliotheken spiegelt, sondern jenes neuronale, psychische Phänomen, dem die Wissensinhalte der Geschichtsschreiber und Historiker sich verdanken. Mich beunruhigen die Verformungskräfte, die sich, ob wir wollen oder nicht, der Erinnerungen bemächtigen, bevor dieselben in historischen Quellen sich verfestigen. Die Studien dazu sind noch keineswegs abgeschlossen; doch beginnen sie bereits, die Gewißheit vertrauter Vergangenheitsbilder zu erschüttern. Doch bin ich zuversichtlich, daß dem drohenden Abriß alsbald ein Neubau folgen wird.

ANTRITTSREDE DES HRN. JÜRGEN JOST

Herr Präsident, meine Damen und Herren,
die Biographie des Wissenschaftlers beginnt mit dem Studium, und ich habe von 1975–1980 an der Universität Bonn Mathematik, Physik, Volkswirtschaftslehre und Philosophie studiert und dort im Jahre 1980 in der Mathematik bei Stefan Hildebrandt promoviert. Nach einigen Jahren der Mitarbeit in einem Sonderforschungsbereich wurde ich 1984 an die Ruhr-Universität Bochum berufen. Wie bei fast allen Mathematikern meiner Generation liegen in dieser Zeit auch mehrere längere Auslandsaufenthalte, und zwar in den USA, Australien und der Schweiz. Besonders viel habe ich in diesen Jahren durch die Zusammenarbeit mit Shing-Thung Yau gelernt, der an der Universität Harvard lehrt. 1996 wurde ich als einer der Gründungsdirektoren an das Max-Planck-Institut für Mathematik in den Naturwissenschaften in Leipzig berufen.

Ich bin ein theoretischer Wissenschaftler und habe mich in der Vergangenheit überwiegend mit der reinen Mathematik beschäftigt, insbesondere mit Fragestellungen aus dem Bereich der Geometrie und Analysis; an dieser Stelle müssen einige Stichworte genügen:

- Minimalflächen (Plateausches Problem) als Beispiel der Optimierung von Formen und Gestalten,
- Harmonische Abbildungen als geometrische Gleichgewichtszustände, Kählermannigfaltigkeiten und symmetrische Räume als zentrale geometrische Objekte,
- Ginzburg-Landau- und Seiberg-Witten-Funktionale als Wirkungsfunktionale der Quantenfeldtheorie, die auch neue geometrische Einsichten vermitteln können.

Die Mathematik stellt sich in der Forschung in einem Spannungsverhältnis von Struktur- und Detailwissenschaft dar, ausgreifende konzeptionelle Aspekte stehen der beharrlichen und präzisen Arbeit am Detail, einheitliche Denkansätze der methodischen Vielfalt gegenüber. Für mich war hierbei immer die Einheit der Mathematik als Erkenntnisziel wesentlich. Die Mathematik stellt nicht nur kraftvolle Methoden zur Verfügung, die in den Anwendungswissenschaften nützlich sind, sondern erfaßt auch grundlegende Strukturen der Wirklichkeit, die insbesondere für die theoretischen Naturwissenschaften wichtig sind. Die Ausführung dieses Aspektes soll einen Schwerpunkt meiner zukünftigen Arbeit bilden.

In der theoretischen Physik interessieren mich die modernen Ansätze zur Vereinheitlichung der Feldkräfte, besonders die unter dem Namen „Stringtheorie" bekannt gewordenen, welche einerseits tiefliegende mathematische Strukturen verwenden und andererseits der Mathematik wesentliche neue Impulse geben. Bekannte Beispiele hierfür sind die Yang-Mills-Theorie, die übrigens ursprünglich auf einen Gedanken des Mathematikers Hermann Weyl zurückgeht, sowie die schon genannte Seiberg-Witten-Theorie.

In der theoretischen Biologie und Kognitionstheorie habe ich eine langfristig angelegte Zusammenarbeit mit dem Biologen und Philosophen Olaf Breidbach und einer Gruppe von Physikern und Informatikern begonnen. Unser Ziel ist die Entwicklung einer Theorie, in welcher sich kognitive Funktionen in einem mathematisch beschreibbaren dynamischen Selbststrukturierungsprozeß herausbilden, wie z.B. ein autonomes dynamisches System nach Kriterien der informationstheoretischen Optimierung interner subjektiver Wahrscheinlichkeiten auf der Grundlage stochastischer Inputsignale ein kohärentes Weltbild konstruiert. Dieser Ansatz geht wesentlich über die Computermodelle der sogenannten neuronalen Netze hinaus und wird sehr abstrakte mathematische Strukturen zur Untersuchung komplexer dissipativer dynamischer Systeme erfordern. Als mögliches Beispiel einer solchen Struktur sei hier die Morse-Conley-Theorie genannt.

Für mich ist hierbei aber auch der Erhalt einer soliden Basis in der reinen Mathematik wichtig, und daher soll neben der Verfolgung der skizzierten naturwissenschaftlichen Fragestellungen in meiner Arbeitsgruppe auch weiterhin die Forschung in einem möglichst breitem Spektrum der reinen Mathematik betrieben werden. Ich bin dankbar für die Freiräume zum wissenschaftlichen Nachdenken, die mir als theoretischem Wissenschaftler an einem vergleichsweise kleinen Institut gewährt sind.

Ich danke Ihnen für die Aufnahme in diese Akademie. Ich freue mich auf vielfältige geistige Anregungen durch fächerübergreifende Diskussionen, und ich hoffe, daß ich selbst auch etwas zum wissenschaftlichen Leben der Akademie beitragen kann.

ANTRITTSREDE DES HRN. EKKEHARD RAMM

Herr Präsident, meine Damen und Herren,

...„Wenn ein Baumeister ein Haus baut für einen Mann und macht seine Konstruktion nicht stark, so daß es einstürzt, und verursacht den Tod des Bauherrn, dieser Baumeister soll getötet werden.... Wird beim Einsturz Eigentum zerstört, so stelle der Baumeister wieder her, was immer zerstört wurde; weil er das Haus nicht fest genug baute, baue er es auf eigene Kosten wieder auf...." (Babylonischer Codex Hammurabi aus dem 18. Jahrhundert v. Chr.)

Mitte der achtziger Jahre hatte mich die ausführende Baufirma um ein Gutachten zur Standsicherheit des Kühlturms von Neckarwestheim nördlich von Stuttgart gebeten, eine neuartige, in dieser Größe noch nie gebaute, sehr dünne Konstruktion. Wir hatten damals gerade ein Forschungsvorhaben zur Berechnung dünner Stahlbetonschalen abgeschlossen und waren uns der Sache ziemlich sicher. Als aber einer dieser heftigen Herbststürme aufkam – der Kühlturm war gerade in der kritischen Bauphase – hatte ich doch ein mulmiges Gefühl; hier wurde mir die Verantwortung, die ich übernommen hatte, doch sehr bewußt. Nur gut, daß die Sitten nicht mehr ganz so streng sind, wie in der babylonischen Zeit.

Ich bin Ingenieur, konstruktiver Bauingenieur, genauer gesagt das, was man früher im allgemeinen Sprachgebrauch einen „Statiker" nannte. Schauen Sie in meine Familiengeschichte – die Vorfahren stammen alle aus dem Ruhrgebiet – so war der Berufsweg väterlicherseits eigentlich vorgeprägt: Maurer, Zimmerleute, später Ingenieure. Aber so klar war das dann doch nicht.

Im Krieg geboren, bis zum 12. Lebensjahr in Osnabrück und Umgebung aufgewachsen; durch Kriegseinwirkungen und den Beruf des Vaters – er war Eisenbahner – bedingt, sechsmal ausgebombt und vielfach umgezogen; die Jugendzeit habe ich dann später hier auf der anderen Rheinseite in Wiesbaden verbracht. Nichts Auffälliges in der Schulzeit; ich wurde als mathematisch-naturwissenschaftlich begabt eingestuft, mit all den Vor- und Nachteilen, die das mit sich bringt. Ich erinnere mich noch genau an die Zeit der Mittelstufe, als wir erstmals mit der jüngsten Geschichte konfrontiert wurden (der Geschichtsunterricht hörte aus mehreren Gründen gewöhnlich beim 1. Weltkrieg auf). Man zeigte uns den französisch/amerikanischen Dokumentarfilm „Bei Nacht und Nebel" vom Kriegsende und der Übernahme der Konzentrationslager. Wir waren schokkiert; es war der Beginn einer lang andauernden, eigentlich nie abgeschlossenen Diskussion mit den Eltern und den zentralen Fragen: „Wie konnte das passieren?" Und „Wie hätten wir uns verhalten?" Manfred Rommel, der ehemalige Oberbürgermeister von Stuttgart, hat sicher recht, wenn er in seinen Erinnerungen schreibt: „Schiller meinte, jeder trüge einen idealistischen Menschen in sich. Das ist richtig. Aber in jedem steckt auch das Gegenteil. Niemand von uns kann zuverlässig sagen, wie er sich unter den Verhältnissen des Dritten Reiches in bestimmten Situationen benommen hätte."

Wie schon angedeutet, war die Berufswahl nicht einfach. Wie in der Geschichte hörte der Unterricht auch in der Physik zu früh auf: Wir hörten nichts über die Kernphysik. Ich ging aus freien Stücken in die Bibliothek, um mehr über den Aufbau der Materie aus Elementarteilchen und die Kernspaltung zu erfahren. Also Kernphysiker? Oder doch Mathematiker? Vielleicht aber auch Architekt? Brachte ich hier genügend Kreativität mit, wo ich doch eigentlich eher analytisch angelegt war? So blieb ich dann in der Familientradition, aber lange unsicher, ob es denn das Richtige sei. Die sechs Monate Praktikum als Bauarbeiter hatten für den Sohn einer bürgerlichen Familie eine große Bedeutung; sie haben mir viel Lebenserfahrung mitgegeben.

An der TH Darmstadt gingen wir auch in die Vorlesungen von Eugen Kogon, nicht weil der Studienplan es forderte, sondern um etwas aus der fachlichen Enge des reglementierten Ingenieurstudiums auszubrechen. Das Bauingenieurstudium nach dem Vordiplom war von Kurt Klöppel geprägt, einer faszinierenden Persönlichkeit; einige werden sich an ihn erinnern, er war Mitglied der Mainzer Akademie. Darmstadt war aber durch seine überstarke Ausstrahlung auch eine Monokultur. Ich wollte mich nicht auf eine Richtung festlegen und wechselte nach Stuttgart, wo ich bei Fritz Leonhardt und Friedrich Bornscheuer den Konstruktiven Ingenieurbau und bei Johannes Schlums die Verkehrstechnik hören konnte.

Meine Unentschlossenheit – wohlwollend könnte man auch sagen: meine Offenheit – führte dazu, zwei Vertiefungen zu studieren. Am Ende mußte ich mich dann doch entscheiden: Beide Professoren boten mir die Stelle eines wissenschaftlichen Assistenten und die Promotion an. So bin ich „Statiker“ geworden. Für die Zeit am Lehrstuhl war ich dankbar, im Wechselspiel zwischen Lehre, Forschung und – für den Ingenieur nicht unwichtig – etwas Praxis konnte ich noch weiter reifen. Es war eine aufregende Zeit – ich meine jetzt nicht den gesellschaftlichen Umbruch der 68-Zeit – es war das Aufkommen der Großrechenanlagen: Ein Statiker hat immer viel zu rechnen (Konrad Zuse, der Erfinder des modernen Rechners, war Statiker). Wir nutzten die ersten Möglichkeiten und ahnten, was da in den kommenden Jahren auf uns zukommen würde: Jetzt können wir realitätsnähere Simulationsmodelle aufstellen, Unsicherheiten beseitigen, leichter bauen, neue Tragsysteme entwickeln, an die wir uns nie herangetraut hätten. Rückwirkend ist festzustellen: Die Entwicklung ist in unserem Fach noch weit darüber hinausgegangen, an was wir damals gedacht haben.

Promotion 1972; ein Ingenieur geht dann normalerweise in die Praxis. Er lernt erst das Handwerkszeug; eine rein wissenschaftliche Karriere und auch die Habilitation sind eher selten. Bei mir kam es – ich muß sagen ungeplant – anders. Ich wollte in die USA. Mit einem Habilitationsstipendium der DFG durfte ich als Postdoc an die University of California nach Berkeley, auch in unserem Fach der Strukturmechanik eine wissenschaftliche Hochburg. Es wurde ein Meilenstein in meiner persönlichen und fachlichen Entwicklung. Es war die Zeit, in der die Grundlagen für die Numerik der nichtlinearen Strukturmechanik gelegt wurden, das Gebiet, was man heute „Computational Mechanics“ nennt.

Habilitation 1976; ich war schon 35 Jahre alt und wollte (sollte) nun in die Praxis. Der Druck meiner Hochschullehrer war jedoch stärker. Eine H3-Stelle in Bochum schlug ich aus und nahm ein gleiches Angebot in Stuttgart an. Ich nutzte die folgende Zeit, um ein eigenes Lehr- und Forschungsprofil zu gewinnen: Die numerischen Berechnungsverfahren in der Statik und in der Dynamik, insbesondere auch für dünnwandige gekrümmte Konstruktionen, die wir Schalen nennen. Der Bauingenieur muß im Vorfeld die Qualität seiner Entwürfe abprüfen (die Standsicherheit simulieren), die Nutzbarkeit nicht erst im Nachhinein durch ein Experiment festlegen. Bemerkenswert ist aber, daß unsere Berechnungsmethoden heute in fast allen Ingenieurbereichen und darüber hinaus, zum Beispiel auch in der Biomechanik, genutzt werden.

Anfang der achtziger Jahre wurden mehrere Lehrstühle im deutschsprachigen Raum frei, und ich bereitete mich darauf vor, Stuttgart zu verlassen. Daraus wurde nichts, da die Kollegen mich mit aller Macht in Stuttgart halten wollten. So bin ich bis heute dort, seit 1983 als Leiter des Instituts für Baustatik.

1985 bat mich der Architekt Frei Otto, der u. a. als Ideengeber für das Münchener Olympiazelt bekannt ist, an einem neuen Sonderforschungsbereich „Natürliche Konstruktionen“ mitzuwirken. Es entstand einer der exotischsten und umstrittensten Sonderforschungsbereiche in Deutschland, exotisch deshalb, weil hier so unterschiedliche Wissenschaftler zusammenkamen wie Architekten, Bau- und Vermessungsingenieure, Physiker, Biologen, Paläontologen, Historiker, Philosophen. Anfangs war auch ich skeptisch (die Sprachverwirrung der unterschiedlichen Disziplinen war nicht gerade gering), später aber begeistert über unsere Diskussionen zur Selbstorganisation und nichtlinearen Dynamik, zu Evolution und Optimierung, zu Minimalflächen und Stadtentwicklungen, zur Geschichte der Konstruktion und nicht zuletzt über den Natur- und Wissenschaftsbegriff. Unser Mitglied Werner Nachtigall war ebenfalls dabei und so haben wir beide eine gemeinsame Doktorandin. Heute bin ich der Meinung, daß eigentlich jede Universität ein so weitspannendes Wissenschaftsforum haben sollte. Nach Ausscheiden von Frei Otto war ich eine Zeit lang Sprecher und für 3 Jahre auch kommissarischer Leiter seines Institutes.

Die Erfahrungen mit diesem SFB haben wohl auch dazu geführt, mich in den Senats- und Bewilligungsausschuss für die Sonderforschungsbereiche der DFG zu wählen, dem ich nunmehr fünf Jahre angehöre, eine lehrreiche, aber auch zeitaufwendige Tätigkeit.

An meiner persönlichen und beruflichen Entwicklung hat meine Familie einen großen Anteil. Seit 1966 bin ich verheiratet, ich verdanke meiner Frau Annette sehr viel; wir haben drei nunmehr erwachsene Söhne.

In den Ingenieurdisziplinen ist das Wechselspiel zwischen Theorie und Praxis, zwischen wissenschaftlichem Anspruch einerseits und Praxistauglichkeit, Anwendung andererseits besonders ausgeprägt; dies ist auch für jeden einzelnen Hochschullehrer im Kontext seines Faches zu reflektieren, und es gilt im besonderen Maße für den Statiker. Praktiker werfen einem wissenschaftlich tätigen Hochschullehrer gelegentlich vor, theorielastig, ja praxisfremd zu sein. Theorie von heute mag aber die Praxis von morgen und übermorgen sein. Hier haben Sie einen Ingenieurkollegen vor sich, der sich sehr stark der Lehre und Forschung verschrieben hat. Und wie steht es mit der Praxis, erwartet die Fachwelt nicht einen Beitrag? Und ist es nicht auch nötig, für die Weiterentwicklung der Lehre und die Einschätzung der Forschungsrelevanz Praxisnähe zu zeigen? Vor etwa 10 Jahren habe ich mit einem ehemaligen Doktoranden ein Ingenieurbüro gegründet; hier spiele ich hauptsächlich die Rolle eines gelegentlichen Beraters. So könnte der Auftrag des früheren Justizrats am Mainzer Hof- und Appellationsgericht Gottfried Wilhelm Leibniz an die später von ihm initiierte Brandenburgische Sozietät der Wissenschaften „Theoria cum Praxi“ auch mein Auftrag sein.

Sie haben mit der Wahl eines weiteren Ingenieurs Offenheit, vielleicht auch Mut bewiesen, in einer Zeit, die noch nicht den Ruhepunkt zwischen Technikeuphorie einerseits und Technikfeindlichkeit andererseits gefunden hat. Ich bin Ihnen dafür sehr dankbar und freue mich auf die zukünftigen Treffen mit Ihnen.

VERLEIHUNG DER LEIBNIZ-MEDAILLE

an Herrn Dr. jur. Hans Franzen

Die Akademie der Wissenschaften und der Literatur verleiht die Leibniz-Medaille des Jahres 1998 an Herrn Rechtsanwalt Dr. jur. Hans Franzen.

Mit großzügiger Geste hat Hans Franzen den nicht für die persönliche Altersvorsorge benötigten Teil seines Vermögens für wissenschaftliche Zwecke gestiftet. Er ermöglicht damit die Verleihung eines hoch dotierten Preises für Geschichtsforschungen zum 20. Jahrhundert vornehmlich an jüngere Wissenschaftler. Erträge eines Arbeitslebens werden entsprechend dem Wunsch des Stifters zur Auszeichnung von Erträgen der Forschung verwandt. Auch dies ist an der Schwelle zum nächsten Jahrhundert ein Generationenvertrag.

Die Akademie dankt ihrem Förderer – fautori gratias agit plurimas.

Mainz, den 6. November 1998

VERLEIHUNG DES NOSSACK-AKADEMIEPREISES FÜR DICHTER UND IHRE ÜBERSETZER

an Herrn Antonio Tabucchi
und Frau Karin Fleischanderl
durch Herrn Fritz

DIE AKADEMIE

DER WISSENSCHAFTEN UND DER LITERATUR

zeichnet

Antonio Tabucchi

und

Karin Fleischanderl

mit dem Nossack-Akademiepreis für Dichter und ihre Übersetzer aus.

In einer Erzählung Antonio Tabucchis sagt eine Frau: „Wie falsch das geschriebene Wort ist, was für eine unversöhnliche Präpotenz in den eindeutigen Wörtern liegt ... Aber die Dinge sind unbestimmt ... und deshalb leben sie." In Tabucchis Geschichten und Romanen, auch in seinen Arbeiten über den portugiesischen Dichter Fernando Pessoa, bewahrt das Wort seine Vieldeutigkeit und damit Lebendigkeit immer wieder. Erinnerung erscheint als „grossartige Fälscherin" in den skizzierten, verwischten oder konturierten Übergängen von Realität und Fiktion.

Karin Fleischanderl hat das bedeutende erzählerische und essayistische Werk Tabucchis mit ihren von der Kritik weithin gerühmten Übertragungen bei uns bekannt gemacht. Vor allem ist es ihr gelungen, das nicht selten Halluzinatorische, Traumhafte sowie das Ineinander von scheinbarer Leichtigkeit und Rätselhaftigkeit in Tabucchis Prosa bewusst zu machen. Und sie hat ein besonderes Gespür für eine Eigenart des Autors, die dieser einmal mit der Bemerkung andeutet: „Die Dinge, die fehl am Platze sind, üben eine unwiderstehliche Anziehung auf mich aus."

Mainz, den 6. November 1998

VERLEIHUNG DES WALTER KALKHOF-ROSE-GEDÄCHTNISPREISES ZUR FÖRDERUNG DES WISSENSCHAFTLICHEN NACHWUCHSES

an Herrn Privatdozent Dr. Stefan Trappen

Die Akademie der Wissenschaften und der Literatur verleiht den Walter Kalkhof-Rose-Gedächtnispreis zur Förderung des wissenschaftlichen Nachwuchses an Herrn Privatdozent Dr. Stefan Trappen.

Stefan Trappen erhält den Kalkhof-Rose-Gedächtnispreis 1998 für seine Arbeiten zur deutschen Barockliteratur und zur Poetikgeschichte im 16. bis 19. Jahrhundert.

Seine Untersuchung zum *literarischen Gattungsbegriff* verbindet in beispielhafter Weise philologische Genauigkeit mit weitem Blick auf die wirksamen Traditionen und historischen Veränderungen. Die Arbeit stellt einen grundlegenden Beitrag dar zum Verständnis der Wandlungen von Literatur und Literaturbegriff in der Neuzeit.

Mainz, den 6. November 1998

VERLEIHUNG DES RUDOLF-MEIMBERG-PREISES

an Herrn Professor Dr. Kurt Sier

Die Akademie der Wissenschaften und der Literatur verleiht Herrn Professor Dr. Kurt Sier den diesjährigen Rudolf-Meimberg-Preis.

Kurt Sier erhält den Rudolf-Meimberg-Preis für sein Werk „Die Rede der Diotima. Untersuchungen zum platonischen Symposion". In meisterhaft kommentierender Exegese hat er die einzigartige Verbindung von Dichtung und Philosophie, die Platon in seinem „Gastmahl" dargestellt hat, dem Leser erschlossen. Seine Interpretation ist von großer Stimmigkeit und läßt uns den Platontext mit neuen Augen lesen.

Mainz, den 6. November 1998

FESTVORTRAG ANLÄSSLICH DER JAHRESFEIER 1998

von
Helmut Hesse

Zur Rolle der Geldpolitik in einem Bündnis für Arbeit
Kurzfassung*

Am Vorabend der Europäischen Währungsunion bleibt das Problem der Arbeitslosigkeit in Europa ungelöst. Wie eine hartnäckige und lang andauernde Krankheit hält sie die Volkswirtschaften umklammert, lähmt ihre produktiven Kräfte und verhindert eine Verbreiterung des Wohlstandes für ihre Bürger. Ziel aller gesellschaftlichen Kräfte (unter Einschluß der Wirtschaftswissenschaft) muß daher sein, geeignete Therapien aufzuzeigen und anzuwenden, die einen Abbau der Arbeitslosigkeit ermöglichen. Welchen Beitrag die Geldpolitik dazu leisten kann, ist Thema des vorliegenden Beitrags.

Die Untersuchung gliedert sich in zwei inhaltliche Abschnitte. (a) Zunächst wird geprüft, inwieweit sich das Medikament „Geldpolitik" zur Überwindung der Arbeitslosigkeit überhaupt eignet, d. h. über welche Reaktionsmechanismen eine positive Wirkung auf den Arbeitmarkt entfaltet werden *kann*. Theoretisch denkbar ist dabei zum einen eine *Stärkung der gesamtwirtschaftlichen Nachfrage* seitens der Geldpolitik. Sowohl durch den Zins- als auch durch den Wechselkurskanal können expansive geldpolitische Maßnahmen die Binnen- bzw. die Außennachfrage stimulieren. Auf diese Weise könnte immerhin der Teil der Arbeitslosigkeit bekämpft werden, der auf Nachfragemangel zurückzuführen ist. Vorstellbar ist zum anderen, die Geldpolitik expansiv *zur Beseitigung von Allokationsmängeln* auf der Angebotsseite des Arbeitsmarktes einzusetzen. Angesichts der bestehenden Nominallohnrigidäten könnte eine moderate Inflation die Anpassungsflexibilität der Reallöhne verbessern.

Die skizzierten idealtypischen geldpolitischen Wirkungsmuster sind jedoch in der Realität nicht beobachtbar. Sie werden durch eine Reihe von Gegenanzeigen und Nebenwirkungen beeinträchtigt oder gar aufgehoben, so daß der zu erwartende Nutzen in keinem günstigen Verhältnis zu den möglichen Schäden steht. Von einem direkt auf die Heilung des Arbeitsmarktes abzuleitenden Einsatz der Geldpolitik wird daher abgeraten.

(b) Dies beantwortet die Frage nach den praktischen Einsatzmöglichkeiten der Geldpolitik nur unvollständig. Unter Umständen müssen die Aufgaben der Geldpolitik anders bewertet werden, wenn die (mangelnde) Leistungsfähigkeit der übrigen Politikbereiche bei der Überwindung der Arbeitslosigkeit in die Analyse einbezogen wird. Im zweiten Teil des Beitrags wird deshalb untersucht, welche Rolle die Geldpolitik einnehmen *soll*, wenn andere Politikbereiche ihre positive Wirkung auf den Arbeitsmarkt entweder nur in Verbindung mit geldpolitischen Maßnahmen entfalten können oder wenn sie für die Arbeitsmarktpolitik sogar vollständig ausfallen. Exemplarisch diskutiert werden dabei die Implikationen der Geldpolitik als *Ergänzung* der Lohnpolitik sowie jeweils als *Ersatz* für die Lohn- und Fiskalpolitik. Wägt man das Für und Wider sorgfältig gegeneinander ab, ist allerdings ein Einsatz der Geldpolitik weder als Ergänzungs- noch als Ersatzmaßnahme zu rechtfertigen.

Im Resümee bleibt daher festzuhalten, daß die Geldpolitik weder die Ursache noch die Lösung der hohen Arbeitslosigkeit in Europa ist. Eine aktive Rolle in einem Bündnis für Arbeit kommt ihr nicht zu; diese Aufgabe muß von anderen Politikbereichen übernommen werden. Dennoch kann Geldpolitik einen wirksamen Beitrag zur Überwindung der Arbeitslosigkeit leisten, indem sie die Preisstabilität aufrechterhält. Damit schafft sie die Rahmenbedingungen für niedrige Zinsen, einen die tatsächlichen Austauschverhältnisse widerspiegelnden Wechselkurs sowie einen störungsfreien Allokationsmechanismus auf den Arbeits- und Gütermärkten. Erst auf dieser Grundlage können die dringend erforderlichen arbeitsmarktpolitischen Maßnahmen, die an den Ursachen der Arbeitsmarktmisere ansetzen müssen, ihre größtmögliche Wirkung entfalten.

* Der Festvortrag erscheint in den Abhandlungen der Geistes- und sozialwissenschaftlichen Klasse 1999/Nr. 3.

WILHELM EMRICH
1909–1998

NACHRUF AUF WILHELM EMRICH

von
Hrn. Miller

Als einen Hirtengott hat ihn Arnold Böcklin gemalt, Pan im Schilf, halb verborgen in der stillen Mittagslandschaft um ihn, eine ruhende Macht hinter der entrückten, von leuchtendem Himmel überwölbten Idylle, die jeden Augenblick, einmal aufgestört, den Frieden zerbrechen und in Entsetzen verwandeln kann. Für Richard Dehmel und Julius Meier-Graefe war der Gott der Grenze, als sie *Pan* 1895 zum Patron ihrer neuen kulturellen und politischen Zeitschrift erhoben, ein Losungswort für den Aufbruch in eine andere, eine auf die Natur gegründete Zukunft der Kunst. Und diese Gesinnung trug bis an die Schwelle des Ersten Weltkriegs, bis in die Gründung der *Pan-Gesellschaft* durch die Berliner Secession. Wer dagegen Ende der wanderbewegten Zwanziger Jahre als Schüler, danach als Student, *Pan* gerufen wurde wie Wilhelm Emrich, hatte diesen Beinamen sicher dem Unbändigen des Naturells eher zu verdanken als dem Zeitgeist. Die Ausdauer in jeder körperlichen Anstrengung, die er früh seiner Gehbehinderung abverlangte, die Überzeugung, daß nur die Totalität des Ich die Fülle der Natur in sich aufzunehmen fähig sei, das scharfsichtige Mißtrauen gegen die Zivilisation und die unfaßbaren Mächte hinter dem Zeitgeschehen, nicht zuletzt die jähen Stimmungsumbrüche, die zeitlebens seinen leidenschaftlichen Gesprächs-Bekenntnissen etwas Bedrohliches und zugleich Überwältigendes gaben – alles das muß ihm schon in seinen frühen Jahren eine Sonderstellung unter den Freunden und Kommilitonen zugemessen haben. Mit nachsichtigem Achselzucken oder dröhnendem Humor konnte er später über die von ihm selbst angenommene Rolle sprechen, die ihn von früh an in ein inkommensurables, nicht notwendig in ein antagonistisches Verhältnis zu den Tendenzen der Jahre um 1933, des Zusammenbruchs eines tausendjährig geplanten Reichs, der Restauration unter Adenauer und der von ihm mit wachgerufenen, dann kritisch bewerteten Studentenbewegung von 1968 bringen mußte. Wilhelm Emrich paßte in kein Schema. Nicht als schwärmerischer Anhänger des Frankfurter Instituts für Sozialforschung und als führendes Mitglied der Roten Studentengruppe, den sein Engagement gegen die Rechten nach der Machtübernahme in Schwierigkeiten brachte und der als Lektor ins Ausland zu gehen hatte. Nicht als Sachbearbeiter im Propaganda-Ministerium, der in den Monaten der Götzendämmerung noch sinistre Aufsätze schrieb oder schreiben mußte. Nicht als Lehrer und Erzieher an der Hermann-Lietz-Schule, als der er während des Kriegs und danach tätig war, und schon gar nicht als Hochschullehrer, obwohl oder weil er in beiden Funktionen seine Schüler mitzureißen und für ihr Leben zu prägen wußte. Tief geschlagen von den Widersprüchen der Gesellschaft, der Zeit, des Menschen, und zugleich durchdrungen von der in der Utopie vorweggenommenen Erfahrung eines ungeschiedenen Ganzen, übertrug er diese Zerrissenheit, herausfordernd, in unerbittlichem, selbstquälerischem Beharren auf den Grundfragen der geistigen, damit aber auch der politischen Existenz, auf sein Gegenüber, sei es Gesprächspartner oder Hörsaal, sei es eine Schulklasse oder die Leserschaft einer Tageszeitung. Er forderte Entscheidungen, auch Entscheidungen gegen sich.

Die Literatur, der er sich verschrieben hatte, war für ihn, über die Philosophie noch hinausgehend, die wichtigste Form der Erkenntnis. Hier durfte es keine zu frühe Beruhigung geben, keinen bequemen Akt der Verständigung, keine Rückführung eines Werks oder eines Autors auf außerdichterische Absichten oder bloße Formkategorien. Ihm widerstrebten die Systeme der älteren Geistesgeschichte nicht weniger als die – von ihm gern als Quisquilien eingestuften – Kunstübungen einer werkimanenten Interpretation, selbst wenn diese den Rang Leo Spitzers oder Herman Meyers besaß. *Zarte Empirie* war seine Sache nicht; denn er wollte in der Unbedingtheit des Denkens, der er jeden Einzelzug und jede Nuance eines Werks unterwarf, den Kern der Sache fassen und faßlich machen. Dazu forderte er von sich und von der Forschung, was er an der Dichtung und an jeder schöpferischen Natur bewunderte: die Unabhängigkeit von der Konvention, das Wagnis des Neuen, die Utopie. Der dialektische Widerspruch war sein Erkenntnis-Verfahren, die Polemik das Mittel der Abgrenzung. Und beides billigte er jederzeit, auch in den heftigsten Diskussionen und Auseinandersetzungen, seinem Gegenüber zu, dem Studenten im Seminar wie dem wissenschaftlichen Antagonisten, den Freunden in nächtlicher Zechrunde wie den aufgebrachten Widersachern in einem überfüllten Auditorium. Manche dieser Streitgespräche, so die Heidelberger Debatte mit Gadamer über philosophische und literarische Erkenntnis, wurden zur Legende. Nein, Wilhelm Emrich paßte zeitlebens in kein Schema.

Als der Kölner Ordinarius 1960 den Ruf an die Freie Universität Berlin annahm, war er unter der jüngeren Forscher-Generation und unter den Studierenden berühmt als Verfasser zweier umfangreicher Bücher, die auf unterschiedliche Weise das Literaturverständnis verändert hatten. Der mächtige Bau seines Goethe-Buchs: „Die Symbolik von Faust II. Sinn und Vorformen" hatte, 1943 mit einem Druckkostenzuschuß der Deutschen Forschungsgemeinschaft gedruckt, dem Habilitationsverfahren in Berlin zu Grundlage gedient. In der zuerst 1954 vorgelegten Neufassung, die dann in mehreren Auflagen weiter bearbeitet wurde, fügt der mächtige Bau dieses Goethe-Buchs die unabsehbare Vielzahl der Themen, Motive, Metaphern von Goethes Alterswerk zu einem in sich geschlossenen Sinnganzen zusammen, an dem nichts Fragment, nichts Entwurf war – das Bruchstück sei immer der erste, nicht der zweite Teil des „Faust" geblieben, so konterte Emrich Einwände gegen seine Konstruktion! –, sondern alles, jeder Einzelzug und jede Wendung des Dialogs, in wiederholten Spiegelungen Hinweis auf Goethes Weltdeutung. Aus einer umfassenden Kenntnis aller Teile von Goethes Werk, aus der Interpretation der naturwissenschaftlichen und ästhetischen Schriften nach 1800 wie aus der selbstverständlichen Präsenz des dichterischen und autobiographischen Werks, hatte Wilhelm Emrich die Voraussetzungen für sein gewaltiges Unternehmen geschöpft, das noch heute beim Wiederlesen auf jeder Seite Staunen weckt. Er war nicht damit zufrieden, wie Friedrich Gundolf vor ihm, in durchlaufenden Linien Werk und Figur des späten Goethe zu zeichnen, und er verweigerte, bei allem Insistieren auf dem Kunstcharakter jeder Dichtung, die Aufmerksamkeit für das Spiel mit Poesie und Metrik, die Kurt May zu seinem Buch: „Faust II, aus der Versform gedeutet" verholfen hatte. Er ging jeder Vorstufe nach, untersuchte jede Szene und jedes Geflecht von Bildern, aber nur um daraus mit ehernem Griff den tragenden Sinn von Goethes Dichtung freisetzen zu können. Die Akademie der Wissenschaften und der Literatur in Mainz berief ihn 1956, aufgrund dieses Werks, in den Kreis ihrer Mitglieder, und das PEN-Zentrum nahm ihn zwei Jahre später als Schriftsteller in seine Reihen auf.

Der größte Einfluß ging von seiner 1958 erschienenen Monographie über Franz Kafka aus, die in vielen Auflagen verbreitet ist und die auch ins Englische und Japanische übersetzt wurde. Niemand vor ihm hatte es gewagt, aus dem gesamten Material, soweit es damals überhaupt vorlag, eine Gesamtdeutung des Werks zu versuchen, ausgehend von der *universellen Thematik*, die der Interpret am Beispiel des „Jägers Gracchus" veranschaulichte, über die in den Erzählungen sichtbar werdende Entzweiung des Selbst mit den fremden Dingen und die Bildvorstellungen für Welt und Gesetz bis hin zu den in ihrer Ausdrucksdichte sich steigernden Deutungen der drei großen Romane. Wilhelm Emrich vertraute ganz den Werktexten, wie diese in der von Max Brod betreuten Ausgabe vorlagen, und verzichtete auf biographische Rückführungen, für die er alle Voraussetzungen durch die Zusammenarbeit mit Klaus Wagenbach für sich geschaffen hatte. Franz Kafka – das war für Wilhelm Emrich nicht ein Sonderfall, nicht das Ergebnis aus dem Zusammenstoßen unterschiedlicher Lebenswelten, auch nicht die Entwicklung einer einzigartigen Bildwelt aus chassidischen Legenden, Traumchiffren aus der Prager Umwelt Franz Kafkas und einer sich oft jäh verändernden, vom *fin-de-siècle* beeinflußten Imagination. Franz Kafka ist vielmehr, was unter den Erzählungen, Fragmenten, Tagebucheinträgen die Einheit des großen Weltentwurfs garantiert. Wiederum ist aller recherchierender Scharfsinn und alle Detail-Beobachtung auf den *Sinn* gerichtet, auf die Erkenntnis-Leistung dieses vielschichtigen Œuvres für die Gegenwart nach dem zweiten nicht weniger als nach dem ersten Weltkrieg. Eine Summe aller bisherigen Kafka-Deutungen nannte damals Hans Mayer das in seiner Strenge faszinierende Buch, während andere Schriftsteller auf Emrichs Verfahren hinwiesen, sich intim in das Geheimnis von Kafkas Schreiben einzudrängen, die fremde Vorstellung der eigenen zu amalgamieren. Man mag aus dem Abstand zweifeln, ob eine so lückenlose Rekonstruktion wie die des unvollendeten „Schlosses" zulässig oder auch nur mit Kafkas Absichten vereinbar sein kann. Aber eine konsequentere, stärker herausfordernde Deutung hat es nicht gegeben. Und fast jede Interpretation der Sechziger und Siebziger Jahre ist auf sie in Zustimmung oder Ablehnung bezogen.

In Berlin stellte sich der Hochschullehrer den Aufgaben, die in drängender Dichte auf ihn zukamen. Nicht erst die schrittweise Verwandlung der *Alma Mater* zu einer Massenuniversität stellte ihn vor Probleme. In den Anfängen bereits waren nicht nur seine Vorlesungen, sondern auch seine Hauptseminare überfüllt. Viele Studierende kamen seinetwegen an die Freie Universität. Ihn zu hören, bei ihm ein Seminar zu besuchen, gehörte auch für die Fachfremden in einer noch dem Gespräch über die Fachgrenzen hinaus offenen *scientific community* zur Selbstverständlichkeit. Emrich begeisterte und provozierte zugleich. Er zwang seine Hörer, schwierigen Erörterungen über Grundfragen der ästhetischen Erkenntnis oder über Hegels Geschichtsphilosophie nachzufolgen, und insistierte in jedem Kolleg auf der Aktualität der von ihm behandelten Fragen, die er nicht einfach in die Literaturgeschichte oder in den Nachvollzug des ästhetischen Scheins abgedrängt wissen wollte. Da er im mitreißenden Schwung der Rhetorik, jedes Manuskript überspringend und dem Temperament aus dem Augenblick freien Lauf lassend, die Hörer von der Wahrheit seiner Behauptungen zu überzeugen suchte, gab es in seinen Vorlesungen kein Erschlaffen in der Gewohnheit, kein Zurückfallen in die später so verpönte rezeptive Haltung. Aber mit mehreren Hundert Studenten in einem Seminar Details zu diskutieren, nicht endende Referate und Hausarbeiten zu überprüfen, Staatsexamen und Promotionsprüfungen in schwindelerregender Zahl hinter sich zu bringen, das bestimmte schon vor 1968 Wilhelm Emrichs Alltag. Er nahm die Pflicht geduldig auf sich, schrieb die ins Unermeßliche gehenden Gutachten,

Woche für Woche, Jahr für Jahr, auf seiner Schreibmaschine und verbrachte seine Arbeitszeit in Prüfungen. Viele Generationen von Studenten zogen an ihm vorbei, viele Universitätslaufbahnen begannen im Umfeld dieses gewissenhaft um seine Schüler bemühten Lehrers. Daß darüber sein Hauptwerk, die früh geplante „Phänomenologie der Literatur", auf drei Bände berechnet, nicht weitergeführt werden konnte, obwohl er unermüdlich daran arbeitete und in Aufsätzen und Abhandlungen Teilaspekte vorzulegen, die Grundgedanken wenigstens zu skizzieren suchte. In seiner Berliner Zeit – fast zwanzig Jahre als amtierender Hochschullehrer, danach noch einmal acht Jahre zur Entlastung seiner Kollegen als Emeritus – kam Wilhelm Emrich nicht mehr zur Vollendung eines großen Werks. An seine Stelle traten die dem Augenblick abgetrotzten Aufsätze, die er dazwischen zu umfang- und einflußreichen Sammelbänden bündelte. „Protest und Verheißung. Studien zur klassischen und modernen Dichtung" (1960) und „Geist und Widergeist. Wahrheit und Lüge der Literatur. Studien" (1965), beide nicht nur im Titel an die expressionistische Überlieferung anknüpfend, waren richtungweisende und provozierende Bücher zur zeitgenössischen Literatur, auch dort, wo Emrich über Goethe, Kleist, Eichendorff oder Friedrich Hebbel schrieb. Wenn er tief in die Symbol-Interpretation eindrang, wenn er zugleich den Terror des Mythischen bei Ernesto Grassi anprangerte, wenn er nach den Möglichkeiten eines modernen Romans oder nach dem Gelingen der Literaturrevolution fragte, dann hatte er immer – freilich von seinem höchst eigenwilligen Standpunkt aus – die Zukunft der Dichtung und der Kunst überhaupt vor Augen. Dafür hielt er Vorträge, dafür schrieb er in Tageszeitungen, dafür trat er notfalls auch als Gutachter vor Gericht ein. Bis heute gilt seine Definition des Kunstvorbehalts, die er in einer Stellungnahme für die Bundesprüfstelle für jugendgefährdende Schriften getroffen hatte durch ein Urteil des Bundersverwaltungsgerichts als Rechtsgrundlage. Er setzte sich öffentlich für den gesellschaftlichen Auftrag jeder Kunst ein, aber er beharrte zugleich darauf, daß alle Kunst nur in ihrer eigenen Sphäre Erkenntnis stiften könne. Von daher sein Interesse an Autoren wie Arno Holz, wie Carl Sternheim, wie Frank Wedekind, wie Ödön von Horvath, daher seine entschiedenen Urteile über die literarischen Neuerscheinungen seit 1960. Wenn er sich für ein Werk oder einen Autor einsetzte, dann mit Haut und Haar, mit dem äußersten Einsatz aller Mittel: seine Werkausgaben, vorangetrieben mit einem kleinen Stab von Mitarbeitern, setzten in polemischer Abgrenzung gegen den aufkommenden Aberwitz der historisch-kritischen Editionen Maßstäbe der Brauchbarkeit. Kaum eine Edition ist reicher und verläßlicher in der Materialfülle wie in der Kommentierung als die große Ausgabe der Werke von Carl Sternheim, deren zehn Bände nach 1963 in nur zehn Jahren vorgelegt werden konnten! Daß die geplante Gesamtausgabe Frank Wedekinds an Widerständen der Erben zunächst, an politischen Vorbehalten dann, scheitern mußte, war für die Wirkungsgeschichte des Dramatikers von äußerstem Schaden.

Die Studentenunruhen des Jahres 1968 wandten sich vorübergehend auch gegen Wilhelm Emrich als einen der liberalen Vertreter der Ordinarien-Universität. Viele seiner Schüler standen, durch ihn angeregt, auf Seiten der Revolution, deren Ziele Emrich billigte, deren Mittel er heftig verwarf. An seinem Einsatz für eine offene Universität hat das nichts verändert. Auch nicht am Zustrom der Studenten. Bis in die Mitte der Achtziger Jahre blieb Emrich eine der Schlüsselfiguren der Freien Universität, obwohl ihm zeitlebens das Ränkespiel der Gremien fremd, ja verhaßt war. „Poetische Wirklich-

[Foto: Isolde Ohlbaum]

JULIEN GREEN
1900–1998

keit. Studien zur Klassik und Moderne" ein letzter Sammelband seiner Aufsätze erschien 1979. Danach folgte nur noch, Überarbeitung eines älteren Vorlesungsmanuskripts, ein imponierender Abriß: „Deutsche Literatur der Barockzeit" (1981). In einem seiner schönsten Aufsätze: „Das Problem der Symbolinterpretation im Hinblick auf Goethes ‚Wanderjahre'" (zuerst erschienen 1952 in der „Deutschen Vierteljahresschrift für Literaturwissenschaft und Geistesgeschichte") hatte er, um das Besondere von Goethes Umgang mit dem Symbol zu charakterisieren, das Kästchen-Motiv untersucht. Er hatte Schicht für Schicht die in den „Wanderjahren" angebotenen Deutungen verfolgt und verworfen, um in der Weigerung des Dichters, das Geheimnis in der Öffnung und Enthüllung preiszugeben, den tiefsten Erkenntnisvorgang für sich zu gewinnen. Das Schweigen war der Raum, dem das Symbol bei Goethe zugehört. Dem Mann, der sich auch in späteren Jahren als Pan verstand, war dieses Schweigen nicht unvertraut. Wie angestrengt immer er dem Sinn hinter den Weltentwürfen der Dichter nachspürte, war er sich stets bewußt, ließ das auch den aufmerksamen Leser spüren, daß eine Erklärung den durch das Symbol im Wort dingfest gemachten Sinn nicht treffen könne. Mir war dieser Aufsatz von allen immer der liebste, der persönlichste, der dem eigenen Wissensdrang gegenüber vorsichtigste. Er repräsentierte eine nachdenkliche, skeptisch-humorvolle Haltung dem Leben und der Kunst gegenüber, die sehr zu der Herzlichkeit und zu der unprätentiösen Offenheit Wilhelm Emrichs stimmte. In seinem Alter holte ihn, für die Freunde unerwartet, die Vergangenheit ein. Ein Aufsatz aus der Spätzeit des Dritten Reichs über den Einbruch des Judentums in das wissenschaftliche und fachliche Denken (aus dem Sommer 1943), von außen abgedrungen oder aus eigenem, zu diesem Zeitpunkt nicht eben vorausschauendem Impetus verfaßt, warf unversehends einen düsteren Schatten über die Anfänge dieser wissenschaftlichen Laufbahn. Viel später noch trat der dubiose Enthüllungsroman eines Urfreundes ans Licht, verfaßt von einem Literaturforscher, der sich mit Emrichs Unterstützung in den Sechziger Jahren um eine Habilitation an der Freien Universität bemüht hatte. Die Betroffenheit der Freunde und Schüler erwartete ein Wort der Erklärung oder Rechtfertigung. Wilhelm Emrich schwieg zu den Romanenthüllungen, aber auch zu den vorgelegten Materialien. Er hat sich für die letzten Jahre, sicher nicht aus Opportunismus oder Ratlosigkeit, ins Schweigen zurückgezogen. Schweigend ist der, den sie in jungen Jahren den großen Pan nannten, in hohem Alter gestorben, auch für die Vertrauten kaum noch erreichbar.

NACHRUF AUF JULIEN GREEN

von

Frau Zeltner

Mit Julien Green hat Frankreich einen seiner allerletzten Schriftsteller von Weltrang verloren. Wer jemals einen seiner Romane las, dem hat sich wohl unvergeßlich das Bild eines extrem verstörenden, beklemmenden Universums eingeprägt. Erinnerung an Figuren, die ähnlich der antiken Tragödie von einem unausweichlichen Verhängnis gezeichnet und zum Untergang verurteilt sind.

Walter Benjamin, der während seines Pariser Exils Green kannte und von den schönsten Texten über den von ihm zutiefst bewunderten Dichter geschrieben hat, kennzeichnet den Inhalt der Romane als „ein Geschehen voller Angst und Magie, das vielleicht niemals verzehrender war, als unter der Decke des zivilisierten Daseins und der bürgerlich-christlichen Kleinwelt". Die „Kleinwelt": das Leben in der Engnis zeit- und ortloser Provinz, eingezwängt in verlogene konventionelle Ordnungen. Das „bürgerlich-christliche": ein puritanischer, von Sündenangst geprägter Fanatismus. Indessen, die unter allen Zwängen verdrängte Sinnlichkeit, die unterdrückten Leidenschaften, wie sollten sie nicht eines Tages ausbrechen? Sie tun es mit einer dämonischen Gewalt, die in Perversion und Verbrechen endet. Da ist Adrienne Messurat, die, eine Gefangene ihres tyrannischen Vaters, sich in Liebe zu einem Mann verzehrt, in einem Schub der Verzweiflung den Vater die Treppe hinunterstößt, in den Tod, und die hernach in der Umnachtung endet. In Greens reifstem Werk, dem Roman „Léviathan", wird der Protagonist ins Verderben gestürzt, weil eine junge Prostituierte seine verzehrende Leidenschaft zurückweist. In seiner Gier alleingelassen, sucht auch er die Mauern der Einsamkeit mit Gewalt zu sprengen, zerstört das Gesicht Angèles und tötet auf der Flucht einen alten Mann. Da sind aber auch die anderen, die den heuchlerischen Sündenkanon ihrer Väter verinnerlicht haben wie Joseph Day („Moïra"), der sich kasteit und seine „teuflische" Sinnlichkeit mit aller Macht unterdrückt. Er begegnet der verführerischen Moïra – dem Mädchen mit dem Namen der altgriechischen Schicksalsgöttin – die er ebenso begehrt wie verabscheut und in der ersten Liebesnacht tötet. Gar kein Zufall ist es, daß Adrienne Mesurat den von ihr geliebten Mann noch kaum gesehen hat, daß er viel eher eine Halluzination ihrer unterdrückten Triebe als ein lebender Mensch ist. Ein anderer, mit „Minuit", Mitternacht überschriebener Roman dichtet gleichsam eine einzige visionäre Phantasiewelt. Traum und Halluzination gehören zu Greens Kerkerexistenzen, Fluchtwege auch sie und niemals Wege, die in eine tiefere Wirklichkeit des eigenen Daseins führen könnten.

Wer war der Dichter, der diese extremen Metaphern des irdischen Inferno erfand? 1900 wurde er in Paris geboren als Sohn amerikanischer Eltern angelsächsischer Provenienz und erzogen in einem erstickend puritanischen Milieu, dessen Geist ganz abzuschütteln ihm nie ganz gelang: „Hinter mir sind zu viele Generationen fanatischer Protestanten." – 16jährig, nach dem Tod der Mutter, konvertiert er zusammen mit seinem Vater zum Katholizismus; 1917 meldet er sich freiwillig bei der Sanität der amerikanischen Truppen. Auch im Zweiten Weltkrieg, nach Amerika emigriert, leistet er einen nützlichen Dienst bei der Armee. In „Friedenszeiten" jedoch war ihm jede Form des öffentlichen Engagements – sei es als Person oder Autor – total fremd. Nachdem er zunächst hatte Maler werden wollen, veröffentlichte er bereits im Jahr 1924 seinen ersten Text. Früh schon wurde er auch mit bedeutenden Preisen geehrt, 1966 als Mitglied in die Königliche Akademie Belgiens aufgenommen, 1970 folgte der Große Literaturpreis der Académie Française, als deren Mitglied er bald hernach gewählt wurde. Daß sein Werk noch in den 70er Jahren in die berühmte Pléiade-Reihe aufgenommen wurde, war eine besondere und seltene Auszeichnung für einen noch lebenden Autor.

Ein großer Irrtum wäre die Vorstellung, Green sei durch diese Lebensstationen gegangen in einer ähnlichen Zerquältheit wie seine Figuren. Der Mann, der, tadellos gekleidet, so gern durch die vornehmen Quartiere des Pariser Großbürgertums flanierte, machte viel eher den Eindruck eines lebensbejahenden Menschen voll nobler Gelassenheit. Auch Walter Benjamin kannte ihn als einen heiter distanzierten, geduldig teilnahmsvollen „homme du monde". Und zu ihm auch sprach der Autor davon, wie fern sein Schreiben seinem eigenen Erleben steht. „Meine Neigung geht dahin, mir auszusinnen, was mir am fernsten liegt. Was nicht ausgedacht ist, ist wertlos für mich."

Nicht Erlebnissen, demnach, sondern einer inneren Schau entsteigen seine Bücher. Haben sie also nichts mit dem Menschen Julien Green zu tun? Sind sie eine Art unverbindlicher Gegenentwürfe zu seinem Leben? Oder hat er doch die Nachtseite seines Wesens nach einer geheimnisvollen Magie in sein Werk gebannt, um seinen Weg durch hellere Zonen zu ziehen? Sucht er gar in den Vorstellungen der Hölle und ihrer Abgründe einen Beistand im Kampf gegen eigene Versuchungen?

Nie wird sich eine definitive Antwort finden lassen, auch wenn Green seit dem 28. Jahr regelmäßig Tagebücher schrieb und sie veröffentlichte. In seinem großartigen „Journal" hielt er in dichter Folge die Gedanken und Ereignisse seiner Tage fest. Wenig ist dabei die Rede von der politischen, sozialen Aktualität der Stunde: er mochte die Zeit, in der er lebte nicht, wäre lieber in einer früheren Epoche zur Welt gekommen. Nein, was ihm am Herzen lag: der genaue Bericht über sich selbst und sein Werk. Wir erfahren einiges über das Entstehen der Romane und Dramen; wir lesen, daß Green ohne festen Plan an die Arbeit ging, sich von seinen Figuren leiten ließ und dies so radikal, daß er es sich versagte, ihnen auch nur eine einzige Gebärde oder Replik aufzuzwingen. Am meisten aber drängte es ihn, sein persönliches Dasein zu ergründen. „Ein mögliches Heil kann nur im Sichvertiefen und Verwesentlichen des eigenen Lebens liegen."

Die Tagebücher lassen den Leser nie in der tiefen Verstörung zurück wie die Romane. Die Sprache ist luftiger, weniger obsessiv und erweckt oft den Eindruck wunderbarer Natürlichkeit. Freilich wird vieles, was in den Geschichten mit fast gewalttätiger Heftigkeit gestaltet ist, auch hier angetönt, nun aber mit extrem verhaltener Stimme: seine Leidenschaften, seine eigenen körperlichen Versuchungen – die Homosexualität –, das wird mit schamhafter Diskretion behandelt. Und nicht verschwiegen werden auch die geistigen Anfechtungen dieses zuweilen verzweifelt zweifelnd suchenden Menschen, dessen Sehnsucht nach dem Absoluten nie zur Ruhe kommt. Der aber auch nie aufhört, über das dunkle Schicksal des Menschen nachzusinnen, den Ursprung der Ängste, die desolate Verlassenheit des ohne Gott dahinlebenden Menschen. Der Autor, der selber einst hatte Priester werden wollen, suchte auch immer wieder das Gespräch mit Geistlichen: endlose, verschiedenste theologische Fragen, die diesen tief gläubigen, nie aber in seinem Glauben ausruhenden Christen bewegten. Und die in immer wechselnden Zusammenhängen um jenen letzten, dem menschlichen Erkennen verschlossenen Grund der Seele kreisen, in welchem Gott wirkt als ein allumfassendes, aber auch gefährliches Geheimnis.

Solche Passagen tragen viel dazu bei, daß die Tagebücher, die auf so differenzierten Denkwegen das unabsehbar Vielschichtige und Ambivalente der menschlichen Seele evozieren, zu einem faszinierenden Lese-Abenteuer werden. Zeugnisse eines Gottsuchers von radikaler, zuweilen bitterer Aufrichtigkeit; eines Menschen auch, der die gleichsam naturhafte Zuversicht – etwa eines Bernanos – in die göttliche Gnade nicht zu teilen vermag und deshalb immer weiter fahnden und fragen muß. Ja, möglicherweise können gerade in unserer orientierungslos gewordenen und nach verläßlichen inneren Werten suchenden Zeit diese mit großer Redlichkeit des Geistes geschriebenen Tagebücher für manche Leser eine neue Aktualität und Gültigkeit annehmen.

NACHRUF AUF HALLDÓR LAXNESS

von
Hrn. Bender

Eine Fülle berühmter Namen lag den Juroren der Schwedischen Akademie 1955 vor, als sie begannen, den Nobelpreisträger der Literatur zu bestimmen: Paul Claudel, Albert Camus, Aldous Huxley, Ezra Pound, Eugenio Montale, Giuseppe Ungaretti, Georgios Seferis und andere. Doch als Sieger ging Halldór Laxness hervor. „Für seine malerische Epik, welche die große Erzählertradition der isländischen Literatur erneuert hat", lautete die Begründung in der Urkunde. „Ihm", sagte Laxness in seiner Dankesrede, sei sie „eine Quelle der Genugtuung für das Volk, von dem ich alles, was an Gutem in mir sein mag, herleite". Das Volk empfing seinen preisgekrönten Dichter, als er aus Stockholm zurückkehrte, im Hafen von Reykjavik mit Jubel. Kein anderer Preisträger der Literatur ließ sich mit Halldór Laxness vergleichen.

Er war damals 53 Jahre alt. Die Romane „Kind der Natur", „Der große Weber von Kaschmir", „Salka Valka", „Islandglocke", „Unabhängige Menschen", „Atomstation", „Weltlicht" waren vorher erschienen. Sie waren beachtet, in andere Sprachen, auch ins Deutsche übersetzt worden. Sie vermittelten „vieles, was wir heute über die Insel aus Eis und Feuer wissen", schrieb Rolf Hädrich, der 1973 den Roman „Das Fischkonzert" meisterhaft verfilmte und viele Leser anregte, Halldór Laxness mehr zu schätzen als vorher.

Wie andere Schriftsteller seiner Generation war er in den ersten drei Jahrzehnten unterwegs, neugierig, die Völker und Länder kennenzulernen, die damals das Weltgeschehen bestimmten. Er besuchte die USA, die Sowjetunion, Spanien, Italien, Frankreich, Deutschland. Eine Zeitlang lebte er in Leipzig und rühmte später die Weimarer Republik als „das humanste und kultivierteste Staatsgebilde der Deutschen seit Menschengedenken". Er bekämpfte den Faschismus, bejahte die russische Revolution und die Lehre Lenins und ließ sich dafür 1953 mit dem „Weltfriedenspreis" belohnen. Dennoch, er zählte zu denen, die sich nicht blenden ließen. Er kehrte nach Island zurück, auf seinen Hof an der Straße nach Thingvellir, wo noch heute die Isländer alljährlich ihre Volksversammlung halten.

1963 erschien sein Buch: „Skáldatimi", das erst 13 Jahre später auch in deutscher Übersetzung herauskam und die Einreihung, die Laxness erfahren hatte, korrigierte. Die Frage „Welche Art des Lebens war das damals?" durchzog wie ein Leitmotiv die 38 Kapitel der autobiografischen Aufzeichnungen. Er blickte zurück auf die Jahre der Jugend und der Reisen; erzählte von seinen Verlegern, von Schriftstellern und ihren Büchern. Der Lebensbericht wurde zum Bekenntnis, wenn er sich an die Erlebnisse in der Sowjetunion erinnerte; an die Diskrepanz zwischen den Verheißungen der Ideologie und den wirklichen Resultaten: „Selbst als wir es unmittelbar vor Augen hatten, wollten wir nicht erkennen, welcher Gesellschaftszustand unter Stalin herrschte – und dies nicht deshalb, weil andere uns vorschwärmten, sondern weil wir uns selber betrogen." Rolf Hädrich hat Halldór Laxness auf seinem Hof besucht und beobachtet, wie er die Jahre des Alters verbrachte: „Fünf Stunden am Tag und mehr steht Laxness, 74 Jahre alt, an seinem Pult (Sitzen beim Schreiben macht müde) und beschreibt Blatt um Blatt geduldig mit einem Bleistift – ein Handwerker durch und durch, auch hierin den alten Meistern verbunden."

[Foto: Gerhard Steidl]

HALLDÓR LAXNESS
1902–1998

[Foto: Erwin Böhm]

HORST LEITHOFF
1920–1998

„Zeit zu schreiben", so der deutsche Titel von „Skáldatimi", gab 1972 zusätzlich den Anstoß, Halldór Laxness die ehrende, korrespondierende Mitgliedschaft unserer Akademie anzutragen. Erfreut nahm er sie an. Vor zwei Jahren – ich plante eine Anthologie unserer Klasse der Literatur – bat ich ihn um einen Beitrag, doch nicht er, sein Sekretär schrieb die Antwort: Der Schriftsteller läge erkrankt im Hospital und müsse den Beitrag schuldig bleiben. Am 10. Februar meldeten die Medien den Tod des achtundachtzigjährigen Autors, und die überregionalen Zeitungen würdigten ihn in bewundernden Nachrufen. In Deutschland erfährt Halldór Laxness eine zunehmende Beachtung über den Tod hinaus: Der Steidl Verlag in Göttingen begann mit der Edition einer Werkausgabe, in der die Romane in neuen Übersetzungen erscheinen. Sie wird denen, die seine Werke wieder oder zum ersten Mal lesen, bestätigen, welcher Rang Halldór Laxness gebührt neben den großen, klassischen, europäischen Autoren des 20. Jahrhunderts.

NACHRUF AUF HORST LEITHOFF

von
Hrn. Rittner

Herr Professor Dr. med. Horst Leithoff, em.o. Professor für Rechtsmedizin und Direktor des Institutes für Rechtsmedizin der Johannes Gutenberg-Universität Mainz von 1967 bis 1985, verstarb am 25. Dezember 1998 nach langer, schwerer Krankheit.

Professor Leithoff wurde am 29. 3. 1920 in Brandenburg als Sohn eines Offiziers geboren und war zeitlebens bis in seine letzten Tage vom Geiste preußischer Pflichterfüllung bestimmt. Nach den Studien der Rechte bis zum 1. juristischen Staatsexamen und der Humanmedizin mit Promotion in Prag und Freiburg absolvierte er seine pathologisch-anatomische Grundausbildung bei Büchner in Freiburg, ehe er in die damalige Gerichtsmedizin zu seinem Lehrer Weyrich wechselte, dem er lebenslang bis zu dessen Tode fast 100jährig freundschaftlich verbunden blieb. Die Rechtskunde, die forensische Pathologie, die forensische Serologie und Alkoholforschung bildeten Professor Leithoff's wissenschaftliche Schwerpunkte, ehe er sich mit Gründung der gemeinsamen Ethikkommission des Mainzer Fachbereichs Medizin und der Landesärztekammer, deren Mitglied und Vorsitzender er war, auch nun vermehrt ethischen Fragen des ärztlichen Handelns zuwandte. Von 1971–1981 war Professor Leithoff Präsident der Gesellschaft für forensische Blutgruppenkunde; im Amtsjahr 1983/84 hatte er die Präsidentschaft der Deutschen Gesellschaft für Rechtsmedizin inne. In den Jahren 1979 bis 1983 war er Dekan bzw. Prodekan des wiedervereinigten Gesamt-Fachbereichs. Professor Leithoff hatte mehrere Rufe nach auswärts abgelehnt (Freiburg, Münster und Düsseldorf). Die Rufabwendungsverhandlungen mündeten schließlich in der Errichtung eines der größten und bestausgestatteten Institute seines Fachs am Pulverturm im Mainzer Klinikum.

Am 17. 10. 1975 wurde Professor Dr. med. Horst Leithoff zum korrespondierenden Mitglied der Akademie gewählt und blieb ihr bis zu seinem Tode verbunden.

Professor Leithoff war stets ein Mann des Ausgleichs. Er glaubte nicht an die Absolutheit wissenschaftlicher Ansprüche. Die Förderung wissenschaftlichen Nachwuchses war ihm gleichbedeutend Ermutigung wie Weckung von steten Zweifeln an der Erkenntnis im Experiment. Angelehnt an Karl Popper beschäftigte ihn stets die Frage nach der Falsifikation der Fragestellung. Insofern war er auch stets ein Mann der Praxis, der sein Fach Rechtsmedizin in seiner Symbiose von Recht und Medizin vertrat.

Die Akademie der Wissenschaften und der Literatur mit ihrer Mathematisch-naturwissenschaftlichen Klasse wird Professor Leithoff stets ein ehrendes Gedächtnis bewahren.

NACHRUF AUF HERBERT RIEHL

von
Hrn. Lauer

Herbert Riehl, Professor der Meteorologie, starb am 1. Juni 1997 im Alter von 82 Jahren in Denver, Colorado.

Herbert Riehl war ein universeller Meteorologe, der die Zirkulation der tropischen Atmosphäre auf der Basis scharfer Beobachtung der Wetterphänomene erforschte, untermauert durch die Dynamik und Energetik der Wettersysteme auf der Grundlage der Erhaltungssätze der Physik und ihrer Anwendung auf die Wettervorhersage. Der Klimatologie und ihren biologischen und geographischen Auswirkungen brachte er großes Interesse entgegen.

Herbert Riehl wurde am 30. März 1915 in München als Sohn eines Offiziers geboren. Er legte das Abitur im März 1933 in Berlin ab. Die Familie wanderte 1935 infolge der politischen Verhältnisse in die Vereinigten Staaten aus. Er wurde 1939 amerikanischer Staatsbürger.

Herbert Riehl studierte Meteorologie an der New York University und erwarb 1942 das Master Degree of Science. Im gleichen Jahr lehrte er am Department of Meteorology der University of Washington. 1943 wechselte er an die University of Chicago als Meteorologe unter der Leitung von Carl Gustav Rossby, der ihn mit einem Arbeitsteam nach Puerto Rico entsandte. Dort beschäftigte er sich mit den tropischen Stürmen (Hurricanes und Taifunen), mit Strahlströmen in der oberen Atmosphäre (Jetstreams) und Witterungsvorgängen im karibischen Raum. Diese Arbeiten legten den Grundstein für sein Lebenswerk, das vorwiegend der Meteorologie der Tropen galt.

1947 erwarb er in Chicago den Doktorgrad (PhD) und lehrte bis 1960 als Full-Professor an der Universität Chicago. Danach wechselte er zur Colorado State University in Fort Collins, wo er ein Department of Atmospheric Science gründete und es zu einem führenden Institut ausbaute.

Herbert Riehl, der noch eine starke Bindung an die deutsche Heimat durch Jahrzehnte bewahrt hatte, folgte 1972 einem Ruf an das Institut für Meteorologie und Geophysik der Freien Universität Berlin als Nachfolger von Richard Scherhag. Sein Aufenthalt fiel leider in die Zeit der 68er Szene, die besonders das Meteorologische Institut der FU Berlin betraf. Die Situation wurde für ihn bald unerträglich, weil eine fruchtbare Team-Arbeit zwischen Professoren und Studenten nicht zustandekam. Herbert Riehl ging nach drei Jahren in die USA zurück nach Boulder, Colorado, wo er als Senior Scientist am National Center for Atmospheric Research und am Institute for

HERBERT RIEHL
1915–1997

Research in Environmental Sciences bis 1989 aktiv weiterarbeitete. Danach reiste er in mehrere Länder der Tropen wie z. B. Peru und Venezuela.

Sein Schriftenverzeichnis umfaßt etwa 150 Publikationen, darunter vier größere Werke. Schon 1954 erschien das Lehrbuch „Tropical Meteorology“ als Zusammenfassung seiner frühen Studien. Spezielle Monographien betreffen einzelne Themen über die atmosphärische Zirkulation: 1962 eine Veröffentlichung über Strahlströme der Atmosphäre, 1963 über Strukturen und Verteilung von Wolken im tropischen Pazifik, 1969 über die Passate im Atlantik. Es folgten 1969 und 1971 Studien zu klimatologisch-meteorologischen Verhältnissen in Dürregebieten NE-Brasiliens, der sommerlichen Calmen und der Niederschlagsstruktur im äquatorialen Bereich Venezuelas.

Herbert Riehl hat seine Forschungsergebnisse mit didaktischem Geschick zu einem anschaulichen Gesamtbild der allgemeinen Zirkulation der Atmosphäre in den Tropen und Subtropen aufgearbeitet. Fast alle Studien wurden in Team-Arbeit durchgeführt mit einem hohen Geräteaufwand und Einsatz von Schiffen und Flugzeugen. Terrestrische Beobachtungen ergänzten seine Feldforschungen, wie z. B. die Aufarbeitung des Niño-Phänomens an der Westküste Südamerikas. 1979 erschien das Buch „Climate and Weather in the Tropics“ als Zusammenfassung seiner Studienergebnisse der letzten 25 Jahre.

Herbert Riehl hat durch Beobachtung, Bearbeitung und Analysen von Daten sein Atmosphärenbild geschaffen. Heute jedoch sitzt die Jugend am Computer. Riehl hat diese große Errungenschaft für die Meteorologie erkannt und durchaus unterstützt, meinte aber, daß die jüngere Generation, die mit dem Computer aufwächst, zwar durchweg überzeugende Programme schreibt, die aber nicht immer mit der Realität der Natur übereinstimmen, weil das fundamentale Verständnis wegen mangelnder Erfahrung meist nicht vorhanden ist.

Während seines dreijährigen Aufenthaltes in Deutschland wählte die Akademie Herbert Riehl zum ordentlichen Mitglied. Für ihn war es eine große Freude, an unseren Veranstaltungen aktiv teilzunehmen. Der briefliche Kontakt und die Übersendung seiner weiteren Arbeiten zeugen von einer engen Verbundenheit mit der Mainzer Akademie.

Hohe Ehrungen wurden ihm zuteil. Schon 1948 verlieh ihm die American Meteorological Society den Meisinger Award. Vom American Institute for Aeronautics und Astronautics erhielt er 1962 den Losey Award, und schließlich 1979 die Carl-Gustav-Rossby Research Medall.

Die Akademie bedauert den Verlust dieses hervorragenden Forschers und Wissenschaftlers. Wir bewahren ihm ein ehrendes Andenken.

Plenar- und Klassensitzungen

Februarsitzung

26. Februar abends:	Klasse der Literatur: Autorenlesung: Rainer Malkowski
27. Februar vorm.:	Hr. Weiland spricht über das Thema: „Elektromagnetische Felder in Umwelt, Technik und Grundlagenforschung“
27. Februar nachm.:	Mathematisch-naturwissenschaftliche Klasse: Hr. Schölmerich: Bericht aus der Kommission für medizinische Forschung (siehe Jahrbuch 1997, S. 207).
	Geistes- und sozialwissenschaftliche Klasse: Diskussionsnachmittag: „Die Schweiz und ihre Landschaft in slavischer Lyrik (mit vergleichendem Blick auf die westeuropäische Dichtung)“ Einleitungsreferate HH. Brang, Habicht, Hempel, Mehl und Miller
	Klasse der Literaur: Werkstattlesung: Fr. Borchers
28. Februar vorm.:	Hr. Andreae spricht über das Thema: „Neue Entdeckungen zum Pergamonaltar“

Aprilsitzung

24. April vorm.:	Hr. Bock spricht über das Thema: „Was kann der präparative Chemiker durch Betrachten von Molekülzuständen profitieren? – Eine Retrospektive zu 99 Semestern Chemie“
24. April nachm.:	Hr. Weber spricht über das Thema: „Gründliches Verstehen. Nachdenken über Methoden, dem Ereignis des Werks beizukommen.“
25. April vorm.:	Hr. Debus spricht über das Thema: „Über Entwicklungen der deutschen Sprache in der Gegenwart – und in der Zukunft ?“

Junisitzung

18. Juni abends:	Klasse der Literatur: Autorenlesung: Dagmar Leupold
19. Juni vorm.:	Hr. Gärtner spricht über das Thema: „Die ‚Lingua ignota‘ der Hildegard von Bingen“

19. Juni nachm.:	Hr. Winiger spricht über das Thema: „Hochgebirge: vom Göttersitz zum Wasserturm. Perzeption und Erforschung eines Landschaftstyps".
20. Juni vorm.:	Hr. Harig spricht über das Thema: „Drei Chinesen mit dem Kontrabaß"

Novembersitzung

5. November abends:	Autorenlesung: Antonio Tabucchi und Karin Fleischanderl
6. November vorm.:	Hr. Pörksen spricht über das Thema: „Der Sturm aus der Vergangenheit. Über Tuvia Rübner."
6. November nachm.:	Jahresfeier der Akademie Ansprache und Bericht des Präsidenten (S. 83) Antrittsreden der ordentlichen Mitglieder (S. 93) Verleihung der Leibniz-Medaille (S. 100) Verleihung des Nossack-Akademiepreises (S. 101) Vortrag von Hrn. Hesse: „Zur Rolle der Geldpolitik in einem Bündnis für Arbeit" Verleihung des Walter Kalkhof-Rose-Gedächtnispreises (S. 102) Verleihung des Rudolf-Meimberg-Preises (S. 102)
7. November vorm.:	Hr. Mutschler spricht über das Thema: „Therapeutische Defizite – Ansätze zu ihrer Überwindung"

KURZFASSUNGEN DER IM PLENUM GEHALTENEN VORTRÄGE

Thomas Weiland: Elektromagnetische Felder in Umwelt, Technik und Grundlagenforschung (27. Februar 1998 vorm.)

Elektromagnetische Felder spielen heute eine zentrale Rolle im Berufs- und Privatleben. Im Durchschnitt verfügt jeder europäische Haushalt über 23 Elektrogeräte, die zu einem festen Bestandteil unseres zivilisierten Lebens geworden sind. Im Berufs- wie im Privatleben sind heute beispielsweise Computer, Telefon und Faxgeräte nicht mehr wegzudenken. Die elektrotechnische Industrie stellt eine der Hauptsäulen unserer Wirtschaft dar. Nahezu alle industriellen Herstellungsprozesse wenden elektromagnetische Felder in den verschiedensten Formen an. In der Grundlagenforschung nach den kleinsten Bausteinen der Natur stellt die Anwendung elektromagnetischer Felder die zentrale Methode dar.

Elektromagnetische Felder treten in der Regel in Form von sich ausbreitenden Wellen auf. Unsere Umwelt ist von einer Vielzahl der verschiedensten Arten von Feldern erfüllt. Der erhebliche Fortschritt in der Benutzung elektromagnetischer Felder basiert auf der Fähigkeit, das Verhalten der Felder im voraus theoretisch zu berechnen und damit die Felder mit enormer Präzision gezielt und kontrolliert einzusetzen.

Die theoretischen Grundlagen des Elektromagnetismus wurden vor über einhundert Jahren von James Clerk Maxwell (1831–79) entdeckt und in vier Grundgleichungen schon 1865–73 zusammengefaßt. Eine jede technische Anwendung von Feldern beginnt somit mit der Lösung dieser Maxwellschen Gleichungen für die jeweils anvisierte Problematik. Diese Gleichungen sind zwar mathematisch sehr elegant, aber leider in der Praxis nur sehr schwer lösbar. Sie entziehen sich nahezu völlig analytischen Berechnungsmethoden, wenn man von wenigen, unrealistischen Anwendungsfällen absieht. In den letzten 20 bis 30 Jahren wurde eine breite Palette an Methoden erforscht, diese Gleichungen für realistische Probleme zu lösen. Die allgemeinste dieser Methoden überführt die analytischen Gleichungen in vollständig äquivalente diskrete Gleichungen. Es entsteht daraus die sogenannte „diskrete Feldtheorie" oder auch die „diskreten Maxwellschen Gleichungen". Diese neue Formulierung erlaubt auf den heute verfügbaren Rechnern eine nahezu vollständige Lösung der kompliziertesten elektromagnetischen Probleme.

Unzählige praktische Anwendungen dieser diskreten Theorie finden sich in nahezu allen technischen und wissenschaftlichen Disziplinen. Im Bereich der Umweltbelastung durch Felder kann man heute die Belastung durch Funktelefone sehr genau voraussagen. Mittels elektromagnetischer Felder kann man Materialfehler in Flugzeugteilen finden, ohne daß die Fehler sichtbar sein müssen. Die Applikation von Feldern zur Tumorbekämpfung in der Medizin kann durch genaue Feldberechnungen gezielt und mit minimierten Nebenwirkungen erfolgen. Elektronische Bauteile wie Stecker, Antennen, Kabel usw. können ohne teure Experimente direkt auf einem Computer entworfen werden und dadurch kostengünstiger konstruiert werden.

Bernard Andreae: Neue Entdeckungen zum Pergamonaltar (28. Februar 1998 vorm.)

Eine ganze Reihe von überraschenden Entdeckungen führt zu einem neuen Verständnis des größten Monuments der hellenistischen Kunst und des größten antiken Denkmals in Deutschland, nämlich des Pergamonaltares in Berlin. Dieses Monument wird zur Zeit einer gründlichen Restaurierung unterzogen. Dabei ergaben sich neue Beobachtungen. Andere in den letzten zehn Jahren gemachte Entdeckungen erscheinen in diesem Zusammenhang in neuem Licht.

Als erstes ist die Gewißheit über die neue Datierung des Altares zu nennen, der nicht schon 184 v. Chr. in Auftrag gegeben wurde, sondern erst in den Jahren 166–156 v. Chr. entstanden ist. Bei dem bisher angenommenen Datum hätten die Pergamener einen Krieg auf Leben und Tod mit den in Kleinasien eingewanderten Galliern noch vor sich gehabt. Im Jahre 166 hatten sie diese vernichtet und stellten im Kampf der Götter und Giganten ihren verlustreichen, aber schließlich siegreichen Krieg gegen die Barbaren dar, die wegen ihre Körpergröße und, weil sie ihre Haare in furchterregender Weise mit Gipswasser hochbürsteten, mit den Titanen verglichen wurden: Gips heißt auf griechisch Titanos. Die unerhörten Brutalitäten, die im großen Fries des Pergamonaltares dargestellt sind, spiegeln offenbar Erfahrungen wider, welche die Pergamener im Krieg mit den Galliern gemacht hatten.

Durch das Hinabrücken der Datierung des Pergamonaltares um mehr als eine halbe Generation entsteht eine Lücke in der Kunstgeschichte, die in interessanter Weise mit der schrittweisen Entwicklung der barocken Kunstform des Pergamonaltares gefüllt werden kann. Vor allem die neu entdeckten Werke der Künstler Nikeratos und Phyromachos zeigen den Weg auf, der zum Pergamonaltar hinführt. Bisher erschien dieses gewaltige Werk wie vom Himmel gefallen. Nur seine Vorbilder waren bekannt, nicht seine Vorläufer. Als unmittelbarer Vorläufer erweisen die neuen Entdeckungen, die große Skyllagruppe vom Typus Sperlonga-Konstantinopel; deren Rekonstruktion 1996 in der Ausstellung „Odysseus. Mythos und Erinnerung" in Rom gezeigt und die in einem Vortrag am 19. April 1996 in der Akademie in Mainz vorgestellt wurde. Die wichtigste Entdeckung von allen ist die, daß der schon erwähnte attische Bronzegießer und Maler Phyromachos der entwerfende Künstler des Pergamonaltares war. Dieser bisher nur undeutlich bekannte Künstler, der von der antiken Kunstkritik neben Myron, Polyklet, Phidias, Skopas, Praxiteles und Lysipp als der siebte der überragenden griechischen Bildhauer angesehen wurde, tritt nun in den Vordergrund. Sein Werk fügt sich logisch in die Entwicklungsgeschichte der hellenistischen Plastik ein, die der Vortragende zur Zeit erarbeitet und in diesem Vortrag in ihren Grundzügen vorstellt.

Hans Bock: Was kann der präparative Chemiker durch Betrachten von Molekülzuständen profitieren? – Eine Retrospektive zu 99 Semestern Chemie (24. April 1998 vorm.)

Molekülzustände sind die realen Bausteine des Chemikers, denn die Struktur eines Moleküls und die zugehörige Ladungsverteilung kann sich mit seiner Energie und innerhalb der Zeit-Domäne der dynamischen Relaxation beträchtlich ändern.

Die ständig zunehmende Anwendung physikalischer Meßmethoden erlaubt heutzutage, Moleküle durch ihre Molekülzustands-Fingerabdrücke zu charakterisieren. Hinzukommt, daß die rasante Entwicklung von Rechnern beträchtlich dazu beiträgt, sowohl die Eigenschaften als auch die mikroskopischen Reaktionspfade von Molekülen zu charakterisieren. Das Zusammenspiel von Experiment und Theorie führt zu einer explosionsartigen Informations-Lawine und beschleunigt die Entwicklung der Chemie.

Zu einer näherungsweisen Beschreibung der Molekülzustände mit all ihrer Komplexität empfehlen sich qualitative Modelle, welche von der Topologie sowie Symmetrie ihrer Strukturen und von ihren Energien sowie den zugehörigen Ladungsverteilungen über die effektiven Kernpotentiale ausgehen. Diese Facetten werden anhand eigener Ergebnisse diskutiert und illustriert, welche von Molekülzustands-Eigenschaften einschließlich der Zeit-abhängigen Dynamik über mikroskopische Reaktionspfade sowohl in der Gasphase als auch in Lösung bis hin zur Selbstorganisation von Molekülen bei ihrer Kristallisation reichen.

Abschließend wird die persönliche Retrospektive auf 99 Semester Chemie zusammengefaßt und es werden Perspektiven für die Entwicklung der Chemie ausgehend von Molekülzustands-Betrachtungen diskutiert.

Werner Weber: „Gründliches Verstehen“. Nachdenken über Methoden, dem Ereignis des Werks beizukommen (24. April 1998 nachm.)

Im Jahre 1804 ist in Leipzig, im Verlag der Juniussischen Buchhandlung, eine Sammlung von Texten erschienen, die, so heißt es da, vorzüglich geeignet sein soll, „den Geist des Selbstdenkens zu erregen und zu bilden“: „Lessings Gedanken und Meinungen aus dessen Schriften zusammengestellt und erläutert von Friedrich Schlegel“. Drei Bände, als Ganzes ein unkonventionell dokumentiertes literaturkritisches Programm, dessen Hauptsache Schlegel schon früher, im Rahmen seiner „Charakteristiken und Kritiken“, dort auch Lessing betreffend, mit dem ein wenig enigmatischen Hinweis auf „jene krummen Linien“ zu bedenken gab, „die mit sichtbarer Stetigkeit und Gesetzmäßigkeit forteilend immer nur im Bruchstück erscheinen können, weil ihr eines Zentrum in der Unendlichkeit liegt“. Die „krummen Linien“; gemeint ist die geometrische Figur der Parabel; jetzt symbolisch genommen für die Offenheit des Werks als Fragment, dessen Wesen in seiner Unausschöpfbarkeit besteht, denn ausgeschöpft würde das Bruchstück zum Stück – im Sinne von Schlegel gesprochen: das eine Zentrum kehrte aus der Unendlichkeit zurück, die „krummen Linien“ fänden sich, das Exzentrische würde ins Zentrische übergehen, die Unruhe des Ewig-nur-Werdens käme zur Ruhe im endlich Erreichten; Rückweg von der Parabel zum Kreis. Zu jener Offenheit, zur Exzentrizität des Werks als Fragment steht die Offenheit, die Exzentrizität der auslegenden Rede. Es ist ironische Rede, verstanden als die Form des Paradoxen. Ihr Nerv ist die Frage.

„Geist des Selbstdenkens“. Als Selbstdenker gewinnt Schlegel an Statur, je energischer er die „höchste Aufgabe der Kritik und die innigste Vermählung der Historie und Philosophie“ als Kunst der Charakteristik begreift. Da haben wir ihn dann als den durch viel geistige Widerfahrnis gezeichneten Pfleger anreizender Strategien des Verstehens vor uns. Er hat Schalk, ist bald treuherzig offen, bald vertrackt. So faßt er einmal seine Kunstlehre des Verstehens trügerisch simpel zusammen: Nur dann könne gesagt werden, man verstehe ein Werk, einen Geist, „wenn man den Gang und Gliederbau nachkonstruieren kann". Ein solches Verstehen nennt Schlegel „gründliches Verstehen". „Gründlich" heißt nicht „endgültig"; gemeint ist vielmehr das offene Geschäft, das dialogische Verhalten vor der Sache; Frage und Gegenfrage, gelenkt durch historisches und systematisches Interesse. Damit steht Schlegel nicht einfach als schnellfertiger Erbe in seiner Zeit, der viel und vieles zu verschwenden hat. Er sammelt, er sichtet, er bringt für sich zu neuer Ordnung, was ihm an Möglichkeiten des Auslegens und Verstehens dargelebt worden ist. In diesem Horizont – durchaus mit aktuellem Interesse – sind kritische Grundsätze von Lessing, Hamann, Herder, Goethe zu bedenken.

Friedhelm Debus: Über Entwicklungen der deutschen Sprache in der Gegenwart – und in der Zukunft? (25. April 1998 vorm.)

Die deutsche Sprache ist – wie jede lebende Sprache – ständigem Wandel unterworfen. Die vielfältigen Veränderungen in der Lebenswelt werden sprachlich erfaßt. Neues wird durch neue Wörter oder durch inhaltliche Angleichungen bestehender Wörter im täglichen Gebrauch wiedergegeben, Überholtes verschwindet allmählich aus dem Wortschatz. Es ist denn auch vornehmlich das Lexikon, das die Veränderungsprozesse am sinnfälligsten erkennen läßt. Doch auch die eher stabilen Bereiche der Grammatik sind im Laufe der Zeit betroffen.

Im Blick auf die Gegenwart der deutschen Sprache mehren sich besorgte Stimmen. Es ist die Rede vom Sprachverfall, von geschwächtem oder abhanden gekommenem Normbewußtsein, von Überfremdung („Amerikanisierung/Anglisierung"), von Provinzialisierung oder schwindender Geltung des Deutschen in Europa und der Welt. Daß es seit 1945 einschneidende Veränderungen in der deutschen Sprache gegeben hat und gibt, ist unbestreitbar. Doch wie sind diese zu beurteilen? Und können für die zukünftige Entwicklung Prognosen gewagt werden? Als nach 1949 zwei deutsche Staaten entstanden, gab es nicht wenige, die auf Grund der sprachlich unterschiedlichen Entwicklungen die Entstehung von zwei deutschen Sprachen erwarteten oder gar schon von deutlichen, die Ost-West-Verständigung verhindernden Sonderungen sprachen. Die Wiedervereinigung änderte die Situation grundlegend, doch sprachliche Unterschiede existieren weiterhin. – Im Vortrag soll an Beispielen aus dem Wort- und Syntaxbereich den Veränderungen nachgegangen werden, und mit Blick auf die Zukunft sollen vorsichtig Prognosen erörtert werden.

Kurt Gärtner: Die ‚Lingua ignota' Hildegards von Bingen (19. Juni 1998 vorm.)

Hildegard von Bingen hat nach Beendigung ihres ersten großen Visionswerkes, des ‚Scivias', in den folgenden Jahren 1151 bis 1158 ihre natur- und heilkundlichen Schriften geschaffen und auch das mit diesen sich mehrfach berührende kleine Werk, das sie als ‚Lingua ignota' bezeichnete. Es hat in der Hildegard-Forschung bisher wenig Beachtung gefunden, obwohl es im Gegensatz zu den natur- und heilkundlichen Schriften verläßlich überliefert ist. An seiner Authentizität gibt es keinen Zweifel aufgrund der Bezeugung im sogen. Riesencodex (Wiesbaden, Hessische Landesbibliothek, Hs. 2), der bis auf einige Nachräge wohl noch vor ihrem Tode 1179 geschrieben ist und damit eine von ihr selbst veranstaltete ‚Ausgabe letzter Hand' repräsentiert. Nicht dagegen in den Riesencodex aufgenommen wurden die spät und nicht autornah überlieferten natur- und heilkundlichen Schriften, die ‚Physica' und die ‚Causae et Curae', auf denen heute die große Popularität Hildegards beruht. Die Verbindung der ‚Lingua ignota' mit den natur-und heilkundlichen Schriften ist darin zu sehen, daß erstens beide thematisch zusammengehören und daß zweitens in beiden die deutsche Sprache eine Rolle spielt und in großem Umfang deutsche Wörter anstelle von lateinischen oder zusammen mit ihren lateinischen Äquivalenten gebraucht werden. Dies ist auch der Hauptgrund für das germanistisches Interesse an Hildegard.

Die Entstehung der ‚Lingua ignota' kann man sich wie die der andern Werke Hildegards anhand der zeitgenössischen oder nur wenige Jahrzehnte nach ihrem Tod enstandenen illustrierten Handschriften der Visionswerke vergegenwärtigen: Sie zeigen Hildegard als Autorin mit Wachstafeln in der Hand; die auf diesen fixierten Konzepte wurden dann von einem ebenfalls abgebildeten Helfer, dem Mönch Volmar, in einen Codex übertragen, der den Ausgangspunkt für die weitere Überlieferung bildete. Die erste Fassung der ‚Lingua ignota' auf Pergament ist verloren; der Text ist außer im Riesencodex (= R) nur noch in einer von diesem im Hinblick auf die Zahl der dt. Glossen abweichenden Fassung in der Berliner Handschrift, Ms. lat. qu. 674, um 1220/30 (= B), erhalten. Die 1011 Stichwörter der ‚unbekannten Sprache' in R sind in der Regel einfach und überwiegend lat. glossiert; es gibt in R nur 260 dt. Glossen, in B dagegen 756 und überdies zahlreiche dt.-lat. Doppelglossierungen, die wohl auch schon in einer R und B gemeinsamen Vorstufe vorhanden waren. B enthält im übrigen neben sonst nicht erhaltenen authentischen Briefen Hildegards auch einen Auszug aus den ‚Causae et Curae' und repräsentiert damit den ältesten und autornächsten Textzeugen für diesen sonst nicht sehr verläßlich überlieferten Teil von Hildegards Œuvre.

Die ‚Lingua ignota' ist nichts anderes als ein kleines Wörterbuch. Die 1011 Stichwörter sind nicht alphabetisch angeordnet, sondern nach Sachgruppen: Die erste Gruppe bilden Bezeichnungen für die wichtigsten Gegenstände des christlichen Glaubens, für den Menschen, Familienglieder, Behinderte und Kranke, in der zweiten Gruppe sind die Bezeichnungen für die Körperteile von Kopf bis Fuß und für einige Krankheiten, hauptsächlich Hautkrankheiten, zusammengestellt; die weiteren Gruppen enthalten die Bezeichnungen für alle wesentlichen Dinge des Lebens und des Klosters: kirchliche Personen und Gebäude, Gottesdienst, liturgische Gewänder, Angehörige der weltlichen Stände und Berufe, Gegenstände des Skriptoriums und der Handarbeitsräume usw.; den Schluß bilden die Gruppen für Bäume, Kräuter, Pflanzen und Vögel, unter denen zahlreiche Bezeichnungen z.T. in der gleichen Reihenfolge und ebenfalls nur in deutscher Sprache auch in der ‚Physica' vorkommen. Das erste Wort in Hildegards Wörterbuch ist *Aigonz*, die Bezeichnung für ‚Gott', das letzte *Cainz*, die Bezeichnung für ‚Zikade'. Solche Sachwörterbücher waren im Mittelalter weit verbreitet. Das unmittelbare Vorbild und – wie die neueste Forschung gezeigt hat – auch die Hauptquelle für Hildegard war ein umfangreiches Sachglossar aus dem 11. Jh., das ‚Summarium Heinrici'. Mit seinen über 4000 dt. Glossen zu den lat. Stichwörtern und seinen teils umfangreichen Sacherklärungen war es eines der wichtigsten Kompendien des Standardwissens für den Elementarunterricht auch in den Nonnenklöstern.

Das Besondere an Hildegards kleinem enzyklopädischen Wörterbuch ist nun, daß seine 1011 Stichwörter einer unbekannten Sprache angehören, die sie – wie sie in einem Brief an Papst Anastasius IV. (1153/54) schreibt – inspiriert von oben geschaffen hat. Die Bedeutung der Kunstwörter wird durch die dt. und lat. Glossen angegeben, der Schlüssel zu ihrem Verständnis also immer mitgeliefert. Die ‚Lingua ignota' ist daher keine *lingua secreta*, keine Geheimsprache. Das einzige Zeugnis dafür, daß die ‚Lingua ignota' verwendet wurde, liefert die Antiphon ‚O orzchis ecclesia'. Im Gegensatz zu den mit der ‚Lingua ignota' in R und B zusammen überlieferten ‚Litterae ignotae', einem von Hildegard geschaffenen Alphabet, dessen ‚unbekannte Buchstaben' zur Verschlüsselung von Adressen dienten, erscheinen fünf Wörter der ‚unbekannten Sprache' integriert in den Text der Antiphon, aber in zwei von drei Textzeugen auch zusammen mit Bedeutungsangaben durch lat. Interlinearglossen.

Die Glossentradition und die Gattung der enzyklopädischen Glossare scheinen daher am ehesten Anhaltspunkte zu bieten für Erklärung der Kunstsprache und ihrer Funktion; im Zusammenhang damit sind Hildegards Sprachschwierigkeiten, ihre Probleme mit dem Lateinischen und ihre Verwendung des Deutschen zu sehen, auf das sie auch in ihren natur- und heilkundlichen Schriften aus Ausdrucksnot immer wieder zurückgreift. Die Hauptaufgabe der Forschung besteht aber zunächst einmal in der lexikographischen Erschließung und sprachhistorischen Kommentierung sowie in der Herstellung einer verläßlichen kritischen Ausgabe, die als Korrektiv für überzogene Spekulationen um die ‚Lingua ignota' dienen kann.

Matthias Winiger: „Hochgebirge: vom Göttersitz zum Wasserturm – Perzeption und Erforschung eines Landschaftstyps" (19. Juni 1998 nachm.)

Der Plastiker Jean Tinguely hat ein Kunstwerk geschaffen, welches an der Weltausstellung in Lissabon den Schweizer Pavillon ziert. Es soll aus Sicht der Ausstellungsmacher wohl in Teilen Symbolik und Selbstverständnis des Landes vermitteln: eine Vielzahl von Wasserstrahlen sprudelt aus einer hochhängenden, durchlöcherten Schale in ein Brunnenbecken – übersetzt könnte dies heißen: aus den Alpen ergießen sich die Ströme in die umgebenden Tiefländer, das Gebirge ist 'Wasserschloß' Mitteleuropas. Damit wird den Alpen unausgesprochen eine Sonderstellung zuerkannt. Sowohl Symbolik wie auch konkreter Inhalt stehen stellvertretend für eine große Zahl ähnlicher Projektionen, aber auch wissenschaftlicher Fragestellungen, die mit Landschaften verbunden werden.

Landschaft als mehr oder weniger transformierte Natur ist im weitesten Sinne Aktionsraum und Handlungsrahmen menschlicher Tätigkeit. Naturausstattung ist vielfältig genutztes Ressourcenpotential. In der landschaftlichen Ordnung wird die Umwelt aber auch Projektionsraum menschlicher Wertvorstellungen. Als Landschaftstyp nehmen die Gebirge dabei seit je eine Sonderstellung ein – sei es wegen ihrer naturräumlichen Eigenart, ihrer relativen Unerreichbarkeit, der spezifischen Gefahren und Verletzlichkeit, oder aber auch der oft unübersehbaren landschaftlichen Kontraste und Dramatik wegen. In der Agenda 21 (UNCED 1992, Rio) sind sie als Landschaftsökosysteme von globaler Priorität eingestuft worden. Gebirgslandschaften sind damit gleichermaßen Objekte kultur- wie naturwissenschaftlicher Analysen.

In einer Vielzahl von Kulturen kommt einzelnen Bergen oder ganzen Gebirgssystemen eine besondere Bedeutung zu: Gipfel sind einzigartige Erdpunkte, fern der menschlichen Niederungen, den Sternen und Göttern umso näher, häufig selbst Sitz von Gottheiten oder als heilig verehrt. Menschliche Wertsysteme und Ordnungen werden in die Gebirgslandschaft projiziert: insbesondere die vertikale Organisation des Naturraumes aber auch einzelne Landschaftselemente (etwa Gletscher) sind mit dies- und jenseitigen Attributen oder Tabus verknüpft. Sie wirken sich so wiederum zwingend auf die Tätigkeiten der Menschen aus und erfordern selektiven Zugang zu diesen Räumen. Respektlosigkeit und Frevel gegen die Erhabenheit des Ortes rächen sich – wer kennt nicht die Blüemlisalpsagen. Die Berge können Quellgebiete großer Ströme sein, besonders in den subtropischen Trockenräumen eine Tatsache, die den Bergen zusätzliche Würde verleiht. Der Kailas, der 'paradiesische Thron' im indisch-chinesischen Himalaya, Quellgebiet von Indus, Brahmaputra und Sutlej, ist für unzählige Gläubige und Pilger Mittelpunkt des Universums. Berg, Fluß und See, das Hochland und Tiefland als Einheit – eine Einsicht, die in der naturwissenschaftlichen, prozessorientierten Hochgebirgsforschung erst vor einigen Jahren wieder als Leitgedanke auftauchte.

Die heutige Hochgebirgsforschung geht vom Faktum aus, daß rund ein Fünftel der Erdoberfläche dem Großlandschaftstyp 'Gebirge' zugerechnet werden kann. Dieser Typus ist charakterisiert durch das Relief sowie durch ökologische und morphologische Höhenstufen, die je nach Klimazone unterschiedlich ausgeprägt sind, wodurch sich Gebirgsräume in jedem Fall deutlich von den vorgelagerten Tiefländern unterscheiden. In Bezug auf Besiedelung und Nutzung durch den Menschen können Gebirge sowohl Randgebiete als auch ausgesprochene Gunsträume sein.

In der aktuellen Hochgebirgsforschung stehen deshalb eine Reihe von Schwerpunkten im Zentrum der Untersuchungen:

1. *Das Landschaftsökosystem 'Gebirge'*: Bisher sind wesentliche landschaftsökologische Schlüsselgrößen und -prozesse namentlich in den Hochlagen völlig unzureichend bekannt – deren Bestimmung, dabei vorrangig die klimatischen Bedingungen und der Wasserhaushalt, aber auch die Erfassung, Modellierung und Rekonstruktion der Vegetationsverhältnisse nach einheitlichen, teilweise noch festzulegenden Standards, wird weltweit prioritär vorangetrieben. Es scheint sich dabei zu bestätigen, daß Gebirge in den Tropen und Subtropen zu den 'Hot Spots' der Biodiversität zu zählen sind. Morphodynamische Analysen und paläoökologische Befunde machen Gebirge letztlich zu Schlüsselstellen in der heutigen 'Global Change'-Forschung.
2. *Gebirge als Lebensraum:* Vor allem die Fußzone der Gebirge, aber auch die innermontanen Täler und Becken sind Lebensräume, die über lange Zeit in die Vertikalität der Nutzung der eigentlichen Berggebiete einbezogen waren, zunehmend aber durch eine im Vergleich zum Umland verschärfte Zentrum/Peripherie-Situation gekennzeichnet sind. Zugänglichkeit und Transitfunktionen werden neben den naturräumlichen Aspekten zu entscheidenden Attributen von Gebirgsregionen, im Falle der Alpen recht eigentlich zum verkehrspolitischen Streitpunkt.
3. *Gebirge als Ressourcenräume des Vorlandes:* Wasser, Energie, Holz und Arbeitskräfte werden in zahlreichen Hochgebirgsräumen in einem Ausmaß zu Gunsten der Tieflän-

der genutzt, welches das Regenerationspotential oft weit übersteigt. Die langfristigen Folgen des daraus resultierenden Ungleichgewichts, auch für das Tiefland, können zum jetzigen Zeitpunkt nur unzureichend abgeschätzt werden. Die Ressourcenverknappung wird dabei überdeutlich im Falle der Wasserversorgung der Tiefländer, namentlich derjenigen der Trockenräume – das eingangs skizzierte Bild des 'Wasserschlosses' erlangt damit weltweite Aktualität und in der Forschung wachsende Priorität.

Ludwig Harig: „Drei Chinesen mit dem Kontrabaß" (20. Juni 1998 vorm.)

Ich lese ein Kapitel aus meinem dritten autobiographischen Roman „Wer mit den Wölfen heult, wird Wolf". In diesem Kapitel „Drei Chinesen mit dem Kontrabaß" erzähle ich, wie ich im Jahre 1955 Max Bense, den Stuttgarter Philosophen und Wissenschaftstheoretiker, kennengelernt und mich den Arbeitsbedingungen und Schreibmethoden seiner „Stuttgarter Schule" angeschlossen habe. Das Kapitel ist erzählte Poetik, das heißt, der Autor vertraut den Wirkkräften der Sprache in zweierlei Hinsicht.

Eindringlich hatte mir Bense Gertrude Steins berühmtesten Satz deklamiert, diesen ominösen Vers, der noch in späteren Jahren zu folgenschweren Verwirrungen und Irrtümern führen sollte, zuerst unter den Fachleuten, die ihn falsch zitierten, dann unter den Liebhabern, die ihn unvollständig zitierten, bis schließlich Politiker und Feuilletonisten, immer noch falsch und unvollständig zitierend, ihn als Waffe gegen alles Spielerische gebrauchten. Wie eine halbgeheime Parole ging er von Mund zu Mund, doch oft ist er oberflächlich dahergesagt und ohne Sinn und Verstand ausgelegt worden, so als ginge es in ihm reihweis weiter und immer voran wie bei der Polonaise, die sich in einem endlosen Rosenspalier verläuft. „Ein Roter ist ein Roter ist ein Roter", höhnt ein Parteigänger der Schwarzen und kommt sich besonders wichtig und überlegen vor, „A trumpet is a trumpet is a trumpet" überschreibt ein Jazzkritiker seinen Artikel über Chet Baker und protzt mit falscher Gelehrsamkeit. O nein: „Eine Rose ist eine Rose ist eine Rose ist eine Rose": Diese Gleichsetzung einer Rose mit sich selbst und obendrein eines Satzes mit sich selbst, dieser zarte Anhauch einer zauberischen Tautologie läßt die Polonaise zum Reigen werden, der sich im Kreise schließt.

Die aber nur scheinbar tautologische Aussage von Gertrude Stein spiegelt sich wider im geheimen Sinn der vielgesungenen Kinderreime „Drei Chinesen mit dem Kontrabaß". Beides sind Zaubersprüche, poetische Beschwörungen des kaleidoskopischen Glasperlenspiels, das stets im geschlossenen Raum stattfindet.

Uwe Pörksen: „Der Sturm aus der Vergangenheit. Über Tuvia Rübner." (6. November 1998 vorm.)

Tuvia Rübner wurde 1924 in Preßburg geboren. Deutsch war seine Muttersprache, slowakisch lernte er nebenher. Als Angehöriger einer zionistischen Jugendgruppe konnte er 1941 teilnehmen an einem Transport nach Palästina. Auf diese Weise entkam er als Einziger seiner Familie der Ermordung durch die Deutschen.

Sein erster Beruf war der eines Hirten in Galiläa. Auf der Weide machte er seine ersten Gedichte, deutsche Verse im Ton Hölderlins.

Er kam dem Kreis um Werner Kraft und Ludwig Strauß nahe, sie wurden seine Lehrer und verehrten Freunde.

Als 26jähriger entschloß er sich, das Hebräische zur Sprache seiner Gedichte zu machen. Erstaunlicherweise glückte das, er wurde ein in Israel geachteter, preisgekrönter Lyriker. Er wurde später Professor für vergleichende Literaturwissenschaften in Haifa und lebt heute im Kibbuz Merchavia.

Eine Auswahl aus seinen Gedichten hat Christoph Meckel gemeinsam mit El Gafred übersetzt und unter dem Titel „Wüstenginster" herausgebracht.

Das sprachliche Urgestein des Alten Testaments verschränkt sich mit den Erfahrungen des 20. Jahrhunderts.

In einigen Gedichten ist Pauls Klees Bild „Angelus Novus" gegenwärtig, des Engels, der nach einer berühmten Deutung Walter Benjamins (Geschichtsphilosophische Thesen) erschrocken auf den Sturm aus der Vergangenheit und ihre Trümmerhaufen zurückschaut. Ich vermute den Ursprung des Sturm aus der Vergangenheit bei Kafka.

Seit Tuvia Rübner ins deutsche übersetzt wird, hat er begonnen, sich selbst zu übersetzen und dabei hat sich ergeben, daß er von den hebräischen Vorlagen abweichende neue deutsche Gedichte schreibt.
Auch davon wird die Rede sein.

Ernst Mutschler: Therapeutische Defizite – Ansätze zu ihrer Überwindung (7. November 1998 vorm.)

Wir verfügen heute über Arzneimittel, um die uns unsere Vorfahren zutiefst beneidet hätten. Diese Aussage läßt sich durch den Vergleich der um die Jahrhundertwende vorhandenen Pharmaka mit den derzeit gebräuchlichen Wirkstoffen leicht belegen. So gab es um 1900 im Gegensatz zu jetzt beispielsweise keine wirksamen Mittel zur Behandlung von Infektionskrankheiten, keine Psychopharmika, blutdrucksenkenden Stoffe, Hormon- oder Vitaminpräparate. Andererseits sind nach wie vor zahlreiche Erkrankungen nicht oder zumindest nicht kausal therapierbar. Dies gilt, um nur einige zu nennen, für degenerative Erkrankungen des Zentralnervensystems (u. a. die Parkinsonsche oder Alzheimersche Krankheit) ebenso wie für die große Gruppe der Autoimmunkrankheiten (u. a. Colitis ulcerosa, rheumatoide Arthritis) oder insbesondere die meisten bösartigen Tumoren. Die Aufgaben der Arzneimittelforschung sind daher nicht geringer, sondern eher größer und schwieriger geworden. Ihre Bewältigung erfordert neben den klassischen Verfahren der Arzneimittelentwicklung den Einsatz neuer Technologien und Strategien. Zu diesen gehören z. B. kombinatorische Chemie, Hochdurchsatzscreening, gentechnologische Verfahren einschließlich Genomanalyse, Suche nach Peptidomimetika, Endothelforschung oder Antiangiogenese. Interessanterweise ist der menschliche Körper nach wie vor eine der wichtigsten Quellen für innovative Pharmaka. So befinden sich derzeit zahlreiche körpereigene Eiweißstoffe, z. B. der Glial Derived Neurotrophic Factor zur Parkinson-Therapie, der Basic Fibroblast Growth Factor zur Schlaganfallbehandlung oder Neurotrophin-3 zur Therapie peripherer Neuropathien, in klinischer Prüfung. Für den Einsatz bei Patienten mit Morbus Alzheimer werden Substanzen, die selektiv bestimmte Muskarin-Rezeptoren stimulieren (M_1-Agonisten), entwickelt. Mit Immunglobulin G fusionierter Tumornekrosefaktor-

Rezeptor erscheint erfolgverspechend bei der rheumatoiden Arthritis. Innovative Ansätze bei der Behandlung kardiovaskulärer Erkrankungen stellen Natrium-Protonen-Austauscher sowie Vasopressin-Antagonisten dar. Bei der Tumortherapie ist verstärkt ein Paradigmenwandel zu beobachten. Galt bisher die Zerstörung von Tumorzellen als wichtigstes Ziel, tritt nunmehr die Verhinderung des Wachstums des Tumorstromas, vor allem die der Neubildung von Tumorgefäßen, in den Vordergrund. Der wesentliche Vorteil dieser Strategie liegt darin, daß, sofern ein wirksamer Stoff gefunden wird, dieser unabhängig von der Art des Tumors eingesetzt werden kann. Unstrittig zeichnen sich somit neue erfolgversprechende Therapieprinzipien und damit weitere Erfolge in der medikamentösen Therapie ab.

BERICHTE DER KOMMISSIONEN

1. Mathematisch-naturwissenschaftliche Klasse

KOMMISSION FÜR BOTANISCHE FORSCHUNG

Bericht: Barthlott

Durch den Rücktritt des Kommissionsvorsitzenden Hrn. Rauh und die Übernahme dieses Amtes durch Hrn. Barthlott, ist die Arbeitsstelle der Kommission nunmehr nach Bonn verlegt worden.

I. Biodiversität, Pflanzengeographie und Ökologie

Der geplante, zukünftige Arbeitsschwerpunkt der Kommission wird Biodiversität in ihrem räumlichen und zeitlichen Wandel sein. Die Biodiversitätsforschung beschäftigt sich als Teilbereich der ökologischen Grundlagenforschung mit der Analyse der strukturellen Vielfalt von Lebensgemeinschaften. Die Frage nach der ökologischen Bedeutung von Biodiversität gewinnt durch ihre rapide Zerstörung derzeit höchste Aktualität. Es ist inzwischen klar, daß unsere Kenntnis und unser Verständnis für die Artenfülle völlig unterentwickelt sind. Weder die Vielfalt selbst noch die Mechanismen, die sie bedingen, sind ausreichend bekannt. Neben den entsprechenden Arbeiten der Grundlagenforschung wurden im Berichtszeitraum auch Symposien durchgeführt, die sich unter anderem mit der Verantwortung der forschungsintensiven Industrienationen („Megaresearch Countries") gegenüber den artenreichen Entwicklungsländern der Tropen („Megadiversity Countries") beschäftigen.

Publikationen:

Barthlott, W. (1997): Globale Biodiversität: Ursachen und Konsequenzen der ungleichen Verteilung von Artenvielfalt. Sonderheft, Akad. Wiss. Lit. Mainz.

Barthlott, W. (1998): Räumliche Muster der Biodiversität. In: Barthlott, W. und Gutmann, M. (Hrsg.): Biodiversität in Deutschland. Potentiale und Perspektiven. Europäische Akademie, Bad Neuenahr-Ahrweiler GmbH, Graue Reihe *11*.

Barthlott, W. und Winiger, M. (eds.) (1998): Biodiversity – A challenge for development research and policy. Springer Verlag, Heidelberg.

Kraemer, M. und Barthlott, W. (eds.)(1998): Biodiversity of Colombia – Proceedings of the Bilateral Symposium Bonn, Nov. 1997, p. 1–139. Cullivier Verlag, Göttingen.

1. Biodiversitätskartierung

In Weiterführung der Arbeiten an einer globalen Kartierung der Gefäßpflanzenvielfalt wurden zwei Artikel mit konzeptionellen Überlegungen von Hrn. Barthlott und Mitarbeitern zum Druck eingereicht. Zum einen wurde ein terminologisches System zur

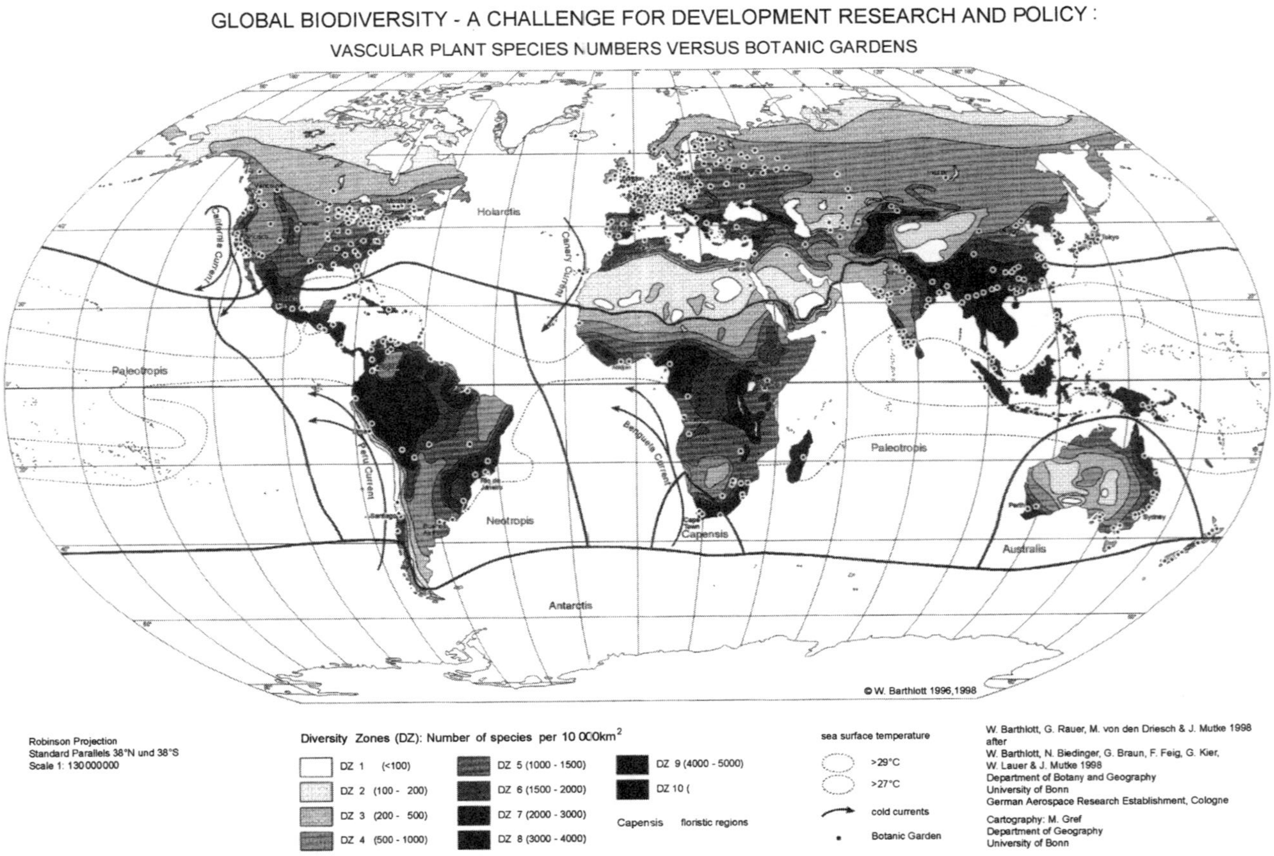

Abb. 1: Die Karte zeigt die globale Verteilung der Artenvielfalt Höherer Pflanzen, wobei die dunkelste Abstufung die höchste Diversität bedeutet. Die Punkte markieren die Lage Botanischer Gärten.

Beschreibung des Einflusses von Fremddiversität vorgeschlagen, zum anderen wurden an den Beispielen von Afrika und den U.S.A. exemplarisch die sehr unterschiedlichen räumlichen Verteilungsmuster von verschiedenen qualitativen Aspekten zur Bewertung von Biodiversität dargestellt. Weitere wichtige Ergebnisse dieser Arbeit waren Analysen zur engen Beziehung von Produzenten- und Konsumentendiversität. – Für eine grundlegend überarbeitete Version der Weltkarte der Gefäßpflanzenvielfalt, die im Laufe des Jahres 1999 zusammen mit der gesamten dazugehörigen Datenbasis veröffentlicht werden soll, wurden wesentliche methodische Arbeiten durchgeführt. Speziell wurde an einer Verbesserung der benutzten Arten-Fläche-Modelle gearbeitet, daneben aber auch die Datenbasis für die Karte kontinuierlich erweitert. Zusätzlich wurden für Vergleiche zu den Gefäßpflanzen Daten zu den Laubmoosen mit aufgenommen. Parallel dazu wurden im Fernerkundungsdatenzentrum des Deutschen Zentrums für Luft- und Raumfahrt Geographische Informationssysteme (GIS) auf globalem Maßstab sowie mit höherer Auflösung für Südamerika aufgebaut, die in Anbindung an die Biodiversitätsdatenbank für Analysen des Zusammenhanges zwischen Bio- und Geodiversität dienen sollen. – Um die Chancen, aber auch die besondere Verantwortung aufzuzeigen, die sich aus dem hohen Potential zur Erforschung der biologischen Vielfalt in Europa und speziell in Deutschland ergibt, wurde die Weltkarte der Gefäßpflanzenvielfalt mit dem Standort von ca. 600 wichtigen Botanischen Gärten überlagert (Abb. 1).

Publikationen:

Barthlott, W., Biedinger, N., Braun, G., Feig, F., Kier, G. und Mutke, J. (1998): Terminological and methological aspects of the mapping and analysis of global biodiversity. Acta Bot. Fennica (im Druck).

Barthlott, W., Kier, G. und Mutke, J. (1999): Globale Artenvielfalt und ihre ungleiche Verteilung. Courier Forschungsinstitut Senckenberg (im Druck).

2. Pflanzengeographie

Von Hrn. Rauh ist der Band 2 seines Werkes über die sukkulenten und xerophytischen Pflanzen Madagaskars erschienen. Nachdem in Band 1 Zentral- und Nordmadagaskar abgehandelt wurden, beinhaltet Band 2 die niederschlagsarmen Gebiete des Südens und Südwestens von Madagaskar. In diesen Regionen findet sich stellenweise noch eine intakte Primärvegetation mit einem einmaligen Reichtum an Endemiten und bemerkenswerten Wuchs- und Lebensformen. Von den sieben endemischen Pflanzenfamilien beherrschen die Didiereaceen mit ihren 11 Arten weite Gebiete und geben der Landschaft ein archaisches Aussehen. Ihre Morphologie und Ökologie wird ausführlich besprochen. Noch ist diese große Pflanzenformation, der Didiereaceen-Euphorbia-Busch, intakt; noch ist diese einmalige Vegetation nicht zerstört, wie es in Zentral- und Nordmadagaskar bereits geschehen ist. Aber wie lange noch? Es muß mit allen Mitteln versucht werden, die dortige Vegetation zu bewahren, damit Madagaskar auch weiterhin seinen Ruf als „Sanctuaire de la nature“ aufrechterhalten kann. Nicht zuletzt soll das Werk dazu aufrufen, die Natur Madagaskars zu schützen.

Publikation:
Rauh, W. (1998): Succulent and xerophytic plants of Madagascar. Volume 2. Strawberry Press, Mill Valley, CA, U.S.A., 385 Seiten.

In der Arbeitsgruppe von Hrn. Jäger standen Arbeiten zur Erfassung und kausalen Erklärung der Pflanzenareale und ihrer Dynamik im Vordergrund. Dr. H. Korsch (Halle) wertete mit Hilfe von Computerprogrammen die Karten des Verbreitungsatlas der neuen Bundesländer, an dessen Zusammenstellung er wesentlichen Anteil hatte, umfassend aus. Karten der Zeigerwertspektren für ganz Deutschland zeigen die Häufungsgebiete von kalk-, feuchte- und wärmeliebenden Arten, sie lassen die Gebiete mit besonders starkem menschlichem Einfluß auf die Flora erkennen und verdeutlichen den unterschiedlich starken Rückgang der verschiedenen ökologischen Gruppen unserer Gefäßpflanzen. Anhand von Frequenzkarten der regionalen Verbreitungstypen konnten die abiotischen Faktoren der Verbreitung genauer ermittelt werden. Neu sind auch computergenerierte, pflanzengeographische Gliederungen des Gebietes mit unterschiedlicher vorgegebener Zahl der Untereinheiten. – M. H. Hoffmann (Halle) konnte zeigen, inwieweit aus der Arealdifferenzierung von Sippen phylogenetische Schlußfolgerungen abzuleiten sind. Er faßt das Areal als Ausdruck der ökologischen Konstitution auf, die sich nur schrittweise und in bestimmten, immer wiederkehrenden Bahnen ändern kann. – E. Welk (Halle) nutzt die Gesamtverbreitung der Pflanzenareale zur Bewertung der Schutzwürdigkeit der deutschen Gefäßpflanzenarten. Die Verantwortung Deutschlands für die Erhaltung kann auch für solche Arten groß sein, die in unserem Gebiet noch häufig sind, wenn nämlich der weltweite Bestand gering und rückläufig ist. In manchen Fällen ist aus der Verbreitung und ihrer Dynamik abzuleiten, daß für die Erhaltung in Deutschland Pflegemaßnahmen unerläßlich sind. – Computermethoden zur Erfassung der klimaökologischen Arealgrenzen werden von Hrn. Jäger und M. H. Hoffmann gemeinsam mit Prof. Dr. T. Litt (Bonn) und Prof. Dr. W. Cramer (Potsdam) erarbeitet und für die Klimarekonstruktion aufgrund von fossilen Floren genutzt, wobei alle sicher bestimmten Taxa einbezogen werden.

Publikationen:
Conert, H. J., Jäger, E. J., Kadereit, J. W., Schultze-Motel, W., Wagenitz, G. und Weber, H. E. (Hrsg.) (1998): Hegi, G.: Illustrierte Flora von Mitteleuropa. Bd. I/3, Poaceae.
Hoffmann, M. H. (1998): Geographische Musterbildung bei Sippendifferenzierungen. Diss. Univ. Halle.
Hoffmann, M. H. (1998): Ecogeographical differentiation patterns in *Adonis* sect. *Consiligo* (Ranunculaceae). Plant. Syst. Evol. *211:* 43–56.
Hoffmann, M. H., Litt, Th. und Jäger, E. J. (1998): Ecology and climate of the early Weichselian flora from Gröbern (Germany). Review Palaebot.Palynol. *102:* 259–276.
Jäger, E. J. und Reckardt, K. (1998): Beiträge zur Wuchsform und Biologie der Gefäßpflanzen des herzynischen Raumes. 2: *Smyrnium perfoliatum* L. (Apiaceae). Hercynia N. F. *31:* 103–116.
Korsch, H. (1998): Möglichkeiten der Anwendung floristischer Datenbanken. Diss. Univ. Halle.
Lundquist, J. und Jäger, E. J. (eds.) (1998): Index holmiensis. A world index of plant distribution maps. XI: Dicotyledoneae N-P. Stockholm, 568 S.
Seidel, D. und Jäger, E. J. (1997): Verzeichnis der Publikationen von H. Meusel. Hercynia N. F. *30:* 155–162.

Prof.Dr. Eberhard Fischer (Koblenz) hat die Arbeiten mit dem Schwerpunkt der Erforschung der Hochgebirgsvegetation Zentral- und Ostafrikas durch zwei Reisen nach Ruanda und Uganda sowie nach Kenya fortgesetzt. Dabei stand die Besteigung des Mt. Elgon sowie der Aberdare-Berge und der Vergleich mit der afromontanen und afroalpinen Vegetation am Mt. Kahuzi sowie an den Virunga-Vulkanen im Mittelpunkt.

3. Inselberge

In Fortführung der im Rahmen des DFG-Schwerpunktprogrammes „Mechanismen der Aufrechterhaltung tropischer Diversität" erfolgten Arbeiten wurden von Prof. Dr. Stefan Porembski (Rostock) Studien an Inselbergen in Afrika und in Südamerika durchgeführt. Erstmals konnte die Vegetation von Inselbergen im Regenwald Äquatorial-Guineas detailliert untersucht werden [in Kooperation mit Kollegen in Bata sowie mit der Arbeitsgruppe von Prof. Dr. Jean Lejoly (Brüssel)]. Neben verschiedenen Erst- und Neufunden zeigte die Analyse der Ergebnisse, daß die Diversität der vorgefundenen Pflanzengemeinschaften relativ niedrig ist. Diese Resultate bestätigen frühere, an Inselbergen in der Regenwaldzone der Côte d'Ivoire gemachte Beobachtungen, deren Phytodiversität gleichfalls niedrig ist. Offenbar bewirken sowohl der hohe Isolationsgrad pflanzlicher Lebensgemeinschaften auf Regenwaldinselbergen wie auch die geringere Zahl klimatischer Störungen (z.B. unvorhersehbare Trockenzeiten) die Einstellung eines artenarmen Gleichgewichtszustandes. In der Côte d'Ivoire wurden die Analysen von Dauerbeobachtungsflächen fortgesetzt. – Auf dem Kongreß der brasilianischen Botanischen Gesellschaft in Salvador (Bahia, Brasilien) wurden die Resultate des Inselbergprojektes vorgestellt.

Publikationen:

Porembski, S. und Barthlott, W. (1997): Seasonal dynamics of plant diversity in inselbergs in the Ivory Coast (West Africa). Bot.Acta *110:* 466–472.

Porembski, S., Martinelli, G., Ohlemüller, R. und Barthlott, W. (1998): Diversity and ecology of saxicolous vegetation mats on inselbergs in the Brazilian Atlantic rainforest. Diversity and Distributions *4:* 107–119.

Seine, R., Becker, U., Porembski, S., Follmann, G. und Barthlott, W. (1998): Vegetation of inselbergs in Zimbabwe. Edinburgh Journal of Botany *55:* 267–293.

4. Epiphyten

Die Untersuchungen zur Biodiversität und Ökologie von Epiphyten wurden von Hrn. Barthlott und Mitarbeitern in Venezuela und Ekuador fortgesetzt. Die Arbeiten im amazonischen Tieflandregenwald am oberen Orinoko in Venezuela wurden in Kooperation mit der österreichischen Akademie der Wissenschaften und des Venezolanischen Umweltministeriums umfassend ergänzt. Die Feldarbeiten im andinen, venezolanischen *Decussocarpus*-Bergregenwald wurden in Zusammenarbeit mit der Universidad de los Andes, Mérida, abgeschlossen, wobei der Vergleich der epiphytischen Lebensgemeinschaft von primären Waldflächen mit verschiedenen sekundären Vegetationstypen in die Untersuchungen einbezogen wurde. – Auch die in ekuadorianischen

Bergregenwäldern durchgeführten Epiphytenstudien wurden unter Mitarbeit der Pontifica Universidad Católica del Ecuador, Quito, erfolgreich abgeschlossen.

Publikationen:

Nieder, J., Engwald, S., Klawun, M. und Barthlott, W. (im Druck): Spatial distribution of vascular epiphytes in a lowland amazonian rain forest (Surumoni crane plot) in southern Venezuela. Biotropica.

Nieder, J., Ibisch, P. L. und Barthlott, W. (1998): Biodiversidad de epifitas – una cuestíon de escala. Revista del Jardín Botánico Nacional (La Habana, Cuba) Vol. XVII–XVIII, 1996–1997: 59–62.

Nieder, J. und Zotz, G. (1998): Methods of analyzing the structure and dynamics of vascular epiphyte communities. Ecotropica *4:* 33–39.

Rudolph, D., Rauer, G., Nieder, J. und Barthlott, W. (1998): Distributional patterns of epiphytes in the canopy and phorophyte characteristics in a western andean rain forest in Ecuador. Selbyana *19(1):* 27–33.

5. Blütenökologie

Wie Hr. Vogel bereits (1997) berichtet hat, war in Mato Grosso (Brasilien) festgestellt worden, daß die ornithophilen Blüten von *Combretum lanceolatum* ihre Bestäuber (Singvögel) mit einer süßschmeckenden, gallertartigen Substanz anlocken. Die anderen Arten der betreffenden Section *Eucombretum* sezernieren dagegen, soweit bekannt, normalen, flüssigen Nektar. Bei einer vergleichend-anatomischen Untersuchung der Blüten dieser Sippe fand Hr. Vogel bemerkenswerte Unterschiede im Drüsengewebe des Achsenbechers (Receptaculum): während dessen Innenwand bei den nectarogenen Arten glatt und ihre Epidermis normal ist, hat sich bei *C. lanceolatum* die Oberfläche durch Zerklüftung und kragenartige Verlängerung des Receptaculums enorm vergrößert; die Epidermis-Außenwände sind stark verdickt und gehen konturlos in Gallerte über. Bei präparativer Anfärbung des Sekretes *in statu nascendi* war klar zu erkennen, daß das Wandmaterial verquillt, indem es Nektarflüssigkeit aufnimmt. Der Nektar wird im Mesophyll des Receptaculums gebildet, tritt durch kaminartig vorspringende Saftspalten (Stomata) aus und infiltriert die Quellsubstanz. Sekretions- und Quellungsdruck pressen die so enstehende Gallerte schließlich aus der Mündung des Receptaculums heraus (Abb. 2). Die vermehrte Oberfläche dient offensichtlich der Bereitstellung von genügend Wandmaterial. Die chemische Analyse des Lockmittels, für deren Ausführung Prof. Dr. G. Franz (Institut f. Pharmazeutische Biologie der Universität Regensburg) gewonnen werden konnte, hat ergeben, daß ein mit wäßriger Lösung von Glucose und Fructose imbibiertes Mannan (Polysaccharid) vorliegt. – In die zwischenzeitlich abgeschlossene Studie zur Blütenbiologie von *Arisaema* (Araceae) (zusammen mit Prof. Dr. J. Martens, Mainz) konnten noch weitere in Wien gewonnene Ergebnisse aufgenommen werden. An einigen im Arboretum des Botanischen Gartens kultivierten Neuzugängen aus China konnte Hr. Vogel den Ablauf der Bestäubung durch Mycetophiliden (hier vikariierende Verwandte der natürlichen Besucher) in Bestätigung seiner an anderen Arten gemachten Beobachtungen nochmals verfolgen. Mit Hilfe von Dr. F. Hadacek (Abt. Phytochemie des Wiener Botanischen Institutes) wurde auch der für den Menschen wahrnehmbare sehr schwache Lockduft mit GC/MS analysiert. Es sind jeweils Gemische mehrerer Substanzen, in denen Alkane, Aldehyde und Alkohole der C-Kettenlängen 3–10 dominieren. – Im Anschluß an Vor-

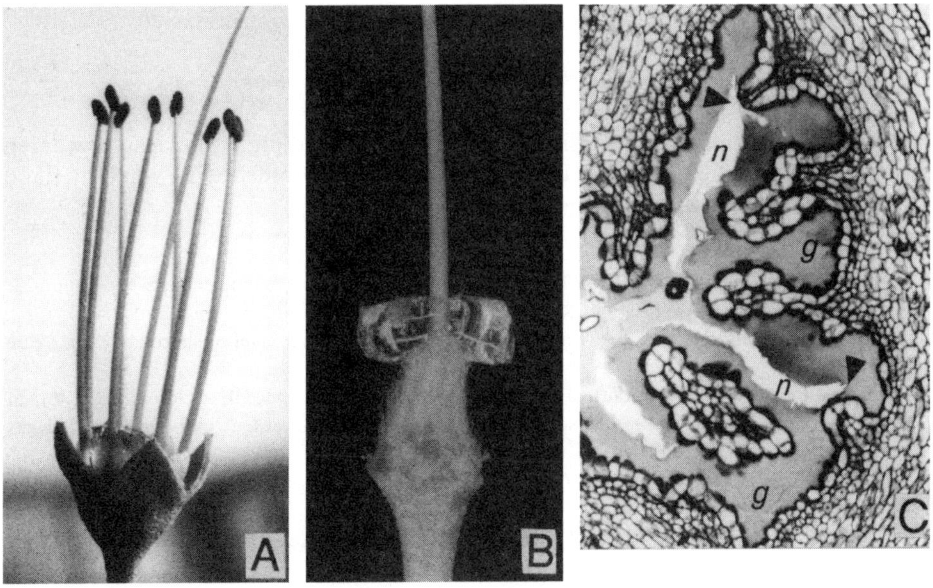

Abb. 2: Süßes Gelee als Blütenlockspeise für bestäubende Vögel bei *Combretum lanceolatum*. A. Blüte. B. Receptaculum der Blüte mit Gelee-Klumpen (Blütenhülle und Staubblätter entfernt). C. Drüsige Innenwand des Receptaculums während der Gallert-Produktion (gefärbter Querschnitt); Epidermiswände (schwarz) zu Gallert (*g*) verquellend, Nektar(*n*) aus Spaltöffnungen (Pfeil) austretend.

träge, die Hr. Vogel im Berichtsjahr in Sri Lanka und Brasilien hielt, hatte er Gelegenheit, an Exkursionen ansässiger Fachkollegen teilzunehmen. Dabei wurden u.a. in den Knuckle Mts. und der Sinharaja Forest Reserve (Sri Lanka) sowie erneut in den Staaten S. Paulo, Goias, Pernambuco und Espirito Santo (Brasilien) Daten zum blütenbiologischen Stil-Spektrum verschiedener Gattungen gewonnen. Hervorgehoben seien Neubefunde (z.T. noch nicht indentifizierte Arten), die auf Chiropterophilie schließen lassen bei *Ipomoea* (Convolvulaceae), *Gmelina* (Verbenaceae) und *Ruellia* (Acanthaceae). Ornithophilie wurde ermittelt u.a. bei *Chresta* (Asteraceae), *Impatiens*-Arten (Balsaminaceae) und *Wagetia* (Caesalpiniaceae), Sphingophilie bei *Rhinacanthus* (Acanthaceae) und *Baikaea* (Caesalpiniaceae).

Publikationen:

Vogel, S. (1998): Remarkable nectaries: stucture, ecology, organophyletic perspectives. Part II: Nectarioles. Flora *193:* 1–29.

Vogel, S. (1998): Remarkable nectaries: stucture, ecology, organophyletic perspectives. Part III: Nectar ducts. Flora *193:* 113–131.

Vogel, S. (1998): Remarkable nectaries: structure, ecology, organophyletic perspectives. Part. IV: Miscellanous cases. Flora *193:* 225–248.

Vogel, S. (1998): Floral biology. In: Kubitzki, K. (ed.): The families and genera of vascular plants, Vol. III, Monocotyledons. S. 34–48, Springer-Verlag, Heidelberg, Berlin.

Vogel, S. (1998): Bat flowers and the history of mammalian pollination. Abstr. 11th International Bat Research Conference, 2–6 August. Pirenópolis/Brasilia.

II. Systematik, Morphologie und Ultrastrukturforschung

1. Systematik, Morphologie und Taxonomie

Trotz rasant fortschreitender Vernichtung der Primärvegetation in Madagaskar werden in schwer zugänglichen Gebieten immer noch neue Arten entdeckt, die von Hrn. Rauh nun publiziert wurden.

Publikationen:

Rauh, W. (1998): Ähnlichkeit mit Preiselbeeren. *Euphorbia mangelsdorffii*, eine neue Zwerg-Euphorbie aus Madagaskar. KuaS *49(2):* 44–47.

Rauh, W. (1998): *Euphorbia waringiae* Rauh & Gerold spec.nov. (Une nouvelle espèce malgache). Succulentes *21(2):* 5–9.

Rauh, W. (1998): *Ceropegia gikyi* Rauh et Gerold et *Ceropegia adrienneae* Rauh et Gerold, deux nouvelles espèces dans le genre *Ceropegia*, section *Dimorpha* (Asclepiadaceae), du sud-ouest de Madagascar. Succulentes *21(3):* 3–8.

Rauh, W. (1998): Three new species of *Lomatophyllum* and one new *Aloe* from Madagascar. Bradleya *16:* 92–100.

Rauh, W.(1998): Une nouvelle espèce, *Ceropegia robivelonae* Rauh et Gerold. Succulentes *21(4):* 3–9.

Der Band II/2 des von Wilhelm Troll begründeten Werkes „Die Infloreszenzen. Typologie und Stellung im Aufbau des Vegetationskörpers“ wurde von Hrn. Weberling publiziert. Mit diesem Band erhält das seit Jahrzehnten von der Akademie geförderte Werk seinen Abschluß. – Die Wuchsformenuntersuchungen an Leguminosen in der südlichen Provinz Córdoba/Argentinien, wurden fortgesetzt. – Anläßlich des 100. Geburtstages von Wilhelm Troll (*3.11.1897) erschien: Wilhelm Troll, Werk und Ausstrahlung. Eine etwas umfangreichere englischsprachige Fassung wird 1999 veröffentlicht. – Die Vorbereitung der 7. Auflage des Lehrbuches „Pflanzensystematik“ (F. Weberling & H.O. Schwantes) ist weitgehend abgeschlossen. Sie erforderte wegen neuer, aus molekularbiologischen Befunden abgeleiteten Vorstellungen über die Verwandtschaftsbeziehungen vieler systematischer Gruppen eine völlige Neubearbeitung. – Bei den XXVI. Jornadas Argentinas de Botánica in Río Cuarto (23.11. bis 27.11.1998) hat Hr. Weberling zum Thema „Movimiento de los continentes y la separación y el intercambio de sus floras“ ein Hauptreferat gehalten. Die Gelegenheit der Reise nach Argentinien wurde genutzt, um die dortigen Doktoranden zu betreuen und zu einer Sammelreise durch Nordpatagonien. Das Hauptinteresse waren die dort wachsenden *Valeriana*-Arten. Vor Beginn der Reise hat Hr. Weberling an der Universidad de San Carlos de Bariloche einen Vortrag gehalten zum Thema: „Investigaciones de formas de crecimiento – una combinación de morfología y ecología“.

Publikationen:

Basconsuelo, S., Mapassi, R., Kraus, T., Bianco, C. und Weberling, F. (1998): Growth forms of species of *Galactia* (Leguminosae) in the southern part of the Province Córdoba, Argentina. Beitr. Biol. Pflanzen *70:* 107–119.

Bianco, C., Grosso, M., Kraus, T. und Weberling, F. (zum Druck eingereicht): Growth forms in species of the genus *Rhynchosia* (Leguminosae) in Southern Córdoba. Beitr. Biol. Pflanzen.

Weberling, F. (1998): Die Infloreszenzen. Typologie und Stellung im Aufbau des Vegetationskörpers. Begründet von W. Troll. Bd. II/2 Monotele und polytele Synfloreszenzen. Verlag G. Fischer, Jena.

Weberling, F. (1998): Wilhelm Troll, Werk und Ausstrahlung. Feddes Repert. *109:* 1–14.
Weberling, F. (1999): Wilhelm Troll, his work and influence. Syst.Geogr.Pl. *68:* 9–24.

Neben der möglichst vielseitigen Verwendung chorologischer Daten werden in Halle die ökologisch-morphologischen und populationsbiologischen Untersuchungen an zentraleuropäischen Gefäßpflanzen fortgesetzt. Die Anwendbarkeit und Definition der Termini zur Wuchsformbeschreibung wird von Dr. M. v. Lampe und Hrn. Jäger anhand einer breiten Übersicht über die Grundorgane der Stauden geprüft. An Einzelbeispielen gefährdeter Arten (*Globularia bisnagarica, Campanula thyrsoides*) wurden die Lebensgeschichte und Daten zur Populationsbiologie als Grundlage für den Artenschutz erarbeitet.

Die wohl spektakulärste Blütenpflanze, *Amorphophallus titanum*, hat bereits mehrere Male im Botanischen Garten Bonn geblüht. Hr. Barthlott konnte nun die über mehrere Jahre laufenden Untersuchungen mit Hilfe zahlreicher Mitarbeiter in einer Monographie publizieren. – Tropische Inselberge sind ein Diversitätszentrum für fleischfressende Pflanzen, vor allem der Gattungen *Genlisea* und *Utricularia*. Von der bisher kaum untersuchten Gattung *Genlisea* (Lentibulariaceae) konnte von Hrn. Barthlott und Mitarbeitern erstmals die Ökologie geklärt werden. Eine Revision der afrikanischen Arten steht kurz vor dem Abschluß. Die ersten Untersuchungen erbrachten den Nachweis, daß *Genlisea* definitiv carnivor ist und gleichzeitig das erste und ein-

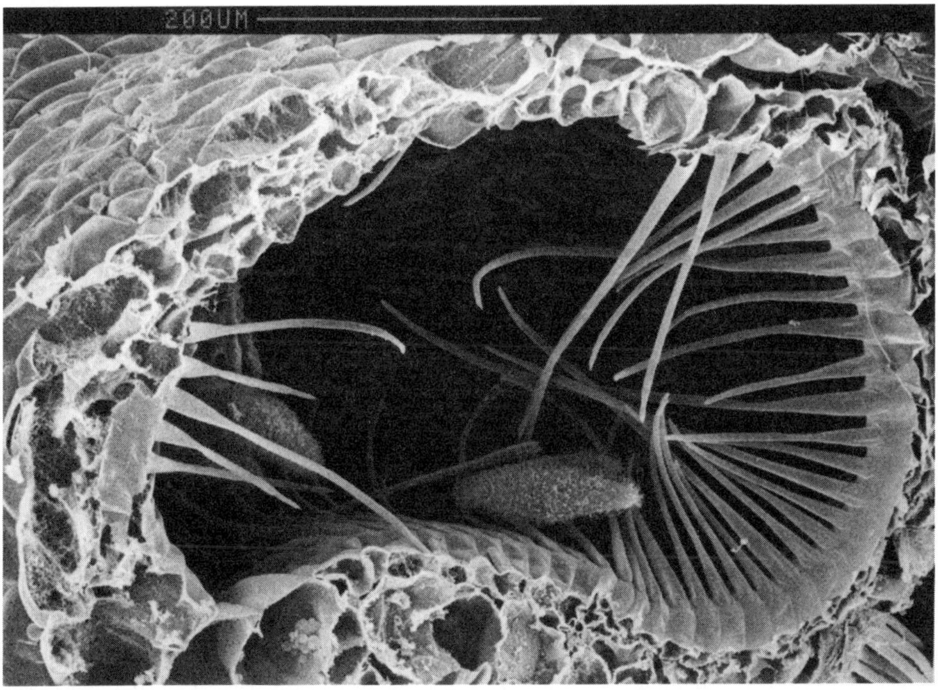

Abb. 3: Einzeller *(Blepharisma americana)* im Reusenapparat von *Genlisea*.

zige Beispiel im Pflanzenreich einer carnivoren Art, die sich auf Protozoen spezialisiert hat und ihre Beute chemotaktisch anlockt. Die Protozoen werden in einem kompliziert gebauten Reusenapparat gefangen (Abb. 3).

Publikationen:

Barthlott, W., Porembski, S., Fischer, E. und Gemmel, B. (1998): *Genlisea* – fist protozoa-trapping plant found. Nature *392:* 447.

Barthlott, W., Lobin, W. (Hrsg.) (1998): *Amorphophallus titanum*. Akad. Wiss. Lit. Mainz, Tropische und subtropische Pflanzenwelt *99:* 225 Seiten. F. Steiner Verlag, Stuttgart.

Prof. Dr. Eberhard Fischer (Koblenz) hat die systematischen Arbeiten an Scrophulariaceen fortgesetzt. Dabei konnte die Gattung *Dopatrium* vollständig revidiert werden. – An Florenbearbeitungen wurden die Darstellungen der Scrophulariaceen für die „Flore d'Afrique Centrale" (Congo-Rwanda-Burundi) und die „Flora of Ethiopia" abgeschlossen; sie wurden zum Druck angenommen. – Auf einer im Frühjahr unternommenen Reise nach Madagaskar konnte u.a. eine neue *Radamaea*-Art gefunden werden, so daß sich der Abschluß des Manuskriptes für die „Flore de Madagascar et des Comores" noch verzögert. Für Madagaskar konnte die Revision der Gattung *Sopubia*, unter Mitarbeit von Hans-Peter Hofmann, abgeschlossen werden. – Auch die Bearbeitung der Scrophulariaceae für die Standardliste der Farn- und Blütenpflanzen Deutschlands konnte in diesem Jahr publiziert werden. – Da seit der Veröffentlichung der Revision afrikanischer Lindernieae (Trop. subtrop. Pflanzenwelt *81*, 1983) zahlreiche neue Taxa sowie neue Verbreitungsangaben hinzukamen, wird derzeit eine Neubearbeitung in englischer Sprache vorbereitet. – Die Beschreibungen einiger neuer *Lindernia*- und *Crepidorhopalon*-Arten sind in separaten Publikationen zum Druck angenommen.

Die Bearbeitung der Balsaminaceae für die „Flore de Madagascar et des Comores" wird weiter geführt. Dabei konnten auf einer Reise nach Madagaskar verschiedene interessante Arten gesammelt werden. – Auch die Arbeiten über die tropisch-afrikanischen Arten konnten durch Aufsammlungen aus Kamerun, Uganda, Ruanda und Kenya fortgesetzt werden. Es wurde ein neues, epiphytisches und knollenbildendes Springkraut (*Impatiens etindensis*) aus Kamerun zusammen mit Martin Cheek (Kew) beschrieben.

Auf dem Gebiet der Farnpflanzen konnte die Pteridophyten-Revision der Kapverdischen Inseln als Beiheft zur Nova Hedwigia, gemeinsam mit Dr. Wolfram Lobin (Bonn) und José Ormonde, veröffentlicht werden. – Eine Farnflora des zentralafrikanischen Landes Ruanda wird derzeit vorbereitet.

Publikationen:

Cheek, M. und Fischer, E. (im Druck): A tuberous and epiphytic new species of *Impatiens* (Balsaminaceae) from Southern Cameroon. Kew Bull.

Fischer, E. (1997): A revision of the genus *Dopatrium* Buch.-Ham. ex Benth. (Scrophulariaceae). Nordic J. of Botany *17:* 527–555.

Fischer, E. (1998): Scrophulariaceae (excl. *Orobanche*). In: Wisskirchen, R. & Haeupler, H. (eds.): Standardliste der Farn- und Blütenpflanzen Deutschlands. Verlag Eugen Ulmer, Stuttgart, 765 Seiten.

Fischer, E. (im Druck): Scrophulariaceae. In: Hedberg, I. und Edwards, S. (eds.): Flora of Ethiopia and Eritrea.

Fischer, E. (im Druck): Scrophulariacées, première partie. In: Bamps, P. (ed.): Flore d'Afrique Centrale (Zaire-Rwanda-Burundi).
Fischer, E. (im Druck): Two new species of *Crepidorhopalon* from Central and East Africa and taxonomic remarks on *C. rupestris* and *parviflorus*. Bull.Jard.Bot.Nat.Belg.
Fischer, E. (im Druck): Two new species of *Lindernia* from East and South-East Africa and taxonomic remarks on the *Lindernia-rotundifolia*-complex. Bull.Jard.Bot.Nat.Belg.
Hofmann, H.P. und Fischer, E. (im Druck): Revision of the genus *Sopubia* (Scrophulariaceae) in Madagascar. Adansonia.
Lobin, W., Fischer, E. und Ormonde, J. (1998): The ferns and fern-allies (Pteridophyta) of the Cape Verde Islands (Western Africa). Beih. Nova Hedwigia *115:* 1–115.

Als abschließende Arbeit an ihrer Arbeitsstelle in Heidelberg hat Dr. Elvira Groß (Bonn) eine Inventarisierung der Bromelien-Typusbelege im Herbarium des Institutes für Systematische Botanik der Universität Heidelberg (HEID) vorgenommen. Das Material umfaßt 228 Taxa und ist damit eine der bedeutendsten Sammlungen in Europa. Der große Bestand ist vor allem Prof. Dr. Werner Rauh zu verdanken, der über Jahrzehnte hinweg auf vielen Reisen Bromelien gesammelt und wissenschaftlich bearbeitet hat. Eine Auflistung der Typusbelege mit den dazugehörigen Daten sowie eventuell inzwischen erfolgten taxonomischen Änderungen erscheint in Kürze. – Auch in diesem Berichtsjahr konnten neue Bromelienarten beschrieben werden. Eine neue *Aechmea*-Art wurde in Ekuador entdeckt. Durch den Wechsel der Arbeitsstelle von Heidelberg nach Bonn wurde die Zusammenarbeit mit Dr. Pierre Ibisch (Fundación Amigos de la Naturaleza Noel Kempf – Science Department, Bolivien sowie Mitarbeiter des Botanischen Institutes Bonn) noch intensiver. In Bolivien wurde eine Reihe neuer Bromelien entdeckt, deren Publikation abgeschlossen bzw. in Vorbereitung ist.

Publikationen:

Groß, E. (1998): Eine neue *Aechmea*-Art aus Ekuador. Die Bromelie *1:* 13–15.
Ibisch, P. L. und Groß, E. (1998): *Puya entre-riosensis:* a new species from southern Bolivia. Journ. Brom. Soc. *48(5):* 217–220.
Groß, E. (1999): The type specimens of the Bromeliaceae in the Herbarium of the Institute of Systematic Botany of the University of Heidelberg, Germany. Selbyana *19(2)* (im Druck).

2. Rasterelektronenmikroskopie

Epidermale Oberflächen von Gefäßpflanzen werden seit 1972 von Hrn. Barthlott und Mitarbeitern systematisch untersucht. Rund 12 000 Arten sind inzwischen bearbeitet worden und stehen zu vergleichenden Auswertungen zur Verfügung. Eine große Zahl von bislang wenig oder nicht bekannten Oberflächenstrukturen konnte analysiert und beschrieben werden. Eine umfangreiche, zusammenfassende Arbeit wurde publiziert. – Die Untersuchungen über die funktionellen Aspekte der Oberflächenmikromorphologie haben einen Zusammenhang zwischen Chemie, Ultrastruktur, Benetzbarkeit und Verschmutzbarkeit von Oberflächen gezeigt. Die Oberflächen tragen im allgemeinen hydrophobe Mikroskulpturen, die die Benetzbarkeit mit Wasser und die Adhäsion kontaminierender Partikel extrem reduzieren. Partikuläre Depositionen (z.B. Staub, Pilzsporen) werden schon durch kleine Wassertropfen abgewaschen, und diese Oberflächen sind praktisch nicht verschmutzbar (Lotus-Effekt), solange ihre hydrophoben Eigenschaften aufrechterhalten werden. Inzwischen wurden Prototypen künstlich ultrastrukturierter „intelligenter" Oberflächen entwickelt. Solche Oberflächen sind von größtem Interesse, z.B. für die Herstellung von Fassadenbeschichtungen, Autolacken usw.

Publikationen:

Barthlott, W. und Neinhuis, C. (1998): Lotusblumen und Autolacke: Ultrastruktur pflanzlicher Grenzflächen und biomimetische unverschmutzbare Werkstoffe. Biona-Report *12:* 281–293, Proc. Int. Cong. GTBB, Akad. Wiss. Lit. Mainz. G. Fischer Verlag.

Barthlott, W. und Neinhuis, C. (1998): Lotus-Effekt und Autolack: Die Selbstreinigung mikrostrukturierter Oberflächen. Biologie in unserer Zeit *28:* 314–321.

Barthlott, W., Neinhuis, C., Cutler, D., Ditsch, F., Meusel, I., Theissen, I. und Wilhelmi, H. (1998): Classification and terminology of plant epicuticular waxes. J. Linn. Soc. Bot. *126:* 237–260.

Barthlott, W. und Theissen, I. (1998): Epicuticular wax ultrastructure and classification of monocotyledons. In: Kubitzki, K. (ed.): The families and genera of vascular plants. Vol. *III:* 20–22. Springer Verlag, Heidelberg.

KOMMISSION FÜR ZOOLOGIE

Bericht Ax

Arbeitsstelle zur Erforschung der Mikrofauna des Meeresbodens und der Stammesgeschichte der Tiere

Brackwasser-Untersuchungen an der amerikanischen Atlantikküste

Erneute Studien von Hrn. Ax in South Carolina (April 1998) haben die Grundlage für einen subtilen Vergleich der Brackwasser-Plathelminthes an beiden Seiten des Nordatlantik geschaffen. Darüber hinaus bieten die jetzt aus langjährigen Untersuchungen vorliegenden Befunde die Möglichkeit einer monographischen Darstellung dieser Faunenkomponente im Grenzbereich Meer-Süßwasser für die gesamte Nordhalbkugel.

Das System der Metazoa – Multicellular Animals

Das System der Metazoa ist das erste Lehrbuch mit einer konsequent phylogenetischen Systematisierung aller vielzelligen Tiere. Es geht um eine optimale Wiedergabe der immateriellen Ordnung in der lebenden Natur, welche im Verlauf der Stammesgeschichte in der Form von Verwandtschaftsbeziehungen zwischen Organismen entstand. Das resultierende phylogenetische System ist ein Konstrukt des Menschen.

Das System der Metazoa wird in 3 Bänden dargestellt. Schwerpunkte im Band I (1995) erstrecken sich auf die Porifera, Cnidaria, Ctenophora sowie die Spiralia-Taxa Plathelminthes und Nemertini. – Band II (1999) wurde im Berichtsjahr gedruckt; er umfaßt die Trochozoa, ein umfangreiches Monophylum der Spiralia mit einer Trochophora-

Larve im Grundmuster. Ranghöchste Schwestergruppen sind die Lacunifera (Kamptozoa + Mollusca) und die Pulvinifera (Sipunculida + Articulata). Stärkere Neuerungen erfassen die Systematisierung der Crustacea und der Chilopoda. – Den zentralen Inhalt von Band III werden die Nemathelminthes und die Deuterostomia bilden.

Volume I der englischen Ausgabe *Multicellular Animals* erschien 1996. Die Übersetzung für Volume II wurde im Berichtsjahr begonnen.

Ultrastruktur und Stammesgeschichte

Im Berichtsjahr konzentrierten sich die Untersuchungen zur Ultrastruktur und Phylogenie der Bilateria auf Plathelminthes, Gnathifera, Xenoturbella, Nemathelminthes, Annelida, Arthropoda und Brachiopoda.

Dr. Beate Sopott-Ehlers studierte Lichtsinnesorgane, ciliäre Rezeptoren sowie Genese und Struktur weiblicher und männlicher Gameten freilebender Plathelminthen.

1. Gameten

Neben den fortlaufenden Untersuchungen an verschiedenen Vertretern der Rhabdocoela bezog Dr. Beate Sopott-Ehlers im Berichtsjahr auch Species der Macrostomida bzw. der Macrostomorpha (= Macrostomida + *Haplopharynx*) in ihre Studien ein. Alle bisher untersuchten Spermien von verschiedensten Vertretern der Macrostomorpha stimmen in bestimmten Merkmalen wie definitives Fehlen von Cilien oder Flagellen, Aufteilung der corticalen Microtubuli in verschiedene Sets und Vorhandensein zahlreicher dense bodies und Mitochondrien ohne klares Anordnungsmuster überein. Daneben treten aber auch Besonderheiten auf. Das sind etwa zwei elektronendichte Leisten in den Spermien von *Bradynectes sterreri*, die mit einigem Vorbehalt mit den „Borsten" der *Macrostomum*-Arten homologisiert werden können, oder aber die Differenzierung von elektronendichten Stäbchen und wirbelförmigen Strukturen in den „borstenlosen" männlichen Gameten von *Myozona purpurea*. Die Spermien von *Haplopharynx rostratus* sind ebenfalls „borstenlos". „Borsten" stellen somit kein Grundmustermerkmal der Macrostomorpha dar, sondern sind erst innerhalb des Taxons Macrostomida evolviert worden.

Untersuchungen zur Spermiogenese verschiedener Arten der Macrostomida ergaben, daß während der Reifung der Samenzellen zwei Centriolen gebildet werden, die sich im Verlauf der Entwicklung in eine Ebene legen. Darüber hinaus wurden bei der Art *Paromalostomum fusculum* sogar temporär auftretende Wurzelstrukturen an den beiden Centriolen beobachtet. Aufgrund dieser Befunde lassen sich die aciliären Spermien der Macrostomorpha von biciliären Spermatozoen ableiten; Spermien mit zwei Cilien sind keine evolutionäre Neuheit der Trepaxonemata, sondern eine Autapomorphie der Rhabditophora (= Macrostomorpha + Trepaxonemata). Aus den beiden Spermien-Centriolen der Macrostomorpha wachsen axonemale Mikrotubuli nicht (mehr) aus; somit läßt sich nicht entscheiden, ob den Rhabditophora Spermiencilien vom 9+2 Mikrotubuli-Muster oder aber vom 9+„1" Muster (wie bei den Trepaxonemata) zuzuschreiben sind.

Die männlichen Gameten von Individuen von *Gyratrix hermaphroditus* (Rhabdocoela, Kalyptorhynchia) aus einer Population eines Sandstrandes der Insel Sylt weisen zwei inkorporierte Cilien, zwei laterale Längsstränge von Chromatinlamellen, die sich während der Spermiogenese vom zentralen Zellkern abgliedern, und auffällig große, pilzförmige dense bodies auf. Solche dense bodies wie auch Chromatinlamellen wurden bei Individuen aus anderen Populationen nicht beobachtet. Die feinstrukturellen Befunde an männlichen Gameten von *Gyratrix hermaphroditus* untermauern die Hypothese, daß es sich bei verschiedenen Populationen der weltweit im Süßwasser, Brackwasser und im marinen Milieu verbreiteten „Art" um sibling species handelt.

2. Photoreceptoren

Im Berichtsjahr hat Dr. Beate Sopott-Ehlers mitochondriale Linsen in den pigmentierten Augen von zwei weiteren Vertretern der Typhloplanoida Trigonostominae nachgewiesen (s. auch Jahresbericht 1996). Die Photoreceptoren von *Messoplana floralis* weisen neben einer Vielzahl kleiner Mitochondrien in dem jeweils der dorsalen Sinneszelle zugeordneten Lappen der Pigmentzelle Riesenmitochondrien auf, während die den lateralen und ventralen Sinneszellen zugehörigen Fortsätze nur Ansammlungen von kleinen Mitochondrien zeigen. Bei *Petaliella spiracauda* dagegen sind in allen linsentragenden Fortsätzen viele kleine Mitochondrien vorhanden. Die Evolution mitochondrialer Linsen begann mit einer Ansammlung vieler kleiner Mitochondrien und führte über einige große Linsen hin zu einer einzigen riesigen mitochondrialen Linse pro Sinneszelle.

Für die Trigonostominae stellt die Existenz von Pigmentbecherocellen mit mitochondrialen Linsen vermutlich eine Symplesiomorphie dar, da vergleichbare Augen auch von Rhabdocoela Dalyellioida sowie Kalyptorhynchia bekannt sind. Autapomorphien der Trigonostominae auf ultrastrukturellem Niveau sind mikrovilliartige Auswüchse an heranreifenden weiblichen und männlichen Gameten (s. auch Jahrbuch 1997) sowie die mit kurzen stoppelförmigen Cilien versehenen Rezeptorzellen am Pharynxrand.

Die Untersuchungen von Prof. Dr. Ulrich Ehlers und seiner Arbeitsgruppe konzentrierten sich im Berichtsjahr auf die Gnathifera und Nemathelminthes wie auch in Zusammenarbeit mit Dr. B. Sopott-Ehlers auf die Plathelminthes und die weiterhin rätselhafte Art *Xenoturbella bocki.*

Xenoturbella bocki: Der gesamte Organismus weist auf histologischer wie auch ultrastruktureller Ebene viele im Vergleich zu den Bilateria ursprüngliche Merkmale auf, so daß sich *X. bocki* begründet als Schwestertaxon der Bilateria hypothetisieren läßt (s. Jahrbuch 1997). Neue Befunde am Verdauungssystem von *X. bocki* sind mit dieser Verwandtschaftshypothese konfliktfrei vereinbar, nicht jedoch mit der von anderer Seite vorgenommenen Zuordnung von *X. bocki* zu den Mollusca.

Plathelminthes: Die Monophylie dieser Tiergruppe sowie die stammesgeschichtlichen Beziehungen zwischen verschiedenen ranghohen Teilgruppen sind in der internationalen Literatur weiterhin umstritten. Daher wurden Untersuchungen, die elektronenmikroskopische, histochemische und immuncytochemische Methoden einschließen, zur Embryonalentwicklung verschiedener Taxa aufgenommen; sie dürften zur Klärung phylogenetischer Fragen beitragen. Fortgeführt wurden feinstrukturelle Studien an Protonephridien sowie Nervensystemen und Sinnesorganen. Die neuen Daten sprechen für eine Monophylie der Plathelminthes, bestehend aus den Catenulida und Rhabditophora, während die Stellung der Acoelomorpha noch problematisch bleibt.

Gnathifera: Die Monophylie des Teiltaxons Syndermata (Rädertiere und Acanthocephalen) läßt sich u. a. auch über die spezifische Organisation der Spermien begründen (W. Ahlrichs), ebenso die Hypothese eines Schwestergruppen-Verhältnisses zwischen *Seison* und Acanthocephala. Die detaillierten Analysen von Acanthocephala-Arten wurden fortgeführt (H. Herlyn, H. Röhrich).

Nemathelminthes: Die Arbeiten zur Bewertung der Verwandtschaftsverhältnisse zwischen den Teiltaxa Priapulida, Kinorhyncha und Loricifera stehen kurz vor dem Abschluß (C. Lemburg). Nur bei diesen 3 Taxa (Scalidophora) weist innerhalb der sich häutenden Nemathelminthen (Cycloneuralia) die Körperkutikula Chitin auf. Die Nematoida, die Nematomorpha und Nematoda umfassen (A. Schmidt-Rhaesa), verfügen im Adultstadium über eine Kollagen-Kutikula ohne Chitin. Innerhalb der Nemathelminthes ist die sexuelle Fortpflanzung mit äußerer Besamung vermutlich mehrfach konvergent aufgegeben worden, so bei den Gastrotricha, den Nematoida und innerhalb der Scalidophora; vergleichende feinstrukturelle Analysen von Spermien stützen diese Aussage.

In der Arbeitsgruppe von Prof. Dr. Thomas Bartolomaeus wurden die vergleichenden Untersuchungen zur Ultrastruktur und Entwicklung von Leibeshöhlen fortgesetzt. Im Zentrum der Untersuchungen standen die Bearbeitung der Brachiopoda durch Carsten Lüter und die der Arthropoda (Onychophora) durch T. Bartolomaeus in einer Kooperation mit Frau Dr. Hilke Ruhberg (Zoologisches Museum, Universität Hamburg). Die Stellung der Brachiopoda und Arthropoda ist durch molekularbiologische Sequenzanalysen in jüngerer Zeit in die Diskussion geraten. Aufgrund der molekularen Daten werden die Brachiopoda in die Nähe der Annelida gestellt, wogegen die Arthropoda als Teilgruppe der Nemathelminthes und nicht als Schwestergruppe der Annelida aufgefaßt werden. Der bisher unzureichend gelösten Frage nach der Feinstruktur und Entwicklung der Leibeshöhle bei Brachiopoden und Arthropoden kam damit eine gesteigerte Bedeutung zu. Bei Anneliden ist die Leibeshöhle primär von Epithelmuskelzellen ausgekleidet, die sich aus Zellen jederseits des Darmkanals gelegener kompakter Aggregate bilden, in denen im Laufe der Differenzierung Flüssigkeit akkumuliert. Dieser als Schizocoelie bezeichnete Vorgang steht traditionell in scharfem Kontrast zur Abfaltung der Coelomräume vom embryonalen Urdarm, der Enterocoelie, die für Deuterostomia charakteristisch ist. Für die Brachiopoda konnte C. Lüter zeigen, daß die Bildung des Coeloms durch eine Abfaltung von Zellmaterial vom Urdarm erfolgt. Aufgrund dieses Ergebnisses läßt sich ein Schwestergruppenverhältnis zwischen Brachiopoden und Deuterostomiern hypothetisieren – mit Evolution der Enterocoelie in der gemeinsamen Stammlinie der beiden Taxa. Im Unterschied zu den Anneliden ist bei adulten Arthropoden die Leibeshöhle durch eine extracelluläre Matrix ausgekleidet. Bei den Onychophora werden embryonal segmentale, paarige Coelomräume angelegt, deren auskleidende Zellen zwar undifferenziert, aber dennoch epithelial organisiert sind. Im Laufe der weiteren Entwicklung persistieren diese Räume als Sacculi der Nephridien, während das Haemocoel der Adulten durch Lückenbildung in der extracellulären Matrix entsteht. Zellen der embryonalen Leibeshöhlenwandung immigrieren in die subepidermale und periintestinale Matrix und differenzieren sich zu Muskelzellen. Damit geht bei Anneliden und Arthropoden übereinstimmend sämtliches zwischen Darm und Epidermis gelegene Gewebe aus paarigen, von Darm und Epidermis unabhängigen Zellbändern hervor. Die Differenz zwischen den Befunden mit morphologischen und molekularen Methoden bleibt in diesem Punkt bestehen.

Darüber hinaus wurden die Arbeiten zur Chaetogenese (Hausen, Hausam) und zur Ultrastruktur der Kopfnieren (Quast) bei Anneliden fortgesetzt. Sie werden ebenso wie die Untersuchungen an Brachiopoden durch die Deutsche Forschungsgemeinschaft unterstützt.

Publikationen:

Wilko H. Ahlrichs: Spermatogenesis and ultrastructure of the spermatozoa of *Seison nebaliae* (Syndermata).Zoomorphology *118*, 255–261 (1998).

Thomas Bartolomaeus: Head kidneys in hatchlings of *Scoloplos armiger* (Annelida:Orbiniida)-Implications für the occurrence of protonephridia in lecithotrophic larvae.Journal of the Marine Biological Association of the United Kingdom *78:* 183–192 (1998).

Thomas Bartolomaeus: Chaetogenesis in polychaetous Annelida – Significance for annelid systematics and the position of the Pogonophora. Zoology *100:* 348–364 (1998).

Harald Hausen & Thomas Bartolomaeus: Setal structure and chaetogenesis in *Scolelepis squamata* and *Malacoceros fuliginosus* (Spionidae, Annelida). Acta Zoologica *79:* 149–161 (1998).

Christian Lemburg: Electron microscopical localization of chitin in the cuticle of *Halicryptus spinulosus* and *Priapulus caudatus* (Priapulida) using gold-labelled wheat germ agglutinin: phylogenetic implications for the evolution of the cuticle within the Nemathelminthes. Zoomorphology *118*, 137–158 (1998).

Carsten Lüter: Zur Ultrastruktur, Ontogenese und Phylogenie der Brachiopoda. Cuvillier Verlag, Göttingen (1998).

Carsten Lüter: Note: Embryonic and larval development of *Calloria inconspicua* (Brachiopoda, Terebratellidae). Journal of the Royal Society of New Zealand *28:* 165–167 (1998).

Carsten Lüter & Thomas Bartolomaeus: The phylogenetic position of Brachiopoda – an analysis of morphological and molecular data and their phylogenetic implications. Zoologica Scripta *26:* 245–253 (1997).

Oliver Pisurek, Tina Kottek & Karl-Herbert Falk: A new epidermal ciliary photoreceptive cell type in *Plagiostomum lemani* (Plathelminthes, Prolecithophora). Zoomorphology *118:* 45–50 (1998).

Andreas Schmidt-Rhaesa: Muscular ultrastructure in *Nectonema munidae* and *Gordius aquaticus* (Nematomorpha). Invert. Biol. *117:* 37–44 (1998).

Andreas Schmidt-Rhaesa: Phylogenetic relationships of the Nematomorpha – a discussions of current hypotheses. Zool. Anz. *236:* 203–216 (1998).

Andreas Schmidt-Rhaesa, Thomas Bartolomaeus, Ulrich Ehlers, Christian Lemburg & J. R. Garey: The position of the Arthropoda in the phylogenetic system. Journal of Morphology *238:* 263–285 (1998).

Beate Sopott-Ehlers:Development and submicroscopic anatomy of male gametes in *Halammovortex nigrifrons* (Plathelminthes, Rhabdocoela, „Dalyellioida"): phylogenetic implications and functional aspects. Zoomorphology *117:* 213–222 (1998).

Beate Sopott-Ehlers and Ulrich Ehlers: Characteristics of spermiogenesis and mature spermatozoa in *Gyratrix hermaphroditus* (Plathelminthes, Rhabdocoela, Kalyptorhynchia). Zoomorphology *118:* 169–176 (1998).

Beate Sopott-Ehlers and Ulrich Ehlers: Spermiogenesis and submicroscopic morphology of spermatozoa in *Myozona purpurea* (Plathelminthes, Macrostomida). Invert. Reprod. Develop. *34:* 309–320 (1998).

Margit Schweigkofler, Thomas Bartolomaeus & Luitfried von Salvini-Plawen: Ultrastructure and formation of hooded hooks in *Capitella capitata* (Annelida, Capitellida). Zoomorphology *118:* 117–128 (1998).

Hr. Schaefer berichtet:

Diversität der Fauna in anthropogenen Lebensräumen

Hohe „Biodiversität" ist eine Eigenschaft von Lebensgemeinschaften (Schaefer 1997).

Die Analyse der Artendiversität in Lebensräumen betrifft vier Gesichtspunkte: Muster (Verteilung der Artenzahlen in Raum und Zeit); Mechanismen (Faktoren, die das beobachtete Muster bedingen); Funktion (Bedeutung von Diversität für Funktion und Prozesse in Ökosystemen); Bedeutung der Diversität für den Menschen.

Wie beeinflußt der Mensch die Artendiversität in ökologischen Systemen? Eine weitverbreitete Ansicht ist, daß Störung durch den Menschen die biologische Vielfalt mindert. In Projekten der Abteilung Ökologie wurde die Fauna in verschiedenen anthropogenen Lebensräumen studiert: in der Agrarlandschaft (Winterweizenfelder, Rapsfelder, Bergwiesen des Harzes), in der Kulturlandschaft (Straßenränder) und in der Siedlungslandschaft (Botanische Gärten, ein Freilichtmuseum). In diesem Bericht sei der Schwerpunkt auf die Analyse der Biodiversität in diesen Lebensräumen gelegt.

Mitteleuropa wird von der Kulturlandschaft und Siedlungslandschaft geprägt. In der Nutzung von agrarischen Ökosystemen oder in der Forstwirtschaft oder bei der Umgestaltung der Landschaft für Verkehrswege ist es heute selbstverständlich, daß Diversität der Flora und Fauna einen hohen Stellenwert hat. Extensivierung in der Landwirtschaft soll zu einer höheren Biodiversität beitragen; Mischwaldwirtschaft hat Vorrang vor der Anlage von Monokulturen; Straßenränder sollten – soweit möglich – auch ein Refugium für die Lebenswelt sein.

In Mitteleuropa kommen etwa 40 000 Tierarten vor. Entgegen der Erwartung sind stärker gestörte Biotope wie landwirtschaftliche Kulturen oder Flächen am Straßenrand nicht artenarm. In vielen Gruppen kommen hier um 10% der gesamten mitteleuropäischen Fauna vor (Tabelle 1). Auch für die Kulturlandschaft können also hohe Artenzahlen charakteristisch sein.

Tabelle 1: Artenzahlen von ausgewählten Tiergruppen in der Kulturlandschaft Mitteleuropas. ME = Mitteleuropa; SR = Straßenrand; AL = Agrarlandschaft. Die Werte für SR und AL beziehen sich auf Lebensräume in Südniedersachsen (Sayer u. Schaefer 1995, Schaefer u. Sayer 1998, Stippich u. Krooß 1998).

Taxon	Artenzahl ME	SR	AL
Lumbricidae (Regenwürmer)	70	11	
Araneida (Spinnen)	900	194	194
Opilionida (Weberknechte)	40	17	15
Collembola (Springschwänze)	300		41
Heteroptera (Wanzen)	800	94	
Auchenorrhyncha (Zikaden)	600	90	

Taxon	Artenzahl ME	SR	AL
Coleoptera (Käfer)	8000	483	
Carabidae (Laufkäfer)	500	98	87
Staphylinidae	1300	206	>200
Apoidea (Wildbienen)	560	81	
Syrphidae (Schwebfliegen)	300	58	
Lepidoptera (Schmetterlinge)	140	25	
Aves (Vögel)	480	48	

Äcker

Agrarökosysteme werden sehr stark vom Menschen geformt und überformt. Auf Äckern wird ein Großteil der produzierten Biomasse als Ernte entnommen; zum Ausgleich werden Nährstoffe hinzugefügt. Eine weitere gravierende Störung sind Bodenbearbeitung und Applikation von Pestiziden. Für die Tierpopulationen ist ein sehr drastischer Eingriff die mechanische Veränderung von Bodenoberfläche und Boden. Dieses hat große Auswirkungen auf das Ökosystem Acker, weil die Tiere Steuergrößen in der Stoffdynamik (Zersetzung, Mineralisation von Bioelementen) sind. In einem groß angelegten interdisziplinären Forschungsprojekt „Ökologische Konsequenzen von Extensivierungsmaßnahmen im Ackerbau (INTEX)“ ist in Zusammenarbeit mit der landwirtschaftlichen Fakultät auch die Abteilung Ökologie des Instituts für Zoologie und Anthropologie beteiligt (Stippich u. Krooß 1998). In mehreren Forschungslinien wird der Einfluß von Makrofauna (Diplopoden) als Zersetzer, der Einfluß von Mesofauna (Collembolen) als Gegenspieler mineralisierender Pilze und der Einfluß von Prädatoren (Spinnen, Carabiden, Staphyliniden) untersucht. Auf die Staphyliniden sei näher eingegangen.

In Ackerbausystemen im Versuchsgut Reinshof bei Göttingen wurden 122 Arten der Staphyliniden (Kurzflügelkäfer) gefunden (Krooß u. Schaefer 1998a); für die nicht näher determinierten Aleocharinae wird die Artenzahl auf 80 geschätzt. 20% aller gefangenen Tiere der Makrofauna waren Staphyliniden. Sie machten die Hälfte aller Käfer aus, was auf die Bedeutung dieser Tiergruppe im System Acker hinweist. Es dominierten typische Bewohner von Ackerflächen wie *Tachyporus hypnorum, Oxytelus inustus, Lesteva longelytrata, Philonthus fuscipennis, Ocypus similis, Omalium caesum, Philonthus rotundicollis und Coprophilus striatulus.* Bei Verzicht auf wendende Bodenbearbeitung und Tolerierung einer damit einhergehender Restverunkrautung nahm die Diversität der Staphylinidenfauna zu. In eine ähnliche Richtung wirkten der Verzicht auf Insektizide und ein reduzierter Einsatz übriger chemischer Pflanzenschutzmittel. Auch Ackerrandstreifen, die als Überwinterungshabitate für Feldarten dienen, wirkten erhöhend auf die Artenzahl der Staphyliniden. Ungünstig war bei fehlender Stickstoffdüngung in der stärksten Extensivierungsstufe die Entwicklung eines sehr schütteren Pflanzenbestandes, der zu extremen mikroklimatischen Bedingungen im Boden führte und sich dadurch negativ auf die Gilde der Kurzflügelkäfer auswirkte.

Der Staphylinide *Ocypus similis* machte auf dem Winterweizenfeld etwa die Hälfte der gesamten Kurzflügler-Biomasse aus und hat eine große Wirkung im Nahrungsnetz (Krooß u. Schaefer 1998b). Nach Versuchen im Labor sind die Käfer Generalisten, die viele verschiedene Arthropoden, auch Aas verzehren. Besonders bevorzugt wurden Tausendfüßer (Diplopoda). Im Freiland ergab sich das Phänomen des „predator switching"; bei hoher Diplopodendichte wandten sich die *Ocypus*-Tiere bevorzugt dieser Beutegruppe zu. Höchste Konsumptionsraten hatten Individuen des 2. und des 3. Larvenstadiums, wobei der Höhepunkt des Feinddruckes im Mai und im Juni gegeben war. An diesem Termin wurden durch die *Ocypus*-Population pro qm etwa 7 Doppelfüßer konsumiert. Dabei lag der Verlust der Diplopodenpopulation in der Zeit von März bis Juni zwischen 7% und 35%. Da Diplopoden als Primärzersetzer wesentliche Bedeutung für Zersetzung und Remineralisation des abgestorbenen Pflanzenmaterials vor allem auf den stärker extensiviert behandelten Flächen haben, wirkt sich *Ocypus similis* verzögernd auf diesen Ökosystemprozeß aus.

Bergwiesen

Die Bergwiesen des Harzes fallen mit dem Erlöschen des Bergbaus und der Hinwendung zum Tourismus als dominierendem Wirtschaftsfaktor der Region zunehmend brach. Neben dem Brachfallen gibt es auch eine Nutzungsintensivierung durch Düngung und Beweidung. Welche Bedeutung haben die Harzer Bergwiesen für die Diversität der Fauna? Es wurden Arthropoden in verschiedenen Teillebensräumen studiert (Vowinkel 1998): gedüngte und ungedüngte Goldhaferwiesen, brachgefallene Flächen mit einem Alter von 7 bzw. 35 Jahren, sowie einen Fichtenforst als 70 Jahre alter Bestand. Auffallend war eine höhere Artendiversität. Es wurden 91 Arten der Araneiden, 8 Arten der Opilioniden, 91 Arten der Carabiden und 154 Arten der Staphyliniden gefunden. Die entsprechenden Zahlen für das Harzvorland betrugen 50 Araneiden, 2 Opilioniden, 24 Carabiden und 64 Staphyliniden. Der Fichtenforst war in seiner Arthropodenfauna relativ stark isoliert. Einander ähnlich waren diese Waldfläche und die ältere Brache. Die Fauna des Harzvorlandes nahm eine Sonderstellung ein. Die Übereinstimmung im Artenspektrum zwischen den Grünlandflächen unterschiedlicher Nutzungsintensität im Oberharz war insgesamt recht hoch. Die untersuchten Teilflächen ließen sich durch bestimmte typische Arten charakterisieren (die jedoch zum Teil Spezies mit einem höheren Grad von Euryökie sind und in vielen anderen Lebensräumen vorkommen). Auch wurden typische montane Arten nachgewiesen. Effekte der Mahd waren nicht deutlich.

Straßenrand

Der Straßenrandbereich hat häufig eine vielfältige Ausstattung mit den verschiedenen taxonomischen und funktionellen Tiergruppen (Sayer u. Schaefer 1995; Schaefer u. Sayer 1998), ein konkret betrachteter Straßenrandabschnitt kann dabei durchaus arm an Arten sein. Zwei Zahlenangaben mögen diese Variation illustrieren: 122–373 Arten sind minimale Gesamtangaben für die Einzelflächen; zwischen 49 und 78 Käfertaxa wurden dort auf jeweils 0,86 m^2 zu gleicher Zeit vorgefunden. Immerhin gilt, daß an 10 untersuchten Standorten auf etwa 1 km Straßenlänge und auf etwa 2 ha Fläche über 1000 Arten aus den betrachteten Tiergruppen (Tabelle 1) vorkamen.

Die Repräsentanz der Fauna am Straßenrand wird noch deutlicher, wenn als Vergleich nicht die Artenzahl in Mitteleuropa, sondern nur die Tierwelt der Region berücksichtigt wird. Dieser „regionale Artenpool“ ist besonders schwer zu quantifizieren. Für einige Tiergruppen gab es entsprechende Daten: Zikaden, Laufkäfer und Vögel. Von den etwa 285 Zikadenarten im Raum Südniedersachsen, Nordhessen kamen 90 – also etwa 32% der Arten – in den Straßenrandbiotopen vor. Die entsprechenden Zahlen für Laufkäfer waren 95 von etwa 300 Arten, also 32%, und für Vögel 27 von 99 Arten, also 27%. Diese Beispiele zeigen, daß etwa ein Drittel möglicher Besiedler am Straßenrand präsent sein kann. Die grünen Bereiche entlang der Straßen können also punktuell eine hohe Diversität aufweisen und dürften im Verbund einen hohen Anteil des regionalen Artenbestandes enthalten.

Dabei können sich am Straßenrand auch Arten mit spezifischen Umweltansprüchen (Spezialisten) entfalten können. Bei den untersuchten Schmetterlingen war allerdings der Anteil ökologisch „anspruchsvoller“ Arten (Xerothermophile – Bewohner trockenwarmer Lebensräume, Hygrophile – Arten feuchter Habitate) insgesamt gering. Auch bei den Schwebfliegen dominierten Generalisten. Für die Zikaden der Straßenböschungen ergab sich ein umgekehrtes Bild: hier überwogen Arten mit deutlich eingegrenzten Habitatansprüchen, z.B. bezüglich ihrer Nahrungspflanzen oder des abiotischen Faktorenregimes. Bemerkenswert ist, daß aus den Straßenrandproben der Erstnachweis einer Zikadenart für Deutschland – der Cixiide *Trigonocranus emmeae* – gelang. Für Käfer und Spinnen gab es eine „normale“ Mischung zwischen Generalisten und Spezialisten.

Die Lebensgemeinschaft wird nicht so sehr über die direkte Wirkung des Straßenverkehrs (Bewegung der Fahrzeuge, Immissionen), sondern über die Eigenschaften des Lebensraums (Mannigfaltigkeit der Vegetation, Struktur, Relief, Größe) und damit über die Populationsökologie der Arten bestimmende Faktoren (Grad der Optimalität des Lebensraumes, Ressourcenangebot, Feinddruck, Rolle des Minimalareals, Kolonisation und Ausbreitungsmuster) geprägt.

Botanische Gärten

In der Entwicklung der mitteleuropäischen Kulturlandschaft sind Wildbienen (Apoidea) einerseits durch den Menschen dadurch gefördert worden, daß er Wald in offene Lebensräume umgewandelt hat. Bienen sind im Prinzip stärker Besiedeler warm-trokkener Standorte. Auf der anderen Seite sind viele Arten durch die heutigen Eingriffe des Menschen in die Landschaft bedroht, da seltene und/oder extreme Standorte mehr und mehr verschwinden. Über die Eignung anthropogener Habitate für Wildbienen ist einiges bekannt. Es gibt jedoch Landschaftstypen in der Kulturlandschaft, die besonders geeignet für die Entfaltung von Wildbienen scheinen. Dies gilt auch für die Botanischen Gärten, die durch eine hohe Diversität in ihrem Blütenangebot gekennzeichnet sind, auf der anderen Seite aber eine ganze Reihe von Neophyten enthalten, die möglicherweise weniger stark von Bienen frequentiert werden.

Am Beispiel der beiden Botanischen Gärten in Göttingen wurden folgende Fragen untersucht (Braun 1998): Welche Möglichkeit der Ressourcen-Nutzung haben Wildbienen in diesen Gärten? Gibt es Unterschiede im Besuch von einheimischen und nichteinheimischen Pflanzen? Es wurden in beiden Botanischen Gärten 128 Wildbienenarten gefunden, was etwa 40% der für Niedersachsen bekannten Arten darstellt. In den

Gärten kamen Ubiquisten und synanthrope Arten vor, es siedelten dort aber auch zahlreiche Spezialisten. Der Neue Botanische Garten an der Peripherie von Göttingen hatte mit 150 Arten eine höhere Diversität als der Alte Botanische Garten im Zentrum mit 92 Arten. Der Neue Botanische Garten wird offenbar stark von angrenzenden Habitaten beeinflußt. Etwa 40 % der in Göttingen nachgewiesenen Arten wurden nicht oder nur in wenigen anderen vergleichbaren Studien gefunden.

Es wurden 317 Pflanzenarten im Hinblick auf Blütenbesuch beobachtet. Dabei wurden einheimische Arten nicht gegenüber nicht-einheimischen Arten bevorzugt; es traten jedoch polylektische Arten (also Generalisten) mehrheitlich an nicht-einheimischen Arten auf. Demgegenüber bevorzugten oligolektische Arten (also Spezialisten) Pflanzen aus der heimischen Flora. Außereuropäische Pflanzenarten wurden in weit geringerem Maße als Ressource genutzt.

Es zeigte sich also, daß beide Gärten ein wichtiger Lebensraum für Wildbienen, darunter auch für spezialisierte Arten, sind. Neophyten haben einen anderen Stellenwert für Bienen als heimische Pflanzenarten. In der Gestaltung der Gärten ergeben sich daraus Verpflichtungen für Arten- und Naturschutz.

Freilichtmuseum

An Gebäudestrukturen historischer Häuser in einem Freilichtmuseum (Westfälisches Freilichtmuseum in Detmold) kamen 170 Arten von Stechimmen (Hymenoptera Aculeata: Apoidea – Wildbienen, Sphecidae – Grabwespen, Pompilidae – Wegwespen und andere) vor, das sind 38 % aller aus Westfalen bekannten Aculeaten (Glöggler 1998). Zu einem hohen Prozentsatz – nämlich mit 71 % – waren gebäudebesiedelnde Arten aus dem Raum Westfalen vertreten (96 Arten der Aculeaten). Unter diesen Arten waren wenige stenök und spezialisiert. Spezialisierte Arten sind vermutlich zusammen mit Bestandteilen der Gebäude auf das Gelände gebracht worden. Zu den Sphecidae gehörte etwa 1/3 der Arten, unter den übrigen waren vor allem Apidae vertreten. An den Gebäudewänden siedelten 66 Arten. Hauswände aus unterschiedlichen Materialien wurden von mehr Arten besiedelt als reine Holz- oder Steinwände. Die Schilfhalme der Reetdächer enthielten eine diverse Fauna in hoher Dichte. Es fanden sich 22 Arten, die Scherenbiene *Chelostoma florisomne* dominierte. Die nächsthäufige Art, *Trypoxylon clavicerum*, erreichte nur etwa 1/10 der Dichte. Es ergab sich der Schluß, daß die ökologische Situation für die Hymenopteren auf dem Freilichtgelände dem der Siedlungsbereiche in früheren Jahrhunderten entsprach. Diese Tatsache und die hohe Zahl von gefundenen, auch selteneren Arten verdeutlicht den Stellenwert, den das Freilichtmuseum für diese Tiergruppe (wie sicher auch für andere wirbellosen Gruppen) hat.

In nach historischem Vorbild angelegten Bauerngärten in dem Freilichtmuseum wurden 187 Arten der Stechimmen gefunden, das sind etwa 37% der für Westfalen bekannten Aculeaten (Berger 1998). Das Gros stellten die Apoidea mit 89 Arten. Unter den Arten waren manche ubiquitär, manche weit verbreitet, einige aber auch selten (2 Arten gehören zur Roten Liste der BRD). 71 Arten sind als synanthrop einzuordnen. Die meisten Arten (72) waren polylektisch, wenige streng oligolektisch (6) oder oligolektisch (7). 23 Arten der Bienen waren parasitisch. Der Blütenbesuch wurde für 68 Wildbienenarten an 108 Pflanzenarten registriert. Am wichtigsten für die Bienen waren Vertreter der Asteraceaen, die mit 28 Arten auf dem Gelände vorkamen und die von 73

Bienenarten besucht wurden. Im Frühjahr sind Pflanzen außerhalb der Bauerngärten als Nahrungsquelle wichtig (*Salix, Taraxacum officinale* und Obstbäume). In den Bauerngärten wurden 55 Bienenarten an 65 Pflanzenarten gefunden. Die Mehrheit waren nestbauende Arten des Freilichtmuseums; die meisten Arten waren polylektisch. Wichtige Pflanzen im Bauerngarten waren *Allium fistulosum, Astrantia major, Borago officinalis* und *Rudbeckia hirta*. Je mehr entomophile Pflanzen in den einzelnen Bauerngärten vorkamen, desto höher war die Artenmannigfaltigkeit der Wildbienengemeinschaften. Es ist erstaunlich, welche unterschiedliche Bedeutung die Pflanzen als Lieferanten von Pollen und/oder Nektar für die Wildbienengemeinschaft haben. Eine generelle Botschaft der Studie ist, daß ein offensichtlich reiches Ressourcenangebot von den Arten einer Tiergemeinschaft sehr differenziert wahrgenommen und genutzt wird (im Sinne einer „coarse-grained environment").

Literatur:

Berger, J. (1998): Untersuchungen zur Hautflüglerfauna (Hymenoptera, Aculeata) eines Freilichtmuseums: Blütenbesuch in historisch angelegten Bauerngärten. Schriften des Westfälischen Freilichtmuseums Detmold (in Vorbereitung)

Braun, Christine (1998): Die Wildbienen-Fauna (Hymenoptera: Apidae) zweier Botanischer Gärten. Untersuchungen zum Blütenbesuch an einheimischen und nicht einheimischen Pflanzen. Berichte des Naturwissenschaftlich-medizinischen Vereins in Innsbruck (in Vorbereitung).

Glöggler, J. (1998): Untersuchungen zur Hautflüglerfauna (Hymenoptera, Aculeata) eines Freilichtmuseums – Die Nutzung von Gebäudestrukturen als Nisthabitate. Berichte des Naturwissenschaftlich-medizinischen Vereins in Innsbruck (in Vorbereitung).

Krooß, S., Schaefer, M. (1998a): The effect of different farming systems on epigeic arthropods: a five-year study on the rove beetle fauna (Coleoptera: Staphylinidae) of winter wheat. Agriculture Ecosystems and Enviroment *59*, 121–133.

Krooß, S., Schaefer, M. (1998b): How predacious are predators? A study on Ocypus similis, a rove beetle of cereal fields. Annals of Applied Biology *133*, 1–16.

Sayer, M., Schaefer, M. (1995): Wert und Entwicklungsmöglichkeiten straßennaher Biotope für Tiere (II). Schriftenreihe „Forschung Straßenbau und Straßenverkehrstechnik" *703*, 1–444.

Schaefer, M. (1997): Biologische Vielfalt unter ökologischen Gesichtspunkten – wieviel Vielfalt ist nötig? In: Becker, H. (Hrsg.) Biologische Vielfalt in Ökosystemen – Konflikt zwischen Nutzung und Erhaltung. Schriftenreihe des BML „Angewandte Wissenschaft" *465*, 240–252.

Schaefer, M., Sayer, M. (1998): Zur Ökologie der Fauna an Straßenrändern. In: „Das Auto von morgen in Stadt und Region – Wege zur umwelt- und raumverträglichen Mobilität", Kolloquium Bonn, 1996. Schriftenreihe des Deutschen Rates für Landespflege. (im Druck).

Stippich, G., Krooß, S. (1998): Auswirkungen von Extensivierungsmaßnahmen auf Spinnen, Laufkäfer und Kurzflügelkäfer. In Gerowitt, B., Wildenhayn, M.: Ökologische und ökonomische Auswirkungen von Extensivierungsmaßnahmen im Ackerbau. Ergebnisse des Göttinger INTEX-Projektes 1990–94, pp. 221–262.

Vowinkel, C.-J. (1998): Auswirkungen unterschiedlicher Nutzungsintensitäten auf die epigäische Arthropodenfauna von Harzer Bergwiesen: Ein Beitrag zur Landnutzungsgeschichte und zum Konfliktfeld Naturschutz – Landwirtschaft. Ökologie und Umweltsicherung 15, 1–352.

KOMMISSION FÜR HUMANFORSCHUNG

Bericht Thews

1. Untersuchungen zum Sauerstofftransport

Den Mittelpunkt der diesjährigen Jahrestagung der „International Society on Oxygen Transport to Tissue“ in Budapest stellte ein sich über mehrere Sitzungen erstreckendes Symposium zum Thema „The Human Physiome Project“ dar, das Privatdozent Dr. Groebe auf Einladung des Veranstalters inhaltlich gestaltet und organisiert hatte. Das „Human Physiome Project“ war ein Jahr zuvor anläßlich des „XXXIIIrd International Congress of Physiological Sciences“ in St. Petersburg begründet worden und hat die quantitativ korrekte mathematische Beschreibung der Funktionsabläufe im menschlichen Organismus von der Entwicklung des Phänotyps aus dem Genom bis hin zu den komplexesten physiologischen Systemen zum Inhalt. Bei dem Symposium kamen eine Reihe von Wissenschaftlern zu Wort, die sich mit der mathematischen Modellierung physiologischer Funktionssysteme bzw. mit Problemen bei der Erhebung der dazu erforderlichen morphometrischen und funktionellen Daten befassen. Unter anderem gelang es, den Begründer des Physiome Projekts, Prof. Jim Bassingthwaighte aus Seattle, sowie einen der Vorsitzenden der IUPS, Prof. Ewald Weibel aus Bern, für eine Teilnahme zu gewinnen. Dr. Groebe selbst beteiligte sich mit dem Referat „Regulation of Local Perfusion: Levels of Control and Contributing Factors“ an der Veranstaltung.

Aus den Themengebiet der Modelluntersuchungen zum diffusiven Sauerstofftransport im Skelettmuskel stellte Dr. Groebe auf dem „Joint Congress of the German and Scandinavian Physiological Societies“ in Hamburg ein Poster mit dem Titel „Reserves of O_2 Diffusing Capacity in Working Red Muscle: A Theoretical Study“ vor.

Publikationen:

K. Groebe, Reserves of O_2 Diffusing Capacity in Working Red Muscle: A Theoretical Study (Abstract), *Pflügers Arch.* 435: R231 (1998)

K. Groebe, Diameter control in the arteriolar tree by changes in post-capillary resistance: A theoretical study, *Adv. Exp. Med. Biol.* 428: 687–694 (1998)

K. Groebe, Problems in precise measurement of tidal volumes, *Adv. Exp. Med. Biol.* 454: 425–433 (1998)

K. Groebe, Regulation of local perfusion: Levels of control and contributing factors, *Adv. Exp. Med. Biol.*, im Druck

L. A. Kunz-Schughart, J. Doetsch, W. Müller-Klieser und K. Groebe, Proliferative activity and tumorigenic conversion: Impact on cellular metabolism in 3-D culture, eingereicht bei *Am. J. Physiol.*

2. Pathophysiologie maligner Tumoren

Univ.-Prof. Dr. Peter Vaupel, Institut für Physiologie und Pathophysiologie der Johannes Gutenberg-Universität, hat im Rahmen von Forschungsvorhaben, die von der Deutschen Krebshilfe/Mildred-Scheel-Stiftung, der Robert-Müller-Stiftung, der Dr. med. h.c. Erwin-Braun-Stiftung (Basel) und der Dr. Wulf-Vater-Stiftung finanziell gefördert wurden, die experimentellen Grundlagenuntersuchungen und klinisch orientierten Studien zur Charakterisierung und therapeutisch relevanten Modulation der Durchblutung, der Sauerstoffversorgung, des pH-Wertes und des bioenergetischen Status maligner Tumoren fortgesetzt.

Die im Berichtsjahr weitergeführten Arbeiten konzentrierten sich im wesentlichen auf die Erfassung der o.a. Parameter bei Verbesserung der Gewebeoxygenierung durch Steigerung des arteriellen Sauerstoffangebots unter normobarer und hyperbarer inspiratorischer Hyperoxie oder Hemmung der Zellatmung (Zusammenarbeit mit Dr. O. Thews), die Verbesserung der Tumoroxygenierung bei Anämie (Therapie der tumorbedingten Anämie durch Gabe von rh-Erythropoietin), die Charakterisierung pathophysiologischer Faktoren bei therapeutischer Lokal-Hyperthermie und bei lokoregionaler photodynamischer Therapie mit Bacteriochlorophyll (Zusammenarbeit mit Dr. Debra K. Bickes-Kelleher). Weitere experimentelle Studien konzentrierten sich auf die Verbesserung der Tumordurchblutung durch Gabe rheologisch aktiver Pharmaka (Zusammenarbeit mit Dr. Debra K. Bickes-Kelleher). Zur weiteren Charakterisierung des metabolischen Mikromilieus in Tumoren wurde im Berichtszeitraum auch am Modell der isolierten Extremitätenperfusion weitergearbeitet und der Einfluß von Nifedipin auf die lokale Tumordurchblutung und O_2-Versorgung abgesichert (Zusammenarbeit mit Dr. Monika Hummel). In Zusammenarbeit mit Frau Silke Georg konnte ein neues Tumormodell etabliert werden, mit dessen Hilfe es zukünftig möglich sein wird, Untersuchungen an nicht-transplantierten Nagetiertumoren durchzuführen. In Fütterungsversuchen erhalten hierbei SD-Ratten DMBA per os. Nach einer Latenz von ca. 3 Monaten treten bei den so behandelten Tieren Adenokarzinome unterschiedlicher Größe in der Milchleiste auf, die nach dem Erstellen von Volumenwachstumskurven und histologischer Klassifikation weiteren Analysen zugeführt werden.

In enger Kooperation mit Prof. Dr. Dr. M. Höckel (Univ.-Frauenklinik, Leipzig) konnten frühere Befunde abgesichert werden, daß lokal fortgeschrittene Zervixkarzinome mit nachgewiesener prätherapeutischer Hypoxie nicht nur eine verminderte Strahlensensibilität aufweisen, sondern – unabhängig von der gewählten Therapie – allgemein eine schlechtere Prognose besitzen als sog. normoxische Tumoren. Dieser Befund wird auf eine hypoxiebedingte Selektion aggressiver klonaler Subpopulationen zurückgeführt, die das biologische Verhalten der soliden Tumoren letztendlich bestimmen. In einer Zusammenarbeit mit Dr. U. Schäffer (Univ.-Frauenklinik, Mainz) wurden Oxygenierungsdaten mit FDG-PET-Ergebnissen von Zervixkarzinomen korreliert. Erste Messungen zur Erfassung des Oxygenierungsstatus von Prostatakarzinomen wurden mit Dr. S. Melchior (Urolog. Klinik, Mainz) durchgeführt.

In einer weiteren Kooperation mit Dr. H. Hawighorst (Deutsches Krebsforschungszentrum, Abtlg. für Radiologische Diagnostik und Strahlentherapie, Heidelberg) wurden mit Hilfe der MRI-Technik funktionelle Untersuchungen zur Angiogenese und Vaskularisation von Zervixkarzinomen fortgesetzt.

In Zusammenarbeit mit Prof. Dr. E. Eigenbrodt (Institut für Biochemie und Endokrinologie, Veterinärmedizin, Univ. Gießen) wurden Interaktionen zwischen dem Aminosäuren- und Kohlenhydratstoffwechsel in Tumoren erforscht.

Publikationen:

P. Vaupel, O. Thews, D. K. Kelleher, M. Hoeckel, Oxygenation of human tumors: The Mainz Experience. *Strahlenther. Onkol.* 174 (Suppl. IV), 6–12 (1998)

P. Vaupel, D. K. Kelleher, O. Thews, Modulation of tumor oxygenation. *Int. J. Radiat. Oncol. Biol. Phys.* 42, 843–848 (1998)
P. Vaupel, Tumor blood flow. In: *Medical Radiology – Diagnostic imaging and radiation oncology.* Blood perfusion and microenvironment of human tumors (M. Molls, P. Vaupel, eds.) pp. 41–45, Berlin, Heidelberg, New York, Springer 1998
P. Vaupel, M. Höckel, Oxygenation of human tumors. In: *Medical Radiology – Diagnostic imaging and radiation oncology.* Blood perfusion and microenvironment of human tumors (M. Molls, P. Vaupel, eds.) pp. 63–72, Berlin, Heidelberg, New York, Springer 1998
P. Vaupel, O. Thews, D. K. Kelleher, M. Hoeckel, Current status of knowledge and critical issues in tumor oxygenation: Results from 25 years research in tumor pathophysiology. *Adv. Exp. Med. Biol.* 454, 591–602 (1998)
D. K. Kelleher, C. Nauth, O. Thews, W. Krüger, P. Vaupel, Localized hypothermia: Impact on oxygenation, microregional perfusion, metabolic and bio-energetic status of subcutaneous rat tumours. *Brit. J. Cancer* 78, 56–61 (1998)
M. Höckel, K. Schlenger, S. Höckel, B. Aral, U. Schäffer, P. Vaupel, Tumor hypoxia in pelvic recurrences of cervical cancer. *Int. J. Cancer* 97, 365–369 (1998)
J. Frank, D. K. Kelleher, A. Pompella, O. Thews, H. K. Biesalski, P. Vaupel, Enhancement of oxidative cell injury and antitumor effects of localized 44 °C-hyperthermia upon combination with respiratory hyperoxia and xanthine oxidase. *Cancer Res.* 58, 2693–2698 (1998)
O. Thews, D. K. Kelleher, B. Lecher, P. Vaupel, Blood flow, oxygenation, metabolic and energetic status in different clonal subpopulations of a rat rhabdomyosarcoma. *Int. J. Oncol.* 13, 205–211 (1998)
O. Thews, R. Koenig, D. K. Kelleher, J. Kutzner, P. Vaupel, Enhanced radiosensitivity in experimental tumors following erythropoietin treatment of chemotherapy-induced anemia. *Brit. J. Cancer* 78, 752–756 (1998)
H. Hawighorst, P. G. Knapstein, M. V. Knoop, W. Weikel, G. Brix, I. Zuna, S.O. Schönberg, M. Essig, P. Vaupel, G. van Kaick, Uterine cervical carcinoma: Comparison of standard and pharmacokinetic analysis of time-intensity curves for assessment of tumor angiogenesis and patient survival. *Cancer Res.* 58, 3598–3602 (1998)
D. K. Kelleher, O. Thews, P. Vaupel, Regional perfusion and oxygenation of tumors upon methylxanthine administration. *Int. J. Radiat. Oncol. Biol. Phys.* 42, 861–864 (1998)
H. Hawighorst, W. Weikel, P. G. Knapstein, M. V. Knopp, I. Zuna, S. O. Schönberg, P. Vaupel, G. van Kaick, Angiogenic activity of cervical carcinoma: Assessment by functional magnetic resonance imaging-based parameters and a histomorphological approach in correlation with disease outcome. *Clin. Cancer Res.* 4, 2305–2312 (1998)
E. Eigenbrodt, F. Kallinowski, M. Ott, S. Mazurek, P. Vaupel, Pyruvate kinase and the interaction of amino acid and carbohydrate metabolism in solid tumors. *Anticancer Res.* 18, 3267–3274 (1998)
D. K. Kelleher, O. Thews, P. Vaupel, Can erythropoietin improve tumor oxygenation? *Strahlenther. Onkol.* 174 (Suppl. IV), 20–23 (1998)
M. Molls, P. Vaupel, The impact of the tumor microenvironment on experimental and clinical radiation oncology and other therapeutic modalities. In: *Medical Radiology – Diagnostic imaging and radiation oncology.* Blood perfusion and microenvironment of human tumors (M. Molls, P. Vaupel, eds.) pp. 1–3, Berlin, Heidelberg, New York, Springer 1998
B. Endrich, P. Vaupel, The role of the microcirculation in the treatment of malignant tumors: Facts and fiction. In: *Medical Radiology – Diagnostic imaging and radiation oncology.* Blood perfusion and microenvironment of human tumors (M. Molls, P. Vaupel, eds.) pp. 19–39, Berlin, Heidelberg, New York, Springer 1998
H. J. Feldmann, M. Molls, P. Vaupel, Clinical investigations on blood perfusion in human tumors. In: *Medical Radiology – Diagnostic imaging and radiation oncology.* Blood perfusion and microenvironment of human tumors (M. Molls, P. Vaupel, eds.) pp. 47–62, Berlin, Heidelberg, New York, Springer 1998

M. Höckel, P. Vaupel, The prognostic significance of hypoxia in cervical cancer: A radiobiological or tumor biological phenomenon? In: *Medical Radiology – Diagnostic imaging and radiation oncology.* Blood perfusion and microenvironment of human tumors (M. Molls, P. Vaupel, eds.) pp. 73–79, Berlin, Heidelberg, New York, Springer 1998

W. Mueller-Klieser, P. Vaupel, C. Streffer, Energy status of malignant tumors in patients and experimental animals. In: *Medical Radiology – Diagnostic imaging and radiation oncology.* Blood perfusion and microenvironment of human tumors (M. Molls, P. Vaupel, eds.) pp. 121–132, Berlin, Heidelberg, New York, Springer 1998

3. Stoffwechsel, Prognose und Therapieverhalten maligner Tumoren

Prof. Dr. W. Müller-Klieser hat die kooperative Studie mit Dr. E. Rofstad vom Radium Hospital in Oslo, Norwegen, mit der kieferchirurgischen Klinik der Universität Mainz sowie der Hals-Nasen-Ohren-Klinik der Universität München fortgesetzt. Bei Zervixkarzinomen und Plattenepithelkarzinomen der Kopf-Hals-Region ging eine vermehrte Anhäufung von Milchsäure im Tumorgewebe mit einer verstärkten Metastasierung einher. Eine entsprechende Beziehung zwischen Hypoxie im Tumorgewebe und Metastasierungstendenz ergaben polarographische Sauerstoffdruckmessungen in Zervixkarzinomen. Diese Befunde korrelieren in erwarteter Weise mit der Überlebenswahrscheinlichkeit der Patientinnen. Derzeit erfolgen immunhistochemische Untersuchungen zur Gefäßneubildung und zur Verteilung von Adhäsionsmolekülen in den Tumoren; allerdings ergaben sie bislang noch keinen Hinweis darauf, welcher Mechanismus dem Zusammenhang zwischen dem Stoffwechselmilieu und der Metastasierung zugrunde liegen könnte. Die Studie wird seit Mitte 1997 von der Deutschen Krebshilfe gefördert.

In einem zwischenzeitlich verlängerten Gemeinschaftsprojekt mit der GSI Darmstadt wurden Untersuchungen zur Strahlenwirkung, insbesondere von Schwerionen, auf komplexe Zellsysteme fortgesetzt. Dabei erwiesen sich multizelluläre Tumorsphäroide als problematisch hinsichtlich einer genauen Strahlen-Dosimetrie unter Schwerionenbehandlung. Es wurden daher komplexe Multizellkulturen mit planarer Geometrie entwickelt, wobei ausschließlich Tumorzellen des Menschen Verwendung fanden.

Die Zusammenarbeit mit Prof. Degani vom Weizmann Institut in Rehovot, Israel, und Prof. Gersonde vom Fraunhofer Institut St. Ingbert, die von der German Israeli Science Foundation (GIF) unterstützt wird, wurde fortgesetzt. An Tumorsphäroiden aus sensitiven oder resistenten menschlichen Brustkrebszellen wurde die Induktion von Apoptosen durch Doxorubicin untersucht. Während sich das Resistenzverhalten der Zellen im Volumenwachstum der Sphäroide sowie in der zellulären Klonogenität sehr gut widerspiegelt, korreliert die Induktionseffizienz für Apoptosen nur sehr bedingt mit dem Therapieverhalten der Tumorzellen. Offensichtlich nekrotisiert Doxorubicin Tumorzellen unter bestimmten Bedingungen ohne Auslösung von Apoptosen. Auch zeigten elektronenmikroskopische Untersuchungen, daß die Identifikation von Apoptosen bei einem Teil der verwendeten Zellen durch untypische ultrastrukturelle Veränderungen sehr schwierig ist.

Publikationen:

Romero, F. J., W. Mueller-Klieser, 1998, Semiquantitative bioluminescent assay of glutathione. J. Biolumin. Chemilumin. 13, 1–4

Borisjuk, L., S. Walenta, H. Weber, W. Mueller-Klieser, U. Wobus, 1998, High-resolution histographical mapping of glucose concentrations in developing cotyledons of Vicia faba in relation to mitotic activity and storage processes: glucose as a possible developmental trigger. Plant J. 15, 583–591
Fournier, C., G. Kraft, W. Kraft-Weyrather, A. Mitaroff, S. Ritter, J. Debus, C. Karger, H. Peschke, M. Scholz, G. Wolber, D. Zukowski, A. Staab, W. Mueller-Klieser, Th. Herrmann, H. Alheit, W. Dörr, P. Geyer, R. Kumpf, W. Enghardt, R. Hinz: Radiobiology related to heavy ion therapy. In: GSI Scientific Report 1997, Darmstadt, 1998, pp. 149–151

4. Untersuchungen zur Aufnahme atmosphärischen Sauerstoffs durch die Haut

Hr. Lübbers hat die erste quantitative Bestimmung der lokalen externen O_2-Aufnahme ($tcJO_2$) mittels der von ihm entwickelten O_2-Fluxoptode durchgeführt. In Zusammenarbeit mit Prof. Dr. P. Altmeyer, Dr. M. Stücker, Dr. L. Schulze, Dr. A. Struk und M. Herde (Dermatologische Klinik der Universität Bochum) wurde die O_2-Aufnahme an 10 Freiwilligen, die jünger als 30 Jahre, und an 10 Freiwilligen, die älter als 70 Jahre waren, gemessen. Bei einem Sauerstoffdruck auf der Haut von 155 Torr betrug die externe Sauerstoffaufnahme an der Stirn bei den Jüngeren1.1 $\pm$ 0.4 ml O_2 min^{-1} m^{-2}, bei den älteren 1.3 $\pm$ 0.44 ml O_2 min^{-1} m^{-2}. Am Unterarm war der $tcJO_2$ 0.5 $\pm$ 0.24 ml O_2 min^{-1} m^{-2}, beziehungsweise 0.6 $\pm$ 0.34 ml O_2 min^{-1} m^{-2}. Dies zeigt, daß die O_2-Aufnahme an verschiedenen Körperstellen deutlich unterschiedlich ist. Im Alter scheint die O_2-Aufnahme größer zu werden, was durch die hypotrophen Hautveränderungen verursacht sein könnte.

Literatur:
Stücker M., Schulze L., Pott G., Hartmann P., Lübbers D. W., Röchling R., Altmeyer P., FLIM of luminescent oxygen sensors: clinical applications and results. Sensors and Actuators B (im Druck, Fahnenabzüge liegen vor)
Stücker M., Steinbrügge J., Ihrig C., Hoffmann K., Ihrig D., Röchling A., Lübbers D. W., Jungmann H., Altmeyer P., Rhythmical variations of haemoglobin oxygenation in cutaneous capillaries. Acta Derm Venerol 1998, 78: 408–411
Stücker M., Schulze L., Hoffmann K., Altmeyer P., Lübbers D. W., Aufnahme atmosphärischen Sauerstoffs durch die Haut als Maß für die epidermale Sauerstoffversorgung. In: Dermatologie – Leitlinien und Qualitätssicherung für Diagnostik und Therapie. Garbe C., Rassner G. (Hrsg.), Springer: Berlin 1998, 475–479
Stücker M., Schulze L., Altmeyer P., Lübbers D. W., Sauerstoff-Fluxmetrie – eine neue Technik zur Beurteilung des Sauerstoffhaushaltes der Haut. In: Schulz-Ehrenburg U., Blacek V. VDI Berichtsband (im Druck)
Hoffmann J., Lübbers D. W., Heise H. M., Applicability of the Kubelka Munk theory for the evaluation of reflectance spectra demonstrated for hemoglobin-free perfused heart tissue. Physics in Medicine and Biology (im Druck)
Baumgärtl H., Zimelka W., Lübbers D. W., Simultaneous measurements of mechanical pressure and oxygen pressure during puncturing of semisolid polymeric networks by polarographic needle electrodes. Adv. Exp. Med. Biol. (im Druck)

5. Regulation der Durchblutung und Sauerstoffversorgung der Organe

Die von Professor Dr. Jürgen Grote und Dr. Folker Wenzel (Physiol. Inst., Univ. Bonn) gemeinsam mit Dr. Kai-Michael Scheufler (Neurochir. Klinik, Univ. Freiburg) durchgeführten Studien zum Einfluß einer arteriellen Hypoxie auf die Durchblutung der Großhirnrinde und der Verteilung der O_2-Sättigung in den kortikalen Kapillaren bzw. des O_2-Druckes in den Hirnrindenzellen konnte abgeschlossen werden. Die Ergebnisse zeigen, daß Bestimmungen der O_2-Sättigung des Blutes in den Kapillaren des Hirngewebes mit der Infrarotspektroskopie nur begrenzt klare Aussagen über die O_2-Versorgung des Gewebes der Hirnrinde zulassen. Der nach schrittweise zunehmender arterieller Hypoxie im Hirngewebe auftretende O_2-Mangel konnte mit Hilfe der O_2-Sättigungsmessungen erst bei starker Ausprägung nachgewiesen werden. Das Verfahren zur Bestimmung der intrakapillären O_2-Sättigung ist nicht empfindlich genug, um eine beginnende O_2-Mangelversorgung der Hirnzellen während der Überwachung von Patienten frühzeitig zu erkennen.

In Kooperationen mit Professor Dr. Jürgen Hescheler und Dr. Michael Dittrich (Physiol. Institut, Univ. Köln) wurden Untersuchungen des Einflusses einer Hypoxie auf die Erregungsbildung und die Erregungsleitung im Herzmuskelgewebe und die Entwicklung einer Herzrhythmusstörung am Modell des „embroid body" begonnen.

Vom 24. bis 27. September 1998 fand das von der Akademie der Wissenschaften und der Literatur, Mainz, geförderte 10. Westerländer Gespräch auf Sylt statt. Es wurde von den Professoren Grote und Stick (Institut für Medizinische Klimatologie, Univ. Kiel) organisiert. Im Mittelpunkt des Symposions standen Fragen zur Herz- und Kreislauf-Regulation sowie die durch O_2-Mangel und andere Faktoren ausgelöste Expression von Genen, die an den Regulationsvorgängen beteiligt sind. Die Ergebnisse der 10. Westerländer Tagung sollen in der Schriftenreihe: Funktionsanalyse biologischer Systeme veröffentlicht werden.

KOMMISSION FÜR ERDWISSENSCHAFTLICHE FORSCHUNG

Bericht Lauer

I. Forschungen zur Landschaftsökologie der Erde

1. Geoökologische Studien in Südamerika

a) Arbeitsgebiet Bolivien: Im Berichtsjahr konnten die GIS-gestützten Analysen zu geoökologischen Standortsbedingungen der Vegetationsgesellschaften im bolivianischen Untersuchungsgebiet durch die Mitarbeiter Dipl.-Geogr. Astrid Bendix und Dipl.-Geogr. Christof Angermann weitgehend abgeschlossen werden. Arbeitsschwerpunkt war vor allem die Verschneidung der digitalen Datenebenen der Vegetation, Geologie/Morphologie, Morphometrie/Pedologie. Die Basis für morphometrisch-pedologische Daten lieferte Dipl.-Geogr. Peter Tramberend im Rahmen einer von PD Dr. Jörg Bendix und Dipl.-Geogr. Astrid Bendix betreuten Diplomarbeit: *„GIS-gestützte Modellierung ausgewählter Bodeneigenschaften in einem randtropischen Hochgebirge".* Außerdem konnten die Mitarbeiter die Geo-Korrektur von Landsat-TM-Szenen mit Hilfe digitaler Geländemodelle der vier Testareale im Charazani-Gebiet abschließen (Abb. 1). Es stehen nunmehr Datensätze zur Berechnung von Strahlungs- und Energiehaushalt (Albedo und langwellige Emission) zur Verfügung.

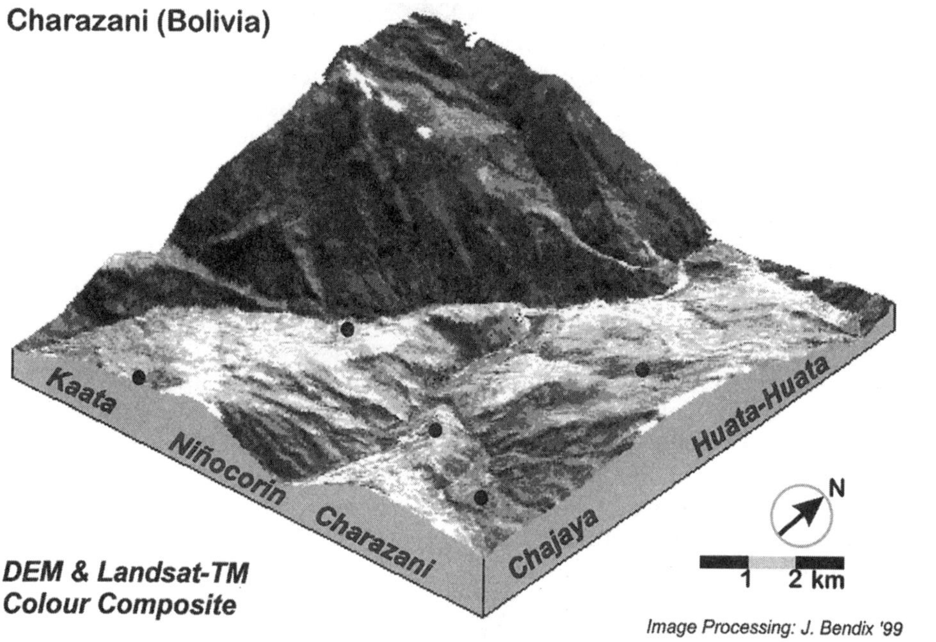

Abb. 1: Mit RGB-Farbkomposit (Kanal 1,2,3) überlagertes Digitales Geländemodell für das Testareal 1 im Charazani-Gebiet (s/w-Druck)

Zur Zeit werden mit Hilfe der multivariaten Statistik die Pflanzenassoziationen nach Ähnlichkeitsmustern ihrer ökologischen Standortsmerkmale (Relief, Klima, Boden) geprüft und zu Gruppen zusammengefaßt. Die Ergebnisse der GIS-Analysen für das Arbeitsgebiet Bolivien werden 1999 abschließend veröffentlicht.

b) Arbeitsgebiet Ecuador: Als eine wesentliche Dokumentationsarbeit wurde 1998 der Entwurf einer Karte *„Physiogeographie des Páramo de Papallacta"* in Angriff genommen. Aus einem überaus inhomogenen Arbeitsmaterial (topographische Karten und Blaupausen unterschiedlicher Qualität und Maßstäbe, Luftbildstudien sowie eigene Geländeaufnahmen) konnte nach den Vorbildern der *Alpenvereinskartographie* für das Untersuchungsgebiet in der Ostkordillere Ecuadors eine für die *wissenschaftliche Interpretation* geeignete topographische Grundlage im Maßstab 1:50 000 erstellt werden, da die ecuadorianischen amtlichen Kartenwerke wegen der Beschränkung auf einen minimalen Darstellungsschlüssel diesem Anspruch keineswegs genügen. Der Mitarbeiter Dr. Daud Rafiqpoor entwarf aus dem vorhandenen Arbeitsmaterial fünf Informationsschichten:

Topographie: Höhenlinien, Höhenpunkte, Straßennetz, Siedlungen, Schulen, Ölleitung etc.
Geologie/Morphologie: Lavaströme, Felshänge, Moränenwälle, Terrassenkanten, Frostschuttgebiete
Hydrographie: Gewässernetz, Seen, Moore, Sümpfe, Bewässerungskanal-System
Vegetation: Markante Höhenstufen: *Polsterpáramo, Subpáramo, Ceja-Niederwald, Nebelwald* sowie *xeromorphe Gebüsch-Formation* des Kordilleren-Westabhangs
Landnutzung: Angeordnet nach Verbreitungsgebieten der potentiell-natürlichen Vegetation.

Aus dem Höhenlinienplan entwickelte der Kartograph des Geographischen Instituts der Universität Bonn, Herr Dietrich Gladenbeck, eine Schummerungsplatte und überführte die Entwürfe in die Reinzeichnung. Auf einer differenzierten Darstellung der Vegetation und Landnutzung sowie markanten morphologischen Erscheinungen als tragende Landschaftselemente im Kartenbild wurde besonderer Wert gelegt, da sie in den amtlichen topographischen Karten für Hochgebirge weitgehend fehlen. Die Karte wird 1999 zusammen mit einer detaillierten inhaltlichen Beschreibung in der Zeitschrift „ERDKUNDE" (Bonn) publiziert. Sie stellt die Grundlage für die Erstellung eines digitalen Geländemodells (DGM) und den Aufbau eines Geographischen Informationssystems (GIS) für das *„Arbeitsgebiet Ecuador"* im kommenden Jahr dar.

Im Anschluß an die Geländearbeit im Jahre 1994 führte der Mitarbeiter Dr. Daud Rafiqpoor zusammen mit Dipl.-Biol. Dr. Ingeborg Theisen (*Kommission für Botanische Forschung*, Hr. Barthlott) eine fünfwöchige Feldkampagne zwischen 21. Juli und 24. August 1998 in Ecuador durch, um die Blühperiode der Pflanzen während der Trockenzeit im Hochbecken von Quito zu pflanzensoziologischen Aufnahmen zu nutzen. Während der Feldarbeit wurden an 45 repräsentativen Geländepunkten der floristische Artenbestand aufgenommen, topoklimatische Parameter gemessen, Bodenproben entnommen und die Strahlungsdichte (w/m^2) entlang eines Profils zwischen West- und Ostabdachung der Kordillere erfaßt.

Die vegetationskundlichen Studien zur Kartierung der Pflanzengesellschaften im Untersuchungsgebiet umfassen nunmehr 107 Vegetationsaufnahmen mit insgesamt 1286 Herbarexemplaren. Die Bestimmung der gesammelten Pflanzen erfolgte bereits während des Aufenthaltes im Herbar des *Departemento de Ciencias Botánicas de la Pontificia Universidad Católica del Ecuador (PUCE)* in Quito und unter Zuhilfenahme des Werkes *„Flora of Ecuador"*. Der ecuadorianische Botaniker, Lic. Jaime Jaramillo, unterstützte die Arbeitsgruppe bei den Gelände- und Herbararbeiten. Herr Jaramillo ist auch der wissenschaftliche Partner des Biodiversitäts-Projektes, das seit 1994 vom Botanischen Institut, Abteilung Biodiversität, der Universität Bonn (Hr. Barthlott) in den Wolkenwäldern der ecuadorianischen Westkordillere betrieben wird.

Die pflanzensoziologischen Geländeaufnahmen erfolgten nach der Methode Braun-Blanquet (1964). Die tabellarische Auswertung nach den Regeln des pflanzensoziologischen Nomenklatur-Codes von Barkman et al. (1986) führte zu syntaxonomischen Einteilungen in Anlehnung an Vorgaben der Hirarchiestufen, wie sie aus den Nachbargebieten (Kolumbien: Cleef 1981, Peru: Gutte, 1980, 1987, Rivas-Martinez & Tovar 1982, Bolivien: Seibert/Menhofer 1991/92) bereits vorliegen. Für Ecuador ist diese Arbeit eine Pionierleistung.

Vorläufige vegetationskundliche Analysen lassen an den beiden Abdachungen des untersuchten Hochgebirges im Höhenintervall zwischen 2500–4700 m eine Asymmetrie der Höhenstufung der Vegetation erkennen. Sie kommt insbesondere dadurch zum Ausdruck, daß Bereiche, die auf der Ostseite des Gebirges durch hygrophile, immergrüne Höhenwälder bedeckt sind, auf der Westabdachung wegen der Trockenheit des intramontanen Quito-Beckens von einer xerophytischen Gebüschformation eingenommen werden. Pflanzensoziologisch wird die Höhenstufung durch drei Klassen *(Baccharis latifolietea, Festuca-Calamagrostietea und Wernerietea)* charakterisiert, die sich nach Differentialarten in Verbände und Assoziationen mit spezifischen Höhengrenzen unterteilen lassen (Abb. 2).

HÖHE ü. NN [m]	KLIMA: Höhenstufen	KLIMA: Temperatur [°C]	VEGETATION	VEGETATION: Westabdachung	VEGETATION: Ostabdachung
>4800	*tierra nevada*	<0°	**Rezente Vergletscherung des Antisana**		
4800	*tierra sub-nevada*	~1°	**Klasse** *Wernerietea*	**Subnivale Frostschutt-Stufe (Superpáramo)** Einzelexemplare der *Assoziation Distichia-Wernerietum*	
4600		2° **3. Nebelstufe**		**Polster-Páramo (Páramo propiamente dicho)** *Assoziation Distichia-Wernerietum*	
4200	*tierra helada*	5°	**Klasse** *Festuca-Calamagrostietea*	**Niederstrauch-Subpáramo (Übergangszone)** mit *Diplostephium, Loricaria, Baccharis, Chuquiraga, Ribes* *Assoziation Festuca procera-Diplostephietum*	
4100		6°		**Graspáramo** Waldinseln aus *Polylepis, Gynoxys, Escallonia, Hesperomeles,* *Assoziation: Festuca procera-Calamagrostietum*	
3700		8° **2. Nebelstufe**	**Klasse** *Baccharis latifolietea*	**Ceja-Niederwälder** *Assoziation: Polylepis incanaetum* mit *Brachiotum ledifolium*	**Ceja-Niederwälder** *Assoziation: Polylepis pautaetum* mit *Miconia salicifolia*
3500	*tierra fria II*	9°		**Ceja-Wälder** **Nebelwälder** mit zahlreichen epiphytischen Moosen und Flechten *Verband Oreopanaxion*	**Ceja-Wälder** **Nebelwälder** mit Farnen sowie zahlreichen epiphytischen Moosen und Flechten *Verband Miconion*
3100	*tierra fria I*	12°		**Regengrüner Trockenbusch** *Verband Byttnerion*	**Immergrüne Höhenwälder**
2400	*tierra templada*	15° **1. Nebelstufe**		**Regengrüner Dornstrauch**	**Immergrüne Wolkenwälder** mit vielen epiphytischen Blütenpflanzen wie *Orchideen, Bromelien* etc.
1900		17°			D. Rafiqpoor

Abb. 2: Der asymmetrische Aufbau der Höhenstufen der Vegetation auf der West- und Ostseite des Paso de Papallacta. Durch schwachen Raster ist die Höhenstufe anthropogen devastierter, ehemaliger Waldregion hervorgehoben. Die unterschiedlichen intensiven, typischen Nebelstufen am Ostabhang des Papallacta-Passes sind gesondert dargestellt (vgl. Lauer, W. (1986): *Die Vegetationszonierung der Neotropis und ihr Wandel seit der Eiszeit.* Ber. d. Deut. Bot. Gesellschaft, Bd. 99: 211–235)

c) Das El Niño-Phänomen: Dipl.-Geogr. Astrid Bendix setzte die bereits im Jahrbuch 1997 (S. 165–166) umschriebenen Analysen zum raumzeitlichen Muster der Starkniederschläge und ihrer Genese während El Niño fort. Durch die Beschaffung weiterer METEOSAT-3-Szenen konnte eine zeitliche Verdichtung der Eingangsdaten erfolgen, die es ermöglichte, durch Neuberechnung der CST-Karten *(CST = Convective Stratiform Technique)* für das El Niño-Ereignis 1991/92 (1992/93) halbstündliche (bzw. stündliche) digitale Karten der Starkniederschläge zu entwerfen. Mit Hilfe multivariater Statistik wurden die Wettersituationen hinsichtlich der Niederschlagsverteilung und Strömungsverhältnisse klassifiziert. Erste Ergebnisse lassen *drei Hauptphasen* während eines *Niño-Ereignisses* erkennen: Die *Niño-Frühphase* (Dezember bis Februar) ist durch lokale Starkniederschläge gekennzeichnet, die aus einer initial veränderten Strömungssituation erwachsen. Die ersten Warmwasseradvektionen an der Küste Ecuadors und Nordperus führen zu einer Abschwächung der südpazifischen Passate, so daß sich aufgrund höherer Feuchtigkeit der beteiligten Luftmassen erste Starkniederschlagszellen im Küstenvorland bilden können. Wie sich in den CMW-Karten (CMW = *Cloud Motion Winds*, s. Jahrbuch 1997, S. 165) andeutet, zeigen sich an einigen Starkregentagen der Walker-Zelle ähnliche zonale Zirkulationsmuster. In der *Niño-Hauptphase* (März bis Anfang April) fallen ausgedehnte Starkniederschläge aus sog. *Multi-Convective-Complexes*. Einige Starkregentage sind allerdings nicht durch die erwartete Zonalzirkulation, sondern durch eine verstärkte Meridionalzirkulation südlich des Äquators bedingt, die vor allem auf den meridionalen Temperaturgradienten infolge differentieller Erwärmung der südostpazifischen Küstengewässer beruhen. In der *Niño-Terminalphase* (Ende April bis Mai) stellen sich Zirkulations- und Niederschlagsmuster weitestgehend wieder auf die Ausprägung der Niño-Frühphase um.

Vergleichende Analysen zur Niederschlagsverteilung und Genese der El Niño-Ereignisse der Jahre 1982/83, 1991/92 und 1992/93 mit dem jüngsten Ereignis von 1997/98 zeigt für Ecuador und Nordperu eine deutlich abweichende raum-zeitliche Entwicklung der Starkniederschläge während des neuen Super-Events.

Frau Astrid Bendix berichtete zusammen mit PD Dr. Jörg Bendix am 14.05.1998 im Geographischen Kolloquium der Universität Bamberg über *„Klimatologische Aspekte des El-Niño 1991/92 in Ecuador und Peru – Untersuchungen mit Hilfe satellitengestützter Fernerkundung"*.

Literatur:

Bendix, J. & Bendix, A. 1998: Studies of Precipitation Patterns and Genesis during El Niño 1991/92 in Ecuador and Peru using Meteosat-3 IR Data. *Proceedings of the 1997 Meteorological Satellite Data Users' Conference, Brussels 29 September–3 October*, 269–276.

2. Geoökologische Forschungen im Karakorum, in den Alpen und im südöstlichen Afrika

Hr. Winiger berichtet:

Im Berichtsjahr sind die Feldforschungen in den Hochgebirgsregionen des Karakorum und der Alpen fortgeführt worden; hinzu kam ein Arbeitsgebiet im südöstlichen Afrika. Analysen zur raum-zeitlichen Dynamik der geoökologischen Naturraumaus-

Station: DANYORE (1520m) Region: Gilgit

[1991-1998]	J	F	M	A	M	J	J	A	S	O	N	D
air temperature	3,3	6,9	11,9	17,2	21,0	24,3	27,0	25,9	21,7	14,9	8,8	5,1
total precipitation	3	4	8	20	22	8	19	20	21	3	4	3
abs. max. temperature	12,5	20,0	24,4	32,3	35,1	40,5	43,4	41,9	41,9	30,9	23,1	15,7
abs. min. temperature	-5,7	-5,7	-2,2	4,3	7,7	11,6	13,8	9,8	0,0	0,0	-2,5	-4,8

Station: DAME HIGH (3780m) Region: Bagrot

[1991-1998]	J	F	M	A	M	J	J	A	S	O	N	D
air temperature	-11,1	-9,4	-5,5	-0,4	3,3	9,1	13,2	12,7	8,6	0,7	-3,3	-8,2
total precipitation	19	20	29	29	97	57	55	40	23	26	19	25
abs. max. temperature	0,3	4,6	5,7	10,9	15,7	21,8	26,8	24,7	24,7	14,2	14,2	3,1
abs. min. temperature	-17,7	-17,6	-17,0	-13,6	-5,6	-4,6	-8,8	-1,9	-2,6	-6,6	-13,3	-17,3

Station: KUNJERAB (4700m) Region: Hunza

[1993-1998]	J	F	M	A	M	J	J	A	S	O	N	D
air temperature	-19,5	-17,8	-13,1	-8,2	-4,0	0,4	4,7	3,4	-0,5	-7,7	-12,7	-17,0
total precipitation [rain]	0	0	1	4	7	25	18	26	15	1	0	0
abs. max. temperature	-8,6	-8,4	-1,2	4,2	8,0	11,2	17,0	15,7	15,7	6,0	-0,8	-7,5
abs. min. temperature	-28,4	-28,4	-22,5	-22,9	-14,8	-8,1	-6,3	-7,1	-9,9	-18,8	-21,5	-28,1

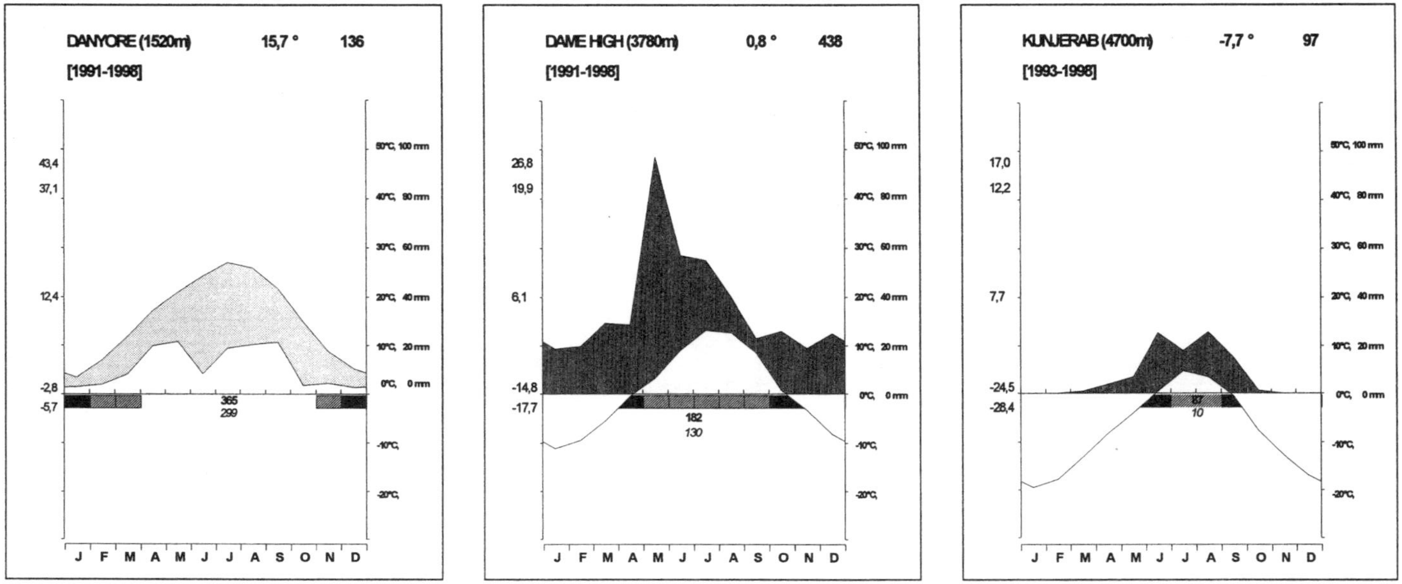

Abb. 3: Klimadiagramme aus unterschiedlicher Höhenlage im nordwestlichen Karakorum, dargestellt nach der Methode von Walter und Lieth. Linke Ordinate Temperatur, rechte Ordinate Niederschlag

stattung und Ressourcennutzung sind die jeweiligen thematischen Schwerpunkte der regionalen Fallbeispiele. Humanökologische Bezüge werden an einzelnen konkreten Themenkomplexen erarbeitet, unter Einbezug der landschaftsökologischen Auswirkungen gesellschaftlicher und wirtschaftlicher Veränderungen.

1. Im *Karakorum* sind die Feldmessungen zur dreidimensionalen Erfassung und Modellierung der klimatischen Bedingungen abgeschlossen. Konventionelle Datenpräsentationen dienen der räumlichen Verdichtung kontinentaler Klimadiagrammkarten (in Zusammenarbeit mit Prof. Dr. G. Miehe, Marburg), mit einem Fokus auf den vertikalen Klimagradienten. Als Beispiele seien die Diagramme dreier Stationen im nordwestlichen Karakorum aufgeführt (Abb. 3). *Gilgit (Danyor)* repräsentiert den Bereich der ariden Täler, *Dame high* die subhumiden bis humiden Hangbereiche (Waldgrenze) und *Kunjerab* charakterisiert den Übergang von der alpinen Matten- zur periglazialen Frostschuttstufe. Höher gelegene Gebiete sind nur während der kurzen Sommerperiode erreichbar, und über die Probleme der Erfassung des Schneeniederschlages in größeren Höhen wurde bereits berichtet. Wesentlicher für das ökosystemare Verständnis sind allerdings die topographisch stark modifizierten Energie- und Stoffbilanzen einzelner Standorte, deren Bearbeitung noch im Gange ist.

Für die Studien zur Klima- und Landschaftsdynamik nimmt der Karakorum eine Sonderstellung ein, sind hier doch sowohl monsunale wie außertropische Zirkulationseinflüsse saisonal wirksam (Weiers, 1998). Gletscher und sehr alte Vegetationsbestände bilden die Grundlage zur Aufbereitung von Proxidatensätzen. Obwohl die teilweise ausgedehnten Eisstromnetze und z.T. über 50 Kilometer langen Talgletscher auf Klimaveränderungen mit unterschiedlichen Zeitverzögerungen reagieren und viele *„surgende“* (d.h. kurzfristig schnell vorstoßende) Gletscher ein im einzelnen sehr inhomogenes Bild liefern, kann doch im westlichen Himalaya, Karakorum und im östlichen Hindukush generell ein Massenverlust der Gletscher festgestellt werden, der mit dem rezenten Eisrückgang der meisten Gletscher von den Tropen bis in die nördlichen Mittelbreiten übereinstimmt. Die klimatologische Interpretation dieser Veränderungen, insbesondere der Bezug zur regionalen atmosphärischen Zirkulation (Interferenz tropischer und außertropischer Einflüsse) sind Gegenstand weiterer Untersuchungen. Interessante Befunde in Bezug auf den Gang der Temperatur liefern die Analysen des Datenkollektivs von Jahrringreihen zahlreicher über 1000-jähriger Individuen von *Juniperus turkestanica* (Abb. 4). Esper (1998) rekonstruierte drei voneinander wahrscheinlich unabhängige Wellenlängen von Klimavariationen. Säkulare Trends (= graue Flächen in Abb. 4) repräsentieren langfristige Jahrringbreitenvariationen. Ein mittelalterliches Wachstumsoptimum, eine mit der sog. ‚Kleinen Eiszeit‘ synchronen Depression und ein günstiger Wachstumstrend in der Gegenwart legen Klimabedingungen nahe, die bis jetzt allerdings nicht präzise kalibrierbar sind. Dagegen lassen sich die mittelfristigen Variationen in Dekadenlänge (= schwarze Linie) über die Korrelation mit kürzeren Klimameßreihen als mit großer Wahrscheinlichkeit temperaturgesteuert erklären (der Bereich von –0,2 bis +0,2 C° ist dem säkularen Trend aufgesetzt). Synchrone Ausreißer an den meisten Standorten des Karakorum (und Tien Shan) (in Abb. 4 durch ausgefüllte Kreise mit Jahrzahl eingetragen) belegen Jahre mit außergewöhnlichen klimatischen Verhältnissen.

2. Im *Alpenraum* werden die Untersuchungen im Fallbeispiel ‚Lötschental‘ thematisch breit fortgesetzt. Mit der Installation einer Reihe von Klimastationen entlang öko-

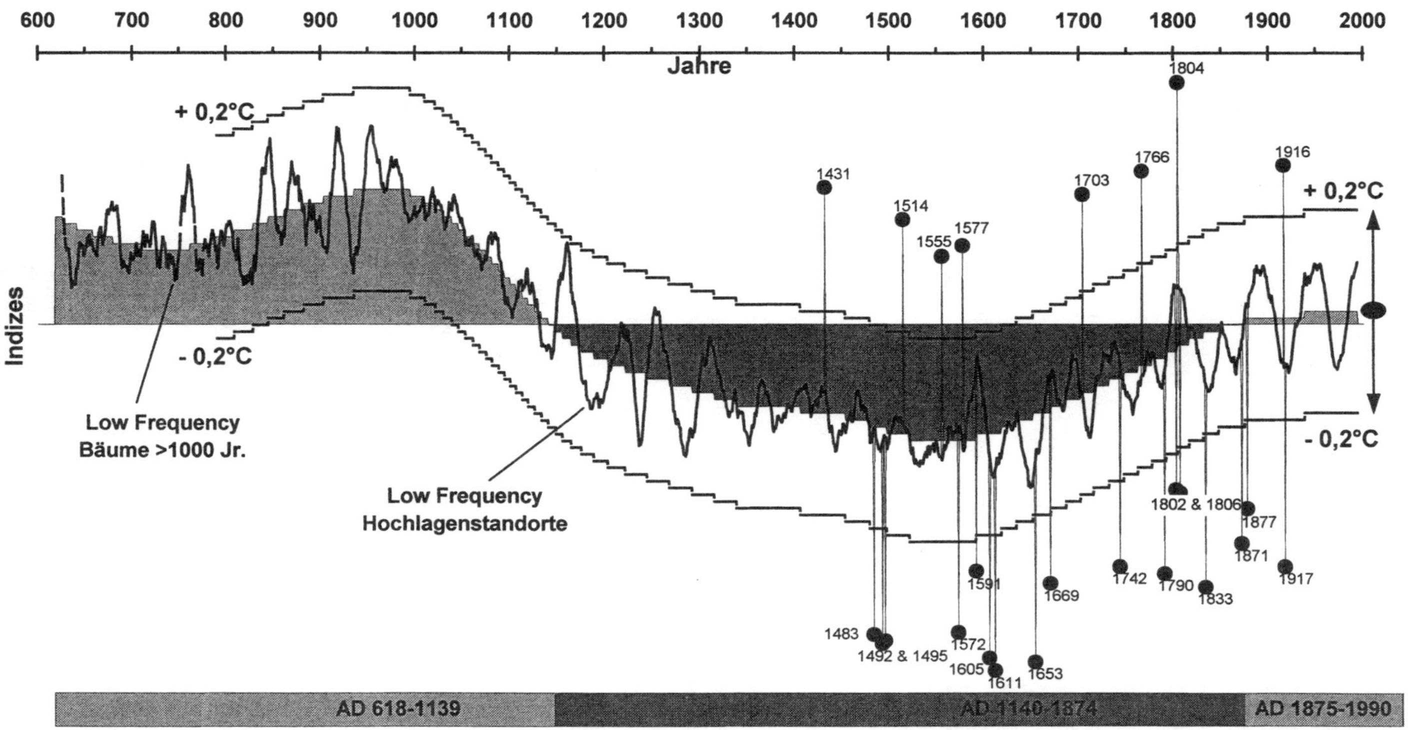

Abb. 4: „Klimaevents" (säkulare Trends, mittelfristige Variationen und überregionale Weiserjahre) im westlichen Zentralasien seit AD 618

logischer Gradienten, der detallierten GIS-gestützten Analyse und Simulation von klimatischen, periglazialen und glazialen, sowie ökologischen Bedingungen sollen die Einflüsse der Schwankungen natürlicher und anthropogener Systemvariablen des Landschaftsökosystems erfaßt werden.

3. In den *Drakensbergen* von Lesotho haben in Kooperation mit der Universität von Johannesburg Untersuchungen zur weidewirtschaftlichen Nutzung (Potentiale und Nutzungsstrategien) begonnen, die vergleichend zu Studien im Gebiet des Nanga Parbat und des östlichen Hindukush (Chitral) angelegt sind (Nüsser, 1998).

Quellen:

Esper, J. (1998): Paläoklimatische Untersuchungen an Jahrringen im Karakorum und Tien Shan Gebirge (Zentralasien). Dissertation Universität Bonn.

Nüsser, M. (1998): Nanga Parbat (NW-Himalaya): Naturräumliche Ressourcenausstattung und humanökologische Gefügemuster der Landnutzung. Bonner Geogr. Abh., Bd. 97, Dümmler, Bonn.

Weiers, S. (1998): Wechselwirkungen zwischen sommerlicher Monsunaktivität und aussertropischer Westzirkulation in den Hochgebirgsregionen Nordpakistans. Petermanns Geogr. Mitt., Bd. 142, H.2: 85–104.

3. Paläoklima in Afrika: Rekonstruktion der Vegetation für das Postglazial (Anhuf/Frankenberg/Lauer)

PD Dr. Dieter Anhuf, Prof. Dr. Dr. hc. Peter Frankenberg und Hr. Lauer setzten im Berichtsjahr im Rahmen des Klimaprogramms der Bundesregierung, Arbeitsgruppe „Terrestrische Paläoklimatologie“, ihre Studien zur Vegetationsentwicklung in Afrika während des postglazialen Klimaoptimums (8000 Jahre v.h.) fort. Wegen der gegenüber der Zeitscheibe des LGM (= *Last Glacial Maximum*, vgl. Jahrbuch 1997, S. 171) deutlich höheren Anzahl der Pollenfundpunkte für das Postglazial auf dem afrikanischen Kontinent konnte auf der Basis der sog. *„Transferfunktion“* über die aktualistischen Beziehungen zwischen Klima und Vegetation die Pflanzenbedeckung um 8000 Jahre v.h. zwischen Mittelmeer und ca. 12° Süd nahezu abschließend rekonstruiert werden. Das Augenmerk richtete sich vor allem auf die Übergangsphase vom Ende der letzten Kaltzeit zum postglazialen Klimaoptimum (10 000–8000 v.h.), insbesondere aber auf das Einsetzen des holozänen Klimapessimums um 5000 v.h.

PD Dr. Dieter Anhuf leitet seit 1997 das von der Deutschen Forschungsgemeinschaft geförderte Vorhaben: „Untersuchungen zum Wasserhaushalt eines neotropischen Feuchtwaldes im Amazonastiefland Venezuelas“. Die gewonnenen Ergebnisse aus diesem Projekt, vor allem Daten zum Transpirationsverhalten immergrüner Feuchtwälder, finden Eingang in die Modellrechnungen zum paläoökologischen Wasserhaushalt im tropisch-subtropischen Afrika für die Zeitabschnitte 18 000, 8000 und 5000 Jahre v.h.

Literatur:

Anhuf, D. (1998): Methodische Fortschritte bei der Vegetationsrekonstruktion für die Zeitscheibe des Last Glacial Maximum (18 000–15 000 B.P.). In: Mannheimer Geographische Arbeiten, H. 46: 227–248. Mannheim.

Anhuf, D. (1998): Vegetational History and Climate Change in Africa North and South of the Equator (10° N–10° S) during the Last Glacial Maximum (LGM). In: Smolka, P. et al. (eds.): Southern Hemisphere Paleo- and Neoclimate: 226–243. Heidelberg.

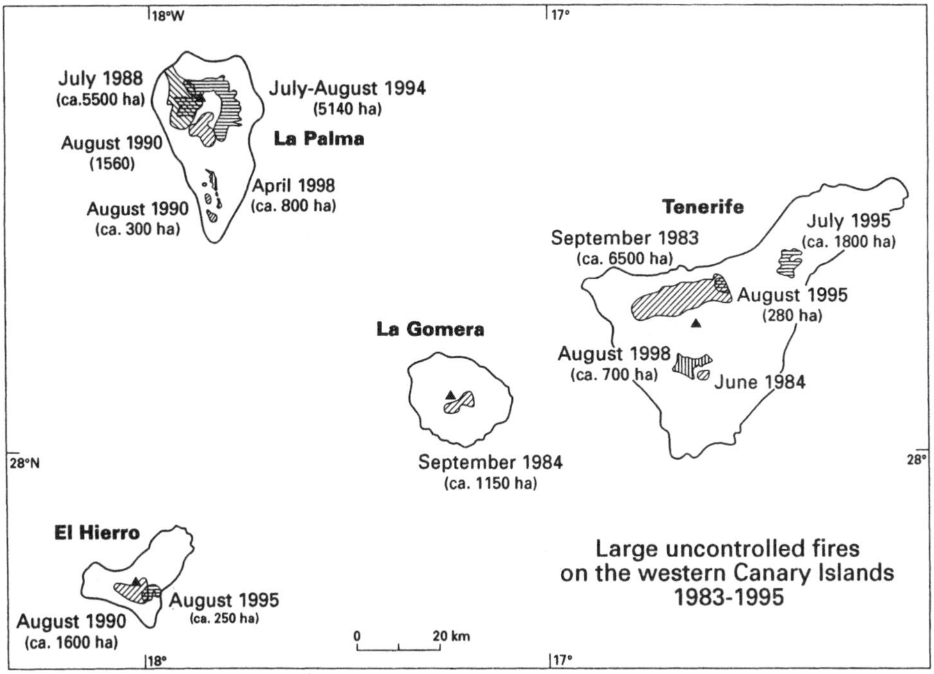

Abb. 5: Raumzeitliche Dynamik unkontrollierter Brände auf den kanarischen Inseln zwischen 1983 und 1995

4. Aktivitäten der Sachverständigen der Kommission

a) Prof. Dr. Peter Höllermann (Bonn) berichtet über:

1. Studien zu geoökologischen und geomorphologischen Auswirkungen von Wald- und Buschbränden in den Subtropen: Im Berichtsjahr traten wiederum mehrere ausgedehnte Wald- und Buschbrände auf den Kanareninseln La Palma und Teneriffa auf, deren Auswirkungen bei einer Reise im September 1998 untersucht wurden.

Auf La Palma entstanden Ende April 1998, wohl durch Brandstiftung, an mehreren Stellen der Cumbre Vieja Brände im Kanarischen Kiefernwald meist zwischen 1200 und 1800 m Höhe. Dabei traten alle Intensitätsstufen von mäßigen Grundfeuern bis zu starken Kronenbränden (besonders im Steilrelief und dichten Jungwuchs) auf. Die in Zeitungsberichten zunächst genannte Brandfläche von 2000 ha ist sicher übertrieben; eher ist die Ausdehnung auf etwa 800 ha abzuschätzen. Bei den Geländebegehungen gut 4 Monate nach dem Feuer zeigten viele feuergeschädigte Kanarenkiefern bereits wieder frische Sproßausschläge. Eine dichte Nadelstreu am Boden wirkt sich positiv als Erosionsschutz aus. Insgesamt wurden auf La Palma von 1988–1998 13 500–14 000 ha Fläche von Wald- und Buschbränden betroffen, was fast 20% der Inselfläche und mehr als der Hälfte des vorhandenen Kiefernareals entspricht. Das Feuer in der letzten Augustwoche 1998 auf der Südseite Teneriffas entstand wohl durch Unachtsamkeit im Gebiet nahe Vilaflor und breitete sich – durch kräftige Winde begünstigt – im Höhenbereich zwischen 1500 und 2400 m über rund 700 ha Fläche bis über die obere

Waldgrenze in das angrenzende Höhenbuschwerk aus. Auch hier nannten die Medien zunächst wesentlich überhöhte Flächenangaben. Betroffen waren 250 ha natürlicher Kiefernwald, 150 ha Kiefernaufforstungen und 300 ha Buschwerk. Beim Besuch im September 1998 (2 Wochen nach dem Feuer) waren die Brandspuren noch sehr frisch. Da an vielen Stellen steiles Gelände mit geringmächtiger, skelettreicher Bodenauflage über nährstoffarmem Phonolith-Gestein intensiven Bränden ausgesetzt war, sind hier Erosionsschäden bei kräftigen Herbst- und Winterregen nicht auszuschließen. Insgesamt waren auf Teneriffa von 1983–1998 rund 9500 ha Wald- und Buschland von Flächenbränden betroffen. Durch die Brände 1998 bedarf die im Jahrbuch 1996 (S. 187) abgedruckte Kartenskizze der Ergänzung (Abb. 5). Über Wald- und Buschbrände und deren landschaftsökologischen Auswirkungen auf den Kanarischen Inseln wurde am 15. Januar 1998 im Geographischen Kolloquium in Halle/Saale berichtet.

2. Die geomorphologischen Untersuchungen und Windfeldstudien wurden im Januar-Februar 1998 auf Fuerteventura fortgesetzt (Dünen und äolische Morphodynamik, Bergfußflächen). *„Studien über das Windfeld und seine landschaftsökologischen Auswirkungen auf den Kanarischen Inseln“* waren am 24. Juni 1998 Thema eines Geographischen Kolloquiums an der Ruhr-Universität Bochum.

3. Dreidimensionale Landschaftsgefüge von Gebirgen: Über das Thema *„Pyrenäen – Gebirge zwischen Atlantik und Mittelmeer“* wurde am 2. November 1998 in der Vortragsvereinigung Westerstede berichtet. Bei einer Studie nach Nord-Skandinavien im August 1998 ging es um die Ausbildung und Verbreitung des periglazialen Kleinformenschatzes im Übergangsgebiet von der oberen Waldgrenze im Gebirge zur nordpolaren Waldgrenze.

b) Prof. Dr. Friedrich-Karl Holtmeier (Münster), Dr. Gabriele Broll (Münster), Dipl.-Geogr. Gerald Müller (Münster) und Dr. Marja-Liisa Räisänen (Geological Survey of Finnland, Kuopio) führten im Berichtsjahr mit Unterstützung der Deutschen Forschungsgemeinschaft Untersuchungen über die Waldfähigkeit baumloser Standorte im Waldgrenzökoton in Finnisch-Lappland (nördliches Utsjoki) durch. Dr. Hans-Uwe Schütz hat seine Promotion mit der Arbeit „Untersuchungen zur Ökologie von „ribbon forests“ der Colorado Front Range (Rocky Mountains, U.S.A.) unter besonderer Berücksichtigung von *Thomomys talpoides (geomyidae)*“ abgeschlossen. Dipl.-Geogr. Bettina Hiller und Dipl.-Geogr. Andreas Müterthies setzten ihre Feldforschungen über die natürliche Wiederbewaldung aufgelassener Alpweiden im Oberengadin auf der Grundlage bodenökologischer (Hiller) und dendroökologischer (Müterthies) Untersuchungen fort.

II. Marine Geowissenschaften

HH. Seibold und Thiede berichten:

Die Meeresböden der polaren Tiefseebecken, ihrer Kontinentalränder und der angrenzenden Küstenstreifen haben sich zu Schwerpunkten von Projekten deutscher Forschungseinrichtungen der Polar- und Meeresforschung entwickelt; an diesen Arbeiten nehmen die Mitglieder der Akademie intensiv teil. Hr. Seibold betreute das Geologen-

Archiv an der Universität Freiburg und wertete Dokumente der Erforschung der eurasischen Randmeere und der angrenzenden Landgebiete Sibiriens aus. Über „Mittelsmänner“ in Moskau und Murmansk sollen weitere Dokumente der frühen Erforschungsgeschichte Nordsibiriens und der eurasischen Randmeere erschlossen werden, die der Vorbereitung und Durchführung der aufwendigen und durch die politische Wende in jüngster Zeit möglich gewordenen Expeditionen dienen.

In diesem Jahr hat die „Polarstern“ vom Alfred-Wegener-Institut für Polar- und Meeresforschung (AWI) in Bremerhaven zunächst eine technisch und seemännisch außerordentlich schwierige Expedition in das zentrale Nordpolarmeer durchgeführt, wo mit Hilfe von geophysikalischen Vermessungen und geologischer Beprobung die ältere Geschichte des Nordpolarmeeres entziffert werden sollte. Der Alpha-Rücken, das Ziel der Expedition, die von der „Polarstern“ in Begleitung des russischen Atomeisbrechers „Arktika“ aus Murmansk durchgeführt worden ist, umfaßt eine vulkanische Struktur, die sich etwa $2^1/_2$ Kilometer über die angrenzenden Tiefseebecken erhebt und die von alten (aber kretazisch und paläogenen) pelagischen Sedimenten bedeckt ist, die vor der Vereisung des Nordpolarmeeres abgelagert worden sind. Vom Alpha-Rücken wurde die „Polarstern“ dann über das Makarov-Becken zum Lomonossov-Becken und in die Laptev-See begleitet, wo erstmalig nach einer gründlichen politischen Vorbereitung eine sehr aufwendige Vermessungsfahrt in den flachen küstennahen submarinen Randgebieten durchgeführt werden konnte. Diese Expedition war notwendig, um mit Hilfe von hochauflösenden flachen geophysikalischen Vermessungen die für das Jahr 2000 geplante Bohrungen mit einer paläoklimatischen Zielsetzung vorzubereiten. Die Laptev-See und die umgebenden Randgebiete mit den Beprobungen von Seesedimenten und der geplanten Eisbohrung durch eine Eiskappe auf Severnaya Semlya werden in den kommenden Jahren einen Schwerpunkt der Forschungsanstrengungen des AWI mit seinen Standorten in Bremerhaven und Potsdam darstellen. Es gibt hier die einzigartige Möglichkeit, Datensätze aus einem Flachmeer mit den Datensätzen limnischer Ablagerungen und einem längeren Eiskern zu verbinden. Diese Planungen erfordern ebenso umfangreiche wissenschaftliche und politische Vorbereitungen, die im Rahmen vieler wissenschaftlicher Konferenzen getroffen wurden. Das Forschungszentrum für Marine Geowissenschaften in Kiel (GEOMAR) und das Alfred-Wegener-Institut für Polar- und Meeresforschung waren die engsten Partner des Shirshov-Institutes bei der Durchführung der Zonenshain-Konferenz für Plattentektonik, die vom 17.–22. Februar 1998 in Moskau abgehalten wurde und die als große international besuchte erdwissenschaftliche Veranstaltung in Moskau in zweijährigen Abständen durchgeführt wird. Die wissenschaftlichen Ergebnisse der Arbeiten in Laptev-See spielen aber auch in dem von der *European Science Foundation* geförderten Programm *„Quaternary Environments of the Eurasian North“* (QUEEN) eine wichtige Rolle. Dieses Programm hat zum Ziel, für die beiden letzten vollständigen Klimazyklen Korrelationen zwischen quartären Ablagerungen in Nordsibirien und den angrenzenden Randmeeren im Rahmen von bilateralen Forschungsprogrammen zwischen russischen und westeuropäischen Forschungseinrichtungen zu erreichen. Im Februar und im Dezember 1998 hielt die Steuergruppe des QUEEN-Programms je ein Treffen in St. Petersburg und in Potsdam ab, wodurch eine enge Koordination erreicht wurde. Die Ergebnisse der Untersuchungen in Nordsibirien konnten gleichzeitig in Tromsø vorgestellt werden, wo im August 1998 anläßlich des Umzuges des Norwegischen Polarinstitutes von Oslo nach

Tromsø eine größere Konferenz zum Thema *„Global Change in den Polargebieten"* organisiert worden war. Die besonderen geologischen Probleme eines polaren Kontinentalrandes wurden während der ICAM-Konferenz in Celle vom 12.–16. Oktober diskutiert, wobei eine mehrjährige Tradition von internationalen Konferenzen über arktische Kontinentalränder – in Alaska begonnen und in Magadan fortgesetzt – wieder aufgegriffen wurde. Die größeren politischen Leitlinien der Zusammenarbeit zwischen russischen und deutschen Forschungseinrichtungen auf dem Gebiet der Polar- und Meeresforschung wurden während einer Sitzung von zwei Regierungsdelegationen am AWI im September 1998 diskutiert, neu definiert und für die kommenden Jahre festgelegt.

Hr. Thiede nahm an zwei Expeditionen teil. Das Forschungsschiff „Poseidon" des Instituts für Meereskunde der Universität Kiel besuchte im September 1998 die Fjorde Südgrønlands, um vor den frühmittelalterlichen Wikingersiedlungen, die Ende des 14. Jahrhunderts aus bisher unbekannten Gründen wieder verlassen wurden, mit Hilfe von hochauflösenden seismischen Methoden nach Resten von Schiffen und Hafenanlagen zu suchen und um gleichzeitig Sedimentkerne zur Entzifferung der jungen Vegetationsgeschichte in diesen Gebieten zu entnehmen. Aus der Analyse der Pollenverteilung in den Meeresbodenablagerungen erhofft man eine Rekonstruktion der Landwirtschaft und der vegetationsgeschichtlichen Veränderungen, die in diesem Gebiet durch den Einfluß der Wikinger verursacht wurden, deren Spuren nach dem Aussterben der Wikinger wieder verschwunden sein müssen. Mitte Oktober bis Mitte November 1998 nahm Hr. Thiede an der TASQWA-Expedition des Forschungsschiffes „Sonne" teil, die von Wellington/Neuseeland bis an den Rand des Südpolarmeers führte. Unter schwierigen Bedingungen gelang es, ein sehr wertvolles Probenmaterial in diesem Segment des Südwestpazifiks zu gewinnen, das es erlaubt, die paläoozeanographische Geschichte des Zirkumantarktischen Stromsystems im Detail zu beschreiben. Die „Sonne" lief nach erfolgreicher Ausfahrt und nach außerordentlich schwierigen Arbeiten unter extremen Wetterbedingungen Mitte November in Hobart/Tasmanien ein, und es entwickelt sich jetzt mit den Forschungseinrichtungen in Hobart ein besonders intensiver Erfahrungsaustausch mit der Perspektive der gemeinsamen Analyse des gewonnenen Probenmaterials.

Die Polarforschung der europäischen Forschungseinrichtungen sowie der marinen Forschungsinstitutionen gibt sich zur Zeit ein neues Steuerorgan, EMaPS – *European Marine and Polar Sciences Board*, um besonders die europäischen Perspektiven der Zusammenarbeit und der besseren Auslastung der technischen Infrastruktur zu gewährleisten. EMaPS wird von der *European Science Foundation* (ESF) getragen und soll den marinen und polaren Forschungseinrichtungen in Europa einen neuen Zusammenhalt geben.

Die Arbeiten in den nordpolaren Meeresgebieten und in Sibirien haben zu umfangreichen Datensammlungen geführt, die langfristig gesichert und mit den bereits vorhandenen russischen Datensammlungen abgeglichen werden müssen. Es wird daher ein neues Akademievorhaben vorbereitet, das gemeinsam mit der PANGAEA-Datenbank am AWI die Sicherung und Pflege der Daten zum Ziel hat. Es soll eine langfristige Basis für die Pflege dieser Arbeiten, die auf den bereits vorhandenen Erfahrungsschatz in der Akademie aus dem Paläoklimaprojekt zurückgreift, sichern.

III. Geochemie der Erdkruste

Hr. Wedepohl berichtet über eine nahezu abgeschlossene Untersuchung:

Der tertiäre und quartäre Vulkanismus Mitteleuropas war vornehmlich in einem etwa 350 km langen Gürtel aktiv, der sich von der Eifel im Westen bis zur Röhn-Heldburg im Osten erstreckt. Er begann im Eozän und im Oligozän in den westlichen und östlichen Ausläufern des Gürtels und hatte seinen Höhepunkt im großen Vulkan des Gebietes, dem Vogelsberg, vor 10–20 Mio. Jahren. Dem Vogelsberg benachbart liegen mehrere hundert einzelne Eruptionen nördlich in der Hessischen Senke, westlich im Westerwald und östlich in der Röhn. Die 200–300 km südlich von Vogelsberg gelegenen tertiären vulkanischen Zentren der Schwäbischen Alb, des Hegaus und des Kaiserstuhls haben ähnliche alkalibasaltische Magmen produziert wie der zentrale Vulkangürtel. Der tertiäre Vulkanismus endete vor etwa 5 Mio. Jahren. Nur in der West- und Ost-Eifel kam es auch zu einem spätquartären Vulkanismus. Es gibt zwei Gruppen von basaltischen Magmen, die sich aus Peridotiten des oberen bzw. unteren Erdmantels durch partielles Schmelzen bildeten. Peridotite des oberen Erdmantels werden an Plattenrändern der Ozeanrücken (MORB = *Mid Ocean Ridge Basalt*) und jene des unteren Erdmantels innerhalb der Platten in Ozeaninseln (OIB = *Ocean Island Basalt*) gefördert.

Die MORB-Vulkanite sind Tholeiite und arm an sogenannten inkompatiblen Elementen (Rb, Ba, Th, Nb, K, La, Ce, Pb usw.); die OIB-Magmen zählt man zu den Alkalibasalten. Sie sind reich an inkompatiblen Elementen. Die beiden Gruppen unterscheiden sich auch in den Gehalten an den radiogenen Isotopen ^{87}Sr, ^{143}Nd, ^{206}Pb, ^{207}Pb, ^{208}Pb bis auf einen kleinen Überlappungsbereich deutlich. Wir konnten in den letzten Jahren zeigen, daß die Basalte des mitteleuropäischen Vulkangürtels in inkompatiblen Elementen und deren radiogenen Isotopen erhebliche Ähnlichkeit mit *Ozean-Insel-Basalten* (OIB) haben. Es ließ sich auch durch Modellrechnung nachweisen, daß sowohl die OIB wie auch die Basalte unseres mitteleuropäischen Vulkangürtels Partialschmelzen aus Peridotiten des unteren Mantels sind. In dieser Modellrechnung wird die Masse der inkompatiblen Elemente, die sich im oberen Mantel und in der kontinentalen Erdkruste befinden, von der ziemlich gut bekannten primitiven Ausgangszusammensetzung des unteren Erdmantels abgezogen. Die dann im unteren Mantel noch verbliebenen Gehalte an inkompatiblen Elementen entsprechen recht gut den mittleren Konzentrationen in den potentiellen peridotitischen Ausgangsgesteinen der Basalte im zentraleuropäischen Vulkangürtel (und im OIB). Die Herkunft der genannten Ausgangsgesteine aus mehr als 670 km Tiefe ist insofern wichtig, als sich im zentraleuropäischen Vulkangürtel der obere Mantel zusammen mit der Erdkruste (die sogenannte Lithosphäre) wegen der Ausdehnung des Atlantischen Ozeans mit einer Geschwindigkeit von etwa mehr als 1 cm/Jahr nach Osten bewegt und sich somit gegenüber dem tieferen Erdmantel verschiebt. Mit der Kruste bewegen sich auch die erloschenen Vulkane gegenüber der Quelle ihrer Magmen nach Osten. Die derzeitige Magmenquelle (*Hot Spot*) unter der Eifel hat im Miozän, vor 10 bis 20 Mio. Jahren, somit den inzwischen nach Osten gewanderten Vogelsberg-Vulkan beliefert.

IV. Paläontologie

Hr. Strauch berichtet:

Die zur Zeit gegebenen Forschungsschwerpunkte sind im Jahrbuch der Akademie (1997, S. 175) eingehend umrissen worden. Alle Arbeiten sind auf die Frage der Erfassung von verschiedenen erdgeschichtlichen Ökosystemen und deren Veränderungen ausgerichtet. Dabei liegen wichtigste Schwerpunkte im Bereich des känozoischen Nordseebeckens und der ostmediterranen Tethys und Paratethys, aber auch in kretazischen bis triassischen Lebensräumen.

Geländearbeiten wurden von Mitarbeitern außer im mitteleuropäischen Bereich vor allem im russischen Teil Ostpreußens (Samland), in Albanien, Italien, China und Argentinien durchgeführt. Für den Berichterstatter fielen nach einem schweren Unfall im Januar 1998 alle Geländearbeiten aus; es ist nicht sichergestellt, ob solche im Jahr 1999 noch möglich sein werden. Molluskenuntersuchungen aus dem känozoischen marinen Nordseebecken fanden in vielen Bereichen ihren Niederschlag in ersten oder auch in abschließenden Publikationen. So sind zwei umfangreiche Faunenuntersuchungen des Rupels vom Niederrhein wie aus dem Bereich Halle sowie zwei des Chatts vom Niederrhein erschienen. Die Habilitationsschrift über die känozoischen Fische des Ostatlantik und deren Migrationen von A. Müller sowie eine Fischfauna des Rupeltones von Amsdorf sind ebenfalls publiziert worden. Zu einigen dieser z.T. in einem Sammelband erschienenen Arbeiten gehört auch eine aus dem Nordseebecken über Sauerstoff- und Kohlenstoffisotopenuntersuchungen an Pectiniden verschiedener Profile sowie eine über die Herkunft und Entwicklung eines Formenkreises der Gattung Macoma, die im Laufe des Tertiärs in ihren Ausbereitungsmechanismen aus der Paratethys in die Tethys, den Atlantik und Skandik verfolgt wurde.

Die Untersuchungen der Molluskengemeinschaften des Oligozäns aus Bohrungen der mitteldeutschen Braunkohle bis nach Mecklenburg sind weit fortgeschritten. Gleiches gilt auch für obereozäne Molluskenfaunen aus Primorje (Rußland) sowie Miozäne des Bockuper Sandsteins Mecklenburgs. Die Arbeiten an der Darstellung der Gesamtfaunen des niederrheinischen Oligozäns laufen weiter und werden in zwei bis drei Jahren zum Abschluß kommen. Untersuchungen über isländische tertiäre und nordatlantische rezente marine Mollusken werden noch einige Jahre erfordern.

Die floristischen Arbeiten im südlichen und östlichen Randbereich des Nordseebekkens sind erfolgreich abgeschlossen (Taxonomie der Hölzer und ihre paläoökologischen Aussagen) bzw. weitergeführt worden (Samland). Hier sind eine Reihe von Arbeiten in Druckvorbereitung.

Untersuchungen im Rahmen der periadriatischen Senke konnten nur im italienischen Bereich einen Abschluß erfahren (der Mitarbeiter hat inzwischen in Italien einen neuen Wirkungsbereich gefunden). Nach den politischen Turbulenzen in Albanien startete das hier angesetzte Projekt im Sommer dieses Jahres mit ersten eingehenden Geländearbeiten, nachdem erste Versuche 1996 als Grundlage für weitere Planung unternommen worden waren. Hier gestalten sich aber nach wie vor die Geländearbeiten schwierig. Dennoch wurde bereits ein reiches Probematerial gewonnen. Für den Sommer 1999 ist eine intensivere Geländekampagne geplant. Drei albanische Kollegen werden bis dahin ihre Laboruntersuchungen in Münster durchführen, da im Lande hierzu keine Möglichkeit besteht. Zu den seit Jahren laufenden Arbeiten in Griechenland sind ebenfalls Ergänzungen geplant. Hier harren auch noch eine Reihe von Untersuchungen auf den Abschluß, der sich aber wegen des Materialumfanges noch über einige Jahre hinstrecken wird.

Begleitend zu den paläontologischen und paläoklimatischen Forschungen im Känozoikum wurde die Isotopengeochemie am Lehrstuhl verbessert, jedoch steht die Beschaffung eines leistungsfähigeren Gasmassenverhältnisspektrometers noch aus. So wurde die Untersuchung der Karbonate optimiert und mit Aufbau und Weiterentwicklung der Verfahrenstechnik zur Extraktion von Zellulose, Lignin und Cutin/Cutan aus organischem Material wie z.B. Braunkohle und Xyliten begonnen (6 Arbeiten im Druck).

In mesozoischen Arbeitsschwerpunkten sind Grabungen in der Kreide des Teutoburger Waldes weitgehend abgeschlossen. Hier sind sowohl Faunen als auch taphonomische und paläoökologische Aspekte die wesentlichen Schwerpunkte. Einige Details vor allem zu Wirbeltierfauna sind publiziert oder im Druck. Der Hauptteil der Arbeiten wird Mitte 1999 abgeschlossen werden, woran sich aber eine detaillierte Studie über die aufgefundenen reichen Fischfaunen anschließen soll. Sehr personal- und zeitaufwendig gestalten sich hierbei die umfangreichen Präparationsarbeiten. Die Forschungen in jurassischen Riffen Nordwestdeutschlands dauern ebenfalls an.

Triassische Arbeiten in NW-Deutschland sind mit Fährtenuntersuchungen aus dem Osnabrücker Bergland (sechs Arbeiten 1998 publiziert oder in Druck) weitgehend zum Abschluß gekommen. Von paläobiologischen Untersuchung der gesteinsbildenden *Encrinus liliiformis* wird frühestens Ende nächsten Jahres hoch interessante Ergebnisse erwartet. Hieran können auch Studien in flachmarinen Faunen aus dem oberen Anisium (Mitteltrias) SW-Chinas anknüpfen, zu denen erste Publikationen (erschienen oder im Druck) bereits vorliegen. Ein neu eingetretener Mitarbeiter hat sein Forschungsfeld in kontinentalen triassischen Serien Argentiniens.

Die genannten Projekte werden aus verschiedenen Drittmittelquellen finanziert, so vor allem durch die DFG, Volkswagenstiftung und die Bodendenkmalpflege.

Seitens des Berichterstatters liegen weitere Engagements in verschiedenen Kommissionen und vor allem in der Alfred-Wegener-Stiftung (Beratung sowie Gestaltung der nächsten Geomesse 1999) vor.

V. Forschungen zur Geographie und Geschichte des Eiszeitalters (Pleistozän) und der Nacheiszeit (Holozän)

Hr. Frenzel berichtet:

Bei allen paläoklimatologischen und paläoökologischen Arbeiten stellt sich als eine immer wichtigere Aufgabe die sichere Verknüpfung synchroner Schichten und Bildungen verschiedener Erd- und Klimaräume heraus. Leider ist die internationale Literatur voll von Lehrmeinungen und von zu schnellen Verallgemeinerungen oder Extrapolationen, so daß von Hrn. Frenzel sehr viel Zeit aufgewandt wird, um die Literaturangaben kritisch auf die Sicherheit ihrer Beweisführung zu überprüfen. Die Ergebnisse derartiger Untersuchungen gehen in die Paläoklimadatenbank des Quartärs ein, über

Abb. 6: Vertikalgliederung der heutigen Vegetation Zentral-Tibets bei 30°41'N, 95°51'E an einem nach Nordosten exponierten Hang des oberen Salwen. Die Hänge des etwa 1400 m tief in die Hochfläche eingeschnittenen Tales sind oben (oberstes Drittel des Bildes) von einem artenreichen Fichtenwald bedeckt. Darunter folgt (etwa bis zur Mitte des Bildes) ein sehr lichter Wacholderbestand aus krüppelförmigen, geschneitelten Bäumen, dann, bis zum Hangfuß, eine Wacholder-Felssteppe, die in die landwirtschaftlichen Fluren überleitet (u.a. Feldterrassen). 26. 7. 1992, Aufnahme Frenzel.

die in dem Kapitel „Projektgruppe Terrestrische Paläoklimatologie" berichtet wird. Im vorliegenden Zusammenhang ist daher nicht näher auf die bei diesen Arbeiten angetroffenen Schwierigkeiten einzugehen, obwohl sie von zentraler Bedeutung für jegliche paläoökologische Forschung sind, soweit diese mehrere Räume der Erde umfaßt.

Im Berichtszeitraum hat die Ausarbeitung der bei den Tibetexpeditionen der Jahre 1989, 1992 und 1996 erhobenen Befunde einen breiten Raum eingenommen. Die Arbeiten konzentrierten sich auf zwei Hauptthemen, nämlich einerseits auf eine Rekonstruktion der nacheiszeitlichen, natürlichen Verbreitung verschiedener Wald- und Gehölztypen und andererseits auf die jüngere Klimageschichte, ermittelt aus langen dendrochronologischen Reihen.

Zur Rekonstruktion der nacheiszeitlichen, natürlichen Wald- und Gehölzverbreitung der Osthälfte Tibets sowie des Westteiles von Sichuan, ist schon im Jahrbuch 1996 der Akademie der Wissenschaften und der Literatur (S. 199) berichtet worden. Damals handelte es sich um einen ersten Überblick über den vermutlichen Naturzustand, der innerhalb der letzten 5000 Jahre vom Menschen gestört worden ist. Während des Berichtszeitraumes haben nun Herr stud. geol. Leonard Andreae und Hr. Frenzel Hrn. Frenzels ausführliche Expeditionsprotokolle der drei erwähnten Tibetexpeditionen auf weitere Hinweise auf die ehemalige natürliche Wald- und Gehölzverbreitung in der

Osthälfte Tibets durchgearbeitet. Die 1996 veröffentlichte Karte konnte dabei verfeinert werden; es werden aber auch prinzipielle Schwierigkeiten deutlich, die Hrn. Frenzel schon während der Expedition beschäftigt hatten. Sie liegen in dem Problem der vertikalen Gliederung der Vegetation von den tief eingeschnittenen Talböden mit ihrem sehr trockenen Lokalklima zur alpinen Waldgrenze, an der deutlich mehr Feuchtigkeit zur Verfügung steht. Vielfach finden sich noch heute beachtliche Hinweise auf die natürliche Verbreitung ausgedehnter Wälder nahe der alpinen Waldgrenze, d.h. in der Region erhöhter Feuchte aus Regen- und Schneeniederschlag, aber auch aus Wolken und Nebeln. Besonders im Bereich der meridionalen Stromfurchen, aber auch in manchen West-Ost gerichteten, tiefen Tälern folgen aber unterhalb dieser „Nebelwaldstufe" z.T. sehr lichte Gehölze, in denen die Gattung *Juniperus/Sabina* wichtig werden kann, dann aber ausgedehnte Felssteppen, die schließlich fließend in die landwirtschaftlich oder für die Weide genutzte Fluren übergehen (Abb.6). Es fragt sich, wie weit diese Vertikalgliederung der Vegetation die natürlichen Bedingungen widerspiegelt, bzw. ob sie nicht vor allem eine Folge der Tätigkeit des Menschen ist. 1989 hatte Hr. Frenzel südwestlich von Qamdo (Südost-Tibet) bei 30°44'N, 96°50' E in etwa 4.700 m Höhe ein 250 cm tiefes Moor abgebohrt, das heute in der Gebirgssteppenregion mit ausgeprägter jahreszeitlicher Gefrornis liegt. Provisorische Pollenanalysen durch Hrn. Frenzel ließen erkennen, daß unmittelbar zu Beginn des Holozäns Wald nahe an die Untersuchungsstelle herangekommen zu sein schien, daß er sich aber im zweiten Teil des Holozäns zurückzuziehen begann. Stets machte jedoch der Baumpollenanteil kaum mehr als 40 bis 50% der Gesamtpollensumme aus. Man könnte hieraus schließen, daß der Baumpollen aus größerer Entfernung herangeweht worden sei. 1996 besuchten wir jedoch ein unmittelbar südlich gelegenes Gebiet, nahe dem Salwen, in dem noch heute weit oben am steilen Hang eine Waldstufe ausgebildet war. Dies mag darauf verweisen, daß in dieser großklimatisch schon recht trockenen Region mit weit in das Inland vorstoßenden „Nebelwäldern" zu rechnen ist, unterhalb derer eine augenblicklich kaum sicher zu bestimmende natürliche Vegetation gediehen war, die man vielleicht als Trockenwald bis Waldsteppe bezeichnen könnte. Leider gibt es an diesen steilen Hängen im ehemals unvergletscherten Gebiet unterhalb der heutigen „Nebelwaldstufe" keine geeigneten Bohrpunkte für vegetationsgeschichtliche Untersuchungen. Hier wird man wahrscheinlich nur durch Untersuchungen gut geschützter Dauerquadrate weiterkommen. Eine andere Möglichkeit mag sein, daß mit ökophysiologischen Messungen von heutigen Waldstandorten an trocken-heißen Stellen ausgegangen wird. In diesem Zusammenhang ist einiges davon zu erhoffen, daß auf Betreiben von Hrn. Professor Dr. Shijian Liu, Vizedirektor des Institute of Mountain Hazards and Environment in Chengdu, Sichuan, und von Hrn. Frenzel ökologische Meßstationen in einem Wacholderwald nordwestlich von Qamdo, bei etwa 4.500 bis 4.600 m Höhe eingerichtet werden sollen, die dem Studium dieser bemerkenswerten Wälder, deren lebende Baumindividuen mehr als 1.300 Jahre alt werden, an sehr steilen Südhängen gewidmet sind. Das Gebiet war 1992 auf Betreiben Hrn. Frenzels unter Schutz gestellt worden. Es ist zu hoffen, daß es im internationalen Rahmen gelingt, die notwendigen Meßgeräte zu beschaffen und durch geeignetes Personal schließlich zu sichern.

Mit den erwähnten Fragen hängt unmittelbar das Problem der Rekonstruktion des Paläoklimas mit Hilfe der Dendrochronologie (s.l.) zusammen. Der Wacholderwald bei Qamdo (Südost-Tibet) birgt, wie erwähnt, Bäume mit einem ungewöhnlich hohen

Lebensalter. Während der Expeditionen der Jahre 1989, 1992 und 1996, sowie bei einer von 1994 von Hrn. Professor Dr. Gerhard Miehe, Marburg, geleiteten Expedition, konnte ein umfangreiches Material an Baumstamm-Bohrkernen, z.T. auch an Stammscheiben, gewonnen werden, das dendroklimatologisch vor allem von Hrn. Dr. Achim Bräuning, Stuttgart, bearbeitet wird. Weitere Untersuchungen an diesem Material erfolgen durch Hrn. Dr. Gerhard Schleser, Jülich, und Hrn. Professor Dr. Fritz Schweingruber, Birmensdorf, Schweiz, und zwar über stabile Isotope in der Zellulose des Holzes und über die Radiodensitometrie. Über die hierbei erzielten Ergebnisse ist im Bericht über die „Projektgruppe Terrestrische Paläoklimatologie" einiges ausgeführt. Die außerordentlich umfassenden Arbeiten Hrn. Dr. Achim Bräunings lehren, daß die Waldgebiete Ost- und Südtibets dendroklimatologisch in vier größere Provinzen eingeteilt werden können, nämlich in ein nordöstliches Gebiet (im wesentlichen West-Sichuan), ein südliches im Bereich der meridionalen Stromfurchen, ein südwestliches, dessen Zentrum südlich und östlich Lhasas im Bereich des Yarlung Tsangpo Tales gelegen ist, sowie in ein zentrales Gebiet, das von den anderen umschlossen wird. Die Abgrenzung der verschiedenen Gebiete erfolgte vor allem über die Gleichläufigkeit der Jahrringkurven, also über prägende Witterungserscheinungen, die ein gleichartiges Verhalten der verschiedenen Jahrringkurven zur selben Zeit verursachen. Es fällt auf, daß das zentrale Gebiet von 1791 bis zur Gegenwart die geringste Gleichläufigkeit der Jahrringkurven aufweist, obwohl hier das Klima dem Waldwachstum am ungünstigsten ist. Die Ursachen für dieses eigenartige Verhalten sind unbekannt, doch möchte man daran denken, daß sich dort innerhalb des Holozäns (letzte 11.500 Jahre) sehr resistente Kleinrassen herausgebildet haben. Dies sollte sich molekulargenetisch herausarbeiten lassen, doch müßte hierzu erst neues Material beschafft werden. Es fällt weiterhin auf, daß die Gleichläufigkeit der Wachstumskurven aller vier Gebiete während der letzten 80 Jahre sehr hoch ist, wohl ein Ausdruck der prägenden Klimavariabilität dieses Jahrhunderts. Außerdem wurde deutlich, daß sich innerhalb der betrachteten 200 Jahre die Bindung der vier dendroklimatologischen Provinzen zueinander mehrfach geändert hat. Dies läßt erhoffen, bei Ausdehnung derartiger Untersuchungen auf weitere Räume, aber auch auf längere Zeitreihen, ein gutes Bild der sich ändernden atmosphärischen Zirkulation bei hoher zeitlicher Auflösung zu gewinnen. Das reiche Material der Expedition des Jahres 1996 ist noch nicht entsprechend aufgearbeitet worden. Es schließt sogar die unmittelbar nördlich von Lhasa gelegene Wuchsprovinz ein, so daß bei seiner Analyse wesentliche Fortschritte zu erwarten sind, aber auch der Brükkenschlag zu den Untersuchungen Hrn. Winigers im Karakorum zu erhoffen ist.

Ein völlig anderer Problemkreis wird in Mitteldeutschland untersucht: Die mitteleuropäischen Braunkohlentagebaue fahren immer wieder paläoökologisch und archäologisch interessante Fundkomplexe an. Dies hat sich auch bei dem Tagebau Reichwalde, Niederlausitz, ereignet. Das dort zuständige Landesamt für Archäologie des Freistaates Sachsen bemerkte im Vorschnitt diese Tagebaus in dem breiten, von der Spree genutzten Breslau-Magdeburger Urstromtal fossile Bodenhorizonte, Niedermoortorfe und lakustrine Sedimente. In den Böden und Torfen fanden sich reichlich Artefakte, die umfassend und mit erheblichem Aufwand durch das erwähnte Landesamt geborgen und wissenschaftlich bearbeitet werden. Auf Anfrage des Landesamtes untersuchen nun Mitglieder von Hrn. Frenzels Arbeitsgruppe, nämlich Frau Dr. Maria Knipping (Pollen), Hr. Dr. Peter Stika (botanische Makroreste), Hr. Dr. Marko Spurk und Hr.

Dipl. Agrarbiol. Michael Friedrich (Hölzer und Jahrringchronologie) einzelne Teile des reichen Fundmaterials, das gemeinsam mit dem Landesamt für Archäologie geborgen wird. Die Befunde verweisen auf ein bölling-allerödzeitliches Kiefernwaldland, dessen Baumstämme in großer Zahl neben den stehenden Stubben anzutreffen sind. Das zentrale Problem ist die Frage nach der Entstehung dieses Fundkomplexes. Es ist unbestritten, daß es sich um eine Dünenlandschaft gehandelt hatte, die allerdings vernäßte, von Seen und Mooren z.T. überdeckt wurde. Dies läßt sich auf zweierlei Weise erklären: Es mag sich um einen Aufstau des Spreetales infolge Schwemmkegelbildung von Süden her gehandelt haben. In diesem Fall ist zu fragen, welche Ursachen derartigen Hochwässern und ihrer Sedimentfracht zu Grunde gelegen haben. Die andere Erklärungsmöglichkeit liegt in den Dünen selbst, die als Wanderdünen Wasserläufe und Grundwasserabflüsse aufgestaut haben können, wie heute noch in der Lebaniederung, Pommern, zu beobachten ist. An Hand des sehr reichen botanischen Materials ist es bereits gelungen, eine etwa 800 Jahre umfassende Chronologie des Bölling-Allerödkomplexes aufzubauen, zu der auch mehrere andere Fundstellen beigetragen haben. Es ist geplant, in einem größeren Forschungsverbund auch Isotopenklimatologie an diesen Hölzern zu betreiben. Das reiche archäologische Fundmaterial überdeckt, mit Unterbrechungen, die Zeit vom Endpaläolithicum bis zur Bronzezeit, so daß bei Fortschritt der botanischen Untersuchungen, die durch Insektenanalysen der Arbeitsgruppe von Hrn. Professor Dr. Hinrich Rahmann, Hohenheim, ergänzt und bereichert werden, die Jahrtausende lange Entwicklung der dortigen Moorökosysteme erfaßt werden kann. Die Arbeiten stehen allerdings noch am Anfang. Sie lassen erhoffen, bei Einbeziehung anderer Tagebaue und Flußablagerungen, den dendrochronologischen Kalender, der in Hohenheim augenblicklich bis etwa 12.300 vor heute zurückreicht, noch über die Jüngere Tundrenzeit bis zu demjenigen Zeitpunkt im beginnenden Bölling-Allerödkomplex auszudehnen, zu dem Bäume am Ende der Letzten Eiszeit wieder nach Mitteleuropa eingewandert waren. Dies wäre nicht nur im Blick auf die sichere Datierung innerhalb des Spätglazials wichtig, sondern könnte an Hand des so datierten Materials auch wesentliche Beiträge zum Verständnis der natürlichen Klimavariabilität eines Abschnittes der geologischen Vergangenheit liefern, in dem sich bemerkenswert starke und schnelle natürliche Klimaschwankungen ereignet hatten.

KOMMISSION FÜR MOLEKULARBIOLOGIE

Bericht Zahn

1. Arbeitsstelle Mainz

1.1 Arbeitsgruppe Molekulare Mechanismen Umweltbedingter Gentoxizität

Dr. Petra Waldmann, in Zusammenarbeit mit Dipl. Biol. Imke Metz, MTA Marita Mauer, Dr. Georg Reifferscheid und Hrn. Zahn berichtet:

1.1.1 Die Alkalische Filterelution: Eine sensitive Methode zum Nachweis von gentoxischen Potentialen in nativen Oberflächengewässern.

Die Anwendung dieser Methode im Rahmen eines Verbundvorhabens „Erprobung, Vergleich, Weiterentwicklung und Beurteilung von Gentoxizitätstests für Oberflächengewässer; Teilvorhaben Alkalische Filterelution" wurde abgeschlossen. Das Vorhaben wurde vom BMBF gefördert.

I. Ziel des Projektes

Phase 1: Die Alkalische Filterelution (AFE) mit der Muschel *Corbicula fluminea* als Testorganismus sollte zunächst in zwei Laboratorien in enger Zusammenarbeit standardisiert werden. Durch die Entwicklung einer Mikrotiterplattenversion wurde dabei der Arbeitsaufwand der Methode deutlich herabgesetzt. Diese Standardisierung erfolgte anhand der Testung von Modellgentoxinen wie 4-Nitrochinolin-N-oxid (NQO), Methylmethansulfonat (MMS), 2-Acetyl-Aminofluoren (AAF), Nitrofurantoin (NF) und Methyl-Nitro-Nitrosoguanidin (MNNG). Ausführende Arbeitsgruppen waren der AMMUG (s.o.) und das Wasserlabor der Gas-Elektrizitäts- und Wasserwerke Köln AG (GEW). Abgeschlossen wurde die Phase 1 mit einem Ringversuch unter Beteiligung aller Verbundpartner. Getestet wurden 3 kodierte Wasserproben, von denen 2 mit einem Standard-Gentoxincocktail aufgestockt waren.

Phase 2: In der zweiten Phase erfolgte die Testung von verschiedenen nativen Wasserproben. Bei den Testwässern handelte es sich um Wasser des Rheins bei Karlsruhe, Köln und Düsseldorf, sowie um der Elbe bei Schmilka, Dessau und Schnackenburg. Weiterhin erfolgte die Testung von kodierten Proben „Wundertüte", sowie einige hochbelastete Proben des Gaswerkes Düsseldorf.

Phase 3: Statistische Auswertung der Ergebnisse und Bewertung.

II. Methode

Die Alkalische Filterelution ist u.a. eine Methode zum Nachweis von DNA-Einzelstrangbrüchen. Das Prinzip der Alkalischen Filterelution funktioniert wie folgt: Man gibt Zellen oder Gewebehomogenate nach der Exposition auf Filter mit definierter Porengröße und wascht sie mit einem isotonischen Medium. Im Anschluß daran lysiert man die Zellen auf dem Filter mit einer neutralen, detergens- und Proteinase K-haltigen Lösung und wascht Detergens und Zellreste mit einer Waschlösung aus. Im Anschluß daran behandelt man das Homogenat mit einer neutralen bis schwach alkalischen detergens- und meist auch Proteinase K-haltigen Lösung zur Lyse und einer Waschlösung um möglichst viele nicht-DNA-Anteile auszuwaschen (90–98 %). Danach durchströmt man die weitgehend gereinigte DNA auf dem Filter langsam mit einer stark alkalischen Lösung mit einem pH-Wert über 12.0 und sammelt das Eluat in aufeinanderfolgenden Fraktionen. Die stark alkalische Elutionslösung bewirkt die Entwindung der DNA sowie die Trennung der Doppelstränge. Die einsträngigen DNA-Stücke können den Filter passieren und werden mit der alkalischen Lösung ausgewaschen. Bei DNA mit Strangbrüchen fallen viele kurze DNA-Stücke schon in den ersten Fraktionen an, während bei wenig geschädigter DNA nur wenige Strangteile zu Beginn eluiert werden, da das Elutionsverhalten der DNA von ihrer mittleren Stranglänge abhängt. Ermittelt wird die Elutionsrate der DNA nach einer bestimmten Zeit. Hierzu wird der DNA-Gehalt der Fraktionen sowie die DNA-Menge auf dem Filter fluorimetrisch bestimmt. Die alkalische Elution der DNA folgt unter entsprechenden experimentellen Voraussetzungen nahezu in einer Kinetik I. Ordnung. Die Abnahme der DNA auf dem Filter pro Zeit ist also proportional der Häufigkeit der Einzelstrang-Brüche. Ungeschädigte und geschädigte DNA können demnach durch die unterschiedliche (negative) Steigung ihrer Elutionskurven differenziert werden. Die Steigung läßt sich mittels exponentieller Regression berechnen und wird in der Mathematischen Formel durch die Variable b angegeben. Die Differenz aus der Steigung der Elutionskurve der Probe und der Steigung der Elutionskurve der Negativkontrolle gibt das gentoxische Schädigungsmaß an.

Die Exposition der Muscheln erfolgte in 2 L Probenvolumen in Bechergläsern. Die Expositionszeit betrug 20 h. Zytotoxische Effekte wurden über den Fluoreszeindiacetat-Test ermittelt.

III. Ergebnisse

III.1 Phase 1

Mikrotiterplattenversion: Durch die Entwicklung einer Mikrotiterplattenversion der AFE konnte der mögliche Probendurchsatz bei gleichzeitiger Verringerung des Arbeits- und Zeitaufwandes erheblich gesteigert werden.

Tab. 1: Vergleich des möglichen Probendurchsatzes – alte Methode- Mikrotiterplattenversion.

	Proben/Woche
alte Version	9
Microplate-Version	24

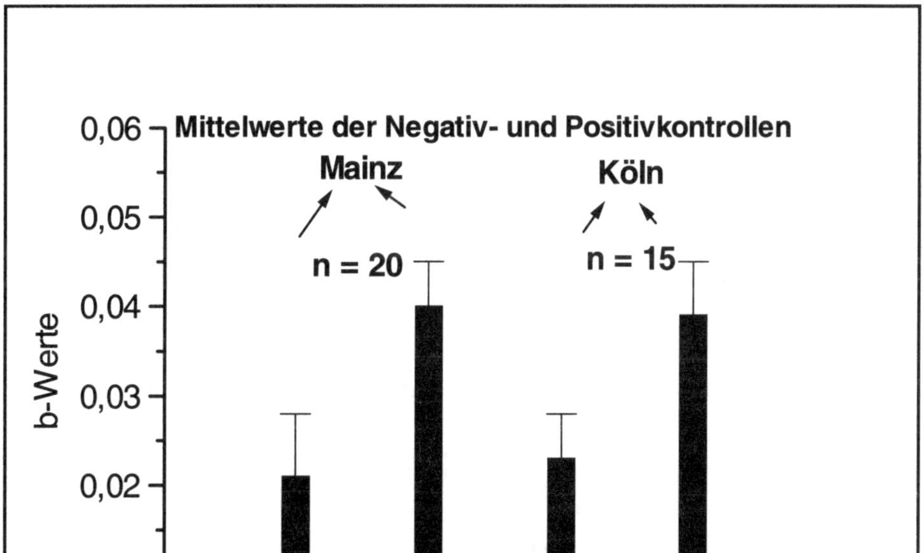

Abb. 1: Mittelwerte der Positiv- und Negativkontrollen der beiden Labors.

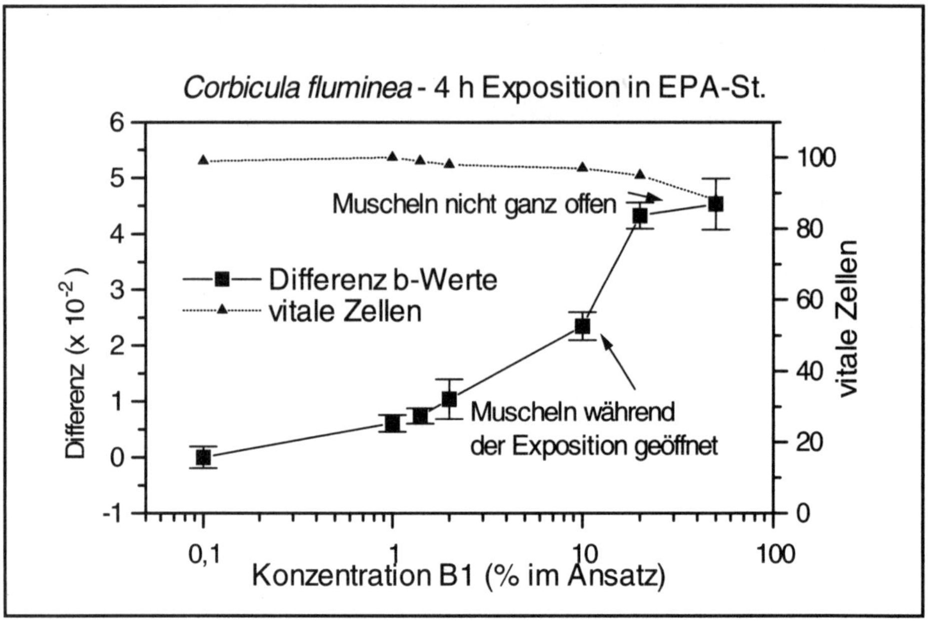

Abb. 2: Konzentrations-Wirkungskurve des EPA-Standards, die durch die Verdünnung der Probe B1 ermittelt wurde.

Standardisierung: Nach der Standardisierung der Hälterungs- und Expositionsbedingungen der Muscheln sowie durch die Einführung einer Eingangskontrolle für neue Muschelchargen erzielten beide Laboratorien sowohl bei den Negativkontrollen als auch bei den Positivkontrollen Ergebnisse, deren absolute Meßwerte sich statistisch nicht voneinander unterschieden.

Eine Eingangskontrolle war notwendig um eine mögliche Vorbelastung der Muscheln neuer Chargen auszuschließen. Es wurden nur Muscheln eingesetzt, deren Werte im Bereich der historischen Positiv- (19 µg NQO/L) und Negativkontrollen (A. dest + Salze) lagen.

Tab. 2: „Lowest-Observable-Effect-Konzentrationen" (LOEC) der getesteten Gentoxine.

Substanz	LOEC (µg/L)
NQO	5
MNNG	14
AAF	222
MMS	1200
NF	2400

Substanztestung: Drei der 5 ausgewählten Modellgentoxine zeigten schon bei sehr geringen Konzentrationen signifikante Effekte in der AFE. Nitrofurantoin, ein Antibiotikum, wirkte erwartungsgemäß erst im mg-Bereich. MMS induzierte ab einer Konzentration von 1200 µg/L meßbare DNA-Strangbrüche, was nach Literaturangaben der Sensitivität vergleichbarer Methoden entspricht.

Ringversuch: Getestet wurden 3 kodierte Wasserproben, von denen 2 mit einem Standard-Gentoxincocktail aufgestockt waren. Bei diesem Gentoxin-Standard handelte es sich um den bei der Fa. Sigma erhältlichen EPA-Standard 8045. Er enthält neben 9 weiteren Substanzen das Gentoxin NQO.

Mit der AFE konnten die aufgestockten Proben eindeutig identifiziert werden. Die Nachweisgrenze des Standards lag dabei im Bereich der Nachweisgrenze der Leitsubstanz NQO. In den höchsten Konzentrationen traten zytotoxische Effekte auf (FDA-Test), sodaß die Muscheln ihre Filtrationsrate reduzierten. Dies konnte an der verminderten Öffnungsweite der Schalen erkannt werden.

III. 2 Phase II – Gewässerproben

Die Ergebnisse der Gewässeruntersuchungen sind in den Tabellen 3 und 4 dargestellt. Es sind keine Meßwerte angegeben, sondern nur die Bewertung der Proben (sicher gentoxisch, Irrtumswahrscheinlichkeit $p < 0{,}05$ – schwarze Farbe; wahrscheinlich gentoxisch, $p > 0{,}05 < 0{,}1$ – graue Farbe; nicht gentoxisch – weiße Farbe).

Tab. 3: Ergebnisse der Rheinwasserproben. Karlsruhe = KA, Köln = K, Düsseldorf = D; Wahnbachtalsperre = W

Monat	KA	K	D	W
März 97				
Mai 97				
Juli 97				
Sept. 97				
Nov. 97				
Jan. 98				

Tab. 4: Ergebnisse der Elbeproben. Schmilka = SCH, Dessau = D, Schnackenburg = SB, Gaswerk = G, n.u. = nicht untersucht

Monat	SCH	D	SB	G
Feb. 97				n.u.
Apr. 97				n.u.
Juni 97				n.u.
Aug. 97				n.u.
Okt. 97				n.u.
Dez. 97				
Apr. 98				n.u.
Mai 98				n.u.

Als sicher und reproduzierbar positiv zeigten sich 3 Proben der Elbe bei Schmilka. In die Kategorie „wahrscheinlich positiv“ konnten 3 weitere Proben der Elbe bei Schmilka, 2 Proben der Elbe bei Schnackenburg, 1 Probe der Elbe bei Dessau, 1 Probe des Rheins bei Karlsruhe, sowie 2 Proben der Wahnbachtalsperre einordnet werden. Die beiden Proben der Wahnbachtalsperre wurden trotz vergleichsweise niedriger Differenzen (30–50% weniger Effekt als die anderen gleich eingestuften Proben) zur Negativkontrolle als wahrscheinlich gentoxisch gewertet, da in diesen Versuchen die Streuungen der Werte ungewöhnlich niedrig waren (< 10%). Insgesamt deuten die Ergebnisse der AFE auf eine deutlich höhere gentoxische Belastung der Elbe im Vergleich zum Rhein hin. Herauszuheben ist dabei die Elbe bei Schmilka, deren Wasser nur in zwei Fällen *keine* gentoxische Wirkung zeigte. Diese Ergebnisse stehen im Einklang mit der chemischen Analytik.
Die Proben des Gaswerkes bei Düsseldorf zeigten ebenfalls deutliche gentoxische Effekte, allerdings bei gleichzeitiger zytotoxischer Wirkung (FDA-Test, letale Wirkung).
Die Werte des Ringversuches „Wundertüte“ (1 Probe der weißen Elster, 1 Probe der Elbe bei Schmilka, aufgestockt) waren gegenüber der Negativkontrolle nicht erhöht. Die Proben für die AFE wiesen – wie bei einigen anderen Arbeitsgruppen – eine deutliche Gelbfärbung auf, was sich nach Rücksprache mit der Koordination als Artefakt bzw. Veränderung der Proben während des Transportes herausstellte. Aus diesem Grund konnten die Ergebnisse der „Wundertüte“ nicht bewertet werden.

IV. Schlußfolgerungen
Die standardisierte Methode zeigte sowohl in der Substanztestung als auch in der Gewässertestung hohe Sensitivität und Ergebnisse, die vom Belastungsgrad der Wasserproben nachvollziehbar sind. So wies die Elbe, vor allem bei Schmilka an der Tschechischen Grenze, aber auch insgesamt die stärkste gentoxische Belastung auf. Dies entsprach weitgehend auch den Ergebnissen der chemischen Analytik. Die Ergebnisse der AFE haben sich in zwei Laboratorien als gut reproduzierbar erwiesen. Die Methode ist für eine routinemäßige Anwendung geeignet.

Georg Reifferscheid in Zusammenarbeit mit Dipl.-Ing. (FH) Holger Bohnert berichtet:

1.1.2 Entwicklung und Erprobung eines luminometrischen, bakteriellen Kurzzeit-Gentoxizitätstestverfahrens zur Untersuchung DNA-schädigender (gentoxischer) Substanzen in Oberflächengewässern (Teilprojekt 14 des BMBF-Verbundvorhabens)

Das Teilprojekt 14 des BMBF-Verbundvorhabens beschäftigte sich mit der Entwicklung eines bakteriellen Kurzzeit-Testverfahrens zur Untersuchung der gentoxischen Belastung von Oberflächenwasser. Grundlage war die von AMMUG entwickelte Version des *umu*-Tests, welche seit Jan. ’97 DIN-Standard ist. Durch Umgestaltung zu einem luminometrischen Verfahren wurde versucht, die Sensitivität des Testsystems, auch unter Einbeziehung neu entwickelter Teststämme, derart zu steigern, dass zur Detektion von Gentoxizität in Oberflächenwasserproben entweder keine, oder eine nur geringe Aufkonzentrierung nötig ist. Da in einem luminometrischen Ansatz bereits wenige emittierte Photonen erfassbar sind, konnten Inkubationen über mehrere Stunden im Mikroliterbereich bei höherem Probenanteil und zugleich reduzierter Inokulumdichte durchgeführt werden.

Anhand von Untersuchungen definierter Standardgentoxine und zertifizierter Standardreferenzmaterialien (Phase I) bzw. nativer Oberflächengewässer (Phase II) wurden Sensitivität und Reproduzierbarkeit des luminometrischen Testverfahrens mit der standardisierten Testversion und den übrigen Verfahren des Verbundprojektes (Ames-Test, Alkalische Filterelution, Comet assay, UDS-Test, DNA-unwinding) verglichen.

Zu Beginn der *ersten Projektphase* wurden sieben verschiedene, in der internationalen Literatur als sensitiv bezeichnete Bakterienstämme getestet, die zur gentoxinabhängigen Induktion von Genen des SOS-Systems befähigt sind. Darunter befand sich auch der nach DIN festgelegte Stamm *Salmonella typhimurium* TA1535/pSK1002. Wegen des beabsichtigten Einsatzes der Organismen in der Wassertestung war es in erster Linie notwendig, die Frage nach der Empfindlichkeit der Stämme zu beantworten. Je nach genetischer Ausstattung kam es dabei zu erheblichen Abweichungen. Der DIN-Stamm sowie der Stamm NM2009 (Detektion umweltrelevanter, aromatischer Stickstoffverbindungen) lieferten wesentlich sensitivere Testresultate als alle übrigen Teststämme. Die Resultate zeigten, dass sowohl die *rfa*-Mutation (unvollständige Zellwandausstattung) als auch die *uvr*-Mutation (Reparaturdefizienz) für einen sensitiven Gentoxizitätstest unerläßlich sind.

Alle chemischen Monosubstanzen zeigten *sehr gut reproduzierbar signifikante Gentoxizität* im Nanogramm- [ng/L] bis Mikrogramm-Bereich [µg/L] bei allenfalls geringer Zytotoxizität, mit Ausnahme des Nitrosamins. In der luminometrischen Testversion wurde eine erhebliche *Sensitivitätssteigerung* sowohl bei den Substanzen 4-NQO, 2-AAF, NF und AA als auch bei der Testung des Umweltstandards erreicht (Tab. 5). Die Wiederholung der Untersuchungen gegen Ende der ersten Projektphase ergab identische Ergebnisse, womit gezeigt werden konnte, dass das Testverfahren über den gesamten Untersuchungszeitraum qualitativ und quantitativ homogene Testresultate zu liefern imstande war.

Tab. 5

	Testsubstanz					
	NQO	NF	2-AAF	BaP	NNdma	AA
Metabolisierung (± S9)	–	–	+	+	+	+
IR 1,5 [µg/L] (Test nach DIN)	10	20	22	200	6 x 10^6	18
50% Zytotox. [µg/L] (Test nach DIN)	> 200	> 200	> 5000	> 2000	8 x 10^6	> 1000
IR 1,5 [µg/L] (luminometr. Test)	0,2–2	7	10	250	4 x 10^6	0,4
50% Zytotox. [µg/L] (luminometr. Test)	200	200	2000	> 2000	8 x 10^6	18
Veränderung der Testsensitivität	⇑	⇑	⇑	⇔	⇔	⇑

Aufbauend auf den Ergebnissen mit den Standardsubstanzen 4-Nitrochinolin-N-oxid (4-NQO), Nitrofurantoin (NF), 2-Acetylaminofluoren (2-AAF), Benzo(a)-pyren (Bap), N-Nitrosodimethylamin (NNdma) und 2-Aminoanthracen (AA) wurde eine Ringanalyse unter Verwendung eines zertifizierten Umweltstandards (EPA-Standard) durchgeführt.

Der zur Ringanalyse verwendete EPA-Standard, bestehend aus 10 Monosubstanzen, von denen 9 als gentoxisch und mutagen eingestuft werden, zeigte in der Testversion nach DIN bei einer Einzelstoffkonzentration von 20 µg/L signifikant Gentoxizität an. In der luminometrischen Testvariante mit reduzierter Inokulumdichte kam es zu einer deutlichen Sensitivitätssteigerung mit einer Detektionsschwelle von 5 µg/L. Für die mit anonymisierten Proben durchgeführte Ringanalyse wurde Wasser der ‚Weißen Elster' (Sachsen) mit definierten Mengen des Standards aufdotiert. Die gentoxischen Effekte der dotierten Probe und des originalen EPA-Standard waren identisch. Demnach führte die durch Verwendung der ‚Weißen Elster' veränderte Probenmatrix weder zu einer Maskierung noch zu einer Verstärkung der Gentoxizität. Der mit dem *umu*-Test ermittelte Effekt spiegelte die jeweils eingesetzte Konzentration des Standards korrekt und reproduzierbar wider. Alle aufdotierten Proben wurden mit dem *umu*-Test in Form von Konzentrations-Wirkungsbeziehungen als gentoxisch identifiziert. Dabei zeigte sich, dass die Effektkurve vom stärksten Gentoxin des Gemisches (4-NQO) geprägt wurde. Die nicht aufdotierten Proben waren weder gentoxisch noch zytotoxisch.

Die *zweite Projektphase* befasste sich mit der Testung nativer Wasserproben auf Gentoxizität. Im vorliegenden Teilprojekt wurde die im Verlaufe der Projektphase I entwikkelte luminometrische Test-Variante im Vergleich zum *umu*-Test nach DIN eingesetzt. Die Wassertestung erfolgte mit dem Standardstamm und dem Stamm NM2009. Das Detektionsspektrum dieses Bakteriums ist vergleichbar mit der für die chemische Begleitanalytik getroffenen Auswahl gentoxischer Stickstoffverbindungen. Es wurde sowohl ohne als auch mit Zusatz von S9, einem Leberhomogenat aus Nagern zur Simulation des tierischen Metabolismus, getestet.

In Kooperation mit dem Institut für Biostatistik der Universität Hannover wurden Bewertungskriterien zur statistischen Absicherung der *umu*-Test-Befunde aus der Untersuchung nativer Wasserproben erarbeitet. Danach muß die erreichte Induktionsrate einer definierten Probe zum einen nach dem Students t-Test Signifikanz erreichen, zum anderen das 95te Percentil der historischen Signifikanzfaktoren überschreiten. Das 95te Percentil liegt für den Standard-*umu*-Test bei Verwendung des DIN-Stammes TA1535/pSK1002 zwischen 1,08 und 1,10. Im luminometrischen Test wurden Werte zwischen 1,11 und 1,13 erreicht. Weder die Zugabe von S9 noch eine Verdünnung der Testbakterien zu Beginn der Inkubation wirkten sich negativ auf die Höhe des Signifikanzfaktors aus. Voraussetzung zur Erlangung derart günstiger Werte ist allerdings die Verwendung einer Kontrolle mit sechs Ansätzen. Die Reduktion der Kontrollansätze auf drei führt zu einer Erhöhung des Signifikanzfaktors auf maximal 1,43. Werden die Kontrollen auf 12 erweitert, so verbessert sich das Signifikanzniveau dagegen nochmals geringfügig.

Die Testung der nativen Oberflächenwasserproben (Rhein bei Karlsruhe, Köln, Düsseldorf, Trinkwasserreservoir Wahnbachtalsperre, Elbe bei Schmilka und Schnackenburg, Mulde bei Dessau, Wupper bei Kohlfurther Brücke) erbrachte in einzelnen Fällen positive Befunde im statistischen Sinne, die jedoch unterhalb der im Test nach DIN empirisch festgelegten Induktionsrate 1,5 lagen. Da von einem sicheren gentoxischen Befund unterhalb der Induktionsrate 1,5 nur dann gesprochen werden sollte, wenn wiederholt signifikante Ergebnisse auftreten, kann die überwiegende Mehrzahl der nativen Proben als nichtgentoxisch eingestuft werden. Im Falle der Wupperproben wurde allerdings die Induktionsrate 1,5, die bei Abwasseruntersuchungen nach DIN als zu unterschreitende Größe festgelegt ist, mehrfach überschritten.

Die Wupper ist demnach das einzige Oberflächenwasser des Probenprogrammes, welches nach den festgelegten statistischen Bewertungskriterien (Überschreiten des 95ten Percentils der Signifikanzfaktoren bei gleichzeitigem signifikanten Ergebnis im Test) in allen Testwiederholungen Gentoxizität zeigte.

Zusätzlich zum Messprogramm ‚native Oberflächenwasserproben' wurden Extraktuntersuchungen vorgenommen. Hierbei zeigten die einzelnen Flüsse deutlich unterschiedliche Belastungsgrade. Das Wasser der als Trinkwasserreservoir dienenden Wahnbachtalsperre erbrachte keinen Hinweis auf Gentoxizität.

Im Gegensatz dazu waren die Extrakte des Rheins bei Düsseldorf in 100% der Fälle (n = 6) gentoxisch. Insgesamt ist ein deutliches Gefälle zwischen dem Rhein bei Karlsruhe und Düsseldorf erkennbar.

Fazit:

- das sensitivierte umu-Testverfahren ist schnell, sehr empfindlich und erzeugt sehr gut reproduzierbare Testresultate (niedrige Signifikanzfaktoren)
- am Beispiel der Wupper wurde gezeigt, dass Gentoxizität sicher nachgewiesen werden kann.
- der *umu*-Test empfiehlt sich als Basistest zur Integration in verschiedene Testszenarien.

Dr. Georg Reifferscheid in Zusammenarbeit mit Dipl.-Ing. (FH) Holger Bohnert und Dipl.-Biol. Claudia Schmid

1.1.3 Untersuchungen von Flußwasserschwebstoffen auf Mutagenität mit dem Ames-II Test

Zur Beurteilung des Gütezustandes eines Fließgewässers hinsichtlich der Belastung mit insbes. hydrophoben organischen Mikroverunreinigungen hat die Untersuchung von Schwebstoffen in den letzten Jahren zunehmend an Bedeutung gewonnen. Während sich im Oberflächenwasserbereich gegenwärtig eine Entspannung der Belastung mit organischen Schadstoffen abzuzeichnen beginnt, bleiben Schwebstoffe und Sedimente aufgrund ihrer intensiven physikochemischen Wechselwirkungen mit chemischen Stoffen ein Problemfeld (Vahl et al., 1997, Gao et al., 1998, Henschel et al., 1997). Nach wie vor werden erhebliche Konzentrationen an schwebstoffgebundenen polychlorierten Biphenylen, polyzyklischen aromatischen Kohlenwasserstoffen und Schwermetallen gefunden (Breitung und Schumacher, 1996, Kuballa et al., 1995). Gerade auch wegen der Anwesenheit einer Reihe gentoxischer, mutagener oder gar karzinogener Polyzyklen, die durch unvollständige Verbrennungsprozesse, lokale Einträge aus der Erdöl- und Kohleindustrie oder durch unsachgemäße Verwendung bzw. Entsorgung PAK-haltiger Produkte in die Umwelt gelangen (Breitung et al., 1994), besteht Anlaß zur Sorge, daß Schwebstoffe ein erhebliches DNA-schädigendes Potential besitzen. Alleine die Gesamtkonzentration der sechs in der Trinkwasserverordnung aufgeführten PAKs (Fluoranthen, Benzo(b)fluor-anthen, Benzo(k)fluoranthen, Benzo(a)pyren, Benzo(ghi)perylen und Indeno(1,2,3cd)pyren) kann bis zu mehrere mg pro kg Schwebstoff betragen. Für alle diese Verbindungen wurde Gentoxizität und Mutagenität nachgewiesen (RTECS, Chembank 1998). Vier der Substanzen gelten als Karzinogene, die beiden übrigen können aufgrund mangelnder Testergebnisse bisher nicht bewertet werden. Für die oft bestimmten Ballschmiter PCB-Kongenere (PCB 28,52,101,138,153 und 180) ist die Datenlage, wohl aufgrund ihrer starken zytotoxischen Wirkungen, unbefriedigend. Man muß davon ausgehen, daß diese häufiger analysierten Verbindungen nur einen Bruchteil der sedimentgebundenen Schadstoffe ausmachen.

Das Untersuchungsprogramm umfasste die Testung von Schwebstoffen aus 6 rheinland-pfälzischen Flüssen auf ihr mutagenes Potential. Als Testsystem diente der sog. Ames-II™ Test (Gee et al., 1994), der eine aus dem traditionellen Ames-Test (Ames et al., 1973) weiterentwickelte Variante des bekannten Mutagenitätstestverfahrens darstellt. Es wurden die Stämme TA98 (Test auf Rasterschubmutationen), TAMix (Test auf sechs spezifische Basenaustausche) und TA100 (Test auf Basenaustausch) eingesetzt. Im Gegensatz zum traditionellen Ames-Test auf Agarplatten, wurde der Ames-II™ Test auf Mikroplatten mit 384 Vertiefungen durchgeführt. Die Schwebstoffeluate des Rheins bei Mainz erwiesen sich als am deutlichsten mutagen. Die Zugabe von S9 veränderte das Ergebnis bei Schwebstoffen des Rheins nur unwesentlich. Bei den anderen Flüssen, insbesondere bei Mosel und Saar, kam es allerdings wesentlich häufiger zu positiven Befunden unter S9-Inkubation, was u. a. auf Belastungen mit polyzyklischen aromatischen Kohlenwasserstoffen hindeuten könnte. Die Schwebstoffe der Lahn bei Lahnstein können als am wenigsten belastet angesehen werden. Hochwasserereignisse ließen, bedingt durch die starke Erhöhung der Schwebstoffkonzentrationen, die Anzahl der Mutationsereignisse pro Volumeneinheit deutlich ansteigen. Die Daten lassen vermuten, daß sich die schwebstoffgebundenen Mutagene in den einzelnen Flüssen sowohl in quantitativer als auch in qualitativer Hinsicht erheblich voneinander unterscheiden. Korrelationen zwischen Mutagenität und der Konzentration an PAKs ließen sich nicht finden. Da mit acetonischen Gesamtextrakten gearbeitet wurde, muß davon ausgegangen werden, daß neben polyzyklischen Aromaten eine Fülle weiterer gentoxisch wirkender Substanzen eluiert wurde, die einen monokausalen Zusammenhang zwischen Mutagenität und PAK-Konzentration eher umwahrscheinlich machen.

Ein Ergebnis der Untersuchungen war die Dominanz des Rasterschubereignisses (TA98) gegenüber den Basenaustauschen (TAMix). Die Basenaustauschmutanten reagierten kaum auf die Schwebstoffproben. Da eine derartige Dominanz wenig plausibel erscheint, zumal bei Untersuchungen mit chemischen Reinsubstanzen beide Mutationstypen in etwa gleichermaßen auftreten, wurden die Proben zusätzlich mit dem Stamm TA100, der im traditionellen Ames-Test nach DIN 38415-4 (Abwassertestung) Verwendung findet und auch auf Basenaustauschmutagene reagiert, untersucht. Mit diesem Stamm kam es dann häufiger zu positiven Befunden, die allerdings im Vergleich zu den Ergebnissen mit dem Stamm TA98 weniger homogen sind. Insgesamt bleibt die Feststellung, daß erheblich mehr Rasterschubmutationen als Basenaustausche detektiert werden. Theoretische Überlegungen sowie die Auswertung von Literaturdaten zu diesem Problem lassen vermuten, daß die Gründe für die unterschiedliche Sensitivität im Mechanismus des Mutationsereignisses liegen. Der Ames-II™ Test eignet sich unseren Untersuchungen zufolge sehr gut dazu, das mutagene Potential von Umweltproben mit komplexer Matrix abzubilden, wie dies Schwebstoffe und Sedimente sind. Allerdings zeigten die basenspezifischen Stämme, eingesetzt als äquimolarer Mix (TAMix), im Vergleich zum TA100 unbefriedigende Resultate. Der Ames-II Test mit der von uns zusammengestellten Stammkombination kann einen sinnvollen Beitrag zur gentoxikologischen Bewertung von Schwebstoffen und Sedimenten leisten.

Ames, B. N., Lee, F. D., Durston, W. E.: An improved bacterial test system for the detection and classification of mutagens and carcinogens. Proc. Natl. Acad. Sci. USA 70 (1973) 782–786.

Breitung, V., Lageveen-Wenker, A., Bergmann H.: Verteilungsmuster polyzyklischer aromatischer Kohlenwasserstoffe in aquatischen Schwebstoffen und Sedimenten. Vom Wasser 83 (1994) 397–406.

Breitung, V., Schumacher, D.: Räumliche und zeitliche Verteilung von PCB in Schwebstoffen und Sedimenten in Fließgewässern. Vom Wasser 87 (1996) 101–112.

Gao, J. P., Maguhn, J., Spitzauer, P., Kettrup, A.: Sorption of pesticides in the sediment of the Teufelsweiher pond (Southern Germany). I: Equilibrium assessments, effect of organic carbon content and pH. Water Res. 32 (1998) 1662–1672.

Gee, P., Maron, D. M., Ames, B. N.: Detection and classification of mutagens: a set of base-specific Salmonella tester strains. Proc. Natl. Acad. Sci. USA 1994, 91(24), 11606–10.

Henschel, Th., Kalbfus, W., Traunspurger, W., Ahlf, W., Steinberg, Chr.: Erfassung sedimentgebundener Schadstoffe in einem abwasserbelasteten Flußstausee (Speichersee) mit einer Biotestbatterie. Vom Wasser 88 (1997) 295–307.

Kuballa, J., Hempel, M., Jantzen, E., Hintelmann, H., Steffen, D.: Methylquecksilber- und Organozinn-Spezies in Sedimenten niedersächsischer Flüsse. Vom Wasser 85 (1995) 35–45.

RTECS®: Registry on the toxic effects of chemical substances; Chem-Bank, Databanks of potentially hazardous chemicals, U.S. Department of Health and Human Services, May 1998.

Vahl, H. H., Karbe, L., Westendorf, J.: Genotoxicity assessment of suspended particulate matter in the Elbe river: comparison of Salmonella microsome test, arabinose resistance test and umu test. Mutation Res. 394 (1997) 81–93.

Prof. Dr. Werner E.G. Müller, Dr. Claudia Koziol und Matthias Wiens, Institut für Physiologische Chemie, Abteilung Angewandte Molekularbiologie, Universität, Duesbergweg 6, 55099 Mainz, berichten:

1.2 Ursprung der interferon-induzierbaren 2-5A Synthetasen der Vertebraten: Klonierung der 2-5A Synthetase aus dem marinen Schwamm *Geodia cydonium*

1.2.1 Modell: Mariner Schwamm *Geodia cydonium*

Zu den wichtigsten Abwehrmechanismen der Vertebraten wird die erworbene und die natürliche Immunantwort gezählt. Beide Formen wurden bisher genaustens in Studien analysiert. Allerdings wurde die Untersuchung ihrer Entwicklung im Verlaufe der Evolution genauso vernachlässigt wie auch die der Immunabwehr rezenter Invertebraten, da bei jenen bisher weder ein Haupthistokompatibilitätskomplex noch zirkulierende Immunglobuline gefunden werden konnten und somit auch kein Anzeichen für ein Immunsystem vorlag. In letzter Zeit verdichteten sich jedoch die Hinweise darauf, daß es zumindest einen der Immunabwehr der Vertebraten ähnlichen Mechanismus auch bei Invertebraten gibt. Dazu tragen vor allem molekularbiologische Entdeckung bei. So wurden u. a. bei Manteltieren (Tunikaten) Moleküle gefunden, die Ähnlichkeit zu den Antigen-Rezeptoren der Vertebraten zeigen und bei Schwämmen (Porifera) wurde der Polymorphismus eines Gens aufgedeckt, welches für Immunglobulin-ähnliche Domänen einer Rezeptor-Tyrosin-Kinase kodiert. Diese ersten Anzeichen auf ein primitives Immunsystem der Invertebraten wie auch die Tatsache, daß mehr als 95% aller Tierarten dieser Gruppe angehören, ließen weitere Untersuchungen in dieser Richtung interessant erscheinen.

Beim Übergang vom Einzeller zum Vielzeller mußte im Verlaufe der Evolution ein Abwehrsystem geschaffen werden, welches nicht nur Schutz vor Infektionen bot, sondern auch eine Unterscheidung von „Eigen" und „Fremd" erlaubte. Daher wurden, um den Ursprung des Immun-Systems der Metazoen zu studieren, als Untersuchungsobjekt die Schwämme gewählt, welche den einfachsten vielzelligen Tierstamm repräsentieren, der bereits vor der kambrischen Explosion existierte und als Bindeglied zwischen dem Reich der Protozoen und Metazoen angesehen wird. Im Verlaufe der Untersuchungen wurden ein Tumor-Nekrose-Faktor sowie polymorphe Rezeptoren auf der Schwamm-Zelloberfläche, die sogenannten Scavenger-Rezeptoren, entdeckt und die DNA-Sequenzen aufgeklärt. Die genannten Moleküle sind dabei wahrscheinlich an der „Fremd"-Erkennung beteiligt und besitzen eine Effektor/Mediator-Funktion im Abwehr- und Entzündungsprozeß. Zudem war seit einigen Jahren bekannt, daß eine Schwammart (*Geodia cydonium*) einen hohen intrazellulären Gehalt an (2′–5′)Oligoadenylaten [(2–5)A_n] aufweist, welcher mit jenem vergleichbar ist, der in Interferon-stimulierten Säugetierzellen zu finden ist. Der Nachweis dieser ungewöhnlichen 2′5′-verknüpften Oligomere des Adenosins mittels biochemischer und immunologischer Methoden konnte inzwischen ergänzt werden. Dies geschah durch die Klonierung des Gens, welches für das Enzym kodiert, das für die Synthese der (2–5)A_n verantwortlich ist: die 2–5A Synthetase.

1.2.2 Das 2–5A Synthetase-System der Vertebraten

Im Verlauf einer Virusinfektion entsteht während der Replikation doppelsträngige RNA (dsRNA), ein RNA-Typ, der in gesunden, nicht-infizierten Zellen nicht vorkommt. Sowohl extra- wie intrazelluläre dsRNA aktiviert das Interferonsystem, ein Verteidigungsmechanismus der Zelle. Die virusinfizierte Zelle synthetisiert und sezerniert Interferon, das dann an Interferon-Rezeptoren derselben oder anderer Zellen bindet. Durch einen noch nicht ganz aufgeklärten Mechanismus wird in diesen Zellen die weitere Synthese von Interferon sowie die Synthese von Proteinen induziert, die einen antiviralen Zustand herbeiführen.

Zu diesen antiviralen Proteinen gehört die 2–5A Synthetase, ein in vielen Zellen und Geweben vorkommendes Enzym. Doppelsträngige RNA aktiviert die 2–5A Synthetase, welche darauf die Bildung von (2–5)A_n mit einer Kettenlänge von $2 = n = 7$ aus ATP katalysiert. 2-5A-Dimere treten dabei am häufigsten auf, während die anderen Oligomere mit zunehmender Kettenlänge seltener werden. Physiologisch aktiv sind aber nur die Trimere und längerkettigen Oligomere, da nur sie in der Lage sind, eine latente Endonuklease (RNase L) zu aktivieren, die daraufhin virale RNA hydrolysiert.

Es existieren drei Isoformen der 2-5A Synthetase mit einem Molekulargewicht von 40–46 kDa (Typ I), 69 kDa (Typ II) und 100 kDa (Typ III) von denen jede durch Interferon induzierbar ist. Die drei Isoformen weisen unterschiedliche Lokalisationen innerhalb der Zelle auf. Die 40—46kDa-Isoform ist im Zellkern lokalisiert, während die 69 kDa- und die 100 kDa-Isoform hauptsächlich im Cytoplasma vorliegen. Bislang gelang erst die Klonierung der für die 2—5A Synthetase Typ 1 und 2 kodierenden Gene und dies auch nur bei Säugern und Vögeln.

1.2.3 Die 2—5A Synthetase bei den niedersten Metazoen, den Schwämmen (Porifera)

Zum Nachweis immunologisch wirksamer Bestandteile in Invertebraten eignete sich das 2—5A-System besonders, da 1) Schwämme einen hohen intrazellulären Gehalt an 2—5A Synthetase (ähnlich hoch wie in interferon-stimulierten Säugetierzellen) und an 2—5A (etwa 100 mal höher als in uninduzierten Säugetierzellen) besitzen und da 2) das 2—5A-System eine herausragenden Stellung im Immunsystem der Vertebraten einnimmt.

Mit Hilfe degenerierter Primer gelang die Klonierung des bisher einzigen Vertreters der 2—5A Synthetasen bei Invertebraten aus dem Schwamm *Geodia cydonium.* Die Aminosäure-Sequenz des Enzyms weist dabei die typischen Merkmale der Enzym-Familie auf, darunter auch Bindestellen für dsRNA und ATP. Vergleiche mit den bekannten 2—5A Synthetasen-Sequenzen anderer Organismen deckten eine höchste Ähnlichkeit zum Typ 1 auf (etwa 20 identische bzw. 40 ähnliche Aminosäuren), womit die Schwamm-2—5A Synthetase als Vorfahre des heute bekannten Typ 1 erscheint. Bootstrap-Analysen, die Erstellung eines phylogenetischen Baumes und die Tatsache, daß der Typ 1 bis heute die einzige in Schwämmen gefundene 2—5A Synthetase-Form darstellt, ergaben jedoch noch weitere interessante Einsichten, vor allem in Hinsicht auf die Verwandtschafts-Beziehung zum Typ 2. Dieser bisher nur aus Vertebraten bekannte Typ setzt sich aus zwei sehr ähnlichen Segmenten zusammen, die jeweils eine gewisse Übereinstimmung zu der Schwamm-2—5A Synthetase-Sequenz aufweisen. In einem phylogenetischen Baum, der sowohl die Schwamm-Sequenz als auch getrennt die beiden Hälften des Typ 2 und weitere Vertreter des Typ 1 der Vertebraten einbezieht, erscheint das Schwamm-Enzym als Basis des Baumes, aus der sich die beiden Teile des Typ 2 entwickelt haben. Damit scheint das Schwamm-Enzym sich vor Ä 830 MYA von einer ursprünglichen 2—5A Synthetase getrennt zu haben (errechnet über den kaa-Wert, der die Anzahl der Aminosäure-Substitutionen pro Zeiteinheit als Evolutions-Rate angibt), die später im Verlaufe der Evolution vor Ä 510 MYA eine Duplikation durchlaufen haben muß, zu einem Zeitpunkt, der etwa 20 MYA nach der „kambrischen Explosion" liegt. Einerseits entwickelte sich aus diesem gesamten Molekül-Dimer der heute in Vertebraten vertretene Typ 2 mit seinen beiden Segmenten, andererseits entstand aus der Hälfte des Moleküls (COOH-Terminus) vor Ä 240 MYA der heutige 2—5A Synthetase Typ 1 (siehe auch Abbildung; die Funktionen der einzelnen Typen sind angegeben).

Alle bis heute bekannten Formen der 2—5A Synthetase sind durch Interferon stimulierbar, schützen vor Virusinfektion und spielen eine wichtige Rolle in der Wachstums-Regulation. Erste Ergebnisse deuten nun daraufhin, daß auch die Schwamm-2—5A Synthetase an solch einer Wachstums-Regulation der Zellen teilhat und damit eine Kontrollfunktion bezüglich der Apoptose ausübt. Andererseits ist bekannt, daß Apop-

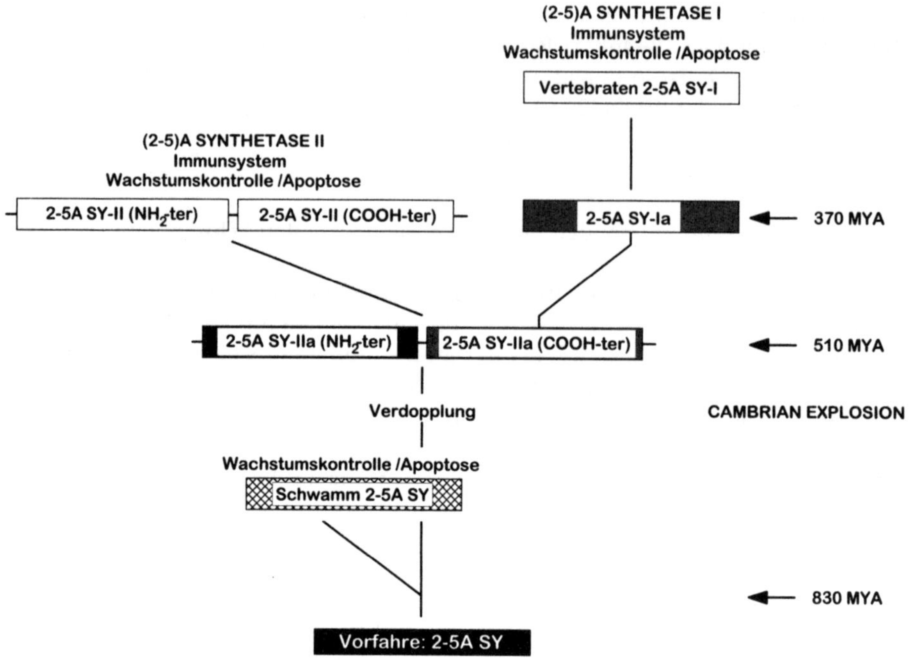

Abb. 3: Potentielle Entwicklung der Schwamm-2–5A Synthetase und der Vertebraten Synthetase-Familie aus einem gemeinsamen Vorfahren (2–5A Syn-Ia)

tose zu einer antiviralen Funktion des 2–5A-Systems beiträgt. Jedoch werden erst weitere Untersuchungen zeigen, ob es in Schwämmen tatsächlich ein 2–5A-System mit antiviraler Funktion gibt (die Existenz mariner Viren, gegen die das 2–5A-System wirksam werden könnte, ist bereits aufgeklärt) oder ob das 2–5A-System erst im Verlauf der Evolution eine zusätzliche Aufgabe im Hinblick auf die Immunabwehr bei Vertebraten übernommen hat.

Literatur:

Benech, P., Y. Mory, M. Revel and J. Chebath. 1985. Structure of two forms of the interferon-induced (2′–5′) oligo A synthetase of human cells based on cDNAs and gene sequences. EMBO J. *4:* 2249–2256.

Blumbach, B., Z. Pancer, B. Diehl-Seifert, R. Steffen, J. Münkner, I. Müller, and W. E. G. Müller. 1998. The putative sponge aggregation receptor: Isolation and characterization of a molecule composed of scavenger receptor cysteine-rich domains and short consensus repeats. J. Cell Sci. *111:* 2635–2644.

Fujii, N. 1994. 2–5A and virus infection. Progr. Mol. Subcell. Biol. *14:* 150–175.

Ghosh, S. K., J. Kusari, S. K. Bandyopadhyay, H. Samanata, R. Kumar, and G.C. SenN. 1991. Cloning, sequencing, and expression of two murine 2'–5'-oligoadenylate synthetases. J. Biol. Chem. *266:* 15293–15299.

Hovanessian, A. G. and I. M. Kerr. 1979. The (2′–5′) oligoadenylate (pppA2′-5′A2′-5′A) synthetase and protein kinase(s) from interferon-treated cells. Eur. J. Biochem. *93:* 515–526.

Janeway, C. A. 1992. The immune system evolved to discriminate infectious nonself from noninfectious self. Immunol. Today *13:* 11–16.

Kelve, M., E. Truve, A. Aasp§Llu, A. Kuusksalu, J. Dapper, S. Perovic, W. E. G. Müller, and H. C. Schröder. 1994. Rapid reduction of mRNA coding for 2′–5′-oligoadenylate synthetase in rat pheochromocytoma PC12 cells during apoptosis, Cell. Mol. Biol. *40:* 165–173.
Kuusksalu, A., J. Subbi, T. Pehk, T. Reintamm, W. E. G. Müller, and M. Kelve. 1998. (2′–5′)Oligoadenylate synthetase in marine sponges: Identification of its reaction products. Eur. J. Biochem. in press.
Kuusksalu, A., A. Pihlak, W. E. G. Müller, and M. Kelve. 1995. The (2–5)oligoadenylate synthetase is present in the lowest multicellular organisms, the marine sponges. Demonstration of the existence and identification of its reaction products. Eur. J. Biochem. *232:* 351–357.
Marie, I., and A. G. Hovanessian.1992. The 69-kDa 2–5A synthetase is composed of two homologous and adjacent functional domains J. Biol. Chem. *267:* 9933–9939.
Müller, W. E. G. 1995. Molecular phylogeny of Metazoa (animals): monophyletic origin. Naturwiss. *82:* 321–329.
Müller, W. E. G., and H. C. Schröder. eds. 1994. Biological Response Modifieres – Interferon, Double-standed RNA and 2′,5′-oligoadenylates. Progr. Molec. Subcell. Biol., vol. 14. Springer-Verlag, Berlin.
Müller, W. E. G., C. Koziol, I. M. Müller, and M. Wiens. 1998. Towards an understanding of the molecular basis of immune responses in sponges: The marine demosponge *Geodia cydonium* as a model. Microsc. Res. Techn.; in press.
Pahler, S., B., Blumbach, I. Müller, and W. E. G. Müller. 1998. A putative multiadhesive basal lamina protein from the marine sponge *Geodia cydonium*: Cloning of the cDNA encoding a fibronectin-, an SRCR- as well as a complement control protein module. J. Exp. Zool., in press.
Pancer, Z., M. Kruse, H. Schäcke, U. Scheffer, R. Steffen, P. Kovacs, and W. E. G. Müller. 1996. Polymorphism in the immunoglobulin-like domains of the receptor tyrosine kinase from the sponge *Geodia cydonium*. Cell Adhesion Commun. *4:* 327–339.
Pfeifer, K., H. C. Schröder, B. Rinkevich, G. Uhlenbruck, F.-G. Hanisch, B. Kurelec, P. Scholz, and W. E. G. Müller. 1992. Immunological and biological identification of tumor necrosis factor in sponges: role of this factor in the formation of necrosis in xenografts. Cytokine *4:* 161–169.
Schröder, H. C., Suhadolnik, R. J., Pfleiderer, W., Charubala, R. and W. E. G Müller. 1992. (2′–5′) Oligoadenylate and intracellular immunity against retrovirus infection. Int. J. Biochem. *24:* 55–63
Truve, E., Kelve, M., Aaspollu, A., Schröder, H. C. and W. E. G. Müller. 1994. Homologies between different forms of 2–5A synthetases. Progr. Molec. Subcell. Biol: 14139–14149
Rysiecki, G., D. R. Gewert, and B. R. Williams. 1989. Constitutive expression of 2′,5′-oligoadenylate synthetase cDNA results in increased antiviral activity and growth suppression. J. Interferon Res. *9:* 649–657.
Yamamoto, A., A. Iwata, Y. Koh, S. Kawai, S. Murayama, K. Hamada, S. Maekawa, S. Ueda and Y. Sokawa. 1998. Two types of chicken 2′,5′-oligoadenylate synthetase mRNA derived from alleles at a single locus. Biochim. Biophys. Acta *1395:* 181–191.
Zuckerkandl E. and L. Pauling. 1965. Evolutionary divergence and convergence in proteins. In: Bryson, V., Vogel, H. J. (eds.) Evolving Genes and Proteins. New York: Academic Press, pp.97–166.

1.3 Prof. Dr. Dr. Heinz C. Schröder und Prof. Dr. Werner E. G. Müller

Institut für Physiologische Chemie, Abteilung Angewandte Molekularbiologie, Universität, Duesbergweg 6, D-55099 Mainz berichten:

1.3.1 Biologische Funktionen von anorganischen Polyphosphaten

Anorganische Polyphosphate (PolyP) waren über lange Zeit von der Forschung „vernachlässigte“ Makromoleküle in biologischen Systemen. Zwar erlebte die Forschung über PolyP vor etwa 30 Jahren einen kurzen Aufschwung, bald danach gerieten diese

Polymere jedoch wieder in Vergessenheit. Ein Hauptgrund war, daß mit den damaligen Methoden ein eindeutiger Nachweis lediglich bei kurzkettigen PolyP-Molekülen, nicht jedoch bei den längerkettigen Polymeren möglich war. Durch die Entwicklung neuer Methoden sind diese Moleküle und damit die Erforschung ihres Metabolismus und ihrer Funktion jedoch jetzt experimentell zugänglich. Die Tatsache, daß PolyP-Moleküle in biologischen Systemen (Zellen, Gewebe, extrazelluläre Flüssigkeiten) weitverbreitet sind, innerhalb von Zellen in verschiedenen Zellorganellen vorkommen und zahlreiche unterschiedliche Enzyme an ihrem Metabolismus beteiligt sind, deutet auf wichtige, wahrscheinlich multiple Funktionen dieser Polymeren hin. Die folgenden Funktionen wurden beschrieben:

Funktion in Prokaryonten

- Speichermolekül für energiereiches Phosphat
- Phosphatdonor für bestimmte Zuckerkinasen
- Komplexbildung mit Poly-β-hydroxybutyrat und Ca^{2+} in Membranen (Erlangung der Kompetenz bei *E. coli)*
- Schutzfunktion als Kapselmaterial humanpathogener Bakterien
- Rolle für das Überleben in der stationären Phase

Funktion in niederen Eukaryonten

Hefen:

- Speichermolekül für energiereiches Phosphat
- Chelator für Ca^{2+} oder andere divalente Kationen
- Gegenion für basische Aminsäuren in Vakuolen
- Funktion bei Streßreaktionen (pH-Streß, osmotischer Streß)

Algen:

- Funktion bei Streßreaktionen (pH-Streß, osmotischer Streß, Schwermetalle)

Andere niedere Eukaryonten:

- Funktion im Energiemetabolismus (Regulation der Konzentrationen von Adenylatnucleotiden über eine Hemmung der Adenylatkinase)
- Rolle bei Entwicklungsprozessen
- Funktion bei Streßreaktionen (Schwermetalle)

Funktion in höheren Eukayonten

- Rolle bei der Apoptose
- Regulation der DNA-Histon-Interaktion und Genexpression
- Rolle bei Alterungsprozessen
- Antibakterielle Aktivität
- Antivirale Aktivität

Im Berichtsjahr wurde von uns vor allem die Funktion der nukleären Polyphospsphate (Interaktion von PolyP mit DNA-Histon-Komplexen, Interaktion mit nukleären Enzymen wie Topoisomerasen, Veränderungen von PolyP im Verlauf der Apoptose und des Zellzyklus u. a.) sowie die antivirale Aktivität von PolyP (HIV-1-Viren) und die Rolle von PolyP bei Streßreaktionen (in Algen und Schwämmen) untersucht. Der gegenwärtige Wissensstand auf dem Gebiet der Polyphosphate wird in dem Band „Inorganic Polyphosphates“ im Rahmen der Reihe „Progress in Molecular and Subcellular Biology" (Springer-Verlag) zusammengefaßt, der in Kürze erscheinen wird (Herausgeber: HCS und WEGM).

Einen großen Fortschritt bildete die Entwicklung einer neuen Methode zur Bestimmung von PolyP, die auf dem Mn^{2+}-induzierten Quenching der Fluoreszenz des Calciumindikators Fura-2 basiert. Der Effekt von Mn2+-Ionen auf die Fura-2-Fluoreszenz wird in Gegenwart von steigenden Konzentrationen an PolyP schrittweise aufgehoben; dies erlaubt eine Quantifizierung sowohl von synthetischen als auch von natürlich vorkommenden PolyP-Molekülen. Die Methode besitzt eine Reihe von Vorteilen gegenüber konventionellen Verfahren zum Nachweis von PolyP, die auf dem metachromatischen Effekt von Toluidinblau basieren. Sie kann auch zur Bestimmung von PP_i, $PolyP_3$ und anderen kurzkettigen PolyP-Molekülen angewandt werden, die mit Toluidinblau nicht detektierbar sind. Weiterhin kann sie zur Messung von Pyrophosphatase- und PolyP-abbauenden Enzymaktivitäten benutzt werden. Sie ermöglicht auch eine (kontinuierliche) Messung von Polyphosphat-abbauenden Enzymaktivitäten.

Danksagung: Diese Arbeit wurde durch die Deutsche Forschungsgemeinschaft (Schr 277/8-1) unterstützt.

Literatur:

Lorenz, B., W. E. G. Müller, I. S. Kulaev and H. C. Schröder (1994) Purification and characterization of an exopolyphosphatase from *Saccharomyces cerevisiae.* J. Biol. Chem. *269*, 22198–22204.

Lorenz, B., J. Leuck, D. Köhl, W. E. G. Müller and H. C. Schröder (1997) Anti-HIV-1 activity of inorganic polyphosphates. J. Acquir. Immune Defic. Syndr. Hum. Retrovirol. *14,* 110–118.

Lorenz, B., J. Münkner, M. P. Oliveira, J. M. Leitão, W. E. G. Müller and H. C. Schröder (1997) A novel method for determination of inorganic polyphosphates using the fluorescent dye fura-2. Anal. Biochem. *246*, 176–184.

Lorenz, B., W. E. G. Müller and H. C. Schröder: Verfahren zur Messung von Konzentrationen sowie zur kontinuierlichen oder diskontinuierlichen Messung des Umsatzes und der Geschwindigkeit enzymatischer oder nichtenzymatischer Reaktionen von Pyrophosphaten und/oder linearen Polyphosphaten unter Ausschluß von zyklischen Polyphosphaten als auch von Orthophosphaten in einer Probe sowie Anwendung des Verfahrens. Deutsches Patentamt; Patentnummer: 19703025; 29.01.1997.

Lorenz, B. and H. C. Schröder: Methods for investigation of inorganic polyphosphates and polyphosphate-metabolizing enzymes. In: Inorganic Polyphosphates (H. C. Schröder and W. E. G. Müller, eds.). Progr. Molec. Subcell. Biol., in press (1998).

Schröder, H. C., B. Lorenz, L. Kurz and W. E. G. Müller: Inorganic polyP in eukaryotes: enzymes, metabolism and function. In: Inorganic Polyphosphates (H.C. Schröder and W.E.G. Müller, eds.). Progr. Molec. Subcell. Biol., in press (1998).

1.3.2 Veränderungen des Polyphosohat-Metabolismus im Verlauf der Entwicklung des Süßwasserschwammes *Ephydatia muelleri*: Effekt von Streß durch pollutiertes Wasser

Die Veränderungen des Polyphosphat (PolyP)-Metabolismus im Verlauf der Entwicklung wurden von uns in dem Süßwasserschwamm *Ephydatia muelleri* untersucht, der relativ große Mengen an PolyP Ö 50 µg/g Feuchtgewicht), vor allem in den Gemmulae besitzt Ö 250 µg/g). Wir fanden, daß die Germination und das Schlüpfen der Gemmulae von einem starken Anstieg im PolyP-Gehalt und einem Anstieg in der Exopolyphosphatase-Aktivität begleitet ist. Die Induktion der Gemmulogenese durch Theophyllin führte auf der anderen Seite zu einem Anstieg im Gehalt an PolyP. Ein Anstieg des PolyP-Gehalts und eine Abnahme der Exopolyphosphatase-Aktivität wurde auch während der Gewebe-Regression bei der Exposition geschlüpfter Schwämme gegenüber pollutiertem Flußwasser gefunden. Für diese Untersuchungen wurden nahezu nichtpollutierten Proben von der Fulda, wenig pollutierte Proben von der Werra und stark pollutierten Proben vom Schwarzbach benutzt. Kleine Schwammproben, die von Gemmulaes 5 Tage nach dem Schlüpfen entnommen wurden, wurden in Wasser von verschieden pollutierten Flüssen für 4 Tage inkubiert und dann der PolyP-Gehalt und die Exopolyphosphatase-Aktivität bestimmt. Dabei führte die Exposition von *E. muelleri* gegenüber Wasser von Fulda und Werra, das lediglich eine sehr niedrige oder moderate Pollutionslast besitzt, lediglich zu geringen oder nichtsignifikanten Änderungen im PolyP-Gehalt. Ein merklicher Anstieg im PolyP-gehalt (um 79%) wurde jedoch beobachtet, wenn *E. muelleri* gegenüber dem stark pollutierten Wasser vom Schwarzbach exponiert wurde. Der Anstieg im PolyP-Gehalt von *E. muelleri* nach der Exposition gegenüber pollutiertem Wasser (Schwarzbach) war von einem Abfall der Exopolyphosphatase-Aktivität begleitet. Mit zunehmendem Grad der Pollution der Flußwässer kommt es somit zu einem Anstieg der PolyP-Konzentration und parallel dazu zu einem Abfall der PolyP-abbauenden Exopolyphosphatase.

Im Rahmen eines INTAS-Projektes mit dem Thema: „Development of early markers for detection of environmental stress in aquatic organisms“ (Koordinor: H.C. Schröder) werden jetzt der PolyP-Metabolismus und die Expression von Hitzeschockproteinen in Schwämmen und Algen als Biomarker zur Überwachung von Umweltstreß in zwei Seen (Baikalsee und See Genezareth) untersucht. Die weiteren Partner des Projektes sind: Dr. S.M. Efremova (St. Petersburg State University, St. Petersburg, Rußland), Prof. V.V. Drucker (Limnological Institute, Sibirian Branch of the Russian Academy of Sciences, Irkutsk, Rußland), N. Kolchanov (Institute of Cytology and Genetics, Sibirian Branch of the RAS, Novosibirsk, Rußland), Dr. D. Wynne (Kinneret Limnological Laboratory, Tiberias, Israel), Dr. B. Lorenz (Universität Magdeburg) und Prof. J.M. LeitÔo (Universidade do Algarve, Faro, Portugal).

Danksagung: Diese Arbeit wurde durch die Deutsche Forschungsgemeinschaft (Schr 277/8-1), das INTAS-Programm (INTAS-96-1787) und den DAAD (Acç§es Integradas Luso-Alemanas; 314-AI-p-dr) unterstützt.

Literatur:

Lorenz, B., R. Batel, N. Bachinski, W. E. G. Müller and H. C. Schröder (1995) Purification and characterization of two exopolyphosphatases from the marine sponge *Tethya lyncurium*. Biochim. Biophys. Acta *1245*, 17–28 (1995).

Leitão, J. M., B. Lorenz, N. Bachinski, C. Wilhelm, WE. G. Müller and H. C. Schröder (1995) Osmotic-stress-induced synthesis and degradation of inorganic polyphosphates in the alga *Phaeodactylum tricornutum*. Mar. Ecol. Prog. Ser. *121*, 279–288.

Imsiecke, G., J. Münkner, B. Lorenz, N. Bachinski, W. . G. Müller and H. C. Schröder (1996) Inorganic polyphosphates in the developing freshwater sponge *Ephydatia muelleri*: effect of stress by polluted waters. Environm. Toxicol. Chem. *1517§, 1329–1334.*

Bachinski, N., C. Koziol, R. Batel, Z. Labura, H. C. Schröder and W. E. G. Müller (1997) Immediate early response of the marine sponge Suberites dumuncula to heat stress: reduction of trehalose and glutathione concentrations and glutathione S-transferase activity. J. Exp. Mar. Biol. Ecol. *210*, 129–141.

Schröder, H. C., F. A. Badria, S. N. Ayyad, R. Batel, M. Wiens, H. M. A. Hassanein, B. Kurelec and W. E. G. Müller (1998) Inhibitory effects of extracts from the marine alga *Caulerpa taxifolia* and of toxin from Caulerpa racemosa on multixenobiotic resistance in the marine sponge *Geodia cydonium*. Environm. Toxicol. Pharmacol. *5*, 119–126.
Schröder, H. C., R. Batel, H. M. A. Hassanein, S. Lauemoth, H.-St. Jenke, T. Simat, H. Steinhart and Werner E. G. Müller (1998) Correlation between the level of the potential biomarker, heat-shock protein, and the occurrence of DNA damage in the dab *§Limanda limanda*. A field study in the North Sea and the English Channel. Mar. Environm. Res., in press.
Schröder, H. C., H. M. A. Hassanein, S. Lauenroth, C. Koziol, T. A.-A. A. Mohamed, M. Lacorn, H. Steinhart, R. Batel and W. E. G. Müller (1998) Induction of DNA strand breaks and expression of HSP70 and GRP78 homolog by cadmium in the marine sponge *Suberites domuncula*. Arch. Environm. Contam. Toxicol., in press.
Schröder, H. C., R. Batel, S. Lauenroth, H. M. A. Hassnein, M. Lacorn, H. Steinhart and W. E. G. Müller (1998) Induction of DNA damage and expression of heat shock protein HSP70 by polychlorinated biphenyls in the marine sponge *Suberites domuncula17§. J. Exp. Mar. Biol. Ecol., in press.*

2. Arbeitsstelle Rovinj

2.1 Hr. Zahn, Dr. Gertrud Zahn-Daimler, Dr. sc. Renato Batel, scientific advisor, Dr. sc. Nevenka Bihari

Entwicklung eines alkalischen DNA-Entwindungstests für Untersuchungen über DNA-Veränderungen bei Meeresschwämmen mit Hilfe eines Mikroplatten-Fluoreszenz-Meßgerätes.

Die zuerst von Batel an Zellen erprobte Methode beruht darauf, daß Proben nach Zermörsern in flüssigem Stickstoff mit einem ca. 200-fachen Überschuß an einem Puffer ein Schnee gewonnen wird, der mit Hilfe eines eine DNA-anfärbenden Fluoreszenzfarbstoff enthaltenden Lyse-Puffers bei ca 4°C eine geeignete Zeit lang lysiert wird. Dabei lagert sich der Farbstoff an DNA an, und es trennen sich die mit der DNA im nativen Zustand verbundenen Makromoleküle, vorwiegend Proteine, weitgehend von der DNA. Danach wird im Fluorimeter eine im Vorversuch genau eingestellte alkalische Lösung zugemischt. Dies gewährleistet genaue pH-Werte. Danach kann mit der Messung in Minutenabständen die Fluoreszenz registriert, bzw. graphisch dargestellt werden. Im alkalischen Milieu trennen sich bei der doppelstrangigen DNA die a- und b-Stränge im Laufe der Zeit. Da der Fluoreszenzfarbstoff mit doppelstrangiger DNA etwa 10 mal stärker fluoresziert, führt die Strangtrennung und die dadurch mögliche Entwindung zur Abnahme der meßbaren Fluoreszenz. Die Geschwindigkeit der Entwindung ist umso höher, je weniger komplex und je mehr die DNA durch Strangbrüche geschädigt war.

Niedere Organismen verfügen wegen des geringeren biologischen Informationsbedarfes über DNA mit geringerer Komplexität. Daher war zu erwarten, daß das Meßfenster für die DNA-Schädigung geringer sein würde als bei höheren Organismen. Dadurch würde die Strangtrennung und Entwindung auch bei wenig geschädigter DNA an sich schon schnell verlaufen. Aus diesen Gründen wurde ein schnell registrierendes Instrument beschafft und erprobt.

Erste Versuche zeigten dann auch relativ schnelle zeitabhängige Fluoreszenzabnahmen.

Die für die praktischen Versuchseinsätze notwendigen Bedingungen, wie Ionenstärke, pH, Detergenzkonzentration, Lysetemperatur usw. wurden teilweise ausgearbeitet. Sie finden Eingang in unterschiedlicher Weise in weiteren Untersuchungen.

2.2 Dr. sc. Renato Batel, Wissenschaftlicher Rat und Leiter des Laboratory for Marine Molecular Toxicology (LMMT), Center for Marine Research, Rudjer Boskovic Institute, HR 52210 Rovinj, Kroatien, in Zusammenarbeit mit Dr. sc. Nevenka Bihari, research associate; Mag. sc. Milena Micic, scientific assisstant; Mag. sc. Maja Fafandjel, scientific assisstant; Mag. sc. Bojan Hamer, scientific assisstant; Mag. sc. Zeljko Jaksic, scientific assisstant berichtet:

Der Schwerpunkt lag auf dem Wirkungsmechanismus von Xenobiotika mit gentoxischen und/oder östrogenen bzw. anti-östrogenen Eigenschaften. Besonders Gene, die die Wechselwirkungen solcher Xenobiotika vermitteln oder modulieren wurden in Betracht gezogen. Dabei waren die Einflüsse auf die DNA besonders unter Anwendung der in der eigenen Gruppe entwickelten Methoden Zielpunkte.
Im Jahr 1998 gelang die Entwicklung und Validisierung von Methoden, die die DNA-Integrität unter Labor – und Feld-Bedingungen zu erfassen gestatteten. Eine Reihe der vorerwähnten Gene konnten beschrieben und ihre Expression nach Exposition DNA schädigender chemischer Verbindungen gemessen werden. Im einzelnen ergaben sich so folgende Fortschritte:

2.2.1 Drei verbesserte Methoden zur Erfassung von DNA-Schäden in Geweben von Menschen, Schwämmen, Muscheln sowie von Zellen unter der Einwirkung von Schwermetallen, wie Cadmium und Zink, und polychlorierter Biphenyle als Modellpollutantien konnten dabei erfolgreich angewendet werden. DNA-Strangbrüche wurden in HeLa-Zellen, Mäuselymphoblasten und menschlichen peripheren weißen Blutzellen nach gamma-Bestrahlung und nach Behandlung mit bekannten DNA schädigenden Verbindungen, wie Nitrochinolin-N-oxid, Tributylin und Bleomycin gemessen. Dabei erwisen sich die drei Methoden als zu der jeweiligen Dosierung, jedoch mit unterschiedlicher Empfindlichkeit, korreliert.

2.2.2 Die unterschiedliche Schadstoffbelastung entlang der kroatischen Küste zeigte in Feldstudien eine entsprechend korrelierte DNA-Schädigung. Dabei waren die Daten bezüglich der gemessenen DNA-Schäden in ausgezeichneter Übersinstimmung zu der erhöhten Belastung im Bereich von Industrien und städtischer Umgebung in Form ausgeprägter „hot spots“. Die stärksten DNA-Veränderungen in Muschelkiemen wurden dort gefunden, wo Muschelpopulationen natürlicherweise unter maximaler anthropogener Belastung vorkamen.

2.2.3 Neuerdings wurden Apoptose und Hitzeschockproteine (Hsp70) als Biomarker für Umweltbelastung in marinen Schwämmen und Muscheln beschrieben. Dabei wurde eine Korrelation zwischen der Induktuion von DNA-Strangbrüchen und der

Hsp70 Expression unter der Einwirkung von Modellverbindungen entdeckt. Dabei erwies sich die Hsp70-Expression nach Hitzeschock und unter Tributylin-Behandlung nicht nur auf dem Transcriptions-Niveau der Botschafter-Ribonucleinsäure (mRNA), sondern auch im Protein-Spiegel als verschieden.

2.2.4 Die Induktion eines Homologen zum humanen XPB/ERCC-3-Exzsions-Reparatur-Gen aus Schwämmen nach Exposition von DNA-schädigenden Stressoren wurde erstmalig beschrieben. Damit wird steigende Evidenz für die Konservierung ähnlicher DNA Reparaturaktivitäten bei Metazoenspezies deutlich.

2.2.5 Bei Schwämmen wurde eine Serin/Threonin-artige Kinase beschrieben und gegen den nicht-katalytischen Breich polyklonale Antikörper entwickelt. Die native Kinase ließ sich mit Hilfe der Immunpräzipitation aus Hitze-Schock oder mit Tributylin-behandelten Schwämmen gewinnen. Erste Ergebnisse deuten die Möglichkeit an, dies als einen neuen Umwelt-Biomnarker für marine Invertebraten zu verwenden.

Veröffentlichungen:

1. Krasko-A; Schröder-HC; Hassanein-HMA; Batel-R; Müller-IM; Müller-WEG: Identification and expression of the SOS response, aidB-like, gene in the marine sponge Geodia cydonium: Implication for the phylogenetic relationships of metazoan acyl-CoA dehydrogenases and acyl-CoA oxidases Journal-of-Molecular-Evolution. Sep 1998; 47 (3) : 343–352
2. Wagner-C; Steffen-R; Koziol-C; Batel-R; Lacorn-M; Steinhart-H; Simat-T; Müller-WEG Apoptosis in marine sponges: a biomarker for environmental stress (cadmium and bacteria) Marine-Biology. Jun 1998; 131 (3) : 411–421
3. Müller-WEG; Batel-R; Lacorn-M; Steinhart-H; Simat-T; Lauenroth-S; Hassanein-H; Schröder-HC: Accumulation of cadmium and zinc in the marine sponge Suberites domuncula and its potential consequences on single-strand breaks and on expression of heat-shock protein: a natural field study Marine-Ecology-Progress-Series. 1998; 167 : 127–135
4. Wiens-M; Koziol-C; Hassanein-HMA; Batel-R; Schröder-HC; Müller-WEG: Induction of gene expression of the chaperones 14-3-3 and HSP70 by PCB 118 (2,3′,4,4′,5-pentachloro-biphenyl) in the marine sponge Geodia cydonium: novel biomarkers for polychlorinated biphenyls Marine-Ecology-Progress-Series. 1998; 165 : 247–257
5. Schröder-HC; Badria-FA; Ayyad-SN; Batel-R; Wiens-M; Hassanein-HMA; Kurelec-B; Müller-WEG : Inhibitory effects of extracts from the marine alga Caulerpa taxifolia and of toxin from Caulerpa racemosa on multixenobiotic resistance in the marine sponge Geodia cydonium Environmental-Toxicology-and-Pharmacology. Mar 1998; 5 (2): 119–126
6. Althoff-K; Schutt-C; Steffen-R; Batel-R; Müller-WEG : Evidence for a symbiosis between bacteria of the genus Rhodobacter and the marine sponge Halichondria panicea: harbor also for putatively toxic bacteria? Marine-Biology. Feb 1998; 130 (3) : 529–536
7. Jaksic-Z; Bihari-N; Müller-WEG; Zahn-RK; Batel-R : Modulation of cytochrome P450 1A in sea bass liver by model substances and seawater extracts Aquatic-Toxicology. Jan 1998; 40 (2–3) : 265–273

Angemeldete Patente:

Mikro-Methode zur Schnellbestimmung von DNA-Schäden und deren Reparatur unter Verwendung des Fluoreszenzfarbstoffs PicoGreen und ihre Anwendung.

Verfahren zur Erhöhung der Empfindlichkeit der Mikromethode zur Schnellbestimmung von DNA-Schäden und deren Reparatur unter Verwendung des Fluoreszenzfarbstoffs PicoGreen und ihre Anwendung.

Verfahren zur schnellen und einfachen Bestimmung von DNA-Dopplerstrangbrüchen und DNA-Protein-Crosslinks und deren Reparatur und seine Anwendung.

Zwei Filtrationvorrichtungen für 96-Well-Mikrofilterplatten (EluVac ⌐ und EluPress ⌐)

Verfahren zur Kalbibrierung von Nachweisverfahren zur Messung von DNA-Schäden und deren Reparatur wie der Fast Micromethod und seine Anwendung.

Hr. Kurelec, Laboratory for Molecular Ecotoxicology, Center for Marine and Environmental Research, Rudjer Boskovic Institute Bijenicka 54, HR 10 001 Zagreb, Kroatien, berichtet:

2.3 Multixenobiotische Resistenzen als Biomarker für Exposition und für Stress-Empfindlichkeit

Die Gruppe von Hrn. Kurelec führte in Zusammenarbeit mit Prof. Müller, Abteilung für Angewandte Molekularbiologie, Hrn. Zahn und Frau Dr. Waldmann, Arbeitsgruppe für Molekulare Mechanismen umweltbedingter Gentoxizität, weitere Untersuchungen zur Bestimmung von Inhibitoren der „Multixenobiotic Resistence" (MXR) im aquatischen Milieu durch. Dabei wurde die in der Gruppe erst kürzlich entwickelte Methode zur Bestimmung der Akkumulation und des in vivo-Effluxes mit Rhodamin bei der Süßwassermuschel *Dreissena polymorpha* aus dem Rhein und mit der Seewassermuschel *Mytilus galloprovincialis* aus der Adria, unter dem Einfluß der jeweiligen Wässer angewendet. Da die Methode das Arbeiten unter praktisch ökologischen Bedingungen erlaubt, konnten Werte für die Induktion der MXR-Aktivitäten in den belasteten Gewässern sowohl als Biomarker für Exposition, als auch als Biomarker für Schadens-Empfindlichkeit etabliert werden.

In der Feststoff-Deponie der Stadt-Gemeinde Zagreb bei Jakusevec wurden so hohe Konzentrationen von „MXR-Chemosensitizern" nachgewiesen. Auch in Proben 10 km stromabwärts von der Abwasser-Einleitung aus dem Sammler der Stadt Zagreb in den Fluß Sava waren vergleichbar hohe Konzentrationen an Chemosensitizern messbar. In beiden Fällen waren es jeweils die Mengen an untoxischen, organischen Substanzen, die mit dem MXR-Hemm-Potential der Proben korrelierten.

Diesselbe Methodik erlaubte auch das interessante, inhibitorische Potential von Extrakten der sich mit ökologisch zerstörenden Folgen stark ausbreitenden Alge *Caulerpa taxifolia* zu bestimmen.

Literatur:

Smital, T. and Kurelec, B. (1998) The chemosentisizers of multixenobiotic resistance mechanism in aquatic invertebrates: A new class of pollutants. Mutat. Res. 399: 43–53.

Smital, T. and Kurelec, B. (1998) The activity of multixenobiotic resistance mechanism determined by rhodamine B-efflux method as a biomarker of exposure. Mar. Environ. Res. 46: 443–447.

H.C. Schröder, F.A. Badria, S.N. Ayyad, R. Batel, M. Wiens, H. M. A. Hassanein, B. Kurelec and W. E. G. Müller: Inhibitory Effects of Extracts from the Marine Alga Caulerpa taxifolia and of Toxin from Caulerpa racemosa on Multixenobiotic Resistance in the Marine Sponge Geodia cydonium. Environ. Toxicol. & Pharmacol. 5, 119–126 (1998).

Kurelec, B. , Britvic, S. and Smital, T. (1998) Fragility of multixenobiotic resistance in aquatic organisms enhances the complexity of risk assessment. Mar. Environ. Res. 46: 415–419.

Kurelec, B., Smital, T., Pivcevic, B. Eufemia, N. and Epel, D. (1998) Multixenobiotic resistance, p-glycoprotein, and chemosentisizers. In: Handbook of Biomarkers. D. Peakal and S. Kennedey (Eds.) CRC-Press, Boca raton, Florida, in press.

KOMMISSION FÜR ALTERNSFORSCHUNG

Bericht Lütjen-Drecoll

I. Biochemische Untersuchungen
unter der Leitung von Hrn. Zahn (Arbeitsstelle Mainz)

1. Primäre DNA-Veränderungen
Die Arbeiten über die alternskorrelierten DNA-Protein-Vernetzungen an verschiedenen Organen desselben Organismus und bei zwei unterschiedlichen Mäusestämmen mit unterschiedlicher maximaler Lebenspanne wurden mit den Stämmen NMRI und SAMP1 zu Ende gebracht. Dabei ergab sich, daß mit zunehmendem Alter die Vernetzungen in allen fünf untersuchten Organen, Hirn, Herz, Lunge, Leber und Niere in dem kurzlebigen Stamm (SAMP1) zunehmen. In dem längerlebigen Stamm NMRI dagegen wurde eine signifikante Zunahme nur bei Hirn und Herz beobachtet, Organen bei denen geringe mitotische Aktivität Grund für eine fehlende oder sehr geringe DNA-Reparatur sein könnte.

Inzwischen wurden Untersuchungen über die alternsabhängige DNA-Reparatur an den zwei genetisch gut definierten, japanischen Mäusestämmen, SAMR (langlebig) und SAMP (kurzlebig) vorgenommen. Der erste Abschnitt dieser Versuche mußte wegen der erhöhten Anforderungen an die äußeren Bedingungen in Kyoto, im Department of Senescence Biology, gemeinsam mit Prof. Hosokawa, Dr. Fujisawa und von unserer Seite, Frau Ax, BTA, und zeitweilig Dr. G. Zahn-Daimler und mir, durchgeführt werden. Dazu war eine schnelle Organentnahme und anschließende Inkubationen zuerst mit einer gentoxisch stark schädigenden Verbindung, 4-Nitrochinolin-N-Oxid und anschließender Reparatur durch Nachinkubation in Vollmedium, erforderlich. Das so gewonnene Material wurde portioniert, schnell in flüssigem Stickstoff schockgefroren und dann in diesem Zustand nach Mainz transportiert, wo es im Verlaufe des nächsten halben Jahres aufgearbeitet werden wird. Soweit verliefen die Arbeiten wie vorgesehen.

Literatur:
Zahn, R. K.; Zahn-Daimler, G.; Ax, S.; Hoskawa, M.; Takeda, T. Assessment of DNA-Protein Crosslinks in the course of Aging in Two Mouse Strains by Use of a Modified Alkaline Filter Elution Applied to Whole Tissue Samples. Mech. Age. Devel. im Druck.

2. Anorganische Polyphosphate in humanen Osteoblasten: Bisphosphonate als Inhibitoren der polyphosphat-umsetzenden Enzyme
Untersuchungen in Zusammenarbeit mit Prof. Dr. Dr. Heinz C. Schröder und Prof. Dr. Werner E. G. Müller (Institut für Physiologische Chemie, Abteilung Angewandte Molekularbiologie, der Universität Mainz).
Die Osteoporose ist eine Erkrankung des höheren Lebensalters, deren volkswirtschaftliche Bedeutung angesichts der erwarteten demographischen Entwicklung in den nächsten Jahren weiter zunehmen wird. Allein in Deutschland leiden schätzungsweise 6 bis 7 Millionen Menschen an Osteoporose. In die medikamentöse Therapie der Osteoporose haben in neuerer Zeit zunehmend Bisphosphonate Eingang gefunden. Bisphos-

phonate sind stabile Pyrophosphat-Analoga, die durch eine P-C-P-Bindung (Kohlenstoff- anstelle eines Sauerstoffatoms) charakterisiert sind. Die P-C-P-Bindung ist relativ stabil gegenüber Hitze und den meisten Chemikalien und kann durch Enzyme nicht hydrolysiert werden. Die Bisphosphonate unterscheiden sich durch die Substituenten am C-Atom. Der Wirkungsmechanismus dieser Substanzen ist jedoch noch weitgehend unbekannt. Wir konnten zeigen, daß das Bisphosphonat Etidronat und, zu einem geringeren Ausmaß, die Bisphosphonate Clodronat und Pamidronat die Exopolyphosphatase-Aktivität in humanen Osteoblasten, Rattengewebe und HL60-Zellen und damit den Abbau von Polyphosphat (PolyP) in diesen Zellen/Geweben hemmen. Das Bisphosphonat Methylendiphosphorsäure zeigt nur eine schwache Wirkung.

Die Ergebnisse dieser Untersuchungen gaben den Anlaß, den PolyP-Metabolismus in humanen Knochen-bildenden Osteoblasten (aus Mandibula) näher zu untersuchen. In diesen Zellen wurden vergleichsweise außerordentlich große Mengen an PolyP und PolyP-abbauender Exopolyphosphatase-Aktivität gefunden. Der PolyP-Gehalt nahm nach Behandlung der Zellen mit Stimulatoren der Osteoblasten-Proliferation und -Differenzierung (Dexamethason, β-Glycerophosphat, EGF und Ascorbinsäure) stark ab; die Menge an löslichem langkettigen PolyP, aber nicht die Menge an unlöslichem langkettigem PolyP nahm nach einer zusätzlichen Behandlung mit 1α,25-Dihydroxyvitamin D_3 [1,25$(OH)_2D_3$] weiter ab. Die Abnahme des PolyP-Gehalts während der Behandlung mit Dexamethason, β-Glycerophosphat, EGF und Ascorbinsäure war von einer Abnahme der Aktivität der Exopolyphosphatase sowie der Pyrophosphatase und der alkalischen Phosphatase begleitet. Eine zusätzliche Behandlung mit 1,25$(OH)_2D_3$ führte jedoch zu einem Anstieg der Exopolyphosphatase-Aktivität (und ebenso auch der Pyrophosphatase- und alkalischen Phosphatase-Aktivität). Aufgrund unserer Untersuchungen nehmen wir an, daß PolyP an der Modulation des Mineralisierungsprozesses im Knochengewebe beteiligt ist.

Literatur

Lorenz, B., J. Münkner, M. P. Oliveira, A. Kuusksalu, J. M. Leitão, W. E. G. Müller and H. C. Schröder (1997) Changes in metabolism of inorganic polyphosphate in rat tissues and human cells during development and apoptosis. Biochim. Biophys. Acta *1335*, 51–60.

Leyhausen, G. B. Lorenz, H. Zhu, W. Geurtsen, R. Bohnensack, W. E. G. Müller and H. C. Schröder (1998) Inorganic polyphosphate in human osteoblast-like cells. J. Bone Miner. Res. *13*, 803–812

II. Morphologische Untersuchungen
unter Leitung von Frau Lütjen-Drecoll und Hrn. Rohen
(Arbeitsstelle Erlangen)

Im Vordergrund der morphologischen Untersuchungen im Berichtsjahr standen einerseits Fragen über die Rolle von Streß-Proteinen für das Problem des Alterns und altersbedingter degenerativer Erkrankungen (I); andererseits konnten die uns aus den USA zur Verfügung gestellten Spenderaugen mit verschiedenen Glaukomformen hinsichtlich der Veränderungen des extrazellulären Materials weiter untersucht und morphometrisch analysiert werden (II), und schließlich wurden auch die Veränderungen der Aderhautinnervation im Zusammenhang mit Netzhautdegenerationen(III) genauer analysiert.

I.

Das zu den Chaperoninen zählende Streß-Protein αB-Crystallin konnte mit immunhistochemischen Methoden vor allem in postmitotischen Zellen, die für die Funktion des jeweiligen Organsystems eine wesentliche Rolle spielen, nachgewiesen werden. Im normalen Trabekelwerk des menschlichen Auges konnte das Protein und die zugehörige mRNA in den kribriformen, an den Schlemm'schen Kanal angrenzenden Zellen und den äußeren korneoskleralen Trabekelwerkzellen nachgewiesen werden. In einer umfassenden Studie an 35 Spenderaugen mit verschiedenen Glaukomformen (primäres Offenwinkelglaukom, Pseudoexfoliationsglaukom und „Low-tension-glaucom") konnte gezeigt werden, daß αB-Crystallin beim Glaukom auch in den anderen Regionen des Trabekelwerkes vorkommt, wobei auch die Konzentration, gemessen an der Färbungsintensität, stark zunimmt. Dieses Phänomen war unabhängig von der Glaukomform und dem Alter der Patienten (1).

Interessanterweise war das sogenannte TIGR-Protein („Trabecular Meshwork Inducible Glucocorticoid Respone Protein"), für das inzwischen bei einigen Glaukompatienten ein Gendefekt nachgewiesen werden konnte, im Gegensatz zum αB-Crystallin, mehr in den inneren, uvealen Bezirken des Trabekelwerkes um den nichtfiltrierenden Teil zu finden. Auch das TIGR-Protein trat bei den untersuchten Spenderaugen mit Glaukom vermehrt auf. Es ergaben sich hierdurch neue Hinweise auf kausale Zusammenhänge bei der Pathogenese des Glaukoms, die – insbesondere unter dem Aspekt der Alterungsprozesse im Auge – in den nächsten Jahren weiter untersucht werden sollen.

In einer breit angelegten Untersuchung konnte αB-Crystallin auch im Innenohr verschiedener Säugetiere, einschließlich einiger Primaten (2), mit immunhistochemischen und biochemischen Methoden nachgewiesen werden.

II.

In Fortsetzung der Untersuchungen über die pathogenetischen Mechanismen der Glaukomerkrankung an ganzen, aus den USA erhaltenen Spenderaugen, über die im Vorjahr bereits einige Ergebnisse mitgeteilt worden sind, konnten jetzt auch Spenderaugen von Patienten mit Pseudoexfoliationsglaukom quantitativ morphometrisch analysiert werden. Das für dieses Syndrom typische fibrilläre extrazelluläre Material wurde auch in diesen Augen in unterschiedlicher Häufigkeit vor allem in der kribriformen Region des Trabekelwerkes gefunden.

Ziel der Untersuchungen war es, den Umfang dieser Ablagerungen mit dem intraokularen Druck (klinisches Verhalten des Augendruckes während der Erkrankung und Therapie) sowie der Schädigung des Sehnerven (Zahl der zugrundegehenden Nervenfasern) zu korrelieren. Es ergab sich, daß die Zahl der Axone im Sehnerven mit der Zahl der Ablagerungen von Pseudoexfoliationsmaterial im Trabekelwerk signifikant negativ korreliert war. Dies spricht dafür, daß die Augendrucksteigerung, die wahrscheinlich auf eine Erhöhung des Abflußwiderstandes durch die vermehrte Ablagerung von Pseudoexfoliationsmaterial zurückzuführen ist, maßgeblich an der Schädigung des Sehnerven beteiligt ist (3).

Die hier erstmalig möglich gewordene Korrelation zwischen histologischen und klinischen Daten an ganzen Spenderaugen verspricht auch in Zukunft neue Erkenntnisse über die Entstehungsmechanismen der verschiedenen Glaukomformen und deren Beziehungen zu den normalen Altersveränderungen des Auges.

III.

Ein wichtiges Modell für die Erforschung des Glaukomproblems stellt das sog. experimentelle, laserinduzierte Affenglaukom dar. Durch gezielte Koagulation des Trabekelwerkes wird bei Rhesusaffen langfristig eine Erhöhung des intraokularen Druckes hervorgerufen. Die Versuche wurden von Prof. S. S. Hayreh in der Universität Iowa/USA sowie von Prof. Kaufman/Madison durchgeführt. An den uns zur Verfügung gestellten Augen dieser Tiere fanden wir nicht nur eine Reduktion der Zahl choroidaler Ganglienzellen und nitrerger Nervenfasern. Auch in der Netzhaut ließen sich charakteristische Veränderungen im Bereich des retinalen Gefäßsystems sowie der NOS-positiven amakrinen Zellen nachweisen. Es ist denkbar, daß auch beim menschlichen Glaukom durch die Erhöhung des Augendruckes Schädigungen des choroidalen Ganglienzellsystems und Nervengeflechtes und damit Druckblutungsstörungen auftreten, die – wenn sie lange genug bestehen – auch Retina- und Sehnervenschädigungen hervorrufen können (4). Da uns bei diesem Material nur die Endzustände (2–4 Jahre nach Laserkoagulation) zur Verfügung standen, ist geplant – in Zusammenarbeit mit der Universität Wisconsin/USA – auch die Effekte von kurzzeitigen Augendruckerhöhungen näher zu analysieren.

IV.

Zusätzlich konnten die degenerativen Veränderungen des Auges an Ratten- und Mausmodellen mit definierten genetischen Schäden untersucht werden. So konnte der Zusammenhang zwischen Netzhautdegeneration und Aderhautveränderungen bei Ratten mit hereditären Netzhautdegenerationen im zeitlichen Ablauf systematisch analysiert werden (5).

V.

Ein größere Zusammenfassung der bisher vorliegenden Befunde über die funktionelle Morphologie des Trabekelwerkes im normalen und glaukomatös veränderten Auge wurde in einem Buchbeitrag für „Progress in Retinal und Eye Research“ (6) veröffentlicht.

Auch ein umfassender Beitrag über die strukturellen Veränderungen des Kammerwasserabflußsystems nach Pilokarpingaben, der eine Reihe langjähriger Untersuchungen zusammenfaßt, konnte inzwischen in den Transact. Am Ophth. Soc. Bd. 96 (7) publiziert werden.

VI.

Die Ergebnisse der Arbeiten wurden auf internationalen Kongressen (ARVO in Fort Lauderdale/Florida; ISER in Paris und JERMOV/Mallorca) vorgestellt. In Erlangen wurden im Februar und November internationale Tagungen zum Thema Altern und altersbedingte degenerative Erkrankungen abgehalten.

Literatur:

1. Lütjen-Drecoll E., May C. A., Polansky J. R., Johnson D. H., Bloemendal H. and Nguyen T. D. (1998): Localization of the Stress Proteins αB-Crystallin and Trabecular Meshwork Inducible Glucocorticoid Response Protein in Normal and Glaucomatous Trabecular Meshwork. Invest. Ophthalmology Vis.Sci 39/3, 517.
2. May C. A., Arnold B., Welge-Lüßen U., Arnold W., Bloemendal H. and Lütjen-Drecoll E. (1998): αB-Crystallin in the Mammalian Inner Ear. ORL 60, 121–125.
3. Gottanka J., Flügel-Koch C., Martus P., Johnson D. H. and Lütjen-Drecoll E. (1997): Correlation of Pseudoexfoliative Material and Optic Nerve Damage In Pseudoexfoliation Syndrom. Invest. Ophthalmology Vis. Sci 38/12, 2435–2446.
4. May C. A, Hayreh S. S., Furuyoshi N., Ossoinig K., Kaufman P. L. and Lütjen-Drecoll E. (1997): Choroidal Ganglion Cell Plexus and Retinal Vasculature in Monkeys with Laser-Induced Glaucoma. Ophthalmologica 211, 161–171.
5. Rexer M., May C. A. and Lütjen-Drecoll E. (1998): Changes in Choroidal Innèrvation in Royal College of Surgeons Rats with Hereditary Retinal Degeneration. Acta Anatomica 162, 112–118.
6. Lütjen-Drecoll E. (1998): Functional Morphology of the Trabecular Meshwork in Primate Eyes. Progress in Retinal and Eye Res. 18/1, 91–119.
7. Lütjen-Drecoll E., Wiendl H. and Kaufman P. L. (1998): Acute And Chronic Structural Effects Of Pilocarpine On Monkey Outflow Tissues. Tr. Am. Ophth. Soc. Vol. 96, 171–195.

KOMMISSION FÜR MEDIZINISCHE FORSCHUNG

Bericht Mutschler

Symposien

a) VIIth Complement Genetics Workshop and Conference-Symposium

Unter Leitung von Hrn. Rittner und Herrn Hochschuldozent Dr. Peter M. Schneider fand vom 21.–23. Mai 1998 ein Symposium zum o.a. Thema statt, nicht zuletzt deshalb, weil sich seit dem letzten 6. Workshop 1989 das Gebiet der Komplementgenetik infolge der Fortschritte in der DNA-Methodik (PCR-Typisierungstechniken), durch die Aufklärung der meisten genetischen Komplementdefekte (Schneider & Rittner, 1997), sowie durch den Einsatz der Knockout-Technik an Komplementgenen von Mäusen entscheidend weiterentwickelt hatte.

Die überaus erfolgreiche Konferenz zeichnete sich durch hohes wissenschaftliches Niveau aus. Dies lag zum einen an den sehr aktuellen und informativen Vorträgen der eingeladenen Redner aus USA, England und Japan, und zum anderen an der für diesen begrenzten Teilnehmerkreis großen Zahl von insgesamt 39 eingereichten Abstracts, die alle als Poster präsentiert wurden. Die Abstracts wurden in die vier Themenkreise

– „Molecular Genetics, Polymorphism, Deficiency and Evolution“,
– „Population Genetics“,
– „Complement Genetics and Disease“, und
– „Regulators of Complement Activation“

eingeteilt. Aus diesen Themenbereichen wurden insgesamt 13 Beiträge zusätzlich in zehnminütigen Vorträgen ausführlich präsentiert, und die übrigen 26 Beiträge im Rahmen von dreiminütigen Diskussionsbeiträgen vorgestellt. Die Ergebnisse der Tagung werden in zwei Fachzeitschriften publiziert, zum einen als Zusammenfassung aller Beiträge der Tagungsteilnehmer (Schneider & Würzner, 1999), und außerdem in Form von ausführlichen „Proceedings“ mit den Ergebnissen der durchgeführten Ringversuche und den Beiträgen der eingeladenen Redner (Rittner et al., 1998).

30 Jahre Forschung auf dem Gebiet der Komplementgenetik

Zu Beginn der Tagung rief Chester Alper (Boston, USA), der Ehrenpräsident der Konferenz, den Teilnehmern in Erinnerung, daß die Erstbeschreibung des genetischen Polymorphismus der 3. Komplementkomponente (C3) erst 30 Jahre zurückliegt und unabhängig voneinander von 3 Gruppen publiziert wurde, und zwar zunächst in den USA (Alper & Propp, 1968; Azen & Smithies, 1968) sowie ein Jahr später in der ehemaligen DDR (Rose & Geserick, 1969), wobei den letzteren Autoren aufgrund des „eisernen Vorhangs“ die Publikationen des Vorjahres aus den USA nicht zugänglich gewesen waren. Durch diese Entdeckung wurde ein neues Arbeitsgebiet in der genetischen Forschung zunächst durch Typisierung der Serumproteine und später auf genomischer Ebene mittels DNA-Analyse ins Leben gerufen. Vor allem durch Einsatz moderner molekulargenetischer Methoden konnten in den letzten 15 Jahren die genetischen Grundlagen des Komplementsystems definiert werden. Fast alle der ca. 40 Gene, die für lösliche Komplementkomponenten, regulatorische Faktoren und Membranrezeptoren codieren, wurden kloniert, sequenziert und chromosomal lokalisiert. Dabei konnten u.a. drei bedeutende genetische Kopplungsgruppen beschrieben werden: die Regulatoren der Komplementaktivierung (RCA) auf Chromosom 1q32 (CR1, CR2, Faktor H, DAF, C4BP, MCP), die MHC-Klasse III-Gruppe der frühen Komponenten C2, Faktor B, C4A und C4B auf Chromosom 6p21.3, und der Gencluster von Komponenten des Membranangriffskomplexes (MAK), C6, C7 und C9 auf Chromosom 5p, zu denen aufgrund ihrer strukturellen Homologie auch die Gene von C8A und C8B auf Chromosom 1p32 zu zählen sind.

Eine Vielzahl von Mutationen mit der Folge einer partiellen oder kompletten genetischen Defizienz wurde in den letzen Jahren aufgeklärt und trug so einerseits zum Verständnis wichtiger funktioneller Eigenschaften dieser Komponenten bei und machte andererseits den Beitrag dieser Defizienzen zu einer Reihe von assoziierten Erkrankungen vorwiegend bakterieller, viraler oder autoimmuner Pathogenese deutlich. Das Studium des genetischen Polymorphismus im Zusammenhang mit den soeben erwähnten Krankheitsassoziationsstudien zur Untersuchung von Wechselwirkungen zwischen Struktur und Funktion sowie bei phylogenetischen und populationsgenetischen Forschungen erfolgt nunmehr sowohl auf Proteinebene durch elektrophoretische und serologische Techniken als auch auf DNA-Ebene mittels RFLP-Studien, PCR-Typisierungen und DNA-Sequenzanalysen.

Genetik, Evolution und Defizienz

Aufgrund der engen Kopplung der Klasse-III-Gene mit dem für die Antigenpräsentation und die Regulation der Immunantwort so bedeutsamen HLA-System sowie des starken Kopplungsungleichgewichtes mancher MHC-Haplotypen ist es bei Krankheitsassoziationsstudien oft nicht möglich, die eigentlichen Kandidatengene für die beobachteten Assoziationen zu bestimmen. C. Yung Yu (Columbus, USA) berichtete über die Identifizierung weiterer Gene in der MHC-Klasse-III-Region in unmittelbarer Nachbarschaft der bereits bekannten Komplementgene. Die besondere genetische Organisation dieser Region ist durch zwei aus Tandemduplikationen hervorgegangene Genpaare gekennzeichnet, den beiden Serinproteasen des klassischen und des alternativen Aktivierungsweges, C2 und Faktor B, sowie den Isotypen der 4. Komponente, C4A und C4B. Die C4-Duplikation erfolgte zudem in einem Modul, welches die vier Loci für RP1, C4, CYP21 (Cytochrom P-450 Steroid 21-Hydroxylase) und TNX (Tenascin X, extrazelluläres Matrixprotein) komplett bzw. zum Teil einschließt (RCCX-Modul). Die Arbeitsgruppe von Yu konnte zwei weitere Loci zwischen BF und C4 identifizieren, SKI2W und DOM3Z, die zusammen mit den ebenfalls benachbarten Genen RD und RP1 ubiquitär exprimiert werden (Yang et al., 1998). RD enthält ein RNA-Bindungsmotiv und, zusammen mit SKI2W und DOM3Z, Leucin-Zipper-Motive, während SKI2W zusätzlich eine RNA-Helicase-Domäne und RP1 ein nukleäres Lokalisationssignal besitzt. Diese strukturellen Besonderheiten deuten darauf hin, daß es sich um essentielle Housekeeping-Gene mit Bedeutung in der RNA-Translation handeln könnte, die gerade im Zusammenhang mit den vielfältigen Krankheitsassoziationen in der Klasse-III-Region eine wichtige Rolle spielen könnten.

Michael J. Hobart (Leicester, UK) beschäftigte sich in seinem Vortrag mit der Evolution der Gene des Membranangriffskomplexes (C6, C7, C8A, C8B und C9) und der Frage, aus welchem Vorläufer diese funktionell und strukturell eng verwandten Proteine entstanden sein könnten. Die Gene zeichnen sich durch eine stark konservierte modulare Struktur und eine gleichartige Anordnung der Exon/Intron-Phasen aus, wobei die strukturellen Motive sich in modularer Form z.T. über mehrere Exons erstrecken (Hobart et al., 1995). Hobart vermutete, daß das Vorläufer-Gen eher dem längeren C6 als dem kürzeren C9 entsprochen haben muß, da der Verlust eines Strukturmoduls (z.B. im Rahmen einer Duplikation oder eines ungleichen Crossing-over) einfacher zu erklären ist als der Zugewinn eines neuen Moduls zu einem kürzeren Gen: Er erläuterte so sein „parsimonisches Modell der Evolution" der terminalen Koplementgene. Da sowohl C8A und C8B als auch C6 und C7 jeweils in 3' zu 3'-Orientierung angeordnet sind, und C9 auf dem gleichen Chromosom, jedoch in größerem Abstand zu C6 und C7 liegt, postulierte Hobart, daß C9 in gleicher Orientierung wie der nächste Nachbar des C6/C7-Paares orientiert sein muß, und daß dieser Nachbar vermutlich C6 ist.

In einem Übersichtsvortrag zur Prävalenz genetischer Defizienzen der terminalen Komponenten in Japan faßte Yasuo Fukumori (Osaka, Japan) die Ergebnisse von 10 Jahren epidemiologischer und molekulargenetischer Forschung zusammen. In einer Studie an 250000 Blutspendern konnte etabliert werden, daß unter Japanern die C9-Defizienz mit 0,1% am häufigsten beobachtet wird, während alle übrigen Defizienzen von C6, C7 und C8 insgesamt nur mit einer Frequenz von 0,01% vorliegen. Während Defizienzen von C6, C7 und C8 generell mit rezidivierenden Neisserien-Infektionen assoziiert sind, wird dies bei der C9-Defizienz nur gelegentlich beschrieben und scheint daher klinisch nicht von gleicher Bedeutung zu sein. Als molekulare Grundlage konnte eine häufige Punktmutation im C9-Gen gefunden werden, die bei 8 von 10 japanischen C9D-Patienten vorlag (Horiuchi et al., 1998). Bei Europäern hingegen ist die C9-Defizienz sehr selten, und es konnten bisher nur drei Patienten untersucht werden, bei denen insgesamt 4 verschiedene mutierte Allele in verschiedenen Kombinationen identifiziert werden konnten (Witzel-Schlömp et al., 1997, 1998).

Komplement bei B-Zell-Toleranz und Autoimmunität

Michael Carroll (Boston, USA) erläuterte die besondere Rolle der frühen Komponenten des klassischen Aktivierungsweges bei der Induktion der B-Zell-Toleranz, die bei bestimmten Autoimmunerkrankungen wie dem systemischen Lupus erythematodes (SLE) gestört ist. Normalerweise aktivieren Aggregate apoptotischer Zellen das Komplementsystem mit der Folge einer Ablagerung von aktiviertem C1q und C4 auf deren Oberfläche. Diese Zellaggregate werden dann in das Knochenmark zur weiteren Elimination transportiert, und dienen dabei gleichzeitig als Antigene zur Negativselektion unreifer B-Zellen. Diese anergen B-Zellen können, wenn sie in den peripheren Blutkreislauf gelangen, dort nicht mehr auf Autoantigene reagieren. In Experimenten mit C3- und C4- sowie CD21/35-defizienten-Mäusen, bei denen die entsprechenden Gene durch „targeted gene disruption“ ausgeschaltet worden waren, konnte die Arbeitsgruppe um Carroll zeigen, daß für die Negativselektion im Knochenmark neben dem C3d-Rezeptor auch ein C4d-Rezeptor eine Rolle spielen muß (Carroll, 1998). Während C3-defiziente Mäuse, die gleichzeitig das Transgen für schwere und leichte Ketten von Hühnereiweiß-Lysozym (HEL)-spezifischem Immunglobulin exprimieren, eine normale B-Zelltoleranz gegen HEL besaßen, zeigten C4-defiziente Mäuse mit dem gleichen anti-HEL-Transgen eine gestörte B-Zell-Toleranz mit der Bildung HEL-spezifischer B-Zellen, was in Analogie zum Auftreten von Autoantikörpern beim SLE zu sehen ist.

In einem C1q-Knockout-Mausmodell untersuchte Marina Botto (London, UK) die Rolle von Komplement in der Pathogenese des SLE, da bekannt ist, daß homozygote C1q-Defizienz immer mit der Entstehung von SLE assoziiert ist. Dabei konnte die wichtige Rolle von C1q sowohl bei der Solubilisierung und Prozessierung von Immunkomplexen als auch bei der Clearance von glomerulären apoptotischen Einschlußkörpern gezeigt werden: 25% der C1q-defizienten Mäuse verstarben an schwerer Glomerulonephritis, und auch gesunde C1q-defiziente Mäuse besaßen höhere Titer antinukleärer Antikörper sowie eine höhere Zahl apoptotischer Partikel als normale Kontrolltiere (Botto et al., 1998). Auch bei diesem Modell kann postuliert werden, daß Komplement eine wichtige Rolle bei der Prozessierung von löslichen Autoantigenen zur Negativ-Selektion von B-Zellen spielen muß, da die beim SLE ursächlich beteiligten Autoantikörper gegen nukleäre, mitochondriale und andere zelluläre Antigene durch das Fehlen der entprechenden B-Zell-Toleranz induziert werden können.

Ausblick

In seinen Schlußbetrachtungen stellte John P. Atkinson (St. Louis, USA) fest, daß die großen Fortschritte der letzten Jahre in der Beschreibung der genetischen Grundlagen des Komplementsystems das wissenschaftliche Interesse an funktionellen Studien auf

Proteinebene wiederbelebten. Aufgrund der detaillierten molekularen Kenntnisse aus genetischen Analysen können Untersuchungen zu Struktur-Funktions-Wechselwirkungen und molekularen Interaktionen unter genau definierten Bedingungen erfolgen und durch gezielte Mutagenese auch beeinflußt werden. Atkinson sagte voraus, daß diese Ansätze zu wichtigen neuen Erkenntnissen nicht nur innerhalb des Komplementsystems, sondern auch in Bezug auf die Bedeutung von Komplement innerhalb der Regulation der Immunantwort führen werden.

Literatur:

Alper, C. A., Propp, R. P. (1968) Genetic polymorphism of the third component of human complement C'3. J. Clin. Invest. 47, 2181–2191

Azen, E. A., Smithis, O. (1968) Genetic polymorphism of C'3 (beta-1C-globulin) in human serum. Science 162, 905–907

Botto, M., Dell'Agnola, C., Bygrave, A. E., Thompson, E. M., Cook, H. T., Petry, F., Loos, M., Pandolfi, P. P., Walport, M. J. (1998) Homozygous C1q deficiency causes glomerulonephritis associated with multiple apoptotic bodies. Nature Genetics 19, 56–59

Carroll, M. C. (1998) The lupus paradox. Nature Genet. 19, 3–4

Carroll, M. C. (1998) The role of complement and complement receptors in induction and regulation of immunity. Ann. Rev. Immunol. 16, 545–568

Hobart, M. J., Fernie, B. A., DiScipio, R. G. (1995) Structure of the human C7 gene and comparison with the C6, C8A, C8B, and C9 genes. J. Immunol. 154, 5188–5194

Horiuchi, T., Nishizaka, H., Kojima, T., Sawabe, T., Niho, Y., Schneider, P. M., Inaba, S., Sakai, K., Hayashi, K., Hashimura, C., Fukumori, Y. (1998) A non-sense mutation at Arg95 is predominant in complement C9 deficiency in Japanese. J. Immunol. 160, 1509–1513

Rittner, C., Hauptmann, G., Mauff, G., Schneider, P. M., Hrsg. (1990) Proceedings of the VIth Complement Genetics Workshop and Conference. Complement Inflamm. 7, 173–314

Rittner, C., Mauff, G., Schneider, P. M., Würzner, R., Hrsg. (1998) Proceedings of the VIIth Complement Genetics Workshop and Conference. Exp. Clin. Immunogenet. 15, 197ff.

Rose, M., Geserick, G. (1969) Ein neuer Serumproteinpolymorphismus: Pt. Erste Hinweise für eine genetische Steuerung. Acta Biol. Med. Germ. 48, 553–557

Schneider, P. M., Rittner, C. (1997) Complement Genetics. In: Complement – A practical approach (Dodds, A., Sim, R. B., Hrsg.), 165–198, Oxford University Press

Schneider, P. M., Würzner, R. (1999) Complement Genetics: Biological Implications of Polymorphisms and Deficiencies. Immunol. Today 20 (1), im Druck

Witzel-Schlömp, K., Späth, P. J., Hobart, M., Fernie, B., Rittner, C., Kaufmann, T., Schneider, P. M. (1997) The human complement C9 gene: Identification of two mutations causing deficiency and revision of the gene structure. J. Immunol. 158, 5043–5049

Witzel-Schlömp, K., Hobart, M. J., Fernie, B. A., Orren, A., Würzner, R., Rittner, C., Kaufmann, T., Schneider, P. M. (1998) Heterogeneity in the genetic basis of human complement C9 deficiency. Immunogenetics 48, 144–147

Yang, Z., Shen, L., Dangel, A. W., Wu, L. C., Yu, C. Y. (1998) Four ubiquitously expressed genes, RD-SKI2W-DOM3Z-RP1, are present between complement genes factor B and C4 in the class III region of the HLA complex. Genomics, im Druck

b) Experten Kolloquium Ethik-Beratung in der Medizin

Dr. phil. Stella Reiter-Theil, Zentrum für Ethik und Recht in der Medizin, Freiburg berichtet:

Mit dem Experten-Kolloquium „Ethik-Beratung in der Medizin" fand zum ersten Mal im deutschsprachigen Raum eine systematische Auseinandersetzung mit diesem praktischen Arbeitsbereich der Klinischen Ethik statt. Ausgehend von der langjährigen Beschäftigung der beiden Initiatoren – *Franz Josef Illhardt und Stella Reiter-Theil* – mit Möglichkeiten des „Ethik-Konsils" im stationären und ambulanten Bereich der Patientenbetreuung, konnten in einem Kreis von 40 Teilnehmern theoretische und methodische Konzepte, praktische Erfahrungen und künftige Kooperationen der Ethik-Beratung in der Medizin dargestellt und diskutiert werden. Zielsetzung dieses Pilotprojektes war und ist es, eine Verbindung zwischen den einzelnen, an verschiedenen Orten praktisch tätigen Medizinethikern zu schaffen und auf diese Weise Austausch und Weiterentwicklung der verschiedenen Ansätze zu fördern. Ebenso wichtig war es dabei, interessierte Kooperationspartner aus verschiedenen Bereichen der Medizin, die diese Arbeit unterstützen, in die Diskussionen einzubeziehen. Diese erste Initiative wurde möglich durch die großzügige Unterstützung des Projektes durch den Verein der Freunde und Förderer der Akademie der Wissenschaften und der Literatur Mainz, e.V.

– Bereits 1992 hatte die Akademie der Wissenschaften und der Literatur, Mainz, einem vergleichbaren Pilotprojekt zum Start und zur anschließenden Selbständigkeit verholfen. Damals war die Fortbildung der Lehrenden auf dem Gebiet der Ethik in der Medizin und in den Heilberufen, das Projekt „Teachers' Training Course" (Leitung: Winfried Kahlke und Stella Reiter-Theil), Gegenstand der beginnenden Konzeptentwicklung und der Vernetzung gewesen. Nach dem ersten Start in Mainz konnten seither jährlich ein bis zwei Kurse an verschiedenen Orten im deutschsprachigen Raum durchgeführt werden. –

Das *Programm* des Experten-Kolloquiums „Ethik-Beratung in der Medizin" begann mit einer Einführung in die Thematik: Hinweise auf die Wurzeln der professionellen medizinethischen Beratung, die zuerst in den USA entwickelt wurde *(Franz Josef Illhardt)*, und eine Übersicht über die praktische Arbeit und ihre konzeptionellen Grundlagen in Freiburg *(Stella Reiter-Theil)* wurden gegeben und diskutiert. Anschließend wurden, da die Tagung als „Werkstatt" geplant war, anhand von Einzelfällen drei unterschiedliche Ansätze der Ethik-Beratung durchgeführt und einer kritischen Bewertung unterzogen.

Als erster Ansatz wurde die Arbeitsweise der Gruppe um *Ruth Baumann-Hölzle und Kurt von Siebental* (Zürich) vorgestellt und vor dem Plenum erprobt. Dieser Ansatz wurde speziell für die schwierigen Entscheidungsprobleme in der Neonatologie entwickelt und ermöglicht eine offene, interdisziplinäre Beratung innerhalb des klinischen Settings. *Roland Hentschel* (Freiburg) stellte einen neonatologischen Fall zur Beratung vor, der eine Fülle ethischer, psychosozialer und rechtlicher Fragen aufwarf, die sich auch in der Beratung niederschlugen. Der Zürcher Ansatz als solcher wurde als interessant und vielversprechend eingeschätzt. Es wurde deutlich, daß die erfolgreiche Anwendung des Verfahrens, das sich an Formen des „Reflektierenden Teams" anlehnt, stark von der Offenheit und Durchlässigkeit der Beteiligten abhängt bzw. davon, daß die Mitglieder des Gesprächskreises mit dem vorgesehenen diskursiven Stil vertraut sind und sich auf diesen einlassen. Eine wichtige Grundsatzdiskussion entzündete sich an diesem Beispiel der Ethik-Beratung: In welcher Weise sollen und können juristische Aspekte in der Beratung positioniert werden? Ist es im Sinne der Ethik-Beratung richtig und wünschenswert, juristische Information gleich zu Beginn als unverzichtbar und unumstößlich einzuführen, oder soll primär eine offene ethische Grundsatzdiskussion geführt werden können, die auch – scheinbar – eindeutige rechtliche Vorgaben kritisch prüfen darf? Die Mehrheit der anwesenden aktiven Medizinethiker, aber auch die Praktiker, plädierten eher für die zweite Variante, durch die der Primat der rechtlichen Gesichtspunkte in diesem Kontext relativiert wird. Aus dieser Facette der Diskussion wird deutlich, daß das Verhältnis zwischen ethischen und rechtlichen Fragen in der Medizin je spezifisch aus der betreffenden theoretischen oder praktischen Sicht beurteilt wird und noch weiterer Bearbeitung bedarf.

Im Gegensatz zum ersten Ansatz, der in Zürich erst seit einigen Jahren praktiziert wird und sich in steter Weiterentwicklung befindet, ist das Konzept des amerikanischen Medizinethikes *Fletcher* (Virginia) bereits eine etablierte Methode. Diese wurde von *Gerd Richter* (Marburg) vorgestellt. *Gerald Wulf* (Göttingen) präsentierte einen Fall aus der Onkologie, der ethische, rechtliche und praktisch-therapeutische Fragen aufwarf, die allerdings weniger auf der Ebene der onkologisch-ethischen Entscheidungsfindung (weiter behandeln oder Therapie beenden?) lagen, als vielmehr Fragen einer psychiatrisch-psychotherapeutischen Ethik (in die Behandlung eingreifender Ehekonflikt des Patienten) berührten. Hier zeigte sich ein grundsätzliches Problem, das mit dem Modell von Fletcher allein offenbar nicht gelöst werden konnte: die notwendige analytische Unterscheidung zwischen medizinethischen und psychosozialen Fragen einerseits, und andererseits die praktisch erforderliche Kombination dieser Ebenen in der Beratungssituation. Wenn ein Beratungsmodell zur Ethik in der Medizin beim Auftreten psychosozialer Fragen im Zusammenhang der ethischen Problematik diese nur durch Erklärung der Nicht-Zuständigkeit und durch Verweis an einen parallelen Psychosozialen Konsildienst beantworten kann, besteht die Gefahr der Sektorisierung. Besser wäre es, in Fällen, in denen die im Ethik-Konsil anwesenden Experten allein nicht kompetent für alle Facetten des Problems sind, zusätzliche Fachleute konsiliarisch in diesem Setting hinzuzuziehen, statt den ratsuchenden Arzt „weiterzuschicken". Diese schwierige Diskussion war um so interessanter, als es sich hier um eine elaborierte und etablierte Methode aus den USA handelte, jenem Land, aus dem deutsche und europäische Medizinethiker seit Jahren Anregungen und Vorbilder beziehen. Damit wurde, wenn auch indirekt, zugleich auch eine gewisse Emanzipationsbestrebung der Medizinethik im eigenen Land unterstützt, daß die eigenen noch bescheidenen Erfahrungen und Konzepte vielleicht doch den Vergleich mit amerikanischen Modellen bestehen könnten.

Als dritter Ansatz wurde das Modell der Ethik-Konsultation einer Arbeitsgruppe aus Göttingen, Freiburg und Wien vorgestellt *(Christoph Höger, Stella Reiter-Theil, Gaby Derichs et al.)*. Auch diese Methode befindet sich erst seit einigen Jahren in Entwicklung und Erprobung, und zwar in unterschiedlichen praktischen Kontexten. Hier wird, und darin unterscheidet sich der Ansatz von den anderen vorgestellten oder publizierten Konzepten der Ethik-Beratung, von vornherein eine Strukturierung des Beratungsgesprächs vorgenommen, indem zuerst – nach der Fallvorstellung – die fachlich-therapeutischen Aspekte besprochen werden, danach die ethischen Implikationen, Dilemmas und Konsequenzen. *A. Meyer* (Nürnberg) stellte einen Problemfall aus der Jugendpsychiatrie vor, der auf Grund der massiven Menschenrechtsverletzungen an der jungen Patientin große Betroffenheit auslöste. Die präzise Darstellung der Kasuistik und die systematische Trennung der Reflexionsebenen „Alltagsmoral" (Bewertung der Handlungen der *beteiligten Menschen*) versus „Professionelle Ethik" (welche Optionen zu helfen hat *der Therapeut* und wie kann er diese ethisch verankern?) waren hilfreich, um innerhalb knapper Zeit eine konsensuelle Beurteilung zu erreichen. Ein weiteres Spezifikum dieses Ansatzes liegt in den klaren Regeln für die Gesprächsführung in der Ethik-Konsultation selbst. Diese sehen vor, daß der ratsuchende Kollege die Konsultation durch seine persönliche Bewertung und Gewichtung der Empfehlungen abschließt.

In der anschließenden Gesamtdiskussion wurden alle drei Ansätze als praktisch wertvolle Möglichkeiten der Ethik-Beratung bewertet. Viele offene Fragen wurden als Aufgaben für die weitere Arbeit formuliert:

1. die Unterscheidung und Kombination ethischer und psychosozialer Fragen in der praktischen Ethik-Beratung in der Medizin,
2. die angemessene Positionierung rechtlicher Information im Rahmen der Ethik-Beratung
3. die Entwicklung von Kriterien der Qualitätskontrolle
4. die Gewährleistung der fachlichen Kompetenz der Ethik-Berater, einschließlich ihrer persönlichen und kommunikativen Eignung
5. die praktische Implementierung zum Nutzen der praktisch Tätigen
6. die Zugänglichkeit der Ethik-Beratung auch für interessierte Patienten und Angehörige.

Zur Frage der Einbindung der Ethik-Beratung in Klinik und Praxis stellten Kollegen aus dem In- und Ausland Erfahrungen und Modelle vor. *Ulrich Bach* (Berlin) berichtete über sein Projekt der Einführung von Patienten-Verfügungen in einem Berliner Krankenhaus und die daraus resultierenden ethischen Fragen. Hier wurden ethische Fragen der Therapieentscheidung zentral berührt und mit Patienten, Angehörigen, ärztlichem und pflegerischem Personal besprochen. Aufschlußreich war auch der Bericht über die mit solchen Initiativen verbundenen Schwierigkeiten im Krankenhaus. Die Einführung von Patienten-Verfügungen in Klinik und Praxis, das wurde sehr deutlich, gibt jedenfalls dringend Anlaß zu kompetenter ethischer Beratung mit allen Beteiligten.

In Padua arbeitet seit Etablierung der Fondazione Lanza eine aktive Gruppe an der Entwicklung einer Klinischen Medizinethik im Krankenhaus. *Renzo Pegoraro* legte einen Bericht über die Angebote und Leistungen seiner Gruppe vor, die für aktuelle deutsche Entwicklungen Vorbildcharakter haben kann. Während die bisherige Pionierarbeit der Ethik-Beratung in der Medizin, wie sie zum Beispiel am Freiburger Universitätsklinikum geleistet wird, ausschließlich auf Freiwilligkeit und „auf Verlangen“ der ratsuchenden Ärzte oder Pflegekräfte beruht, arbeiten Zentren im europäischen Ausland wie auch in den USA mit krankenhausinternen Ethik-Komitees – nicht zu verwechseln mit den Forschungs-Ethikkommissionen –, die sich statutengemäß und auf einer routinisierten Basis mit schwierigen Therapieentscheidungen befassen. Ein solches Beispiel wurde von *Paul Schotsmans* (Leuven), einem langjährigen Vorstandsmitglied des europäischen Dachverbands medizinethischer Zentren (EACME), vorgestellt. Ähnlich wie bei der Schilderung der Fondazione Lanza in Padua, staunen deutsche Zuhörer – trotz einschlägiger Vorkenntnisse – immer wieder über die entschiedene und konsequente Institutionalierung medizinethischer Kompetenzzentren im Ausland, insbesondere aber auch über die andernorts mögliche Integration der Ethik in das medizinische Curiculum, die hierzulande noch immer nicht vorankommt.

Welche Rolle der „Kompromiß“ in der Medizinethik spielt oder spielen soll – das Thema von *Franz Josef Illhardt* – war nicht im ersten Anlauf zu bewältigen und wird daher weiter bearbeitet werden. Kompromißlos einig waren sich jedoch die Diskutanten des letzten Podiums darüber, daß die ethische Dimension in der Medizin einen hohen Stellen- und Schwellenwert erreicht habe und der Bedarf an kompetenter Ethik-Beratung unbestritten sei. Schwierigkeiten bereitete demgegenüber die Entwicklung konkreter Pläne, wie solche Ethik-Beratung auch an Orten begonnen werden könne, wo noch keine Einrichtungen der Medizinethik bestehen. Im Dienste der Qualitätskontrolle und der Weiterentwicklung der Konzepte, aber auch zur Unterstützung neuer Arbeitsgruppen sollen daher weitere Treffen und Tagungen dieser Art stattfinden. Die Veranstalter *Franz Josef Illhardt und Stella Reiter-Theil* erklärten sich bereit, die Koordination künftiger Tagungen und der Vernetzung zu übernehmen. Das nächste Treffen ist für Ende 1999 geplant.

Literatur:

Fletcher, J. C., Quist, N., Jonsens, A.R. (eds.) (1989) Ethics Consultation in Health Care. Health Administration Press, Ann Arbor

Höger C, Reiter-Theil S, Reiter L, Derichs G, Kastner-Voigt M, Schulz T (1997) Fallbezogene ethische Reflexion. Ein Prozeßmodell zur Ethikkonsultation in der Kinderpsychiatrie und Psychotherapie. System Familie 10: 174–179

Reiter-Theil, S. (1998) Kompetenz durch Ethik-Konsultation: ein Modell – dargestellt am Problem der Sterilisation einer geistig behinderten Frau. Systeme 12

Reiter-Theil, S. (in press) Critical Decisions at the End of Life. Experiences with ETHICS CONSULATION in Freiburg. In: Schauer A (ed) Polish-German Interdisciplinary Symposion on Ethics in Medicine, October 15 to 17, 1998, Kraków

c) Symposium Therapie mit Blutprodukten

In Fortführung der in einjährigem Abstand in der Akademie durchgeführten Symposien der Paul-Martini-Stiftung fand am 13. und 14. November 1998 eine Tagung über das oben genannte Thema unter der Leitung von Herrn Professor Dr. P. C. Sriba, München, statt. W. Bode, Martinsried, berichtete über Struktur-Funktions-Beziehungen Vitamin-K-abhängiger Gerinnungsfaktoren, J. Löwer, Langen, über das Risiko der Übertragung von Virusinfektionen durch Blutpräparate sowie dessen Minimierung und R. Johannsen über Virusssicherheit von Arzneimitteln aus Plasma. Daran anschließend folgten Referate von F. von Auer, Bonn, über das neue Transfusionsgesetz, von K. Lechner, Wien, über Indikation und Anwendung von rekombinanten Gerinnungsfaktoren sowie von W. Schramm, München, über Antithrombin III in der Behandlung von Patienten mit Sepsis und septischem Schock. Weitere Themen des ersten Symposiumstages waren: Current Status of gene therapy in haemophilia A und B (I. Peake; Sheffield), Therapie mit Fresh Frozen Plasma statt Einzelfraktionen? (M. U. Helm, Magdeburg), Therapie mit polyvalenten Immunglobulinen (V. Wahn, Düsseldorf), Sozioökonomische Evaluation der Therapie mit Blut- und Plamaprodukten am Beispiel der Hämophilie (Th. Szucs, W. Schramm, München), Immuntherapie mittels ex vivo generierter dendritischer Zellen (L. Kanz, Tübingen) sowie Isolierung und Aktivierung von humanen dendritischen Zellen (G. Hartmann, Iowa). Die Abschlußdiskussion am ersten Tag beschäftigte sich mit dem Thema Indikation, Transparenz und Bezahlbarkeit neuer Therapien. Am zweiten Symposiumstag wurden Vorträge zu folgenden Themen gehalten: Blutstammzelltransplantation: Status und Perspektiven (N. Schmitz, Kiel), Zelluläre Lymphomvakzine (M. Hallek, München), Adoptive

Immuntherapie bei Chimären (H. J. Kolb, München), EBV-Vektoren und Zelltherapie (W. Hammerschmidt, München), Therapie mit Erythrozyten- und Thrombozytenkonzentraten: Indikation und Sicherheit (V. Kiefel, Leipzig), Bispezifische Antikörper zur Tumortherapie (M. Pfreundschuh, Homburg), Prionen, Immunsystem und Blut (A. Aguzzi, Zürich), Transplantation peripherer Blutstammzellen: Indikation und Finanzierung (W. Hiddemann, München) sowie Qualitative Anforderungen an Zelltherapie-/Gentherapieprodukte für den klinischen Einsatz aus industrieller und behördlicher Sicht: Notwendigkeiten der Interaktion zwischen Industrie und Klinik (P. Heinrich, Martinsried). Mit dem Schlußwort von P. C. Scriba ging das hochaktuelle, informative und klinisch relevante Symposium zu Ende.

PROJEKTGRUPPE „TERRESTRISCHE PALÄOKLIMATOLOGIE“

des Förderschwerpunktes „Klimavariabilität und Erkennung des menschlichen Signals“ des Bundesministeriums für Bildung und Forschung, Bonn

Bericht Frenzel

Das Problem

Für das Verständnis der zukünftigen Klimaentwicklung ist es unabdingbar notwendig, sowohl Art und Ausmaß der natürlichen Klimavariabilität zu kennen, einschließlich der etwa zu Grunde liegenden Prozesse, als auch die Frage zu beantworten, wie stark und wie lange der Mensch durch seine verschiedensten, die Umwelt belastenden Aktivitäten in das natürliche Klimasystem eingegriffen hat. Die „Terrestrische Paläoklimatologie“ hat sich gemeinsam mit der „Marinen Paläoklimatologie“ (Koordinator Professor Dr. Michael Sarnthein, Kiel) diesen beiden schwierigen Fragenkomplexen während der letzten Jahre gewidmet. Ein kurzer Bericht über das von der „Terrestrischen Paläoklimatologie“ Erreichte findet sich bereits im Jahrbuch 1997 der Akademie der Wissenschaften und der Literatur (S. 213–218, 1998). Da das Forschungsvorhaben im wesentlichen zum 31.12.1997 ausgelaufen ist, sollen hier die Resultate etwas ausführlicher behandelt werden, einschließlich der sich aus dem bisher Erarbeiteten ergebenden Fragen und Aufgaben für die zukünftige Forschung. Die meisten bisherigen Arbeitsgruppen der „Terrestrischen Paläoklimatologie“ konnten ihre Untersuchungen inzwischen unter dem Rahmenthema „Angewandte Klima- und Atmosphärenforschung“ des BMBF fortsetzen.

Allgemeines

Grundlage jeder paläoklimatologischen Arbeit ist neben der zuverlässigen Quantifizierung der vorzeitlichen Klimawerte die sichere Datierung. Gegenwärtig werden sehr unterschiedliche Datierungsverfahren angewandt, die von verschiedenen Kalendern alter Kulturen (besonders Arbeitsgruppe von Professor Dr. Wolfhart Westendorf und Dipl.-Theol. Edwin Henfling, Göttingen, s. u.) über die Dendrochronologie, Warvenchronologie, Chronologie jahrweise geschichteten Gletschereises und der Zuwachsraten mariner Korallen bis hin zu den verschiedensten physikalischen Meßverfahren reichen. Es zeigt sich, daß die so gewonnenen Daten keineswegs immer gut übereinstimmen. Dies hat gegenwärtig dazu geführt, daß im internationalen Rahmen Auswirkungen der Änderungen der Erdbahnelemente auf das irdische Klimasystem als Datierungshilfen herangezogen werden, obwohl unklar ist, wie eindeutig und wie schnell das irdische Klima auf Änderungen der Erdbahnelemente antwortet. Angesichts dieser Situation hat sich die Arbeitsgruppe von Herrn Professor Dr. Mebus A. Geyh, Hannover, sehr intensiv des Methodenvergleiches physikalischer Datierungsverfahren und des Studiums allgemeiner methodologischer Probleme dieser Datierungsarten in verschiedenen Klimagebieten der Erde und für sehr unterschiedliche Materialarten seit vielen Jahren angenommen. Hierbei zeigt sich etwa, in Zusammenarbeit mit der Arbeitsgruppe von Herrn Professor Dr. Johann Stötter, Innsbruck, daß ^{14}C-Altersangaben einer einzigen vulkanischen Aschenlage auf Island (Saksunarvatn-Asche) um bis zu 2500 Jahre differieren können; daß bei Grundwässern und den von ihnen abhängigen Datierungen an Wasserpflanzen etc. z.T. ganz erhebliche Reservoireffekte zu berücksichtigen sind, die gebietsweise unterschiedlich groß werden können. Es stellte sich weiterhin heraus, daß – gemäß U/Th-Datierungen – Calcretes der Negev-Wüste und in Namibia, die vielfach als Klimazeiger arider Gebiete genutzt werden, oft nur sehr unzuverlässig über ^{14}C oder TL datiert werden können und daß sie häufig sehr viel älter sind, als mit diesen Verfahren ermittelt worden war. Weitere Beispiele derartiger Unsicherheiten der Datierung werden im Folgenden mitgeteilt werden. Insgesamt zeigt sich jedoch, daß es falsch ist, wie heute vielfach noch praktiziert wird, paläoklimatisch interessantes Material nur durch stichprobenartig angewandte Datierungen zeitlich exakt einordnen zu wollen. Vielmehr ist es notwendig, mit jeweils mehreren Methoden ganze Probenserien zu bestimmen. Tatsächlich erweist sich das Datierungsproblem als eine prinzipielle Schwierigkeit, die jeder sorgfältigen Analyse klimatischer und paläoökologischer Prozeßabläufe der Vergangenheit entgegensteht. Hier ist bei zukünftiger Forschung methodologisch umfassend und spezielle Schwierigkeiten einzelner Sedimentationsräume, bzw. Materialarten, sorgfältig beachtend, sehr viel Arbeit zu investieren, sich aber nicht auf ein heute so beliebtes „wiggle-matchen“ und „-tunen“ zu verlassen. Gerade unter diesen Gesichtspunkten sind die methodologischen Untersuchungen der Arbeitsgruppe von Herrn Professor Dr. Mebus A. Geyh für beide Gruppen der „Paläoklimatologie“ von so grundlegender Bedeutung.

Diese Datierungsarbeiten stehen in enger Beziehung zu denjenigen Problemen, die von der Paläoklimadatenbank des Quartärs (PKDB, Arbeitsgruppe Hrn. Frenzels) bearbeitet werden. Seit September 1997 ist die PKDB im WWW. Diese Datenbank, deren Schaffung vom damaligen BMFT erbeten worden war, trägt klimatologische und ökologische Angaben der Vergangenheit nicht einfach zusammen, sondern versucht, jedes Datum kritisch beim gegenwärtigen Kenntnisstand zu werten, so daß in der Datenbank die Angaben der jeweiligen Autoren zusammen mit denen der kritischen Analyse zu finden sind. Die Schwerpunkte der wissenschaftlichen Arbeit an der PKDB liegen auf der quantifizierenden Rekonstruktion des Paläoklimas und auf der möglichst sicheren geologischen Datierung, d. h. auf der Bearbeitung der Quartärstratigraphie. Dies erfordert z.T. umfangreiche Kommentare. Wenige Angaben mögen genügen, um zu zeigen, welche Datentypen gegenwärtig enthalten sind: 1260 Jahrringkurven, 33774 Angaben zu Gletschergrößen, 10266 moderne Klimadaten, für 505 Orte Klimarekonstruktionen, 416 Angaben zu Meeresspiegelschwankungen, 1045 paläobiologische Daten, 1292 Pollenprofile, 983 paläoozeanographische Daten, 17877 Daten zur heutigen und ehemaligen klimatischen Schneegrenze, 539 Angaben zu Seespiegelschwankungen, 365 stratigraphische Begriffe, 1510 Angaben zu Alter und Verbreitung von Vulkanausbrüchen, etwa 460 Angaben zu Fundkomplexen von Tieren und Pflanzen. In dem genannten Zeitraum ist die PKDB in 34329 Fällen erfolgreich von auswärts genutzt worden, allein 921 mal innerhalb einer Woche; 252 Anfragen verliefen ergebnislos. Die internationale Nutzung hat seit September 1997 ständig und schnell zugenommen. Die Fortführung der Arbeiten an dieser Datenbank bereitet allerdings augenblicklich erhebliche finanzielle Schwierigkeiten. Es ist unklar, wie sie überwunden werden können.

Zeitlicher Verlauf und Charakter der natürlichen Klimavariabilität

Letztes Interglazial und Beginn der Letzten Eiszeit

Das paläoklimatisch sehr wichtige Problem des Überganges vom Letzten Interglazial in die Letzte Eiszeit ist intensiv von der Arbeitsgruppe der Herren Priv.-Doz. Dr. Frank Wolfgang Junge, Halle, und Priv.-Doz. Dr. Burkhard Scharf, Magdeburg, an Hand des Braunkohletagebaus Gröbern, Sachsen, bearbeitet worden. Das studierte Profil umfaßt die Sequenz vom Ende der Saale-Eiszeit bis in den Beginn der Weichsel-Eiszeit. Die methodologisch sehr umfangreichen Arbeiten konzentrierten sich besonders auf den Übergang vom Letzten Interglazial in den Bereich der ersten Stadiale und Interstadiale der Letzten Eiszeit. Es zeichnet sich hier ein überraschend schneller Wechsel vom Interglazial in das erste Stadial ab, der im Widerspruch stehen könnte zu den von Hrn. Frenzel mitgeteilten Befunden zum Ende des Letzten Interglazials bei Krumbach in Oberschwaben (Frenzel, B., und Bludau, W.: On the duration of the interglacial to glacial transition at the end of the Eemian interglacial – deep sea stage 5e –: Botanical and sedimentological evidence: In: Berger, W. H., and Labeyrie, L. D. (eds.): Abrupt climatic change. Reidel, Dordrecht, 151–162, 1987). Dort erfolgte dieser Übergang über einen Zeitraum von etwa 3000 bis 4000 Jahren. Es ist noch unklar, ob dieser Gegensatz durch einen Hiatus im Profil Gröbern verursacht wird oder ob noch andere Gründe in Frage kommen. Interessanterweise hatte das erste Stadial der Letzten Eiszeit (Herning-Stadial) in Gröbern nach Ausweis der $\delta^{18}O$-Werte des lakustrinen Karbonats einen Rückgang der Temperaturen gegenüber denen der vorangegangenen Zeit um 6 bis 11 °C gebracht, und selbst die Temperaturschwankung innerhalb des anschließenden Brørup-Interstadials wies eine Abkühlung von ungefähr 5 bis 9 °C auf. Im Herning-Stadial zeichnen sich zudem reichlich Mineralgesellschaften der Seeablagerungen ab, die auf einen Transport aus Moränen verweisen, während sich diese Beziehung bei den späteren Stadialen aus dem Beginn der Letzten Eiszeit dort nicht mehr bemerkbar macht. Es ist fraglich, was sich hinter diesem Transport von Moränenmaterial verbirgt.

Es war früher angenommen worden, daß, wie auch an anderen Stellen des Mittelmeergebietes, warmzeitliche Kalksinter der Plitvicer Seen, Kroatien, entweder aus Interstadialen der Letzten Eiszeit oder aus den dort klimatisch wesentlich begünstigteren Anfangsphasen der Letzten Eiszeit datieren. Durch U/Th-Datierungen konnte Herr Professor Dr. Mebus A. Geyh, Hannover, zeigen, daß dies für Plitvice nicht

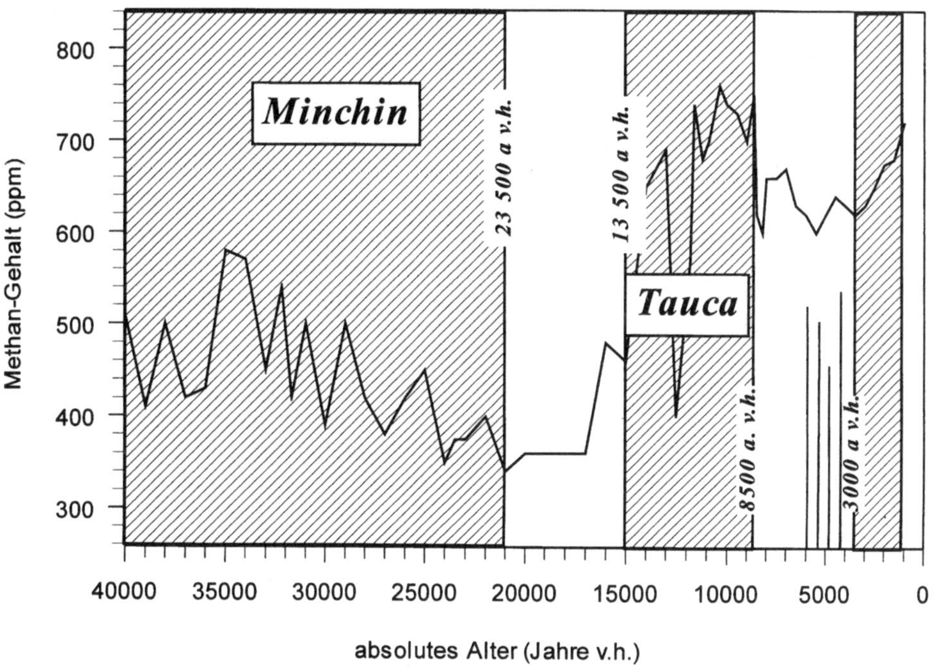

Abb. 1: Phasen feuchten Klimas (schraffiert) im ariden südlichen Südamerika und Schwankungen des Methangehaltes der Atmosphäre (nach Gasanalysen des grönländischen Inlandeises, GRIP). Die vertikalen Striche zwischen 8500 a.v.h. und 3000 a.v.h. bezeichnen gut datierte, geomorphologisch sehr wirksam gewesene Starkregenereignisse innerhalb einer Phase ariden Klimas auf dem Altiplano. – Original: Professor Dr. Mebus A. Geyh.

zutrifft: Hier stammen diese Sinter im wesentlichen aus dem Letzten Interglazial. Andererseits datieren nach vergleichbaren Untersuchungen derselben Arbeitsgruppe die bisher oft dem Letzten Interglazial zugeschriebenen Travertine von Weimar-Ehringsdorf vor allem aus einem früheren Interglazial, wie auch die Travertine von Bilzingsleben und Stuttgart-Bad Cannstatt (Tiefseestadien 7 und 9). Diese Korrekturen verweisen auf das eingangs hervorgehobene Problem der oft selbst heute noch unsicheren Datierung mancher für die Paläoklimatologie wichtiger Bildungen.

Mittlerer Teil der Letzten Eiszeit (deep sea stage 3)

Innerhalb der Klimaschwankungen der Letzten Eiszeit nehmen die des mittleren Teiles dieser Zeit (deep sea stage 3) eine immer wichtigere Position ein, da sie zu zeigen scheinen, daß damals, im Gegensatz zu den höheren nördlichen und südlichen Breiten, die Tropen und Subtropen bemerkenswert feuchte Klimate erlebt hatten. Dies läßt auf eine damals ganz andere atmosphärische Zirkulation schließen, als gegenwärtig. Die Arbeitsgruppe von Professor Dr. Mebus A. Geyh beschäftigte sich in diesem Rahmen mit dem Alter der Grundwässer im Gran Chaco von Paraguay und Bolivien, sowie mit Seesedimenten aus Lagunen der südlichen Atacama, Chile. Hier zeigt sich, daß das Klima zwischen etwa 40 000 und 23 500 ^{14}C-Jahren vor heute (v. h.) in der sogenannten Minchin-Phase (Abb. 1) sehr feucht gewesen ist. Zur selben Zeit war der CH_4-Gehalt der Atmosphäre, wie er aus Gasanalysen des grönländischen Inlandeises von anderen Arbeitsgruppen erschlossen worden war, recht hoch. Hieraus wird abgeleitet, daß die tropisch-subtropischen Feuchtgebiete der damaligen Zeit die hohen Methangehalte geliefert haben.

Zur selben Zeit hatten sich auch zahlreiche Seen in der heute hyperariden östlichen Sahara und in Libyen gebildet (Arbeitsgruppe Herrn Professor Dr. Hans-Joachim Pachurs, Berlin), und vieles spricht dafür, daß sich dasselbe auch in Hochtibet ereignet hatte (Arbeitsgruppe von Herrn Priv.-Doz. Dr. Frank Lehmkuhl, Göttingen, und Hrn. Frenzels). Hinsichtlich Hochasiens müßte das auf eine deutlich verstärkte monsunale Tätigkeit verweisen. Es wäre sehr interessant zu ermitteln, wie sich das Klima gleichzeitig im Tien Schan gestaltet hatte, der während des Holozäns weniger vom Monsunklima beeinflußt wurde, als von aus dem Westen kommenden Tiefdruckgebieten.

Die erwähnten Daten verlangen danach, durch weitere Originalbefunde und Klima-Modellrechnungen überprüft und verfeinert zu werden, da sie möglicherweise ganz andere Muster der atmosphärischen Zirkulation verstehen lehren, als sie heute oder auch während des Hochstandes der Letzten Eiszeit geherrscht hatten.

Das Hochglazial der Letzten Eiszeit (Last Glacial Maximum, LGM)

Nord- und Zentralafrika nehmen für ein volles Verständnis der Klimaentwicklung während des LGM eine ganz besondere Stellung ein, da die atmospärische Zirkulation der damaligen Zeit ohne gute Kenntnisse der Klimasituation und -änderungen in den ausgedehnten Trocken- und Feuchtgebieten des genannten Raumes für die gemäßigten und kalten Breiten der Nordhalbkugel kaum richtig verständlich wird. Andererseits ist die räumliche und zeitliche Verteilung aufschlußreicher Befunde zur Paläoklimatologie Nord- und Zentralafrikas doch recht beschränkt. Die Arbeitsgruppen von Priv.-Doz. Dr. Dieter Anhuf und Professor Dr. Dr. h.c. Peter Frankenberg, beide Mannheim, und Hrn. Lauers haben dort in den vergangenen Forschungszeiträumen Pionierarbeit geleistet. Meist wird angenommen, daß sich die natürliche Vegetation im Gleichgewicht mit dem gegenwärtigen Klima befindet, daß also bei Anwendung des Aktualismus-Prinzips aus der ehemaligen Verbreitung bestimmter Vegetationseinheiten auf das damalige Klima geschlossen werden kann. Diese Prämisse ist schon in den gut untersuchten gemäßigten Breiten der Nordhalbkugel keineswegs überall und zu jedem Abschnitt der Vergangenheit gültig. In noch viel stärkerem Maße gilt das für Nord- und Zentralafrika, da hier der menschliche Eingriff in die Vegetation und den Naturhaushalt einerseits sehr stark gewesen ist, andererseits selbst heute noch nicht sicher überblickt werden kann, seit wann er in den verschiedenen Gebieten dieses Großraumes bedeutungsvoll für die Landschaftsökologie und das Klima geworden ist. Die erwähnte Arbeitsgruppe hat daher zunächst in mühevollen Literaturstudien, unterstützt durch eigene, zeitaufwendige Geländearbeiten in unterschiedlich stark durch Mensch und Tier beanspruchten Teillandschaften Westafrikas das Bild der heutigen natürlichen Vegetation zu rekonstruieren versucht. Das Ergebnis ist kartographisch festgelegt worden. Mit Hilfe dieser Darstellung konnte anschließend der Versuch unternommen werden, die Beziehung zwischen der so ermittelten „natürlichen" Vegetationsverbreitung und dem Gebietswasserhaushalt rechnerisch zu erfassen, verständlicherweise auch in Abhängigkeit von den thermischen Bedingungen. Der nächste Schritt war eine Berechnung des Wasserhaushaltes der einzelnen Landschaften für den Hochstand der Letzten

Eiszeit, gemäß den damaligen Oberflächentemperaturen der umgebenden Meere. Diese hatte 1976 die US-amerikanische Forschergruppe CLIMAP aus der ehemaligen Verbreitung mariner Foraminiferengesellschaften zu bestimmen versucht. Die so gewonnenen Temperaturwerte standen aber im Widerspruch zu vielen Angaben der „Terrestrischen Paläoklimatologie“, wie sie im „Atlas of Palaeoclimates and Palaeoenvironments on the Northern Hemisphere – Late Pleistocene, Holocene“ (Frenzel, B., Pécsi, M., and Velichko, A. A., eds., Gustav Fischer Verlag, Stuttgart, 1992) dargestellt worden waren. Die Arbeitsgruppe der „Marinen Paläoklimatologie“ (Herr Professor Dr. Michael Sarnthein, Kiel) hat sich daher der schwierigen Aufgabe unterzogen, die Werte der Oberflächentemperaturen des LGM für den Atlantik neu zu berechnen. Die Ergebnisse nähern sich jetzt denen der „Terrestrischen Paläoklimatologie“ sehr gut an (erste Darstellung in „Klimaforschungsprogramm des BMBF 1994 – 1997; Programm der Abschlußveranstaltung am 9. und 10. Juni 1998 in Mainz und Berichte aus den einzelnen Projekten“, Band 1; Ehrhard Raschke, GKSS 1997). Diese Werte der damaligen Oberflächentemperaturen des Atlantischen Ozeans und jene des Indischen Ozeans wurden dann von der Arbeitsgruppe Anhuf-Frankenberg-Lauer in die Modellrechnungen des damaligen Wasserhaushaltes einbezogen und für die Rekonstruktion der wichtigsten Vegetationstypen verwandt. Eine Überprüfung der Berechnungsergebnisse durch vegetationsgeschichtliche Befunde sehr verschiedener internationaler Arbeitsgruppen, auch jener der „Marinen Paläoklimatologie“, ergaben eine sehr gute Übereinstimmung, so daß angenommen werden kann, daß der eingeschlagene Weg angesichts der regional oft ungenügenden Datenlage der Originalbefunde, richtig war (Karte in: Jahrbuch der Akademie der Wissenschaften und der Literatur, 1997, S. 170). Andererseits zeigte sich aber auch, daß die aus den neu berechneten Oberflächentemperaturen der Ozeane abzuleitenden Werte des Wasserhaushaltes der afrikanischen Landschaften des untersuchten Gebietes sehr gut mit den früher bestimmten Werten der „Terrestrischen Paläoklimatologie“ übereinstimmen, wie sie im erwähnten Atlas auf Grund ganz anderer Befunde dargestellt worden waren.

Bei diesen Berechnungen wurde erneut deutlich, daß das damalige Klima der Sahara in viel stärkerem Maße als gegenwärtig hyperarid war. Dies bestätigen auch die Gelände- und Laborbefunde der Arbeitsgruppe von Herrn Professor Dr. Hans-Joachim Pachur, Berlin, vor allem in Libyen und der Ostsahara, aber auch diejenigen der Arbeitsgruppe von Herrn Priv.-Doz. Dr. Frank Lehmkuhl, Göttingen, und Hrn. Frenzels für das tibetische Plateau, wo sich keinerlei Hinweise auf ein damaliges Inlandeis finden ließen, viel mehr nur auf eine räumlich sehr beschränkte Gebirgsvergletscherung.

Das Spätglazial

Die methodologisch vielseitigen Untersuchungen der Arbeitsgruppen der Herren Priv.-Doz. Dr. Frank Wolfgang Junge und Burkhard Scharf an den Spätglazialprofilen Krumpa, Tagebau Geiseltal, und Plinz, südlich von Jena, haben deutlich erkennen lassen, welche Interpretationsschwierigkeiten selbst bei zahlreichen ^{14}C-Datierungen eines einzigen geologischen Profils auftreten können, besonders falls unterschiedliche Materialien datiert worden sind. In diesem Fall müssen sehr methodenkritische Erörterungen angewandt werden, um auf sicheren Boden zu gelangen. Insofern vermögen mindestens in geeigneten Fällen dendrochronologische Analysen weiterzuführen (Arbeitsgruppen von Herrn Dr. Bernd Kromer und Hrn. Frenzels). Denn an Hölzern des südlichen Mitteleuropas konnte auf diesem Wege das folgende zeitliche Gerüst, unter Berichtigung früherer Ergebnisse, erarbeitet werden: Mitteleuropäische Eichenchronologie von 1997 n. Chr. bis 8481 v. Chr. (BC); präboreale Kiefernchronologie 7960 BC bis 9931 BC; über ^{14}C-Hochpräzisionsanalysen im Kurvenvergleich angeschlossen: Kiefernchronologie des Tagebaus Cottbus-Nord: 9930 bis 10227 BC; Lärchenchronologie von Revine, Oberitalien: 13750 bis 14100 BC. Es sind damit die letzten 12224 Jahre ± lückenlos überdeckt! Davor liegen noch drei längere Teilchronologien, die hoffentlich bald an die sehr lange Chronologie des Holozäns angeschlossen werden können. Dies sollte auch den Arbeiten am Profil Plinz zu Gute kommen, da dort Hölzer in einer Sequenz anstehen, die pollenanalytisch nicht ganz eindeutig datiert zu sein scheint. Die an lakustrinen Karbonaten, Molluskenschalen und z.T. auch Hölzern durchgeführten Analysen der Gehalte an stabilen Isotopen des Sauerstoffs und des Kohlenstoffs lassen in den Vorkommen Plinz und Krumpa wichtige Aussagen zum Wasserhaushalt der damaligen Zeit zu, wegen vorherrschender Verdunstungseffekte aber noch keine Temperaturabschätzungen über die δ^{18}O-Werte. Andererseits ist sehr bemerkenswert, daß in Krumpa Seespiegelschwankungen während des Alleröd-Interstadials ermittelt werden können, wie auch der Eintrag von Lößstaub während der anschließenden Jüngeren Tundrenzeit. Dies verweist auf das damals sehr trocken-kalte Klima. Kombiniert mit den oben erwähnten dendrochronologischen Analysen werden so Geschwindigkeit und Ausmaß spätglazialer Klimaschwankungen deutlich. Dies kann für die richtige Interpretation der Gehaltsänderungen stabiler Isotope in der Zellulose des Holzes der eben erwähnten Kiefernsequenz wichtig werden. Denn dort stellt sich das folgende Problem: Nach Ausweis des ^{18}O-Gehaltes an jahreszeitlich geschichtetem grönländischem Inlandeis (internationales Forschungsprogramm GRIP), sowie an Hand jahreszeitlich geschichteter Seeablagerungen Mitteleuropas (Arbeitsgruppen von Herrn Professor Dr. Jörg Negendank, Potsdam, und von Herrn Dr. Josef Merkt, Hannover) kann nämlich ermittelt werden, daß ein rapider Temperaturanstieg gegen 11560 (cal. v. h.) eingetreten war, der sich in maximal zwei Jahrzehnten ereignet hatte. Eine derart rapide Erwärmung läßt sich im Gehalt stabiler Isotope in der Zellulose des Holzes zur selben Zeit nicht nachweisen (Arbeitsgruppen von Herrn Dr. Bernd Kromer, Heidelberg, Herrn Dipl.-Phys. Peter Trimborn, Neuherberg, und Hrn. Frenzels), vielmehr deutet dort alles darauf hin, daß sich die Erwärmung und die Umstellung der atmosphärischen Zirkulation von den eiszeitlichen auf die nacheiszeitlichen Bedingungen oszillierend und z.T. sprunghaft innerhalb eines Zeitraumes von einigen Jahrhunderten ereignet hatten. Es bieten sich zwei Erklärungsmöglichkeiten an, nämlich einerseits, daß sich der im grönländischen Inlandeis und in den mitteleuropäischen Warven ablesbare Temperatursprung in einer der schrittweisen Erwärmungen abzeichnet, die in der Gehaltskurve stabiler Isotope in der Zellulose enthalten sind. Hierfür könnte sprechen, daß sich gerade gegen 11560 v. h. in der Isotopenkurve des Holzes ein nicht sehr großer Sprung der registrierten Werte bemerkbar macht. Andererseits könnte aber auch die Kurve der ^{13}C- und ^{2}H-Gehalte in der Zellulose des Holzes eine Kombination aus Änderungen der Oberflächentemperatur des Atlantischen Ozeans und der Umstellung seiner Zirkulation darstellen, denen die Änderungen der Lufttemperatur nur schwach erkennbar überlagert sind. Um dieses wichtige Problem der sicheren Interpretation paläoklimatischer Indizien lösen zu können, wird es dringend erforderlich, die Untersuchungen auf einen weiteren geographischen Rahmen auszudehnen. Gerade hierin sind die Beobachtungen in Krumpa und Plinz so wichtig, falls sie weiter zeitlich präzisiert werden können.

Das Holozän

Angesichts der eingangs erwähnten Datierungsschwierigkeiten, besonders beim Vergleich verschiedener Sedimentationsräume untereinander, kommt dem Versuch der Arbeitsgruppe von Herrn Professor Dr. Johann Stötter, Innsbruck, eine hohe Bedeutung zu, Aschenlagen isländischer Vulkane als Synchronisationshorizonte zwischen Festland und Meer herauszuarbeiten. Tatsächlich ist es in jahrelanger internationaler und multidisziplinärer Arbeit gelungen, auf Nord-Island (Gebiet von Tröllaskagi und Flatyjarskagi) etwa 70 verschiedene Tephralagen zu bestimmen, die augenblicklich noch geochemisch und mineralogisch bearbeitet werden. Diese Tephralagen überdekken die letzten 9700 Jahre (^{14}C, unkalibriert). Mehrere von ihnen konnten durch eine große Zahl von ^{14}C-Analysen (meist Arbeitsgruppe von Herrn Professor Dr. Mebus A. Geyh, Hannover) in ihrer zeitlichen Position einigermaßen eingegrenzt werden, wenn es dabei auch immer noch, wie eingangs erwähnt, z.T. erhebliche Diskrepanzen gegeben hat. Diese Aschenlagen grenzen Gletschervorstöße ein, aus deren Größe gemäß dem Aktualismus-Prinzip die ehemaligen Klimabedingungen einigermaßen umrissen werden können. Hiernach schwankten die Temperaturen in Nordisland zwischen den folgenden Extremen: Kaltphasen: Jahresmitteltemperatur am Meeresspiegel um +1,5 °C, Sommermittel (Mai bis September) etwa +7,0 °C, Wintermittel (Oktober bis April) etwa –2,5 bis –3,5 °C. Demgegenüber lagen die Werte zu Zeiten wärmerer Klimate dort bei ungefähr +4,5 °C als Jahresmittel, etwa +10 °C als Sommermittel und um +1 °C während der Wintermonate, in denen kaum Meereis an den Küsten vorhanden war oder gar ganz gefehlt hatte. Während des holozänen Klimaoptimums können die Werte noch höher gewesen sein. Diese Werte decken sich recht gut mit denjenigen, die im „Atlas of Palaeoclimates and Palaeoenvironments" dargestellt worden sind. Im Naturzustand hatte es auf Island Birkenwälder gegeben. Ihre obere Waldgrenze scheint während des holozänen Klimaoptimums bei 450 bis 500 m Höhe gelegen zu haben. Da es diese Wälder heute nicht mehr gibt, können sie nicht zur Klimarekonstruktion herangezogen werden. Immerhin ist es aber bemerkenswert, daß die Waldgrenze zwischen 5045 +/–45 v. h. und 4340 +/–45 v. h., sowie zwischen 3850 +/–65 und einige Zeit vor 2800 v. h. deutlich herabgedrückt worden war. Dies paßt zu Zeiten dort auf anderem Wege ermittelter Gletschervorstöße.

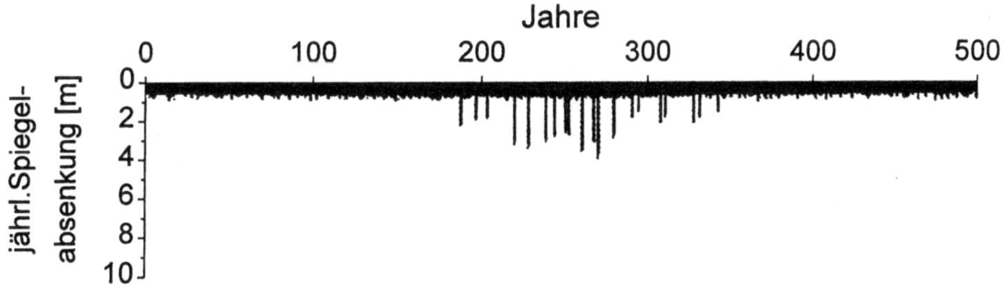

Abb. 2: Gang der säkularen Seespiegelschwankungen im Hämelsee, Norddeutschland. – Original: Dr. Josef Merkt.

Isotopenhydrologische Vollanalysen: 64 (Hv 18969-18974, 18989-18991, 19350-19354, 19542-19553, 19882-19889, 20199-20203, 20304-20306, 20975-20979, 21159-21160, 21206-21207, 21256, 21357-21394, 22214-22217, 22444-22451, 22610-11628).

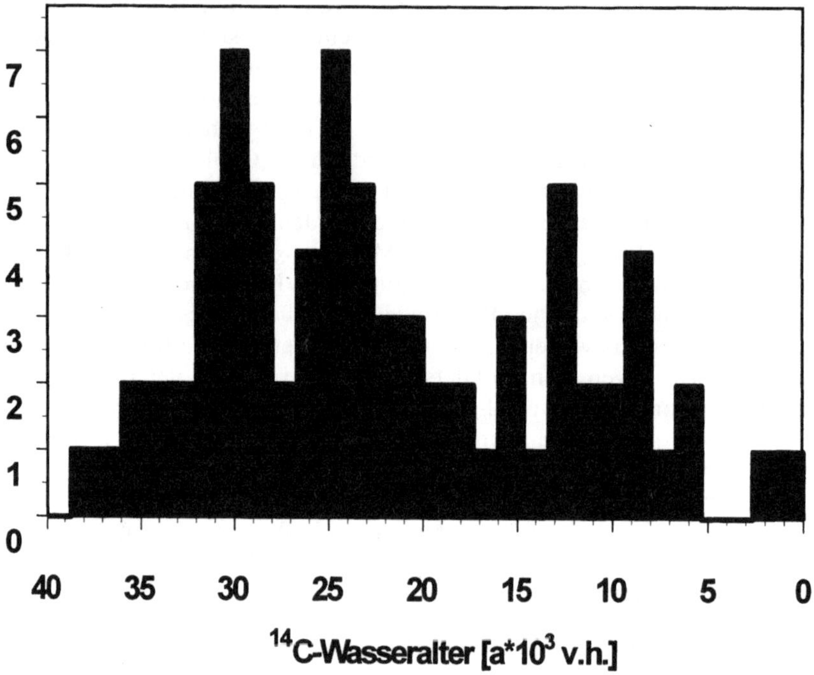

Abb. 3: ^{14}C-Alter des Grundwassers in Wüstengebieten östlich des Mittelmeeres. Ordinate: Anzahl der Altersdaten pro Zeiteinheit – Original: Professor Dr. Mebus A. Geyh.

Die vielfach recht ungenauen Angaben über Bestimmungsmethode, Datierung und paläoökologische Analyse der in einer breiten internationalen Literatur aufgeführten holozänen Seespiegelschwankungen erlauben bei kritischer Analyse nur sehr wenig zuverlässige Aussagen zur regionalen Periodisierung eben dieser Schwankungen, obwohl sie verschiedentlich zur Klimarekonstruktion herangezogen worden sind (Arbeitsgruppe Hrn. Frenzels). Umso wichtiger ist es, daß Herr Dr. Josef Merkt im Hämelsee nördlich von Hannover durch sehr eng positionierte Bohrprofiele im späten Präboreal eine etwa 230 Jahre lange Phase schnell aufeinander folgender, jeweils 1 bis 3 Jahre umfassender Spiegelschwankungen hatte nachweisen können (Abb. 2), die aller Wahrscheinlichkeit nach klimatisch verursacht worden waren und geeignet sind, das meist akzeptierte Bild großzügiger Spiegelschwankungen entscheidend zu verbessern. Eine quantifizierende paläoklimatische Analyse steht noch aus. Immerhin wird man aber damit rechnen müssen, daß es auch andernorts derartige kurze Spiegelschwankungen gegeben hat. Sie lehren wiederum, daß die minutiöse Auflösung paläoklimatischer Indikatoren ebenso wichtig ist, wie eine ganz präzise Datierung, etwa durch jahreszeitlich geschichtete Seeablagerungen.

Die nordafrikanischen und vorderasiatischen Trockengebiete (Abb. 3) hatten ebenso wie diejenigen Hochasiens während des ersten Teiles des Holozäns erheblich mehr Feuchtigkeit erhalten als gegenwärtig. Hierüber ist früher bereits berichtet worden. Die Arbeitsgruppe von Herrn Professor Dr. Hans Joachim Pachur hat durch sehr umfangreiche, mühevolle Gelände- und Laborarbeit nachweisen können, daß in der Zeit zwischen etwa 9300 und 5700 v. h. in der Sahara ein Seengürtel bestanden hatte, der sich vom Ptolemäus-See Westnubiens über den Mega-Tchad, die nördlich gelegenen Seen des Kufra-Beckens in Libyen bis nach Niger erstreckt hatte. Diese Seen hatten eine reiche Tierwelt ermöglicht. Sie waren gespeist durch erhöhte Niederschläge, bildeten selbst aber dank ihrer Größe selbständige Feuchtigkeitsquellen für die Umgebung. Die Verbreitung und Art der natürlichen Vegetation dieses Zeitraumes wurde von der Arbeitsgruppe von Priv.-Doz. Dr. Dieter Anhuf und Professor Dr. Dr.h.c. Peter Frankenberg, sowie Herrn Lauers für Afrika zwischen 12°N und 10°S rekonstruiert. Sie soll schon bald veröffentlicht werden und wird es dann gestatten, die klimatischen Bedingungen dieser interessanten Zeit wesentlich genauer als bisher für Nord- und Zentralafrika zu erfassen. Bei den erwähnten Untersuchungen ist mehrfach für Nordafrika erwiesen worden, daß der allgemeinen Klimagunst kurzfristige Schwankungen überla-

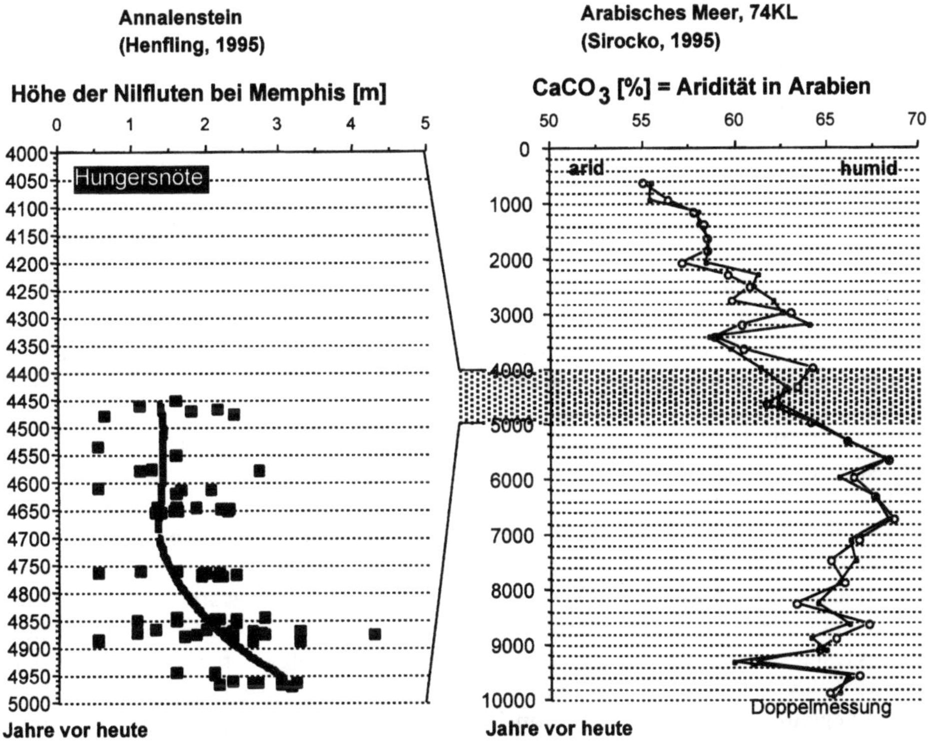

Abb. 4: Höhe der Nilfluten nach hieroglyphischen Aufzeichnungen bei Memphis, im Vergleich zu Schwankungen des $CaCO_3$-Gehaltes der Sedimente einer marinen Bohrung im Arabischen Meer, als Ausdruck der Aridität des Klimas. Der horizontale, gerasterte Bereich gibt für die Tiefsee den hieroglyphisch erfaßten Zeitraum an. – Original: Dipl.-Theol. Edwin Henfling.

gert gewesen waren. Die Arbeitsgruppe von Herrn Professor Dr. Mebus A. Geyh konnte nun zeigen, daß diese kürzeren Schwankungen auch im Sedimentationsgeschehen des Indischen Ozeans gut faßbar sind. Sie verliefen dort synchron mit Schwankungen der $\delta^{18}O$-Kurve des grönländischen Inlandeises und zeigen damit an, daß das Monsunsystem Zentralasiens in seiner Tätigkeit mit Klimaschwankungen des Nordatlantiks gekoppelt zu sein scheint. Die klimatisch gesteuerten Änderungen der Sedimentologie des nördlichen Indischen Ozeans können aber auch mit hieroglyphisch übermittelten Schwankungen der Nilstände verknüpft werden, jedenfalls für einige wichtige Phasen der jungholozänen Klimageschichte (Arbeitsgruppe Herrn Professor Dr. Wolfhart Westendorfs und Dipl.-Theol. Edwin Henflings, Göttingen, Abb. 4), so daß sich ein zuverlässiges Bild der Klimageschichte dieses Raumes abzuzeichnen beginnt. Hierbei ist wichtig, daß die hieroglyphischen Aufzeichnungen gegen 3018 v. Chr. beginnen, in einer Zeit, als sich der Wasserhaushalt Nordafrikas schon deutlich gegenüber der frühholozänen Gunstphase verschlechtert hatte. Es können somit schriftliche Quellen mit naturwissenschaftlichen Beobachtungen auch auf dem Festland verknüpft werden. Dabei zeigt sich ,daß zu einer Zeit, als auf geomorphologischem Wege in der Ost-Sahara noch z.T. ausgedehnte Seen nachgewiesen werden konnten (2260 v. Chr.) sehr Trinkwasser-bedürftige, große Eselkarawanen (um 300 Tiere) nach Ausweis der schriftlichen Quellen weit nach Westen in die heute hyperariden Gebiete hatten vorstoßen können (Abb. 5). Hierbei ist allerdings auch zu berücksichtigen, daß eine starke vorangegangene Auffüllung der Aquifere eine jüngere klimatische Beanspruchung des Wasserhaushaltes zu verschleiern vermag (Arbeitsgruppe von Herrn Professor Dr. Mebus A. Geyh).

Als Nebenprodukt der paläoklimatologischen und paläoökologischen Untersuchungen von ägyptologischer Seite ist besonders hervorzuheben, daß es der Göttinger Arbeitsgruppe gelungen ist, den pharaonisch-ägyptischen Kalender mit dem gregorianischen und julianischen in großen Tabellenwerken zu verknüpfen. Dies ist wichtig, da nur so die verschiedenen schriftlichen Quellen aus dem ägyptischen Raum (Ägyptologie: Arbeitsgruppe Westendorf-Henfling; Arabistik: Arbeitsgruppe Professor Dr. Heinz Grotzfeld, Münster) mit denen des europäischen Raumes verknüpft werden können. Hierbei ist sehr förderlich, daß die arabischen Aufzeichnungen, die zur Rekonstruktion des Klimas im Vorderen Orient genutzt werden, von Herrn Professor Dr. Heinz Grotzfeld in eine Datenbank überführt worden sind und somit einem weiten Interessentenkreis zur Verfügung stehen.

Ähnlich wie in Nordafrika, war auch das Klima des Tibetischen Plateaus während des ersten Teiles des Holozäns recht feucht, und viele Moore begannen schon an der Grenze Pleistozän/Holozän zu wachsen; andererseits hatten auch viele dortige Seen Spiegelhochstände. Das Monsunsystem muß also sehr intensiv gearbeitet haben. Entsprechendes konnte von der „Marinen Paläoklimatologie" im Nordteil des Indischen Ozeans festgestellt werden. Es ist schon bei früheren Berichten dargestellt worden, daß sich die Waldvegetation Ost- und Südtibets seit etwa 6000 v. h. (uncalibr. ^{14}C) zurückzuziehen begann. Die Arbeitsgruppe von Herrn Priv.-Doz. Dr. Frank Lehmkuhl konnte nun an Hand gemeinsamer Tibet-Expeditionen mit Hrn. Frenzel ermitteln, daß heute fossile Humushorizonte in einem breiten zeitlichen Rahmen, von etwa 4700 v. h. bis ca. 1700 v. h., von Hangschutt und anderen jüngeren Sedimenten überdeckt worden sind. Dies könnte als Hinweis auf eine zunehmende Abkühlung gedeutet werden, doch fragt

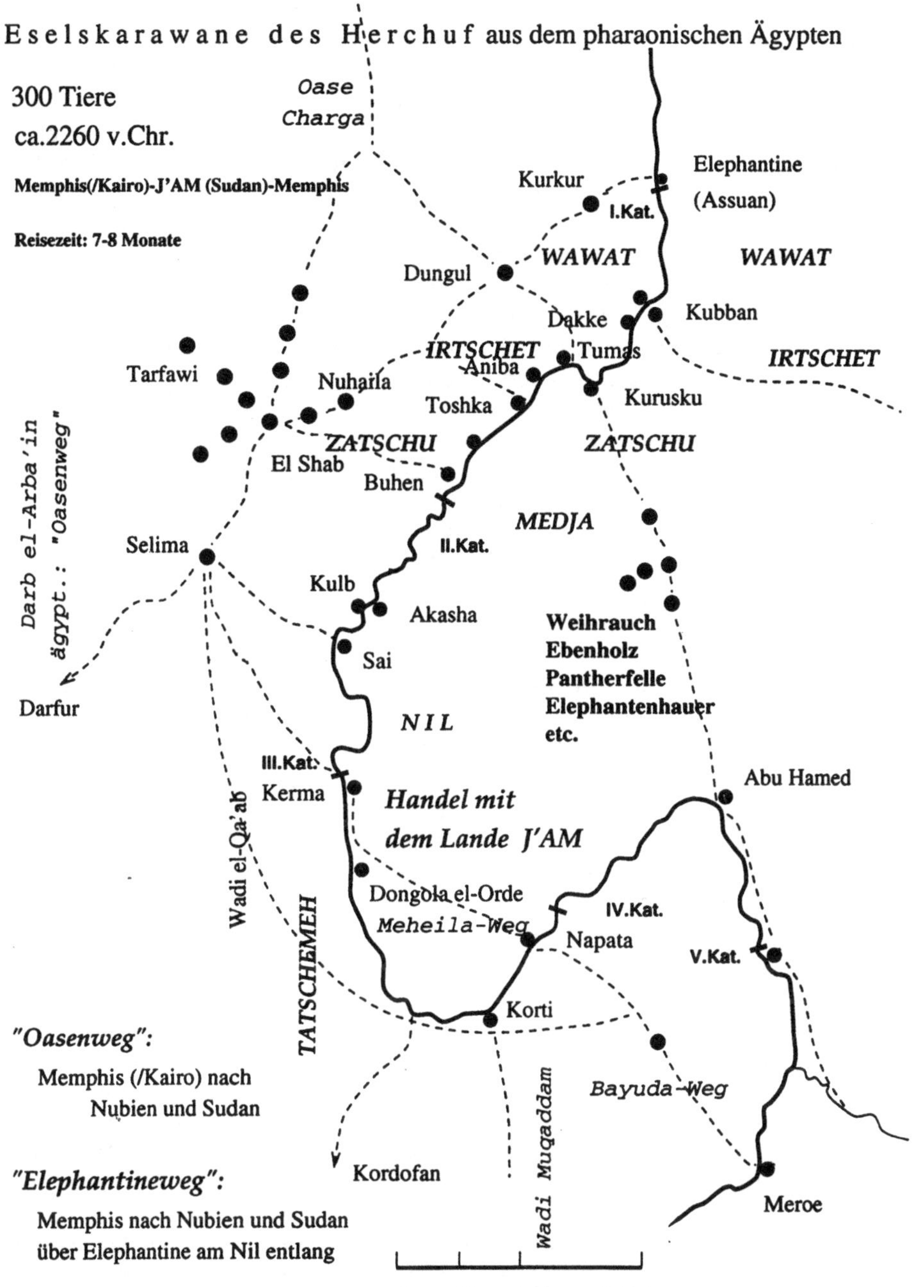

Abb. 5: Wege der Eselskarawanen um 2260 v. Chr. in heute hyperariden Gebieten Ägyptens, nach hieroglyphischen Aufzeichnungen. – Original: Dipl.-Theol. Edwin Henfling.

sich angesichts dieses sehr breiten Zeitraumes, ob nicht der Mensch seine Hand ganz entscheidend im Spiel gehabt hatte, nur eine Klimaänderung vortäuschend oder ihre Auswirkungen deutlich verstärkend. In diesem Zusammenhang ist bemerkenswert, daß es der Arbeitsgruppe von Herrn Dr. Gerhard Schleser, Jülich, gelungen ist, etwa 1500 Jahre lange Jahrringsequenzen tibetischer Wacholder, die in Südost-Tibet bei 4500 m Höhe nahe der Waldgrenze wachsen, auf ihren Gehalt an ^{13}C zu untersuchen. Hierbei zeichnen sich dieselben Klimaschwankungen ab, offenbar auch in derselben Größenordnung, wie in Mitteleuropa, nämlich das Mittelalterliche Klimaoptimum und die Kleine Eiszeit. Beide Abschnitte der jüngeren Klimageschichte waren wie die entsprechenden Mitteleuropas durch kleine Oszillationen untergliedert.

Interessanterweise verlief die Klimaentwicklung, ermittelt nach denselben Kriterien, im zentralen Tien Schan deutlich anders, so daß der Korrelationskoeffizient zwischen den Isotopenkurven beider Gebiete nur $r = 0{,}25$ beträgt und derjenige zwischen Tien Schan und dem Karakorum $r = 0{,}21$. Der Korrelationskoeffizient zwischen den $\delta^{13}C$-Kurven Ost-Tibets und des Karakorum beläuft sich aber auf $r = 0{,}61$. Es wird deutlich, daß der Tien Schan unter einem ganz anderen Klimasystem steht als die beiden anderen Gebiete. Dies läßt bei Fortsetzung der Arbeiten auf interessante Ergebnisse zur regionalen Klimageschichte der betrachteten Räume – auch quantifizierend – hoffen. Die $\delta^{13}C$-Kurve aus der Zellulose des Holzes südosttibetischer Wacholder sinkt ab etwa 1900 n. Chr. rapide ab. Dies wird erklärt als Folge der Verbrennung fossiler Energieträger, der massiven Rodung in den USA und der Beeinflussung der Stomataweiten durch die sich ändernden CO_2-Partialdrucke. Man mag sich aber fragen, ob nicht die Rodung und Überweidung in der unmittelbaren Umgebung des untersuchten Waldes eine viel größere Bedeutung gehabt hat, als die genannten Faktoren. Auch hierzu ist weitere Arbeit erforderlich. Zum Glück konnte reiches Material bei der Tibetexpedition des Jahres 1996 geborgen werden (Arbeitsgruppe Hrn. Frenzels).

Die Arbeitsgruppe von Herrn Professor Dr. Klaus Dieter Jäger, Halle, untersucht auf geologischem, landschaftsökologischem, archäologischem und chronikalischem Wege die Geschichte des Klimas Mitteleuropas während des Holozäns. Über die bisher erzielten Resultate zur Geschichte der Hochwässer Mittel- und Norddeutschlands auf Grund schriftlicher Aufzeichnungen etwa ab 1500 n. Chr. ist bereits früher berichtet worden. Im vorliegenden Zusammenhang interessieren Befunde zur älteren Klimageschichte. Es wird hervorgehoben, daß Phasen der prähistorischen und historischen intensiven Besiedlung dieses Raumes auffallend mit Phasen trockener Klimate und mit Regressionsphasen an der Nordseeküste zusammenfallen. Das insgesamt verblüffende Bild sollte aber vielleicht noch mit Befunden der Isotopenklimatologie aus Jahrringen mitteleuropäischer Hölzer verglichen werden (Arbeitsgruppen von Herrn Dr. Bernd Kromer, Herrn Dr. Gerhard Schleser, Herrn Dipl.-Phys. Peter Trimborn und Hrn. Frenzels), aus denen hervorgeht, daß das mitteleuropäische Klima seit etwa 6000 v. h. (^{14}C, uncalibr.) sehr variabel geworden ist, mit mittleren Phasenlängen der Schwankungen von etwa 100 bzw. 200 Jahren. Angesichts dieser Befunde wird es schwer, vorgeschichtliche und geschichtliche Prozesse so eindeutig mit Klimaschwankungen zu verknüpfen, daß von Ursächlichkeit gesprochen werden darf. Andererseits zeigt sich, daß die bedeutende Klimaschwankung gegen 2800 v. h. (uncalibr. ^{14}C) etwa zeitgleich mit einem Schmelzwasserereignis des Nordatlantiks erfolgt ist (Dr. Bernd Kromer), nicht aber viele andere holozäne Klimaschwankungen. Hier gewinnt man Einblicke in ganz unterschiedliche Funktionsweisen der Klimaentwicklung. Die Klimarekonstruktion mit Hilfe stabiler Isotope in der Zellulose des Holzes mitteleuropäischer Bäume ist in Fünfjahresschritten mittlerweils bis etwa 4000 v. Chr lückenlos vorangeschritten ($\delta^{13}C$, $\delta^{2}H$), so daß reiches Material gerade zum Vergleich mit anderen Klimaparametern der Vergangenheit zeitlich hochaufgelöst zur Verfügung steht.

Ursachen holozäner Klimaschwankungen

Dieses sehr schwierige Thema ist einerseits von der Arbeitsgruppe Herrn Professor Dr. Jörg Negendanks, andererseits von derjenigen Herrn Dr. Bernd Kromers untersucht worden. Herrn Professor Dr. Jörg Negendanks Gruppe hat sich dabei mit offensichtlich sehr schwierigen mathematischen Verfahren, die Nichtlinearitäten zu untersuchen gestatten, der Frage nach Periodizitäten der Klimaentwicklung zugewandt. Es wird berichtet, daß in den jahreszeitlich geschichteten Sedimenten des Holzmaares, Eifel, Hinweise darauf zu finden sind, daß gegen 10 030 v. h. (cal. Daten) der 11,03 Jahreszyklus eine Verschiebung um etwa 5 Jahre erfahren habe und daß sich in den Warvenmächtigkeiten auch Einflüsse der äußeren Planeten auf das Sonnensystem bemerkbar machen. Ähnliches ist früher schon an Hand dendrochronologischer Untersuchungen an Bäumen Zentralasiens von dem russischen Forscher Lovelius berichtet worden. Auch in diesem Zusammenhang gilt sicher, daß ein noch viel umfangreicheres Material durchgearbeitet werden muß. Herrn Professor Negendanks Gruppe ist damit intensiv beschäftigt.

Herr Dr. Bernd Kromer hob aber hervor, daß die dendrochronologisch feststellbaren Schwankungen der ^{14}C-Gehalte der Atmosphäre auf drei Ursachen zurückgehen können, die natürlich auch miteinander vernetzt sein mögen: 1) Modulation der ^{14}C-Produktion durch Schwankungen des Erdmagnetfeldes; 2) Produktionsmodulation durch Änderungen in der Intensität des Sonnenwindes; 3) Änderungen des Austausches von ^{14}C und/oder CO_2 mit dem Ozean. Es gelang Herrn Dr. Kromer zu zeigen, daß mindestens frühholozäne Schwankungen des ^{14}C-Gehaltes der Atmosphäre, wie auch diejenige um 2800 cal. v. h., mit Schmelzwasserereignissen des Nordatlantiks zeitlich zusammenfallen, andere Schwankungen aber nicht. Es drängt sich damit der Verdacht auf, daß mehrere der eben genannten Faktoren in unterschiedlichem zeitlichem Muster beteiligt gewesen sein mögen. Dieses sehr wichtige Thema sollte bei Fortsetzung der Arbeiten zur Isotopenklimatologie der Jahrringe intensiv bearbeitet werden.

Der menschliche Eingriff in das Klimasystem

Diese wichtige Frage steht erst am Anfang ihrer Beantwortung. Es ist bereits darauf hingewiesen worden, daß die Arbeitsgruppe Anhuf-Frankenberg-Lauer für Nord- und Zentralafrika dem Problem intensiv nachgegangen ist, seit wann und wie intensiv der Mensch – regional unterschiedlich – in den Naturhaushalt eingegriffen hat, damit zunächst die Vegetation störend, hieraus folgend aber auch Wasserhaushalt und Oberflächenalbedo, sowie die Wärmeflüsse. Die Literatur ist noch voll von widersprüchlichen Angaben, die von frühen und starken Einflüssen bis zur Negierung dieser Wirkungen, mit Ausnahme der letzten Zeit, reichen. Die Zerstörung der dortigen Vegetation müßte den Wasserhaushalt beeinträchtigen. Dies bearbeitet intensiv die Arbeitsgruppe Herrn Professor Dr. Hans-Joachim Pachurs für die Nord- und Ostsahara. Aber der alleinige Befund eines sich verschlechternden Wasserhaushaltes der Trockengebiete, gepaart mit einem Rückzug der anspruchsvolleren Vegetation, reicht nicht aus für die Folgerung, daß dies vom Menschen ausgelöst worden sei. Hier dürften schriftliche Quellen (Arbeitsgruppen von Herrn Professor Dr. Wolfhart Westendorf und Dipl.-Theol. Edwin Henfling, wie auch von Herrn Professor Dr. Heinz Grotzfeld) wesentlich weiterhelfen, in denen über das Ausmaß der landwirtschaftlichen Tätigkeit, über Hungersnöte und über wasserbauliche Gegenmaßnahmen in Ägypten und dem Vorderen Orient berichtet wird. Trotz der sehr guten Zusammenarbeit aller dieser Gruppen sind wir aber noch immer erst am Anfang eines zeitlich und räumlich gut aufgliedernden wirklichen Verständnisses.

Ähnliches gilt hinsichtlich der Untersuchungen der Arbeitsgruppen Hrn. Frenzels zur Geschichte des bodennahen Aërosols Europas seit dem Neolithikum. Es lassen sich zwar stets klare Beziehungen zwischen menschlicher Tätigkeit in der näheren und weiteren Umgebung der Probeentnahmestellen und der ehemaligen trockenen und feuchten Deposition der verschiedensten chemischen Elemente nachweisen. Wie weit dies sich aber klimatisch ausgewirkt hat, ist noch fraglich. Augenblicklich wird daran gearbeitet, von den feststellbaren Depositionsraten auf das ehemalige Aërosol zu schließen, um diese Werte dann den Klimamodellierern zur Verfügung zu stellen. Ein anderer Ansatz der Arbeitsgruppe Hrn. Frenzels ist es, aus Pollenanalysen das Ausmaß der ehemals gerodeten Flächen Mitteleuropas zu berechnen, um auf diesem Wege Basisdaten für die Klimamodellierung zur Verfügung zu stellen. Bedauerlicherweise lassen sich offenbar klare Beziehungen zwischen der Größe der heute gerodeten Flächen und dem Eintrag des Pollens von Pflanzen, die für offene Standorte typisch sind, nur besonders gut für die Tannen-Fichten-Buchen-Bergwälder Mitteleuropas gewinnen, kaum noch für Eichen-Buchen-Lindenwälder und faktisch überhaupt nicht mehr für Kiefern-bestimmte Waldtypen. Dennoch können aus diesen Untersuchungen bei Fortgang der Arbeiten mindestens einige Anhaltswerte für bestimmte Vegetationstypen ermittelt werden.

Schlußbetrachtung

Das Dargestellt hat gezeigt, daß die rege wissenschaftliche Zusammenarbeit der Projektgruppen der „Terrestrischen“ und der „Marinen Paläoklimatologie“, einschließlich der Arbeiten innerhalb dieser Gruppen, im Berichtszeitraum zu wichtigen und interessanten Ergebnissen geführt hat. Für die Ermöglichung dieser Arbeiten sind wir dem BMBF sehr dankbar. Es wurde aber auch deutlich, wie vieles noch der Lösung harrt. Zum Teil sind schon gute Lösungsansätze gefunden worden, die weiter intensiv verfolgt werden müssen. In anderen Fällen stehen wir aber erst am unmittelbaren Anfang, obwohl die Fragen äußerst wichtig für die Praxis sind.

Abschluß-Symposion zum „Klimaforschungsprogramm des BMBF, 1994–1997“

Zum Ende des seit vielen Jahren laufenden Klimaprogramms der Bundesregierung fand am 9. und 10. Juni 1998 ein Abschlußkolloquium in den Räumen der Akademie der Wissenschaften und der Literatur statt. Herr Professor Dr. Ehrhard Raschke, Institut für Atmosphärenphysik der GKSS, Geesthacht, hatte unter Mithilfe Hrn. Frenzels das Kolloquium initiiert und geleitet. Die technische Vorbereitung lag, wie schon bei früheren derartigen Veranstaltungen, bei der Akademie der Wissenschaften und der Literatur. Die Vorträge verschafften einen Überblick über das von den insgesamt 130 Arbeitsgruppen während des Förderzeitraumes 1994 bis 1997 Geleistete, und sie faßten zusammen, welche wichtigen Probleme in Zukunft zu bearbeiten sein werden. Dieses Ziel wurde dadurch erreicht, daß die Vortragenden jeweils über Ergebnisse und Probleme mehrerer, einander verwandter Arbeitsgruppen zu berichten hatten. Es wurden die folgenden Vorträge gehalten:

Dienstag, der 9. Juni 1998:
Begrüßung durch den Herren Praesidenten der Akademie der Wissenschaften und der Literatur, Herrn Zintzen
Einführung: E. Raschke

W. Seiler: Übersicht über die Ergebnisse der Projektgruppe „Spurenstoffkreisläufe“.
H. Rennenberg: CH_4-Emissionen im Naßreisanbau.
J. C. Munch: NO_2-/CH_4-Emissionen im landwirtschaftlichen Nährstoffkreislauf.
R. Conrad: N_2O- und CH_4-Flüsse in gestörten naturnahen Ökosystemen.
R. Steinbrecher: Emission und Chemie von flüchtigen organischen Verbindungen.
P. Wiesen: Abiologische N_2O-Bildungsprozesse in der Troposphäre.
H. F. Graf: Emissionen von Aërosolen durch Vulkane und deren Beitrag zum Klima.
M. Heimann: Numerische Simulation des globalen Kohlenstoff- und Stickstoffkreislaufs.

E. Raschke: Übersicht über die Ergebnisse der Projektgruppe „Wasserkreisläufe“.
W. Krauß: Die ozeanographischen Arbeiten im Rahmen von BALTEX.
U. Maniak: Modellierung des Landoberflächenabflusses in meteorologischen Modellen mit hydrologischen Modellansätzen.
U. Rohde: Geo- und hydrologische Datenbanken.
L. Hasse: Niederschlagsmessungen.
E. Ruprecht: Einsatz der Fernerkundung bei der Untersuchung des Wasserkreislaufs.
G. Groß: Ergebnisse aus der Arbeitsgruppe BAHC für SVAT-Modelle.
E. Raschke: Feldexperimente und Regionalmodelle; BALTEX.

Mittwoch, der 10. Juni 1998:
B. Frenzel: Übersicht über die Ergebnisse der Projektgruppe „Terrestrische Paläoklimatologie“
H.-J. Pachur: Paläoklimatologie des altweltlichen Trockengürtels und seiner Randlandschaften.
B. Kromer: Beiträge der Isotopenphysik und -chemie zur Paläoklimaforschung.
B. Zolitschka: Paläohydrologie und menschlicher Eingriff in das Klimasystem Europas.

M. Sarnthein: Übersicht über die Ergebnisse der Projektgruppe „Marine Paläoklimatologie“.
R. F. Spielhagen: Das spätquartäre Paläoklima in der Arktis – Forschungsstand zwei Jahrzehnte nach CLIMAP.
K. Herterich: Modellierung des Paläoklimas – Härtetest für Klimamodelle.

M. Diepenbroek: Datenbankmanagement für die Paläoklimaforschung

A. Hense: Übersicht über die Ergebnisse der Projektgruppe „Klimavariabilität und Erkennung des menschlichen Signals".

C.-D. Schönwiese: Analyse der Klimavariabilität mit Hilfe konzeptioneller bzw. empirisch-statistischer Modelle.

A. Hense: Arbeiten zur Signalanalyse.

P. Speth: Analyse, Diagnostik und Validierung.

D. Heimann, R. Sausen: Regionalisierung.

U. Cubasch: Klimaänderung und solare Variabilität.

E. Roeckner: Simulation und Modellentwicklung.

Die Berichte sämtlicher Arbeitsgruppen sind – in nicht zitierfähiger Form – niedergelegt in zwei Bänden des BMBF, und der GKSS, unter dem Titel: Ehrhard Raschke (Herausgeber): Klimaforschungsprogramm des BMBF, 1994–1997. Die Bände sind in der GKSS erhältlich. Sie enthalten sehr viel detaillierter die Ergebnisse der einzelnen Arbeitsgruppen und heben hervor, wo noch erheblicher Forschungsbedarf besteht.

2. Geistes- und sozialwissenschaftliche Klasse

KOMMISSION FÜR PHILOSOPHIE UND BEGRIFFSGESCHICHTE

Bericht Funke

1. Archiv für Begriffsgeschichte

Der Band 41 (Jg. 1998) hat folgenden Inhalt: Martin F. Meyer: Die Bedeutungsgenese der Begriffe ‚Mythos' und ‚Logos' in der griechischen Antike./ Reinhold Hülsewiesche: Redefreiheit./ Bernd Lukoschik: Aristoteles, Heisenberg und der Begriff der Potentialität./ Tanja Gloyna: „Treue": Zur Geschichte des Begriffs – „...quia fiat, quod dictum est"./ Gabriele Malsch: Systole – Diastole, Motus cordis – Motus in omnibus. Zur Geschichte eines Begriffspaars./ Matthias Laarmann: Transsubstantiation. Begriffsgeschichtliche Materialien und bibliographische Notizen./ Dietmar v. d. Pfordten: Die Entwicklung des Begriffs „Rechtsphilosophie" vom 17. bis zum Anfang des 19. Jahrhunderts./ Till R. Kuhnle: Der Ekel auf der hohen See. Begriffsgeschichtliche Untersuchungen im Ausgang von Nietzsche./ Dirk van Laak: Der Begriff „Infrastruktur" und was er vor seiner Erfindung besagte./ Selbstanzeigen.

Das Erscheinen von Band 40 des Archivs für Begriffsgeschichte, geplant als Jahrgang 1997, hat sich wegen neuer Schwierigkeiten mit der Setzerei des Verlags verzögert. Der Band wird erst im Jahr 1999 herauskommen. Um nicht Jahrgangszahl und Erscheinungsjahr weit auseinandertreten zu lassen, wird der Band 40 die Jahrgangszahl 1997/1998 tragen und der Band 41, dessen Inhalt vorliegt, wird Jahrgang 1999 sein. Herausgeber, Verlag und auch Herr Gründer stimmen einer solchen Regelung zu.

2. Historisches Wörterbuch der Philosophie

Im Berichtszeitraum konnte der Band 10 (Staat-Tyrannis) fertiggestellt werden. Bis zum Jahresende sind noch die Umbrucharbeiten abzuschließen, so daß der Band im 1. Quartal 1999 zum vorgesehenen Termin erscheinen wird.

Obwohl das Büro in Berlin im Februar 1998 wieder in neue Räume (zurück in den zentralen FU-Bereich nach Dahlem) umziehen mußte, sind auch die Arbeiten an Band 11 (U–V) erwartungsgemäß vorangeschritten: Für alle Artikel liegen Zusagen vor, die ersten Artikel sind eingetroffen und schon redigiert.

Im September 1998 fand von der Werner-Reimers-Stiftung in Bad Homburg eine Tagung statt unter der Leitung des Mitherausgebers Tilman Borsche mit dem Titel <Verstand und Vernunft. Begriffsgeschichtliche Topologie des Denkvermögens>. Diese Tagung bot die Möglichkeit, mit Autoren des Verstand/Vernunft-Komplexes und einigen Mitherausgebern inhaltlich und methodisch die über 20 Teilartikel im Vorfeld so abzustimmen, daß die redaktionelle Arbeit an diesem Artikelkomplex 1999 abgeschlossen sein kann.

Im Berliner Büro ist Dr. Winfried Schröder nach seiner Habilitation auf eigenen Wunsch – nach langjähriger Beurlaubung – als wissenschaftlicher Mitarbeiter ausgeschieden. Die – nun befristete – Stelle hat Dr. Helmut Hühn übernommen.

Für die beiden letzten Bände wurden Prof. Dr. Martin Seils (Jena), PD Dr. Stephan Meier-Oeser (Berlin) und PD Dr. Winfried Schröder (Berlin) als Mitherausgeber mit eigenen Redaktionsbereichen in den Mitherausgeberkreis aufgenommen.

Herr Gründer gibt mit Erscheinen von Band 10 seine Funktion als Koordinierender Herausgeber auf.

KOMMISSION FÜR DIE VALENTIN WEIGEL-AUSGABE

Bericht Krummacher

Dr. Pfefferl berichtet:

Der noch von der Fritz Thyssen Stiftung geförderte Band 8 der neuen Weigel-Edition ist 1997 im Verlag Frommann-Holzboog, Stuttgart-Bad Cannstatt, erschienen (LXIII, 169 Seiten, 18 Abbildungen). Er enthält Weigels zweite große erkenntnistheoretische Schrift „Der güldene Griff", der eine handschriftlich überlieferte „Kontroverse um den ‚Güldenen Griff'" und die Kompilation „Vom judicio im Menschen" angehängt sind. Die in den vorangehenden Berichten genannte editorische Ausstattung wird durch 18 Abbildungen ergänzt, die sich auf die Einleitung (Titelseiten der wichtigsten Handschrift und aller fünf Drucke, Schriftproben) und den Textteil (zum Text gehörende Zeichnungen nach der Leithandschrift und dem ältesten Druck) verteilen.

Dank einer zunächst auf zwei Jahre befristeten Bewilligung der Deutschen Forschungsgemeinschaft ist seit Dezember 1997 die Herausgabe von Band 4 der „Neuen Edition" in Arbeit. Bei der zentralen theologisch-homiletischen Schrift „Gebetbuch" („Büchlein vom Gebet") und den angehängten Kompilationen „Vom Gebet" und „Vom Beten und Nichtbeten" handelt es sich um Texte, die sich mit Sinn und Bedeutung sowie der Art und Weise des christlichen Betens und seiner Begründung in der Schrift befassen. Hierbei sind vor allem Einflüsse der deutschen mittelalterlichen Mystik und entsprechender Darlegungen Martin Luthers spürbar.

Die Herstellung und EDV-Eingabe des kritischen Textes, der bei der Hauptschrift auf vier Drucken und einer kürzlich entdeckten Handschrift beruht, ist – einschließlich des Lesarten- und eines vorläufigen Anmerkungsapparats – abgeschlossen. In Arbeit sind die Vervollständigung der Anmerkungen und die editorische Einleitung des Bandes. Hierfür ist noch eine Bibliotheksreise des Mitarbeiters nach Halle/Saale und nach Wolfenbüttel geplant.

KOMMISSION FÜR GESCHICHTE DES ALTERTUMS

Bericht Bellen

I. Antike Sklaverei

Die in diesem Jahr anstehende Zusammenkunft der Mitarbeiterinnen und Mitarbeiter des Projekts fand am 15. und 16. September im Akademiegebäude statt. Trotz Terminschwierigkeiten nahmen 33 Damen und Herren an ihr teil, erstmalig auch eine russische Sklavenforscherin, deren Referat „Aktuelle Tendenzen der russischen Sklavenforschung“ mit besonderem Interesse aufgenommen wurde. Bei den weiteren Referaten ging es um Rechtsfragen der Sklaverei bei Griechen, Römern und Germanen, um Sklaven und Sklaverei in den kleinen literarischen Gattungen und um den Beginn der Sklavenforschung in Deutschland (18. Jahrh.). In der allgemeinen Aussprache erfolgten wichtige Weichenstellungen für die künftige Arbeit. Die Teilnahme des Präsidenten und des Generalsekretärs (nebst Stellvertreters) an der Veranstaltung unterstrich den Stellenwert des Projekts im Rahmen der Akademieunternehmen. Dem Kolloquium am 16. September ging eine Tagung der Arbeitsgruppe für das Teilprojekt „Corpus der römischen Rechtsquellen zur Sklaverei“ am 15. September voraus (s. unter I 2).

1. Forschungen zur antiken Sklaverei

Band XXX der Reihe: Hans Klees, Sklavenleben im klassischen Griechenland, ist erschienen. Auf mehr als 500 Seiten untersucht der Autor die Lage der Sklaven unter Ausschluß der Sondergruppen (Heloten, Klaroten u. a.) für das Griechenland des 5./4. Jahrhunderts v. Chr. Die Arbeit leistet mit der umfassenden Erörterung der Lebensbedingungen unter dem Sklavenjoch einen wichtigen Beitrag zum Gesamtverständnis der Sklaverei. Reprofähige Herstellung: Johannes Deißler, M.A.; Redaktion: Priv.-Doz. Dr. Elisabeth Herrmann-Otto.

Band XXXI: Thomas Grünewald, Räuber, Rebellen, Rivalen, Rächer. Studien zu Latrones im Römischen Reich, befindet sich im Druck. Als Manuskript für Band XXXII wird in Kürze erwartet: Richard Klein, Die Haltung der kappadokischen Bischöfe Basilius, Gregor von Nazianz und Gregor von Nyssa zur Sklaverei.

Als neue Mitarbeiterin ist in die Projektgruppe eingetreten: Anastassia Maximova, Kazan (Rußland-Tatarstan). Sie wird das Thema „Alte und neue Tendenzen in der russischen Sklavenforschung“ bearbeiten.

Von den in Arbeit befindlichen Themen ist das von Johannes Deißler, M.A., über die antike Sklaverei in der deutschen Altertumswissenschaft an der Wende vom 18. zum 19. Jahrhundert am weitesten fortgeschritten. Es ging im Berichtsjahr darum, Johann Friedrich Reitemeier und sein Werk „Geschichte und Zustand der Sklaverey und Leibeigenschaft in Griechenland“ in die Traditionen und Zeitströmungen hineinzustellen. Der Abschluß ist 1999 zu erwarten.

In den Stand der Arbeit am 2. Band seines „Sklavenrechts zwischen Altertum und Mittelalter“ vermittelte Professor Dr. Hermann Nehlsen durch ein Referat auf dem Kolloquium am 16.9.1998 einen instruktiven Einblick. Die ältesten Rechtsaufzeichnungen der Bajuwaren und Alamannen bilden das Rückgrat des Werkes, das weit fortgeschritten ist und nur der abschließenden Hand bedarf. Diese anzulegen hindern leider immer wieder die vielfältigen Verpflichtungen des langjährigen Mitarbeiters. Nichtsdestoweniger besteht jetzt Hoffnung auf Vollendung des mit Spannung erwarteten Bandes. Auch zwei weitere Arbeiten haben unter der Last anderweitiger Verpflichtungen ihrer Autoren zu leiden gehabt: Professor Dr. Jürgen Blänsdorf (Sklaverei bei Cicero) und Professor Dr. Ingomar Weiler (Beendigung des Sklavereiverhältnisses unter komparativem Aspekt) haben nun das Jahr 2000 für die Fertigstellung ihrer Manuskripte ins Auge gefaßt.

Eine Erweiterung seines Themas hat Professor Dr. Johannes Christes in Erwägung gezogen. In seine Recherchen will er nunmehr die gesamte römische Dichtung einbeziehen (neues Arbeitsthema: Die Welt der Sklaven im Spiegel römischer Dichtung).

Alle weiteren Arbeiten sind nur unwesentlich vorangekommen, so daß sich über ihren Abschluß noch keine Angaben machen lassen.

2. Corpus der römischen Rechtsquellen zur Sklaverei

Als neues Mitglied ist Hr. Söllner in die Arbeitsgruppe eingetreten. Er war bisher schon dem Projekt verbunden, hat sich aber nun entschlossen, aktiv mitzuarbeiten. Er wird die Texte über den *homo liber bona fide serviens* und den *servus alienus bona fide serviens* (zu Teil IX des Corpus) bearbeiten und ist damit schon weit vorangekommen. Des weiteren hat sich Univ.-Doz. Dr. Evelyn Höbenreich, Graz, zur Mitarbeit am Corpus bereit erklärt. Insgesamt zählt der Stab dieses Vorhabens jetzt 18 Damen und Herren.

Bei der Tagung am 15. September stellte der Herausgeber des Corpus, Professor Dr. Michael Rainer, die von ihm und Priv.-Doz. Dr. Elisabeth Herrmann-Otto verfaßten Prolegomena zum Corpus vor. In diesem, den 9 Teilen des Werkes vorangehenden Band werden prinzipielle Aspekte des Projekts sowie einführende Gesichtspunkte zum Gesamtproblem der Sklaverei behandelt. Gleichzeitig konnte Prof. Rainer den reprofähig vorgelegten Teil I des Corpus von Professor Dr. Hans Wieling präsentieren: Die Begründung des Sklavenstatus nach ius gentium und ius civile. In ihm werden die Entstehungsgründe der Sklaverei umfassend und tiefdringend behandelt. Der Band stellt in jeder Hinsicht ein Muster für alle folgenden dar. Die Redaktion beider Bände lag in den Händen von Priv.-Doz. Dr. Elisabeth Herrmann-Otto. Die Auslieferung erfolgt in Kürze.

Als nächste Beiträge zum Corpus sind zu erwarten: Professor Dr. Reinhard Willvonseder, Eheähnliche Verhältnisse und Blutsverwandtschaft (zu Teil IV) sowie Professor Dr. Hans-Dieter Spengler, Servus dotalis (zu Teil IX).

3. Bibliographie zur antiken Sklaverei

Zur Vorbereitung einer Neuauflage der Bibliographie (als Band 4 der „Beihefte" zu den „Forschungen zur antiken Sklaverei") hat Dorothea Schäfer, M.A., ca. 1000 Titel durchgesehen, auf ihre Relevanz überprüft und thematisch eingeordnet. Unterstützt wurde sie dabei von Kerstin Netz und Angelika Thut.

4. Handwörterbuch der antiken Sklaverei

Die bisher auf der Grundlage von Primärtexten und Sekundärliteratur gesammelten Lemmata betragen 8330. Jedes einzelne Lemma ist mit Stellen- und Literaturangaben sowie mit Zusammengehörigkeitsmerkmalen versehen. Die im Berichtsjahr durchgeführte Überprüfung der Lemmaliste ergab jedoch gewisse Defizite gegenüber der lexikalischen Praxis. Es wurde deshalb damit begonnen, die gängigen Lexika einer entsprechenden Durchsicht zu unterziehen (Christoph Knoch, Kerstin Netz). Leitung Priv.-Doz. Dr. Elisabeth Herrmann-Otto.

5. Sonstiges

Die Spezialbibliothek wurde um 70 Bücher und 61 Aufsatzkopien ergänzt (Priv.-Doz. Dr. Elisabeth Herrmann-Otto mit Yvonne Wolf, M.A.).

Kontakte wurden geknüpft mit dem Sklaverei-Forschungszentrum an der Universität Kazan (Rußland-Tatarstan) und dem International Centre for the History of Slavery (ICHOS), das von Professor Dr. Thomas Wiedemann an der Universität Nottingham (England) eingerichtet worden ist.

Aus den Aufsatzpublikationen der Mitarbeiter hebe ich hervor: R. Gamauf, Sklavenschutz und römische Jurisprudenz, in: Orbis Iuris Romani 4, 1998; Ders., Sex und Crime im römischen Recht, in: M. F. Polaschek/A. Ziegerhofer (Hrsg.), Recht ohne Grenzen – Grenzen des Rechts (1998). Von den Vorträgen erwähne ich: Chr. Schäfer, Procuratores, actores, vilici (Regensburg 1998); W. Scheidel, The Slave Population of Roman Italy (Lille 1998); L. Schumacher, Antike und moderne Sklaverei (Festvortrag bei der Ehrenpromotion Emilio Gabba, Mainz 1998). Rezensionen: P. Herz, Gnomon 68, 1996: A. Paradiso, Forme di dipendenza nel mondo greco (Bari 1991); Ders. Laverna 9, 1998: H. Scholten, Der Eunuch in Kaisernähe (Frankfurt am Main 1995).

II. Fundmünzen der Antike

Frau Radnoti-Alföldi berichtet:

1. Fundmünzen der römischen Zeit in Deutschland (FMRD)

Fundmünzenaufnahme, Dokumentation, Redaktion der Listen
(territoriale Einteilung nach dem Stand der Jahre 1960 bzw. 1989)

Erschienen: Die Fundmünzen der Jahre 1991–1994 aus Köln und Nachträge zu älteren Funden, in: Kölner Jahrbuch 29, 1996, 609–631 (Dr. David G. Wigg).

Erstellung von Druckvorlagen: FMRD V 3 Kassel: Redaktion der Listen abgeschlossen, letzte Kontrolle läuft (Dr. Helmut Schubert, Ellen Baumann). FMRD VI 1/2 Reg.-Bez. Köln: Die Ergänzung bzw. Kontrolle der Münzlisten im Rheinischen Landesmuseum Bonn ist abgeschlossen; die Druckvorlage wird erstellt (Dr. David G. Wigg). FMRD VI 3 Düsseldorf: Die Listen aus H. Chantraine, Novaesium VIII, Ausgrabungen 1955–1978 (Berlin 1982) wurden in NUMIZ eingegeben (Ellen Baumann).

Redaktion von Münzlisten/Fundmünzenaufnahme: FMRD IV 3 Stadt und Reg.-Bez. Trier: Die Aufnahme von Fundmünzen ging laufend weiter (Frau Radnoti-Alföldi). FMRD IV 4 Koblenz: Rd. 1000 Fundmünzen aus den neuen Grabungen auf dem Martberg bei Pommern/Mosel wurden erfaßt; erste Versuche einer computergestützten Kartierung wurden mit gutem Erfolg durchgeführt (Dr. David G. Wigg).

FMRD VI 3 Düsseldorf: Die Kontrolle der bisherigen Fundmünzenaufnahme ist abgeschlossen (Dr. Dirk Backendorf). FMRD X Thüringen/FMRD XIII Sachsen-Anhalt: Es wurde mit der Schlußkontrolle des ersten Ausdrucks begonnen (Dr. Karlhorst Stribrny/Dr. Rudolf Laser).

Nachträge entstehen fortlaufend mit der Aufnahme und der Erfassung neuen Materials in der Datenbank: FMRD II 1–2 Baden (Dr. Peter-Hugo Martin); FMRD III Saarland (Dr. Auguste Miron); FMRD IV 1 Rheinhessen/Stadt Mainz (Dr. Joachim Gorecki, Dr. Gerd Rupprecht); FMRD V Hessen (Dr. David G. Wigg). Alle Computerarbeiten erledigte Ellen Baumann.

2. Studien zu Fundmünzen der Antike (SFMA)

Band 13: Dirk Backendorf, Römische Münzschätze des 2. und 1. Jahrhunderts v. Chr. vom italienischen Festland ist erschienen. SFMA 12: Hans-Christoph Noeske, Die Münzfunde des ägyptischen Pilgerzentrums Abu Mina und die Vergleichsfunde aus den Diözesen Aepyptus und Oriens: Das Manuskript wurde weiter korrigiert, gekürzt und mit einer neuen Bibliographie ausgestattet. Die umfangreiche Korrektur steht vor dem Abschluß (Dr. Hans-Christoph Noeske, Ellen Baumann). SFMA 15: Raymond Weiller, Der Schatzfund vom Jahre 1995 vom Oppidum Titelberg liegt druckfertig vor, die Zusammenfassung auf Englisch ist in Arbeit (Dr. h.c. Raymond Weiller, Dr. David G. Wigg, Frau Radnoti-Alföldi, Ellen Baumann). SFMA 17: Bistra K. Boschkowa, Der Münzumlauf im 4. Jahrhundert auf dem Gebiet des heutigen Bulgarien: Die Redaktion des Textes ist abgeschlossen, die Formatierung der Tabellen angelaufen (Frau Radnoti-Alföldi, Ellen Baumann). SFMA 18: Die Kelten und Rom. Neue numismatische Forschungen. Ergebnisse der Titelberg-Tagung 1998: Die Manuskripte der Teilnehmer liegen vor und wurden einer ersten redaktionellen Sichtung unterzogen (Dr. David G. Wigg). SFMA 19: Cruces Blazquez Cerrato, Die Straße von Merida nach Asturica und die Münzfunde liegt im Manuskript vor.

Stadtrömische Münzfunde, 2. Teil: Museo Capitolino (SSU 2: Die Münzbestimmung ist bis auf die Endkontrolle abgeschlossen, rd. 2/3 der über 30 000 Einzelstücke wurden aufgelistet (Frau Radnoti-Alföldi, Dr. Dirk Backendorf, Dr. Holger Komnick, Dr. Hans-Christoph Noeske, Dr. Karlhorst Stribrny, Dr. David G. Wigg). R. Lancianis Notes of Rome ist auf topographische Angaben hin exzerpiert und in den Computer eingegeben worden (Ellen Baumann). Das Zettelmaterial „Roma, Medagliere Capitolino“ für den dritten Teil der SSU-Münzlisten (SSU 3) wurde vorbereitet (Dr. Patrizia Calabria, Dr. Dirk Backendorf). Erste Fundstellen-Kartierungen sind angelaufen (alle Mitarbeiter).

3. Sonstige Arbeiten

Das internationale Colloquium: „Die Kelten und Rom. Neue numismatische Forschungen“ wurde zusammen mit dem Musée national d'Histoire et d'Art, Luxemburg, organisiert und vom 30.4.–3.5.1998 in Fond de Gras (Luxemburg) durchgeführt. Die Finanzierung erfolgte durch die DFG und durch den Luxemburger Partner (D. David G. Wigg).

Auf der Jahressitzung 1998 der Akademie wurde das Projekt in einer Plakat-Ausstellung vorgestellt. Neben der Geschichte der Forschungsarbeit mit Münzfunden wurden an geeigneten Beispielen die Methoden und die aktuellen Ergebnisse in Bild, Graphik und Wort geschildert. 34 Plakate, ein Faltblatt und die Rekonstruktion eines Wechslertisches sind erstellt worden (Frau Radnoti-Alföldi, Ellen Baumann, Dr. Dirk Backendorf, Dr. Holger Komnick, Dr. Hans-Christoph Noeske, Dr. Karlhorst Stribrny, Dr. David G. Wigg).

FMRSl 4 wurde redigiert und befindet sich im Druck (A. Schemrow, Dr. David G. Wigg, Ellen Baumann). Die Vorgespräche für die Reihe FMRHr mit dem Nationalmuseum Zagreb stehen vor dem Abschluß; Form und geographische Struktur der Gesamtreihe wurden festgelegt (Frau Radnoti-Alföldi). FMRN 3: Das Manuskript wird vorbereitet (Dr. Jos P. A. van der Vin).

Außerhalb der Reihen des Projekts wurden verschiedene, thematisch verwandte Studien teils vorbereitet, teils veröffentlicht (Frau Radnoti-Alföldi, Dr. Hans-Christoph Noeske, Dr. David G. Wigg). Vorträge wurden im In- und Ausland gehalten.

Die Datenbank NUMIZ wurde laufend korrigiert und erweitert (Dr. David G. Wigg, Ellen Baumann).

Eva Ganzlin führte die Verwaltung und die Korrespondenz für das Projekt; Ellen Baumann war für die Druckvorlagen, für das Layout und für die EDV-Verarbeitung verantwortlich.

KOMMISSION FÜR KLASSISCHE PHILOLOGIE

Bericht Heitsch

1. Griechische Philologie

In der Reihe „Übersetzung und Kommentar der Werke Platons“ sind im Berichtsjahr erschienen die Bände V 4 „Lysis“ (Michael Bordt) und VI 2 „Protagoras“ (Bernd Manuwald). – Für die Abhandlungen vorgelegt sind Echtheitsuntersuchungen zu Ps. Platons „Großem Hippias“ und Untersuchungen zur sog. Hochzeitszahl, in der PD Dr. Norbert Blössner zeigen kann, daß die von Platon raffiniert gestellte Aufgabe, die fragliche Zahl zu berechnen, keine Lösung erlaubt; immer müssen, um überhaupt zu einer Lösung zu kommen, Zusatzannahmen gemacht werden. Mit anderen Worten: Jede beliebige Zahl läßt sich berechnen.

2. Lateinische Philologie

Hr. Zwierlein hat für die Abhandlungen vorgelegt Untersuchungen von Professor Dr. S. Döpp zu den zwei Autobiographien des Joannes Fabricius Montanus (1527–1566).

Im Berichtsjahr erschien in der von Herrn Zintzen herausgegebenen Reihe der *Indices zur Lateinischen Literatur der Renaissance* Bd. II mit den Indices zu Cristoforo

Landino (herausgegeben von Ute Ecker, Dorothea Gall, Peter Riemer, Clemens Zintzen). Der Band schlüsselt alle edierten Schriften des Florentiners auf, sowohl die in lateinischer Sprache wie die in Volgare verfassten Werke. Zugleich wurde die Arbeit an der Herstellung einer CD-ROM zu den Werken Coluccio Salutatis fortgesetzt (s. Jahrbuch 1997, S. 228). Die Ausarbeitung der Indices zu ausgewählten Schriften Marsilio Ficinos wurde fortgesetzt. Es ist geplant, einen ersten Indexband zu Ficino, der die *Theologia Platonica*, die Kommentare zu den platonischen Dialogen *Philebus* und *Sophistes* und *De amore* enthalten wird, in ca. 3 Jahren fertigzustellen.

3. Griechische Papyrus-Urkunden

Prof. Dr. H. A. Rupprecht (Marburg) berichtet:

1. Wörterbuch der griechischen Papyrusurkunden aus Ägypten:
a. Die Bearbeitung der Lemmata für Bd. IV mit deutscher Übersetzung wurden fortgeführt. Die einzelnen Belege wurden nach Sachgruppen geordnet, an der Edition kontrolliert und in den PC eingegeben.
b. Das Manuskript für das Supplement III ist abgeschlossen. Es umfaßt ca. 153 000 Belege. Der Druck konnte noch nicht begonnen werden.

2. Sammelbuch der griechischen Papyrusurkunden aus Ägypten:
a. Im Berichtsjahr erschienen ist Bd. XXI 1 (Indexband zu Bd. XX mit den Abteilungen 1–8).
b. Die Arbeiten am Gesamtindex zu Bd. I–XX wurden fortgesetzt.
c. Die Erfassung und Einarbeitung des Materials für den Textband XXII wurden abgeschlossen. Derzeit werden noch einzelne Korrekturen vorgenommen und das Manuskript am Bildschirm endgültig abgeschlossen. Der umfangreiche Band wird über 600 Texte erfassen. Er soll 1999 erscheinen.
d. Die Verzettelungsarbeiten für den Wortindex zu Vol. XVIII (Nr. 13085–14068) wurden fortgeführt. Die Überprüfung und Korrektur am Computer erfaßt inzwischen über die Hälfte des Materials.

3. Berichtigungsliste der griechischen Papyrusurkunden aus Ägypten:
Die Korrekturen für Bd. X (X und 351 Seiten) wurden abgeschlossen. Der Band erschien im Oktober 1998. Die Durchsicht der altertumswissenschaftlichen Literatur, soweit sie im deutschen Sprachraum erschienen ist, und die Erfassung des Materials für Bd. XI wurden fortgesetzt. Der Bd. soll im Jahr 2001 erscheinen.

4. Augustinus-Lexikon

Prof. Dr. C. Mayer (Würzburg) berichtet:

Der ca. 44 Artikel enthaltende Doppelfaszikel 2, 3/4 ist einschließlich der längeren und sämtlicher acht Werkartikel bis auf fünf und einen noch zu begutachtenden Beitrag redigiert sowie gesetzt und auf Fahnen teilweise vorliegend, der mehrere Seiten umfassende Vorspann (mit Nachträgen) zum Satz vorbereitet. Ablehnung von Artikeln und Anwerbung neuer Autoren mit erneuter Begutachtung, Bearbeitung von Beiträgen auf ganzer Länge durch den Herausgeber und dessen Assistenten sowie den Redaktor haben die Arbeit beträchtlich behindert; hinzugekommen ist eine längere Erkrankung des Redaktors.

Für den Doppelfaszikel 2, 5/6 und die folgenden Faszikel ist die kritische Korrespondenz weitergeführt, die begutachteten Beiträge sind auf Richtigkeit der Stellen und der angeführten Literatur überprüft.

Im EDV-Text zu ersetzen war „De Genesi adversus Manicheos libri“ durch die kritische Ausgabe CSEL 91, 67–172. Die im CAG erfaßte Literatur (über 2000 Titel) ist um frühere und die neu erschienenen Titel vervollständigt worden.

KOMMISSION FÜR ARCHÄOLOGIE

Bericht B. Andreae

1. Corpus der Minoischen und Mykenischen Siegel

Prof. Dr. Ingo Pini (Marburg) berichtet:

Im Berichtszeitraum ist der Band II,7, Die Siegelabdrücke aus Kato Zakros, bearbeitet von W. Müller und I. Pini, erschienen. Im Druck befindet sich CMS II,6 (W. Müller – I. Pini, Iraklion, Archäologisches Museum. Die Siegelabdrücke von Aj. Triada und anderen zentral- und ostkretischen Fundorten). Im Archäologischen Anzeiger 1998, 1–55 wurde der Beitrag von W. Müller – J.-P. Olivier – I. Pini, Die Tonplomben aus Mykene veröffentlicht.

In der Zeit vom 18.01.–14.02.1998 reiste Professor Ingo Pini nach Griechenland, wo er in Athen und Iraklion Besprechungen zur Fortführung des Projektes führte. Besonders bemüht war er um die Beschaffung von Genehmigungen zur Aufnahme von Neufunden. In der Zeit vom 13.–18.04.1998 nahm er teil an der 7. International Aegean Conference «ΠΟΛΕΜΟΣ» in Liège. Professor Pini und Dr. Walter Müller widmeten sich im Berichtszeitraum der Vorbereitung des V. Internationalen Siegel-Symposiums, das im September 1999 mit Unterstützung der Fritz Thyssen Stiftung in Marburg veranstaltet werden soll.

Die Hilfskräfte waren vor allem mit der weiteren Eingabe von Daten in die Negativ-Datenbank beschäftigt. Darüber hinaus halfen sie beim Korrekturlesen des im Druck befindlichen Bandes sowie bei Ergänzungen der bibliographischen Angaben zu verschiedenen Bänden. Wie im Jahr 1997 stellte das Institute for Aegean Prehistory in New York einen namhaften Betrag zur Anfertigung von 339 Motivzeichnungen für den Band III (Iraklion, Archäologisches Museum. Die Sammlung Giamalakis) zur Verfügung.

KOMMISSION FÜR KUNSTGESCHICHTE UND CHRISTLICHE ARCHÄOLOGIE

Bericht Haussherr

Corpus Vitrearum Medii Aevi Deutschland

Prof. Dr. Rüdiger Becksmann berichtet:

Trotz zahlreicher in die Öffentlichkeit wirkender Aktivitäten konnte die Arbeit an drei Corpusbänden im Berichtsjahr, den Planungen entsprechend, vorangebracht werden.

Am weitesten fortgeschritten sind die Arbeiten an dem Band III,2 (Hessen/Rheinhessen, mittlerer Teil mit Frankfurt) von Daniel Hess. Bis auf die Kapitel *Gelnhausen · Marienkirche* und *Wiesbaden · Museum* liegen alle Katalogtexte inzwischen vollständig im Manuskript vor. Nachdem die Restaurierung der Gelnhäuser Chorfenster aus finanziellen Gründen erneut aufgeschoben werden mußte, soll ihre Untersuchung nun im Frühjahr 1999 vom Gerüst aus erfolgen. Von den Scheiben des Wiesbadener Museums fehlen noch einige Katalognummern sowie befriedigende Aufnahmen. Da Daniel Hess zum 1. Oktober 1998 an das Germanische Nationalmuseum in Nürnberg gegangen ist, um dort in der Nachfolge von Peter Strieder und Kurt Löcher in Zukunft die Tafelmalerei- und Glasmalereibestände bis 1800 zu betreuen, haben er und der Berichterstatter zuvor nicht nur den Stand der Vorarbeiten, sondern auch die Layoutplanung für den Band, soweit wie möglich, fixiert. Danach wird der Band auf 464 Seiten mit 580 Abbildungen, 36 Farbtafeln und einer Falttafel insgesamt etwa 390 Scheiben an 26 Standorten behandeln; in einem Anhang werden außerdem 39 ehemalige Standorte erfaßt. Nach diesen Vorgaben hat Rainer Wohlrabe mit der Zubereitung der Bildvorlagen für den Druck begonnen. Auf dieser Grundlage konnten auch die Druckkosten ermittelt und Angebote eingeholt werden. Für die noch ausstehende Endredaktion der Katalogtexte und die Abfassung der Kunstgeschichtlichen Einleitung wird das Germanische Nationalmuseum Daniel Hess auf Kosten des Projekts zwei Monate freistellen, damit der Band, wie vorgesehen, im Herbst 1999 erscheinen kann.

Für den Band X,1 (Mittelfranken ohne Nürnberg) hat Hartmut Scholz die Bestandsaufnahme in Markt Erlbach, Kalbensteinberg und Puschendorf durchgeführt und die entsprechenden Katalogtexte weitgehend abgeschlossen: In der Pfarrkirche von Markt Erlbach haben sich von der fünf Fenster umfassenden Chorverglasung noch rund 50 Scheiben der Zeit um 1390/1400 erhalten; der Chor der Kalbensteinberger Pfarrkirche hat Reste einer partiellen Farbverglasung der Zeit um 1480/90 bewahrt, die ebenfalls von verschiedenen Nürnberger Werkstätten geliefert worden waren. Im Chor der Pfarr- und Wallfahrtskirche Puschendorf sind einige Wappen- und Kabinettscheiben der Hirsvogel-Werkstatt aus dem Ende des 15. und dem Anfang des 16. Jahrhunderts erhalten geblieben. In allen Fällen trägt die Bearbeitung dieser mittelfränkischen Bestände dazu bei, unsere Vorstellung von der Nürnberger Glasmalereiproduktion der Spätgotik in entscheidenden Punkten zu ergänzen.

Die quantitativ geringsten Fortschritte sind bei dem Band II,2 (Freiburg i. Br.) zu verzeichnen, doch konnte der Berichterstatter für die Strukturierung und Proportionierung des Bandes wesentliche Vorentscheidungen treffen, um in den nächsten beiden

Jahren dieses bis in die späten sechziger Jahre zurückreichende Projekt zu einem guten Abschluß bringen zu können. Für den Regestenanhang hat Fritz Herz inzwischen die Transkribierung und Auswertung der Münsterrechnungen abgeschlossen. Daneben konnte der Berichterstatter im Frühjahr den Bebenhäuser und im Sommer den Heiligkreuztaler Scheibenbestand – Hauptwerke der Esslinger und Konstanzer Glasmalerei des frühen 14. Jahrhunderts – anläßlich ihrer Restaurierung gründlich untersuchen und damit weiteres Dokumentationsmaterial für eine revidierte Neuauflage des 1958 von Hans Wentzel vorgelegten, seit langem vergriffenen ersten deutschen Corpusbandes zusammentragen.

Alle drei Corpus-Autoren haben außerdem jeweils allein und gemeinsam an Ausstellungsprojekten mitgewirkt. An der vom Schloßmuseum Gotha veranstalteten Ausstellung zum Thema *Jahreszeiten der Gefühle. Das Gothaer Liebespaar und die Minne im Spätmittelalter* hat Daniel Hess nicht nur den Beitrag über das Gothaer Liebespaar für den Katalog (Ostfildern 1998, S. 14–20) und die Nr. 1–10, 12, 23, 26, 58 und 66 verfaßt, sondern auch an der Konzeption der Ausstellung und an der Gestaltung des Kataloges mitgewirkt. Konnten in der Gothaer Ausstellung nur zwei, allerdings hochkarätige Kabinettscheiben gezeigt werden, so standen Glasmalereien der Ropstein-Werkstatt aus dem Freiburger Münster und der dortigen Kartause im Zentrum der von der Stadt Freiburg aus Anlaß der fünfhundertsten Wiederkehr des 1497/98 von Maximilian in Freiburg veranstalteten Reichstags im Mittelpunkt einer Ausstellung im Augustinermuseum unter dem Titel *Der Kaiser in seiner Stadt. Maximilian I. und der Reichstag zu Freiburg 1498*. Für das Katalogbuch hat Hartmut Scholz einen ausführlichen Beitrag über *Kaiserliche Fensterstiftungen in Freiburg* (Freiburg i. Br. 1998, S. 385–419) verfaßt. Zum neunhundertjährigen Jubiläum des Zisterzienserordens hat schließlich Rüdiger Becksmann einen spezifischen Beitrag geleistet: Erstmals seit mehr als zweihundert Jahren waren jene hochbedeutenden Reste der 1781 auf herzoglichen Befehl aus dem Ostfenster der Klosterkirche zu Bebenhausen bei Tübingen entfernten, 1335 von Abt Konrad von Lustnau gestifteten figürlichen Farbverglasung wieder an jenem Ort gezeigt worden, für den sie einst geschaffen worden waren, und zwar in sorgsam restauriertem Zustand. Die Herkunft von siebzehn, seit 1938 auf Schloß Altshausen magazinierten und einer 1850 nach Schloß Lichtenstein abgewanderten Scheibe hatte bereits Hans Wentzel 1958 erkannt. In dem zur Ausstellung in Bebenhausen erschienenen Publikation *Die Zisterzienser in Bebenhausen* hat er nun unter dem Titel *Die Heilsgeschichte in Maßwerk gesetzt* (Tübingen 1998, S. 105–125) eine Rekonstruktion dieses achtbahnigen, neunzeiligen Prachtfensters vorgelegt, das endgültig mit dem Verbot farbiger, figürlicher Glasmalereien bei den Zisterziensern bricht.

Auch die aus Anlaß der siebenhundertfünfzigsten Wiederkehr der Grundsteinlegung des Kölner Domchores vom Schnütgen-Museum der Stadt Köln in Zusammenarbeit mit der Freiburger Arbeitsstelle veranstaltete Jubiläumsausstellung war der Glasmalerei gewidmet. Bereits 1995 hatte Rüdiger Becksmann hierfür das Konzept geliefert: An nahezu hundert Objekten sollte die Kölner Glasmalerei dieser Zeit in ihren europäischen Kontext gestellt werden. Was unter dem Titel *Himmelslicht. Europäische Glasmalerei im Jahrhundert des Kölner Domes (1248–1349)* in der Kölner Kunsthalle vom 20. November 1998 bis 7. März 1999 zusammengetragen und aus nächster Nähe betrachtet werden konnte, übertrifft alle bisherigen Ausstellungen zur Glasmalerei des Mittelalters an Umfang und Vielfalt. In dem vom Schnütgen-Museum herausgegebenen Katalog (Köln 1998) haben Daniel Hess, Hartmut Scholz und Rüdiger Becksmann einen Großteil der Katalogtexte (Nr. 6, 7, 12, 14, 15, 17–23, 25, 30, 35–38, 40–44, 47–49, 51, 56, 69, 70, 72, 73, 75, 76) verfaßt. Von Hartmut Scholz stammt außerdem der Beitrag über *Ornamentverglasungen der Hochgotik* (ebenda, S. 51–62); Daniel Hess hat sich (ebenda, S. 63–72) unter dem Titel *Barocke Spätromanik oder byzantinische Gotik?* mit dem Phänom des *Zackenstils* in den Bildkünsten von 1250 bis 1290 auseinandergesetzt. Der vorgesehene Beitrag von Rüdiger Becksmann über *Architektur und Glasmalerei in hochgotischer Zeit. Fensterformen – Bildprogramme – Rahmensysteme* war in der zur Verfügung stehenden Zeit und in dem vorgebenen Rahmen nicht zu verwirklichen; er soll zu gegebener Zeit an anderem Ort erscheinen. Alle drei Corpus-Autoren haben außerdem vom 14.–18. Mai 1998 am XIX. Internationalen Colloquium des Corpus Vitrearum in Krakau teilgenommen und auf vielfältige Weise von den Vorträgen, Diskussionen und gemeinsamen Besichtigungen profitiert. Zum Rahmenthema des Colloquiums *Stained Glass as Monumental Painting* hat Rüdiger Becksmann in einem Referat über *Die Monumentalisierung des hochgotischen Bildfensters. Das Esslinger Marienfenster und seine Voraussetzungen* versucht, konkrete Zusammenhänge zwischen plastischen und gemalten Bildprogrammen aufzuzeigen.

Über diese vielfältigen Aktivitäten hinaus sind noch folgende Veröffentlichungen zu vermerken: Hartmut Scholz und Daniel Hess haben gemeinsam den von Michel Hérold bearbeiteten Band *Les vitraux de Saint-Nicolas-de-Port*, Paris 1993 (Corpus Vitrearum France VIII/1), sowie den von Michel Hérold und Françoise Gatouillat verfaßten Übersichtsband *Les vitraux de Lorraine et d'Alsace*, Paris 1994 (Recensement des vitraux anciens de la France V), in: Kunstchronik 51, 1998, S. 112–128, besprochen; Hartmut Scholz hat außerdem den ersten niederländischen Corpusband von Henny van Harten-Boers und Zsuzsanna van Ruyven-Zeman, *The Stained-Glass Windows in the Sint Janskerk at Gouda*, Amsterdam 1997, in: Journal für Kunstgeschichte 3, 1999, vorgestellt. Beide haben damit die lange unterbrochene Tradition der Besprechung von Corpus-Neuerscheinungen wieder aufgenommen. Von Hartmut Scholz liegt außerdem der Beitrag über *La bottega di Veit Hirsvogel*, in: La bottega dell'artista tra Medioevo e Rinascimento (Storia dell'Arte Europea V), Milano 1998, S. 155–174, Taf. 58–64, inzwischen auch in deutscher und französischer Übersetzung vor. Schließlich hat er für die Forschungsberichte zur Denkmalpflege, hrsg. vom Landesamt für Denkmalpflege Rheinland-Pfalz in Mainz noch einen Beitrag über *Glasmalerei der Zisterzienser am Beispiel Marienstatt* (Worms 1998) geliefert; er ist den jüngst wiederaufgefundenen, in ihrem unberührten Erhaltungszustand einzigartigen Resten einer Grisailleverglasung des frühen 13. Jahrhunderts gewidmet. Von Daniel Hess ist inzwischen sein Basler Colloquiumsbeitrag *Der Oberrieder Altar im Freiburger Münster* in: Zs. für Schweizerische Archäologie und Kunstgeschichte 55, 1998, Hefte 2–4, S. 181–192, erschienen; von Rüdiger Becksmann ist noch sein Berliner Colloquiumsbeitrag über *Welfische Fensterstiftungen für die Michaeliskirche in Lüneburg und den Braunschweiger Dom*, in: Der Welfenschatz und sein Umkreis, hrsg. von Joachim Ehlers und Dietrich Kötzsche, Mainz 1998, S. 425–437, Tafel 28, erschienen.

Zwischen Hartmut Scholz, Daniel Hess und dem Berichterstatter hatte sich auf Grund ganz unterschiedlicher Anlagen bei gemeinsamen Intentionen seit Jahren eine überaus fruchtbare, wechselseitig sich anregende und herausfordernde Zusammenarbeit entwickelt. Durch den Weggang von Daniel Hess gehört diese glückliche Konstellation samt den darauf aufbauenden Plänen und Zielsetzungen der Vergangenheit an. Da die jahrelang mit Stiftungsmitteln finanzierte Stelle von Daniel Hess ab 1999 im Rahmen des Akademienprogramm nunmehr etatisiert ist, bleibt zu hoffen, daß die Freiburger Arbeitsgruppe auch in veränderter personeller Zusammensetzung ihr spezifisches Profil bewahren kann.

Koptische Textilien

Dr. Dorothee Renner-Volbach berichtet:

Im Berichtsjahr wurde die Bearbeitung der im Städtischen Museum Andreasstift in Worms befindlichen, der Sammlung R. Forrer, Straßburg, entstammenden spätantiken und koptischen Textilien aus Achmim-Panopolis weitergeführt. Dank der in diesem – seltenen – Falle gesicherten Herkunft erbrachte die Untersuchung der 67 Stücke neue wesentliche Erkenntnisse zur Frage der Datierung, der Stilentwicklung und Bedeutung der Motive sowie zu Werkstattzusammenhängen der spätantiken Gruppe der Purpurwirkereien sowohl als auch der islamzeitlichen Buntwirkereien.

In der Zeitschrift „Bibliotheca Orientalis“ Bd. 54, 1997 Sp. 702–707, erschien im Berichtsjahr ihre Besprechung des Kataloges/Essay von A. Stauffer, The Metropolitan Museum of Art. Textiles of Late Antiquity, New York 1995.

Vom 22.–25. 10. 1998 Teilnahme an der Tagung der „Arbeitsgemeinschaft Christliche Archäologie“ in München mit begleitender Ausstellung im Bayerischen Nationalmuseum und in der benachbarten Prähistorischen Staatssammlung von herausragenden Werken spätantiker und byzantischer Kunst und Kunstgewerbe. – Vom 30. 6.–4. 7. 1998 Reise nach Paris zum Besuch der im Petit Palais gezeigten Ausstellung „La gloire d’Alexandrie“ und der im Musée du Louvre fünf großen neu eröffneten Sälen mit koptischen Kunstwerken aus der bisher weitgehend magazinierten umfangreichen Sammlung des Louvre (bemalte Mumienhüllen, Textilien, Holzteile, Elfenbeine, datierte Steindenkmäler aus den Grabungen in Bawît) unter Begleitung der zuständigen Konservatorinnen; weiterhin Besuch des Musée National du Moyen Âge – Thermes de Cluny mit neu ausgestellten und jetzt in einem vorbildlichen Bestandskatalog sorgfältig publizierten (Alexandra Lorquin) spätantiken und koptischen Textilien.

KOMMISSION FÜR FRÜHGESCHICHTLICHE ARCHÄOLOGIE

Bericht Müller-Wille

Starigard/Oldenburg – Wolin – Novgorod

Archäologische Untersuchungen

Im Sommer/Herbst 1998 wurde die im Vorjahr begonnene Ausgrabung einer offenen slawischen Siedlung im Umland des slawischen Herrschersitzes Starigard/Oldenburg bei der Ortschaft Plügge, Gemeinde Göhl, mit Mitteln der Akademie fortgesetzt (vgl.

Jb. 1997, 234). Die flächenhafte Untersuchung konzentrierte sich auf das Gebiet südlich des bereits ausgegrabenen Areals, auf dem im Dezember 97 vom Institut für Geophysik der Universität Kiel eine großflächig angelegte geomagnetische Prospektion durchgeführt worden ist. Dem Ergebnis der physikalischen Messungen entsprechend konnte von einer weitläufigen Ausdehnung des zu slawischer Zeit besiedelten Areals südlich der Grabungsflächen von 1997 ausgegangen werden. Während der diesjährigen archäologischen Geländearbeit wurden die Resultate dieser Voruntersuchung nur z.T. bestätigt. Der südliche Abschluß der unbefestigten Siedlung wurde zwar innerhalb, jedoch weit nördlich der übrigen als siedlungsverdächtig eingestuften Fläche festgestellt. Punktgenaue Einschläge in Bereichen, die durch geophysikalische Messungen hohe Anomalien des Magnetfeldes ergeben hatten, erwiesen sich als natürliche Anreicherungen von Eisen über wasserundurchlässigen Schichten (Ortstein) der kleinräumig wechselhaften Bodenverhältnisse in der weichseleiszeitlichen Grundmoräne. Die Grabungsflächen wurden außerdem nach Westen ausgedehnt, wo Siedlungsbefunde teils auf engem Raum nahe beieinander, teils weit auseinander liegend dokumentiert wurden. Insgesamt bestätigte sich der Befund einer offenen ländlichen Siedlung, deren belegbare Aktivitäten sich über ein außerordentlich ausgedehntes Areal erstrecken.

Nunmehr liegt ein gründlich archäologisch untersuchter Ausschnitt der Siedlung vor, der etwa 1,6 Hektar Fläche umfaßt. – Die Wohnplätze der Siedlung sind insbesondere durch Agglomerationen von Gruben unterschiedlicher Funktion gekennzeichnet, deren Anordnung offenbar systematisch erfolgte und gelegentlich räumlichen Bezug zu Herdstellen erkennen läßt. Der Nachweis von Hausbefunden gestaltet sich nach wie vor schwierig, da die slawische Bauweise (Blockbautechnik) keine Spuren im Anstehenden hinterläßt. Versuchsweise wurden in einem vermuteten Wohnbereich, angezeigt durch die Anordnung von Gruben um einen bis auf eine Herdstelle befundfreien Platz herum, mittels einer engmaschigen Probendistanz Phosphatproben von der Oberfläche des Anstehenden zur Bestimmung des Bodenphosphats genommen (Analyse im Labor des Instituts für Ur- und Frühgeschichte der Universität Kiel). Sollten sich durch die Auswertung der Proben Ergebnisse abzeichnen, die es erlauben, die Ausdehnung von Wohnstätten eingrenzen zu können, so soll bei zukünftigen vergleichbaren Befundlagen entsprechend verfahren werden.

Zeitstellung: Aus der vorläufigen Bearbeitung des Fundgutes läßt sich zusammenfassend ableiten, daß die Mehrheit des vorwiegend schlichten Fundgutes, das ausschließlich slawisch geprägt ist und nur einige wenige Importe umfaßt, in die früh- und mittelslawische Periode zu datieren ist. Ein geringerer Anteil der Funde läßt erkennen, daß die Siedlung bis in die spätslawische Zeit Bestand hatte.

Für die Geländearbeit des kommenden Jahres ist die Ausgrabung eines durch Oberflächenfunde und systematisch angelegte Sondagen (etwa 100 Bohrprofile) ausgewiesenen slawischen Siedlungsplatzes westlich von Starigard, in der unmittelbaren Nähe zu einem kleinen Burgwall gelegen, vorgesehen. Das bislang von der Oberfläche geborgene Fundgut ist als altslawisch anzusprechen, so daß die Befunde der Grabung des kommenden Jahres als Pendant der Grabung von Plügge dienen werden.

Dipl.-Prähist. Dr. Dietrich Meier

Archäobotanische Untersuchungen

Ziel der archäobotanischen Untersuchungen ist es, an Hand von fossilem Pflanzenmaterial Kenntnisse über die Nahrungswirtschaften verschiedenster slawischer Siedlungen zu erarbeiten, die in der Zeit der slawischen Landnahme (7.–10. Jahrhundert n. Chr.) an der südlichen Ostseeküste entstanden sind. Dazu gehören vergleichende Untersuchungen von botanischem Fundgut aus politischen oder wirtschaftlichen Zentren und ihrem jeweiligen agrarisch geprägten Hinterland.

Begleitend zu den Ausgrabungen des Sommers 1998 wurde die Probennahme für die archäobotanische Analyse in Novgorod und Umland, in Groß Strömkendorf (Kr. Nordwest-Mecklenburg) und in Plügge (Kr. Ostholstein) fortgesetzt. Erste Ergebnisse der Untersuchungen werden im folgenden kurz zusammengefaßt.

Novgorod und Umland

Vergleicht man das Kulturpflanzeninventar von Georgij, einer slawischen Siedlung des agrarischen Hinterlands, mit dem des Fürstensitzes Rjurikovo Gorodišče, so fällt auf, daß in Georgij ein umfangreiches Spektrum verschiedener Getreide angebaut wurde. Gerste *Hordeum vulgare*, Emmer *Triticum dicoccum*, Hirse *Panicum miliaceum*, Saatweizen *Triticum aestivum* s.l. und Roggen *Secale cereale* sind in nahezu gleichen Anteilen genutzt worden. Dagegen bauten zur gleichen Zeit die ersten Siedler in Rjurikovo Gorodišče zunächst nur Gerste und später, am Ende des 10. Jahrhunderts, hauptsächlich Roggen an. Eine vornehmlich bäuerliche Siedlung mit einer Versorgungsfunktion setzt auf viele verschiedene Kulturpflanzen, um katastrophale Ausfälle bei Mißernten zu vermeiden. Dazu kommt, daß Hirse oft frei von Abgaben war. Andererseits wird es in einem Zentrum immer ausreichend Mittel geben, um aus dem verfügbaren Angebot auswählen zu können. Im Sommer 1998 wurde mit Prost eine weitere Siedlung des agrarischen Hinterlandes von Rjurikovo Gorodišče ausgegraben. Die Kulturschichten hier datieren in das 8. Jahrhundert und gehören somit zu den bisher ältesten slawischen Befunden im Umland von Novgorod.

Groß Strömkendorf

Etwa 46% der bisher 76 ausgewerteten Befunde vom Handelsplatz haben aussagekräftige Ergebnisse zur Nahrungswirtschaft ergeben. Grütze und Breie aus Gerste bildeten die Grundlage der pflanzlichen Ernährung der Bewohner von Groß Strömkendorf, denn Gerste ist hier durchweg das am häufigsten nachgewiesene Getreide. Saatweizen, Roggen und Hafer *Avena* spec. sind ebenfalls regelmäßig im Fundgut vertreten, wenn auch in geringen Mengen. Emmer, Dinkel *Triticum spelta* und Hirse kommen nur vereinzelt vor, ebenso verschiedene Hülsenfrüchte – Erbse, Ackerbohne und Linse – sowie Lein und Hopfen, Sammelobst und Nüsse. In den verschiedenen Befunden können die Mengenverhältnisse der einzelnen Getreide allerdings beträchtlich differieren. So gibt es Befunde mit fast reinen Gerstenvorkommen oder solche mit überdurchschnittlich hohen Anteilen von Saatweizen, Roggen, Hirse oder Emmer. Bis auf wenige Ausnahmen folgen die beobachteten verschiedenen Getreidekombinationen keinem bisher erkennbaren Schema, sei es nun räumlicher Art (Süd – Nord, bzw. Zentrum – Randlage) oder struktureller Art (Häuser enthalten ein charakteristisches Kulturpflanzeninventar; Gruben können als Vorratslager gedient haben). Unter den Nachweisen von Wildpflanzen sind einige Arten, die der Pflanzengesellschaft der Secalietea zugeordnet werden. Die typische Ausprägung dieser Wintergetreidegesellschaft wurde jedoch in Groß Strömkendorf nicht nachgewiesen. Der Winteranbau von Getreide ist daher wenig wahrscheinlich.

Umland von Starigard/Oldenburg
Aus jungslawischen Siedlungsresten des 11./12. Jahrhunderts in der Gemeinde Wandelwitz, nördlich von Oldenburg, wurden große verkohlte Getreidevorräte geborgen. Es handelt sich hierbei um Vorräte von Saatweizen *Triticum aestivum* s.l., die als Wintergetreide angebaut wurden. Ein weiterer slawischer Siedlungsplatz bei der Ortschaft Plügge wurde ausgegraben und systematisch beprobt. Erste Analysen des fossilen Pflanzenmaterials aus den Siedlungsbefunden zeigen, daß Saatweizen und Gerste die beiden wichtigsten Kulturpflanzen waren, alle übrigen Getreidearten treten nur in Spuren im Fundgut auf. Im Vergleich zu Groß Strömkendorf sind an diesem Platz die Nachweise von Wildpflanzen, die im Wintergetreide stehen, deutlich häufiger; ein Hinweis auf beginnenden Wintergetreideanbau.

Dipl.-Biol. Almuth Alsleben

Alsleben, A. 1998, Ein jungslawischer Vorratsfund in Ostholstein. Saatweizen *Triticum aestivum* s.l. In: A. Wesse (Hrsg.), Studien zur Archäologie des Ostseeraumes. Von der Eisenzeit zum Mittelalter [Festschrift M. Müller-Wille] (Neumünster 1998) 187–194.

Dies. u. Kroll, H. 1998, Paläoethnobotanische Untersuchungen als Bestandteil der Erforschung slawischer Siedlungsplätze. In: Chr. Lübke (Hrsg.), Struktur und Wandel im Früh- und Hochmittelalter. Eine Bestandsaufnahme aktueller Forschungen zur Germania Slavica (Stuttgart 1998) 101–110.

Onomastische Untersuchungen

Einhergehend mit der archäologischen Geländeforschung erfolgte zunächst eine grundlegende Sammlung und Sichtung des toponomastischen Materials im Raum Starigard/Oldenburg. Das ausgewählte Untersuchungsgebiet ist ein Teil des größeren obodritischen Siedlungsgebietes, dessen Flurnamen altpolabischer und deutscher Herkunft erstmalig gesammelt und sprachwissenschaftlich untersucht werden. Folgende Quellen wurden durchgesehen: Schleswig-Holsteinische Urkundenbücher, Heimatbücher und Topographien, ebenso Archivalien des Landesarchivs Schleswig-Holstein und der Adelsgüter, ferner Flurkarten, Katasterkarten, Katasterbücher und eine Flurnamensammlung aus dem Jahre 1948. Außerdem wurden Mundartaufnahmen von Flurnamen vor Ort durchgeführt. Als besonders interessant erwies sich das Gebiet im Bereich Heringsdorf – Rellin – Klötzin – Göhl, in dem eine große Anzahl slavischer Flurnamen gefunden wurde, die sowohl von Appellativen als auch von Personennamen gebildet wurden. Aufschlußreich sind dabei auch die in den Mikrotoponymen enthaltenen Reliktwörter altpolabischer Herkunft. Von besonderer Signifikanz sind mit Blick auf das Zusammenleben von Slaven und Deutschen die slavisch-deutschen Mischnamen, die mit einem altpolabischen Personennamen als Erstglied und einem deutschen Grundwort zusammengesetzt sind. Als bedeutungsvoll erwies sich ein Name bei Heringsdorf, der auf eine theophore Kultstätte der Slaven im Umfeld des zentralen

Herrschersitzes Starigard/Oldenburg hinweist. – Erste Kontakte mit polnischen Kollegen (Besuch in Warschau / Kolloquium in Stettin) dienten als Vorbereitung der zweiten Untersuchungsphase (Wolin).

Dr. Antje Schmitz

HISTORISCHE KOMMISSION

Bericht Born

1. Quellensammlung zur Geschichte der deutschen Sozialpolitik 1867–1914

Arbeitsstelle Duisburg
An der Arbeitsstelle in Duisburg wurde weiterhin das noch in Tübingen gesammelte und vorgeordnete Material für die Jahre 1911 bis 1914 für die Drucklegung über EDV erfaßt. Dieser Arbeitsgang ist – z.T. mit Schreibhilfe aus Kassel für die Monate Januar bis Juli 1914 – jetzt abgeschlossen. Die Quellen werden neu redigiert und dabei mit den bereits publizierten Zeugnissen sozialpolitischer Tätigkeit verbunden, so daß der inhaltliche Zusammenhang der Bände der IV. Abteilung ständig dichter wird. Außerdem wird die Annotation durch Verweise auf die thematisch relevante zeitgenössische Publizistik erweitert. Das Verfahren ist zeitaufwendig, da das letztgenannte Material über die Fernleihe angefordert werden muß. Nicht selten können die Quellen durch zusätzliches, erst kürzlich aufgefundenes Archivmaterial ergänzt werden. Die erforderlichen Register werden gleichzeitig bearbeitet. Frucht dieser Bemühungen war das Erscheinen des zweiten Teils des Jahresbandes 1911, in dessen thematischem Mittelpunkt neben den Tarifverhandlungen im Buchdruckergewerbe, den lebhaften Bemühungen der Kommunen um eine Lösung für die Folgen der Arbeitslosigkeit und dem Scheitern der Arbeitskammervorlage der Ausstand der Konstrukteure in der Berliner Metallindustrie stand. Mit ihm wurde eine neue Dimension der Auseinandersetzung am Arbeitsmarkt erkennbar, da nun erstmalig die organisierte Angestelltenschaft einen Streik auslöste. Dieser Teilband enthält auch die Register für den ersten Teilband zu 1911, der bereits 1993 erschienen ist. Die Bearbeitung des Bandes für das Jahr 1912 ist so weit vorangeschritten, daß er im Frühjahr 1999 in Druck gehen kann.

Die Arbeiten am systematischen Teil des Bandes für 1910, in dem der politische und inhaltliche Willensbildungsprozeß zum Entstehen des Angestelltenversicherungsgesetzes (AVG) dokumentiert wird, sind weiter vorangekommen. Dieser Prozeß veranschaulicht die Versuche zur Einflußnahme vonseiten der Angestelltenverbände und deren Aufnahme durch das Reichsamt des Innern, und es wird beabsichtigt, ihn für drei Schwerpunkte des Gesetzentwurfs zu dokumentieren: für die Umschreibung des Berechtigtenkreises – des Begriffs „Angestellte" –, für die Aufnahme des Tatbestandes „Berufsunfähigkeit" und für die Übernahme von Versicherungsleistungen aus bereits bestehenden Ersatzinstituten. Die dazu notwendigen Quellen wurden bei Archivbesuchen im Bundesarchiv Berlin-Lichterfelde in den Beständen „Reichsversicherungsanstalt", „Reichstagskommissionen" und „Reichsamt des Innern" gefunden. Mit Aktenfunden aus dem Sächsischen Hauptstaatsarchiv Dresden läßt sich die von den Freien

Gewerkschaften initiierte Agitation gegen den Bundesratsentwurf für das AVG dokumentieren. Im dortigen Bestand „Gesamtministerium“ werden Quellen zur Behandlung des Vorgangs durch die Sächsische Regierung vermutet, die aber noch erhoben werden müssen.

Beide Arbeitsstellen haben sich in gegenseitiger Abstimmung an Präsentationen des Projekts beteiligt. So wurden für die Präsentation der Akademie im Internet eine Kurzbeschreibung und für die eigenständige Darstellung des Projekts im gleichen Medium eine ausführliche Beschreibung erarbeitet. Zur Vorstellung der gesamten, bisher publizierten Quellensammlung im Landtag von Rheinland-Pfalz wurde eine dreiteilige Schautafel erarbeitet, die unter dem Stichwort „Von der Quelle zur Edition“ dem Publikum die wesentlichsten Arbeitsschritte im Projekt vermittelte.

Die wissenschaftliche Assistenz leistete in Duisburg Frau Irene Feldmann.

Arbeitsstelle Kassel

In der von Prof. Dr. Florian Tennstedt geleiteten Kasseler Arbeitsstelle wurden 1998 die Quellenbände „Arbeiterschutz“ der II. Abteilung (Bearbeiter: Dr. Wolfgang Ayaß) völlig und „Gewerbliche Hilfskassen“ der I. Abteilung (Bearbeiter: Prof. Dr. Tennstedt, Heidi Winter) weitgehend vollständig fertiggestellt. Daneben arbeitete Dr. Ulrike Haerendel (Speyer) an dem Quellenband „Alters- und Invalidenversicherung“ der II. Abteilung, hier sind die Quellen zu den Bundesrats- und Reichstagsverhandlungen zusammengestellt und bearbeitet worden. Gemeinsam mit Prof. Dr. Elmar Roeder (München) und Prof. Dr. Christoph Sachße (Kassel) wurden die Konzeption des Bandes „Freizügigkeit und Armenwesen“ entwickelt und die Recherchen in den entsprechenden Archiven aufgenommen bzw. fortgesetzt, die Württemberg betreffenden Recherchen wurden durch Dr. Uwe Sieg (Ludwigsburg) durchgeführt.

Daneben wurden die Arbeiten für ein Gesamtregister beispielhaft mit einem Personenregister begonnen, die entsprechenden biographischen Daten kontrolliert und abgeklärt.

Andrea Schröder hat am 28. 2. 1998 die Arbeitsstelle verlassen, als Nachfolgerin wurde am 1. 5. 1998 Gisela Rust-Schmöle eingestellt. Mitarbeiterinnen und Mitarbeiter der Arbeitsstelle waren damit am Jahresende Dr. Wolfgang Ayaß, Karin Christl, Margit Peterle und Gisela Rust-Schmöle. Seitens des Forschungsschwerpunkts Historische Sozialpolitik der Universität Gesamthochschule Kassel wurden die Arbeiten durch Heidi Winter unterstützt. Christian Schmitz (Berlin) leistete weiterhin wissenschaftliche Assistenz.

2. Concilia der Willigis-Ära
(Arbeitsstelle der Akademie in Verbindung mit den Monumenta Germaniae Historica)

Prof. Hehl hat die Korrektur und Überarbeitung der Manuskripte für den nächsten Faszikel der Edition (MGH Concilia 6, Teil 2: 962–1001) weitergeführt. Die Editionsmanuskripte für die Kaiserzeit Ottos des Großen (962–973) werden derzeit den Monumenta Germaniae Historica zum Druck übergeben; bei den weiteren Manuskripten soll das bis Anfang 1999 geschehen. Zur Entlastung und Absicherung der Edition ist eine quellenkritische und kirchenrechtliche Studie zu den Synoden bis 1001 und zu kirchenorganisatorischen Fragen unter Otto III. und Heinrich II. erschienen.

Die studentische Hilfskraft Herr Carsten Stiller arbeitet weiterhin an einem noch bewußt ausführlich gehaltenen Entwurf zu einem Wortregister für die Edition und unterstützt daneben die laufenden Arbeiten.

Fortgesetzt hat Herr Hehl die Mitwirkung an der Berichterstattung des Deutschen Archivs für Erforschung des Mittelalters über das historische Schrifttum (mit Schwerpunkt auf der rheinischen Geschichte); für die im Auftrag der Historischen Kommission von Hrn. Born und Hrn. Zimmermann herausgegebenen Historischen Forschungen, deren Redaktion ihm obliegt, lag 1998 kein Manuskript vor.

Seit Ende 1997 sind Herrn Hehl für die Dienststelle Mainz der Akademie die Aufgaben des Sicherheits- und des Netzwerkbeauftragten übertragen. Da die Akademie 1997/1998 an die elektronischen Kommunikationsmittel Internet und E-mail angeschlossen wurde, gestalteten sich die daraus ergebenden Arbeiten relativ zeitaufwendig.

Die Arbeiten wurden von Hrn. Zimmermann geleitet. Als wissenschaftlicher Mitarbeiter war Prof. Dr. Ernst-Dieter Hehl (Mainz) tätig, unterstützt von der studentischen Hilfskraft Carsten Stiller.

Veröffentlichungen: Ernst-Dieter Hehl, Der widerspenstige Bischof. Bischöfliche Zustimmung und bischöflicher Protest in der ottonischen Reichskirche, in: Herrschaftsrepräsentation im ottonischen Sachsen, hrsg. von Gerd Althoff und Ernst Schubert (Vorträge und Forschungen 46), Sigmaringen 1998, S. 295–344.

INSCHRIFTEN-KOMMISSION

Bericht Zimmermann

Aus den zur Zeit in Bearbeitung befindlichen Gebieten ist zu berichten:

Dr. Rüdiger Fuchs hat planmäßig an der Aufnahme der Inschriften der Stadt Trier und der Herstellung des Kataloges weitergearbeitet und sich zuletzt wieder mit Inschriftenaufnahmen an den Chorschranken des Domostchores, an spätmittelalterlichen Scheibenresten im Bischöflichen Dom- und Diözesanmuseum, Fragmenten im Rheinischen Landesmuseum, mit umfangreichen Handschriftexzerpten zu St. Maximin und der Erstellung der entsprechenden Katalogartikel beschäftigt. Ein weiterer Schwerpunkt der Editionsarbeit lag auf den Beständen der alten Benediktinerklöster und von St. Paulinus. Von etwa 650 zu erwartenden Inschriftennummern sind etwa 450 weitestgehend bearbeitet. Nachsuche und Aufnahme von 10 Trägern, die aus verschiedenen Gründen nicht erreichbar waren, sowie die Bearbeitung verstreuter Handschriftenbestände in Trier, Koblenz und anderen Bibliotheken stehen noch aus. Herr Fuchs hat nach der Modernisierung der EDV-Ausstattung die vorhandenen Kommentare in eine neue Formatierung umgewandelt. Den Katalog des Inschriftenbandes von Herrn Scholz hat er einer intensiven Korrektur unterzogen.

Dr. Eberhard J. Nikitsch hat für die Bearbeitung der Inschriften des Rhein-Hunsrück-Kreises weiterhin Teile der kopialen Überlieferung und der überwiegend kunsthistorischen Literatur ausgewertet und die Inschriftenaufnahme mit der Bearbeitung des umfangreichen Bopparder Materials weitgehend abgeschlossen; die Aufnahme einiger entlegener und bislang unzugänglicher Standorte soll im kommenden Jahr erfolgen. Zu erwarten sind über 600 Katalogartikel, davon weit über die Hälfte für erhaltene Inschriften.

Frau Dr. Yvonne Monsees hat die Bearbeitung der Inschriften in der Stadt Wiesbaden und den Landkreisen Main-Taunus und Hochtaunus weitergeführt und über 300 Nachweise bis 1700 aus kopialer Überlieferung und Autopsie gesammelt. In der zweiten Jahreshälfte 1998 wurden die mehrheitlich verlorenen Inschriften der Stadt Wiesbaden vorrangig bearbeitet. Von 115 Nachweisen insgesamt konnten 25 Originale ermittelt und bearbeitet werden; außerdem liegen 83 Kommentare mit dazugehörigen Registereinträgen vor.

Dr. Sebastian Scholz hat die Aufnahmen für den Inschriftenband der Stadt Darmstadt und der Landkreise Darmstadt-Dieburg und Groß-Gerau abgeschlossen und die Neufunde samt Korrekturen in das Katalogmanuskript eingearbeitet. Außerdem wurden schon Literaturverzeichnis und Register erstellt, die Einleitungskapitel zur Schriftgeschichte liegen als Entwurf vor. Der Band, mit dessen Drucklegung noch vor Jahresende begonnen werden soll, umfaßt 390 Inschriftennummern, von denen über 300 erhalten sind und über 100 zum ersten Mal ediert werden.

Frau Gepa Spitzner hat Korrekturen am Inschriftenband Darmstadt, Darmstadt-Dieburg und Groß-Gerau gelesen, die Bibliothek betreut und die Photos der fertigen Bände geordnet. Weiterhin hat sie die Mitarbeiter durch eigenständige Recherchen zu kunsthistorischen Problemen unterstützt. Für den Inschriftenbestand des Landkreises Ahrweiler hat sie eine umfangreiche Exzerptsammlung erstellt. Thomas G. Tempel fertigte bis auf geringe Ausnahmen alle erforderlichen Photos der aktuellen Arbeitsgebiete. Über die genannten Gebiete hinaus wurden in Einzelaktionen nur wenige Objekte photographiert: 20 Nummern in Fränkisch-Crumbach, 6 Nummern im Mainzer Dom, mit Herrn Fuchs 45 Nummern im Nordostturm des Speyerer Domes. Die Photodokumentation des Berichtsjahres umfaßt etwa 500 Motive. Nach Möglichkeit sollen weitere Bestandssicherungen fortgeführt werden. Im Frühjahr richtete Herr Tempel eine Anlage zur elektronischen Bildbearbeitung und Archivierung ein.

Die Mitarbeiter Fuchs und Nikitsch haben an der einschlägigen Veranstaltung des Deutschen Inschriftenunternehmens in Potsdam (Mai 1998) teilgenommen. Herr Fuchs wirkte darüberhinaus in der Redaktion für die Nomenklatur epigraphischer Schriften mit und zeichnete verantwortlich für Verlagsangelegenheiten der interakademischen Kommission. Herr Scholz hielt im Kunsthistorischen Institut der Universität Marburg einen Vortrag über „Totengedenken in Inschriften“ und referierte in Babenhausen über „Mittelalterliche Inschriften in Schloß und Kirche Babenhausen“. Eine enge Kooperation existiert zu inschriftenrelevanten Projekten außerhalb der Arbeitsstelle, zu Glasfensterforschung in Partenheim (Frau Gepa Spitzner), Wandmalerei am Mittelrhein (Frau Susanne Kern) und zur Inschriftensammlung in Büdingen (Prof. Dr. Friedrich-Karl Azzola).

Veröffentlichungen aus der Arbeitsstelle der Inschriften-Kommission:

Eberhard J. Nikitsch, „Um des rechten Maßes willen“. Ein bislang unbeachteter Sömmer aus Boppard im Rheinischen Landesmuseum Bonn, in: Das Rheinische Landesmuseum Bonn. Berichte aus der Arbeit des Museums 4 (1997) S. 91–95.

Eberhard J. Nikitsch, Neuentdeckte Grabdenkmäler, in: St. Kastor in Koblenz. Ausgrabungen und Bauuntersuchungen 1985–1990 (Denkmalpflege in Rheinland-Pfalz, Forschungsberichte 3) Worms 1998, S. 344–373.
Eberhard J. Nikitsch, Die restaurierte Grabplatte des Humbert (I) von Schönburg auf Wesel von 1340 – ein historisches Dokument, in: Hansen-Blatt 51 (1998) S. 112–114.
Sebastian Scholz, Das Grab in der Kirche. Zu seinen theologischen und rechtlichen Hintergründen in Spätantike und Frühmittelalter, in: Zeitschrift der Savigny-Stiftung für Rechtsgeschichte, kanonistische Abteilung 84 (1998) S. 270–306.
Sebastian Scholz, Eine karolingische Inschrift aus Neuenheerse, in: Westfalen 74 (1996) S. 142–153.

KOMMISSION FÜR KIRCHENGESCHICHTE

Bericht Ganzer

Gesamtausgabe der Werke von Bischof Ketteler

Der letzte Band der kritischen Ausgabe, II 6 (Briefwechsel und öffentliche Erklärungen) befindet sich im Druck und wird demnächst erscheinen.

Edition der Religionsgespräche des 16. Jahrhunderts

Im Berichtsjahr wurden die Editionsarbeiten zum 1. Band der Religionsgespräche weiter vorangetrieben. Der Band beinhaltet das Religionsgespräch von Hagenau 1540. Die Texte wurden weiter transskribiert und kommentiert. Eine allgemeine Einführung in das Gesamtprojekt wurde verfaßt, eine chronologische Liste aller einschlägigen Archivalien sowie ein Archiv- und Literaturverzeichnis wurden angelegt. Die Arbeiten sind soweit fortgeschritten, daß der Band 1/1 (erster Halbband) im Frühjahr 1999 in Druck gehen kann.

Wissenschaftliche Mitarbeiter sind Dr. Norbert Jäger, Christoph Stoll (halbtags) und Wolfgang Matz. An der Texterfassungsanlage arbeitet halbtags Ellen Sippel. Leiter des Projektes sind Hr. Ganzer und der Sachverständige der Kommission Prof. Dr. Karl Heinz zur Mühlen.

ORIENTALISCHE KOMMISSION

Bericht W. W. Müller

Demotisches Namenbuch

Hr. Thissen berichtet:

A. Verzettelung

Dr. Wolfgang Brunsch hat die Verzettelung folgender Publikationen vervollständigt: Mitteilungen des Instituts für Orientforschung 13, 1967; Revue d'Égyptologie 26, 1974; 35–38, 1984–1987; 43, 1992; Hommages Sauneron, 1979; Bulletin de la Société Française d'Égyptologie 106, 1986; Enchoria 15, 1987; 23, 1996; Festschrift Lichtheim, 1990; Zeitschrift für Ägyptische Sprache und Altertumskunde 117, 1990; Bulletin de l'Institut Français d'Archéologie Orientale 91, 1992; Festschrift Kákosy, 1992; Mitteilungen des Deutschen Archäologischen Instituts Kairo 53, 1997. Darüber hinaus verzettelte er die noch nicht erfaßten Namen aus den Papyri Louvre 2441 und 2442 (Revillout, Chrestomathie démotique, 1880), aus den unpublizierten Straßburger Ostraka und Papyri sowie aus den ebenfalls unpublizierten Papyri in der Bayerischen Staatsbibliothek München. Privatdozent Dr. Günter Vittmann beendete die Revision des von der studentischen Hilfskraft O. Zorn (Köln) auf EDV aufgenommenen Namenmaterials.

Die im Zusammenhang mit dem alphabetischen Namenexemplar und den Namenbestandteilen anfallenden Arbeiten besorgte Dr. Brunsch.

Im Ganzen ergab sich für das Demotische Namenbuch ein Zuwachs von rund 9200 Zetteln für die verschiedenen Abteilungen.

B. Manuskript

Das von G. Vittmann erarbeitete und von W. Brunsch revidierte Manuskript für die 16. Lieferung ist im Herbst 1998 in Druck gegangen. Die Vorbereitung des restlichen Manuskripts des Hauptbandes ist weitgehend abgeschlossen.

G. Vittmann hat die Aufarbeitung der bereits seit vielen Jahren gesammelten Korrekturen und Nachträge zum Demotischen Namenbuch sowie ihre Vorbereitung für den Druck in Angriff genommen. Hierfür ist ein Ergänzungsband vorgesehen; aus Gründen der Zeit- und Kostenersparnis wird die Druckvorlage jedoch (wie bisher bei den provisorischen Indices und Nachträgen) intern hergestellt.

C. Veröffentlichungen im Zusammenhang mit der Arbeit am Demotischen Namenbuch

G. Vittmann, Der demotische Papyrus Rylands 9 (= Ägypten und Altes Testament 38), 2 Bände, Wiesbaden 1998.

KOMMISSION FÜR INDOLOGIE

Bericht von Hinüber

Eine bereits angekündigte Arbeit zur Pāli-Literatur, die einen weiteren schon im „Handbook of Pāli Literature“ (1996) umrissenen Themenkreis behandelt, befindet sich im Druck. Sie befaßt sich mit dem wohl ältesten Rechtstext des Buddhismus, dem Pātimokkhasutta, das Vorschriften zur Regelung des Lebens der buddhistischen Mönche enthält. Trotz des ungewöhnlich hohen Alters, das vielleicht bis dicht an die Lebenszeit des Buddha heranreicht, kann man eine recht komplexe Entwicklung erkennen und herausarbeiten, wie die Buddhisten von den im alten Indien allgemein gültigen, auch in der vedischen Religion und im Jainismus beachteten Vorschriften ausgehend ihr eigenes Rechtssystem zu entwickeln beginnen. Dabei beschreiten die Buddhisten teilweise ganz neue Wege und können somit auch in diesem Bereich als Neuerer gelten.

Ein dritter sehr umfangreicher Themenkreis, dessen Bearbeitung im Rahmen des Freiburger Sonderforschungsbereiches 541 „Identitäten und Alteritäten. Die Funktion von Alterität für die Konstitution und Konstruktion von Identität" in Angriff genommen worden ist, wird sich mit der Struktur und der Verfahrensweise der Kanonkommentare (Aṭṭhakathā) zum Theravāda-Tipiṭaka befassen.

Die Nachverfilmung der Pāli-Handschriften in Chiang Mai (Nord-Thailand) ist durch die südostasiatische Wirtschaftskrise ins Stocken geraten. Möglicherweise läßt sich dennoch im kommenden Frühjahr endlich ein Abschluß erreichen.

Die Arbeiten am Katalog der Pāli-Handschriften des Klosters Lai Hin machen weiterhin Fortschritte.

KOMMISSION FÜR DEN ALTEN ORIENT

Bericht Neu

Das im Rahmen der Bund-Länder-Förderung durchgeführte Forschungsvorhaben konnte im Jahr 1998 planmäßig fortgesetzt werden:

I. In der Editionsreihe „Keilschrifttexte aus Boghazköi" (KBo) wurde Heft 41 (von Hrn. Otten und Christel Rüster) zum Druck gegeben. Der Band enthält im ersten Teil magisch-religiöse Texte sowie im zweiten Orakelanfragen. Alle Texte stammen aus den deutschen Ausgrabungen der dreißiger Jahre in Boğazköy, speziell von der Königsburg Büyükkale. Mit Vorliegen von Heft 41 ist die Publikation der umfangreichen Textfunde aus dem Jahr 1933 abgeschlossen. Die Autographien wurden von den beiden Autoren im Laufe der letzten Jahre im Anadolu Medeniyetleri Müzesi in Ankara nach den Tontafeloriginalen angefertigt (vgl. Jahrbuch 1997 S. 243 sub III). – Für das folgende Heft KBo 42 hat Christel Rüster mit den Vorarbeiten begonnen.

II. In der Reihe „Studien zu den Boğazköy-Texten" (StBoT) ist Band 42 von Silvin Košak die „Konkordanz der Keilschrifttafeln" III/1 im Berichtsjahr erschienen. Das Manuskript von Teil III/2, vorgesehen für StBoT 43, ist bis auf zwei Dutzend Joinskizzen abgeschlossen. Der Plan, es noch vor Jahresende zum Druck zu geben, konnte wegen zahlreicher unvorhergesehener Änderungen, die durch neue Textanschlüsse bedingt waren, nicht eingehalten werden. Doch wurden relevante Ergebnisse durch die stete Zusammenarbeit in KBo 41 bereits verwertet. Das neue sprachliche Material wurde in die lexikalische Sammlung aufgenommen.

StBoT 44 von Elisabeth Rieken (Untersuchungen zur nominalen Stammbildung des Hethitischen) wird 1999 erscheinen. – Wegen besonderer Belastungen im Universitätsbereich konnte Hr. Neu seine Arbeit an StBoT 33 (Das hurritische Epos der Freilassung II – Grammatik und Glossar) nur eingeschränkt fortsetzen. – Eine Neubearbeitung des königlichen Totenrituals ist für StBoT 45 vorgesehen. Der Autor Prof. Dr. Theo van den Hout (Universität Amsterdam) hat seine Arbeiten weiter fortgeführt. – Auch Beiheft 4 der StBoT von Christel Rüster und Hrn. Neu, Die hethitischen Schenkungsurkunden (Arbeitstitel) steht kurz vor seiner Vollendung; es fehlen lediglich noch Teile des sprachwissenschaftlichen Kommentars. – Die philologische Bearbeitung der noch unveröffentlichten Tafelkataloge, deren Edition für KBo 31 vorgesehen ist, wurde Frau Dr. Paola Dardano (Rom) anvertraut.

III. Während eines längeren Arbeitsaufenthaltes (August und September) in Ankara wurden von Hrn. Neu und Christel Rüster im Anadolu Medeniyetleri Müzesi vor allem die noch unpublizierten Texte aus den deutschen Ausgrabungen in Boğazköy von 1934—1935 autographiert; ihre Publikation ist für das seit längerer Zeit anstehende Heft KBo 31 vorgesehen. Gleichzeitig konnten auch die für die Weiterarbeit dringend benötigten Fotos für das hiesige Archiv aufgenommen und zahlreiche Joinvorschläge überprüft werden.

Im Anschluß an die Arbeiten im Museum in Ankara folgte die Aufarbeitung der Textfunde der neunziger Jahre auf der Grabung in Boğazköy, wobei insbesondere alle Funde von Büyükkaya vollständig aufgenommen werden konnten. Ihre Publikation ist für das kommende Jahr in KBo 42 vorgesehen. — Im Zusammenhang mit dem Arbeitsaufenthalt in der Türkei möchten wir der Deutschen Forschungsgemeinschaft sowie der Akademie der Wissenschaften und der Literatur danken für die Gewährung der Reise- und Aufenthaltskosten. Unser Dank gilt auch dem Direktor des Anadolu Medeniyetleri Müzesi, Sayın Ilhan Temizsoy sowie den Kustodinnen der Tontafelsammlung für ihre freundliche Hilfe trotz aller zusätzlichen Belastung.

IV. Fortgeführt wurde auch die Bearbeitung der Siegelabdrücke der hethitischen Großkönige von Hrn. Otten; lediglich die stärker lädierten Stücke verlangen noch eine nähere Zuordnung.

KOMMISSION FÜR VERGLEICHENDE SPRACHWISSENSCHAFT

Bericht Schmid

Archiv für die Gewässernamen Deutschlands

A. Hydronymia Germaniae

Der von Dr. Sophie Wauer (Berlin) bearbeitete Band „Das Flußgebiet der Havel" befindet sich im Druck und wird 1999 als Lfg. 17 der Hydronymia Germaniae erscheinen.

Die Arbeiten an den Namen des Ems-Gebietes wurden mit der Sammlung der historischen Belege fortgesetzt (Prof. Dr. Jürgen Udolph). Die Erfassung der Namen der linken Donauzuflüsse konnte abgeschlossen und in Datenbanken eingegeben werden. Mit der Sichtung der historischen Belege wurde begonnen (Prof. Dr. Albrecht Greule). Die Gewässernamen im Einzugsgebiet der Aller werden weiter gesammelt (Dr. Wolfgang Kramer).

B. Hydronymia Europaea

Die Gemeinschaftsarbeit von Prof. Dr. Kazimierz Rymut und Prof. Dr. M. Majtan, Gewässernamen im Flußgebiet des Dunajec ist als Lfg. 13 im Berichtzeitraum erschienen. Lfg. 14, J. Duma, Gewässernamen im linken Zufluß-Gebiet der Weichsel zwischen Pilica und Brda, wurde zum Druck eingereicht. Lfg. 15, K. Rymut, Gewässernamen im rechten Zuflußgebiet der Weichsel zwischen Dunajec und Wisłok wird z. Zt. von Prof. Dr. Jürgen Udolph ins Deutsche übersetzt. Die weitere Planung der Faszikelabfolge wurde anläßlich eines Arbeits-Besuches des Projektleiters in Krakau mit Prof. Dr. Kazimierz Rymut besprochen. – Die Manuskript-Herstellung eines zweiten Ergänzungsbandes zu den Orts- und Gewässernamen im heutigen Bereich Kaliningrad (Königsberg) ist weit fortgeschritten.

C. Veröffentlichungen aus dem Archiv

Jürgen Udolph, *Geismar.* Namenkundliches. In: Reallexikon der Germanischen Altertumskunde, Bd. 10, Berlin-New York 1997, S. 584–586.

Jürgen Udolph, Deutsches und Slavisches in der Toponymie des nördlichen Niedersachsen. Die Ortsnamen des Amtes Neuhaus, Kr. Lüneburg, in: Onomastica Slavogermanica 23 (1998), S. 77–109.

Jürgen Udolph: Alteuropäische Hydronymie und urslavische Gewässernamen, in: Onomastica 42 (1997), S. 21–70.

U. Ohainski, J. Udolph, Die Ortsnamen des Landkreises und der Stadt Hannover (Niedersächsisches Ortsnamenbuch, Bd. 1; Veröffentlichungen des Institutes für historische Landesforschung der Universität Göttingen, Bd. 37, Teil 1), Bielefeld 1998.

Jürgen Udolph, Altgermanische Hydronymie, in: Reallexikon der Germanischen Altertumskunde, Bd. 11, Berlin-New York 1998, S. 267–271.

KOMMISSION FÜR DEUTSCHE PHILOLOGIE

Bericht Krummacher

1. Preußisches Wörterbuch

Hr. Debus und Dr. Goltz berichten:

Im Berichtsjahr wurde die Arbeit der Vorjahre kontinuierlich fortgeführt. Im Mittelpunkt stand die Erarbeitung und Drucklegung der Lieferung 6.2 (*tollen – Ufer*), die 6 Karten und 5 Abbildungen enthält, sowie der Lieferung 6.3 (*ufern – verprahlen*), die 7 Karten und 1 Abbildung enthält.

Bei der Bearbeitung der zu den Faszikeln *un-* und *ver-* gehörenden Artikel zeigte sich, daß weniger Platz benötigt wurde, als ursprünglich veranschlagt worden war; in eine Lieferung fließen jeweils mehr Zettelkästen ein als zuvor. Dies trägt zu einem etwas schnelleren Fortgang innerhalb des Alphabets bei. Die Menge der zum Druck beförderten Wörterbuchspalten bleibt hiervon allerdings unberührt.

Fortgesetzt wurde die Verzettelung neuer Literatur. Ein Schwerpunkt der begleitenden Arbeiten lag auf ergänzenden Einträgen in unsere Lemma-Datenbank. Nach anfänglichen Problemen bei der semantischen Klassifikation der Stichwörter haben die Arbeiten nun einen routinemäßigen Stand erreicht.

Zu Beginn des Berichtsjahres wurde Dr. Braun aus familiären Gründen eine Reduzierung der wöchentlichen Arbeitszeit auf 80% gewährt. Die Arbeitsstelle ist bemüht, die Auswirkungen auf den Umfang des bewältigten Materials möglichst gering zu halten.

Zahlreiche Anfragen bestätigen den internationalen Stellenwert des Projektes, der sich nicht zuletzt in der Einbindung der Bearbeiter in unterschiedliche wissenschaftliche Institutionen zeigt. Herr Debus und Dr. Schröder vertraten das Projekt auf einem in Lübeck anläßlich der Pfingsttagung des Vereins für niederdeutsche Sprachforschung abgehaltenen Podiumsgespräch. Dr. Goltz und Dr. Schröder nahmen an dem Symposion „Computergestützte Produktion und Publikation von Wörterbüchern" in Heidelberg teil. Dr. Goltz hielt in Elbing anläßlich des 75jährigen Bestehens der Historischen Kommission für ost- und westpreußische Landesforschung einen Vortrag über das Wörterbuchprojekt. Dr. Braun nahm an der Sitzung der Kommission für deutsche und osteuropäische Volkskunde in Freiburg teil. Die Kooperation mit dem Siebenbürgisch-Sächsischen Wörterbuch wurde durch einen Besuch von Herrn Debus und Dr. Goltz in Hermannstadt sowie einen Aufenthalt von Frau Dengel in Kiel vertieft.

2. Wörterbuch der deutschen Winzersprache (WDW)

Dr. Besse und Dr. Bingenheimer berichten:

Im Februar 1998 ging die Projektleitung für das *Wörterbuch der deutschen Winzersprache*, das als Komplementärwerk zum *Wortatlas der kontinentalgermanischen Winzerterminologie* (WKW) konzipiert ist und auf dessen Material aufbaut, von Hrn. Kleiber (Mainz) auf Hrn. Haubrichs (Saarbrücken) über. Hinsichtlich der Überlassung der Materialien und der Benutzung der Fachbibliothek und des Fotoarchivs in Mainz wurde zwischen dem Institut für Geschichtliche Landeskunde (Mainz), der Mainzer Akademie und Hrn. Haubrichs eine bindende Vereinbarung getroffen.

Das Berichtsjahr wurde als Vorlaufphase ausgewiesen, da aus finanziellen Gründen nur eine der beiden hauptamtlichen wissenschaftlichen Mitarbeiterstellen für das Jahr besetzt werden konnte (Dr. Bingenheimer); eine zweite assoziierte wissenschaftliche Mitarbeiterin (Dr. Besse) am Lehrstuhl Prof. Haubrichs an der Universität des Saarlandes wirkt jedoch beratend mit. Diese Vorlaufphase wurde insbesondere zur Einrichtung der Arbeitsstelle, Entwicklung von Methoden des Abhörens und der Verschriftung der Tonträger sowie zur Festlegung der Datenbankstruktur und der dazugehörigen Gerätekonfiguration genutzt.

Anhand von zwanzig WKW-Tonträgern unterschiedlicher Aufnahmeepochen, Exploratoren und Mundartgebiete und den dazugehörigen, während der Aufnahme angefertigten phonetischen Mitschriften wurden zunächst stichprobenartig Transkriptionsprobleme und der Zeitbedarf für die Abhörphase ermittelt. Im Rahmen dieser Test-Abhörphase wurde festgestellt, daß das Abhören der Tonaufnahmen sinnvollerweise nicht entsprechend den Aufnahmenummern, die rein chronologisch und nicht stringent nach Dialektgebieten geordnet sind, durchgeführt werden sollte, sondern nach der Dialektzugehörigkeit. Daher wurden im August die im Institut für Geschichtliche Landeskunde lagernden Original-Fragebogen zu den Kernmundarten Ripuarisch, Mosel-, Rhein-, Südrheinfränkisch und Oberrheinisch von Mainz nach Kaiserslautern überführt und dort dupliziert; es handelt sich dabei um ca. 1 Viertel des Gesamtmaterials.

Parallel zur Duplizierung wurden ca. 70 Aufnahmen dieser Mundarten (von Frau Dr. Bingenheimer) abgehört, die phonetischen Mitschriften korrigiert bzw. durch das bisher nicht publizierte, auf den Tonträgern verborgene Spontanmaterial ergänzt. Soweit vorhanden wurden in diesem Arbeitsgang auch die großräumigen Dialektwörterbücher zu Rate gezogen und die dort aufgefundenen Lemmata mit genauer Belegstellenangabe gesondert in eine Lemma-Kartei übertragen. Im September wurden dann 171 weitere Original-Fragebogen zur Duplizierung, die von der nichtwissenschaftlichen Mitarbeiterin (Frau Wack) durchgeführt wird und zum jetzigen Zeitpunkt weit vorangeschritten ist, von Mainz nach Kaiserslautern gebracht.

Von großer Dringlichkeit erschien die Festlegung eines einheitlichen Transkriptionssystems, zumal in den Original-Mitschriften unterschiedliche Systeme wie z. B. das Teuthonista-System, ein abgewandeltes IPA-System bzw. Schweizer Systeme benutzt worden waren. Mit Unterstützung der Saarbrücker Phonetiker Prof. Barry und vor allem Dr. Pützer, die auch für die Zukunft ihre Hilfe zugesichert haben, konnten Richtlinien zur einheitlichen Verschriftung erarbeitet werden, d. h. ein gemäßigtes (phonetisches) IPA-Transkriptionssystem mit Diakritika zur Bezeichnung der Halb- und Reduktionsvokale und der Silbigkeit. Dieses offene, d. h. bei Bedarf erweiterbare System wird nun als Basis für alle Transkriptionen dienen.

Ein weiterer Schwerpunkt der Vorlaufphase lag in der EDV-Ausrüstung der Arbeitsstelle. Die als veraltet anzusehende, von dem Akademie-Projekt *Pfälzisches Wörterbuch* übernommene Ausstattung mußte im Hinblick auf die Bewältigung großer Datenmengen durch eine Neuausrüstung auf dem Stand der neuesten Technik ersetzt werden. Die Installation der beiden vernetzten, einheitlich konzipierten Arbeitsplätze, die Optionen für spätere Verbesserungen offenhalten, ist im Dezember 1998 erfolgt. Über einen ISDN-Anschluß nach Saarbrücken, vor allem zur Fernwartung der geplanten Datenbank, wird noch beraten. Das Anforderungsprofil an die Datenbank wie Feldtypen, Sortier- und Suchfunktionen usw. wurde bereits von den wissenschaftlichen Mitarbeiterinnen, die Datenbankstruktur von einem EDV-Spezialisten an der Universität des Saarlandes erarbeitet und ein NT-Server für die beiden Arbeitsplätze angefordert. Das Einlesen der WKW-Stammdateien aus Mainz scheint gesichert.

Ein weiterer Arbeitsschwerpunkt ist die Sicherung der in der WDW-Arbeitsstelle (Kaiserslautern) lagernden ca. 550 Tonträger des WKW-Materials. Da so gut wie keine Duplikate dieser als einmalig anzusehenden Sprachquelle vorhanden sind, ist eine Speicherung auf neuen Medien, die zudem eine Erleichterung beim Abhören und bei der Eingabe in die Datenbank bringen können, dringend angeraten. Die Sicherung auf CD-ROM mittels eines Komprimierungsverfahrens, das am Fraunhofer-Institut entwickelt wurde, wurde beantragt.

Die Arbeitsbibliothek des Pfälzischen Wörterbuchs, die vom WDW-Projekt übernommen werden konnte, wurde durch weitere groß- und kleinräumige Dialektwörterbücher ergänzt, der Aufbau einer Wein-Fachbibliothek ist im Gange. Als neues Mitglied der 'Gesellschaft für Geschichte des Weines' kann das WDW-Projekt günstig wichtige Schriften bzw. eine Bibliographie zur Geschichte des Weines beziehen. Mit anderen laufenden Wörterbuchunternehmen wurden bereits wichtige Kontakte geknüpft.

Im Dezember 1998 fand in Kaiserslautern ein Gespräch zur Abstimmung zwischen der Projektleitung in Saarbrücken, der Arbeitsstelle in Kaiserslautern und der Akademieverwaltung in Mainz sowie ein Antrittsbesuch beim Direktor des Instituts für Pfälzische Geschichte und Volkskunde statt, der seine Unterstützung für ein in ca. 3 Jahren geplantes Expertenkolloquium zugesagt hat.

3. Wolfram-Arbeitsstelle

Hr. Schröder teilt mit:

Die Wolfram-Arbeitsstelle verabschiedet sich mit drei umfänglichen Rezensionen ihres Leiters und Begründers. Die Rezension von Joachim Bumkes Buch 'Die vier Fassungen der 'Nibelungenklage'. Untersuchungen zur Überlieferungsgeschichte und Textkritik der höfischen Epik im 13. Jahrhundert' (1996) ist unter der Überschrift 'Bumke contra Lachmann oder: wie die 'Neue Philologie' die mittelhochdeutschen Dichter enteignet' im Mittellateinischen Jahrbuch, Band 33, I (1998) erschienen. Die Rezensionen von Christian Kiening, 'Schwierige Modernität. Der Ackermann des Johannes von Tepl und die Ambiguität historischen Wandels (1998) und von Friedrich Ohlys Ausgabe 'Das St. Trudperter Hohelied. Eine Lehre der liebenden Gotteserkenntnis' (1998) werden im Mittellateinischen Jahrbuch, Band 34, II (1999) erscheinen.

4. Anton Ulrich-Ausgabe

Der Transkriptionsapparatband zum I. Teil der 'Römischen Octavia' (ediert vom Hauptherausgeber Prof. Rolf Tarot) befindet sich nach Fertigstellung der reproduktionsfähigen Druckvorlage und abgeschlossener Redaktion der Einleitung in der Herstellung.

Neben der abschließenden Redaktion der Druckvorlage zum Transkriptionsapparatband zu ,Octavia' III (bearbeitet von Dr. Julie Boghardt) sind die Einleitung und die umfangreiche Handschriftenbeschreibung in einer ersten Fassung erarbeitet worden.

Dr. Dieter Merzbacher hat die Arbeit an 'Octavia' VI fortgesetzt. Die Erfassung der Varianten ist abgeschlossen. Der Apparat bedarf nunmehr der Kontrolle und Redaktion.

Dr. Maria Munding (Freie Mitarbeiterin) hat ihre Arbeit an der Edition von 'Octavia' IV fortgeführt.

Unter Anleitung von Frau Boghardt hat eine bewährte Hilfskraft im Rahmen eines Werkvertrags die vorbereitende Erfassung der Druckvarianten zu ,Octavia' II fortgeführt.

KOMMISSION FÜR DAS MITTELHOCHDEUTSCHE WÖRTERBUCH

Bericht Schröder

In der Kommissionsitzung am 23. 4. 1998 wurde Hr. Haubrichs als Mitglied zugewählt.

Hr. Gärtner teilt mit:

Die Ergebnisse des DFG-Kolloquiums (s.u.) wurden von der Kommission in ihrer Sitzung am 23. 4. 1998 gewürdigt, der Fortsetzungsantrag an die DFG für die 3. Förderphase sowie die Übernahme des Vorhabens in das Akadamienprogramm erörtert. Im Fortsetzungsantrag wurde darauf hingewiesen, daß nur für die Göttinger Arbeitsstelle eine Zusage des Landes Niedersachsen zur Bereitstellung des Landesanteils bei der Übernahme des Vorhabens in das Akademienprogramm vorliegt, das Land Rheinland-Pfalz dagegen noch keinen festen Termin für eine Bereitstellung seines Anteils und die Übernahme der Trierer Arbeitsstelle nennen kann. Am 11. 9. 1998 wurden in der Mainzer Akademie mit dem Vertreter des Wissenschaftsministeriums (Herrn Seus), dem Trierer Universitätspräsidenten (Prof. Hettich), Dr. Servatius und Hrn. Gärtner u.a. das Problem der Überleitung des Vorhabens in das Akademienprogramm erörtert. Prof. Hettich hatte bereits am 28. 4. 1998 gegenüber Präsident Zintzen in einem Gespräch, das in Trier stattfand und an dem auch Hr. Gärtner teilnahm, die Kooperationsmöglichkeiten mit der Akademie erörtert und dabei auch sein Interesse an der Einrichtung einer Arbeitsstelle ‚Mittelhochdeutsches Wörterbuch' an der Universität Trier im Rahmen des Akademienprogramms bekundet.

Vom 2. bis 4. März 1998 fand in Göttingen das von den beiden Arbeitsstellen ausgerichtete DFG-Kolloquium „Zur Konzeption des Mittelhochdeutschen Wörterbuchs" statt, auf dem Projektleiter und Mitarbeiter in Vorträgen die konzeptionellen Überlegungen und eine Reihe von Probeartikeln vor einem internationalen Kreis von Fachwissenschaftlern und Lexikographen sowie den Mitgliedern der beiden Kommissionen für das Mittelhochdeutsche Wörterbuch der Göttinger und Mainzer Akademie zur Diskussion stellten. Die Tagungsakten werden 1999 in den Abhandlungen der Göttinger Akademie publiziert.

Am 1. Juni 1998 begann der dritte DFG-Förderungszeitraum (1998–2000), für den die beantragten Personalmittel ohne Abstriche bewilligt wurden (Bewilligungsschreiben der DFG vom 9. 9. 1998). Die Arbeit am Ausbau des digitalen Text- und Belegarchivs konnte daher planmäßig fortgeführt werden. Die aufwendige Bearbeitung der vollständig zu lemmatisierenden Quellengruppe A ist inzwischen abgeschlossen, die Bearbeitung der weiteren Quellengruppen B (eingeschränkte Lemmatisierung) und C (Exzerption nach Ausgabenglossaren) schreitet zügig voran.

Das gemeinsame Arbeitstreffen der beiden Arbeitsstellen vom 16. bis 18. Oktober 1998 in Kyllburg bei Trier war der Nachbereitung des DFG-Kollquiums und der weiteren Klärung konzeptioneller Fragen gewidmet. An der Tagung nahmen auf Einladung der Göttinger bzw. Mainzer Akademie am 16. Oktober Prof. Blosen und Prof. Pors (Universität Aarhus) teil zur Beratung der Prinzipien der Darstellung des Verbwortschatzes im neuen Wörterbuch. Die beiden dänischen Kollegen, die auch am DFG-Kolloquium in Göttingen teilgenommen hatten, besuchten am 15. Oktober 1998 die Trierer Arbeitsstelle.

In dem angegliederten DFG-Projekt ‚Mittelhochdeutsche Wörterbücher auf CD-ROM und im Internet' wurden die lexikographisch relevanten Positionen der (‚alten') Wörterbuchartikel mit Hilfe einer besonderen Markierungssprache (eine spezifische Form der *Standard Generalized Markup Language* mit *Document Type Definitions* der *Text Encoding Initiative*) ausgezeichnet. Schon auf der Grundlage der bislang vorgenommenen, noch nicht alle Details erfassenden Auszeichnung konnte eine graphische Oberfläche entwickelt werden, die zum einen das Nachschlagen einzelner, ggf. durch aktivierbare Hyperlinks verknüpften Artikel, zum anderen die gezielte Suche in einer Wörterbuchdatenbank ermöglicht. [Die jüngste Dokumentation der durchgeführten

Arbeiten findet sich unter: http://193.174.98.10/scan1/MDZ/kolloquium/ref/fournier/vortrag.htm].

Die informationstechnologische Seite des Projekts wird von dem seit 1. 4. 1998 an der Universität Trier tätigen Informatiker Dr. Thomas Burch betreut, dessen Stelle den Kern eines von der Trierer Universität und der Mainzer Akademie begründeten Kompetenzzentrums ‚Neue Publikationsformen und Erschließungsverfahren für geisteswissenschaftliche Projekte' bildet und für die Betreuung mehrerer Vorhaben der Mainzer Akademie zuständig ist.

Zum 1. 11. 1998 nahm das ebenfalls der Arbeitsstelle ‚Mittelhochdeutsches Wörterbuch' angegliederte DFG-Projekt ‚Digitalisierung des Deutschen Wörterbuchs der Brüder Grimm (Erstausgabe)' seine Arbeit auf. Die ersten Strecken dieses Wörterbuchs werden voraussichtlich im März 1999 maschinenlesbar vorliegen und für automatisierte Recherchen herangezogen werden können. Die informationstechnologische Seite des Projekts wird ebenfalls von Dr. Burch betreut. Die retrodigitalisierten Wörterbücher werden im Rahmen der Artikelarbeit des neuen mittelhochdeutschen Wörterbuchs zu den Hauptquellen des lexikographischen Corpus gehören und in digitalisierter Form in optimaler Weise recherchierbar sein.

Publikationen:

K. Gärtner/K. Grubmüller (Hgg.), ‚Zur Konzeption des neuen mittelhochdeutschen Wörterbuchs' (erscheint 1999 in den Abhandlungen der Akademie der Wissenschaften in Göttingen; darin vom Leiter und Mitarbeitern der Trierer Arbeitsstelle: K. Gärtner, Quellenauswahl, Arbeitsverfahren, Zeitplanung und Kooperation; R. Plate, Zum Lemmastatus und Buchungsort der trennbaren Partikelverben im Mittelhochdeutschen Wörterbuch; Tao Jingning, Probeartikel *nëmen*).

K. Gärtner/R. Plate/U. Recker, Textvorbereitung und Beleggewinnung für das Mittelhochdeutsche Wörterbuch (im Druck, erscheint in: Linguistic and Literary Computing 13 [1998]. Oxford University Press).

R. Plate/U. Recker, EDV für Wörterbuchzwecke und neue lexikographische Arbeitsweisen. Erfahrungen beim Aufbau des elektronischen Text- und Belegarchivs für das Mittelhochdeutsche Wörterbuch (im Druck, erscheint 1999 im Niemeyer-Verlag in den Akten der 5. Internationalen Tagung „Maschinelle Verarbeitung altdeutscher Texte" Würzburg 1997).

K. Gärtner, Althochdeutsch oder Mittelhochdeutsch? Abgrenzungsprobleme im Bereich der Glossenliteratur und ihre Bedeutung für die Sprachstadienlexikographie (im Druck, erscheint in: Theodisca. Die Stellung althochdeutscher und altniederdeutscher Sprache in der Kultur des Mittelalters. Hg. von Wolfgang Haubrichs, Ernst Hellgardt, Reiner Hildebrandt und Klaus Ridder. Berlin 1998).

Th. Burch/J. Fournier/K. Gärtner, Mittelhochdeutsche Wörterbücher auf CD-ROM und im Internet. Der Einsatz von SGML in der Retrodigitalisierung lexikographischer Standardwerke (im Druck, erscheint in: Akademie-Journal 2/98).

KOMMISSION FÜR NAMENFORSCHUNG

Bericht Kleiber

Rheinhessisches Flurnamenarchiv, Mainz

Im Rahmen der Planung eines Rheinland-pfälzischen Flurnamenbuches ist die Kooperation zwischen der Kommission für Namenforschung und dem Institut für Geschichtliche Landeskunde an der Universität Mainz angelaufen. Dr. Rudolf Steffens, Mitarbeiter des Instituts, hat bis zum Jahresende im Landesarchiv Speyer und im Stadtarchiv Worms die Flurnamen der letzten noch ausstehenden rheinhessischen Gemeinden aus den Urkatastern erhoben. Die Sammlung sämtlicher katasteramtlicher Namen des 19. Jahrhunderts von Rheinhessen in den Grenzen vor der Verwaltungsreform von 1969/70 (180 Orte) wurde damit abgeschlossen. Zunächst soll dieser nur als Zettelkartei bzw. in Listen vorliegende Bestand in einer Datenbank gespeichert werden. Hinsichtlich der noch nicht für alle Gemeinden erfaßten Mundartformen sind ergänzende Nacherhebungen vorgesehen. Ein Verzeichnis des vorhandenen Materials und eine Übersichtskarte der in Flurnamenpublikationen bearbeiteten Teile Rheinhessens wurden angefertigt.

Am 4. Juni 1998 besichtigte Hr. Kleiber zusammen mit Rita Heuser, M.A., Mathias Gotschy, Dr. Rudolf Steffens und Dr. Wolf-Dietrich Zernecke das Hessische Flurnamenarchiv in Gießen. Prof. Dr. Hans Ramge und seine Mitarbeiter stellten das Südhessische Flurnamenbuch vor, das 1999 erscheinen soll. Fragen der Anlage umfangreicher Namenbücher unter Einsatz der neuesten Datentechnik wurden diskutiert, insbesondere auch im Hinblick auf ein Rheinhessisches Flurnamenbuch als Teil des geplanten Rheinland-pfälzischen Flurnamenbuches. Nach Gesprächen mit dem EDV-Betreuer des Hessischen Flurnamenarchivs Jörg Richter bei einem zweiten Besuch in Gießen am 28. Oktober 1998 hat Dr. Steffens eine Datenbank-Struktur ausgearbeitet und Listen der rheinhessischen Ortsnamen mit den erforderlichen Siglen erstellt. Geeignete Rechner mit der erforderlichen Software für die neuen Aufgaben wurden an beiden Arbeitsstellen angeschafft.

Die Erarbeitung eines umfassenden und exemplarischen Überblicks über die Hügelbenennungen in Rheinhessen wurde fortgesetzt. Dr. Zernecke hat am 18. September 1998 den Jahrespreis der „Henning-Kaufmann-Stiftung zur Förderung der deutschen Namenforschung auf sprachgeschichtlicher Grundlage" verliehen bekommen. Im Rahmen der Preisverleihung hielt er einen Festvortrag mit dem Thema *Rheinhessische Flurnamen aus dem onomasiologischen Feld ‚Hügel, Anhöhe, kleinere Bodenerhebung'*. Untersucht wurde eine Reihe von Namenwörtern samt den appellativischen Hügelbezeichnungen in der Mundart Rheinhessens.

Am 18. und 19. September 1998 fand in der Akademie unter der Leitung von Hrn. Debus, unterstützt von der Deutschen Forschungsgemeinschaft, ein Kolloquium zu dem Thema *Stadtbücher als namenkundliche Quellen* statt, an dem Wissenschaftler aus Deutschland, Österreich, Polen, der Schweiz und Tschechien teilnahmen. In den 30 Vorträgen und Referaten, die eingehend diskutiert wurden, hat sich gezeigt, daß nicht nur die Stadtbücher im engeren Sinne, sondern auch andere vergleichbare Quellengattungen reiches Namenmaterial enthalten. Hr. Kleiber referierte über die Urbare Süddeutschlands, die in einer kleinen Ausstellung anhand ausgewählter Beispiele präsentiert wurden.

In der Kommissionssitzung am 5. November 1998 berichtete Hr. Kleiber über das Projekt des Rheinhessischen Flurnamenbuches und die vordringlichen Arbeiten zur Vervollständigung der Namensammlung. Es wurde ein Kolloquium zu den Flurnamen im Denotatbereich ‚Hügel' im westlichen Mitteldeutschen geplant. Hr. Debus berichtete über den Stand der Arbeiten an dem „Lexikon der Literarischen Namen des Mittelalters" und die Zusammenarbeit der Textarchive in Kiel (Hr. Debus) und Trier (Hr. Gärtner).

Als wissenschaftlicher Mitarbeiter war Dr. Zernecke halbtags tätig.

KOMMISSION FÜR ROMANISCHE PHILOLOGIE

Bericht Hempel

Als Band 2 der von der Kommission bei der Wissenschaftlichen Buchgesellschaft herausgegebenen Reihe „Beiträge zur Romanistik" ist erschienen: Falk Peter Weber, Der Prozeß der bürgerlichen Emanzipation im anti-idealistischen Roman von Sorel bis Prévost (507 S.).

Die konstituierenden Sitzungen von Vorstand und Beirat der Kurt Ringger-Stiftung, deren satzungsgemäßes Ziel die „Förderung der romanistischen Wissenschaft" ist, haben stattgefunden und die Stiftung hat ihre Arbeit aufgenommen.

Lessico Etimologico Italiano

Hr. Pfister berichtet:

Im Jahr 1998 erschienen die Faszikel 57, 58, 59 und 60 (bis **borr-*). Als Nachtragsmaterialien wurden ca. 40 000 Karteikarten in den Gesamtfichier eingeordnet.

Im Berichtsjahr wurde die Arbeitsstelle Saarbrücken erstmals durch das italienische Außenministerium mit einem Betrag von 75 Millionen Lire unterstützt, die für Werkverträge, vorwiegend für italienische Mitarbeiter, verwandt wurden. Die Cassa di Risparmio von Apulien (CariPuglia) stellte für das Studienjahr 1998/99 zwei Jahresstipendien für zwei examinierte Nachwuchswissenschaftler aus Apulien zur Verfügung (Dott. Coluccia und Dott. Marzaro).

Wie in den vorhergehenden Jahren war es im Rahmen des universitären Kooperationsabkommens Lecce-Saarbrücken wiederum möglich, daß Dott. Linciano das LEI-Computerprogramm aktualisieren konnte. Zusätzlich konnte im Berichtsjahr ein Werkvertrag für einen examinierten Mitarbeiter der Universität Lecce finanziert werden (Dott. Cicotti).

Unter der Leitung von Frau Prof. Morlicchio (Neapel) und unterstützt von der Universität Neapel sind die Vorarbeiten für das erste LEI-Faszikel, das die germanischen Elemente umfaßt, soweit fortgeschritten, daß 1999 die Publikation möglich sein sollte.

Die Neuordnung des LEI-Fichiers und die Ausgliederung der Deonomastica erfolgt mit Hilfe der Universität Jena. In Zukunft werden die Deonomastica-Artikel im Deonomasticum Italicum (Leitung Prof. Schweickard, Jena) bearbeitet und publiziert werden.

KOMMISSION FÜR SLAVISCHE PHILOLOGIE UND KULTURGESCHICHTE

Bericht F. Otten

Wörterbuch der russischen Sprache der Gegenwart Russisch-Deutsch

Prof. Dr. Renate Belentschikow berichtet:

Die Arbeiten am „Russisch-deutschen Wörterbuch "(RDW) wurden im Berichtszeitraum in den beiden Arbeitsstellen Marburg/Lahn (Svetlana Ernstberger CSc., Dr.

Hans-Jochen Pasenow M. A.) und Berlin (Dr. Klaus Pieperek M. A., Dr. Elisabeth Timmler M. A.) – weiterhin mit reduziertem Personalbestand – fortgesetzt.

Im Mittelpunkt der Arbeit stand zunächst die inhaltliche und organisatorische Vorbereitung eines Gutachterkolloquiums, das im April 1998 tagte und mit bestimmten Auflagen die Fortführung des Projekts empfahl. Unter Beteiligung aller Mitarbeiter wurde hierzu die erste Fassung einer Präsentationsbroschüre erstellt, die nicht zuletzt die positive Entscheidung des Ausschusses Akademienvorhaben über die weitere Förderung des Projekts zunächst bis zum Jahre 2000 beeinflußt hat. Über eine darüber hinausgehende Förderung des Unternehmens entscheidet der Geldgeber auf der Basis einer Vorhabenprüfung im Jahr 2000.

Eine überarbeitete Version der Projektbroschüre steht der Fachwissenschaft zur Verfügung und dient dem Dialog ebenso wie der Information über Vorhabenziele und Methoden. In diesem Zusammenhang wurde die Konzeption des Wörterbuchs, u. a. zur Gestaltung der Wortartikel, weiter diskutiert und präzisiert. Neue Wortartikel (überwiegend in Rohfassungen) entstanden zum Lemmata-Bereich „A“ sowie zu „J“ und den Anfangsbereichen von „B“; für die Broschüre wurden darüber hinaus exemplarische Artikel erarbeitet. Bereits verfaßte Wortartikel aus dem Lemmata-Bereich „A“ wurden überarbeitet. Die Datenbank wurde weiterhin technisch gepflegt, u. a. durch Einlesen von Texten und Exzerpieren erweitert sowie der Projektleitung und den Mitarbeitern in jeweils aktualisierter Form als CD-ROM zur Verfügung gestellt. Als Grundlage für die Zusammenstellung der Lemmata-Liste wurde eine Datenbank-Stichwortliste erstellt.

KOMMISSION FÜR MUSIKWISSENSCHAFT

Bericht Riethmüller

1. Handwörterbuch der musikalischen Terminologie

Hr. Eggebrecht berichtet:

Die Arbeiten am *Handwörterbuch der musikalischen Terminologie* (HmT) wurden im Berichtsjahr von der Freiburger Arbeitsgruppe planmäßig fortgeführt. Es wurden die folgenden Forschungsprojekte bearbeitet: Dr. Markus Bandur (Schriftleiter): Begriffsfeld Komposition und Improvisation; Dr. Michael Beiche: Terminologie der Harmonik; Dr. Sabine Ehrmann-Herfort: Terminologie der Vokalmusik. Außerdem waren wie in den vergangenen Jahren Freiburger Doktoranden mit der EDV-Indizierung von Quellen sowie mit der Vervielfältigung von Artikelmanuskripten für das Lektorengremium beschäftigt. Darüber hinaus halfen sie beim Korrekturlesen mit.

Die 26. Auslieferung (Winter 1997/98) ist im Februar in Satz gegangen und im Juni erschienen. Sie enthält die folgenden Monographien: *Altus / Alt, bassus / Baß* (Ehrmann-Herfort), *Baritono / Bariton* (Ehrmann-Herfort), *Discantus / Diskant* (Beiche), *Inventio / Invention* (Prof. Dr. Wolfgang Horn, Erlangen), *Ostinato, obligato* (Prof. Dr. Michael von Troschke, Hamburg) und *Soprano / Sopran* (Ehrmann-Herfort). Die 27. Auslieferung (Herbst 1998) ist im Dezember in Satz gegangen. Sie enthält die folgenden Monographien: *Allemande* (Prof. Dr. Rainer Gstrein, Innsbruck), *Bagatelle* (Karin Dietrich, M.A., Darmstadt), *Klassisch, Klassik* (Eggebrecht), *Melodia / Melodie* (Bandur) und *Sonata / Sonate* (Priv.-Doz. Dr. Hans-Joachim Hinrichsen, Berlin). Für die 28. Auslieferung (Frühjahr 1999) sind folgende Begriffsmonographien vorgesehen: *Canon / Kanon* (Prof. Dr. Klaus-Jürgen Sachs, Erlangen), *Cantabile, cantando* (Dr. Thomas Seedorf, Freiburg i. Br.), *Chroma* (Priv.-Doz. Dr. Eckhard Roch, Bochum), *Intervallum / Intervall* (Beiche), *Ode* (Dr. Karl-Günther Hartmann, Kassel), *Ritornell* (von Troschke), *Symphonische Dichtung* (Dr. Rainer Schmusch, Freiburg i. Br.), *Walzer* (Prof. Dr. Monika Fink, Innsbruck).

Dr. Ehrmann-Herfort vertrat das HmT bei der Jahrestagung der Gesellschaft für Musikforschung in Halle/S. (29. September bis 2. Oktober 1998).

2. Christoph Willibald Gluck — Sämtliche Werke

Über die Fortführung des Kommissions-Unternehmens der Ausgabe sämtlicher Werke Glucks informiert der Bericht über die von der Konferenz der deutschen Akademien der Wissenschaften koordinierten musikwissenschaftlichen Editionen (siehe Anhang).

3. Busoni-Editionen

In dem von der Peter Klöckner-Stiftung in Duisburg noch bis Ende Oktober geförderten Vorhaben „Europäische Klaviermusik um 1900“ wurden von Margret Jestremski M.A. die Länder Frankreich und England bearbeitet. Dr. Martina Weindel setzte die Arbeit an der Edition von Busonis Briefwechsel mit seinem Schüler Egon Petri und dessen Eltern fort (DFG), und Dr. Sabine Feißt hielt sich während des ganzen Jahres zu Schoenberg-Untersuchungen in den USA auf (DFG). — Im November hat die Deutsche Forschungsgemeinschaft eine Sachbeihilfe zur Erstellung der kritischen Gesamtausgabe der Schriften und Libretti von Busoni bewilligt (Arbeitsbeginn: 1. April 1999).

4. Musikalische Denkmäler

Der Band mit Streichquintetten des 18. Jahrhunderts (Bearbeiter: Tilman Sieber, Heidelberg) ist im Manuskript eingegangen. Die Ausgabe der Anonyma des Stuttgarter Messenchorbuches 47 (Bearbeiter: Prof. Dr. Martin Staehelin, Göttingen) steht weiter in Aussicht.

5. Neue Studien zur Musikwissenschaft

Die Arbeit von Prof. Dr. Elmar Seidel, Mainz, über „Johann Sebastian Bachs Choralbearbeitungen in ihren Beziehungen zum Kantionalsatz“ ist in zwei Teilen als Band VI erschienen. Die Habilitationsschrift von Priv.-Doz. Dr. Eckhard Roch, „Chroma — Color — Farbe. Ursprung und Funktion der Farbmetapher in der antiken Musiktheorie“

(Universität Bochum 1996) ist noch im Druck. Die Habilitationsschrift von Prof. Dr. Andreas Ballstaedt, „Wege zur Neuen Musik“ (Freie Universität Berlin 1995) liegt vor und ist als weiterer Band vorgesehen.

KOMMISSION FÜR GESCHICHTE DER MEDIZIN UND DER NATURWISSENSCHAFTEN

Bericht Benedum

Arbeitsstelle Gießen

Soemmerring-Edition

Im Berichtsjahr konnte Hr. Benedum den Band 7 der Edition „Gehör, Geschmack und Stimme, Geruch“ im Druck vorlegen. Damit sind die Arbeiten an der Abteilung 1,2 „Schriften zu den Sinnesorganen“ abgeschlossen.

Im Berichtsjahr konnte Ulrike Enke das Manuskript für Band 11 „Schriften zur Embryologie“ abschließen, so daß der Band Anfang 1999 in Druck gehen kann.

Im Berichtsjahr wurden von Dr. Sigrid Oehler-Klein der Band 15 der Edition „Anthropologie“ im Druck vorgelegt und die Editionsarbeiten (wissenschaftshistorische Einführung, Kommentar und Variantenverzeichnis unter Berücksichtigung des Nachlasses) zu der Soemmerring-Schrift „Meine Ansicht einiger Gallschen Lehrsätze“ abgeschlossen.

Im Berichtsjahr übernahm Dr. Manfred Wenzel die vom ursprünglich vorgesehenen Herausgeber wegen Terminschwierigkeiten zurückgegebene Schrift Soemmerrings „Über den Tod durch die Guillotine“ (1795). Diese erscheint in Band 9 der Edition, nach Rücksprache und mit Billigung der Akademieleitung nun kommentiert durch einen überarbeiteten und durch einen Nachtrag erweiterten Aufsatz von Gunter Mann (†), zusammen mit Soemmerrings zentraler Schrift „Über das Organ der Seele“, deren Bearbeitung bereits 1997 abgeschlossen war. Band 9 wurde am 24.7.1998 zum Druck eingereicht. Zur Zeit laufen die Korrekturarbeiten, so daß dieser Band der Werkausgabe 1999 vorliegen wird.

Arbeitsstelle Mainz

Soemmerring-Edition

Im Berichtsjahr erschien mit Band 19/II der dritte Band von Soemmerrings Briefwechsel. Er enthält auf 434 Seiten 206 Schreiben von und an Soemmerring (samt Erläuterungen), außerdem die Register zu beiden Teilen von Band 19. Wissenschaftshistorisch bedeutsam sind an der hier gedruckten Korrespondenz vor allem das (letztlich gescheiterte) Projekt einer Pazifikexpedition (in russischem Auftrag zusammen mit Forster), die Auseinandersetzung um den Magnetismus, um Soemmerrings Hauptwerk „Vom Baue des menschlichen Körpers“ und die anhaltende Diskussion um seine „Negerschrift“ von 1784/85. Inzwischen hat Dr. Franz Dumont die Arbeiten zum dritten Band der Briefausgabe (Band 20 der gesamten Edition) so weit vorangetrieben, daß dieser im Frühjahr 1999 zum Druck eingereicht werden kann. Er wird Soemmerrings Korrespondenz zwischen dem Beginn der „Mainzer Republik“ (Oktober/November 1792) und seiner Übersiedlung nach München (April 1805) enthalten. In den 268 Briefen tritt infolge der Revolutionskriege und der Herrschaft Napoleons die politische Geschichte wesentlich stärker als bisher in den Vordergrund. Außerdem leistete die Mainzer Arbeitsstelle wieder Hilfeleistung für verwandte Projekte, etwa bei der Suche nach dem zeitweise von Soemmerring betreuten Herbarium Georg Forsters.

Weitere Mitarbeiter der Kommission

Soemmerring-Edition
Im Berichtsjahr ist der von Prof. Dr. Reinhard Hildebrand, Münster, bearbeitete Band 2 der Edition „Bänder- und Muskellehre“ (1800) im Druck erschienen. Zugleich hat Prof. Dr. Reinhard Hildebrand die Edition von Band 3 „Gefäßlehre“ (1801) übernommen.

Resümee

Die Ende 1997 insgesamt 9 Bände umfassende Soemmerring-Edition ist im Berichtsjahr 1998 um weitere vier Bände (Band 2, 7, 15 und 19/II) vermehrt worden und umfaßt daher jetzt insgesamt 13 Bände, die Hälfte der derzeit projektierten 26 Bände.

Publikationen:

Jost Benedum: Samuel Thomas Soemmerring: Schriften zu den Sinnesorganen: Gehör, Geschmack und Stimme, Geruch, bearbeitet und herausgegeben von J. Benedum. In: Samuel Thomas Soemmerring Werke, hrsg. von J. Benedum und W. Fr. Kümmel, Band 7, Stuttgart/Jena/Lübeck/Ulm 1998, 213 S.

Franz Dumont: Samuel Thomas Soemmerring: Briefwechsel 1784–1792. Teil II: Januar 1787–Oktober 1792, bearbeitet und herausgegeben von F. Dumont. In: Samuel Thomas Soemmerring Werke, hrsg. von J. Benedum und W. Fr. Kümmel, Band 19/II, Stuttgart/Jena/Lübeck/Ulm 1998

Franz Dumont: Loge und Klub. Zur Bedeutung aufgeklärter Sozietäten für die Mainzer Republik. In: Europa in der Frühen Neuzeit. Festschrift für Günter Mühlpfordt. Band 4: Deutsche Aufklärung, hrsg. von Erich Donnert, Weimar/Köln/Wien 1997, S. 557–578

Ulrike Enke: Der „Trieb in uns, das Ungebildete zu bilden...“. Der Begriff „Bildungstrieb“ bei Blumenbach und Hölderlin. In: Hölderlin-Jahrbuch, Band 30, Stuttgart/Weimar 1996/1997, S. 102–118

Ulrike Enke/Sigrid Oehler-Klein: Ernst Gottfried Baldinger (1738–1804). In: Jenaer Universitätslehrer als Mitglieder der Akademie gemeinnütziger Wissenschaften zu Erfurt. (Sonderschriften der Akademie gemeinnütziger Wissenschaften zu Erfurt 31) Erfurt 1997, S. 7–26

Reinhard Hildebrand: Samuel Thomas Soemmerring: Vom Baue des menschlichen Körpers: Bänder- und Muskellehre, bearbeitet und herausgegeben von R. Hildebrand. In: Samuel Thomas Soemmerring Werke, hrsg. von J. Benedum und W. Fr. Kümmel, Band 2, Stuttgart/Jena/Lübeck/Ulm 1998, 593 S.

Sigrid Oehler-Klein: Samuel Thomas Soemmerring: Schriften zur Anthropologie: Über die körperliche Verschiedenheit des Negers vom Europäer (1785), bearbeitet und herausgegeben von S. Oehler-Klein. In: Samuel Thomas Soemmerring Werke, hrsg. von J. Benedum und W. Fr. Kümmel, Band 15, Stuttgart/Jena/Lübeck/Ulm 1998, 364 S.

Sigrid Oehler-Klein/Manfred Wenzel: Reizbarkeit-Bildungstrieb-Seelenorgan. Aspekte der Medizingeschichte der Goethezeit. In: Hölderlin-Jahrbuch, Band 30, Stuttgart/Weimar 1996/1997, S. 83–101

Manfred Wenzel: Artikel „Evolution". In: Goethe-Handbuch, Bd. 4/1, Stuttgart und Weimar 1998, S. 284–289

Manfred Wenzel: Artikel „Linné, Carl von". In: Ebd., Bd. 4/2, Stuttgart und Weimar 1998, S. 666–668

Manfred Wenzel: Artikel „Loder, Justus Christian von". In: Ebd., S. 671–673

Manfred Wenzel: Artikel „Naturwissenschaften". In: Ebd., S. 781–797

Manfred Wenzel: Artikel „Newton, Isaac". In: Ebd., S. 803–805

Manfred Wenzel: Artikel „Soemmerring, Samuel Thomas von". In: Ebd., S. 995f.

Manfred Wenzel: Artikel „Versuch". In: Ebd., S. 1094–1096

Manfred Wenzel: Artikel „Zwischenkieferknochen". In: Ebd., S. 1216–1218

Manfred Wenzel: Justus Christian von Loder. In: Jenaer Universitätslehrer als Mitglieder der Akademie gemeinnütziger Wissenschaften zu Erfurt. Beiträge zum Leben und Werk, 2. Lieferung. Hrsg. von Jürgen Kiefer und Werner Köhler (Sonderschriften der Akademie gemeinnütziger Wissenschaften zu Erfurt 31), Erfurt 1997, S. 27–39

Manfred Wenzel: „Wir *beide* haben ohne dieß genug Neider!" Die Freundschaft zwischen Heinse und Soemmerring. In: Das Maß des Bacchanten. Wilhelm Heinses Über-Lebenskunst. Hrsg. von Gert Theile. München 1998, S. 159–184

Manfred Wenzel (Hg.): Johann Wolfgang Goethe: Naturwissenschaftliche Schriften. In: Goethe, Werke. Jubiläumsausgabe. Bd. 6. Frankfurt am Main 1998, S. 377–480

Manfred Wenzel: Kommentar zu Johann Wolfgang Goethe: Naturwissenschaftliche Schriften. In: Goethe, Werke. Jubiläumsausgabe. Bd. 6. Frankfurt am Main 1998, S. 631–720

Manfred Wenzel: „Der Mensch kennt nur sich selbst, insofern er die Welt kennt...". Goethe und die Naturwissenschaften. In: Johann Wolfgang Goethe zum 250. Geburtstag. Insel-Almanach auf das Jahr 1999. Frankfurt am Main 1998, S. 147–170 und S. 234–241

Manfred Wenzel: Artikel „Soemmerring, Samuel Thomas von". In: Deutsche Biographische Enzyklopädie. Hrsg. von Walther Killy (†) und Rudolf Vierhaus. Bd. 9. München 1998, S. 359

Vorträge

Manfred Wenzel: Nachrichten ‚vom Rande des Kontinents' – Der Briefwechsel zwischen Goethe und Christian Diedrich von Buttel (1827). Vortrag, gehalten am 26. 3. 1998 im Niedersächsischen Staatsarchiv, Oldenburg, vor dem Oldenburger Landesverein für Geschichte, Natur- und Heimatkunde e.V. und der Bibliotheksgesellschaft Oldenburg

Manfred Wenzel: Goethe und die Medizin. Vortrag, gehalten am 20. 10. 1998 vor der Goethe-Gesellschaft in Rudolstadt

Manfred Wenzel: Goethes Entdeckung des menschlichen Zwischenkiefers im Jahr 1784. Vortrag, gehalten am 3. 11. 1998 vor der Goethe-Gesellschaft, Darmstadt, und dem Ärztlichen Kreisverein, Darmstadt

KOMMISSION FÜR RECHTSWISSENSCHAFT

Bericht Stolleis

Urkundenregesten zur Tätigkeit des Deutschen Königs- und Hofgerichts bis 1451

1. Herr Dr. Neumann hat plangerecht die Regestierung für Band 9 (Karl IV., 1364–1371) abgeschlossen. Der Band umfaßt 560 Regesten, die noch einmal überarbeitet werden müssen. Sodann müssen die Indices sowie die Einleitung geschrieben werden.

Dies konnte erreicht werden trotz einer längeren Arbeitsunterbrechung wegen eines Beinbruchs.

2. Die Umfangsprobleme für die Königszeit König Wenzels 1376/78 bis 1400 haben sich durch überaus erfolgreiche Archivrecherchen weiter so sehr verschärft, daß nunmehr mit einer Aufteilung in vier Bände statt anfangs zweien zu rechnen ist. Am Anfang der Arbeit an dieser – durch das Fehlen von Vorarbeiten wie der Regesta Imperii – besonders schwierigen Epoche gab es knapp 1200 zu regestrierende Quellen, die in zwei Bänden unterzubringen gewesen wären. Durch Neuzugänge unbekannter Urkunden hat sich diese Zahl fast verdoppelt.

3. Herr Dr. Rotter (1376/78–1392) hat zusätzlich umfangreicher Vor- und Nachbereitungen 3 Wochen im Stadtarchiv Frankfurt, mehrere Tage im Generallandesarchiv Karlsruhe, 4 Wochen im Staatsarchiv Nürnberg sowie je eine Woche im Hauptstaatsarchiv München sowie im Staatsarchiv Bamberg verbracht. Dabei hat er nicht nur für König Wenzel insgesamt, also auch für die von Frau Dr. Rödel zu bearbeitende Zeit, sondern auch für Dr. Neumann recherchiert. Der Zuwachs an Material läßt es angeraten erscheinen, Bd. 11 mit dem Jahr 1386 abzuschließen. Mittlerweile liegen 315 Regesten vor, deren Texte so gekennzeichnet sind, daß auch das Namensregister schon vorbereitet ist. Trotz Verwaltungsarbeitsleistungen für das Projekt und der zeitlichen Belastungen durch die Tätigkeit als stellvertretender Vorsitzender des Personalrats der Akademie, die ständig zeitaufwendiger wird wegen der zunehmenden Projekteinstellungen und der damit verbundenen Kündigungen, soll Bd. 11 plangerecht bis Ende 1999 abgeschlossen werden.

4. Frau Dr. Rödel hat die Archivreisen von Herrn Dr. Rotter, soweit er für ihre Zeit recherchieren sollte, gründlich vorbereitet und das einkommende Material eingearbeitet. Ebenso mußte sie das in Form von Microfilmen vorhandene Material selbst am Readerprinter bearbeitungsfähig machen. Eine Archivreise nach Dresden und Görlitz, die intensiv vorbereitet war, scheiterte an einem schweren Unfall auf der Hinreise. Frau Dr. Rödel hatte das Material nicht chronologisch zu bearbeiten begonnen, sondern nach Fallkomplexen. Durch die neue Bandeinteilung entfallen daher von den gemachten Regesten einige auf den Band 14, so daß für Band 13 (1393–1396) nicht ganz so viele Regesten fertig vorliegen, wie im letzten Bericht prognostiziert. Im Jahr 1999 müssen noch die ausgefallene Archivreise nach Dresden sowie Archivbesuche in Straßburg und beim Deutschordensarchiv in Wien durchgeführt werden. Der Besuch des Stadtarchivs Görlitz hat sich nach intensiver Kontaktaufnahme mit dem Archiv erledigt. Insgesamt ist damit zu rechnen, daß plangerecht Bd. 13 (1393–1396) fertiggestellt werden kann, falls nicht noch unverhältnismäßig viele Neuzugänge für diese Phase hinzukommen.

5. Frau Löchel hat die Archivreisen für Herrn Dr. Rotter intensiv mit vorbereitet und nachgearbeitet sowie für die in Frankfurt sitzenden Mitarbeiter die für die Regestierung notwendigen Bücher beschafft und Kopien angefertigt. Zudem hat sie entsprechend ihrem Vertrag neu erschienene Quellenwerke auf einschlägiges Material hin durchgemustert.

KOMMISSION FÜR PERSONALSCHRIFTEN

Bericht Müller

Forschungsstelle für Personalschriften

Hr. Müller und Prof. Dr. Lenz berichten:

Die Ende des Jahres 1997 zum Druck gegebenen Kataloge der Bestände der Schloßkirchenbibliothek Oels mit 912 Eintragungen als Band 20, der Bibliothek des Ossolineums in Breslau mit 708 Eintragungen als Band 21 sowie der der Öffentlichen Woiwodschaftsbibliothek zu Oppeln-Rogau mit 106 Eintragungen als Band 22 sind im Berichtszeitraum erschienen. Für den Druck vorbereitet werden zur Zeit die Kataloge der Bestände der Hessischen Landesbibliothek Wiesbaden mit 363 Eintragungen als Band 23 und der Bibliotheken und Archive der Odenwaldregion mit 657 Eintragungen als Band 24.

Die Auswertung schlesischer Leichenpredigten-Bestände konnte durch die direkte Wiederbesetzung der halben Stelle BAT II a und der ABM-Stelle – beide zum 1. Februar 1998 – fortgeführt werden. Nach Ablauf des Vertrages schied die ABM-Kraft am 14. Oktober aus. Es wurden die Leichenpredigten und sonstigen Trauerschriften der Schlesischen Bibliothek Kattowitz mit insgesamt 844 Eintragungen (davon 420 im Jahr 1998), der PAN-Bibliothek Krakau mit 132 Eintragungen und der Czartoryskich-Bibliothek im Nationalmuseum Krakau mit 96 Eintragungen ausgewertet.

Ab 1. Februar konnte die Stelle der Verwaltungsangestellten nach BAT VI b nach neunmonatiger Sperre wiederbesetzt werden, wodurch die Mehrbelastung der wissenschaftlichen Mitarbeiter durch die Verwaltungstätigkeit entfiel. Außerdem wurden die Daten des Bestandes der Öffentlichen Woiwodschafts- und Stadtbibliothek Grünberg mit 115 Eintragungen erfaßt und die Arbeit an der Datenbank historischer Ortsnamen wieder aufgenommen.

Die Philipps-Universität gewährte auch für das Haushaltsjahr 1998 Hilfskraftmittel. Eine studentische Hilfskraft speicherte den Katalog der Leichenpredigten-Sammlungen in Liegnitzer Bibliotheken in die Datenbank des Gesamtkataloges ein. Die andere studentische Hilfskraft übernahm vor allem die Betreuung der EDV-Anlagen und installierte neue Hard- und Software.

Das Handbuch zur Kurzauswertung von Leichenpredigten, das zentrale Arbeitsinstrument der Mitarbeiter in Marburg und Dresden, wurde überarbeitet, und neues Informationsmaterial zu den Veröffentlichungen der Forschungsstelle für Personalschriften konzipiert, das auf dem Historikertag am 9. September 1998 und auf der Buchmesse am 7. Oktober 1998 auf den Ständen des Thorbecke Verlages und der Akademie präsentiert wurde. Während des Berichtszeitraumes traf die Akademie mit dem Thorbecke Verlag die Abrede, Band 18 der Reihe Marburger Personalschriften-Forschungen, das Abkürzungsverzeichnis, in einer preiswerten Studienausgabe neu aufzulegen. Die Vorarbeiten hierzu sind angelaufen.

Die Datenbank des Gesamtkataloges deutschsprachiger Leichenpredigten, die bei wiederholten Datenkonvertierungen im Hochschulrechenzentrum erheblich beschädigt und lahmgelegt worden war, wurde vom Großrechner im Hochschulrechenzentrum der Philipps-Universität auf einem PC in der Forschungsstelle übertragen und in das Datenbankprogramm Access importiert. Rund 2000 Datensätze, die bisher noch nicht in die Gesamtkatalog-Datenbank eingespeist worden waren, konnten konvertiert und in die neue Access-Datenbank integriert werden. Mit Hilfe eines neuen Makro-Programms können die für den Gesamtkatalog benötigten Daten aus den Katalogen der Forschungsstelle extrahiert und in die Datenbank importiert werden. Diese enthält derzeit 65242 Datensätze. Zusätzlich liegen 1351 Datensätze aus dem Katalog der Leichenpredigten-Sammlungen in Liegnitzer Bibliotheken vor, die inzwischen von den Hilfskräften erfaßt worden sind. Durch die Übertragung der Datenbank mit dem Gesamtkatalog deutschsprachiger Leichenpredigten in die Forschungsstelle wurden Datenpflege und -eingabe erheblich erleichtert.

Die Entwicklung von Makro-Programmen zur Erstellung druckfertiger Kataloge in der Dresdner Forschungsstelle wurde von Marburg aus durch die Programmierung mehrerer Makro-Prozeduren für die Registererstellung und -formatierung maßgeblich unterstützt.

Im Juli und August wurden die Leichenpredigten- und Trauerschriftenbestände in Frankfurt am Main erhoben. Es konnten im Stadtarchiv, im Goethe-Museum – Freies Deutsches Hochstift, in der Stadt- und Universitätsbibliothek und in der Senckenbergischen Bibliothek Leichenpredigten ermittelt werden. Zum 1. Juli des Berichtszeitraumes bewilligte das Arbeitsamt Marburg nochmals eine Arbeitsbeschaffungsmaßnahme, die mit einem promovierten Wissenschaftler besetzt werden konnte. Dieser Mitarbeiter wertet zur Zeit den Bestand des Stadtarchivs Frankfurt mit ca. 170 Eintragungen aus, der zugleich einer Sicherungsverfilmung in der Forschungsstelle unterzogen wird.

Während des Berichtszeitraumes konnten die Restaurierungsarbeiten an der Renaissancefassade des Rybisch-Hauses in Breslau und die an den Buchbeständen der Schloßkirchenbibliothek zu Oels, eine der wenigen in Mitteleuropa erhaltenen Kettenbuchbibliotheken, zum Abschluß gebracht werden.

Zwischen der Württembergischen Landesbibliothek Stuttgart und der Arbeitsstelle in Marburg wurde eine enge Kooperation bei der Erschließung der in Stuttgart vorhandenen Personalschriften verabredet. So will die Württembergische Landesbibliothek das in Marburg entwickelte Erschließungs-Know-how weitgehend übernehmen.

Die 1997 erstellte Homepage der Forschungsstelle wurde 1998 weiter ausgebaut. Zwei Aufsätze des Projektleiters wurden im Internet als elektronische Volltexte veröffentlicht.

Am 27. Januar 1998 besuchten die Teilnehmer des 31. wissenschaftlichen Kurses und am 27. April 1998 die Teilnehmer des 35. Fachhochschulkurses der Archivschule Marburg die Arbeitsstelle, um in die Quellengattung Leichenpredigten eingewiesen zu werden.

Im Berichtszeitraum arbeiteten 17 Benutzer, darunter auch ausländische, in der Forschungsstelle. 31 schriftliche Anfragen, davon 20 wissenschaftliche, wurden bearbeitet sowie mehrere Dissertationen, Magister- und Staatsexamensarbeiten betreut.

Die Mitarbeiter der Dresdner Dependance schlossen während des Berichtszeitraumes die Auswertungsarbeiten an dem 4720 Eintragungen umfassenden Katalog der Zittauer Christian Weise Bibliothek ab, korrigierten den im Hochschulrechenzentrum Marburg erstellten codierungsfreien Endlosausdruck, der im Sommer bereits einem zweiten Korrekturlauf unterzogen werden konnte. Unterstützt wurden sie einerseits durch einen über eine Arbeitsbeschaffungsmaßnahme zum 1. Oktober gewonnenen wissenschaftlichen Mitarbeiter, einen Diplom-Theologen. Andererseits wurden in Dresden in enger Absprache mit Marburg Makro-Programme entwickelt, die beide Arbeitsstellen in die Lage versetzen, in Zukunft ihre Publikationen über Postscript-Dateien satzfertig vorzulegen, ein Verfahren, das bei der Herstellung des Zittauer Kataloges erstmals Anwendung findet und deutliche Einsparungen bei den Druckkosten erbringen dürfte.

Auf eigenen Wunsch wurde die Arbeitszeit eines wiss. Mitarbeiters seit dem 1. August um 50% reduziert, wohingegen die studentische Hilfskraft, im Haushaltsjahr 1997 aus Mitteln des Bundesministeriums des Innern finanziert, dank einer Zuwendung der Freunde und Förderer der Mainzer Akademie zum 1. April 1998 wieder eingestellt werden konnte. Sie weitete die Umfrage nach Leichenpredigten-Beständen in den neuen Bundesländern auf die Länder Sachsen-Anhalt, Brandenburg und Berlin aus und betrieb die Erfassung der eingehenden Antworten in Datenbanken.

Parallel zu den abschließenden Arbeiten am Zittauer Katalog wurden die Auswertungsarbeiten am Leichenpredigten-Bestand der Stadtbibliothek Bautzen aufgenommen, der während eines Aufenthaltes im Sommer in der dortigen Bibliothek erhoben worden war. Dieser Bestand wird als erster in der Dresdner Dependance auch einer Sicherheitsverfilmung unterzogen, nachdem die aus Breslau nach Dresden verbrachte Mikroverfilmungsanlage in der Arbeitsstelle installiert werden konnte.

Am 17. März 1998 besuchte Frau Ministerialrätin Dr. Eva Wiese, Leiterin des für die Forschungsstelle für Personalschriften an der Technischen Universität zuständigen Referates im Sächsischen Staatsministerium für Wissenschaft und Kunst, die Arbeitsstelle und informierte sich über die durchgeführten und geplanten Vorhaben. Frau Dr. Wiese sicherte dem Projekt auch für die Zukunft ihre volle Unterstützung zu.

DEUTSCHE KOMMISSION FÜR DIE BEARBEITUNG DER REGESTA IMPERII E.V. BEI DER AKADEMIE DER WISSENSCHAFTEN UND DER LITERATUR

Bericht Zimmermann

Nachdem der Vorsitzende und sein Stellvertreter am 15. 10. 1998 in Wien an der Sitzung der Arbeitsgruppe Regesta Imperii der Österreichischen Akademie der Wissenschaften, wo über die Arbeiten an den *Regesten Konrads III., Friedrichs I., Albrechts I., Wenzels, Friedrichs III.* und *Maximilians I.* berichtet wurde, teilnahmen, fand die Jahresmitgliederversammlung der deutsche Kommission am 5. November 1998 in den Räumen der Akademie statt. Die österreichische Arbeitsgruppe war durch ihre Delegierten Prof. Dr. Othmar Hageneder (Wien), Hrn. Koller (Salzburg) und Dr. Karel Hruza (Wien) vertreten. Als Gast nahm Herr Johannes van Ooyen, der Programmleiter Köln des Kommissionsverlages Böhlau teil. Die Versammlung gedachte ihres am 16. 9. 1998 verstorbenen Mitgliedes Prof. Dr. Heinrich Appelt (Wien). Die im Laufe des Jahres betriebene Verlegung des Vereinssitzes der Kommission von Marburg nach Mainz konnte erfolgreich abgeschlossen werden.

Um die öffentliche Wirksamkeit der Kommissionsarbeit zu verstärken, fanden gutbesuchte und von der Presse begleitete Präsentationen in Gießen (Karolingerregesten) und Dresden (Regesten Kaiser Friedrichs III.) statt. Ermöglicht durch einen großzügigen Zuschuß der Freunde und Förderer der Mainzer Akademie konnte die Kommission vom 8.–11. September 1998 am 42. Deutschen Historikertag in Frankfurt am Main aktiv mit einer Sektion unter dem Titel *Quellenerschließung durch Regesten. Eine wissenschaftliche Technik zwischen Tradition und Zukunft* teilnehmen. Die von Prof. Dr. Herbert Zielinski (Gießen) über *Italien um 900 im Spiegel der Regesta Imperii. Ein Werkstattgespräch über Kaiser- und Reichsregesten*, Staatsarchivdirektor Dr. Johannes Mötsch (Meiningen) über *Vorteile und Grenzen der Regestentechnik* und Privatdozent Dr. Paul-Joachim Heinig über *Die Herausforderung der „Neuen Medien" (CD-ROM, Bildplatte und Internet). Zukünftige Gestaltungsfragen und Publikationsformen der Regesta Imperii* gehaltenen Vorträge lösten eine lebhafte Diskussion des Auditoriums aus. Vor allem die Öffnung hin zu neuen Publikationsformen wurde außerordentlich positiv aufgenommen, wie man zudem an der regen Nachfrage nach der ersten CD-ROM-Publikation, der von Dr. Dieter Rübsamen erarbeiteten und von ihm während der gesamten Tagung am ganz auf die Regesta Imperii zugeschnittenen Sonderstand des Böhlau-Verlags präsentierten CD-ROM der Regesten Friedrichs III. ablesen konnte. Die Kommission sieht sich bestärkt, diese „neuen" Wege weiterzuverfolgen und nimmt entsprechende Planungen für weitere derartige Publikationen in Angriff.

Die finanziellen Rahmenbedingungen der Kommissionsarbeiten gestalteten sich im Berichtsjahr etwas günstiger als zuvor, allerdings nur aufgrund der Tatsache, daß Mitarbeiter beurlaubt bzw. ausgeschieden sind. Die freigewordenen Mittel konnten trotz aller Bemühungen seitens des Vorstandes nur zum Teil für die Kommissionsarbeiten reklamiert werden; immerhin gelang es, die Kommission von der in allen anderen Akademievorhaben praktizierten Haushaltssperre im Sachmittelbereich freizuhalten, so daß die Arbeiten planmäßig fortgeführt werden konnten.

Die durch die Abschaffung der österreichischen Schwesterkommission und Neuformierung der Wiener Arbeitsgruppe „Regesta Imperii" entstandene Situation bedarf noch der endgültigen Klärung. Die personelle Verzahnung ist durch die Zugehörigkeit des Vorstandes zum Beirat der Wiener Forschungsstelle sowie die Delegation der österreichischen Kollegen in die deutsche Kommission gegeben. Einer Mitteilung von Prof. Dr. Hageneder zufolge wird der österreichische Partner der deutschen Regestenkommission nun unter *Österreichische Akademie der Wissenschaften – Regesta Imperii* firmieren, womit die offene Frage der künftigen Titelei der gemeinsamen Kommissionspublikationen geklärt werden konnte.

Bei der turnusmäßig anstehenden Wahl des Vorstandes wurden der amtierende Vorsitzende, sein Stellvertreter sowie der Sekretär für weitere drei Jahre wiedergewählt. Die Versammlung ergänzte sich durch die Zuwahl der österreichischen Delegierten sowie durch Hrn. Fried.

Die „chronologisch" vorgehende Berichterstattung der Teilprojekte eröffnete Prof. Dr. Zielinski, der die Gießener Arbeiten an den *Regesten der Karolingerzeit 840–926* leitet. Für den ersten von drei vorgesehenen Teilbänden der Regesten Karls des Kahlen hat Dr. Irmgard Fees (Gießen) mit der Erarbeitung und Formulierung der historiographischen Regesten begonnen. Die für die Zeiträume 823–840 (Kindheit und Jugend Karls) und 840–843 (Zeit der Bruderkriege) formulierten Entwürfe wurden ausführlich, auch in konzeptioneller Hinsicht miteinander besprochen. Insgesamt liegen damit nun rund 280 Regestenentwürfe für diesen Zeitraum vor. Der auch dieses Jahr vorgenommene unabdingbare Arbeitsaufenthalt in den Pariser Archiven und Bibliotheken stand unter schlechten Vorzeichen, da die Bibliothèque Nationale nur äußerst beschränkt benutzbar ist. Der von Frau Fees wiederum geäußerte Wunsch, zur zügigeren Bearbeitung des Vorhabens künftig ganztägig statt wie bisher halbtägig tätig sein zu können, wird von Projektleiter und Kommission nachhaltig unterstützt. Prof. Dr. Zielinski konnte den von ihm erarbeiteten zweiten Band der „Regesten des Regnum Italiae (840–924/26)", umfassend die Jahre 888–926, Ende 1997 vorlegen. Die Arbeiten am dritten Band, der von der Königswahl Hugos bis zur Kaiserkrönung Ottos d.Gr. (926–962) reichen wird, wurden vorangetrieben. Bislang wurden für ein Viertel der Überlieferung Regesten konzipiert. Neben der Vorbereitung und Durchführung des dreiwöchigen Aufenthalts im DHI Rom und in den Archiven von Piacenza und Parma, in denen allein ein Fünftel der Überlieferung liegt, war Prof. Dr. Zielinski mit der Erarbeitung des auf dem Historikertag in Frankfurt gehaltene Vortrags (aus der Werkstatt des Regestenbearbeiters) und der Projektekoordinierung befaßt. Den äußerst eingeschränkten Benutzungsmöglichkeiten der Bibliothek des DHI Rom, wie sie nach Einschätzung von Prof. Zielinski noch auf Jahre bestehen werden, sieht die Kommission auch im Hinblick auf andere Teilprojekte mit Sorge entgegen.

Das von dem zwischenzeitlich auf den Lehrstuhl für mittelalterliche Geschichte in Erlangen berufenen Prof. Dr. Klaus Herbers (zuvor Tübingen) erarbeitete Manuskript des ersten Faszikels des ersten Teilbandes der unter der Leitung von Hrn. Zimmermann stehenden *Papstregesten 844–911* ist in Druck gegangen. Neben umfangreichen Fahnenkorrekturen wurde zur besseren Erschließung schon für diesen ersten Faszikel ein Literatur- und Abkürzungsverzeichnis erstellt. Die Arbeiten am zweiten Faszikel, die Jahre 858 bis 872 umfassend, betrafen vor allem Korrekturen sowie die Erweiterung der in Grobform vorliegenden Register. Nach Klärung einiger chronologischer Probleme wird die endgültige Numerierung vorgenommen werden, zu rechnen ist mit ca. 600 Nummern. Die nach Abschluß der Arbeiten an Faszikel zwei geplante endgültige Bearbeitung der Regesten Johannes' VIII. wird in Zusammenarbeit mit der seit 1. November 1998 in Erlangen halbtägig beschäftigten und aus den zurückgelassenen Mitteln von Prof. Dr. Herbers finanzierten wiss. Mitarbeiterin Frau Dorothee Arnold M.A. vorangetrieben. Die Einstellung eines zusätzlichen Mitarbeiters zur Bearbeitung der ursprünglich von 800–844 geplanten Papstregesten wurde beantragt. Das Anliegen wird von der Kommission unterstützt.

Die zweite, überarbeitete Auflage der *Papstregesten 911–1024* von Hrn. Zimmermann ist inzwischen erschienen und ausgeliefert.

Für die unter der Betreuung von Prof. Dr. Tilman Struve (Köln) stehenden *Regesten Heinrichs III.* konnten von der Bearbeiterin Dr. Monika Minninger (Bielefeld) diverse Vereinheitlichungsarbeiten, Korrekturen, Literaturnachträge am Manuskript durchgeführt werden.

Durch die Anfertigung von über 180 Regesten aus der Überlieferung nord- und mittelitalienischer Provenienz hat Dr. Karl-Augustin Frech (Tübingen) die Zahl der fertigen Regestenentwürfe für die von Hrn. Zimmermann geleiteten *Papstregesten 1024–*

1058 auf rund 900 Stücke gesteigert. Weitgehend fertiggestellt sind demnach die Deutschland, Frankreich, Spanien, Nord- und Osteuropa betreffenden Stücke. Als Vorarbeit zu der im einzelnen noch ausstehenden Bewertung der handschriftlichen Überlieferung wurde ein umfangreiches Archiv- und Bibliotheksverzeichnis erstellt, auf dessen Grundlage bereits diverse Archivanfragen durchgeführt wurden und weiterhin durchgeführt werden sollen. Noch zur Bearbeitung ausstehend sind der geographische Raum Süditaliens sowie die wenigen Griechenland, Nordafrika und Antiochien betreffenden Stücke; dies umschließt zugleich die mit dem Krieg gegen die Normannen und mit dem Ausbruch des morgenländischen Schismas von 1054 verbundenen Probleme. Ebenso sind andere kritische Bereiche noch nicht erschöpfend behandelt, wie die mit der Person Benedikts IX. zusammenhängenden Schismen, die Kaiserkrönungen, einige Synoden sowie alle Anfangs- und Endregesten der einzelnen Pontifikate. Zur Erledigung der aufwendigen Quellen- und Literaturrecherchen sowie der Korrespondenz mit den Archiven und der sonstigen Hilfsarbeiten hat sich die Beschäftigung einer studentischen Hilfskraft mit 4 Wochenstunden bewährt, deren Weiterbeschäftigung dringend geboten erscheint.

An der Arbeitsstelle der *Regesten Heinrichs IV.* in Köln wurde Prof. Dr. Tilman Struve wesentlich durch den aus verschiedenen Drittmitteln beschäftigten Dr. Gerhard Lubich (Köln) unterstützt. Nach der Aufarbeitung des urkundlichen Materials 1075–1085 wurden für den verbleibenden Zeitabschnitt 1085–1106 ca. 140 Urkundenregesten (inkl. achtzehn Deperdita) erstellt. Mit der Hinzunahme der Diplome der Gegenkönige Rudolf von Rheinfelden und Hermann von Salm sowie König Konrads ist nunmehr die Regestierung des gesamten Urkundenbestandes für die Zeit von 1065–1106 abgeschlossen. Hierzu trat die Sichtung und Aufnahme der Überlieferungsverhältnisse für die Jahre 1076–1106 sowie die weitere Fortführung des in Form einer Datenbank bestehenden Ortsregisters. Nach Abschluß dieser Arbeiten soll mit der Anfertigung der historiographischen Regesten für den zweiten Teilband (1065–1075) unter Einbezug der bisher ausgesparten Briefe begonnen werden. Ein den Privilegien Heinrichs IV. für Lucca, Pisa und Mantua gewidmeter Aufsatz von Hrn. Struve „Heinrich IV. und die *fideles cives* der städtischen Kommunen Oberitaliens", ist im Deutschen Archiv 53 (1997), S. 497–553 erschienen. Die umfangreiche Studie „Die Salier und das römische Recht. Ansätze zur Entwicklung einer säkularen Herrschaftstheorie in der Zeit des Investiturstreits" befindet sich im Druck. Um das Projekt zügig fortsetzen zu können, hat die Kommission den Beschluß gefaßt, die durch das Ausscheiden von Prof. Dr. Herbers freigewordene Mitarbeiterstelle für die *Regesten Heinrichs IV.* zu besetzen.

Die Frage der wegen des Fehlens einer eigenen Personalstelle bislang nicht in Angriff genommenen *Regesten Heinrichs V.* soll wiederaufgegriffen werden, wenn Prof. Dr. Matthias Thiel (Göttingen) sein Manuskript der Diplome Heinrichs für die MGH abgeschlossen hat.

Bei den von Hrn. Zimmermann und Prof. Dr. Gerhard Baaken geleiteten *Papstregesten 1181–1198* wurden die Arbeiten durch Dr. Katrin Baaken und Dr. Ulrich Schmidt gemäß den im letzten Berichtsjahr von der Kommission beschlossenen Vereinbarungen fortgeführt. Die Materialsammlung für Lucius III. mit gut 1400 regestierten Stükken aus dem Raum Frankreich, Italien und der Schweiz wurde fertiggestellt und mit der Manuskriptbearbeitung der davon in den ersten Teilband gehörigen Stücke begonnen. Dies betrifft die formale und inhaltliche Abgleichung sowie die Auszeichnung der

Registereinträge und Literaturangaben. Ferner müssen Identifizierungsarbeiten für die Register, noch ausstehende Archivanfragen und die Überprüfung der in Paris überlieferten Stücke durchgeführt werden. Schwierigkeiten können sich aus der unvollendeten Bearbeitung der Diözese Paris ergeben, eine Lücke, die ebenso wie die Einarbeitung von Briefsammlungen und erzählenden Quellen, soweit nicht schon vorhanden, geschlossen werden muß. Neben bibliographischen Arbeiten steht die Durchsicht der fertigen Regesten unmittelbar bevor.

An der Saarbrücker Arbeitsstelle, an welcher unter der Leitung von Prof. Dr. Kurt-Ulrich Jäschke die *Regesten Heinrichs VII.* erarbeitet werden, fuhr Privatdozent Dr. Peter Thorau fort mit der Auswertung und Sichtung von weiteren Urkundendrucken sowie von Regestenwerken, der Historiographie und neuerer Forschung. Gleichzeitig erfolgte die weiterlaufende Regestierung von Stücken aus MGH Const. IV, 2, Dönniges, Bonaini und andernorts publizierten Urkunden. Das Hauptaugenmerk galt daneben der vermehrten Sammlung, Sichtung, Auswertung und Regestierung der einschlägigen italienischen Historiographie. Literatur- und Überlieferungsrecherchen konnte PD Dr. Thorau bei einem Arbeitsaufenthalt in Italien im DHI in Rom und in der Biblioteca Apostolica Vaticana sowie im Archivio di Stato Pisa durchführen. Diesem letztgenannten Archiv und dem Archivio Capitolare in Pisa galt eine weitere Archivreise, wobei besonders die schwierige und zeitaufwendige Überlieferungsüberprüfung der bei Dönniges und Bonaini oft ungenau bzw. unvollständig publizierten Stücke sowie Recherchen hinsichtlich zwischenzeitlich aus anderen Archiven in das Staatsarchiv Pisa gelangten Bestände im Mittelpunkt standen. Trotz widriger Arbeitsbedingungen (sehr eingeschränkte Öffnungszeiten) konnten ca. 100 in Pisa verwahrte Stücke auf Zuverlässigkeit der Signaturen, Fehler bzw. Lücken in der Datierung und inhaltliche Ungenauigkeiten bisheriger Regestenwerke überprüft werden. Am 17. und 18. Februar 1998 ergab sich die überraschende, aber willkommene Gelegenheit, das Projekt durch einen Vortrag des Projektleiters, gefolgt von lebhafter Aussprache und einer sich daran anschließenden Begehung der Arbeitsstelle, den Mitgliedern der in Saarbrücken tagenden Bund-Länder-Kommission für Bildungsplanung und Forschungsförderung zu präsentieren.

Bei den unter der Leitung von Prof. Dr. Peter Acht (München) erarbeiteten *Regesten Ludwigs des Bayern* erschien das von Dr. Johannes Wetzel bearbeitete Heft 4 mit den Urkunden aus elsässischen Archiven im Sommer. Räumlich anschließend hat Dr. Wetzel mit der Erarbeitung eines Heftes „Schweiz“ begonnen, wozu er eine dreiwöchige Archivreise in die Schweiz unternahm. Da sich die dortige Überlieferung ungemein verstreut außer in den Staatsarchiven in vielen Gemeinde- und Stadtarchiven befindet, werden weitere Archivreisen notwendig sein. PD Dr. Michael Menzel brachte im Berichtsjahr Heft 5 mit der Überlieferung aus den Archiven Bayerische Schwabens zum Abschluß. Das Heft mit 342 Nummern liegt der Versammlung in einem rechtzeitig zum Sitzungstermin fertiggestellten Vorabexemplar vor. Nachdem nun mit den Heften 1 (Württemberg), 2 (Baden) und 4 (Elsaß) – mit Ausnahme des in Bearbeitung befindlichen Heftes „Schweiz“ – der deutsche Südwesten und angrenzende Territorien erfaßt sind, bildet Heft 5 (Bayerisch Schwaben) die Brücke zum Gebiet der bayerischen Landeshoheit des Kaisers, dessen Bearbeitung von PD Dr. Menzel in Angriff genommen wurde. Es handelt sich dabei um die Aufarbeitung von rund 30 größeren ober- und niederbayerischen Stadt- und Privatarchiven sowie des Staatsarchivs Landshut, nachdem die im Bayerischen Hauptstaatsarchiv München lagernden Kloster- und Stiftsurkunden bereits publiziert wurden (Heft 3).

Obwohl das Fortschreiten der Arbeiten der an der Mainzer Arbeitsstelle tätigen hauptamtlichen Mitarbeiter an dem unter der Leitung und Herausgeberschaft von Hrn. Koller und Privatdozent Dr. Heinig stehenden *Regesten Friedrichs III.* durch einige außerplanmäßige Vorkommnisse behindert wurde, wurden alles in allem ansehnliche Ergebnisse erzielt. PD Dr. Heinig ist seit dem 1. April 1998 zu einer Professurvertretung an der Universität Bielefeld beurlaubt, ohne daß die Akademie einen Ersatz für seine Projektarbeiten bereitgestellt hätte. Er selbst hat seine Koordinierungsarbeiten für das Projekt aber weiterhin ausgeübt und sich auch an der Koordinierung der Gesamt-Kommission beteiligt. Weil er hofft, die schwierige Kollationierung des von ihm und Ines Grund M.A. erarbeiteten Editionsmanuskripts des „Taxbuchs der römischen Kanzlei 1471–75“ binnen der nächsten Monate abschließen zu können, legt er das vorläufige Manuskript einschließlich des umfangreichen Personen- und Ortsregisters mit der Bitte um vorsorgliche Einplanung der Druckgelder für 1999 vor. Die Weiterarbeit des nur halbtägig beschäftigten Dr. Ronald Neumann am Bestand „Altwürttemberg“ des Hauptstaatsarchivs Stuttgart wurde durch lange Krankheitsphasen erheblich behindert, so daß der avisierte Abschluß des Manuskripts im Jahre 1999 illusorisch erscheint. Die Fertigstellung des Faszikels mit der Überlieferung der Nürnberger Archive und Bibliotheken aus den Jahren 1440–1449 durch Dr. Dieter Rübsamen hat sich nicht nur dadurch etwas verzögert, daß er das Manuskript wegen der umfangreichen Umsignierungsarbeiten in den Archiven partiell überarbeiten und dabei etliche zusätzliche Funde einarbeiten mußte, sondern vor allem deshalb, weil er seit 1. 4. 1998 den beurlaubten Geschäftsführer vertritt. Der vorbereitete Faszikel im Volumen von rund 500 Nummern ist dennoch weit gediehen. Darüber hinaus hat Dr. Rübsamen die CD-ROM fertiggestellt. Im Rahmen der Kooperation mit der Berlin-Brandenburgischen Akademie hat Dr. Eberhard Holtz (Berlin) im Berichtsjahr unter der Leitung von Herrn Moraw (Gießen) die Sammlung und Regestierung der Urkunden und Briefe aus den Archiven und Bibliotheken des Landes Sachsen-Anhalt fortgesetzt. Die Drucklegung des von Dr. Elfie-Marita Eibl (Berlin) erarbeiteten 11. Heftes mit den Fridericiana aus den Archiven und Bibliotheken des Landes Sachsen wurde abgeschlossen, das Heft selbst Anfang Juli 1998 im LHA Dresden der rege interessierten Öffentlichkeit präsentiert. Zusammen mit diesem Band wurde die CD-ROM ausgeliefert. Die ehrenamtlichen Mitarbeiter haben ihre Arbeiten entsprechend ihren Möglichkeiten fortgesetzt. Namentlich Prof. Dr. Karl-Friedrich Krieger (Mannheim) will sein Manuskript mit der Regensburger Überlieferung in den Münchener und Regensburger Archiven Ende 1998 vorlegen. Dr. Ralf Mitsch (Mannheim-Ulm) hat sich bereiterklärt, die Fridericiana aus dem Stadtarchiv Ravensburg zu erarbeiten und um konzeptionell „passende“ Bestände anderer Archive zu ergänzen. Dr. Konrad Krimm verzeichnet Fortschritte bei der Regestierung der im Generallandesarchiv Karlsruhe verwahrten Quellen. Aus Mitteln des Österreichischen Forschungsfonds und der Deutschen Regesten-Kommission hat Dr. Claudia Rotthoff-Kraus (Aachen) weiterhin einen Teil der im Reichsarchiv Brüssel überlieferten Urkunden und Briefe Friedrichs III. regestiert. Von einem Bestand der sachlich und sprachlich z.T. äußerst komplizierten Überlieferung Maximilians I. aus der Zeit von 1477/86–1493 erarbeitet sie jetzt ein Druckmanuskript.

Das Manuskript von Thomas Willich M.A. (Berlin) mit rund 400 Regesten der Jahre 1440–1446 aus der „Allgemeinen Urkundenreihe" des Wiener Haus-, Hof- und Staatsarchives wurde nach der Bewilligung der Druckkostenunterstützung durch den österreichischen Forschungsfond nochmals von den Herausgebern begutachtet und ist anschließend in Druck gegangen. Auch die Arbeiten der anderen Mitarbeiter in Österreich, insbesondere an den Wiener Regesten der Jahre 1467–1466, schreiten gut voran.

Mit außerordentlich positiver Resonanz wurde im Rahmen der Kommissions-Sektion auf dem 42. Deutschen Historikertag in Frankfurt die von Dr. Rübsamen erarbeitete CD-ROM vorgestellt, welche die digitalisierten Inhalte der Hefte 1–10 und die Chmel-Regesten einschließlich deren Register enthält. Eingeführt durch einen Sektionsvortrag von Dr. Heinig über „Die Herausforderung der „Neuen Medien" (CD-ROM, Bildplatte und Internet). Zukünftige Gestaltungsfragen und Publikationsformen am Beispiel der Regesta Imperii", erzielten die praktischen Vorführungen der CD-ROM am Rande des Böhlau-Verlagsstandes, die Dr. Rübsamen währen des gesamten Historikertages durchgeführt und organisiert hat, erhebliche Breitenwirkung.

Auch unter diesem Gesichtspunkt ist es bedauerlich, daß die seit langem geplante Arbeitstagung aller haupt- und ehrenamtlichen Mitarbeiter über konzeptionelle Probleme der Friedrich-Regesten im Jahre 1998 abermals dem Geld- und Terminmangel zum Opfer gefallen ist.

Innerhalb der „Beihefte zu den Regesta Imperii", der monographischen Schriftenreihe der Kommission, befinden sich die Manuskripte von Achim Hack, „Begegnungen von Kaiser und Papst im Mittelalter" und Rudolf Joachim Meyer, „Königsbegräbnisse 1291–1493" im Druck. Verzögerungen ergaben sich vor allem hinsichtlich der Finanzierungshindernisse, die aber durch konstruktives Entgegenkommen des Böhlau-Verlages ausgeräumt werden konnten. Vorgesehen für die Publikation in den Beiheften sind die Vorträge des Historikertages vermehrt um „klassische" Texte zur Regestengeschichte und -technik. Enge Kooperation mit dem Verlag wird auch für die künftige Publikation von elektronischen Regesta Imperii-Ausgaben angestrebt, wozu der auch ökonomisch ordentliche Ertrag der ersten, als Referenz gedachten CD-ROM der Regesten Friedrichs III. beizutragen vermochte.

Als unmittelbare Folge der Kommissionssitzung der Deutschen Kommission sind die nachstehenden Vereinbarungen mit dem österreichischen Kooperationspartner getroffen worden:

Erklärung der Forschungsstelle für Geschichte des Mittelalters/Arbeitsgruppe Regesta Imperii der Österreichischen Akademie der Wissenschaften Wien und der Deutschen Kommission für die Bearbeitung der Regesta Imperii e.V. bei der Akademie der Wissenschaften und der Literatur Mainz

Präambel

Die von dem Frankfurter Bibliothekar Johann Friedrich Böhmer (1795–1863) als Mitarbeiter der Monumenta Germaniae Historica 1829 begründeten und nach dessen Tod von dem Innsbrucker Rechtshistoriker Julius Ficker (1826–1902) reorganisierten „Regesta Imperii" sind ein wissenschaftliches Großunternehmen mit dem Ziel, in Regestenform die Geschichte des römisch-deutschen Kaiserreichs durch die Aktivitäten insbesondere der Kaiser und Könige aus urkundlichen und historiographischen Quellen möglichst vollständig zu dokumentieren.

Das Unternehmen wird in einziger und enger Arbeitsgemeinschaft getragen und durchgeführt einerseits durch die Österreichische Akademie der Wissenschaften in Wien, deren auf das Jahr 1906 zurückgehende, 1931 eingesetzte „Kommission für die Neubearbeitung der Regesta Imperii“ seit 1998 durch die „Forschungsstelle für Geschichte des Mittelalters/Arbeitsgruppe Regesta Imperii“ ersetzt wurde, und andererseits durch die 1967 als eingetragener Verein begründete und seit 1980 in der Akademie der Wissenschaften und der Literatur zu Mainz institutionalisierte „Deutsche Kommission für die Bearbeitung der Regesta Imperii“ sowie seit 1995 durch eine Arbeitsstelle für „Regesten Kaiser Friedrichs III. (1440–1493) nach Archiven und Bibliotheken geordnet“ bei der Berlin-Brandenburgischen Akademie der Wissenschaften, die unter der Aufsicht einer Unterkommission „Regesta Imperii“ der Mittelalter Kommission der Berliner Akademie steht.

Erklärung

Grundlage der interakademischen Zusammenarbeit bilden die nachfolgend angeführten Punkte, welche die 1967 bei Gründung der Deutschen Regestenkommission beschlossenen und im Anzeiger der Phil.-Hist. Klasse der Österreichischen Akademie der Wissenschaften 109 (1969), S. 320f. publizierten „Wiener Richtlinien“ ersetzen, sowie weiters der 1995 abgeschlossene Kooperationsvertrag zwischen der Mainzer und der Berliner Akademie der Wissenschaften.

1. Die bei der Mainzer Akademie eingerichtete Geschäftsstelle der Deutschen Kommission übernimmt Koordinierungsaufgaben in gemeinsamen Angelegenheiten zwischen der Deutschen Kommission, der Wiener Forschungsstelle und der Berliner Arbeitsstelle. Sie verwaltet den 1963 durch die Stadt Frankfurt erneuerten Böhmer-Fond, dessen Jahreszinsen alternierend der Mainzer und der Wiener Regestenarbeit zugute kommen.
2. Der aus drei Personen bestehende Vorstand der Deutschen Kommission wird der Phil.-Hist. Klasse der Österreichischen Akademie der Wissenschaften zur Wahl in den Beirat der Forschungsstelle vorgeschlagen. Das Präsidium der Österreichischen Akademie der Wissenschaften delegiert gemäß einer Empfehlung des Beirats in die Deutsche Kommission zwei Personen und den Leiter der Wiener Arbeitsgruppe, die für die Zeit ihrer Delegation in die Deutsche Kommission kooptiert werden. Der Projektleiter des Berliner Teilprojektes ist für seine Amtszeit kooptiertes Mitglied der Deutschen Kommission.
3. Gemäß §20 Abs. 3 der Forschungsstellenordnung beruft die Wiener Arbeitsgruppe Regesta Imperii jährlich eine Arbeitsgruppenhauptsitzung ein. Ihr sitzt der Leiter der Wiener Arbeitsgruppe vor. Zur Arbeitsgruppenhauptsitzung werden geladen: Die Projektleiter (oder ihre Stellvertreter) der von der Forschungsstelle betreuten Regestenunternehmen, der Vorsitzende, sein Stellvertreter und der Geschäftsführer der Deutschen Kommission für die Bearbeitung der Regesta Imperii, der Obmann oder ein anderes Mitglied des Forschungsstellenbeirats, der Leiter der Forschungsstelle sowie angestellte Mitarbeiter der von der Forschungsstelle betreuten Regestenunternehmen. In der Arbeitsgruppenhauptsitzung wird über laufende und neue Projekte berichtet und beraten, insbesondere über die Bestel-

lung der Projektleiter und über anstehende Publikationen. Von den Projektleitern werden die Jahresberichte vorgelegt, die vom Arbeitsgruppenleiter zu einem Jahresbericht zusammengefaßt und der Deutschen Kommission zu ihrer Hauptsitzung und der Österreichischen Akademie/Beirat vorgelegt werden. Ebenso berichten der Vorsitzende der Deutschen Kommission oder sein Stellvertreter in der Arbeitsgruppenhauptsitzung der Wiener Arbeitsgruppe über den Stand der von der Deutschen Kommission betreuten Projekte.

4. Die Bearbeitung der Regesten erfolgt nach den Regeln und Richtlinien der Regesta Imperii, über deren eventuell nötige Änderung in den jeweils zuständigen Gremien beraten und ein einvernehmlicher Beschluß erreicht werden muß.
5. Die Vergabe der Einzelprojekte erfolgt einvernehmlich gemäß den zur Verfügung stehenden Mitarbeitern und bedarf eines Beschlusses der zuständigen Akademiegremien. Die Mitarbeiter des Regesten-Unternehmens sind an den ihre Arbeit betreffenden Beschlüssen zu beteiligen. Zur Beförderung ihrer Kooperation werden je nach Bedarf einberufene Mitarbeitersitzungen abgehalten, in denen auch über Fortschritte der Arbeiten zu berichten ist.
6. Die Publikation von Bänden der Regesta Imperii erfolgt aus den eigenen oder eingeworbenen Geldmitteln der jeweils für die Bearbeitung zuständigen Akademie, nachdem die von den Bearbeitern eingereichten Manuskripte von den zuständigen Akademie-Gremien geprüft und akzeptiert worden sind.
7. Die Bezeichnung der Bände als „J. F. Böhmer Regesta Imperii" ist verlagsrechtlich geschützt. Für Nachdrucke von vergriffenen Bänden muß die Genehmigung von dem Erstherausgeber eingeholt werden.
8. Mit dem langjährigen Verleger der Regesta Imperii, dem Böhlau-Verlag in Wien und Köln, bestehen Verlagsverträge, die alle drei Akademien binden, solange nicht ein einvernehmlicher Beschluß über einen nötigen Verlagswechsel gefaßt wird. Die Publikation in verschiedenen Verlagen wird ausdrücklich ausgeschlossen. Dasselbe gilt für die Buchreihe „Forschungen zur Kaiser- und Papstgeschichte des Mittelalters, Beihefte zu J. F. Böhmers Regesta Imperii".
9. Die Titelei der Regestenbände der Regesta-Imperii nennt als Herausgeber die „Österreichische Akademie der Wissenschaften – Regesta Imperii" und die „Deutsche Kommission für die Bearbeitung der Regesta Imperii bei der Akademie der Wissenschaften und der Literatur Mainz" sowie im Falle einer Berliner Publikation mit dem Zusatz: „in Verbindung mit der Berlin-Brandenburgischen Akademie der Wissenschaften".
10. Bei Erscheinen eines Regesta Imperii-Bandes sollte jeweils eine öffentliche Präsentation an einem geeigneten Ort im Rahmen und mit den Mitteln der betreffenden Akademie angestrebt werden.
11. Die Fragen der EDV- und CD-ROM-Publikationen beraten und koordinieren der Geschäftsführer der Deutschen Kommission und der Leiter der Wiener Arbeitsgruppe.

FÖRDERUNG DER RUMÄNISCH-DEUTSCHEN ZUSAMMENARBEIT IN DER SPRACH- UND LITERATURWISSENSCHAFT AN DER LUCIAN-BLAGA-UNIVERSITÄT HERMANNSTADT (SIBIU), RUMÄNIEN

Mit Schreiben vom 31.10.1995 hat die Volkswagenstiftung der Akademie eine auf drei Jahre befristete Sachmittelzuwendung zur Förderung der Sprach- und Literaturwissenschaft an der Universität Hermannstadt/Sibiu (Rumänien) bewilligt. Zur Begleitung der Maßnahme und zur wirksamen Unterstützung auch vor Ort hat sich ein Beirat konstituiert, der für die inhaltliche und zeitliche Strukturierung des Programms verantwortlich zeichnet. Dem Beirat gehören an: die Professoren Dres. Besch (Bonn), Debus (Kiel), R. Große (Leipzig), S. Grosse (Bochum, Vorsitzender), Kleiber (Mainz, stellv. Vorsitzender), Krummacher (Mainz), Zimmermann (Tübingen) und Dr. Servatius (Mainz).

Prof. Grosse berichtet:

Der Wissenschaftliche Beirat, der die Vergabe der Fördermittel koordiniert und beschließt, ist am 28.6. und 7.11.1998 in der Mainzer Akademie zusammengetreten.

1. Publikationen:
   Die Drucklegung zweier umfangreicher Veröffentlichungen Hermannstädter Wissenschaftler wurde ermöglicht, die 1998 in der Bundesrepublik erschienen sind: „Die deutsche Literatur Siebenbürgens" (Bd. 1: Mittelalter, Humanismus, Barock), hsg. von Joachim Wittstock und Stefan Sienerth, München, 328 S., und der Band „M", der achte des Südsiebenbürgischen Wörterbuches, hsg. von Sigrid Haldenwang u. a., Bukarest und Köln/Weimar/Wien, 634 Spalten. In beiden Fällen handelt es sich um wichtige literatur- und sprachhistorische Dokumentationen einer deutschsprachigen Kulturlandschaft, die nach ihrer 800jährigen Geschichte aufhört zu bestehen.
2. Förderung des wissenschaftlichen Nachwuchses:
   Rodica Miclea hat ihre Dissertation über „Die Nominalphrase im Sprachbereich des Zollwesens" vor der Philosophischen Fakultät der Universität Bukarest erfolgreich verteidigt und den Grad des Dr. phil. erworben, der – einer Habilitation vergleichbar – in Rumänien die Voraussetzung für die Dozentenlaufbahn an der Hochschule ist. Die Arbeit wird, gefördert von der Kommission, in Kürze als Buch erscheinen. – Johanna Bottesch konnte während eines Studienaufenthaltes am Institut für deutsche Sprache (Mannheim) und am Deutschen Sprachatlas (Marburg) ihre Untersuchungen über Phraseologie so vorantreiben, daß mit dem Abschluß der Dissertation 1999 zu rechnen ist. – Bianca Bican hat auf Empfehlung der Kommission ein Roman-Herzog-Stipendium der Alexander-von-Humboldt-Stiftung erhalten, mit dessen Hilfe sie am Deutschen Literaturarchiv (Marbach) und in Marburg ihren literaturwissenschaftlichen Promotionsstudien über die Rezeption der Gedichte Paul Celans nachgeht.
3. Wechselseitige Auslandsaufenthalte:
   Hr. Debus (Kiel), Mitglied des Beirates, hat seinen Aufenthalt in Hermannstadt (Mai 1998) vielfältig genutzt: Er hat an der Universität Seminare über „Entwick-

lungstendenzen im heutigen Deutsch" und „Die Schichtung der deutschen Sprache: Hochsprache – Umgangssprache – Mundarten" gehalten, sowie einen Vortrag über „Luthers Bedeutung für die neuhochdeutsche Schriftsprache". Die Teilnahme an einer wissenschaftlichen Arbeitstagung rumänischer Germanisten gestattete einen Blick auf die aktuelle Forschungssituation im Lande. Dazu traten Besprechungen mit der Arbeitsstelle des Wörterbuches. Begleitet wurde Hr. Debus von Dr. Reinhard Goltz (Kiel), dessen Erfahrungen in der EDV dem Wörterbuch und dem Germanistischen Institut (Organisation der Bibliothek) zugute kamen.

In der zweiten Maihälfte war Prof. Dr. Wolfgang Boettcher (Bochum) in Hermannstadt, der das germanistische Kollegium und auch Lehrende des Bruckenthalgymnasiums mit neuen Erkenntnissen der Sprachdidaktik vertraut gemacht hat.

Prof. Dr. Horst Schuller (Kronstadt/Hermannstadt) hat im Juli in den Göttinger Sonderforschungsbereichen 309 („Die literarische Übersetzung") und 529 („Internationalität nationaler Literaturen") hospitiert und Materialien für die von ihm betreute kommentierte Bibliographie deutscher Übersetzungen aus dem Rumänischen erhoben und sich von den Kollegen beraten lassen.

Univ. Dozent Dr. Gerhard Konnerth war im August 1998 in Bochum, um den aktuellen Forschungsstand zur Grammatik der deutschen Gegenwartssprache kennenzulernen. Er wurde von Dr. Sarah Konnerth (Informatik) begleitet, die an der Universitätsbibliothek und am Germanistischen Institut in die Buchbestandserfassung mithilfe der EDV eingewiesen worden ist.

Außerdem konnten Bibliotheksreisen von drei Hermannstädter wissenschaftlichen Mitarbeiterinnen gefördert werden. Malwine Dengel vom Siebenbürgisch-sächsischen Wörterbuch war November/Dezember 1998 vier Wochen in Kiel an der Arbeitsstelle des Preußischen Wörterbuches zu Gast.

4. Bibliothek und Geräte:
   Das Wörterbuch ist mit einem weiteren Computer und lexikalischen Nachschlagewerken ausgestattet worden. Die Bücherbestände des Germanistischen Instituts der Universität wurden um allgemeine Nachschlagewerke und ganz wesentlich in der Fachbibliothek ‚Literarische Übersetzung' erweitert. Diaprojektor, Projektionswand und Overheadprojektoren sind 1998 zur maschinellen Ausstattung hinzugekommen.

ARBEITEN DES KOMPETENZZENTRUMS ‚NEUE PUBLIKATIONSFORMEN UND ERSCHLIESSUNGSVERFAHREN FÜR GEISTESWISSENSCHAFTLICHE GRUNDLAGENWERKE' AN DER UNIVERSITÄT TRIER

Hr. Gärtner und Dr. Burch berichten:

Angesichts der rasanten Entwicklung auf dem Gebiet der Computer- und Kommunikationstechnologie und deren Auswirkungen auf die Publikation von Forschungsergebnissen gehört eine dem internationalen Standard entsprechende Datenauszeichnung zu den vordringlichen Aufgaben und kann nicht hoch genug eingeschätzt werden. Dieser Standard ist gegeben in der technologieunabhängigen Beschreibung geisteswissenschaftlicher Textdaten durch SGML (Standard Generalized Markup Language). Es besteht inzwischen Konsens darüber, daß kein Forschungsbereich so geeignet ist, auf der Basis einer standardisierten, hard- und softwareunabhängigen Datenstruktur Wörterbücher, Indices und Editionen für die Publikation in den neuen elektronischen Medien herzustellen, wie die geisteswissenschaftlichen Akademieprojekte. Die Arbeitsergebnisse der Akademieprojekte können dadurch einem weiten Benutzerkreis uneingeschränkt und direkt am Arbeitsplatz des Forschers zur Verfügung gestellt werden. Auf Anregung des Bundesforschungsministeriums und des rheinland-pfälzischen Wissenschaftsministeriums entstand daher der Plan der Mainzer Akademie, ein Pilotprojekt „Neue Publikationsformen für geisteswissenschaftliche Akademievorhaben auf CD-ROM und im Internet“ zu begründen.

Ausgehend von konkreten Projekterfahrungen an der Mainzer Akademie und an der Universität Trier, Veranstaltungen der Mainzer Akademie und interdisziplinären Gesprächen von Informatikern und Geisteswissenschaftlern in der Mainzer Akademie wurden bestimmte Zielvorstellungen entwickelt und Arbeitsschritte erprobt. Es erfolgten weitere Beratungen des Akademiepräsidenten mit den in den Projekten engagierten Akademiemitgliedern, ferner mit Prof. Christoph Meinel vom Institut für Telematik Trier, dem Präsidium und den kooperierenden Einrichtungen (URT, UB) der Universität Trier sowie dem Mainzer Wissenschaftsministerium; daraus ergab sich dann der Plan, die Förderung des genannten Pilotprojekts zu beantragen. Der entsprechende Antrag wurde von Hrn. Gärtner ausgearbeitet und Ende 1997 über die Universität Trier beim Mainzer Wissenschaftsministerium eingereicht. Er sieht die 3jährige Finanzierung einer Stelle aus dem zur „Förderung der interdisziplinären Zusammenarbeit mit Schwerpunkt in den Geistes- und Gesellschaftswissenschaften“ eingerichteten Zentralkapitels 1516 des Landeshaushalts von Rheinland-Pfalz vor für ein klar umrissenes interdisziplinäres Projekt. Die beantragte Projektstelle sollte den Grundstock eines künftigen Kompetenzzentrums für „Neue Publikationsformen und Erschließungsverfahren für geisteswissenschaftliche Grundlagenwerke“ bilden. Die Stelle wurde zum 1.4.1998 mit dem Informatiker Dr. Thomas Burch besetzt. Im folgenden wird über die erfolgreiche und bereits national wie international anerkannte Arbeit des Kompetenzzentrum berichtet anhand verschiedener akademiebezogener Einzelprojekte, für die das Kompetenzzentrum Leistungen in erheblichem Umfang erbracht hat. Nicht unerwähnt sollte bleiben, daß auch die Homepage der Mainzer Akademie von dem Kompetenzzentrum erstellt wurde.

Mittelhochdeutsche Wörterbücher auf CD-ROM und im Internet

Im Rahmen des DFG-Programmes „Retrospektive Digitalisierung von Bibliotheksbeständen“ wird das Projekt „Mittelhochdeutsche Wörterbücher auf CD-ROM und im Internet“ an der Universität Trier gefördert. Ziel dieses Projektes ist es, die drei wichtigsten, eng aufeinander bezogenen lexikographischen Hilfsmittel für das Studium älterer deutscher Texte, nämlich das *Mittelhochdeutsche Wörterbuch* von Benecke/Müller/Zarncke (BMZ), das *Mittelhochdeutsche Handwörterbuch* von Lexer (Lexer) und das *Findebuch zum mittelhochdeutschen Wortschatz* (Findebuch) zu digitalisieren und in einen Verbund zu bringen, für vielfältige Suchmöglichkeiten zu präparieren und durch geeignete Schnittstellen zugänglich zu machen. Das Ergebnis soll in enger Zusammenarbeit mit dem Verlag S. Hirzel (Stuttgart) in einer Version auf CD-ROM und in einer weiteren im Internet publiziert werden.

Die Ausgangsbasis für die Realisierung dieses Vorhabens bilden die elektronischen Fassungen der drei Wörterbücher, die im Falle des Findebuchs bereits vorlag. BMZ und Lexer, insgesamt sieben Bände mit 6.636 eng bedruckten Seiten, wurden in China manuell erfaßt und zwar zweifach und, unabhängig von verschiedenen Schreibkräften. Es wurde dabei darauf geachtet, eine genaue typographische Reproduktion der Vorlage zu erzielen, so daß die elektronische Version dem Original sehr nahe kommt. Die zweifach erfaßten Daten wurden anschließend durch ein Programm automatisch verglichen und anhand der aufgetretenen Differenzen nach Vergleich mit dem Original die Korrektur vorgenommen. Dieses Verfahren lieferte eine Wiedergabegenauigkeit von 99,994%, was in etwa zwei Fehlern auf zehn Wörterbuchspalten entspricht.

In einem nächsten Schritt wurden die abgeglichenen Daten in einer Form aufbereitet, die sowohl ihre Publikation auf CD-ROM als auch im Internet ermöglicht. Für eine derartige systemunabhängige Strukturierung wird die oben genannte internationale Standardbeschreibungssprache SGML eingesetzt. Die Kodierung eines Textes in SGML setzt dabei voraus, daß man Regeln definiert, die während der Auszeichnung eingehalten werden müssen. Diese Regelmenge, die sogenannte DTD (Document Type Definition) bildet das Herz einer jeden SGML-Anwendung. In dem beschriebenen Projekt werden hierzu die von der TEI (Text Encoding Initiative) ausgearbeiteten Richtlinien zur Kodierung von Wörterbüchern eingesetzt. In einer zeitaufwendigen Markierungsphase werden die Wörterbuchdaten strukturiert und in SGML umgewandelt. Diese Phase verläuft dabei von einer groben Vorstrukturierung, die im wesentlichen nur die Gliederung in einzelne Artikel umfaßt, bis hin zur endgültigen Feinstrukturierung, in der alle relevanten Artikelelemente gekennzeichnet sind. Parallel zur Kodierung der Strukturen werden Verweise innerhalb und zwischen den Wörterbüchern eingearbeitet, so daß sich diese zu einem Verbund zusammenschließen lassen.

Die in SGML kodierte Version der Wörterbücher dient als Basis für die verschiedenen Publikationsformen. Für die Bereitstellung im Internet werden die SGML-Dokumente nach HTML (Hyper Text Markup Language) konvertiert, so daß sie mit üblichen Browsern angezeigt werden können. Es erfolgt einerseits eine typographische Aufbereitung, indem die SMGL-Markierungen in entsprechende Style-Angaben und HTML-Anweisungen umgesetzt werden. Andererseits werden die Verweisstrukturen innerhalb des Wörterbuchverbundes in Hyperlinks abgebildet, so daß ein Internet-Browser die Navigation durch den Verbund bewerkstelligen kann. In ähnlicher Weise werden die Daten für die CD-ROM Version aus den SGML-Dokumenten erzeugt. Für beide Plattformen wird eine relationale Datenbank aufgebaut, die ebenfalls aus den SGML-Daten gespeist wird. Diese Datenbank wird sowohl über den Internet-Browser als auch über die graphische Oberfläche der CD-ROM angesprochen und erlaubt dem Benutzer einen gezielten Zugriff auf den kompletten Wörterbuchinhalt. Zu diesem Projekt vgl. den ausführlichen Bericht von Th. Burch/J. Fournier/K. Gärtner: Mittelhochdeutsche Wörterbücher auf CD-ROM und im Internet, in: Akademie-Journal 2, 1998, S.17-24.

Deutsches Wörterbuch von Jacob und Wilhelm Grimm

Im März 1998 wurde ein Antrag auf Digitalisierung des *Deutschen Wörterbuches von Jacob und Wilhelm Grimm* ausgearbeitet und im April 1998 bei der DFG eingereicht. Dieser Antrag wurde seitens der DFG im September bewilligt und die beantragten Personalmittel, die für die zeitintensive Auszeichnungsarbeit unverzichtbar sind, in vollem Umfang genehmigt. Mit dem Start des Projektes Anfang Oktober 1998 läuft seit dieser Zeit eine Analysephase, in der die zu digitalisierenden Daten untersucht und vorstrukturiert werden. Dies wird einerseits die Erfassung der Daten in China leiten und andererseits als Vorarbeiten zur späteren Kodierung des Wörterbuches nach SGML dienen, die dann wiederum die Grundlage für die Bereitstellung im Internet und auf CD-ROM bilden wird. Die elektronische Erfassung der Daten erfolgt zur Zeit in China wieder als Doppeleingabe von jeweils unabhängig arbeitenden Schreibkräften. In diesem Projekt wird auf die Erfahrungen aus der elektronischen Umsetzung der mittelhochdeutschen Wörterbücher zurückgegriffen und ein analoger Weg beschritten werden. Die abgeglichenen Daten werden anschließend mit SGML-Markierungen versehen und für die Publikation auf CD-ROM und im Internet vorbereitet.

Indices zur lateinischen Literatur der Renaissance

Für die Reihe „Indices zur lateinischen Literatur der Renaissance" wird als Ergänzung zu den gedruckten Indexbänden eine CD-ROM-Version entwickelt. Damit werden dem Benutzer die Texte und Indices aller bearbeiteten Autoren mit einem Griff verfügbar. Jede beliebige Textstelle ist über den Index oder unabhängig von ihm bequem und leicht zu finden. Auf diese Weise wird es möglich, unter einem Lemma lückenlos alle Belegstellen aus der gesamten Literatur der Renaissance zu verzeichnen. Dabei wird für die CD-ROM volle Buchkompatibilität gewährleistet: der Benutzer findet in der elektronischen Fassung eine Buchumgebung vor wie in den Texteditionen und gedruckten Indices. Individuell kann er Randglossen oder Notizen in die Texte einbringen und auf einem elektronischen Notizblock eine Materialsammlung zur verfügbaren Literatur erstellen.

Auch in diesem Projekt wird der Weg von den elektronisch erfaßten Texten über den internationalen Standard SGML zur fertigen CD-ROM beschritten. Auf dieser Grundlage wird eine graphische Benutzerschnittstelle entwickelt, die auf einfache Art und Weise den Zugriff auf die Daten ermöglicht. Verknüpfungen innerhalb der Indices und vom Index in die Texte und umgekehrt werden in Form von Hyperlinks realisiert, so daß eine zielstrebige Navigation durch den gesamten Datenbestand unterstützt wird. Eine erste Version dieser CD-ROM wurde auf der Buchmesse 1998 vom Georg Olms Verlag (Hildesheim) in Zusammenarbeit mit der Akademie der Wissenschaften und der Literatur (Mainz) vorgestellt. Auf dieser ersten Version sind zur Zeit die Texte zu Coluccio Salutati, dem ersten behandelten Autor, enthalten. Bis zum Ende 2000 folgt eine Aktualisierung, die die Aufnahme der Texte und Indices zu Cristoforo Landino umfassen wird.

Für den dritten Autor, Marsilio Ficino, beginnt die Erarbeitung der Indices im Laufe des Jahres 1999. Bei diesem Autor soll ein anderer Weg beschritten werden. Dazu werden alle Texte in elektronischer Form, d.h. für unsere Zwecke in SGML, kodiert. Ein Programmsystem soll künftig die Erarbeitung der Indices unterstützen. Dazu wurde eine graphische Oberfläche implementiert, mit der ein Bearbeiter einzelne Textpassagen am Bildschirm markieren und unter bestimmten Schlagwörtern in einem Index ablegen kann. Aufgrund der Tatsache, daß die Texte in Latein und die Indices überwiegend in Deutsch gehalten sind, handelt es sich dabei um keinen reinen Schlagwortindex, sondern einen interpretierenden Index, der zusätzlich hierarchisch aufgebaut ist. Ein entsprechendes Programm muß also ein hierarchisches Gerüst von Einträgen verwalten, die desweiteren untereinander durch Querverweise verknüpft sein können. Bezüglich dieser Verweisstrukturen werden auch Konsistenzprüfungen durchgeführt. Das Softwaresystem unterstützt dabei eine dezentrale Arbeitsweise über das Internet, d.h. womit die Arbeitsstellen in Mainz, Köln und Potsdam gemeinsam auf einen Datenpool zugreifen können, der interaktiv erstellt wird, wodurch die Bearbeitungszeit für diesen Autor sehr stark reduziert werden kann. Gleichzeitig können die Daten aus dieser Datenbank als TEI-konforme SGML-Daten exportiert und für die Integration auf der CD-ROM bereitgestellt werden.

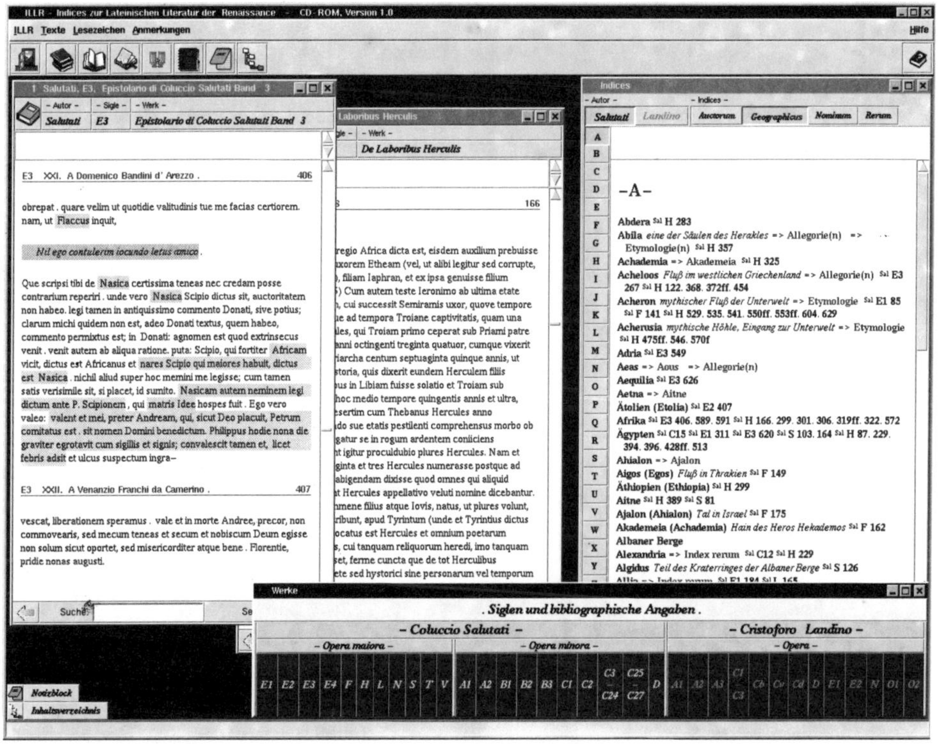

CD-ROM Oberfläche für die lateinischen Indices der Renaissance

In mehreren Gesprächen mit Vertretern der Akademie der Wissenschaften und der Literatur (Mainz), der Wissenschaftlichen Buchgesellschaft (Darmstadt) und dem Schwabe Verlag (Basel) wurde über eine Umsetzung des *Historischen Wörterbuches der Philosophie* auf CD-ROM diskutiert. Als Folge dieser Gespräche wurde eine Analyse der vom Schwabe Verlag gelieferten elektronischen Daten des Wörterbuches, die teilweise neu digitalisiert (mittels OCR erfaßt), teilweise aus bestehenden Satzsystemen exportiert wurden, durchgeführt. Auf Basis dieser Analyse und einer Anforderungsliste seitens des Verlages wird zur Zeit ein Vorschlag für die Umsetzung auf CD-ROM ausgearbeitet. Im Frühjahr 1999 (nach Erscheinen des zehnten Bandes) sollen hier die Kodierungs- und Implementierungsarbeiten anlaufen.

3. Klasse der Literatur

Bericht Fritz

1. Abhandlungen

Zum Satz gegeben wurde der Vortrag „Goethes Zeitbegriff, abgelesen an seinen sprachlichen und zeichnerischen Naturstudien“ von Hrn. Pörksen.

2. Die Mainzer Reihe

Band 86 „Erzählungen“ von Henri de Régnier in der Übersetzung von Alfred Christoph wurde nach mehrfachen Umbruch-Korrekturgängen wegen anhaltender satztechnischer Unzulänglichkeiten zum Neusatz gegeben und liegt nun in neuen Fahnenabzügen vor.

Band 85 „Vor Bildern. Gedichte und Prosa. Eine Anthologie“, herausgegeben von Hrn. Hoffmann, wurde aus den gleichen Gründen zum Neusatz gegeben; dieser Band ist im Umbruch-Korrekturgang.

Band 87 „Versuch zu rühmen. Über Bücher und Autoren“, eine Sammlung von Essays und Rezensionen von Hugo Dittberner, wurde zum Satz gegeben und ist im Umbruch-Korrekturgang.

In der Vorbereitung zum Satz sind:

Band 88 „Gedichte aus der DDR selig“ von Hrn. Hoffmann;

Band 89, der die Beiträge des III. Marbacher Loerke-Kolloquiums enthalten wird, das im Frühjahr 1997 stattgefunden hat und von der Literaturklasse gefördert wurde. Herausgeber dieses Bandes ist Dr. Reinhard Tghart (Marbach a.N.).

Fortgesetzt wurden die Arbeiten an einem dem verstorbenen Mitglied Martin Kessel gewidmeten Band, der seine Briefe an Richard Gabel und eine Bibliographie seiner Werke enthalten wird. Die Transkription der Briefe aus den Jahren 1922–1948 wurde abgeschlossen. Begonnen wurde die Arbeit an den Anmerkungen und am Namenregister; fortgeführt die Arbeit an der Bibliographie. Herausgeberin dieses Bandes ist Dr. Heidemarie Gruppe (Mainz).

Ebenfalls fortgesetzt wurden die Vorarbeiten für einen Band mit ausgewählten Schriften und Gedichten von Kurt Leonhard. Frau Dorkas Michaelis M.A. (Mainz) hat bei zwei Besuchen in Eßlingen ihre Recherchen im Archiv der „Eßlinger Zeitung“ abgeschlossen sowie gemeinsam mit Hrn. Leonhard weitere Texte aus seiner eigenen und der Sammlung seines Schwiegersohnes Klaus Dieter Stark ausgewählt und fotokopiert.

Begonnen wurde mit den Vorarbeiten für einen Band mit ausgewählten literarischen Essays von Heinrich Schirmbeck. Herausgeberin dieses Bandes ist Dr. Heidemarie Gruppe (Mainz).

*

Bibliographien von Mitgliedern der Klasse der Literatur

Im Aufbau befindet sich eine Reihe von Bibliographien, die zunächst nicht gedruckt in der „Mainzer Reihe“ erscheinen werden, sondern elektronisch erfaßt und im Internet zur Verfügung gestellt werden sollen.

Unter Beteiligung der Autoren bei der Recherche werden in nächster Zeit die Bibliographien von Hans Bender, Walter Helmut Fritz, Bruno Hillebrand, Dieter Hoffmann, Eckart Kleßmann und Rainer Malkowski im Internet zugänglich sein.

3. Poetikdozentur/Autorenseminar

Im Wintersemester 1997/98 war Robert Schindel (Graz) Gastdozent der Poetikdozentur. Neben der Erörterung und Diskussion von spezifischen poetologischen Fragen seines Werkes las er aus seinen Gedichten und aus seinem Roman „Gebürtig". Am 27. Januar 1998 hielt er einen abschließenden öffentlichen Vortrag mit dem Titel „Literatur: ein Auskunftsbüro der Angst".

Im Sommersemester 1998 nahm Brigitte Oleschinski (Berlin) die Poetikdozentur wahr. In den Seminarsitzungen diskutierte sie mit den Studenten über ihre Bücher. Den abschließenden öffentlichen Vortrag mit dem Thema „Echo, Resonanz, Wiederholungen - wie Gedichte sich reflektieren" hielt sie am 7. Juli 1998.

4. Nossack-Akademiepreis für Dichter und ihre Übersetzer

Der „Nossack-Akademiepreis für Dichter und ihre Übersetzer" wurde 1998 zum dritten Mal verliehen. Preisträger waren Antonio Tabucchi (Siena) und seine Übersetzerin Karin Fleischanderl (Wien).

5. Lesung im Haus am Dom

Die Lesung im Haus am Dom, die am 4. November 1998 stattfand, war den Preisträgern des „Nossack-Akademiepreises" (s. o.) Antonio Tabucchi und Karin Fleischanderl gewidmet und wurde von ihnen gestaltet.

6. Literatur im Landtag

Am 26. Mai 1998 fand im Plenarsaal des Landtags von Rheinland-Pfalz die vierte Veranstaltung der gemeinsam vom Landtag Rheinland-Pfalz, dem Südwestfunk und der Akademie der Wissenschaften und der Literatur getragenen Reihe „Literatur im Landtag" statt. Hr. Hoffmann moderierte das Thema „Das gesprochene Wort. Lyrik in historischen Ton-Aufnahmen und moderner Rezitation". Die Veranstaltung wurde vom Südwestfunk aufgezeichnet und in Ausschnitten am 30. 5. 1998 und 25.7. 1998 im zweiten Programm gesendet.

7. Lesezeit – Literatur für junge Leute

Der Landtag Rheinland-Pfalz, die Stiftung Lesen und die Akademie der Wissenschaften und der Literatur traten am 15. September 1998 mit der neuen Veranstaltungsreihe „Lesezeit – Literatur für junge Leute" an die Öffentlichkeit. „‚Liebe beginnt'. Liebeslyrik und Ausschnitte aus Liebesgeschichten“ war das Thema dieser ersten Veranstaltung. Die Texte wurden von Marina Mehlinger und Luca Zamperoni gelesen; durch die Veranstaltung führte Lars Reichow.

8. Hans Erich Nossack, Briefe 1943–1956 (Suhrkamp Verlag, Frankfurt a. M.)

Nachdem die Akademie 1997 die aus dem Nachlaß edierten Tagebücher Nossacks aus den Jahren 1943–1977 vorlegen konnte, die auch in diesem Jahr eine erfreulich breite Resonanz fanden, wird derzeit von der Mitarbeiterin Dr. Gabriele Söhling (Mainz) die Publikation einer Auswahl seines Briefwechsels aus den Jahren 1943 bis 1956 vorbereitet, die von der Kulturstiftung der Länder in Berlin und der ZEIT-Stiftung in Hamburg gefördert wird. Der Schwerpunkt der Ausgabe liegt auf den Briefen der letzten Kriegs- und frühen Nachkriegsjahre, die nach dem Verlust seines Besitzes bei der Bombardierung Hamburgs im Juli 1943 zu den frühesten erhaltenen Textzeugnissen Nossacks gehören. Im Berichtsjahr wurde mit der Auswahl und Erfassung der Brieftexte begonnen sowie die notwendigen bio-bibliographischen Recherchen fortgeführt. Die Ausgabe soll voraussichtlich im Jahr 2001 erscheinen.

Fertiggestellt wurde ein Bestandsverzeichnis der Nossackschen Nachlaßbibliothek, dessen bibliographische Erfassung von Johannes Hilgart (Ingelheim) durchgeführt wurde. Das 2741 Einzeltitel umfassende Verzeichnis erschien im Oktober 1998 als Hauspublikation der Akademie und konnte im November bei einer mehrtägigen, von der Universität Hamburg veranstalteten internationalen Tagung „Hans Erich Nossack – Leben, Werk, Kontext“ in Hamburg vorgestellt werden. Frau Söhling und Herr Hilgart nahmen mit Vorträgen an der Tagung teil.

Darüber hinaus ist derzeit eine Internet-Homepage der Arbeitsstelle im Aufbau, deren technische Gestaltung Thomas Hilsheimer (Mainz) übernommen hat. Ziel ist es, Leben und Werk Hans Erich Nossacks sowie die Arbeit der Arbeitsstelle erstmals auch in diesem neuen Medium einer breiteren Öffentlichkeit vorzustellen und Interessierten ein Forum zur Kontaktaufnahme und Diskussion zur Verfügung zu stellen.

9. Karl Schwedhelm-Ausgabe (Rimbaud Verlag, Aachen)

Die Ausgabe der „Gesammelten Werke“ von Karl Schwedhelm wurde fortgesetzt mit dem Band „Nelly Sachs. Briefwechsel und Dokumente“. Herausgeber dieses Bandes ist Bernhard Albers. Die Klasse der Literatur beteiligte sich mit einem Druckkostenzuschuß an dieser Edition.

10. Wilhelm Lehmann-Ausgabe (Klett-Cotta Verlag, Stuttgart)

Fortgesetzt wurden die Arbeiten an den weiteren Bänden der auf 8 Bände geplanten Wilhelm Lehmann-Ausgabe. Sie wird in Verbindung mit der Klasse der Literatur und dem Deutschen Literaturarchiv in Marbach a.N. von Agathe Weigel-Lehmann (Lübeck), Dr. Hans-Dieter Schäfer (Bd. 1–5; Regensburg), von Hrn. Zeller (Marbach a.N.) und Dr. Reinhard Tghart (Bd. 6–8, Marbach a.N.) herausgegeben. Band 8, „Autobiographische Texte", ist im Umbruch-Korrekturgang und wird 1999 erscheinen.

Veröffentlichungen der Akademie

ABHANDLUNGEN

der Akademie der Wissenschaften und der Literatur, Mainz
erschienen im Franz Steiner Verlag, Stuttgart
1998

I. MATHEMATISCH-NATURWISSENSCHAFTLICHE KLASSE

1. K.-H. Meyer zum Büschenfelde, C. F. Gethmann, H.-G. Koch, H. H. Raspe, H. Schott. Fragen an die moderne Medizin. 88 Seiten.

II. GEISTES- UND SOZIALWISSENSCHAFTLICHE KLASSE

1997, 3/II: Michael Müller-Wille. (Hrsg.) Rom und Byzanz im Norden. Mission und Glaubenswechsel im Ostseeraum während des 8.–14. Jahrhunderts. Band II. 411 Seiten mit zahlreichen Abbildungen. (1998)

1998

1. Michael Müller-Wille. Zwei religiöse Welten: Bestattungen der fränkischen Könige Childerich und Chlodwig. 45 Seiten.

2. Bernhard Diestelkamp. Die Durchsetzung des Rechtsmittels der Appellation im weltlichen Prozeßrecht Deutschlands. 24 Seiten.

3. Heinz-Josef Thissen. Vom Bild zum Buchstaben – vom Buchstaben zum Bild. Von der Arbeit an Horapollons Hieroglyphika. 28 Seiten.

4. Michael Stolleis. Nationalität und Internationalität: Rechtsvergleichung im öffentlichen Recht des 19. Jahrhunderts. 28 Seiten.

5. Kurt Bittel. Reisen und Ausgrabungen in Ägypten, Kleinasien, Bulgarien und Griechenland 1930–1934. 510 Seiten und 15 Abbildungen.

6. G. Funke, A. Riethmüller, O. Zwierlein. Interpretation. 53 Seiten.

7. Oskar von Hinüber. Entstehung und Aufbau der Jātaka-Sammlung. Studien zur Literatur des Theravāda-Buddhismus I. VIII, 223 Seiten.

8. Siegmar Döpp, Ioannes Fabricius Montanus. Die beiden lateinischen Autobiographien. 45 Seiten.

SONSTIGE VERÖFFENTLICHUNGEN DER AKADEMIE

I. MATHEMATISCH-NATURWISSENSCHAFTLICHE KLASSE

Biona report

Biologie und angrenzende Naturwissenschaften. Schriftenreihe der Akademie der Wissenschaften und der Literatur, Mainz, Kommission für Neurowissenschaften mit

Schwerpunkt Schmerz herausgegeben von Werner Nachtigall. Stuttgart, Jena, Lübeck, Ulm. Gustav Fischer Verlag (1998).

12. Werner Nachtigall und Alfred Wisser (Hrsg.): Technische Biologie und Bionik 4. 4. Bionik-Kongress, München 1998. XIII, 337 Seiten mit zahlreichen Abbildungen.

13. Reinhard Blickhan, Alfred Wisser, Werner Nachtigall (Hrsg.): Motion Systems, Proceedings–Jena 1997. XVI, 272 Seiten mit zahlreichen Abbildungen.

Colloquia Academica – Akademievorträge junger Wissenschaftler

Akademie der Wissenschaften und der Literatur, Mainz in Verbindung mit der Johannes Gutenberg-Universität Mainz und dem Ministerium für Bildung, Wissenschaft und Weiterbildung des Landes Rheinland-Pfalz. Franz Steiner Verlag, Stuttgart (1998).

N 1997: Friedemann Pulvermüller: Sprache im Gehirn: Neurobiologische Überlegungen, psychophysiologische Befunde und psycholinguistische Implikationen. Karola Rück-Braun: Domino-Reaktionen am Eisen: Schlüssel zum Aufbau von Naturstoffen. Karlfried Groebe: Prä-capilläre Servokontrolle des Perfusionsdruckes und postcapilläre Abstimmung der Perfusionsgröße auf den Gewerbebedarf: Ein neues Paradigma für die lokale Durchblutungsregulation. 125 Seiten.

Funktionsanalyse biologischer Systeme

Akademie der Wissenschaften und der Literatur, Mainz. Mathematisch-naturwissenschaftliche Klasse. Redaktion: Gerhard Thews. Stuttgart, Jena, Lübeck, Ulm: Gustav Fischer Verlag (1998)

26. G. Hahn, C. Hartung und G. Hellige: Elektrische Impedanztomographie (EIT) als Methode zur regionalen Beurteilung der Lungenventilation. 107 Seiten, 29 Abbildungen und 3 Tafeln.

Ökosystemanalyse und Umweltforschung

Akademie der Wissenschaften und der Literatur, Mainz. Stuttgart, Jena, Lübeck, Ulm: Gustav Fischer Verlag (1998)

Band 5: Matthias Schaefer und Carlo Servatius (Hrsg.): Biochemie/Biotechnologie im Dienste der Umweltforschung. 270 Seiten mit zahlreichen Abbildungen und Tabellen.

Paläoklimaforschung / Palaeoclimate Research

Akademie der Wissenschaften und der Literatur, herausgegeben von Burkhard Frenzel. Stuttgart, Jena, Lübeck, Ulm: Gustav Fischer Verlag (1998)

Band 23. Burkhard Frenzel et al. (Hrsg.): Documentary climatic evidence for 1750–1850 and the fourteenth century. (Special Issue: ESF Project „European Palaeoclimate and Man“ 15, European Science Foundation und Akademie der Wissenschaften und der Literatur, Mainz. Edited by Erik Wishman, Burkhard Frenzel & Mirjam M. Weiß. XII, 191 pages with 52 figures, 4 photos and 18 tables.

Band 25. Burkhard Frenzel et al. (Hrsg.): Palaeohydrology as reflected in lake-level changes as climatic evidence for Holocene times. (Special Issue: ESF Project „European Palaeoclimate and Man“ 17, European Science Foundation und Akademie der Wissenschaften und der Literatur, Mainz). Edited by Sandy P. Harrison, Burkhard Frenzel, Ursula Huckriede & Mirjam M. Weiß. X, 180 pages with 52 figures, 6 photos and 6 tables.

Band 27. Burkhard Frenzel et al. (Hrsg.): Quantification of land surfaces cleared of forests during the Holocene – Modern pollen/vegetation/landscape relationships as an aid to the interpretation of fossil pollen data. (Special Issue: ESF Project „European Palaeoclimate and Man“ 18, European Science Foundation und Akademie der Wissenschaften und der Literatur, Mainz). Edited by Marie-José Gaillard & Björn E. Berglund. XI, 148 pages with 47 figures and 17 tables.

Tropische und subtropische Pflanzenwelt

Redaktion: Werner Rauh. Stuttgart: Franz Steiner Verlag (1998)

99. Wilhelm Barthlott und Wolfram Lobin: Amorphophallus titanum. 226 Seiten mit 105 Abbildungen und 12 Tabellen.

II. GEISTES- UND SOZIALWISSENSCHAFTLICHE KLASSE

Beiträge zur Romanistik

(Fortsetzung der Reihe „Untersuchungen zur Sprach- und Literaturgeschichte der romanischen Völker“, Stuttgart: Franz Steiner Verlag)
Herausgegeben von der Kommission für Romanische Philologie der Akademie der Wissenschaften und der Literatur, Mainz. Wissenschaftliche Buchgesellschaft, Darmstadt (1998).

Band 2: Falk Peter Weber. Der Prozeß der bürgerlichen Emanzipation im anti-idealistischen Roman von Sorel bis Prévost. 507 Seiten.

Colloquia Academica – Akademievorträge junger Wissenschaftler

Akademie der Wissenschaften und der Literatur, Mainz in Verbindung mit der Johannes Gutenberg-Universität Mainz und dem Ministerium für Bildung, Wissenschaft und Weiterbildung des Landes Rheinland-Pfalz. Franz Steiner Verlag, Stuttgart (1998).

G 1997: Arwed Arnulf: Mittelalterliche Beschreibungen der Grabeskirche in Jerusalem. Ursula Rombach: Alexander der Grenzgänger – Ein Herrscherbild zwischen Forscherdrang und Hybris. 70 Seiten.

Corpus der minoischen und mykenischen Siegel

Begründet von Friedrich Matz. Im Auftrag der Kommission für Archäologie der Akademie der Wissenschaften und der Literatur, Mainz. Vorsitzender Bernard Andreae, herausgegeben von Ingo Pini. Berlin: Gebr. Mann Verlag (1998).

Band II, Teil 7. Iraklion, Archäologisches Museum. Die Siegelabdrücke von Kato Zakros. Unter Einbeziehung von Funden aus anderen Museen. Nach Vorarbeiten von Nikolaos Platon, bearbeitet von Walter Müller und Ingo Pini. XXXV, 280 Seiten mit ca. 745 Abbildungen und 4 Tableaus.

Forschungen zur antiken Sklaverei

Im Auftrag der Kommission für Geschichte des Altertums der Akademie der Wissenschaften und der Literatur, Mainz. Begründet von Joseph Vogt, herausgegeben von Heinz Bellen. Stuttgart: Franz Steiner Verlag (1998)

Band XXIX: Gerhard Horsmann: Die Wagenlenker der Römischen Kaiserzeit, Untersuchungen zu ihrer sozialen Stellung. VIII, 339 Seiten.

Band XXX: Hans Klees: Sklavenleben im klassischen Griechenland. VII, 513 Seiten.

Die Fundmünzen der römischen Zeit in Slowenien

Kommission für Geschichte des Altertums der Akademie der Wissenschaften und der Literatur, Mainz und Numizmatični Kabinet Narodnega Muzeja Slovenue Ljubljana. Herausgegeben von Maria R.-Alföldi, Hans-Markus von Kaenel und Peter Kos. Berlin: Gebr. Mann Verlag (1998).

Andrej Šemrov: Die Fundmünzen der römischen Zeit in Slowenien. Teil IV. 506 Seiten und 1 Faltkarte.

Studien zu Fundmünzen der Antike (SFMA)

Kommission für Geschichte des Altertums der Akademie der Wissenschaften und der Literatur, Mainz, und Römisch-Germanische Kommission des Deutschen Archäologischen Instituts, Frankfurt. Herausgegeben von Maria R.-Alföldi und Hans-Markus von Kaenel. Berlin: Gebr. Mann Verlag (1998)

Band 13. Römische Münzschätze des zweiten und ersten Jahrhunderts v. Chr. vom italienischen Festland. Von Dirk Backendorf. 563 Seiten und 1 Faltkarte.

Handwörterbuch der musikalischen Terminologie

Im Auftrag der Kommission für Musikwissenschaft der Akademie der Wissenschaften und der Literatur, Mainz, herausgegeben von Hans Heinrich Eggebrecht. Schriftleitung: Markus Bandur. Stuttgart: Franz Steiner Verlag (1998).

Lieferung 26.

Hydronymia Europaea

Kommission für vergleichende Sprachwissenschaft der Akademie der Wissenschaften und der Literatur, Mainz. Herausgegeben von Wolfgang P. Schmid. Stuttgart: Franz Steiner Verlag (1998)

Lieferung 13. Kazimierz Rymut und Milan Majtán: Gewässernamen im Flußgebiet des Dunajec (Nazwy wodne dorzecza Dunajca). 515 Seiten.

Indices zur lateinischen Literatur der Renaissance

Akademie der Wissenschaften und der Literatur Mainz. Herausgegeben von Clemens Zintzen. Georg Olms Verlag (1998).

Band II. Cristoforo Landino. Bearbeitet von Ute Ecker, Dorothea Gall, Peter Riemer und Clemens Zintzen. 270 Seiten.

Lessico Etimologico Italiano (LEI)

Akademie der Wissenschaften und der Literatur, Mainz. Edito per incarico della Commissione per la Filologia Romanza da Max Pfister. Wiesbaden: Dr. Ludwig Reichert Verlag (1998)

Volume VI:
- Fascicolo 57: *BOF(F) – *BOKKY- Spalten 385–576
- Fascicolo 58: *BOKKY- – *BOKKY- Spalten 577–768
- Fascicolo 59: *BOKKY- – BONUS Spalten 769–960
- Fascicolo 60: Bonus – *BOR(R)- Spalten 961–1152

Marburger Personalschriften-Forschungen

Im Auftrag der Kommission für Personalschriften herausgegeben von Rudolf Lenz. Sigmaringen: Jan Thorbecke Verlag (1998).

Band 20, Katalog der Leichenpredigten und sonstiger Trauerschriften in der Bibliothek der Schloßkirche zu Oels. Bearbeitet von Rudolf Lenz, Eva-Maria Dickhaut, Petra Kehl und Jörg Witzel. VII, 310 Seiten.

Band 21: Katalog der Leichenpredigten und sonstiger Trauerschriften in der Bibliothek des Ossolineums Wrocław (Breslau). Bearbeitet von Rudolf Lenz, Eva-Maria Dickhaut, Petra Kehl und Jörg Witzel. VII, 295 Seiten.

Band 22: Katalog der Leichenpredigten und sonstiger Trauerschriften in der Öffentlichen Woiwodschaftsbibliothek Oppeln-Rogau. Bearbeitet von Rudolf Lenz, Eva Maria Dickhaut, Petra Kehl und Jörg Witzel. VII, 44 Seiten.

Medizinhistorisches Journal

Im Auftrag der Kommission für Geschichte der Medizin und der Naturwissenschaften der Akademie der Wissenschaften und der Literatur, Mainz, herausgegeben von Werner F. Kümmel, Paul Schölmerich, Ulrich Tröhler und Ursula Weisser. Stuttgart, Jena, Lübeck, Ulm: Gustav Fischer Verlag (1998)

Band 33. Heft 1, Medicine and the Life Sciences in History. Seiten 1–104.

Band 33. Heft 2, Medicine and the Life Sciences in History. Seiten 105–208.

Band 33. Heft 3/4, Medicine and the Life Science in History. Seiten 209–372.

Neue Studien zur Musikwissenschaft

Herausgegeben von der Kommission für Musikwissenschaft der Akademie der Wissenschaften und der Literatur, Mainz. London, Madrid, New York, Paris, Tokyo, Toronto: Schott (1998)

Band: VI, Elmar Seidel: Teil 1: Text, 155 Seiten, Teil 2: Noten, 297 Seiten. Johann Sebastian Bachs Choralbearbeitungen in ihren Beziehungen zum Kantionalsatz.

Pfälzisches Wörterbuch

Begründet von Ernst Christmann, fortgeführt von Julius Krämer, bearbeitet von Rudolf Post. Stuttgart: Franz Steiner Verlag (1998)

Beiheft zu den Bänden I–VI: Bearbeitet von Rudolf Post unter Mitarbeit von Sigrid Bingenheimer. 202 Seiten.

Platon-Werke

Im Auftrag der Kommission für Klassische Philologie der Akademie der Wissenschaften und der Literatur zu Mainz, herausgegeben von Ernst Heitsch und Carl Werner Müller. Göttingen: Vandenhoeck & Ruprecht (1998)

Band V, 4: Platon: Lysis. Übersetzung und Kommentar von Michael Bordt. 264 Seiten.

Preußisches Wörterbuch

Deutsche Mundarten Ost- und Westpreußens. Akademie der Wissenschaften und der Literatur, Mainz, begründet von Erhard Riemann, fortgeführt von Ulrich Tolksdorf †, Neumünster: Karl Wachholtz Verlag (1998).

Band 6, Lieferung 2: Tollen – Ufer. Bearbeiter: Thomas Braun, Reinhard Goltz, Martin Schröder. Spalten 129–256.

Band 6, Lieferung 3: Ufern – verprahlen. Bearbeiter Thomas Braun, Reinhard Goltz, Martin Schröder. Spalten 257–384.

Quellensammlung zur Geschichte der deutschen Sozialpolitik 1867 bis 1914

Begründet von Peter Rassow. Im Auftrag der Historischen Kommission der Akademie der Wissenschaften und der Literatur, herausgegeben von Karl Erich Born, Hansjoachim Henning und Florian Tennstedt. Darmstadt: Wissenschaftliche Buchgesellschaft (1998)

IV. Abteilung: Die Sozialpolitik in den letzten Friedensjahren des Kaiserreiches (1905–1914). 4. Band, 2. Teil: Die Jahre 1911 bis 1914. Bearbeitet von Karl Erich Born, Reiner Flik, Klaus Hess, Gabriele Ilg, Ulrich Kreute und Dieter Lindenlaub. IX, 259 Seiten.

II. Abteilung: Von der Kaiserlichen Sozialbotschaft bis zu den Februarerlassen Wilhelms II. (1881–1890). 3. Band: Arbeiterschutz. Bearbeitet von Wolfgang Ayaß. LII, 623 Seiten.

Regesten Kaiser Friedrichs III.

Kommission für die Neubearbeitung der Regesta Imperii bei der Österreichischen Akademie der Wissenschaften und Deutsche Kommission für die Bearbeitung der Regesta Imperii bei der Akademie der Wissenschaften und der Literatur, Mainz. Böhlau Verlag Wien, Weimar, Köln (1998)

Heft 11 (in Verbindung mit der Berlin-Brandenburgischen Akademie der Wissenschaften). Die Urkunden und Briefe aus den Archiven und Bibliotheken des Freistaates Sachsen. Bearbeitet von Elfi-Marita Eibl, Br. 376 Seiten.

CD-Rom: Vol.I: Die Regesten Kaiser Friedrich III. Nach Archiven und Bibliotheken geordnet, hrsg. von Heinrich Koller und Paul-Joachim Heinig. CD-Rom Ausgabe erarbeitet von Dieter Rübsamen. 1998.

Regesten Kaiser Ludwigs des Bayern

Kommission für die Neubearbeitung der Regesta Imperii bei der Österreichischen Akademie der Wissenschaften und Deutsche Kommission für die Bearbeitung der Regesta

Imperii der Akademie der Wissenschaften und der Literatur, Mainz. Böhlau Verlag Köln, Weimar, Wien (1998). Herausgegeben von Peter Acht.

Heft 4. Die Urkunden aus den Archiven und Bibliotheken des Elsasses (Département Haut- und Bas-Rhin) bearbeitet von Johannes Wetzel. XXXIII, 144 Seiten.

Heft 5: Die Urkunden aus den Archiven und Bibliotheken im Regierungsbezirk Schwaben (Bayern). Bearbeitet von Michael Menzel. XXIV, 192 Seiten.

Sammelbuch Griechischer Urkunden aus Ägypten

Akademie der Wissenschaften und der Literatur, Mainz. Im Auftrag der Straßburger Wissenschaftlichen Gesellschaft begonnen von Friedrich Preisigke, fortgeführt von Friedrich Bilabel und Emil Kießling. Wiesbaden: Harrassowitz Verlag (1998)

Einundzwanzigster Band (Index zu Band XX) Teil: Abschnitt 1–8. Herausgegeben von Hans Albert Rupprecht unter Mitarbeit von Joachim Hengstl. 76 Seiten.

Samuel Thomas Soemmerring: Werke

Begründet von Gunter Mann †. Herausgegeben von Jost Benedum und Werner Friedrich Kümmel. Stuttgart, Jena, Lübeck, Ulm: Gustav Fischer Verlag (1998)

Band 2: Vom Baue des menschlichen Körpers: Bänder- und Muskellehre. Bearbeitet und herausgegeben von Reinhard Hildebrand. 593 Seiten, 69 Abbildungen.

Band 7: Schriften zu den Sinnesorganen: Gehör, Geschmack und Stimme, Geruch. Bearbeitet und herausgegeben von Jost Benedum. 213 Seiten, 28 Abbildungen.

Band 15: Anthropologie: Über die körperliche Verschiedenheit des Negers vom Europäer (1785). Bearbeitet und herausgegeben von Sigrid Oehler-Klein. 264 Seiten, 13 Abbildungen.

Band 19, Teil II: Briefwechsel 1787–1792. Herausgegeben und erläutert von Franz Dumont. Seiten 483–924. (Teil I 1997 erschienen)

Studien zu den Boğazköy-Texten (StBoT)

Herausgegeben von der Kommission für den Alten Orient der Akademie der Wissenschaften und der Literatur. Wiesbaden: Harrassowitz Verlag (1998).

Heft 42: Silvin Košak: Konkordanz der Keilschrifttafeln III/1. Die Texte der Grabung 1933: 1/C-1300/C, 281 Seiten.

Veröffentlichungen der Orientalischen Kommission (VOK)

Herausgegeben von Walter W. Müller. Wiesbaden: Harrassowitz Verlag (1998)

Band 44. Richard Gramlich: Der eine Gott. Grundzüge der Mystik des islamischen Monotheismus. 454 Seiten.

Valentin Weigel – Sämtliche Schriften

Begründet von Will-Erich Peukert und Winfried Zeller. Gefördert von der Fritz Thyssen Stiftung, Köln, in Verbindung mit der Akademie der Wissenschaften und der Literatur, Mainz. Neue Edition, herausgegeben von Horst Pfefferl. Stuttgart-Bad Cannstatt: Friedrich Frommann Verlag Günther Holzboog (1997)

Band 8. Der güldene Griff. Kontroverse um den ‚Güldenen Griff'. Vom judicio im Menschen. Herausgegeben und eingeleitet von Horst Pfefferl. LXIII, 169 Seiten.

III. KLASSE DER LITERATUR

Einzelveröffentlichungen

Bestandsverzeichnis der Nachlaßbibliothek von Hans Erich Nossack. Bearbeitet von Johannes Hilgart. 197 Seiten. Herausgegeben von der Akademie der Wissenschaften und der Literatur, Klasse der Literatur, Mainz (1998).

Karl Schwedhelm: Gesammelte Werke. Herausgegeben und mit Anm. vers. von Reinhard Kiefer und Bernhard Albers. Aachen: Rimbaud Verlag (1998)

Band 6: Karl Schwedhelm. Nelly Sachs. Briefwechsel und Dokumente. Herausgegeben von Bernhard Albers. 63 Seiten.

Veröffentlichungen der Mitglieder

In den Plenarsitzungen wurden folgende von den Mitgliedern verfaßte oder herausgegebene Veröffentlichungen vorgelegt, die nicht im Rahmen der Forschungsvorhaben der Akademie erschienen sind:

MATHEMATISCH-NATURWISSENSCHAFTLICHE KLASSE

Barthlott, Wilhelm

Verf.: Biodiversität – von Reichtum und Armut in der belebten Natur. In: Dokumentation 7. Sommerkurs Bonn-Jülich „Anthropogene Klima- und Umweltveränderungen. Biodiversität im Wandel" 30. September bis 8. Oktober 1996. Bonn 1997, S. 1–10. – Biodiversität – von Reichtum und Armut in der belebten Natur. In: U. Holtz (Hrsg.): Probleme der Entwicklungspolitik. Bonn 1997, S. 273–288. – Grasländer der Erde – Evolution und Diversität. In: Wiesen und Weiden – ein gefährdetes Kulturerbe Europas. Kongreßdokumentation der Kunst- und Ausstellungshalle der Bundesrepublik Deutschland. Bonn 1997, S. 114–118. – Vorwort. In: Loki Schmidt: Die Botanischen Gärten in Deutschland. Hamburg 1997, S. 6f.

Mitverf.: – und St. Porembski, G. Brown: A species-poor tropical sedge community: Afrotrilepis pilosa mats on inselbergs in West Africa. In: Nordic Journal of Botany 16, 1996, S. 239–245. – und C. Neinhuis: Characterization and distribution of water-repellent, self-cleaning plant surfaces. In: Annals of Botany 79. London 1997, S. 667–677. – und B. Büdel u.a.: Cyanobacteria and cyanobacterial lichens from inselbergs of the Ivory Coast, Africa. In: Botanica Acta 110. Stuttgart, New York 1997, S. 458–465. – und St. Porembski: Seasonal dynamics of plant diversity on inselbergs in the Ivory Coast (West Africa). Ebd. S. 466–472. – und Th. Starke u.a.: Lebensräume stellen sich vor – die neue „Biotopanlage" im Botanischen Garten der Universität Bonn. In: Natur- und Landschaftskunde 33, 1997, S. 35–42. – und St. Porembski u.a.: Phytogeography and vegetation of tropical inselbergs. In: J.-L. Guillaumet u.a. (Hrsg.): Phytogéographie tropicale. Réalités et perspectives. o.O. 1997, S. 15–24. – und St. Porembski u.a.: Ecological conditions and floristic diversity of an inselberg in the savanna zone of Ivory Coast: MT Niangbo. Ebd. S. 251–261. – und C. Neinhuis: Purity of the sacred lotus, or escape from contamination in biological surfaces. In: Planta 202. Berlin usw. 1997, S. 1–8. – und St. Porembski u.a.: *Selenicereus wittii (Cactaceae):* an epiphyte adapted to Amazonian Igapó inundation forests. In: Plant Systematics and Evolution 206. Berlin usw. 1997, S. 175–185. – und C. Neinhuis: Seasonal changes of leaf surface contamination in beech, oak, and ginkgo in relation to leaf micromorphology and wettability. In: New Phytology 138. Cambridge 1998, S. 91–98. – und M. Winiger: Preface. Acknowledgements. In: W. Barthlott, M. Winiger (Hrsg.): Biodiversity. A challenge for development research and policy. Berlin usw. 1998, 7 S. – und St. Porembski u.a.: First protozoa-trapping plant found. In: Nature 392. London 1998, S. 447.

Fleckenstein, Bernhard

Mitverf.: – und B. M. Bröker u.a.: Activation induces apoptosis in *Herpesvirus saimiri*-transformed T cells independent of CD95 (Fas, APO-1). In: European Journal of

Immunology 27. Weinheim 1997, S. 2774–2780. – und E. Meinl u.a.: Growth transformation of antigen-specific T cell lines from rhesus monkeys by *Herpesvirus saimiri.* In: Virology 229. London 1997, S. 175–182. – und K. Korn u.a.: Hepatitis G virus (HGV) – association with graft failure after hematopoietic stem cell transplantation? In: W. Sibrowski, W. Stangel, N. Müller (Hrsg.): Transfusionsmedizin 1996/97. (Beiträge zur Infusionstherapie und Transfusionsmedizin 34.) Basel usw. 1997, S. 16–20. – und Ch. Swanton u.a.: Herpes viral cyclin/Cdk6 complexes evade inhibition by CDK inhibitor proteins. In: Nature 390. London 1997, S. 184–187. – und F. Neipel u.a.: Human herpesvirus 8 encodes a homolog of interleukin-6. In: Journal of Virology 71. Baltimore 1997, S. 839–842. – und M. Li u.a.: Kaposi's sarcoma-associated herpesvirus encodes a functional cyclin. Ebd. S. 1984–1991. – und B.R. Gundlach u.a.: Construction, replication, and immunogenic properties of a simian immunodeficiency virus expressing interleukin-2. Ebd. S. 2225–2232. – und H. Fickenscher u.a.: Functional phenotype of transformed human αβ and γδ T cells determined by different subgroups C strains of Herpesvirus saimiri. Ebd. S. 2252–2263. – und St. Reiprich u.a.: Replication-competent chimeric lenti-oncovirus with expanded host cell tropism. Ebd. S. 3328–3331. – und F. Neipel, J.-Ch. Albrecht: Cell-homologous genes in the Karposi's sarcoma-associated rhadinovirus human herpesvirus 8: Determinants of its pathogenicity? Ebd. S. 4187–4192. – und A. Ensser, R. Pflanz: Primary structure of the alcelaphine herpesvirus 1 genome. Ebd. S. 6517–6525. – und A. Knappe u.a.: The superantigen-homologous viral immediate-early gene *ie14/vsag* in herpesvirus saimiri-transformed human T cells. Ebd. S. 9124–9133. – und K. Okada u.a.: Interactions between autologous $CD4^+$ and $CD8^+$ T lymphocytes and human squamous cell carcinoma of the head and neck. In: Cellular Immunology 177. New York, London 1997, S. 35–48. – und Kl. Überla, M. Gröne: Viren: Werkzeuge für die Gentherapie. (Vortrag anläßlich der Sitzung des Kuratoriums der Robert Koch-Stiftung am 8. Mai 1996 in Frankfurt/Main.) o.O. o.J. S. 46–60. – und J. Hauber u.a.: Universität Erlangen-Nürnberg. Institut für Klinische und Molekulare Virologie. Nationales Referenzzentrum für Retroviren. Forschungsbericht 1997 [Erlangen-Nürnberg 1998.].

Frenzel, Burkhard

Verf.: Vegetationsgeschichtliche und paläoökologische Probleme des Schwarzwaldes. In: S. Lorenz, M. Matzke (Hrsg.): Erstes Nordschwarzwald-Symposion: Siedlungsgeschichte und Waldnutzungsformen. Baiersbronn 1994. (Freudenstädter Beiträge zur geschichtlichen Landeskunde zwischen Neckar, Murg und Kinzing 10/1997. Veröffentlichungen des Alemannischen Instituts 64.) Freudenstadt 1997, S. 11–40. – History of flora and vegetation during the Quaternary. In: Progress in Botany 59. Berlin, Heidelberg 1998, S. 599–633. – Geschichte des Wasserhaushaltes Europas während des Spätglazials und des Holozäns, dargestellt an Seespiegelschwankungen. In: Klimaforschungsprogramm des BMBF 1994–1997. Programm der Abschlußveranstaltung am 9. und 10. Juni 1998 in Mainz und Berichte aus den einzelnen Projekten. o.O. o.J. 3 S. – Isotopenklimatologie der letzten 15.000 Jahre an Hand von Jahrringsequenzen. Ebd. 4 S. – Internationale Paläoklimadatenbank des Quartärs. http://www.pkdb.uni-hohenheim.de. Ebd. 4 S. – Über die Veränderung des Aerosols Europas während der letzten 5000 Jahre. Ebd. 4 S. – Forschungsziele und Erreichtes der „Terrestrischen Paläoklimatologie“. Ebd. Ergänzungsband. o.O. o.J. S. 1–6.

Mitverf.: – und M. Görres: Ash and metal concentrations in peat bogs as indicators of anthropogenic activity. In: Water, Air, and Soil Pollution 100. Dordrecht 1997, S. 355–365. – und H. Kempter, M. Görres: Ti and Pb concentrations in rainwater-fed bogs in Europe as indicators of past anthropogenic activities. Ebd. S. 367–377. – und H.G. Krause: Die Entwicklung der Vegetation eines zentralalpinen Gletschervorfeldes seit dem Jahr 1957. In: Jahrbuch 1997/62. Jahrgang des Vereins zum Schutz der Bergwelt e.V. München 1997, S. 189–226. – und A. Christmann: Phytohormones in needles of healthy and declining silver fir (*Abies alba* Mill.): III. Ethylene: The immediate ethylene precursor 1-aminocyclopropane-1-carboxylic acid and its malonyl conjugate. In: Journal of Plant Physiology 150. Jena 1997, S. 271–278. – und A. Christmann: Phytohormones in needles of spruce (*Picea abies* [L.] Karst.) under different levels of air pollution in the open-top chamber experiment at Edelmannshof. In: Forschungszentrum Karlsruhe. PEF-Projekt „Europäisches Forschungszentrum für Maßnahmen der Luftreinhaltung“: Air pollutant exclusion experiment with spruce trees at Edelmannshof: Physiological and biochemical investigations. Karlsruhe 1997, S. 235–256.

Herrmann, Günter

Verf.: From nuclear fission to superheavy elements. In: Nuclear Physics News 8, 1998, S. 7–21.

Mitverf.: – und K. Wendt u.a.: Rapid trace analysis of $^{89,90}Sr$ in environmental samples by collinear laser resonance ionization mass spectrometry. In: Radiochimica Acta 79. München 1997, S. 183–190. – und B. Eichler u.a.: An atomic beam source for actinide elements: concept and realization. Ebd. S. 221–233.

Mithrsg.: – und G. Friedlander u.a.: Science Spectra 11–14. Amsterdam 1998.

Krebs, Bernt

Mitverf.: – und B. Eulering u.a.: Ein unsymmetrischer zweikerniger Eisen(III)-Komplex mit Peroxidase-Eigenschaften. In: Angewandte Chemie 108. Weinheim 1996, S. 2102f. – und N. Sträter u.a.: Enzymatische Acyl- und Phosphoryltransferreaktionen unter Beteiligung von zwei Metallionen. Ebd. S. 2158–2191. – und J. Beck u.a.: The crystal structure of $Bi_8(AlCl_4)_2$ and the crystal structure, conductivity, and theoretical band structure of Bi_6Cl_7 and related subvalent bismuth halides. In: Chemische Berichte 129. Weinheim 1996, S. 1219–1226. – und A. Hammerschmidt u.a.: Darstellung und Kristallstrukturen von $Li_{4-2x}Sr_{2+x}B_{10}S_{19}$ ($x \approx 0{,}27$) und $Na_6B_{10}S_{18}$. Zwei neue Thioborate mit hochpolymeren Makrotetraeder-Netzwerken. In: Zeitschrift für anorganische und allgemeine Chemie 622. Heidelberg, Leipzig 1996, S. 76–84. – und C. Nazzikol u.a.: Tripodal ligands: design of distored coordination polyhedra in biomimetic metal complexes. Crystal structures of $[Zn(SCN)(ntb)](SCN) \cdot {}_iPrpOH$ and $[Fe(acac)(ntb)](ClO_4)_2 \cdot 2CH_2Cl_2 \cdot {}_iPrpOH$, ntb = N-tris(2-benzimidiazolylmethyl)amine. Ebd. S. 329–336. – und D. Fischer, G. Paul: Zur Reaktion des Rhenium(VII)-oxids mit 1,4-Dioxan – Kristallstruktur von $Re_2O_7(OH_2)_2 \cdot 2$(1,4-Dioxan). Ebd. S. 448–454. – und O. Reich u.a.: Neue Oxonium-Bromochalkogenate(IV) – Darstellung, Struktur und Eigenschaften von $[H_3O][TeBr_5] \cdot 3C_4H_8O_2$ und $[H_3O]_2[SeBr_6]$. Ebd. S. 1011–1018. – und F. Hiltmann, C. Jansen: Li_3BS_3 und $LiSrBS_3$: Neue Orthothioborate mit trigonal-planar koordiniertem Bor.

Ebd. S. 1508–1514. – und J. Peters u.a.: Die Kristallstruktur des synthetischen Stützits, $Ag_{5-x}Te_3$. Ebd. S. 1823–1832. – und Th. Klabunde u.a.: Mechanism of Fe(III)-Zn(II) purple acid phosphatase based on crystal structures. In: Journal of Molecular Biology 259. London, New York 1996, S. 737–748. – und D. Volkmer u.a.: Dinuclear nickel(II) complexes as models for the active site of urease. In: Inorganic Chemistry 35. Easton 1996, S. 3792–3803.

Lauer, Wilhelm

Verf.: El Niño. Eine Meeresströmung verändert Klima und Umwelt. In: Bayerische Akademie der Wissenschaften. Math.-nat. Kl. Sitzungsberichte 1997. München 1997, S. 33–57.

Mithrsg.: – und P. Höllermann u.a.: Arbeiten zur rheinischen Landeskunde 66: E. Stiehl (Hrsg.): Die Stadt Bonn und ihr Umland. Ein geographischer Exkursionsführer; 67: Y.-W. Lee: Die Abfallwirtschaft in den Gemeinden von Nordrhein-Westfalen. Bonn 1997–98. – und H.H. Blotevogel u.a.: Erdkunde 51,4; 52,1–3. Kleve 1997–98.

Lütjen–Drecoll, Elke

Verf.: Functional morphology of the trabecular meshwork in primate eyes. In: Progress in Retinal and Eye Research 18. Kidlington 1998, S. 91–119.

Mitverf.: – und J. Gottanka u.a.: Correlation of pseudoexfoliative material and optic nerve damage in pseudoexfoliation syndrome. In: Investigative Ophthalmology & Visual Science 38. Philadelphia 1997, S. 2435–2446. – und Ch. A. May u.a.: Localization of the stress proteins αB-crystallin and trabecular meshwork inducible glucocorticoid response protein in normal and glaucomatous trabecular meshwork. Ebd. 39, 1998, S. 517–525. – und Ch. Strauss, R. Fahlbusch: Pericollicular surgical approaches to the rhomboid fossa. Part I. Anatomical basis. In: Journal of Neurosurgery 87. Springfield 1997, S. 893–899. – und E. R. Tamm: Nitrergic nerve cells in the primate ciliary muscle are only present in species with a fovea centralis. In: Ophthalmologica 211. Basel 1997, S. 201–204. – und U. Welge-Lüßen u.a.: Classification of human scleral spur cells in monolayer culture. In: European Journal of Biology 75. Jena 1998, S. 78–84. – und Ch. A. May u.a.: αB-Crystallin in the mammalian inner ear. In: ORL 60. Basel 1998, S. 121–125.

Mutschler, Ernst

Mitverf.: – und J. Gross, G. Lambrecht: Evidence from muscarinic M_4 receptors mediating nonadrenergic noncholinergic relaxations in rabbit anococcygeus muscle. In: Naunyn-Schmiedebergs's Archive of Pharmacology 356. Berlin usw. 1997, S. 505–516. – und M. Weiser, G. Lambrecht: Characterization of postjunctional muscarinic receptors mediating contraction in rat anococcygeus muscle. Ebd. S. 671–677. – und G.G. Belz u.a.: Inhibition of angiotensin II pressor response and *ex vivo* angiotensin II radioligand binding by candesartan cilexetil and losartan in healthy human volunteers. In: Journal of Human Hypertension 11, Suppl. 2. New York 1997, S. S45–S47. – und W. Möhrke, H. Knauf: Pharmacokinetics and pharmacodynamics of triamterrene and hydrochlorothiazide and their combination in healthy volunteers. In: International Journal of Clinical Pharmacology and Therapeutics 35. München 1997, S. 447–452. –

und D. Fliser u.a.: Renal function in the elderly: Impact of hypertension and cardiac function. In: Kidney International 51. New York, Heidelberg, Berlin 1997, S. 1196–1204. – und R. Düsing u.a.: Therapieempfehlungen für Patienten mit „diuretikaresistenten" hydropischen Zuständen. In: Arzneimitteltherapie 15. Stuttgart 1997, S. 155f. – und R. Ziyal u.a.: Vasoconstrictor responses via P2X-receptors are selectively antagonized by NF023 in rabbit isolated aorta and saphenous artery. In: British Journal of Pharmacology 120. London 1997, S. 954–960. – und A. Trute u.a.: *In vitro* antispasmodic compounds of the dry extract obtained from *Hedera helix*. In: Planta Medica 63. Stuttgart, New York 1997, S. 125–129.

Ramm, Ekkehard

Mitverf.: – und F. Fujii: Computational bifurcation theory: path-tracing, pinpointing and path-switching. In: Engineering Structures 19. Kidlington 1997, S. 385–392. – und M. Bischoff: Shear deformable shell elements for large strains and rotations. In: International Journal for Numerical Methods in Engineering 40. London 1997, S. 4427–4449. – und M. Bischoff: Three-dimensional shell formulation and elements for large deformations. In: K. Meskouris, U. Wittek (Hrsg.): Aspects in modern computational structural analysis. Festschrift for Professor Krätzig. Rotterdam 1997, S. 111–120. – und K. Maute: Adaptative topology optimization of shell structures. In: AIAA Journal 35. Reston 1997, S. 1767–1773.

Rauh, Werner

Verf.: *Euphorbia kamponii* Rauh & Petignat, a remarkable new coralliform species from the region of Toliary (SW-Madagascar). In: British Cactus and Succulent Journal 13, 1995, S. 128–133. – Observations complémentaires sur Xerosicyos pubescens (Cucurbitaceae) de Madagascar. In: Bulletin du Muséum National d'Histoire Naturelle. 4e sér. 18. Sect. B. Adansonia 1/2. Paris 1996, S. 161–166. – *Euphorbia suzannae-marnieriae* Rauh & Petignat. In: Succulentes (France) 19/4. Monaco 1996, S. 10–14. – *Ceropegia ambovombensis* Rauh & Gerold, une autre nouvelle espèce géophyte du sud-ouest de Madagascar. Ebd. 20/2, 1997, S. 3–6. – *Euphorbia waringiae* Rauh & Gerold spec. nov. (Une nouvelle espèce malgache.) Ebd. 21/2, 1998, S. 5–9. – *Ceropegia gikyi* Rauh et Gerold et *Ceropegia adrienneae* Rauh et Gerold, deux nouvelles espèces dans le genre *Ceropegia*, section *Dimorpha (Asclepiadiaceae)*, du sud-ouest de Madagascar. Ebd. 21/3, 1998, S. 3–8. – Une nouvelle espèce, *Ceropegia robivelonae* Rauh et Gérold. Ebd. 21/4, 1998, S. 3–9. – *Uncarina roeoesliana* Rauh spec. nov., eine neue Art aus Südwestmadagaskar. In: Kakteen und andere Sukkulenten 47/1. Eningen unter Achalm 1996, S. 13–18. – Die *Didiereaceae*, eine botanische Kostbarkeit Madagaskars. Ebd. 48/11, 1997, S. 241–245. – Ähnlichkeit mit Preiselbeeren. *Euphorbia mangelsdorffii*, eine neue Zwerg-Euphorbie aus Madagaskar. Ebd. 49/2, 1998, S. 44–47. – *Uncarina*, die „Hakenstachlige": Eine nur auf Madagaskar vorkommende Gattung der Pedaliaceen. Ebd. 49/9, 1998, S. 205–209. – Blütenfarbe von Rosa bis Gelb: Zweiter Teil des Artikels über die Gattung *Uncarina* aus Madagaskar. Ebd. S. 229–233. – *Euphorbia pachysantha* Baillon, a remarkable and little-known arborescent Euphorbia from Madagascar. In: Cactus and Succulent Journal 68, 1996, S. 35–39. – Three new species of *Lomatophyllum* and one new *Aloe* from Madagascar. In: Bradleya 16. Sheffield 1998, S. 92–100. – Succulent and xerophytic plants of Madagascar. Vol. II. Mill Valley 1998.

Ringsdorf, Helmut

Mitverf.: – und S. Bhattacharya u.a.: Catalysis of transbilayer lipid migration by hydrophobically modified *n*-isopropylacrylamide polymers. In: Langmuir 13. Washington 1997, S. 1869–1872. – und M. Weck, R. Fink: Molecular recognition via hydrogen bonding at the air-water interface: An isotherm and fourier transform infrared reflection spectroscopy study. Ebd. S. 3515–3522. – und M.-W. Tsao u.a.: Studies of molecular orientation and order in self-assembled semifluorinated *n*-alkanethiols: Single and dual component mixtures. Ebd. S. 4317–4322. – und N. Bunjes u.a.: Thiopeptide-supported lipid layers on solid substrates. Ebd. S. 6188–6194. – und G. Nelles u.a.: Two-dimensional structure of disulfides and thiols on gold (111). Ebd. 14, 1998, S. 808–815. – und A. Vaes u.a.: Y-type Langmuir-Blodgett films of 2,3-bis((2-hydroxyethyl)oxy-6,7,10,11-tetrakis(pentyloxy)triphenylene: An X-ray reflection study. Ebd. S. 5250–5254. – und P. Henderson u.a.: Complex ordering in thin films of di- and trifunctionalized hexaalkoxytriphenylene derivatives. In: Journal of the American Chemical Society 119. Easton usw. 1997, S. 4740–4748. – und S. Iqbal u.a.: Detecting a transition-metal ammine at tailored surfaces. In: Journal of Materials Chemistry 7, 1997, S. 1147–1154. – und H. Fischer u.a.: Induction of liquid crystalline phases in linear polyamines by complexation of transition metal ions. Ebd. 8, 1998, S. 343–351. – und Z. Wang u.a.: Formation of supramolecular aggregates by hydrogen bonding based on bispyrimidine and bisbarbituric acid. In: Macromol. Chem. Phys. 198. Zug 1997, S. 573–579. – und A. Laschewsky u.a.: Molecular recognition by hydrogen bonding in polyelectrolyte multilayers. In: Chemisty A European Journal 3. Weinheim 1997, S. 34–38. – und Ph. Ringler u.a.: Functionalized lipid tubules as tools for helical crystallization of proteins. Ebd. S. 620–625. – und P. Uznanski u.a.: Photophysical properties of discotic dibenzopyrenes. In: Mol. Cryst. Liq. Cryst. 293. Amsterdam 1997, S. 123–133. – und G. Li u.a.: Structure and conformation of 2,3,6,7,10,11-hexakispentyloxytriphenylene by TEM and computer simulation. Ebd. 309, 1998, S. 73–91. – und D. Gidalevitz u.a.: Structure of discotic liquid crystalline compounds at the air-water interface. In: Journal of Physical Chemistry B 101. Ithaca, NY usw. 1997, S. 10870–10875. – und T. Wang u.a.: Structure and order of the discotic compound 2,3,6,7,10,11-hexakispentyloxytriphenylene as revealed by diffraction and molecular simulation studies. In: Liquid Crystals 23. London 1997, S. 869–878. – und M. Schreiber u.a.: Tetraethynylethene molecular scaffolding: Nonlinear optical, redox, and amphiphilic properties of donor functionalized polytriacetylene and expanded radialenes. In: Advanced Materials 9. Weinheim 1997, S. 339–343. – und D. Bayer u.a.: Reduced protein adsorption on plastics via direct plasma deposition of triethylene glycol monoallyl ether. o.O. 1997, S. 181–189. – und T. Wang u.a.: Phase identification of triphenylene-based discotic monomer and its main chain polymers. In: Polymer 39, 1998, S. 4509–4513. – und A. Vaes u.a.: Time resolved photocurrents in Langmuir-Blodgett films of substituted hexaalkoxytriphenylene. In: Journal of Applied Physics 84. Lancaster usw. 1998, S. 339–349.

Rittner, Christian

Mithrsg.: – und P.M. Schneider, P.D. Martin: Proceedings of the European symposium: Ethical and legal issues of DNA typing in forensic medicine. ((Forensic Science International 88/1.) Amsterdam usw. 1997.

Rohen, Johannes W.

Mitverf.: – und Ch. Yokochi, E. Lütjen-Drecoll: Anatomie des Menschen. Photographischer Atlas der systematischen und topographischen Anatomie. 4., neubearb. Aufl. Stuttgart, New York 1998.

Schaefer, Matthias

Verf.: Die Mannigfaltigkeit von Flora und Fauna – Zur ökologischen Bedeutung der Biodiversität. In: Jahrbuch der Akademie der Wissenschaften in Göttingen 1995. Göttingen 1997, S. 58–79. – Biologische Vielfalt unter ökologischen Gesichtspunkten – wieviel Vielfalt ist nötig? In: Biologische Vielfalt in Ökosystemen – Konflikt zwischen Nutzung und Erhaltung. Symposium der Arbeitsgruppe „Ökosysteme/Ressourcen" des Senats der Bundesforschungsanstalten im Geschäftsbereich des BML vom 22. bis 24. April 1997 im FORUM der FAL in Braunschweig-Völkenrode. (Schriftenreihe des Bundesministeriums für Ernährung, Landwirtschaft und Forsten. R. A: Angewandte Wissenschaft 465.) Köln 1997, S. 240–252.

Mitverf.: – und M. Bonkowski: Interactions between earthworms and soil protozoa: a trophic component in the soil food web. In: Soil Biology and Biochemistry 29. Kidlington 1997, S. 499–502. – und Ch. Platner u.a.: Untersuchungen zur Bodenmakrofauna von Rein- und Mischbeständen von Buche und Fichte unterschiedlichen Alters auf Buntsandstein. In: Mitteilungen der Deutschen Bodenkundlichen Gesellschaft 85, 1997, S. 575–578.

Mithrsg.: – und J. R. Ehleringer u.a.: Oecologia 109–112. Berlin usw. 1997. – und J. Schauermann, G. Weigmann: Pedobiologia 41. Jena, Stuttgart, New York 1997.

Scharf, Joachim-Hermann

Mithrsg.: – und R. Gossrau u.a.: Acta histochemica 99,3–4; 100,1–2. Jena usw. 1997–98.

Thews, Gerhard

Mithrsg.: – und P. Schölmerich, E. Mutschler: Arzneimitteltherapie 15,11–12; 16,1–8. 11. Stuttgart 1997–98.

Vogel, Stefan

Verf.: Remarkable nectaries: structure, ecology, organophyletic perspectives. II. Nectarioles. In: Flora 193. Stuttgart, Jena, New York 1998, S. 1–29. – Remarkable nectaries: Structure, ecology, organophyletic perspectives III. Nectar ducts. Ebd. S. 113–131.

Weberling, Focko

Verf.: Die Infloreszenzen. Typologie und Stellung im Aufbau des Vegetationskörpers. Bd. II/2 des von Wilhelm Troll † begründeten Werkes: Monotele und polytele Synfloreszenzen. Jena usw. 1998. – Wilhelm Troll (1897–1978). Werk und Ausstrahlung. In: Feddes Repertorium 109. Berlin 1998, S. 1–14.

Mitverf.: – und G. H. Rua: Growth form and inflorescence structure of *Paspalum L. (Poaceae, Paniceae)*: A comparative morphological approach. In: Beiträge zur Biologie der Pflanzen 69. Berlin 1995/96, S. 363–431. – und T.A. Kraus u.a.: Wuchsformen von Arten der Gattung Senna *(Leguminosae-Caesalpinioideae)* aus dem Süden der Provinz Córdoba, Argentinien. Ebd. S. 439–458. – und S. Basconsuelo u.a.: Growth forms of species of *Galactia* (Leguminosae) in the southern part of the Province Córdoba, Argentina. Ebd. 70, 1997/98, S. 107–119. – und J. Schneidt u.a.: Estudios sobre formas de crecimiento de algunas especies tipicas del paramo de Costa Rica. In: Brenesia 45/46, 1996, S. 51–112.

Winiger, Matthias

Mitverf.: – und I. Stellrecht: Foreword. In: I. Stellrecht, M. Winiger (Hrsg.): Perspectives on history and change in the Karakorum, Hindukush, and Himalaya. (Pakistan-German Research Project. Culture Area Karakorum. Scientific Studies 3.) Köln 1997, S. IX–XII.

Mithrsg.: – und I. Stellrecht: Perspectives on history and change in the Karakorum, Hindukush, and Himalaya. (Pakistan-German Research Project. Culture Area Karakorum. Scientific Studies 3.) Köln 1997.

GEISTES- UND SOZIALWISSENSCHAFTLICHE KLASSE

Andreae, Bernard

Verf.: Telephos-Mithridates im Museo Chiaramonti des Vatikan. In: Mitteilungen des Deutschen Archäologischen Instituts. Römische Abteilung 104. Mainz 1997, S. 395–416, Taf. 55–58. – Schönheit des Realismus. Auftraggeber, Schöpfer, Betrachter hellenistischer Plastik. (Kulturgeschichte der Alten Welt 77.) Mainz 1998. – Il gruppo di Scilla di Sperlonga ricomposto. In: Forma Urbis III/1. Rom 1998, S. 4–9. – Roma e il ruolo del collezionismo d'opere d'arte nella formazione dell'Europa unita. Ebd. III/2, 1998, S. 1. – Il Toro Farnese. Ebd. S. 4–11. – Anche i Romani erano collezionisti di opere d'arte. Ebd. III/3, 1998, S. 1. – „La statua di Ercole in Vaticano supera tutti gli Ercoli al mondo." Ebd. S. 10–15. – Le statue del palazzo sommerso dell'imperatore Claudio a Baia. Prima puntata. Ebd. III/4, 1998, S. 11–16. – L'Ulisse di Sperlonga ha trovato il suo corpo. Ebd. III/5, 1998, S. 1. – Le statue del palazzo sommerso dell'imperatore Claudio a Baia. Seconda puntata. Ebd. S. 26–30. – Il mosaico del Colle Oppio e l'interesse pubblico. Ebd. III/6, 1998, S. 1. – Le statue del palazzo sommerso dell'imperatore Claudio a Baia. Terza puntata. Ebd. S. 32–34. – La melagrana si apre. Particolare di un affresco dalla Villa di Livia a Primaporta. Ebd. III/7–8, 1998, S. 1. – Le statue del palazzo sommerso dell'imperatore Claudio a Baia. Quarta puntata. Ebd. S. 4–9. – Il Castello di Baia è diventato Museo. Ebd. III/9, 1998, S. 1. – Le statue del palazzo sommerso dell'imperatore Claudio a Baia. Quinta e ultima puntata. Ebd. S. 4–11. – Conversazione a Sperlonga. Ebd. III/10, 1998, S. 1. – Il mistero di Ganimede. Ebd. S. 12–20.

Hrsg.: Bildkatalog der Skulpturen des Vatikanischen Museums II: Museo Pio Clementino – Cortile Ottagono. Berlin, New York 1998. – Forma Urbis III/1–10. Rom 1998.

Bellen, Heinz

Verf.: Babylon und Rom – Orosius und Augustinus. In: P. Kneissel, V. Losemann (Hrsg.): Imperium Romanum. Studien zu Geschichte und Rezeption. Festschrift für Karl Christ zum 75. Geburtstag. Stuttgart 1998, S. 51–60. – Grundzüge der römischen Geschichte. Zweiter Teil. Die Kaiserzeit von Augustus bis Diocletian. Darmstadt 1998.

Benedum, Jost

Verf.: Die Entwicklung der Phytotherapie in der vornaturwissenschaftlichen Ära. In: Klin. Pharmakol. akt. 8(3), 1997, S. 63–69. – Die Medizinische Fakultät der Ludoviciana im 18. Jahrhundert. In: Gießener Universitätsblätter 30. Gießen 1997, S. 41–50. – Georg Haas (1886–1971) – Hessischer Pionier der Hämodialyse. In: Hessisches Ärzteblatt 58, 1997, S. 322–324.

Born, Erich

Verf.: Französische Beobachtungen und Urteile zur Entwicklung der deutschen Wirtschaft im späten 19. Jahrhundert: Berichte der französischen Konsuln aus dem deutschen Kaiserreich. In: H.-J. Gerhard (Hrsg.): Struktur und Dimension. Festschrift für Karl Heinrich Kaufhold zum 65. Geburtstag. II: Neunzehntes und Zwanzigtes Jahrhundert. Stuttgart 1997, S. 120–133.

Brang, Peter

Verf.: Hat Puškin laut gedichtet? In: A. Guski, W. Kośny (Hrsg.): Sprache – Text – Geschichte. Festschrift für Klaus-Dieter Seemann. (Specimina Philologiae Slavicae. Suppl. 56.) München 1997, S. 9–18.

Hrsg.: Landschaft und Lyrik. Die Schweiz in Gedichten der Slaven. Eine kommentierte Anthologie. Übersetzungen von Christoph Ferber. Basel 1998.

Mithrsg.: – und T. Berger u.a.: Zeitschrift für Slavische Philologie 57,1–2. Heidelberg 1998.

Rez.: Istorija russkoj perevodnoj chudožestvennoj literatury. Drevnjaja Rus'. XVIII vek. T. II. Dramaturgija. Poezija. / Schöne Literatur in russischer Übersetzung. Von den Anfängen bis zum 18. Jahrhundert. Teil II: Drama und Lyrik. Hrsg. Ju. D. Levin. Köln, Weimar, Wien 1996. (Bausteine zur Slavischen Philologie und Kulturgeschichte. R. A: Slavist. Forschungen. N.F. 18.) In: Zeitschrift für Slavische Philologie 57. Heidelberg 1998, S. 174–178.

Debus, Friedhelm

Verf.: Stadtbücher als namenkundliche Quelle. In: Beiträge zur Namenforschung. N.F. 31. Heidelberg 1996, S. 359–369. – Eigennamen in der literarischen Übersetzung. In: E. Glaser, M. Schlaefer (Hrsg.): Grammatica ianua artium. Festschrift für Rolf Bergmann zum 60. Geburtstag. Heidelberg 1997, S. 393–405. – Vorwort. In: F. Debus, O. Leirbukt (Hrsg.): Studien zu Deutsch als Fremdsprache III: Aspekte der Modalität im Deutschen – auch in kontrastiver Sicht. (Germanistische Linguistik 136, 1997.) Hildesheim, Zürich, New York 1997, S. 5. – Dichter über Namen und ihr Umgang mit ihnen. In: Onomastica Slavogermanica XXIII. o.O. o.J. S. 33–59.

Mitverf.: – und O. Leirbukt: Einleitung. In: F. Debus, O. Leirbukt (Hrsg.): Studien zu Deutsch als Fremdsprache III: Aspekte der Modalität im Deutschen – auch in kontrastiver Sicht. (Germanistische Linguistik 136, 1997.) Hildesheim, Zürich, New York 1997, S. 7–11.

Mithrsg.: – und O. Leirbukt: Studien zu Deutsch als Fremdsprache III: Aspekte der Modalität im Deutschen – auch in kontrastiver Sicht. (Germanistische Linguistik 136, 1997.) Hildesheim, Zürich, New York 1997.

Fried, Johannes

Verf.: Kunst und Kommerz. Über das Zusammenwirken von Wissenschaft und Wirtschaft im Mittelalter vornehmlich am Beispiel der Kaufleute und Handelsmessen. (Schriften des Historischen Kollegs. Vorträge 23.) München 1993. – Zum Prozeß gegen Tassilo. In: 794 – Karl der Große in Frankfurt am Main. Ein König bei der Arbeit. Ausstellung zum 1200-Jahr-Jubiläum der Stadt Frankfurt am Main veranstaltet vom Magistrat der Stadt Frankfurt am Main, Amt für Wissenschaft und Kunst, Historisches Museum in Kooperation mit der Frankfurt Projekte GmbH. Sigmaringen 1994, S. 114f. – Fulda in der Bildungs- und Geistesgeschichte des früheren Mittelalters. In: G. Schrimpf (Hrsg.): Kloster Fulda in der Welt der Karolinger und Ottonen. Frankfurt/M. 1996, S. 3–38. – Wissenschaft und Phantasie. Das Beispiel der Geschichte. In: Jahrbuch des Historischen Kollegs 1996. München 1997, S. 23–47. – Kaiser Friedrich II. als Jäger. In: W. Rösener (Hrsg.): Jagd und höfische Kultur im Mittelalter. Göttingen 1997, S. 149–166. – Vom Nutzen der Rhetorik und Dialektik für das Leben. Eine Einführung. In: J. Fried (Hrsg.): Dialektik und Rhetorik im frühen und hohen Mittelalter. Rezeption, Überlieferung und gesellschaftliche Wirkung antiker Gelehrsamkeit vornehmlich im 9. und 12. Jahrhundert. (Schriften des Historischen Kollegs. Kolloquien 27.) München 1997, S. VII–XX. – Der Weg in die Geschichte. Die Ursprünge Deutschlands bis 1024. München 1998. – Frauengeschichte, Körpergeschichte – neue Perspektiven der Geschichtswissenschaft. In: Deutsche Forschungsgemeinschaft: Perspektiven der Forschung und ihrer Förderung. Aufgaben und Finanzierung 1997–2001. Weinheim o.J. S. 110–120. – L'attesa della fine dei tempi alla svolta del millennio. In: O. Capitani, J. Mithke (Hrsg.): L'attesa della fine dei tempi nel Medioevo. (Annali dell'Istituto storico italo-germanico. Quaderno 28.) Bologna o.J. S. 37–86.

Hrsg.: Dialektik und Rhetorik im frühen und hohen Mittelalter. Rezeption, Überlieferung und gesellschaftliche Wirkung antiker Gelehrsamkeit vornehmlich im 9. und 12. Jahrhundert. (Schriften des Historischen Kollegs. Kolloquien 27.) München 1997.

Funke, Gerhard

Mithrsg.: – und M. Baum, Th. M. Seebohm: Kant-Studien 88,4; 89,1–3. Berlin, New York 1997–98.

Gärtner, Kurt

Verf.: Vita beatae virginis Mariae et salvatoris rhythmica. In: B. Wachinger u.a. (Hrsg.): Die deutsche Literatur des Mittelalters. Verfasserlexikon. 2., völlig neu bearb.

Aufl. Bd. 10. Berlin, New York 1997, Sp. 436–443. – Vorauer Handschrift 276. Ebd. Sp. 516–521. – Zu den mittelhochdeutschen Bezeichnungen für den Verfasser literarischer Werke. In: E. Andersen u.a. (Hrsg.): Autor und Autorschaft im Mittelalter. Kolloquium Meißen 1995. Tübingen 1998, S. 38–45.

Mitverf.: – und R. Plate: Mittelhochdeutsches Wörterbuch 1050–1350. Middle high German dictionary 1050–1350. In: K. H. van Daalen-Oskam u.a. (Hrsg.): Dictionaries of medieval Germanic languages. A survey of current lexicographical projects. Selected proceedings of the International Medieval Congress University of Leeds, 4–7 July 1994. (International Medieval Research 2.). Turnhout 1997, S. 75–79. – und G. Holtus: Vorwort. In: K. Gärtner, G. Holtus (Hrsg.): Urkundensprachen im germanisch-romanischen Grenzgebiet. Beiträge zum Kolloquium am 5./6. Oktober 1995 in Trier. (Trierer Historische Forschungen 35.) Mainz 1997, S. 9–19. – und G. Holtus u.a.: Urkunden des 13. Jahrhunderts als Quellen sprachlicher Untersuchungen zum Westmitteldeutschen und Ostfranzösischen. Korpus und Auswertungsbeispiele. Ebd. S. 21–138.

Mithrsg.: – und G. Holtus: Urkundensprachen im germanisch-romanischen Grenzgebiet. Beiträge zum Kolloquium am 5./6. Oktober 1995 in Trier. (Trierer Historische Forschungen 35.) Mainz 1997.

Ganzer, Klaus

Verf.: Einflüsse der Reformation auf Reformbewegungen innerhalb des italienischen Mönchtums. In: B. Moeller (Hrsg.): Die frühe Reformation in Deutschland als Umbruch. Wissenschaftliches Symposion des Vereins für Reformationsgeschichte 1996. (Schriften des Vereins für Reformationsgeschichte 199.) o.O. o.J. S. 92–102.

Mithrsg.: – und W. Kasper u.a.: Lexikon für Theologie und Kirche. Bd. 7: Maximilian bis Pazzi. Freiburg usw. 1998.

Habicht, Werner

Verf.: Shakespeare als Erzieher? Der Rembrandtdeutsche und die deutsche Shakespeare-Rezeption. In: D. Schulz, Th. Kullmann (Hrsg.): Erziehungsideale in englischsprachigen Literaturen. Heidelberger Symposion zum 70. Geburtstag von Kurt Otten. Frankfurt/M. usw. 1997, S. 17–29.

Haussherr, Reiner

Verf.: Margarete Kühn, 4.2.1904–12.9.1995. In: Zeitschrift für Kunstgeschichte 60. München 1997, S. 570–573. – Adelheid Heimann, 27.6.1903–24.4.1993. Ebd. S. 574–576. – Deutscher Jude, Amerikaner, römischer Bürger. Zum 100. Geburtstag Richard Krautheimers, 7.7.1897–1.11.1994. Ebd. S. 577–579.

Heitsch, Ernst

Verf.: Glossen zum Galaterbrief. In: Zeitschrift für die Neutestamentliche Wissenschaft und die Kunde der Älteren Kirche 86. Berlin, New York 1995, S. 173–188. – Friedensbemühungen bei Thukydides. In: Gymnasium 103. Heidelberg 1996, S. 298–320. – Thukydides V 1. In: Rheinisches Museum für Philologie 139. Frankfurt/M. 1996, S.

102–110. – Dialektik und Philosophie in Platons >Phaidros<. In: Hermes 125. Stuttgart 1997, S. 131–152. – Sprachtheoretische Überlegungen Platons. In: Allgemeine Zeitschrift für Philosophie 23. Stuttgart 1998, S. 43–59.

Hempel, Wido

Verf.: Strutture del dialogo nelle *Operette morali*. In: S. Neumeister, R. Sirri (Hrsg.): Leopardi poeta e pensatore / Dichter und Denker. Atti del terzo convegno internazionale della Deutsche Leopardi-Gesellschaft in collaborazione con l'Istituto Universitario Orientale – Napoli, 20–24 marzo 1996. Napoli 1997, S. 55–73.

Henning, Hansjoachim

Verf.: Die Gewerkschaften am Niederrhein vor dem Ersten Weltkrieg. Richtungsgewerkschaften im ländlichen Raum. In: D. Geuenich (Hrsg.): Der Kulturraum Niederrhein im 19. und 20. Jahrhundert. Bd. 2. (Ringvorlesung vom 22. Januar bis 20. März 1997 veranstaltet von der Gerhard-Mercator-Universität GH Duisburg und dem Kulturraum Niederrhein e.V.) Essen 1997, S. 103–122. – Der nordrhein-westfälische Grenzlandfonds 1948 bis 1955. Restauration oder Innovation für eine regionale Gewerbestruktur? In: H.-J. Gerhard (Hrsg.): Struktur und Dimension. Festschrift für Karl Heinrich Kaufhold zum 65. Geburtstag. II: Neunzehntes und Zwanzigstes Jahrhundert. Stuttgart 1997, S. 573–596.

Hesse, Helmut

Verf.: Die deutsche Geldpolitik im schwierigen Vorfeld der Europäischen Währungsunion. In: Sparkasse 115/1. Bonn 1998, S. 12–17. – Perspektiven der Europäischen Wirtschafts- und Währungsunion – Anmerkungen zu einer Monographie von Reimut Jochimsen. In: U. Heilemann, D. Kath, N. Kloten (Hrsg.): Entgrenzung als Erkenntnis- und Gestaltungsaufgabe. Festschrift für Reimut Jochimsen zum 65. Geburtstag. Berlin 1998, S. 239–254.

Mitverf.: – und H. Keppler: Die Internationalisierung des Wettbewerbs verlangt neue Wege im Versicherungs- und Finanzmanagment. In: J.-M. Graf von der Schulenburg (Hrsg.): Neue Wege des Versicherungsmanagments. Festschrift zum 60. Geburtstag von Günther Schmidt. Karlsruhe 1997, S. 211–225. – und L. Auria: The financial crisis in Southeast Asia: causes and effects on the global economy 57. Tübingen 1998, S. 45–70. – und B. Braasch: Global capital movements, exchange rates and monetary policy. In: K.-J. Koch, Kl. Jaeger (Hrsg.): Trade, growth, and economic policy in open economies. Essays in honour of Hans-Jürgen Vosgerau. Berlin, Heidelberg 1998, S. 249–268.

Hinüber, Oskar von

Verf.: Buddhist law according to the Theravāda *Vinaya* (II): Some additions and corrections. In: Journal of the International Association of Buddhist Studies 20/2, 1997, S. 87–92. – Einleitungen und Herausgeber früher Pāli-Drucke in Siam. In: S. Lienhard, I. Piovano (Hrsg.): Lex et litterae. Studies in honour of Professor Oscar Botto. Turin 1997 (1998), S. 237–257.

Rez.: Cl. Vogel: Zum Aufbau altindischer Sanskritwörterbücher der vorklassischen Zeit. (Nordrhein-Westfälische Akademie der Wissenschaften. Geisteswissenschaften. Vorträge G 341.) Opladen 1996. In: Orientalistische Literaturzeitung 93. Berlin 1998, Sp. 97–100.

Mithrsg.: – und J. W. de Jong u.a.: Indo-Iranian Journal 40,1–4. Dordrecht usw. 1997.

Issing, Otmar

Verf.: „Wider den dämonischen Begriff des Geldes" – diesseits und jenseits von Geldangebot und Geldnachfrage –. In: W. Gitter (Hrsg.): Diesseits und jenseits von Geldangebot und Geldnachfrage. Akademische Feierstunde zu Ehren von Prof. Dr. Otmar Issing aus Anlaß der Verleihung der Ehrendoktorwürde am 9. Februar 1996. 1. Aufl. Baden-Baden 1996, S. 23–33. – Monetary policy strategies. Theoretical basis, empirical findings, practical implementation. In: Deutsche Bundesbank (Hrsg.): Monetary policy strategies in Europe. A symposium at the Deutsche Bundesbank. München 1996, S. 197–202. – Reform des Weltwährungssystems? In: Zeitschrift für Wirtschaftspolitik 45. Stuttgart 1996, S. 316–322. – Der Euro – Potential für eine Weltwährung? 1. Aufl. (Lectiones Jenenses 13.) Jena 1997. – Le rôle de l'Euro dans le système monétaire mondial. Die Rolle des EURO im Weltwährungssystem. Conférence de la Konrad-Adenauer-Stiftung à Paris le 15 octobre 1997. Paris 1997. – Monetary targeting in Germany: The stability of monetary policy and of the monetary system. In: Journal of Monetary Economics 39. Amsterdam 1997, S. 67–79. – Commentary: What operating procedures should be adopted to maintain price stability? – Practical issues. In: Achieving price stability. A symposium sponsored by The Federal Reserve Bank of Kansas City. Jackson Hole, Wyoming. August 29–31, 1996. o.O. o.J. S. 287–296. – Hayek's suggestion for currency competition: A central banker's view. In: St.F. Frowen (Hrsg.): Hayek: Economist and social philosopher. o.O. o.J. S. 185–193.

Festschr.: W. Gitter (Hrsg.): Diesseits und jenseits von Geldangebot und Geldnachfrage. Akademische Feierstunde zu Ehren von Prof. Dr. Otmar Issing aus Anlaß der Verleihung der Ehrendoktorwürde am 9. Februar 1996. 1. Aufl. Baden-Baden 1996.

Kahsnitz, Rainer

Verf.: Veit Stoß, der Meister der Kruzifixe. In: Zeitschrift des Deutschen Vereins für Kunstwissenschaft 49/50. Berlin 1995/96, S. 123–178. – Coronas aureas in capite. Zum Allerheiligenbild des Reichenauer Kollektars in Hildesheim. In: A. Amberger u.a. (Hrsg.): per assiduum studium scientiae adipisci margaritam. Festgabe für Ursula Nilgen zum 65. Geburtstag. St. Ottilien 1997, S. 61–97, Abb. 9–15. – Tilmann Riemenschneider. Zwei Figurengruppen unter dem Kreuz Christi. In: Bayerisches Nationalmuseum München: Tilmann Riemenschneider. Zwei Figurengruppen unter dem Kreuz Christi. (Patrimonia 106.) München 1997, S. 13–119. – Der Freisinger Hochaltar des Jakob Kaschauer. In: R. Kahsnitz, P. Volk (Hrsg.): Skulptur in Süddeutschland 1400–1770. Festschrift für Alfred Schädler. (Bayerisches Nationalmuseum München. Forschungshefte 15.) München, Berlin 1998, S. 51–98. – Byzantinische Kunst in mittelalterlichen Kirchenschätzen: Franken, Schwaben und Altbayern. In: R. Baumstark

(Hrsg.): Rom und Byzanz. Schatzkammerstücke aus bayerischen Sammlungen. (Katalog zur Ausstellung des Bayerischen Nationalmuseums München, 20. Oktober 1998 bis 14. Februar 1999.) München 1998, S. 47–69, Kat.-Nr. 5f., 8–10, 12–20, 28–30, 41–59, 62.

Mithrsg.: – und P. Volk: Skulptur in Süddeutschland 1400–1770. Festschrift für Alfred Schädler. (Bayerisches Nationalmuseum München. Forschungshefte 15.) München, Berlin 1998.

Kleiber, Wolfgang

Verf.: Die Fachsprache der Fischer an Rhein und Mosel. In: L. Hoffmann, H. Kalverkämper, E. E. Wiegand (Hrsg.): Fachsprachen. Languages for special purposes. Ein internationales Handbuch zur Fachsprachenforschung und Terminologiewissenschaft. An international handbook of special-language and terminology research. 1. Halbbd. Berlin, New York 1998, S. 1056–1063. – Die Fachsprache der Winzer unter besonderer Berücksichtigung des Rhein-Mosel-Gebiets. Ebd. S. 1083–1092.

Koller, Heinrich

Mitverf.: – und A. Abramenko u.a: Hauptwerke der Geschichtsschreibung. Hrsg. V. Reinhardt. Stuttgart 1997.

Mehl, Dieter

Verf.: Sonette Shakespeares. Aus einer bisher unveröffentlichten Gesamtübersetzung von Friedrich Cornelius. In: Shakespeare Jahrbuch 134. Bochum 1998, S. 164–170.

Müller, Gerhard

Verf.: Martin Luthers Kritik an den Mönchsgelübden. In: Stimme der Orthodoxie 3/1997, S. 62–64. – Vorwort. In: G. Klapper: Das ärgerliche Wort Diaspora. Aufsätze zum Thema. Zum 80. Geburtstag des Autors am 3. Oktober 1997. Erlangen 1997, S. 9–12. – Deutschland 1548 – Zur historischen Situation. In: Tagebuch des Grafen Wolrad von Waldeck. Reise zum Augsburger Reichstag 1548. (Monographia Hassiae 22.) Kassel 1998, S. 9–17. – Theologische Selbstbehauptung und Politik. Worms 1557. In: Philipp Melanchthon als Politiker zwischen Reich, Reichsständen und Konfessionsparteien. Wittenberg 1998, S. 183–197.

Mithrsg.: – und G. Seebaß: Andreas Osiander d.Ä. Gesamtausgabe. Bd. 10: Schriften und Briefe September 1551 bis Oktober 1552 sowie Postumes und Nachträge. Gütersloh 1997.

Rez.: H.-W. Krumwiede: Kirchengeschichte Niedersachsens. Bd. 1: 8. Jahrhundert – 1806; Bd. 2: 19. Jahrhundert – 1948. Göttingen 1995–96. In: Theologische Rundschau 62. Tübingen 1997, S. 465–467.

Müller, Walter W.

Verf.: Entdeckungen aus dem antiken Jemen. Die Entzifferung einer bislang unbekannten Schrift und der damit geschriebenen Dokumente. In: alma mater philippina.

Wintersemester 1997/98. Marburg 1997, S. 1–5. – La religion. In: Yémen. Au pays de la reine de Saba'. Exposition présentée à l'Institut du monde arabe du 25 octobre 1997 au 28 février 1998. Paris 1997, S. 121–129. – Südarabien im Altertum. Ausgewählte und kommentierte Bibliographie der Jahre 1994 und 1995 (mit Nachträgen für die Jahre 1991 und 1993). In: Archiv für Orientforschung 44/45, 1997/98. Wien 1998, S. 595–610. – Zum biblischen Personennamen Bimhāl (1Chr 7,33). In: Biblische Notizen 91. Bamberg 1998, S. 12–15. – Südarabisches zum Namen Aksum. In: Aethiopica 1, 1998, S. 217–220.

Rez.: A. Avanzini: As-Sawda'. (Inventario delle iscrizioni sudarabiche 4.) Rom 1995. In: Orientalistische Literaturzeitung 92. Berlin 1997, Sp. 716–720.

Müller-Wille, Michael

Festschr.: Studien zur Archäologie des Ostseeraumes. Von der Eisenzeit zum Mittelalter. Hrsg. von A. Wesse. Neumünster 1998.

Neu, Erich

Verf.: Zur Herkunft des Inselnamens Kypros. In: Glotta 73, 1995/96. Göttingen 1997, S. 1–7. – Zur Lesung von KBo 32.14 I 10. In: N.A.B.U. 1997,4, S. 131. – Zum Alter von hethitisch *piški-* und *peški-*. Ebd. – War hethitisch ^{NINDA}šarāma ein wasserdichter Behälter für Brot? Ebd. S. 131f. – Ziplanda. Zum Verhältnis von Graphie und Lautung. Ebd. S. 132. – Zur Bedeutung von hethitisch ^{GIŠ}pár-aš-tu-e-eš in der hurritisch-hethitischen Bilingue. Ebd. S. 133. – Zu einigen Pronominalformen des Hethitischen. In: D. Disterheft u.a. (Hrsg.): Studies in honor of Jaan Puhvel. Part one: Ancient languages and philology. Washington 1997, S. 139–169. – Hethitisch *ḫurdant-* ‚verletzt, angeschlagen, erschöpft' vs. hethitisch *ḫu(u̯a)rtant-* ‚verflucht'. In: J. Jasanoff u.a. (Hrsg.): Mír curad. Studies in honor of Calvert Watkins. Innsbruck 1998, S. 509–512.

Rez.: I. Wegner, M. Salvini: Die hethitisch-hurritischen Ritualtafeln des (ḫ)išuwa-Festes. (Corpus der hurritischen Sprachdenkmäler. I. Abt.: Die Texte aus Boğazköy. Bd. 4.) Rom 1991. In: Orientalia 66. Rom 1997, S. 458–461.

Otten, Fred

Verf.: Zum deutschen Einfluß auf das Russische und zu russisch motivierten Termini im Deutsch der Russischen Akademie der Wissenschaften. In: A. Guski, W. Kośny (Hrsg.): Sprache – Text – Geschichte. Festschrift für Klaus-Dieter Seemann. (Specimina Philologiae Slavicae. Suppl. 56.) München 1997, S. 224–234.

Mithrsg.: – und Kl.-D. Seemann, J. Striedter: Slavistische Veröffentlichungen 82: G. Lenhoff: Early Russian hagiography: The lives of Prince Fedor the Black. Wiesbaden 1997.

Radnoti-Alföldi, Maria

Verf.: Begegnungen. In: Forme di contatto tra moneta locale e moneta straniera nel mondo antico. Atti del Convegno Internazionale Aosta 13–14 Ottobre 1995. o.O. o.J. S. 15–22. – Fundmünzen der Antike. In: Bolletino dei musei comunali di Roma. N.S. 11, 1997, S. 132–138. – Das *labarum* auf römischen Münzen. In: U. Peter (Hrsg.): stephanos nomismatikos. Edith Schönert-Geiss zum 65. Geburtstag. Berlin 1998, S. 1–21. – Numismatik. In: Lexikon für Theologie und Kirche. Bd. 7. Freiburg usw. [3]1998, Sp. 945–947.

Rau, Wilhelm

Verf.: The earliest literary evidence for permanent Vedic settlements. In: M. Witzel (Hrsg.): Inside the texts, beyond the texts. New approaches to the study of the Vedas. Proceedings of the International Vedic Workshop Harvard University, June 1989. Cambridge 1997, S. 203–206.

Schmid, Wolfgang P.

Verf.: Methodische Bemerkungen zur Klassifikation: Alteuropäisch. In: Onomastica Slavogermanica XXIII. o.O. o.J. S. 21–28.

Mithrsg.: – und E. Eggers: Indogermanische Forschungen 102. Berlin, New York 1997.

Rez.: O. Poljakov: Das Problem der balto-slavischen Sprachgemeinschaft. (Heidelberger Publikationen zur Slavistik. Linguistische Reihe 8.) Frankfurt/M. usw. 1995. In: Indogermanische Forschungen 102. Berlin, New York 1997, S. 333–338.

Schröder, Werner

Verf.: *Der Arme Heinrich* Hartmanns von Aue in der Hand von Mären-Schreibern. (Sitzungsberichte der Wissenschaftlichen Gesellschaft an der Johann Wolfgang Goethe-Universität Frankfurt am Main XXXV,1.) Stuttgart 1997. – Bumke contra Lachmann oder: wie die ‚Neue Philologie' die mittelhochdeutschen Dichter enteignet. In: Mittellateinisches Jahrbuch 33. Stuttgart 1998, S. 171–183.

Rez.: W. Haug: Brechungen auf dem Weg zur Individualität. Kleine Schriften zur Literatur des Mittelalters. Tübingen 1995. In: Zeitschrift für Romanische Philologie 113. Tübingen 1997, S. 280–283. – W. Haug, B. Wachinger (Hrsg.): Fortuna. (Fortuna vitrea 15.) Tübingen 1995. In: Mittellateinisches Jahrbuch 32. Stuttgart 1997, S. 129–132. – Meister Eckhart, Werke I. II. Hrsg. und komm. von N. Largier. (Bibliothek des Mittelalters 20.21.) Frankfurt/M. 1993. Ebd. S. 181–184. – Walther von der Vogelweide, Leich, Lieder, Sangsprüche. 14., völlig neubearb. Aufl. der Ausgabe K. Lachmanns. Hrsg. von Ch. Cormeau. Berlin, New York 1996; Deutsche Lyrik des frühen und hohen Mittelalters. Edition der Texte und Kommentare von I. Kasten, Übersetzung von M. Kuhn. (Bibliothek des Mittelalters 3.) Frankfurt/M. 1995. Ebd. S. 184–192. – Novellistik des Mittelalters. Märendichtung. Hrsg., übers. und komm. von Kl. Grubmüller. (Bibliothek des Mittelalters 23.) Frankfurt/M. 1996. Ebd. 33, 1998, S. 244–246. – H.-J. Schiewer: ‚Die Schwarzwälder Predigten.' Entstehungs- und Überlieferungsgeschichte der Sonntags- und Heiligenpredigten. Mit einer Musteredition. (Münchener Texte und Untersuchungen 105.) Tübingen 1996. Ebd. S. 246–249.

Zimmermann, Harald

Verf.: Aus den Lebenserinnerungen des Hermannstädter Archivars Franz Zimmermann (1850–1935). In: Revista Arhivelor. Seria a III–a. Vol. II,1–2. Cluj-Napoca 1996,

S. 67–87. – Johannes Honterus. Der siebenbürgische Humanist und Reformator. (Bund der Vertriebenen. Arbeitshilfe 67.) Bonn 1998.

Mitverf.: – und A. Abramenko u.a: Hauptwerke der Geschichtsschreibung. Hrsg. V. Reinhardt. Stuttgart 1997.

Bearb.: J. F. Böhmer, Regesta Imperii II. Sächsische Zeit, 5. Abt.: Papstregesten 911–1024. 2. verb. und erg. Aufl. Wien, Köln, Weimar 1998.

Zippelius, Reinhold

Verf.: Kleine deutsche Verfassungsgeschichte. Vom frühen Mittelalter bis zur Gegenwart. 4., verb. Aufl. München 1998.

Bearb.: Th. Maunz †: Deutsches Staatsrecht. Ein Studienbuch. 30. Aufl. München 1998.

KLASSE DER LITERATUR

Dittberner, Hugo

Verf.: Wasser: Elegien. Hannover 1997. – Arche Nova. Aufzeichnungen als literarische Leitform. Göttingen 1998.

Hartung, Harald

Hrsg.: Jahrhundertgedächtnis. Deutsche Lyrik im 20. Jahrhundert. Stuttgart 1998.

Hoffmann, Dieter

Verf.: Bruchstücke zu einem Gesamtkunstwerk. In: Reinhard Minkewitz. Zeichnung, Druckgrafik, Buchkunst. Deutsches Buch- und Schriftmuseum, 4.11.1997 – 24.1.1998. Leipzig usw. 1997, S. 13–15. – Rede zur Eröffnung der Ausstellung „Gitta und Gerhard Kettner" im Ernst-Rietschel-Kulturring Pulsnitz e.V. am 27. September 1997. In: Ernst-Rietschel-Kulturring e.V.: Jahresschrift 1997. Pulsnitz 1997, S. 40–45. – Rede zur Eröffnung der Ausstellung „Ernst Hassebrauk. Nach Alten Meistern. Arbeiten der Sechziger Jahre" in der galerie & edition m, Leipzig gehalten am 11. Dezember 1997. o.O. o.J. 3 S. – „Daß Ernst Hassebrauk ..." In: Ernst Hassebrauk. Nach Alten Meistern. Bildnisse der Sechziger Jahre. galerie & edition m. Leipzig 1997, S. 3–7. – Max Ackermann gehört – wie Kurt Schwitters – ... In: Galerie Döbele, Dresden: Max Ackermann. Ölbilder, Pastelle, Zeichungen und Druckgrafik. 5. April bis 6. Juni 1998. Dresden 1998, S. 2f.

Kleßmann, Eckart

Verf.: Ein Fest der Sinne. Casanova und sein Zeitalter. Düsseldorf, Zürich 1998. – Fürst Pückler und Machuba. 1. Aufl. Berlin 1998.

Hrsg.: Casanova-Geschichten. Frankfurt/M., Leipzig 1997.

König, Barbara

Verf.: Our House. Translated by Roslyn Theobald in collaboration with the author. Evanston 1998.

Lützeler, Paul Michael

Verf.: Nachwort. In: H. Broch: Geist und Zeitgeist. Essays zur Kultur der Moderne. Hrsg. von P. M. Lützeler. 1. Aufl. Frankfurt/M. 1997, S. 231–255. – Einleitung: Der postkoloniale Blick. In: P.M. Lützeler (Hrsg.): Der postkoloniale Blick. Deutsche Schriftsteller berichten aus der Dritten Welt. 1. Aufl. Frankfurt/M. 1997, S. 7–33. – Die Schriftsteller und Europa. Von der Romantik bis zur Gegenwart. 2. Aufl. Baden-Baden 1998.

Hrsg.: H. Broch: Geist und Zeitgeist. Essays zur Kultur der Moderne. 1. Aufl. Frankfurt/M. 1997. – Der postkoloniale Blick. Deutsche Schriftsteller berichten aus der Dritten Welt. 1. Aufl. 1997.

Malkowski, Rainer

Verf.: Hunger und Durst. Gedichte. Frankfurt/M. ^{1}1997.

Zeller, Bernhard

Verf.: Vorwort. In: Alfred Döblin 1878–1978. Eine Ausstellung des Deutschen Literaturarchivs im Schiller-Nationalmuseum Marbach am Neckar. 4., veränderte Aufl. 7. und 8. Tsd. (Marbacher Kataloge 30.) Marbach am Neckar 1998, S. 5–8.

Schriftentausch

Die Akademie der Wissenschaften und der Literatur steht mit folgenden wissenschaftlichen Einrichtungen des In- und Auslandes in Schriftentausch:

Bundesrepublik Deutschland

Aachen: Aachener Geschichtsverein. Bibliothek der Technischen Hochschule.

Aalen: Geschichts- und Altertumsverein Aalen.

Augsburg: Staats- und Stadtbibliothek. Universitätsbibliothek.

Bamberg: Historischer Verein Bamberg.

Bayreuth: Historischer Verein für Oberfranken. Universitätsbibliothek.

Berlin: Akademie der Künste. Berlin-Brandenburgische Akademie der Wissenschaften. Berliner Wissenschaftliche Gesellschaft. Botanischer Garten. Deutsches Archäologisches Institut. Freie Universität. Gesellschaft für Erdkunde. Humboldt-Universität. Deutsches Historisches Museum. Staatsbibliothek, Preußischer Kulturbesitz. Technische Universität.

Beuron/Hohenzollern: Bibliothek der Erzabtei Beuron.

Bielefeld: Historischer Verein für die Grafschaft Ravensberg. Naturwissenschaftlicher Verein für Bielefeld und Umgebung. Universität, Zentrum für interdisziplinäre Forschung.

Bochum: Universitätsbibliothek.

Bonn: Museum Alexander Koenig. Naturhistorischer Verein der Rheinlande und Westfalens. Universität, Geographisches Institut. Universitätsbibliothek. Verein von Altertumsfreunden im Rheinlande.

Braunschweig: Braunschweigische Wissenschaftliche Gesellschaft.

Bremen: Staats- und Universitätsbibliothek.

Bremerhaven: Alfred Wegener-Institut für Polar- und Meeresforschung.

Chemnitz: Chemnitzer Geschichtsverein.

Darmstadt: Deutsche Akademie für Sprache und Dichtung.

Dillingen an der Donau: Historischer Verein Dillingen an der Donau.

Donaueschingen: Verein für Geschichte und Naturgeschichte der Baar.

Dortmund: Historischer Verein für Dortmund und die Grafschaft Mark.

Dresden: Sächsische Landesbibliothek, Staats- und Universitätsbibliothek. Verein für Sächsische Landesgeschichte.

Düsseldorf: Nordrhein-Westfälische Akademie der Wissenschaften.

Eichstätt: Universitätsbibliothek.

Erfurt: Akademie gemeinnütziger Wissenschaften zu Erfurt. PH Erfurt/Mühlhausen, Institut für Geographie.

Erlangen: Fränkische Geographische Gesellschaft. Universitätsbibliothek.

Frankfurt/Main: Frobenius-Institut an der Johann Wolfgang Goethe-Universität. Institut für Angewandte Geodäsie. Philosophisch-Theologische Hochschule Sankt Georgen. Römisch-Germanische Kommission des Deutschen Archäologischen Instituts. Senckenbergische Naturforschende Gesellschaft. Wissenschaftliche Gesellschaft an der Johann Wolfgang Goethe-Universität.

Freiburg/Breisgau: Breisgau-Geschichtsverein Schauinsland. Naturforschende Gesellschaft. Universität, Geographisches Institut I und II. Universitätsbibliothek.

Freising: Historischer Verein Freising.

Friedrichshafen: Verein für Geschichte des Bodensees und seiner Umgebung.

Fulda: Fuldaer Geschichtsverein.

Geldern: Historischer Verein für Geldern und Umgegend.

Gießen: Universitätsbibliothek.

Göttingen: Akademie der Wissenschaften zu Göttingen.

Gotha: Forschungsbibliothek.

Greifswald: Universitätsbibliothek.

Halle/Saale: Deutsche Akademie der Naturforscher Leopoldina. Universitäts- und Landesbibliothek Sachsen-Anhalt.

Hamburg: Freie Akademie der Künste. Bundesforschungsanstalt für Fischerei. Staats- und Universitätsbibliothek. Universität, Geographische Gesellschaft; Institut für Allgemeine Botanik und Botanischer Garten; Institut für Hydrobiologie und Fischereiwissenschaft; Zoologisches Institut.

Hannover: Naturhistorische Gesellschaft, Bibliothek der Technischen Universität. Niedersächsische Landesbibliothek.

Heidelberg: Heidelberger Akademie der Wissenschaften. Universitätsbibliothek.

Hildesheim: Verein für Geschichte und Kunst im Bistum Hildesheim.

Hohenleuben: Vogtländischer Altertumsforschender Verein zu Hohenleuben.

Jena: Thüringer Landes- und Universitätsbibliothek. Verein für Thüringische Geschichte.

Kaiserslautern: Universitätsbibliothek.

Karlsruhe: Bibliothek der Technischen Universität.

Kassel: Staatliche Kunstsammlungen Kassel. Verein für hessische Geschichte und Landeskunde.

Kiel: Bundesanstalt für Milchforschung. Gesellschaft für Schleswig-Holsteinische Geschichte. Universität, Geographisches Institut; Institut für Theoretische Physik und Sternwarte. Universitätsbibliothek.

Kloster Veßra: Hennebergisch-Fränkischer Geschichtsverein.

Köln: Universitäts- und Stadtbibliothek.

Krefeld: Geologisches Landesamt Nordrhein-Westfalen.

Landsberg am Lech: Historischer Verein für Stadt und Kreis Landsberg am Lech.

Leipzig: Geographische Zentralbibliothek, Institut für Länderkunde. Leipziger Geschichtsverein. Sächsische Akademie der Wissenschaften zu Leipzig. Universität Leipzig, Universitätsbibliothek „Bibliotheca Albertina".

Lübeck: Bibliothek der Hansestadt.

Mainz: Geologisches Landesamt. Landesamt für Denkmalpflege, Abt. Archäologische Denkmalpflege. Naturhistorisches Museum. Römisch-Germanisches Zentralmuseum. Stadtbibliothek. Universitätsbibliothek.

Mannheim: Universitätsbibliothek.

Marbach/Neckar: Deutsches Literaturarchiv, Schiller-Nationalmuseum.

Marburg: Universitätsbibliothek.

Maria Laach: Bibliothek der Abtei Maria Laach.

München: Bayerische Akademie der Schönen Künste. Bayerische Akademie der Wissenschaften. Bayerische Staatssammlung für Paläontologie und historische Geologie. Bibliothek der Technischen Hochschule. Deutsches Museum. Universitätsbibliothek.

Münster/Westfalen: Universitätsbibliothek. Verein für Geschichte und Altertumskunde Westfalens, Abt. Münster.

Neuburg/Donau: Heimatverein – Historischer Verein Neuburg.

Nürnberg: Germanisches Nationalmuseum. Stadtarchiv Nürnberg. Stadtbibliothek Nürnberg. Verein für Geschichte der Stadt Nürnberg.

Offenbach/Main: Deutscher Wetterdienst.

Osnabrück: Verein für Geschichte und Landeskunde von Osnabrück.

Paderborn: Verein für Geschichte und Altertumskunde Westfalens, Abt. Paderborn.

Passau: Verein für Ostbairische Heimatforschung. Universitätsbibliothek.

Potsdam: Deutsche Geologische Gesellschaft. Stadt- und Landesbibliothek.

Pulsnitz/Sachsen: Sternwarte.

Ratingen: Stiftung Haus Oberschlesien.

Regensburg: Historischer Verein für Oberpfalz und Regensburg. Universitätsbibliothek.

Rostock: Universitätsbibliothek.

Rottenburg/Neckar: Geschichtsverein der Diözese Rottenburg-Stuttgart. Sülchgauer Altertumsverein.

Rottweil: Rottweiler Geschichts- und Altertumsverein.

Saarbrücken: Universitätsbibliothek.

Singen: Verein für Geschichte des Hegau, Hegau-Bibliothek.

Soest: Verein für Geschichte und Heimatpflege Soest.

Speyer: Hochschule für Verwaltungswissenschaften.

Stralsund: Meeresmuseum.

Straubing: Historischer Verein für Straubing und Umgebung.

Stuttgart: Linden-Museum. Universitätsbibliothek.

Trier: Stadtbibliothek. Universitätsbibliothek.

Tübingen: Universitätsbibliothek.

Ulm: Stadtbibliothek.

Walberberg: Albertus-Magnus-Akademie.

Weimar: Herzogin Anna Amalia Bibliothek. Hochschule für Architektur und Bauwesen.

Wertheim: Historischer Verein Wertheim.

Wiesbaden: Hessisches Hauptstaatsarchiv. Hessisches Landesamt für Bodenforschung. Historische Kommission für Nassau. Nassauischer Verein für Naturkunde.

Würzburg: Universitätsbibliothek.

Wuppertal: Bergischer Geschichtsverein.

Ägypten

Alexandria: Archeological Society.

Al Ghardaqa: Cairo University, Red Sea Institute of Oceanography and Fisheries.

Kairo: Cairo University Central Library. Egyptian Academy of Sciences. Service des antiquités, Musée égyptien.

Algerien

Algier: Agence Nationale d'Archéologie.

Argentinien

Buenos Aires: Comisión nacional de la energia atómica. Museo Argentino de ciencias naturales „Bernardino Rivadavia". Sociedad cientifica Argentina.

San Miguel: Universidad, Facultades de Filosofia y Teologia, Stromata.

Armenien

Jerewan (Erevan): Biblioteka Akademii Nauk Armenskij.

Australien

Adelaide: Barr Smith Library.

Armidale: The Royal Society of New South Wales.

Canberra: National Library of Australia. Commonwealth Scientific and Industrial Research Organization.

South Brisbane: The Royal Society of Queensland.

Belgien

Bruxelles (Brüssel): Académie Royale des Sciences, des Lettres et des Beaux-Arts de Belgique. Koninklijke Akademie voor Wetenschappen, Letteren en Schone Kunsten van België. Fondation Egyptiologique Reine Elisabeth. Institut Royal des Sciences Naturelles de Belgique. Nouvelle Revue Théologique. Société des Bollandistes. Université libre des Bruxelles.

Gent: Rijksuniversiteit.

Liège: Société Royale des Sciences.

Louvain (Löwen): Recherches de Théologie Ancienne et Médiévale. Université Catholique, Faculté de Philosophie et des Lettres. Universitätsbibliothek.

Meise: Jardin Botanique National de Belgique.

Namur: Centre de Documentation et de Recherche Religieuse. Faculté et Collège Notre-Dame de la Paix.

Bosnien-Herzegowina

Sarajevo: Akademija nauka i umjetnosti Bosne i Hercegovine. Bioloski Institut. Zemaljski Muzej.

Brasilien

Curitaba: Universidade de Paraná, Dep. de Botânica do Instituto de Biologia.

São Paulo: Universidade, Faculdade de filosofia, letras e ciências humanas; Instituto oceanográfico.

Bulgarien

Sofia: Bulgarische Akademie der Wissenschaften, Archäologisches Institut; Zentralbibliothek. Universitätsbibliothek.

Veliko-Tirnovo: Universität „Gebrüder Kyrill und Method".

China

Changchun: Institute for the History of Ancient Civilizations.

Peking: Academia Sinica. Institute of Scientific and Technical Information of China. National Library of Peking.

Dänemark

Århus: Statsbiblioteket.

Kobenhavn (Kopenhagen): Botanisk Centralbibliotek. Kongelige Danske Videnskabernes Selskab. Niels Bohr Institutet. Royal Library.

Odense: Universitätsbibliothek.

Dominikanische Republik

Santo Domingo: Academia de Ciencias.

Ecuador

Quito: Escuela politecnica nacional.

Estland

Tallinn (Reval): Eesti NSV Teaduste Akadeemia.

Finnland

Helsinki: Societas Biologica Fennica Vanamo. Societas Entomologica Fennica. Societas pro Fauna et Flora Fennica. Societas Geographica Fenniae. Societas Scientiarum Fennica. Suomalainen Tiedeakatemia. Suomalais-Ugrilainen Seura. Svenska Litteratursällskapet i Finland. Tyska Biblioteket.

Jyväskylä: Universitätsbibliothek.

Tampere: Universitätsbibliothek.

Turku: Turun Yliopiston Kirjasto.

Frankreich

Besançon: Annales Scientifiques de l'Université, Institut des Sciences Naturelles.

Bordeaux: Académie Nationale des Sciences, Belles-lettres et Arts.

Chambéry: Académie des Sciences, Belles-lettres et Arts de Savoie.

Cherbourg: Société Nationale des Sciences Naturelles et Mathématiques de Cherbourg.

Clermont-Ferrand: Académie des Sciences, Belles-lettres et Arts.

Colmar: Archives départementales du Haut-Rhin.

Dijon: Nouvelle Bibliothèque Universitaire.

Nancy: Bibliothèque Universitaire.

Paris: Bibliothèque Nationale de France. Ecole Centrale des Arts et Manufactures. Ecole Pratique des Hautes Etudes, Sect. des Sciences Religieuses. Institut de France, Académie des Beaux-arts; Académie des Inscriptions et Belles-lettres; Académie des Sciences Morales et Politiques. Muséum National d'Histoire Naturelles.

Griechenland

Athen: Academy of Athens. Deutsches Archäologisches Institut.

Großbritannien

Birmingham: University of Birmingham.

Cambridge: Cambridge Philosophical Society.

Edinburgh: Royal Botanical Garden.

Leeds: Brotherton Library.

London: British Museum (Natural History). India Office Library. London Library. Royal Society, Burlington House. The Science Museum Library. University of London Library. University of London, The Warburg Institute. University College Library.

Oxford: Bodleian Library.

Indien

Bangalore: Indian Academy of Sciences.

Poona: Poona University, Deccan College Research Institute.

Iran

Teheran: Iranische Nationalbibliothek.

Irland

Dublin: Royal Irish Academy.

Island

Reykjavik: Vísindafélag Islendinga (Societas Scientiarum Islandica).

Italien

Bari: Università, Facoltà di lettere e filosofia e di magistero; Facoltà di magistero, Istituto di filosofia e storia della filosofia; Istituto di Latina.

Bologna: Accademia delle Scienze dell'Istituto di Bologna. Università, Istituto di geologia e paleontologia.

Bordighera: Istituto di Studi Liguri.

Brescia: Ateneo di Brescia. Paideia Editrice.

Cagliari: Università, Seminario della Facoltà di scienze.

Catania: Università, Facoltà di lettere e filosofia. Quaderni Catanesi.

Firenze (Florenz): Accademia della Crusca.

Genova (Genua): Museo civico di storia naturale „Giacomo Doria". Università degli Studi, Istituto d'archeologia e filologia classica.

Lecce: Università degli Studi.

Macerata: Università degli Studi.

Milano (Mailand): Società Italiana di scienze naturali e Museo civico di storia naturale. Università cattolica del Sacro Cuore. Università degli Studi.

Modena: Accademia nazionale di scienze, lettere e arti di Modena.

Napoli (Neapel): Università di Napoli, Biblioteca della Facoltà di lettere e filosofia.

Palermo: Circolo matematico.

Perugia: Università degli Studi, Biblioteca centrale.

Pisa: Scuola normale superiore.

Portici: Università di Napoli, Facoltà di scienze agrarie.

Roma (Rom): Accademia nazionale dei Lincei. Biblioteca dell'Istituto nazionale d'archeologia e storia dell'arte. Consiglio nazionale delle ricerche. Pontificio Istituto biblico. Salesianum. Università, Scuola orientale.

Rovigo: Centro Polesano di Studi storici, archeologici ed etnografici.

Salerno: Istituto Universitario di magistero „G. Cuomo".

Siena: Università degli Studi, Facoltà di lettere e filosofia.

Torino (Turin): Accademia delle scienze. Istituto elettrotecnico nazionale Galileo Ferraris.

Trieste (Triest): Università degli Studi.

Udine: Museo Friulano di storia naturale.

Venezia (Venedig): Museo civico di storia naturale.

Japan

Chigaski: Tensor Society.

Fukuoka: Kyushu University, Faculty of Sciences, Department of Mathematics.

Hiroshima: University, Faculty of Sciences, Department of Mathematics.

Okayama: Okayama University, Department of Mathematics.

Tobata: Kyushu Institute of Technology.

Tokyo: Academy of Japan. Hitotsubashi Academy. The Toyo Bunko (Oriental Library). Japanese Association of Indian and Buddhist Studies. Science Council of Japan. Science University.

Yokohama: Yokohama Municipial University, Department of Mathematics.

Jugoslawien

Beograd (Belgrad): Drustvo matematicara i fizicara S.R. Srbije. Institut matematicki. Musée des Arts Décoratifs. Srpska Akademija nauka.

Novi Sad: Filosofski Fakultet.

Kanada

Ottawa: Geological Survey of Canada.

Kasachstan

Alma Ata: Biblioteka Akademija Nauk Kazachskaja. Central'naja naučnaja biblioteka.

Kolumbien

Bogota: Academia Colombiana de ciencias exáctas, fisicas y naturales.

Medellín: Pontificia Universidad Catolica Bolivariana.

Kroatien

Rovinj: „Ruder Boskovic" Institute, Center of Marine Research.

Sremski Karlovici: Istoriski Arhiv.

Zadar: Hrvatska Akademija znanosti i umjetnosti. Zavod za Povijesne Znanosti.

Zagreb: Croatian Academy of Sciences and Arts; Department of History. Glasnik Matematicki.

Kuba

La Habaña (Havanna): Academia de Ciencias, Instituto de Biologia.

Lettland

Riga: Latvijas PSR Zinâtņu Akadémija.

Liechtenstein

Vaduz: Historischer Verein für das Fürstentum Liechtenstein.

Litauen

Vilnius (Wilna): Lietuvos Mokslu Akademijos Centrinė Biblioteka.

Luxemburg

Luxembourg: Institut Grand-Ducal des Sciences de Luxembourg, Section des sciences.

Makedonien

Skopje: Makedonska Akademija na Naukite i Umetnostite. Prirodonaucen Muzej. Université „Kiril et Metodij", Faculté de Biologie; Faculté des Mathématiques.

Niederlande

Amsterdam: Koninklijke Nederlandse Akademie van Wetenschappen. Wiskundig Genootschap.

De Bilt: Koninklijk Nederlands Meteorologisch Instituut.

Delft: Technische Hogeschool.

Den Haag: Royal Library.

Leiden: Bibliotheek van de Rijksuniversiteit.

Norwegen

Bergen: Institute of Solid Earth Physics and Geomagnetism. Universitetsbibliotek.

Oslo: Universitetsbibliotek.

Stavanger: Arkeologisk Museum. Stavanger Museum.

Trondheim: Kongelige Norske Videnskabers Selskabs Bibliotek.

Österreich

Bregenz: Vorarlberger Landesarchiv.

Graz: Historischer Verein für Steiermark. Naturwissenschaftlicher Verein. Steiermärkische Landesbibliothek.

Innsbruck: Naturwissenschaftlich-medizinischer Verein. Tiroler Landesmuseum Ferdinandeum. Universität, Institut für Germanistik. Universitätsbibliothek.

Klagenfurt: Geschichtsverein für Kärnten. Naturwissenschaftlicher Verein für Kärnten.

Linz: Oberösterreichisches Landesmuseum. Stadtmuseum.

Wien: Österreichische Akademie der Wissenschaften. Zoologisch-botanische Gesellschaft. Technische Hochschule. Naturhistorisches Museum. Universitätsbibliothek. Verein für Geschichte der Stadt Wien. Verein für Landeskunde von Niederösterreich.

Peru

Lima: Museo Nacional de la Cultura Peruana.

Polen

Białystok: Muzeum Okregowe w Białymstoku.

Choczewo: Ornithological Section of the Polish Zoological Society.

Kraków (Krakau): Biblioteka Jagiellońska. Polska Akademia Nauk. Oddzial w Krakowie; Instytut Botaniki; Institute of Animal Systematics and Evolution.

Lódź: Biblioteka Uniwersytecka.

Lublin: Uniwersytet Marii Curie-Skłodoweskiej.

Poznań (Posen): Polskie Towarzystwo Antropologiczne. Poznańskie Towarzystwo Przyjaciół Nauk. Uniwersytet im. Adam Mickiewicza.

Siemionki: Ornithological Section of the Polish Zoological Society.

Toruń (Thorn): Towarzystwo Naukowe.

Warszawa (Warschau): Państwowe Muzeum Archéologiczne. Polska Akademia Nauk. Polskie Towarzystwo Botaniczne. University, Institute of Papyrology.

Wrocław (Breslau): Polskiej Akademii Nauk, Zaklad Antropologiczne.

Portugal

Lisboa (Lissabon): Sociedade Portuguesa de cieñcias naturais.

Rumänien

Bucureşti (Bukarest): Biblioteca Academiei Romine. Biblioteca Nationala a României.

Cluj-Napoca (Klausenburg): Academia Republicii Populare Romine. Biblioteca Centrală Universitară „Babes-Bolyai".

Timişoara (Temesvar): Biblioteca Centrala Universitara.

Rußland

Moskva (Moskau): Akademija Nauk (Academy of Sciences), Institut naučnoj informacii. Gosudarstvennaja Ordena Lenina Biblioteka imeni V.I. Lenina. Gosudarstvennaja publicnaja naučno-techičeskaja biblioteka. Institut naučnoj informacii i Fundamental'naja Biblioteka po obščestvennym naukam. Library of Natural Science. M. J. Rudomino State Library for Foreign Literature.

St. Petersburg: All-Union Geological Library. Gosudarstvennaja Publicnaja Biblioteka im. M.E. Saltykova Sčedrina International. Rossijskaja Akademija Nauk. Wissenschaftliche M. Gorky Bibliothek der St. Petersburger Universität.

Schweden

Drottningholm: Institute of Freshwater Research.

Göteborg: Göteborgs Kungl. Vetenskaps- och Vitterhets-Samhälle. Röhsska Konstslöjdmuseet. Universitetsbibliotek.

Lund: Universitet, Slaviska Institutionen. Universitetsbibliotek.

Stockholm: Humanistika Bibliotek. Kungl. Bibliotek. Kungl. Tekniska Högskolans, Bibliotek. Kungl. Vitterhets Historie och Antikvitets Akademien.

Uppsala: Kungl. Vetenskaps-Societet. Universitetsbibliotek.

Schweiz

Basel: Historisch-antiquarische Gesellschaft. Naturforschende Gesellschaft. Öffentliche Bibliothek der Universität.

Bern: Stadt- und Universitätsbibliothek.

Chambésy: Conservatoire et Jardin Botaniques.

Genève (Genf): Musée d'Art et d'Histoire.

Lausanne: Bibliothèque Cantonale et Universitaire.

Neuchâtel: Société Neuchâteloise des Sciences Naturelles.

Schwyz: Historischer Verein des Kantons Schwyz.

Vandoeuvres-Genève: Fondation Hardt pour l'Etudes de l'Antiquité Classique.

Zürich: Eidgenössische Technische Hochschule. Schweizerisches Landesmuseum. Zentralbibliothek, Antiquarische Gesellschaft; Naturforschende Gesellschaft.

Slowakei

Bratislava: Geologicky ústav Dionyza Stura. Slovenská Akadémia Vied.

Slowenien

Ljubljana (Laibach): Geološki zavod. Narodni Muzej. Slovenska Akademija znanosti in umetnosti. Univerza, Filozofska Fakulteta, Arheološki Seminar; Klasični Seminar.

Maribor: Univerzitetna knjižnica.

Spanien

Barcelona: Real Academia de ciencias y artes. Institut d'Estudis Catalans. Universidad, Instituto „Jaime Almera“ de investigaciones geológicas; Seminario matemático.

Cordoba: Filologia Neotestamentaria.

Granada: Facultad de teología.

Madrid: Consejo superior de investigaciones científicas. Real Academia de ciencias exactas, físicas y naturales.

Salamanca: Universidad.

Sevilla: Universidad.

Zaragoza: Institución „Fernando el Católico“.

Sri Lanka

Peradeniya: University of Sri Lanka, Library.

Südafrika

Pretoria: University of Pretoria, Merensky-Biblioteek.

Syrien

Damaskus: Institut Français d'Etudes Arabes.

Taiwan

Taipei: National Science Council.

Tschechische Republik

Brno (Brünn): Brněnské University, Filosofická Fakultya; Státni vedecká knihovna. Krajské Stredisko Státní Památkové. Moravské Museum.

Olomouc (Olmütz): Státni Vedecká Knihovna v Polomouci.

Opava (Troppau): Sleske Zemské Muzeum.

Pardubice (Pardubitz): Univerzita, Ustredni Knihovna.

Praha (Prag): Československá Akademia ved, Botanický ústav; Základní knihovna. Československá botanická společnost. Čechoslovak Entomological Society. Klášter premonstátu na Strahově Knihovna. Národní Muzeum entomologické oddelení. Památnik Národního Písemnictví na Strahově. University Karlovy, Archiv, Ediční komise filosofické fakulty; Knihoví středisko matematicko-fyzikálni fakulty; Přiřodovedecké fakulty.

Türkei

Ankara: Türk Tarih Kurumu.

Istanbul: Istanbul Üniversitesi, Fen Fakültesi; Su Ürünleri Yküsekokulu Müdürlügü.

Ukraine

Kiev (Kiew): Gosudarstvennaja publičnaja biblioteka UKr.

Ungarn

Budapest: Ferenc Hopp-Museum für ostasiatische Kunst. Institut de Géologie de l'Université. Konkoly Observatory. Magyar állami földtani intézet. Magyar Tudományos Akadémia Könyvtára. Musée Hongrois des Beaux-arts.

Györ (Raab): Xántus János Muzeum.

Szeged: Józef Attila Universität, Zentralbibliothek.

Uruguay

Montevideo: Instituto Interamericano de Musicologia.

Usbekistan

Taškent (Taschkent): Akademija Nauk Respubliki Uzbekskistana.

Vatikanstadt

Città del Vaticano: Bibliotheca Apostolica Vaticana. Monumenti, Musei e Gallerie Pontificie. Pontificia Academia Scientiarum.

Venezuela

Caracas: Academia de ciencias fisicas, matematicas y naturales.

Vereinigte Staaten von Amerika (USA)

Ann Arbor, Michigan: University of Michigan, General Library.

Athens, Georgia: University of Georgia.

Baltimore, Maryland: John Hopkins University.

Berkeley-Los Angeles, California: University of California, General Library.

Cambridge, Massachusetts: Massachusetts Institute of Technology.

Chicago, Illinois: Field Museum of Natural History.

Columbia, Missouri: University of Missouri, Ellis Library.

Columbus, Ohio: Ohio State University, Library.

Ithaka, New York: Cornell University, Olin Library.

Kansas City, Missouri: Linda Hall Library.

La Jolla, California: University of California.

Lawrence, Kansas: University of Kansas, Library.

Los Angeles, California: University of Southern California, Hancock Institute for Marine Studies; Research Library.

Madison, Wisconsin: Wisconsin Academy of Sciences, Arts and Letters.

Manhattan, Kansas: Kansas State University, Library.

Miami, Florida: University of Miami, Rosenstiel School of Marine.

New Haven, Connecticut: American Oriental Society. Yale University, Kline Science Library; Library.

New Orleans, Louisiana: Tulane University, Department of Zoology.

New York, New York: American Museum of Natural History. Leo Baeck-Institute.

Philadelphia, Pennsylvania: Academy of Natural Sciences of Philadelphia. American Philosophical Society. University of Pennsylvania.

Pullman, Washington: Washington State University.

Reston, Virginia: US Geological Survey.

Santa Cruz, California: University of California, Library.

St. Louis, Missouri: Missouri Botanical Garden.

Stanford, California: Stanford University Libraries.

Washington, D.C.: Library of Congress. Smithsonian Institutions.

Weißrußland (Belarus)

Minsk: Akademija Nauk, Yakub Kolas Basic Library.

Personenregister
zu den Seiten 7-79

GESAMTHAUSHALT DER AKADEMIE DER WISSENSCHAFTEN UND DER LITERATUR

HAUSHALTSJAHR 1998

	DM		DM
1. Eigene Einnahmen	417.491,65	1. Personalausgaben	11.836.411,62
2. Zuweisungen des Landes Rheinland-Pfalz für die Grundausstattung	2.783.300,00	2. Sächl. Verwaltungsausgaben, Veröffentlichungen u. für laufende Zwecke	2.417.453,39
3. Zuweisungen von Bund und Ländern für Akademienprogramm	17.665.200,00	3. Bauausgaben	–,–
4. Zuweisungen des Bundes für das Vorhaben Terrestrische Paläoklimatologie	–,–	4. Zuweisungen aus dem Akademienprogramm für musikwiss. Editionen	6.648.057,35
5. Zweckgebundene Drittmittel	3.609.287,46	5. Zuweisungen aus dem Vorhaben Terrestrische Paläoklimatologie	54.488,15
6. Überschüsse aus Vorjahren	940.376,39	6. Allgemeine Ausgaben aus Drittmitteln	2.284.384,04
Gesamteinnahmen:	25.415.655,50	Gesamtausgaben	23.240.794,55

Gesamteinnahmen:	25.415.655,50 DM
Gesamtausgaben:	23.240.794,55 DM
Bestand:	2.174.860,95 DM

KONFERENZ
DER DEUTSCHEN AKADEMIEN
DER WISSENSCHAFTEN

vertreten durch die
Akademie der Wissenschaften und der Literatur, Mainz

Musikwissenschaftliche Editionen

JAHRESBERICHT 1998

Nachruf auf Othmar Wessely

1922–1998

von

Klaus Wolfgang Niemöller

Am 20. April 1998 starb im 76. Lebensjahr Othmar Wessely, langjähriger Ordinarius für Musikwissenschaft an der Universität Wien, wirkliches Mitglied der Österreichischen Akademie der Wissenschaften und Obmann von deren Kommission für Musikforschung sowie seit 1983 kooptiertes Mitglied des Ausschusses für musikwissenschaftliche Editionen der Konferenz der deutschen Akademien der Wissenschaften. Der Ausschuß hat Anlaß, seiner in besonderer Verbundenheit und Dankbarkeit zu gedenken.

Othmar Wessely stammte aus Linz, wo er am 31. Oktober 1922 geboren wurde; die Verwurzelung in seiner oberösterreichischen Heimat prägte zeitlebens auch seine wissenschaftlichen Interessen und seine akademische Laufbahn. So verdankt ihm das Land und die Hauptstadt Linz die grundlegenden Darstellungen ihrer Musikgeschichte. Othmar Wessely hatte in Wien an der Akademie für Musik und darstellende Kunst bei Joseph Marx und an der Universität bei Erich Schenk studiert. 1947 wurde er mit einer Arbeit über Anton Bruckner promoviert, und die Verbundenheit mit Bruckner blieb immer bestehen: als Obmann der Kommission für Musikforschung war er wissenschaftlicher Leiter des Anton Bruckner-Instituts Linz. 1949 wurde er Sekretär der „Denkmäler der Tonkunst in Österreich", denen er immer – zuletzt als Leiter der Publikationen – verpflichtet blieb. Mit 28 Jahren wurde er Assistent an der Universität Wien, wo er sich 1958 habilitierte. 1963 ging er zunächst nach Graz, wurde 8 Jahre später dann Nachfolger seines Lehrers Erich Schenk in Wien und behielt diese Stellung bis zu seiner Emeritierung im Jahre 1992 bei. Neben seiner akademischen Lehrtätigkeit wirkte er auch in zahlreichen Gremien, wie z. B. dem Präsidium der Österreichischen Gesellschaft für Musikwissenschaft.

Othmar Wesselys wissenschaftliche Arbeit konzentrierte sich außer auf die Schwerpunkte Bruckner und die Musik seiner Heimat insbesondere auf die italienische Liedkunst des 14. Jahrhunderts, die Musik an Habsburger Höfen des 16. Jahrhunderts sowie auf Heinrich Schütz und Johann Joseph Fux, dessen Gesamtausgabe er als Editionsleiter seit 1963 betreute. Von besonderer Bedeutung für das Fach sind auch die von ihm begründete Reihe von Faksimilenachdrucken „Große Darstellungen der Musikgeschichte in Barock und Aufklärung" und die Nachdrucke der grundlegenden Lexika von Ernst Ludwig Gerber.

Während seiner 15-jährigen Zugehörigkeit zum Ausschuß für musikwissenschaftliche Editionen hat Othmar Wessely die Belange der Editionsunternehmen stets mit großem Interesse verfolgt und den Ausschuß mit seiner behutsamen und gütigen Art mitgeprägt; für den Ausschuß war er immer eine wichtige Verbindung zur österreichischen Musikwissenschaft. Sein Andenken wird mit dem Weiterwirken seiner wissenschaftlichen Arbeiten in Ehren gehalten werden.

Musikwissenschaftliche Editionen

Bericht Klaus Wolfgang Niemöller und Gabriele Buschmeier

1. Koordinierung der musikwissenschaftlichen Vorhaben durch die Konferenz[1] der deutschen Akademien der Wissenschaften

Vertreten durch die Akademie der Wissenschaften und der Literatur Mainz koordiniert die Konferenz der deutschen Akademien der Wissenschaften im Rahmen der Gemeinschaftsfinanzierung des Bundes und der Länder derzeit 17 langfristige und bei keiner öffentlichen Einrichtung etatisierte musikwissenschaftliche Editions- und Dokumentationsvorhaben[2].

Zur Koordinierung hat die Konferenz 1976 einen Ausschuß für musikwissenschaftliche Editionen errichtet. Dessen Aufgaben, Zusammensetzung und Arbeitsweisen sind in einer am 1. Dezember 1995 durch Präsidium und Senat der Konferenz verabschiedeten geänderten Geschäftsordnung festgehalten (siehe den vollständigen Abdruck der Geschäftsordnung im Jahresbericht 1995 auf Seite V f.). Dem Ausschuß gehören an:

Professor Dr. Ludwig Finscher, Wolfenbüttel, für die Heidelberger Akademie der Wissenschaften

Professor Dr. Rudolf Flotzinger, Graz, als kooptiertes Mitglied

Professor Dr. Theodor Göllner, München, für die Bayerische Akademie der Wissenschaften

Professor Dr. Hans Grüß, Großpösna, für die Sächsische Akademie der Wissenschaften zu Leipzig

Professor Dr. Christoph-Hellmut Mahling, Mainz, als Präsident der Gesellschaft für Musikforschung sowie als kooptiertes Mitglied

Professor Dr. Klaus Wolfgang Niemöller, Köln, für die Nordrhein-Westfälische Akademie der Wissenschaften (Vorsitzender des Ausschusses)

[1] Ab dem 1. Januar 1999 wurde die Konferenz in Union der deutschen Akademien der Wissenschaften umbenannt.

[2] Zu den Aufgaben und Arbeitsweisen der musikwissenschaftlichen Projekte und zur Finanzierung wird auf die Jahresberichte 1979 bis 1997 in den Jahrbüchern der Akademie der Wissenschaften und der Literatur, Mainz verwiesen.

Professor Dr. Albrecht Riethmüller, Berlin, für die Akademie der Wissenschaften und der Literatur, Mainz

Professor Dr. Martin Staehelin, Göttingen, für die Akademie der Wissenschaften in Göttingen

Professor Dr. Clemens Zintzen, Köln/Mainz, als Präsident der Akademie der Wissenschaften und der Literatur, Mainz, sowie für die Konferenz der deutschen Akademien der Wissenschaften

Die Geschäftsstelle des Ausschusses für musikwisssenschaftliche Editionen ist angesiedelt bei der Akademie der Wissenschaften und der Literatur, Mainz. Generalsekretär der Akademie ist Dr. Wulf Thommel. Die Koordinierung der musikwissenschaftlichen Editionen und die Führung der laufenden Geschäfte im Einvernehmen mit dem Vorsitzenden des Ausschusses obliegen Dr. Gabriele Buschmeier.

Neben den Mitteln des Akademienprogramms aus der Gemeinschaftsfinanzierung von Bund und Ländern koordinieren Ausschuß und Geschäftsstelle seit 1988 auch die vom Österreichischen Bundesministerium für Wissenschaft und Verkehr für die Edition österreichischer Musiker dankenswerterweise bereitgestellten Mittel. Für die Förderung der Ausgaben Gluck, Haydn, Mozart und Schubert (bis einschließlich April) standen daraus 1998 öS 720.000 zur Verfügung.

Auf einer Sondersitzung am 29. Mai 1998 befaßte sich der Ausschuß für musikwissenschaftliche Editionen mit Arbeits- und Zeitplänen von 11 Vorhaben, deren Laufzeiten bis zum Jahr 2010 zu Ende gehen, sowie mit der Durchführungsprüfung 1998 von insgesamt 17 Vorhaben. Der Ausschuß kam zu dem Ergebnis, die weitere Förderung aller sowie Laufzeitverlängerungen für sieben Vorhaben zu empfehlen.

Auf seiner Sitzung am 20. November 1998 befaßte sich der Ausschuß für musikwissenschaftliche Editionen vor allem mit den Jahresberichten der geförderten Vorhaben.

Im Berichtsjahr wurde die Veranstaltungsreihe „Musik im Landtag", die gemeinsam vom Landtag Rheinland-Pfalz, von der Akademie der Wissenschaften und der Literatur, vom Landesstudio Rheinland-Pfalz des Südwestrundfunks und vom Landesmusikrat Rheinland-Pfalz getragen wird, mit einem Johann Sebastian Bach gewidmeten Abend fortgesetzt. Referent war Professor Dr. Klaus Hofmann.

2. Berichte der einzelnen Projekte

JOHANN SEBASTIAN BACH
Neue Ausgabe sämtlicher Werke

Träger: Verein Johann-Sebastian-Bach-Institut e.V., Göttingen, unter Vorsitz von Professor Dr. Bernd Moeller, und Stiftung „Bach-Archiv Leipzig" unter Leitung von Professor Dr. Hans-Joachim Schulze.

Herausgeber: Johann-Sebastian-Bach-Institut Göttingen (federführend) und Bach-Archiv Leipzig. Direktor des Johann-Sebastian-Bach-Instituts Göttingen ist Professor Dr. Martin Staehelin, Göttingen, stellvertretender Direktor Professor Dr. Klaus Hofmann, Göttingen. Direktor des Bach-Archivs Leipzig und Leiter der Leipziger Arbeitsstelle der Neuen Bach-Ausgabe ist Professor Dr. Hans-Joachim Schulze, Leipzig.
Anschriften: Johann-Sebastian-Bach-Institut Göttingen, Dahlmannstraße 14, D-37073 Göttingen, Tel.: 0551/55972, Fax: 0551/46015, e-Mail: Bach-Institut_Göttingen@t-online.de. Bach-Archiv Leipzig, Thomaskirchhof 16, D-04109 Leipzig, Tel.: 0341/964410, Fax: 0341/9644196. Internet: http://home.t-online.de/home/Bach-Institut_Goettingen/home.htm.
Verlag: Bärenreiter-Verlag, Kassel.
Umfang der Ausgabe: Geplant sind 105 Notenbände und etwa 100 Kritische Berichte sowie 10 Supplementbände; davon sind seit 1954 erschienen 88 Notenbände, 84 Kritische Berichte und 6 Supplementbände.

Im Johann-Sebastian-Bach-Institut arbeiteten im Berichtsjahr neben dem hauptamtlichen Leiter Professor Dr. Klaus Hofmann als Wissenschaftliche Mitarbeiter Dr. Ulrich Bartels, Dr. Reinmar Emans (halbtags), Dr. Frieder Rempp und Dr. Uwe Wolf. In der Arbeitsstelle der Neuen Bach-Ausgabe des Bach-Archivs Leipzig arbeiteten als Wissenschaftliche Mitarbeiter Dr. Andreas Glöckner, Dr. Karla Neschke (halbtags bis 31.5.1998) und Dr. Peter Wollny (halbtags bis 31.5.1998, anschließend ganztags bis 30.9.1998, seit 1.10.1998 neuerlich halbtags). Die Neue Bach-Ausgabe arbeitet auch mit externen Bandherausgebern.

Im Berichtsjahr ist ein Kritischer Bericht erschienen:

Kantaten zu den Sonntagen Estomihi, Oculi und Palmarum (**I/8.1–2:** Kritischer Bericht), herausgegeben von Christoph Wolff, Cambridge/MA, unter Mitarbeit von Karla Neschke und Peter Wollny.

Zur Herstellung befinden sich folgende Manuskripte beim Verlag:

V/9.2 (Einzeln überlieferte Klavierwerke I, Sechs kleine Praeludien: Notenband und Kritischer Bericht), herauszugeben von Uwe Wolf;
VII/4 (Konzerte für Cembalo: Notenband), herauszugeben von Werner Breig, Erlangen.

Im Berichtsjahr wurde im Johann-Sebastian-Bach-Institut Göttingen und im Bach-Archiv Leipzig außerdem an folgenden Manuskripten gearbeitet:

I/3.1 (Kantaten zum 2. und 3. Weihnachtstag), herauszugeben von Andreas Glöckner, Klaus Hofmann und Peter Wollny;
I/3.2 (Kantaten zum Sonntag nach Weihnachten), herauszugeben von Klaus Hofmann;

I/41 (Varia: Kantaten, Einzelsätze, Bearbeitungen fremder Werke), herauszugeben von Andreas Glöckner;
II/9 (Lateinische Kirchenmusik, Passionen: Werke zweifelhafter Echtheit, Bearbeitungen fremder Kompositionen: Notenband und Kritischer Bericht), herauszugeben von Kirsten Beißwenger, Koshigaya;
III/3 (Motetten, Choräle, Lieder: Nachträge und Werke zweifelhafter Echtheit), herauszugeben von Frieder Rempp;
IV/10.1–2 (Orgelchoräle aus unterschiedlicher Überlieferung), herauszugeben von Reinmar Emans;
IV/11 (Choralpartiten, -variationen und freie Orgelwerke aus unterschiedlicher Überlieferung), herauszugeben von Karla Neschke und Ulrich Bartels;
V/9.1 (Toccaten für Cembalo: Notenband und Kritischer Bericht), herauszugeben von Peter Wollny;
VII/4 (Konzerte für Cembalo: Kritischer Bericht), herauszugeben von Werner Breig, Erlangen.

Anläßlich des 80. Geburtstages von Alfred Dürr am 3. März 1998 veranstaltete das Johann-Sebastian-Bach-Institut Göttingen in Verbindung mit der Göttinger Akademie der Wissenschaften und dem Musikwissenschaftlichen Seminar der Georg-August-Universität Göttingen vom 13. bis 15. März 1998 ein wissenschaftliches Colloquium, das sich unter dem Motto „Die Zeit, die Tag und Jahre macht“ Fragen der Chronologie des Bachschen Schaffens widmete. Referenten waren Ulrich Bartels (Göttingen), Werner Breig (Erlangen), Reinmar Emans (Göttingen), Andreas Glöckner (Leipzig), Karl Heller (Rostock), Klaus Hofmann (Göttingen), Yoshitake Kobayashi (Kioto), Frieder Rempp (Göttingen), Hans-Joachim Schulze (Leipzig), Uwe Wolf (Göttingen) und Jean-Claude Zehnder (Basel). In einer öffentlichen Feier in der Aula der Universität Göttingen wurde der Jubilar mit der Aufführung der von ihm selbst in der Neuen Bach-Ausgabe 1963 erstmals vollständig herausgegebenen Bach-Kantate „Die Zeit, die Tag und Jahre macht“ BWV 134a und mit einer von Martin Staehelin gehaltenen Laudatio geehrt. Den Beschluß des Colloquiums bildete ein öffentlicher Vortrag von Friedhelm Krummacher (Kiel) mit dem Titel „Chronologie und Interpretation – Überlegungen zum Verständnis von Bachs Musik“.

Klaus Hofmann hielt im Wintersemester 1997/98 an der Georg-August-Universität Göttingen ein Seminar über die Passionen Bachs, nahm im Januar 1998 an dem von der Universität Dortmund unter Leitung von Martin Geck veranstalteten Internationalen wissenschaftlichen Symposion „Bach und die Stile“ teil und hielt im März bei dem Göttinger Chronologie-Colloquium ein Referat mit dem Titel „Die Klangflächenpräludien des Wohltemperierten Klaviers I. Überlegungen zur Frühgeschichte der Sammlung“. Innerhalb der Veranstaltungsreihe „Musik im Landtag“, die vom Landtag Rheinland-Pfalz, von der Akademie der Wissenschaften und der Literatur Mainz, vom Südwestrundfunk und vom Landesmusikrat Rheinland-Pfalz getragen wird und in der sich die von der Konferenz der deutschen Akademien der Wissenschaften in Mainz betreuten Editionsprojekte der Öffentlichkeit mit musikalischen Darbietungen und Einführungsvorträgen vorstellen, moderierte er am 5. Mai im Plenarsaal des Mainzer Landtags den Bach-Abend.

Frieder Rempp hielt beim Göttinger Chronologie-Colloquium ein Referat mit dem Titel „Überlegungen zur Chronologie der drei Fassungen der Sonate für Cembalo und Violine in G-Dur BWV 1019".

Reinmar Emans nahm im Wintersemester 1997/98 als Referent an dem von Martin Geck geleiteten Bach-Kolloquium der Universität Dortmund teil und hielt bei dem Internationalen wissenschaftlichen Symposion „Bach und die Stile" in Dortmund ein Referat über „Bachs Rezitativstil". Im März 1998 referierte er auf der Tagung „Produktion im Kontext" der Arbeitsgemeinschaft für germanistische Edition in Den Haag über „Wechselspiele: Auftraggeber – Komponist – Spieler – Sänger – Publikum und das musikalische Werk", hielt beim Göttinger Chronologie-Colloquium ein Referat mit dem Titel „Gedanken zu Bachs Accompagnato-Rezitativ" und leitete beim Editorenseminar „Quellentypen und ihre Bedeutung für die Edition" der Fachgruppe Freie Forschungsinstitute in Berlin ein Seminar mit der Fragestellung „Quellenmischung von Partitur und Stimmen – ein legitimes Verfahren der Edition?". Er verfaßte außerdem den Artikel „Edition" für das „Metzler Musiklexikon" sowie den Artikel „Barockmusik" für den Brockhaus-Band „Kunst und Kultur" und einen Beitrag mit dem Titel „Bach und die italienische Musik" für die CD-Bach-Gesamtausgabe des Shogakukan-Verlags, Tokio.

Uwe Wolf nahm im Januar 1998 an dem Dortmunder Symposion „Bach und die Stile" teil. Er referierte im März auf der Tagung „Produktion im Kontext" der Arbeitsgemeinschaft für germanistische Edition in Den Haag über „Kontextuelle Einflüsse in der Kirchenmusik J. S. Bachs" und sprach beim Göttinger Chronologie-Colloquium über „Eine zukünftige ‚elektronische' NBA als Arbeitsmittel werkchronologischer Forschung". Im August hielt er auf dem Symposium „Blechbläser-Praxis zur Bach-Zeit" im Rahmen der Sommerakademie J. S. Bach der Internationalen Bachakademie Stuttgart ein Referat über den Zink bei Bach.

Ulrich Bartels hielt beim Göttinger Chronologie-Colloquium ein Referat mit dem Titel „Zur Entstehung der Komposition. Forschungsergebnisse zu Chronologie und Werkentstehung in den Kritischen Berichten der NBA". Im Sommersemester führte er an der Universität Hildesheim ein Projekt zum Thema „Musikwissenschaftliche Berufsbilder: Verlag und Edition" durch, in dessen Zentrum eine Exkursion nach Mainz (Akademie der Wissenschaften, Gluck-Gesamtausgabe, Schott-Verlag, Musikwissenschaftliches Seminar der Universität), Wiesbaden (Verlag Breitkopf & Härtel) und Bonn (Beethoven-Haus) stand.

Andreas Glöckner hielt beim Göttinger Chronologie-Colloquium ein Referat mit dem Titel „Bachs vorleipziger Kantaten – zwei Exkurse" und veröffentlichte im Bach-Jahrbuch 1998 einen Aufsatz über „Eine verstümmelt überlieferte Telemann-Kantate im Aufführungsrepertoire J. S. Bachs".

Peter Wollny hielt Vorträge über ein von ihm neu entdecktes Bach-Autograph auf dem „Biennial Meeting of the American Bach Society" an der Yale University (April 1998) und auf der „Eighth Biennial Conference on Baroque Music" an der Exeter University (Juli 1998). Sein Aufsatz „Neue Bach-Funde" (Bach-Jahrbuch 1997) wurde mit dem William Scheide Prize der American Bach Society ausgezeichnet.

JOHANNES BRAHMS
Neue Ausgabe sämtlicher Werke

Träger: Johannes Brahms Gesamtausgabe e.V., München, Vorsitzender: Professor Dr. Friedhelm Krummacher, Kiel.
Herausgeber: Johannes Brahms Gesamtausgabe, München, in Verbindung mit der Gesellschaft der Musikfreunde in Wien; Editionsleitung: Forschungsstelle Kiel.
Anschrift: Johannes Brahms Gesamtausgabe, Forschungsstelle Kiel, Musikwissenschaftliches Institut der Christian-Albrechts-Universität, Olshausenstraße 40, D-24098 Kiel, Tel.: 0431/880-2304 bzw. -2632, Fax: 0431/880-1697, e-mail: brahmsausgabe@email.uni-kiel.de.
Verlag: G. Henle Verlag, München.
Umfang der Ausgabe: Geplant sind mindestens 65 Notenbände mit eingebundenen Kritischen Berichten.

In der Kieler Forschungsstelle der Johannes Brahms Gesamtausgabe (JBG) arbeiten hauptamtlich Dr. Salome Reiser und Dr. Michael Struck. An der Ausgabe sind externe Bandherausgeber beteiligt.

Im Berichtsjahr wurde an folgenden Bandmanuskripten gearbeitet:

I/2 (Symphonie Nr. 2 op. 73), herauszugeben von Robert Pascall, Bangor/Nottingham;
I/5 (Serenaden Nr. 1 op. 11 und Nr. 2 op. 16), herauszugeben von Michael Musgrave, London/New York;
I/8 (Klavierkonzert Nr. 2 op. 83), herauszugeben von Bernhard Stockmann, Hamburg;
I/10 (Konzert für Violine und Violoncello mit Orchester op. 102), herauszugeben von Michael Struck;
II/1 (Streichsextette Nr. 1 op. 18 und Nr. 2 op. 36), herauszugeben von Christian Martin Schmidt, Berlin;
II/3 (Streichquartette op. 51 Nr. 1 und 2 sowie op. 67; Hymne zur Verherrlichung des großen Joachim, Anh. III/1), herauszugeben von Salome Reiser;
II/4 (Klavierquintett op. 34), herauszugeben von Carmen Debryn, Heidelberg, und Michael Struck;
V/5 (Geistliche Chorwerke a cappella), herauszugeben von Virginia Hancock, Portland/Oregon.

Ende September erhielt der Verlag Noten-Stichvorlage und Textteile für die Edition des Klavierquintetts op. 34 (II/4), nachdem zu Beginn des Berichtsjahres ein Vorabzug mit autographen Revisionen des Komponisten sowie fremden Eintragungen ausfindig gemacht werden konnte; er stammt aus der zweiten Phase der Druckkorrektur und enthält interessante Informationen über die Stadien des Korrekturprozesses. Das zuvor erarbeitete editorische Konzept wurde durch die Quelle nachhaltig gestützt. Die Autopsie des Vorabzuges im Archiv der Gesellschaft der Musikfreunde in Wien erfolgte im Mai durch Michael Struck. Die Entdeckung einer Zwischenauflage erforderte darüber hinaus nochmalige zeitaufwendige Quellenrecherchen sowie Modifikationen der Quellenbezeichnung. Ab Oktober konnte die Arbeit am Doppelkonzert op. 102 (I/10) wieder aufgenommen werden.

Schwerpunkte bei den Vorbereitungen zur Ausgabe der Streichquartette (II/3) waren neben der editorischen Arbeit am Notentext Recherchen zum Entstehungshintergrund sowie zur Rezeption der Quartette op. 51 und op. 67. Dazu waren zahlreiche Rezensionen und ungedruckte Briefe auszuwerten. Bei der Suche nach weiteren Manuskript- und Druckquellen wurde im Nachlaß Joseph Joachims (Hochschule der Künste, Berlin) die noch fehlende abschriftliche Stimme der 1. Violine (Stichvorlage) für das c-Moll-Quartett op. 51 Nr. 1 gefunden, autopsiert und ausgewertet.

Bei der Betreuung auswärtiger Editoren standen für Salome Reiser im Hinblick auf die Ausgabe des 2. Klavierkonzertes op. 83 (I/8) Diskussionen über Entstehungshintergrund und Manuskriptbestand sowie eine Autopsie der Verlagskorrektur zum Partitur-Erstdruck (Hochschule der Künste, Berlin) im Vordergrund. Im Hinblick auf die Edition der geistlichen Chorwerke a cappella (V/5) waren u.a. grundsätzliche Diskussionen zur Konzeption der Bände mit Vokalmusik sowie zur Anlage von Bänden mit mehreren Werken zu führen. Hinzu kamen Recherchen zur textlich-musikalischen Vorlage der Choralmotette op. 29 Nr. 1.

Michael Struck berichtete beim Editorenseminar „Quellentypen und ihre Bedeutung für die Edition" in Berlin über „Spuren kompositorischer Revisionen in Abschriften und Drucken" Brahmsscher Werke und referierte in Vorträgen an den Musikwissenschaftlichen Instituten der Universitäten Kiel und Freiburg sowie im Rahmen des Brahms-Festivals der Musikhochschule Lübeck über neue Forschungs- und Arbeitsaspekte der Brahms-Gesamtausgabe. Durch einen Vortrag wirkte er zudem bei einem Brahms-Projekt der Hochschule für Künste Bremen mit.

CHRISTOPH WILLIBALD GLUCK
Sämtliche Werke

Träger: Akademie der Wissenschaften und der Literatur, Mainz; Vorsitzender der Kommission für Musikwissenschaft der Akademie ist Professor Dr. Albrecht Riethmüller, Berlin.
Herausgeber: Akademie der Wissenschaften und der Literatur, Mainz; Vorsitzender des Herausgeber-Gremiums ist Professor Dr. Christoph-Hellmut Mahling, Mainz.
Anschrift: Gluck-Gesamtausgabe, Akademie der Wissenschaften und der Literatur, Geschwister-Scholl-Str. 2, D-55131 Mainz, Tel.: 06131/577-240 bzw. 241, Fax: 06131/577-111, e-mail: philippi@mail.uni-mainz.de bzw. escholz@mail.uni-mainz.de.
Verlag: Bärenreiter-Verlag, Kassel.
Umfang der Ausgabe: Geplant sind 53 Notenbände mit in der Regel eingebundenen Kritischen Berichten und 4 Supplementbände; erschienen sind seit 1951 31 Bände.

Wissenschaftliche Mitarbeiterinnen der Gluck-Gesamtausgabe (GGA) sind Dr. Daniela Philippi (seit 1. 6. 1998 wieder ganztags), Tanja Gölz M.A. (zur Zeit im Erziehungsurlaub) und Erla Scholz M.A. (seit 1. 9. 1998 ganztags). Organisatorische Aufgaben und Aufgaben der Editionsleitung nahm Dr. Gabriele Buschmeier als Mitglied des Herausgebergremiums zusammen mit dessen Vorsitzenden wahr. An der Ausgabe arbeiten externe Bandherausgeber mit.

In Herstellung beim Verlag befindet sich:

Le Cadi dupé (**IV/6**), herausgegeben von Daniela Philippi.

In der Schlußredaktion befinden sich:

III/19 (L'innocenza giustificata/La Vestale), herauszugeben von Josef-Horst Lederer, Graz;
Kolloquiumsbericht Tanzdramen/Opéra-comique, herauszugeben von Klaus Hortschansky, Münster, und Gabriele Buschmeier.

Im Berichtsjahr wurden die Arbeiten fortgeführt an:

I/3 (Alceste, Teilband b: Textteil), von Gerhard Croll, Salzburg;
III/11 (Le nozze d'Ercole e d'Ebe), herauszugeben von Tanja Gölz;
III/20 (Antigono), herauszugeben von Irene und Daniel Brandenburg, Ainring;
III/28 (Le feste d'Apollo), herauszugeben von Gabriele Buschmeier und Ludwig Finscher, Wolfenbüttel;
IV/10 (L'Arbre enchanté, 1. Fassung), herauszugeben von Bruce A. Brown, Los Angeles;
IV/11 (L'Arbre enchanté, 2. Fassung), herauszugeben von Bruce A. Brown, Los Angeles;
VI/2 (Oden, Lieder), herauszugeben von Theophil Antonicek, Wien.

Aufgenommen wurden die Arbeiten an:

III/23 (Il trionfo di Clelia), herauszugeben von Silke Leopold, Heidelberg.

Im Zuge der kontinuierlichen Komplettierung und Erweiterung der in der Datenbank verzeichneten Quellenangaben wurde insbesondere die Bestellung von Mikrofilmen bei Bibliotheken fortgesetzt. Hierbei wurden vorrangig Quellen zu noch nicht erschienenen Werken berücksichtigt bzw. Materialbestände ergänzt, die für in Arbeit befindliche Bände relevant sind.

Die bestellten Quellen wurden ebenso in die Datenbank eingearbeitet wie die Rechercheergebnisse externer Mitarbeiterinnen, die die Gluck-Quellenbestände ausländischer Bibliotheken und Archive im Rahmen von Werkverträgen aufarbeiteten: So konnten die Nachträge der Forschungen von Dr. Darina Múdra in der Slowakischen Republik, von Dr. Irina Soussidko in Moskauer Bibliotheken und von Dr. Francesca Menchelli-Buttini in Großbritannien berücksichtigt werden. Die neuen Informationen zu Gluck-Quellen, die Mareike Kuhn in der Brüsseler Bibliothèque du Conservatoire Royale de Musique recherchiert hatte, wurden für die laufenden Editionsarbeiten ausgewertet und zudem bereits teilweise in die bestehende Quellendatenbank eingearbeitet.

Daneben konnte im Berichtsjahr mit konkreten Vorarbeiten für das am Ende der Gesamtausgabe stehende Gluck-Werkverzeichnis begonnen werden. Auf Grundlage eines Darstellungsmusters der zu beschreibenden Werke, das in den vergangenen Jahren in inhaltlicher und redaktioneller Hinsicht vom Herausgebergremium miterarbeitet worden ist, sind zwei erste Beispiele zusammengestellt worden. Die hierfür notwendigen Angaben werden zum einen der Mainzer Quellendatenbank und zum anderen den Bänden der Gluck-Gesamtausgabe entnommen, wobei zunächst allein die jüngst erschienenen Werke Berücksichtigung finden, um bereits zum Zeitpunkt der ersten Erfassung größtmögliche Aktualität zu erzielen.

Das Herausgeber-Gremium trat am 19. Juni zusammen.

In der Salzburger Arbeitsstelle im Institut für Musikwissenschaft der Universität Salzburg, die von Professor Dr. Gerhard Croll geleitet wird, stand in diesem Jahr keine Wissenschaftlerstelle zur Verfügung; Dr. Irene Brandenburg und Franziska Lettowsky arbeiteten stundenweise für die Gesamtausgabe. Neben Arbeiten an Band I/3, Teilband b, wurden die Vorbereitungen der Ausgabe der Briefe von und an Christoph Willibald Gluck und der biographischen Dokumente fortgesetzt.

GEORG FRIEDRICH HÄNDEL
Hallische Händel-Ausgabe
– Kritische Gesamtausgabe –

Träger: Georg-Friedrich-Händel-Gesellschaft e.V., Halle. Präsident: Professor Dr. Wolfgang Ruf.
Herausgeber: Georg-Friedrich-Händel-Gesellschaft e.V., Halle. Editionsleiter: Professor Dr. Wolfgang Ruf, Halle, und Terence Best, Brentwood/UK.
Anschrift: Hallische Händel-Ausgabe, c/o Händel-Haus, Große Nikolaistraße 5, D-06108 Halle, Tel.: 0345/500900, Fax: 0345/50090416, e-mail: Landgraf@musik.uni-halle.de.
Verlag: Bärenreiter-Verlag, Kassel.
Umfang der Ausgabe: Geplant sind 116 Notenbände mit eingebundenen Kritischen Berichten und Faksimiles der Libretti bei Opern und Oratorien sowie ca. 10 Bände Supplemente; seit 1955 erschienen 48 Notenbände mit Kritischen Berichten und 5 Bände Supplemente.

Dem Editorial Board der Hallischen Händel-Ausgabe (HHA) gehören neben den Editionsleitern an: Professor Dr. Graydon Beeks, Claremont/USA, Professor Dr. Donald Burrows, Bedford/UK, Dr. Siegfried Flesch, Halle, Professor Dr. Klaus Hortschansky, Münster, Professor Dr. Hans Joachim Marx, Hamburg, und Professor Dr. John H. Roberts, San Francisco/USA.

Die Redaktion bilden die hauptamtlichen Wissenschaftlichen Mitarbeiter Dr. Siegfried Flesch (bis 31.10.1998), Dipl.-phil. Annette Landgraf und Dr. Michael Pacholke, die auch mit der Edition von Bänden betraut sind, sowie Jana Bauer als Sachbearbeiterin. Die HHA beschäftigt als Bandherausgeber überwiegend externe Mitarbeiter.

Im Berichtsjahr wurde veröffentlicht:

Te Deum (HWV 278) und Jubilate (HWV 279) zur Feier des Friedens von Utrecht **(III/3:** Notenband mit Kritischem Bericht), herausgegeben von Gerald Hendrie, Caillavet/Frankreich.

Te Deum und Jubilate sind Händels erste Beiträge zur englischen Kirchenmusik, komponiert von einigen wenigen Abweichungen abgesehen, auf die im „Book of Common Prayer" überlieferte englische Übersetzung der ursprünglich lateinischen Texte. (Gelegentlich hatte Händel noch Schwierigkeiten mit der Deklamation.) Neben ziemlich vielen Abschriften sind auch die beiden Autographe erhalten; das Te Deum datierte Händel auf den 14. Januar 1712 alten Stils (d. h. nach dem Julianischen Kalender; nach dem Gregorianischen ist es der 25. Januar 1713), von der Datierung des Jubilate ist nach Beschneiden der Handschrift beim Einbinden, vielleicht schon im 18. Jahrhundert, nur die Jahreszahl 1713 übriggeblieben. Möglicherweise begann Händel schon mit der Komposition, bevor er den offiziellen Auftrag erhielt; denn erst während der Arbeit ging er dazu über, an Solostellen die Namen bestimmter Sänger der Chapel Royal einzutragen.
Nach mehreren, teils öffentlichen Proben war die erste eigentliche Aufführung beider Werke am 7. Juli 1713 in dem abendlichen Gottesdienst in St. Paul's Cathedral während der Feierlichkeiten anläßlich des Friedensschlusses von Utrecht, der am 31. März (11. April) erfolgt und am 5. Mai in London proklamiert worden war.
Die beiden Werke sind Händels erste Auseinandersetzung mit den Traditionen der englischen Kirchenmusik und brachten ihm mindestens ebensoviel Anerkennung ein wie bereits 1710 die Aufführung seiner ersten für London komponierten Oper „Rinaldo".
Beide wurden erst 1731/32 gedruckt und seitdem auch alljährlich zum (seit 1655 zugunsten der Familien von Geistlichen in St. Paul gefeierten) Jahresfest der „Sons of the Clergy" aufgeführt, bis sie von Händels „Dettinger Te Deum" abgelöst wurden. Über die Unterschiede der späteren gegenüber den ersten Aufführungen, über die Festlichkeiten der Friedensfeier sowie Charakteristika der wichtigsten Manuskripte berichtet das Vorwort, alle anderen Quellen und relevante Lesarten behandelt der Kritische Bericht.

Zur Veröffentlichung für 1999–2001 sind vorgesehen:

I/5 (Aci, Galatea e Polifemo HWV 72), herauszugeben von Annerose Koch, Bergisch Gladbach, und Wolfram Windszus, Halstenbek;
I/14 (Israel in Egypt HWV 54), herauszugeben von Annette Landgraf;
II/9/2 (Radamisto II HWV 12^b), herauszugeben von Terence Best, Brentwood;
II/22 (Tolomeo HWV 25), herauszugeben von Michael Pacholke;
II/33 (Alcina HWV 34), herauszugeben von Siegfried Flesch;
IV/2 (6 Orgelkonzerte op. 4; revidierte Neuausgabe), herauszugeben von William D. Gudger, Charleston/USA, und Terence Best, Brentwood;
IV/5 (Klavierwerke II; revidierte Neuausgabe), herauszugeben von Terence Best, Brentwood;
IV/7 (Sechs Sonaten für Violine und Basso continuo, HWV 361, 368, 370, 371, 372, 373), herausgegeben von Johann Philipp Hinnenthal 1955, revidierte Neuausgabe von Terence Best, Brentwood;
V/5 (Kantaten mit Instrumenten III mit dem Kritischen Bericht für die Bände I–III), herauszugeben von Hans Joachim Marx, Hamburg;
Kritischer Bericht (englischsprachig) zu: Klavierwerke, Bände 1–4, herauszugeben von Terence Best.

Der Redaktion liegt zur verlagstechnischen Realisierung vor:

II/40 (Imeneo HWV 40), herauszugeben von Donald Burrows, Bedford/UK, und Anthony Hicks, Milton Keynes/London.

In einer außerordentlichen Vorstandssitzung der Georg-Friedrich-Händel-Gesellschaft im Händel-Haus in Halle am 4. Oktober 1998 wurden Prof. Dr. Wolfgang Ruf, Ordinarius für Musikwissenschaft an der Martin-Luther-Universität Halle-Wittenberg, und Terence Best, Brentwood (England) zu neuen Editionsleitern der Hallischen Händel-Ausgabe gewählt. Die bisherigen interimistischen Editionsleiter, Prof. Dr. Klaus Hortschansky (Münster) und Dr. Siegfried Flesch (Halle), gehören weiter dem Herausgeberkollegium/Editorial Board der Ausgabe an.

Annette Landgraf hielt während des internationalen musikwissenschaftlichen Kongresses der Gesellschaft für Musikforschung in Halle am 3.10.1998 ein Referat mit dem Thema „Der Opfersieg von Walstatt: Das Oratorium Israel in Egypt von Georg Friedrich Händel im nationalsozialistischen Gewand".

Klaus Hortschansky und Annette Landgraf waren Gäste des Maryland Handel Festival und nahmen am 6. November 1998 an der Sitzung des Editorial Board der HHA in College Park, Maryland, teil.

JOSEPH HAYDN
Werke

Träger: Joseph Haydn-Institut e.V., Köln, unter Vorsitz von Professor Dr. Klaus Wolfgang Niemöller.
Herausgeber: Joseph Haydn-Institut, Köln, unter Leitung von Dr. Marianne Helms.
Anschrift: Joseph Haydn-Institut, Blumenthalstraße 23, D-50670 Köln, Tel.: 0221/ 733796, Fax: 0221/ 724054.
Verlag: G. Henle Verlag, München.
Umfang der Ausgabe: Geplant sind 107 Bände bzw. Teilbände (105 Noten- und 2 Textbände), 100 Kritische Berichte sowie ein Registerband; davon erschienen seit 1955 76 Bände (75 Notenbände, ein Textband) und 61 Kritische Berichte. Außerdem wurden 28 Hefte „Haydn-Studien" veröffentlicht.

Im Joseph Haydn-Institut arbeiteten im Berichtsjahr als hauptamtliche Wissenschaftler: Sonja Gerlach, Dr. Marianne Helms, Dr. Armin Raab und Dr. Robert von Zahn. An der Edition sind externe Bandherausgeber beteiligt.

Im Berichtsjahr sind erschienen:

Sinfonien um 1757–1760/61 (**I/1:** Notenband und Kritischer Bericht), herausgegeben von Sonja Gerlach und Ullrich Scheideler, Berlin.

Band I/1 enthält die 15 Sinfonien, die Haydn – teils nachweislich, teils mutmaßlich – vor seinem Amtsantritt im Hause Esterházy, d. h. zwischen 1757 und Frühjahr 1761, schrieb. Kein Satz zeigt die Besonderheiten in der Besetzung oder die Herausforderungen für verschiedene Solisten, die so viele der frühen Esterházy-Sinfonien charakterisieren. Es stellte sich im Gegenteil heraus, daß Haydn in zweien dieser Werke nicht einmal seine übliche Bläserbesetzung mit zwei Oboen und zwei Hörnern vorsah, sondern in Sinfonie I:27 auf die Hörner, in I:37 anscheinend auf die Oboen verzichtete. (Diese Instrumente wurden später nachkomponiert, aber wahrscheinlich nicht von Haydn.) Die 15 Sinfonien bilden formal verschiedene Gruppen. Es gibt drei- und viersätzige Werke, darunter solche mit vorangestelltem langsamen Satz. Einige mit singulärer Form weisen deutlich experimentellen Charakter auf. Da kein einziges Autograph überliefert ist, mußte sich die Quellenauswahl auf stemmatologische Untersuchungen stützen. Hierbei ergaben sich einige Schwierigkeiten, insbesondere bei der Bewertung der Quellen aus der Fürnberg-Sammlung in Keszthely. Diese bilden eine Gruppe früher und ziemlich fehlerfreier Wiener Berufskopien, die signifikante Abweichungen von den übrigen Quellen aufweisen, welche möglicherweise auf Haydn, wahrscheinlich aber auf einen Fremden zurückzuführen sind.

Haydn-Studien **VII/3–4**

Das Doppelheft enthält acht Beiträge. Drei von ihnen sind Überarbeitungen von Referaten, die 1993 in Köln während der Internationalen Tagung „Joseph Haydn" zum Generalthema „Streichquartett" gehalten wurden (Horst Walter: Zum Wiener Streichquartett der Jahre 1780 bis 1800 – Hubert Unverricht: Carl Ditters von Dittersdorf als Quartettkomponist. Ein Konkurrent Haydns, Mozarts und Pleyels? – Hartmut Krones: Beobachtungen zur Sonatenhauptsatzform im Streichquartettschaffen einiger Zeitgenossen Joseph Haydns). Auf zahlreiche – darunter bislang unveröffentlichte – Dokumente stützen sich Sonja Gerlach (Johann Tost, Geiger und Großhandlungsgremialist) und Günter Thomas (Haydn und J. O. H. Schaum). Kleineren Beiträgen von Berthold Over (Arianna travestita. Haydns Kantate „Arianna a Naxos" in geistlichem Gewand) und Derek McCulloch (Die charmante Dame im Spiegel. Zu dem Lied Hob. XXXIc:17) liegt jeweils ein spezieller Quellenfund zugrunde. Arina Archipowa und Erhard Hexelschneider (Hat Wilhelm Küchelbecker den Text von Haydns „Il ritorno di Tobia" ins Russische übersetzt?) beantworten die im Titel gestellte Frage negativ.

Des weiteren ist im G. Henle Verlag eine Ausgabe für zwei Klaviere von Haydns D-Dur-Klavierkonzert Hob. XVIII:11 nach dem von Horst Walter und Bettina Wackernagel herausgegebenen Text der Haydn-Gesamtausgabe erschienen, zu der Sonja Gerlach Klavierauszug und Kadenzen beigesteuert hat; das zugehörige Aufführungsmaterial erscheint im Bärenreiter-Verlag.

In Herstellung beim Verlag befinden sich:

XXIII/1b (Messen Nr. 3–4, mit der Großen Orgelsolomesse, der Nikolaimesse und dem Fragment der Missa „Sunt bona mixta malis": Notenband und Kritischer Bericht), herauszugeben von James Dack, Egham (Surrey), und Marianne Helms;
I/13 (Pariser Sinfonien, 2. Folge, mit den Sinfonien Nr. 82, 84 und 86: Notenband und Kritischer Bericht), herauszugeben von Sonja Gerlach und Klaus Lippe, Köln.

Im Berichtsjahr wurde darüber hinaus hauptsächlich an folgenden Bänden gearbeitet:

I/9 (Sinfonien um 1777–1779), herauszugeben von Stephen C. Fisher, Philadelphia;
XII/6 (Streichquartette „Opus 76", „Opus 77" und „Opus 103"), herauszugeben von Lars Schmidt-Thieme, Heidelberg, und Horst Walter, Bergisch Gladbach;

XXII/2 (Verschiedene geistliche Werke, 1. Folge), herauszugeben von Marianne Helms;
XXVI/1 (Arien, Szenen und Ensembles mit Orchester, 1. Folge), herauszugeben von Robert von Zahn;
XXVII/1 (Kantaten mit Orchester für das Fürstenhaus Esterházy), herauszugeben von Andreas Friesenhagen, Köln, und Sonja Gerlach;
XXVIII/4$^{I/II}$ (Die Jahreszeiten), herauszugeben von Armin Raab.

Die Wissenschaftler des Instituts setzten die Betreuung von Bänden externer Herausgeber fort, beantworteten Anfragen, leiteten Praktikanten an und berieten Studenten. Sonja Gerlach nahm mit ihrem Beitrag „Drei Klarinettenkonzerte – aber nicht von Haydn“ (in: Die Musikforschung 51/2) zu einer CD Stellung, mit der Dieter Klöcker drei im Grunde anonym überlieferte Konzerte als Werke Haydns vermarktet. Armin Raab und Robert von Zahn nutzten die Teilnahme an einem Editorenseminar der Fachgruppe „Freie Forschungsinstitute“ zu Arbeiten in der Berliner Staatsbibliothek.

Armin Raab unternahm zur Vorbereitung der Herausgabe des Bandes „Die Jahreszeiten“ eine Quellenreise nach Wien und Budapest. Außerhalb seiner Dienstzeit hielt er im WS 1997/98 an der Universität Bonn ein Seminar „Gesamtausgaben. Geschichte und Probleme der Edition musikalischer Werke“ ab und referierte im Rahmen einer Vortragsreihe zu Berufsperspektiven für Musikwissenschaftler über die Arbeit an Editionsinstituten.

FELIX MENDELSSOHN BARTHOLDY
Leipziger Ausgabe der Werke

Träger: Sächsische Akademie der Wissenschaften zu Leipzig.
Projektleiter: Professor Dr. Christian Martin Schmidt, Berlin.
Anschrift: Sächsische Akademie der Wissenschaften, Karl-Tauchnitz-Straße 1, D-04107 Leipzig; Anschrift für Briefe: Postfach 100440, D-04004 Leipzig, Tel.: 0341/7115336, Fax: 0341/7115344.
Verlag: Breitkopf & Härtel, Wiesbaden/Leipzig.
Umfang der Ausgabe: Geplant sind ca. 80 Notenbände mit eingebundenen Kritischen Berichten, ca. 75 Bände Briefe, Schriften und Tagebücher, eine noch unbestimmte Anzahl Dokumentenbände sowie ein Band Werkverzeichnis.

Hauptamtliche Wissenschaftliche Mitarbeiter der Forschungsstelle sind Dr. Ralf Wehner und Dr. Christoph Hellmundt. Als wissenschaftlich-technische Mitarbeiterin ist die Diplom-Musikwissenschaftlerin Eva-Maria Ranft (seit 1.8.1998 im Erziehungsurlaub) bzw. Armin Koch M. A. (seit 1.8.1998 als Vertretung) halbtags tätig. An der Edition werden externe Bandherausgeber beteiligt sein.

In Herstellung beim Verlag befinden sich die Bände:

I/4 (1. Sinfonie, op. 11), herauszugeben von Ralf Wehner;

II/8 (Doppelkonzert für Violine, Klavier und Orchester 1823), herauszugeben von Christoph Hellmundt.

In einem fortgeschrittenen Stadium befindet sich der Band:

V/8 (Sommernachtstraum-Musik, op. 61), herauszugeben von Christian Martin Schmidt. Das Erscheinen ist für den Jahreswechsel 1998/99 bzw. das Frühjahr 1999 vorgesehen.

Der erste Band der Briefausgabe stand am Jahresende seitens des Herausgebers vor dem Abschluß des wissenschaftlichen Apparates. Die anderen Teile des Werkes befinden sich im Verlag in der Herstellung.

Die Arbeit an folgenden Bänden wurde aufgenommen:

V/8A (Sommernachtstraum-Musik, op. 61, Klavierarrangements), herauszugeben von Christian Martin Schmidt;
III/11 (Klaviersextett, 1824), herauszugeben von Christoph Hellmundt;
IV/6 (Orgelwerke), herauszugeben von Christian Martin Schmidt;
VI/4 (Gloria, 1822), herauszugeben von Ralf Wehner.

Verträge für folgende Bände wurden abgeschlossen:

I/5 (Sinfonie Nr. 3 „Schottische", op. 56), herauszugeben von Thomas Schmidt-Beste, Heidelberg;
VI/8 (Psalmkantaten), herauszugeben von Wolfgang Dinglinger, Berlin.

Neben den beiden von den Mitarbeitern der Forschungsstelle herauszugebenden Bänden stand die redaktionelle Betreuung der „Sommernachtstraum-Musik", Serie V/8 im Mittelpunkt der Arbeit des Berichtszeitraums. Sie umschloß einen zweiwöchigen Aufenthalt beider Mitarbeiter in Kraków und eine Reise nach Darmstadt, die der Erarbeitung der Quellenbeschreibung der in der dortigen Hessischen Landes- und Hochschulbibliothek liegenden Hauptquelle zum vierhändigen Klavierauszug des „Sommernachtstraums" diente.

Besonders bedeutend und ertragreich war der Aufenthalt der beiden Mitarbeiter der Forschungsstelle in der Jagiellonenbibliothek Kraków, die 17 Nachlaßbände Felix Mendelssohn Bartholdys beherbergt. Im Vordergrund stand das Anfertigen von Quellenbeschreibungen und die Überprüfung von Übertragungen von im Mikrofilm schwer lesbaren Passagen. Untersucht wurden die vollständige Musik zu Shakespeares „Sommernachtstraum" (Partitur) sowie ein Teil der durch äußerst komplizierte Korrekturvorgänge charakterisierten Orgelwerke von 1844, die in Vorbereitung auf einen der nächsten Bände einer genauesten Durchsicht unterzogen wurden.

Im Zuge der weiteren Komplettierung des Quellenarchivs der Forschungsstelle konnte die Mikrofilmierung der wichtigsten Mendelssohnquellen der Stadt Wien (Österreichische Nationalbibliothek, Archiv der Gesellschaft der Musikfreunde, Wiener Stadt- und Landesbibliothek) abgeschlossen werden.

WOLFGANG AMADEUS MOZART
Neue Ausgabe sämtlicher Werke

Träger in der Bundesrepublik Deutschland: Deutsche Mozart-Gesellschaft e.V., Augsburg, für die Internationale Stiftung Mozarteum, Salzburg.
Herausgeber: In Verbindung mit den Mozartstädten Augsburg, Salzburg und Wien herausgegeben von der Internationalen Stiftung Mozarteum, Salzburg.
Anschrift: Neue Mozart-Ausgabe, Schwarzstraße 27, A-5020 Salzburg, Tel.: 0043/662/881841-52, Fax: 0043/662/881841-57, e-mail: office@nma.at.
Verlag: Bärenreiter-Verlag, Kassel.
Umfang der Ausgabe: Geplant sind etwa 130 Bände (die Kritischen Berichte zu den Notenbänden erscheinen in der Regel separat); erschienen seit 1955 124 Bände, außerdem Kritische Berichte zu 70 Bänden.

Mitglieder der Editionsleitung sind Dr. Dietrich Berke (Kassel), Dr. Faye Ferguson (Salzburg, hauptamtlich) und Professor Dr. Wolfgang Rehm (Salzburg). Wissenschaftliche Mitarbeiterinnen in der Editionsleitung sind Martina Hochreiter M.A. (München/Salzburg, hauptamtlich bis 30. Juni des Berichtsjahrs) und Elisabeth Schmitt M.A. (Freilassing, hauptamtlich ab 1. Oktober des Berichtsjahrs). Die Neue Mozart-Ausgabe beschäftigt als Bandherausgeber auch externe Mitarbeiter.

Im Berichtsjahr sind erschienen:

Nachträge: Klaviermusik (**X/31/3**), von Faye Ferguson und Wolfgang Rehm.

Der Band enthält Neueditionen des Larghetto und Allegro in Es für zwei Klaviere KV deest, des Rondo in A für Klavier und Orchester KV 386 (inklusive der von Alan Tyson 1980 in London entdeckten Blätter 13–16) und des Rondo in A zu einem Konzert für Klavier und Orchester KV 488c (inklusive des von Tyson 1979 in Leipzig aufgefundenen Blattes mit den Fortsetzungstakten 21–27) sowie der gesamten Kadenzen und Eingänge zu den Klavierkonzerten aus NMA-Serie V/15 und X/28/Abt. 2, dazu aber auch der seit Erscheinen der Notenbände neu entdeckten oder wieder zugänglichen Kadenzen und Eingänge.

Messen, Band 4 (**I/1/Abt. 1:** Kritischer Bericht), von Monika Holl, Spreewiese;
L'Oca del Cairo (**II/5/13:** Kritischer Bericht), von Andreas Holschneider, Baden-Baden;
Klavierkonzerte, Band 8 (**V/15:** Kritischer Bericht), von Wolfgang Rehm;
Klaviersonaten, Bände 1 und 2 (**IX/25:** Kritischer Bericht), von Wolfgang Rehm (Mitarbeit: Martina Hochreiter).

Auch in diesen Kritischen Berichten werden eine Reihe von neu entdeckten Quellen (wie etwa Mozarts Verlaufsskizze zum Duett „Ho un pensiero" aus L'Oca del Cairo oder sein Autograph der Fantasie und Sonate in c KV 475+457) ausführlich beschrieben und im Kontext des Gesamtwerks oder der Gattung behandelt.

1999 bis 2001 sollen voraussichtlich erscheinen (die mit * versehenen Titel bereits 1999):

I/1/Abt. 1 (Messen, Band 6: Kritischer Bericht), von Monika Holl, Spreewiese;
II/5/8 (La finta giardiniera: Kritischer Bericht), von Dietrich Berke;
***II/5/9** (Il re pastore: Kritischer Bericht), von Wolfgang Rehm;
II/5/12 (Die Entführung aus dem Serail: Kritischer Bericht), von Gerhard Croll, Salzburg, und Faye Ferguson;
II/5/17 (Don Giovanni: Kritischer Bericht), von Wolfgang Rehm;
II/5/18 (Così fan tutte: Kritischer Bericht), von Faye Ferguson und Wolfgang Rehm;
***II/7** (Arien, Bände 1 bis 4: Kritischer Bericht), von Konrad Küster, Freiburg/Br.;
***IV/11** (Sinfonien, Bände 1 und 2: Kritischer Bericht), von Gerhard Allroggen, Detmold, und Faye Ferguson;
IV/11 (Sinfonien, Band 10: Kritischer Bericht), von Faye Ferguson;
IV/13/Abt. 2 (Märsche: Kritischer Bericht), von Faye Ferguson;
***VIII/21** (Duos und Trios für Streicher und Bläser: Kritischer Bericht), von Marius Flothuis, Amsterdam, und Dietrich Berke;
VIII/22/Abt. 2 (Klaviertrios: Kritischer Bericht), von Daniel Brandenburg, Salzburg, und Wolfgang Rehm;
IX/27 (Klavierstücke, Bände 1 und 2: Kritischer Bericht), von Wolfgang Rehm (für Wolfgang Plath);
***X/29/3** (Orchesterwerke und Lieder, mit Kritischem Bericht), vorzulegen von Dietrich Berke (Mitarbeit: Martina Hochreiter);
X/30/4 (Studien, Entwürfe, Fragmente, Varia, mit Kritischem Bericht) vorzulegen von Ulrich Konrad, Würzburg.

ARNOLD SCHÖNBERG
Sämtliche Werke

Träger: Gesellschaft zur Förderung der Arnold Schönberg-Gesamtausgabe e.V., Mainz. Vorsitzender: Dr. Giselher Schubert, Frankfurt a.M.
Herausgeber: Unter dem Patronat der Akademie der Künste, Berlin, begründet von Josef Rufer, herausgegeben von Rudolf Stephan unter Mitarbeit von Reinhold Brinkmann, Richard Hoffmann, Christian Martin Schmidt, Leonard Stein und Ivan Vojtěch. Verantwortlicher Leiter der Edition ist Professor Dr. Rudolf Stephan, Berlin.
Anschrift: Arnold Schönberg-Gesamtausgabe, Forschungsstelle, Jägerstraße 22/23, D-10117 Berlin, Tel.: 030/20370338, Fax: 030/20370222, e-mail: schoenberg.ga@snafu.de.
Verlag: Schott Musik International, Mainz, und Universal Edition AG, Wien.
Umfang der Ausgabe: Geplant sind etwa 70 Bände in zwei Reihen sowie Supplementbände; seit 1969 sind 50 Bände erschienen. Die Reihe A enthält die vollendeten Werke und die aufführbaren unvollendeten Werke, die Reihe B die Frühfassungen vollendeter Werke, unvollendete Werke, Skizzen und Entwürfe sowie den Kritischen Bericht. Darüber hinaus werden in den Bänden der Reihe B Dokumente zur Werkgeschichte und Erläuterungen zum Verständnis des Materials vorgelegt.

Unter der Leitung von Professor Dr. Rudolf Stephan arbeiteten als hauptamtliche Wissenschaftliche Mitarbeiter und Herausgeber in der Berliner Forschungsstelle Dr. Ulrich

Krämer, Ralf Kwasny, Ullrich Scheideler, Dr. Martina Sichardt (im Erziehungsurlaub) sowie Andrea Hanft als Sachbearbeiterin (1/3-Stelle, seit 1.7.1998). Die Schönberg-Gesamtausgabe beschäftigt nur selten externe Mitarbeiter.

Im Jahr 1998 sind erschienen:

„Pelleas und Melisande". Symphonische Dichtung op. 5 (**10 A:** Notenband), herausgegeben von Nikos Kokkinis.

Schönberg komponierte die symphonische Dichtung „Pelleas und Melisande" im Sommer 1902 und beendete die (nicht überlieferte) Erste Niederschrift Anfang August. Die Partiturreinschrift trägt das Enddatum 28. Februar 1903.
Die Edition basiert auf folgender Quellenlage: An überlieferten autographen Quellen liegen eine unvollständige Niederschrift der Partitur , die Partiturreinschrift von 1903 sowie Fehlerlisten zum Erstdruck von 1911 und zu den gedruckten autographierten Orchesterstimmen vor. Als verschollen gelten müssen ein Klavierauszug aus der Entstehungszeit der Komposition, die handschriftlichen Orchesterstimmen der Uraufführung (25. Januar 1905) und eine Abschrift der Partiturreinschrift, die mit großer Wahrscheinlichkeit als verbesserte Vorlage für den Erstdruck und die dazugehörigen Stimmen diente, was die zahlreichen inhaltlichen Differenzen zwischen Partiturreinschrift und Erstdruck erklären dürfte. Ebenfalls nicht erhalten ist eine nach 15 Bögen abgebrochene Kopistenabschrift für eine Partiturautographie, die bereits Ende 1905 im Berliner Verlag Dreililien hergestellt wurde. Von dem 1911 bei der Universal Edition, Wien, als Autographie erschienenen Erstdruck liegen drei Handexemplare Schönbergs vor. Einen Teil der darin enthaltenen Eintragungen hat Schönberg in verschiedenen Fehlerlisten zusammengestellt. 1920 erschien eine gestochene revidierte Partitur, deren Vorlage eines der drei Handexemplare des Erstdrucks war. Von diesem Neudruck der Partitur existiert ebenfalls ein Handexemplar. Die revidierte Partitur liegt der Edition als Hauptquelle zugrunde, wobei vielfach authentische Lesarten der überlieferten Quellen berücksichtigt werden konnten.

„Moses und Aron" (**8 B,2:** Entstehungsgeschichte, Texte und Textentwürfe zum Oratorium und zur Oper), herausgegeben von Christian Martin Schmidt, Berlin.

Mit dem zweiten Band der Reihe B wird der Komplex zu Schönbergs fragmentarischem Hauptwerk „Moses und Aron" abgeschlossen. Nach den beiden Notenbänden der Reihe A und dem ersten Band der Reihe B bietet der nun vorgelegte Band eine Untersuchung des Textbuchs in all seinen Facetten. Die noch im Vorwort des ersten Bandes erwähnten Hindernisse zu seiner wissenschaftlichen Bearbeitung – sie betrafen die zahlreichen durch Überklebungen nicht zugänglichen Schichten des Textes – sind inzwischen weitgehend, wenn auch nicht vollständig beseitigt. Die Quellen zum Text dokumentieren nicht nur die vielfältigen Probleme, die Schönberg bei der Formulierung des Librettos sowie der dazugehörigen Regie- und Vortragsanweisung zu meistern hatte, sondern sie lassen auch die verschiedenen Ansätze erkennen, die Schönberg auf dem Weg zu einer zufriedenstellenden Lösung des Gattungsproblems verfolgte. Geplant war das Werk zunächst als Kantate, 1928 wurde der Text jedoch als Oratorium in drei Teilen fertiggestellt. Der Entschluß, den Stoff zu einem Bühnenwerk umzuarbeiten, fiel dagegen erst während der eigentlichen Komposition. Im Kapitel „Zur Entstehungsgeschichte" ist dieser spannende Aspekt der Werkgenese anhand der Textquellen und zusätzlicher Dokumente eingehend dargestellt. Ein weiterer Teil des Bandes bietet die zahllosen Einzelentwürfe der Oper. Bei ihrer Anordnung und Präsentation ging es weniger darum, den verschlungenen und chronologisch zuweilen kaum überschaubaren Gedankengang bei der immer wieder überdachten Formulierung des Textes offenzulegen. Vielmehr kam es darauf an, das Material zu ordnen und durch die Zusammenstellung der zusammengehörigen Einheiten eine Grundlage für die weitergehende Beschäftigung mit dem gedanklichen Inhalt des Werkes zu schaffen. Besonders aufschlußreich und bislang der Öffentlichkeit noch nicht zugänglich sind die vielfältigen Dokumente zum Text des III. Aktes, an dem Schönberg bis 1935 immer wieder gearbeitet hat, ohne zu einem definitiven Resultat zu gelangen. Abgerundet wird der Band durch den Revisionsbericht zu dem in den Notenbänden vorgelegten Text.

Zur Veröffentlichung im Jahre 1999 wurden vorbereitet:

10 B („Pelleas und Melisande“. Symphonische Dichtung op. 5: Kritischer Bericht), herauszugeben von Nikos Kokkinis und Ralf Kwasny;
22 A (Kammermusik I: „Verklärte Nacht“ op. 4; Bläserquintett op. 26; Fragmente: Notenband), herauszugeben von Dorothee Schubel.

Folgende Bände befanden sich im Berichtsjahr in unterschiedlichen Stadien der Bearbeitung:

6 A und **B** („Erwartung“ op. 17; „Die glückliche Hand“ op. 18: Notenband und Kritischer Bericht), herauszugeben von Ullrich Scheideler;
16 A und **B** („Gurre-Lieder“: Notenband und Kritischer Bericht), herauszugeben von Ulrich Krämer;
22 B (Kammermusik I: „Verklärte Nacht“ op. 4; Bläserquintett op. 26; Fragmente: Kritischer Bericht), herauszugeben von Dorothee Schubel;
23 A und **B** (Kammermusik II: Notenband und Kritischer Bericht), herauszugeben von Martina Sichardt.

Durch die Neugründung des Arnold Schönberg Centers und die damit verbundene Übersiedlung des Schönberg-Nachlasses von Los Angeles nach Wien sind die meisten Quellen nun leichter erreichbar als zuvor, wodurch sich die Arbeitsbedingungen der Forschungsstelle langfristig erheblich verbessern werden. Neben den allgemeinen editionsvorbereitenden Arbeiten, der redaktionellen Betreuung der im Berichtszeitraum erschienenen bzw. zum Erscheinen vorbereiteten Bände und den zeitaufwendigen Korrekturarbeiten wurden auch die diversen editionsbegleitenden Projekte (Quellenkatalog, Beschreibung der Skizzenbücher, Chronologie der musikalischen Werke und Schriften, Verzeichnis der Papiersorten) weitergeführt.

Das Korrespondenzarchiv konnte neben mehreren Briefen diverser Absender um Teile des Briefwechsels von Schönberg mit Erwin Stein und Winfried Zillig sowie um einen Teil der Briefe von Heinrich Jalowetz an Schönberg erweitert werden, die hinsichtlich der Werkgeschichte der symphonischen Dichtung „Pelleas und Melisande“ ausgewertet wurden. Die Zahl der nachgewiesenen und zumeist archivierten Briefe ist somit auf über 8000 angewachsen.

Ullrich Scheideler unternahm eine Forschungsreise nach Wien und besuchte dort das Arnold Schönberg Center, die Österreichische Nationalbibliothek (Musiksammlung), die Wiener Stadt- und Landesbibliothek (Musiksammlung) sowie die Universal Edition. Im Mittelpunkt stand die abschließende Sichtung und Beschreibung der Quellen zum Bläserquintett op. 26 (Bd. 22) sowie die Überprüfung der anhand von Kopien vorgenommenen Skizzenübertragungen. Auch verworfene Frühfassungen einzelner Abschnitte innerhalb der Ersten Niederschrift wurden bei dieser Gelegenheit rekonstruiert. Der Aufenthalt wurde ferner genutzt, um die Quellenbeschreibung zu „Erwartung“ op. 17 (Bd. 6) anzufertigen und die Übertragung der Textniederschriften zu überprüfen.

Auch in den folgenden Jahren sind Forschungsaufenthalte im Arnold Schönberg Center, Wien, und in amerikanischen und europäischen Bibliotheken und Archiven zur

Auffindung, Identifizierung und Beschreibung von musikalischen und schriftlichen Quellen sowie zur Überprüfung nicht gesicherter Lesarten notwendig.

Veröffentlichungen und sonstige Aktivitäten des Editionsleiters und der Mitarbeiter:

Rudolf Stephan, „Die Gesamtausgabe (der Werke Schönbergs)“, in: Österreichische Musikzeitschrift 53 (1998), H. 3–4, S. 13f.
Ulrich Krämer, „Il metodo di insegnamento di Schönberg e la morfologia musicale dell' Ottocento“, in: Schoenberg, herausgegeben von Gianmario Borio, Bologna 1998.
Martina Sichardt, „Urfassung der Gurre-Lieder rekonstruiert? Interessantes Experiment in Berlin (6./7.2)“, in: Österreichische Musikzeitschrift 53 (1998), H. 3–4, S. 89f.
Martina Sichardt, „‚Die Zusammenklänge sind nicht zur Diskussion gestellt.‘ Zum Verhältnis der Dimensionen des musikalischen Satzes in Arnold Schönbergs Neubestimmung“, in: Jahrbuch des Staatlichen Instituts für Musikforschung Preußischer Kulturbesitz 1998, S. 195–209.

Ulrich Krämer hielt im Mai 1998 auf Einladung von Professor Joseph Auner einen Gastvortrag zu dem Thema „Alban Berg's Studies with Arnold Schoenberg“ an der State University of New York at Stony Brook.

Ullrich Scheideler und Martina Sichardt hielten auf dem von der Fachgruppe Freie Forschungsinstitute veranstalteten Editorenseminar „Quellentypen und ihre Bedeutung für die Edition“ in Berlin (27.–29. 3. 1998) Vorträge zu den Themen „Die Bedeutung von Particell und Klavierauszug für die Schönberg-Gesamtausgabe“ (U. Scheideler) und „Der Editor als Vollender? Standpunkt und Verfahrensweise der Schönberg-Gesamtausgabe in der Frage konjektureller Eingriffe“ (M. Sichardt). Im Rahmen des Editorenseminars wurde auch eine von Martina Sichardt konzipierte Ausstellung über die Arbeit der Arnold Schönberg-Gesamtausgabe gezeigt.

FRANZ SCHUBERT
Neue Ausgabe sämtlicher Werke

Träger: Internationale Schubert-Gesellschaft e.V., Tübingen. Vorsitzender: Dr. Harald Heckmann, Ruppertshain.
Herausgeber: Internationale Schubert-Gesellschaft e.V., Tübingen. Editionsleiter sind Professor Dr. Walther Dürr, Tübingen, Dr. Werner Aderhold, Tübingen, und Dr. Walburga Litschauer, Wien.
Anschrift: Neue Schubert-Ausgabe, Schulberg 2, D-72070 Tübingen, Tel.: 07071/22810, Fax: 07071/550617.
Verlag: Bärenreiter-Verlag, Kassel.
Umfang der Ausgabe: Geplant sind 76 Bände; erschienen seit 1967 44 Bände. Die Kritischen Berichte werden nicht gedruckt, sondern stehen auf Anforderung u.a. bei der Editionsleitung in Kopie zur Verfügung. Ergänzend zu den Notenbänden erscheinen beigebunden oder separat „Quellen und Lesarten“.

In der Editionsleitung in Tübingen arbeiten als Sprecher Professor Dr. Walther Dürr (nebenamtlich), Dr. Werner Aderhold, Dr. Manuela Jahrmärker (bis 31. 10.) und Dr.

Michael Kube (seit 1. 11.). Dr. Walburga Litschauer leitet die Wiener Arbeitsstelle (halbtags), seit Mai ganztags als Angestellte der Österreichischen Akademie der Wissenschaften. An der Ausgabe sind externe Bandherausgeber beteiligt.

Im Berichtsjahr ist erschienen:

Messen-Sätze und Messen-Fragmente (**I,5**), herausgegeben von Manuela Jahrmärker und Volkmar von Pechstaedt, Göttingen.

Der Band enthält 8 Messen-Sätze und -Fragmente: 4 Kyrie-Sätze, eine Sanctusvertonung sowie Teile eines Gloria und Credo, eines Requiems und eines Kyrie, wobei diese letzteren – teils fragmentarisch vom Komponisten hinterlassen, teils fragmentarisch überliefert – hier erstmals veröffentlicht werden. Das Problem ‚Fragment?' wird ausführlich im Vorwort diskutiert, stellt es sich doch auch anhand der abgeschlossenen Kyrie-Sätze und bezieht sich hier vor allem auf die Frage, ob Schubert lediglich jeweils einen Eingangssatz zu einer Messe schreiben wollte oder ob er ihn als Eröffnungssatz eines Messenzyklus' intendiert hatte, den er dann jedoch nicht weiter ausführte. Überwiegend sind es frühe Kompositionen, die in dem Band zusammengefaßt sind. So stammen die Kyrie-Sätze aus den Jahren 1812-1813, wobei Schubert noch schwankt zwischen der neueren, dreiteiligen Form des Kyrie und der älteren zweiteiligen (D 31 und 66), nach der das abschließende Kyrie eleison fugiert gesetzt ist. Die Korrekturen in diesen Sätzen vermögen, so sparsam sie sind, Einblick zu geben in Fragen, die sich der junge Komponist stellte. Darüberhinaus lassen sich mindestens an einem Kyrie-Satz (D 66) Eintragungen erkennen, die sehr wahrscheinlich zu den wenigen nachweisbaren Spuren des Kompositionsunterrichts bei Salieri gehören.

Stabat mater (**I,7**: Kritischer Bericht), von Manuela Jahrmärker.

In Herstellung beim Verlag befinden sich die Bände:

IV,11 (Lieder), herauszugeben von Walther Dürr;
V,2 (Sinfonien II), herauszugeben von Arnold Feil, Tübingen, und Douglas Woodfull-Harris, Kassel.

In fortgeschrittenem Stadium der Arbeit befinden sich ferner folgende Bände:

II,3 (Die Freunde von Salamanka), herauszugeben von Marco Beghelli, Bologna;
II,13 (Opern-Fragmente), herauszugeben von Manuela Jahrmärker;
II,14 (Opern-Fragmente), herauszugeben von Manuela Jahrmärker;
III,2b (Mehrstimmige Gesänge), herauszugeben von Dietrich Berke, Kassel;
V,4 (Sinfonien IV), herauszugeben von Werner Aderhold;
VII/1,3 (Werke für Klavier zu 4 Händen III), herauszugeben von Werner Aderhold und Christa Landon †;
VII/2,1 (Klaviersonaten I), herauszugeben von Walburga Litschauer.

Im Jahre 1998 hielten Mitglieder der Editionsleitung folgende Vorträge auf Kongressen und Veranstaltungen:
Werner Aderhold: „Unvollendet – vollendet. Zu Schuberts h-moll-Sinfonie" (Österreichische Gesellschaft für Musik, Wien).
Walther Dürr: „Verfahrensweisen bei der Mischung ungleichwertiger Quellen" (im Rahmen des Seminars „Quellentypen und ihre Bedeutung für die Edition", Berlin), „Zwi-

schen Freiheit und Regel – Schuberts Lieder singen und spielen", (XXXII. Symposion der Lohmann-Stiftung, Wiesbaden), „‚Edle deutsche Rohheit' romantisch gedeutet. Schuberts Lieder von der ‚Schönen Müllerin'", sowie „‚... die rechte und wahre Andacht'. Gedanken zu Schuberts Kirchenmusik" (beide für die Schubert-Tage im Carinthischen Sommer, Ossiach); „Franz Schuberts Novalis-Vertonungen" (auf der Tagung „Geistliches Lied und Kirchenlied im 19. Jahrhundert", Eichstätt).
Walburga Litschauer: „Schuberts letzte Sonaten" (zusammen mit Gert Hecher im Rahmen des Seminars „Quellentypen und ihre Bedeutung für die Edition", Berlin); „Schuberts Widmungskompositionen" (Schubert-Tage des Carinthischen Sommers, Ossiach); „Schubert und Brahms" (Mürzzuschlag).

ROBERT SCHUMANN
Neue Ausgabe sämtlicher Werke

Träger: Robert-Schumann-Forschungsstelle e.V. der Robert-Schumann-Gesellschaft e.V., Düsseldorf, und Robert-Schumann-Haus Zwickau.
Herausgeber: Robert-Schumann-Gesellschaft e.V., Düsseldorf, durch Professor Dr. Akio Mayeda, Zürich/Tokyo, und Professor Dr. Klaus Wolfgang Niemöller, Köln, in Verbindung mit dem Robert-Schumann-Haus Zwickau.
Anschriften: Robert-Schumann-Forschungsstelle e.V., Bilker Straße 4–6, D-40213 Düsseldorf, Tel.: 0211/131102, Fax: 0211/327083, e-mail: SchumannGA@aol.com. Robert-Schumann-Haus Zwickau, Hauptmarkt 5, D-08056 Zwickau, Tel. und Fax: 0375/213757, e-mail: RSFZwickau@aol.com. Internet: http://members.aol.com/schumannga.
Verlag: Schott Musik International, Mainz.
Umfang der Ausgabe: Geplant sind ca. 53 Notenbände mit eingebundenen Kritischen Berichten sowie 7 Bände Studien und Skizzen bzw. Schriften und Supplemente. Seit 1991 sind 6 Bände erschienen.

In der Düsseldorfer Forschungsstelle arbeiten hauptamtlich Dr. Bernhard R. Appel und Dr. Matthias Wendt. Im Robert-Schumann-Haus Zwickau ist Dr. Ute Bär als weitere hauptamtliche Mitarbeiterin beschäftigt. Externe Bandherausgeber sind an der Ausgabe beteiligt.

Im Berichtsjahr erschienen:

Dresdner Skizzenheft, herausgegeben von Reinhold Dusella, Bonn, und Matthias Wendt und Taschennotizbuch (**VII, 4, 3**), herausgegeben von Bernhard R. Appel, Kazuko Ozawa-Müller, Berlin, und Matthias Wendt.

Diese Quellenedition enthält eine vollständige Reproduktion der Originale und deren diplomatische Transkription sowie einen umfangreichen Kommentar, in dem weitere, bisher unveröffentlichte Dokumente erstmals veröffentlicht werden. Schumann benutzte die beiden Hefte von Dezember (?) 1845 bis August 1849 in Dresden und während der Flucht vor der Revolution, in Maxen und Kreischa. Während das Skizzenheft (Universitätsbibliothek, Bonn) vor allem der Niederschrift von Werkentwürfen diente, enthält das Taschennotizbuch (Heinrich-Heine-Institut, Düsseldorf) neben

Werkskizzen auch Tagebuch- und Erinnerungsnotizen, Alltagsnotate, Briefentwürfe, Kalkulationen zu Druckausgaben und Honorareinkünften. Einige der oft gestrichenen Aufzeichnungen des Taschennotizbuchs konnten mit Hilfe kriminaltechnischer Verfahren, die im Landeskriminalamt Nordrhein-Westfalen, Düsseldorf, von Dipl.-Ing. Manfred Kutschach durchgeführt worden sind, wieder lesbar gemacht werden.

Robert Schumann. Eine Lebenschronik in Bildern und Dokumenten (**VIII,1**), herausgegeben von Ernst Burger unter Mitarbeit von Gerd Nauhaus und mit Unterstützung des Robert-Schumann-Hauses Zwickau.

Der umfangreiche Bildband enthält Porträts, Ortsansichten und faksimilierte Quellen, welche teilweise zum erstenmal veröffentlicht werden. Quellenauszüge und kurze Abhandlungen heben wesentliche Aspekte von Leben (Beziehungen zu Einzelpersonen) und Schaffen (redaktionelle und literarische Tätigkeit; zentrale Werke) hervor. Schumanns Biographie und Kompositionen werden im übersichtlichen Spaltensatz an den Außenrändern der Bildseiten dargestellt, so daß die Publikation auch als Nachschlagewerk nutzbar ist.

In der Herstellung befinden sich folgende Bände:

I, 1, 5 (Ouvertüre, Scherzo und Finale op. 52), herauszugeben von Sonja Gerlach, Köln, in Verbindung mit Matthias Wendt;
I, 2, 2 (Violoncello-Konzert op. 129 und Konzertstück für vier Hörner und Orchester op. 86), herauszugeben von Akio Mayeda unter Mitarbeit von Bernhard R. Appel. Der Kritische Bericht ist in Arbeit.
III, 2, 1 (Werke für Klavier zu vier Händen und für zwei Klaviere, opp. 46, 66, 85, 109, 130, WoO 20), herauszugeben von Joachim Draheim, Karlsruhe, und Bernhard R. Appel;
IV, 3, 1.1 (Der 150. Psalm und die Motette op. 93), herauszugeben von Brigitte Kohnz, Freiburg, und Matthias Wendt.

Im Berichtsjahr wurde in Düsseldorf und Zwickau vor allem an der Edition von folgenden Bänden und Bandmanuskriptem gearbeitet:

I, 2, 1 (Klavierkonzert op. 54), herauszugeben von Bernhard R. Appel unter Mitarbeit von Akio Mayeda;
I, 2, 5 (Klavierkonzertfragmente), herauszugeben von Claudia MacDonald, Oberlin, in Verbindung mit Matthias Wendt. Die Arbeit wurde unterbrochen, um die Ergebnisse der Wasserzeichen-Untersuchung abzuwarten.
II, 2, 3 (Violinsonaten, op. 105, 121 und opp. post), herauszugeben von Ute Bär;
VI, 10 (Literarische Vorlagen der Vokalkompositionen. Bd. 1: Ein- und mehrstimmige Lieder, Gesänge und Deklamationen), herauszugeben von Helmut Schanze unter Mitarbeit von Krischan Schulte, beide Siegen;
VII, 3, 3 (Studienbücher 4 und 5), herauszugeben von Reinhold Dussella, Berlin, Reiner Leister, Düsseldorf, und Matthias Wendt;
Die Arbeit am Band **IV, 2, 1** (Das Paradies und die Peri, op. 50), herauszugeben von Matthias Wendt, mußte wegen der Betreuung externer Manuskripte unterbrochen werden.

In einem fortgeschrittenen Stadium befindet sich:

VI, 6 (Lieder, opp. 98a, 104, 107, 117, 119, 125, 127, 135, 142 und Deklamationen, opp. 106, 122), herauszugeben von Kazuko Ozawa-Müller, Berlin, und Matthias Wendt.

In der Forschungsstelle Düsseldorf fanden Arbeitsgespräche mit Helmut Schanze und Krischan Schulte statt. Margit L. McCorkle, Vancouver, die unter Mitwirkung von Akio Mayeda das „Thematisch-bibliographische Werkverzeichnis von Robert Schumann" erarbeitet, besuchte vom 29. September bis 13. Oktober die Düsseldorfer Forschungsstelle, um vor allem Fragen des Anhangs (Werke ohne Opuszahlen, Werkfragmente und Kompositionspläne etc.) mit den Belangen der Gesamtausgabe abzustimmen. Ute Bär führte im Zusammenhang mit dem von ihr herauszugebenden Band, aber auch als Zuarbeit für externe Bandherausgeber, Archivstudien durch in der Ratsschulbibliothek, Zwickau, in der Stadtbibliothek und im Staatsarchiv zu Leipzig sowie in der Staatsbibliothek, Berlin.

Im Rahmen der 17. Wissenschaftlichen Arbeitstagung zu Fragen der Schumann-Forschung referierten Bernhard R. Appel im Oktober in Zwickau über „Die Disposition und Entstehungsgeschichte von Robert Schumanns Album für die Jugend op. 68" und Ute Bär über „Die Werkgeschichte und Drucklegung der Jugendsonaten op. 118". Im Sommersemester führte Bernhard R. Appel am Musikwissenschaftlichen Institut der Universität Dortmund zusammen mit Prof. Dr. Martin Geck ein Seminar über „Schumanns Kompositionen für die Jugend" durch. Von Bernhard R. Appel erschienen außerdem „Robert Schumanns Album für die Jugend. Einführung und Kommentar. Mit einem Geleitwort von Peter Härtling" (Zürich, Mainz) und „Robert Schumann. Klavierbüchlein für Marie. Faksimile-Ausgabe der Handschrift im Beethoven-Haus Bonn" (Bonn). Auf Einladung der Carl-Maria-von-Weber-Gesamtausgabe nahm Bernhard R. Appel am 28. November in Berlin an einer Diskussion der Editionsprinzipien der ersten beiden Bände dieser Gesamtausgabe teil.

GEORG PHILIPP TELEMANN
Musikalische Werke (Auswahlausgabe)

Träger: Arbeitskreis „Georg Philipp Telemann" e.V., Magdeburg. Vorsitzende: Christine Sommer, Magdeburg.
Herausgeber: Professor Dr. Martin Ruhnke, Erlangen, und Dr. Wolf Hobohm, Magdeburg, in Verbindung mit dem Zentrum für Telemann-Pflege und -Forschung Magdeburg.
Anschrift: Telemann-Auswahlausgabe, Liebigstr. 10, D-39104 Magdeburg, Tel.: 0391/5430290, Fax: 0391/5616421. Internet: http://telemann.magdeburg.de/.
Verlag: Bärenreiter-Verlag, Kassel.
Umfang der Ausgabe: Geplant sind 60 Bände mit Kritischen Berichten und 3 Supplementbände, erschienen bisher 31 Bände sowie drei Supplementbände (Telemann-Werkverzeichnis – TWV – Instrumentalwerke).

Hauptamtliche Wissenschaftliche Mitarbeiterin in der Arbeitsstelle Magdeburg ist Ute Poetzsch. Für die Telemann-Auswahlausgabe arbeiten auch externe Bandherausgeber.

Im Berichtsjahr erschien:

Telemann-Werkverzeichnis (TWV), Instrumentalwerke, Band 3, herausgegeben von Martin Ruhnke.

Mit diesem Band liegt das Werkverzeichnis der Instrumentalwerke vollständig vor. Er enthält die Werkgruppen 51–55: die Konzerte für ein, zwei und mehr Soloinstrumente mit Begleitung sowie die Gruppenkonzerte und die Ouvertürensuiten. Das System der Eintragungen wurde gegenüber den vorangegangenen beiden Bänden nicht geändert. Jedes Werk erhielt einen normalisierten Titel, der über Tonart und Besetzung Auskunft gibt. Alle Sätze der Kompositionen sind verzeichnet. Ihre Incipits umfassen die ersten Takte (bis vier) im Klavierauszug. Die Fundorte der Quellen zu den Werken werden aufgezählt; Kommentare zu den Quellen enthalten Hinweise zur Entstehungszeit des Manuskripts und über die Schreiber. Weitere Eintragungen informieren über bereits erschienene Ausgaben. In Anmerkungen verweist der Herausgeber auf Konkordanzen. Kompositionen, die nicht erhalten sind, erhielten ebenfalls eine TWV-Nummer.
Im Anhang sind Ergänzungen und Korrekturen von Eintragungen der bereits erschienenen Bände enthalten sowie ein Register über alle Instrumentalwerke.

Wegen der Arbeiten am TWV und wegen des Auftauchens neuer Quellen (Lübeck, Stadtbibliothek: Rückführung als verloren geltender Quellen; Breslau: bisher unbekannte Abschrift) wurde der Beginn der Herstellung von Band 31 „Der Tod Jesu" TWV 5:6, herauszugeben von Wolf Hobohm, vorerst zurückgestellt.

In Herstellung beim Verlag befindet sich:

„Miriways" TWV 21:24 (**38**), herauszugeben von Brit Reipsch, Magdeburg.

Im Berichtsjahr wurden die Arbeiten fortgeführt an:

Die Matthäuspassionen aus den Jahren 1750 „Wenn meine Sünd mich kränken" TWV 5:35 und 1754 (**34**), herauszugeben von Manfred Fechner, Jena, und Carsten Lange, Magdeburg.

Während der 14. Magdeburger Telemann-Festtage „Telemann und Frankreich – Frankreich und Telemann" im März fand zu diesem Thema eine Internationale Wissenschaftliche Konferenz statt. Wolf Hobohm referierte über „Telemanns Ouvertürensuiten", Martin Ruhnke sprach über „Telemanns Pariser Drucke" und Ute Poetzsch stellte Telemanns „Französischen Jahrgang" vor. Auf der Musikwissenschaftlichen Tagung der 13. Arolser Barock-Festspiele referierte Ute Poetzsch zum Thema „‚O Land, Land, höre des Herrn Wort' – Telemanns Kantaten zum 10. Sonntag nach Trinitatis". Wolf Hobohm und Martin Ruhnke beteiligten sich am Ehrenkolloquium für Professor Günter Fleischhauer (Halle/S.) „Musik als Klangrede" mit den Themen „Die Briefszene in Telemanns Oper ‚Emma und Eginhard'" bzw. „Zu Telemanns Matthäus-Passion 1746". Auf dem Internationalen Musikwissenschaftlichen Kongreß in Halle/S. sprachen Wolf Hobohm über „Georg Michael Telemann als ‚Sachwalter' des großväterlichen Erbes" und Ute Poetzsch „Über Kantaten, genannt ‚Oratorio' – Telemanns oratorische Jahrgänge". Im Händel-Haus in Halle hielt Ute Poetzsch im Mai einen Vortrag über „Neues aus der Telemannforschung" und im Juni sprach sie im Bachhaus Eisenach zum Thema „Erdmann Neumeister als Eisenacher Dichter für Telemann".

RICHARD WAGNER
Sämtliche Werke

Träger: Gesellschaft zur Förderung der Richard Wagner-Gesamtausgabe e.V., Mainz. Vorsitzender: Professor Dr. Christoph-Hellmut Mahling, Mainz.
Herausgegeben in Verbindung mit der Bayerischen Akademie der Schönen Künste, München. Begründet von Carl Dahlhaus. Editionsleitung: Dr. Egon Voss, München.
Anschrift: Richard Wagner-Gesamtausgabe, Schellingstraße 48, D-80799 München, Tel.: 089/2722616, Fax: 089/2712946.
Verlag: Schott Musik International, Mainz.
Umfang der Ausgabe: Geplant sind im Notenteil (Reihe A) 57 Teilbände, einschließlich der Kritischen Berichte, und im Dokumententeil mit den Quellen zu Wagners Arbeit an seinen Bühnenwerken (Reihe B) 12 Teilbände; erschienen seit 1968 35 Teilbände der Reihe A und 3 Teilbände der Reihe B sowie das Wagner-Werk-Verzeichnis.

An der Richard Wagner-Gesamtausgabe arbeiten als hauptamtliche Wissenschaftliche Mitarbeiter Dr. Klaus Döge, Dr. Christa Jost, Dr. Peter Jost und Dr. Egon Voss. Alle hauptamtlichen Mitarbeiter sind mit der Herausgabe der Ausgabe, d. h. mit den Editionen selbst betraut. Egon Voss, zugleich Leiter der Münchner Editionsstelle, ist Hauptbearbeiter des Quellenkataloges zu den musikalischen Werken, Christa Jost bearbeitet den Quellenkatalog der literarischen Werke, Klaus Döge und Peter Jost bearbeiten das Briefverzeichnis.

Im Berichtsjahr erschien:

Lohengrin. Romantische Oper in drei Akten WWV 75. Zweiter Akt (**7, II**), herausgegeben von John Deathridge, Cambridge, und Klaus Döge (zur Edition im Einzelnen vgl. Jahresbericht 1996).

Bei den Herausgebern in Arbeit und zum Teil schon in Korrektur befinden sich folgende Teilbände:

4,III und **IV** (Der fliegende Holländer, Fassung 1846–1864: Edition und Kritischer Bericht), herauszugeben von Egon Voss; (Der fliegende Holländer, Urfassung: Anhang und Kritischer Bericht), herauszugeben von Isolde Vetter, Karlsruhe;
6,I (Tannhäuser, 1861–1875: 1. Akt), herauszugeben von Peter Jost;
7, III (Lohengrin: 3. Akt, Anhang und Kritischer Bericht), herauszugeben von John Deathridge, Cambridge, und Klaus Döge;
11,I und II (Die Walküre: 1. und 2. Aufzug), herauszugeben von Christa Jost;
20,IIA (Bearbeitungen/Opernbearbeitungen 1), herauszugeben von Egon Voss.

In Vorbereitung sind die Bände:

6,II (Tannhäuser, 1861–1875: 2. Akt), herauszugeben von Peter Jost;
24 (Dokumente zu Der fliegende Holländer), herauszugeben von Egon Voss;
25 (Dokumente zu Tannhäuser), herauszugeben von Peter Jost;
26 (Dokumente zu Lohengrin), herauszugeben von John Deathridge, Cambridge, und Klaus Döge;
27 (Dokumente zu Tristan und Isolde), herauszugeben von Egon Voss;
28 (Dokumente zu Die Meistersinger von Nürnberg), herauszugeben von Egon Voss;
31 (Texte und Dokumente zu den fragmentarischen und nichtvertonten Bühnenwerken), herauszugeben von Isolde Vetter, Karlsruhe, und Egon Voss.

Die Arbeit an den Quellenkatalogen (a. Musikalische Werke; b. Literarische Werke; c. Briefe) wurde fortgeführt. Zugleich wurde der Plan eines am Vorbild des „Wagner-Werk-Verzeichnisses" orientierten „Wagner-Schriften-Verzeichnisses" (WSV) weiterverfolgt. Dieses Projekt, das mittelfristig als selbständige Publikation erscheinen und die Grundlage der dringend benötigten historisch-kritischen Ausgabe von Wagners Schriften bilden soll, wird von Christa Jost und Peter Jost betreut. Besondere Aufmerksamkeit galt weiterhin auch der Vervollkommnung des Briefverzeichnisses und der Briefsammlung, die die unabdingbare Voraussetzung für die Erarbeitung der Dokumentenbände der Reihe B bilden. Das von Werner Breig und seiner Erlanger Arbeitsstelle in Zusammenarbeit mit der Richard-Wagner-Gesamtausgabe erstellte Wagner-Brief-Verzeichnis erschien im Druck bei Breitkopf & Härtel in Wiesbaden.
Christa Jost veröffentlichte eine Faksimile-Ausgabe von Wagners „Bericht an seine Majestät den König Ludwig II. von Bayern über eine in München zu errichtende deutsche Musikschule" und schrieb dazu ein Nachwort (Hans Schneider, Tutzing 1998).

Vom 5. bis 7. November fand in München, veranstaltet von der Richard Wagner-Gesamtausgabe und dem Institut für Musikwissenschaft der Ludwig-Maximilians-Universität München, ein internationales Symposion „Richard Wagner, Schriften – Texte – Dokumente" statt.

CARL MARIA VON WEBER
Sämtliche Werke, Tagebücher, Briefe und Schriften

Träger: Gesellschaft zur Förderung der Carl-Maria-von-Weber-Gesamtausgabe e.V., Detmold. Vorsitzender: Professor Dr. Gerhard Allroggen.
Herausgeber: Professor Dr. Gerhard Allroggen, Detmold/Paderborn.
Anschriften: Carl-Maria-von-Weber-Gesamtausgabe, Arbeitsstelle Berlin, Staatsbibliothek zu Berlin – Preußischer Kulturbesitz, Musikabteilung, Unter den Linden 8, D-10117 Berlin, Tel.: 030/266-1321 oder -1324, Fax: 030/266-1624. Arbeitsstelle Detmold, Musikwissenschaftliches Seminar Detmold/Paderborn, Gartenstraße 20, D-32756 Detmold, Tel.: 05231/975-663 oder -661, Fax: 05231/975-674, e-mail: weber-ga.veit@t-online.de.

Verlag: Schott Musik International, Mainz.
Umfang: Geplant sind etwa 46 Notenbände einschließlich Kritischer Berichte, 8 Bände Tagebücher, 10 Bände Briefe und 2 Bände Schriften sowie als Ergänzung 5 Bände Dokumente und ein Werkverzeichnis.

An der Ausgabe arbeiten hauptamtlich in Berlin Dagmar Beck (Tagebücher) und Frank Ziegler (Musikalische Werke und Werkverzeichnis), in Detmold Dr. Joachim Veit (Briefe, Musikalische Werke). An der Ausgabe sind auch externe Bandherausgeber beteiligt.

Im Berichtsjahr ist erschienen:

Missa sancta Nr. 1 Es-Dur, WeV A. 2, mit Offertorium „Gloria et honore", WeV A. 3, und Missa sancta Nr. 2 G-Dur, WeV A. 5, mit Offertorium „In die solemnitatis", WeV A. 4 (**I, 2**), herausgegeben von Dagmar Kreher, Redaktion: Joachim Veit und Frank Ziegler.

Die beiden 1818 bzw. 1819 entstandenen Dresdner Messen Webers eigneten sich aus zwei Gründen besonders gut als Eröffnungswerke der neuen Gesamtausgabe: Zum einen lenken sie den Blick auf eine unbekannte, aber durchaus beachtenswerte Seite des Weberschen Schaffens, zum andern ist die Quellenlage überschaubar, und alle wichtigen Quellen sind ohne Probleme zugänglich. Die Es-Dur-Messe schrieb Weber zum Namenstag Friedrich Augusts I. von Sachsen, die G-Dur-Messe zur Jubelhochzeit des sächsischen Königspaars, wobei Maria Amalia Augusta in diesem Falle Widmungsträgerin sein sollte. Als Widmungskompositionen durften diese Messen ohne Erlaubnis des Königs nicht außerhalb Sachsens aufgeführt werden, so daß der Verbreitung der Werke zunächst enge Grenzen gesetzt waren. Anhand des Weberschen Briefwechsels und seiner Tagebücher konnte die Anfertigung und Versendung autorisierter Abschriften gut kontrolliert werden. Während die Autographe unversehrt und die Widmungsexemplare mit erheblichen Schäden erhalten blieben, ließen sich von den genehmigten Abschriften lediglich noch eine Kopie der Es-Dur-Messe in Berlin bzw. der G-Dur-Messe in Madrid nachweisen. Die Exemplare für den französischen König und für Papst Pius VII. müssen dagegen als verloren gelten, ebenso leider die originalen Stimmensätze der Dresdner Hofkirche, die Rückschlüsse auf die Art der Continuo-Begleitung erlaubt hätten. Die postumen Partitur- bzw. Stimmendrucke bei Haslinger bzw. Richault können keinen Quellenwert beanspruchen.
Für die Edition stellen die Autographe die Hauptquelle dar. Schwierigkeiten ergaben sich vor allem bei der Bewertung der dynamischen Anweisungen und der Setzung von Artikulations- und Phrasierungsbögen. Im Zuge der Editionsarbeiten waren hier zahlreiche Entscheidungen zu fällen, die alle weiteren Bände betreffen und daher durch Vergleiche abgesichert werden mußten. Auch stand die Gesamtdisposition des Bandes mit dem Verhältnis von Notentext und Kritischem Bericht nochmals zur Diskussion. Dem Hauptnotentext mit Anhang (ein von Weber neu unterlegter Abschnitt des Offertoriums WeV A. 3) folgt nun eine ausführliche Darstellung der Werkgenese und Werküberlieferung, dann ein Kapitel mit Quellenüberblick, -beschreibung und -bewertung und schließlich der Editionsbericht zum Noten- bzw. Gesangstext. Dieser enthält ein Verzeichnis der Varianten, Lesarten und Anmerkungen, in dem Entscheidungen der Herausgeber begründet oder bewußt nicht angeglichene zweifelhafte bzw. mehrdeutige Stellen des Notentextes, die im Haupttext durch Sternchenverweise gekennzeichnet sind, diskutiert werden.
Die Vorlage des Notentextes war von der Bandherausgeberin mit EDV erstellt worden und erlaubte daher bis zu einem sehr späten Stadium der Redaktionsarbeiten freie (wenn auch nicht mühelose) Einflußnahme auf die Gestaltung und Einrichtung des Notentextes, was sich auf den Herstellungsvorgang durchaus positiv auswirkte. Für die kommenden Bände wurde mit dem Verlag vereinbart, das bewährte Noten-Herstellungsverfahren fortzusetzen und die Vorlage des Notentextes wiederum durch einen freien Mitarbeiter der Ausgabe vor Ort erstellen zu lassen. Die Endherstellung des über 500 Seiten umfassenden Bandes hatte sich allerdings durch Probleme mit der englischen Übersetzung verzögert und zusätzliche Redaktionsarbeiten mit sich gebracht.

Verbunden mit einer Aufführung im Hohen Dom zu Mainz wurde dieser erste Band der Werk-Gesamtausgabe am 11. Oktober des Jahres der Öffentlichkeit präsentiert.

Weber-Studien, Band 4, herausgegeben von Joachim Veit und Oliver Huck.

Der Band enthält Texte der Brüder des sogenannten „Harmonischen Vereins" zwischen 1810 und 1812 und soll die Kommentare der Brief- und Tagebuchausgabe entlasten.

In Herstellung beim Verlag befindet sich:

III, 9 (Musik zu Preciosa von Pius Alexander Wolff, WeV F. 22), herauszugeben von Frank Ziegler.

In der Endredaktion sind:

III, 10/2 (Musik zu Festspielen für den Dresdner Hof), herauszugeben von Oliver Huck, München;
V, 1 (Sinfonien Nr. 1 und 2, WeV M. 2 und M. 3), herauszugeben von Joachim Veit.

In teilweise fortgeschrittenem Stadium der Vorbereitung befinden sich folgende Bände:

II, 2 (Kampf und Sieg, WeV B. 11), herauszugeben von Ute Schwab, Kiel;
II, 4 (Jubel-Kantate, WeV B. 15), herauszugeben von Irmlind Capelle, Detmold;
III, 3 (Abu Hassan, WeV C. 6), herauszugeben von Gerhard Allroggen und Joachim Veit;
III, 7 (Fragmente zu den Drei Pintos, WeV C. 8), herauszugeben von James L. Zychowicz, Madison/WI;
III, 10/1 (Sonstige Schauspielmusiken), herauszugeben von Oliver Huck, München;
V, 2 (Konzert-Ouvertüren), herauszugeben von Jonathan del Mar, London;
V, 4 (Konzertante Werke mit Streichern: Werke für Violoncello und Orchester, WeV N. 5 und N. 7, und für Viola und Orchester, WeV N. 4 und N. 6), herauszugeben von Wolfgang Goldhan, Berlin;
V, 5 (Konzerte für Klavier Nr. 1 und 2, WeV N. 8 und N. 14), herauszugeben von John Warrack, Oxford, und Matthias Schäfers, Detmold;
V, 7 (Concertino für Klarinette und Orchester, WeV N. 9, Konzerte für Klarinette und Orchester Nr. 1 f-Moll und Nr. 2 Es-Dur, WeV N. 10 und N. 12), herauszugeben von Frank Heidlberger, Würzburg;
VII, 1 (Sonaten für Klavier Nr. 1 bis 4, WeV Q. 2 bis 5), herauszugeben von Jost Michaels, Detmold, und Wolfgang Rathert, Berlin.

Neu aufgenommen bzw. erneut fortgesetzt wurden die Arbeiten an folgenden Bänden:

II,3 (L'Accoglienza, WeV B. 13), herauszugeben von Ortrun Landmann, Dresden;
VI,2 (Kammermusik 2, WeV P. 7 und P. 11–14), herauszugeben von Gerhard Allroggen.

Für die Tagebuch-Ausgabe hat Dagmar Beck die Jahrgänge 1815 bis 1817 übertragen und für den betreffenden Zeitraum Arbeitsregister erstellt. Die Kommentierungsarbeiten an den Jahrgängen 1810 bis 1812 wurden fortgesetzt. In diesem Zusammenhang erfolgten Recherchen in den Stadtarchiven Karlsruhe und Baden-Baden sowie in der Badischen Landesbibliothek Karlsruhe. Ferner wirkte sie an den Korrekturen zu Band 4/1 der „Weber-Studien" und zu Band III, 9 der Musikalischen Werke mit.

Die Arbeitskraft von Joachim Veit war im Berichtsjahr sehr stark durch Korrekturen sowie redaktionelle und organisatorische Aufgaben (u. a. Serie I, Bd. 2; III, 9; VII, 1; Tagungen Berlin) und Inventarisierungsarbeiten absorbiert. Fehlende Hilfskraftmittel belasteten den hauptamtlichen Mitarbeiter außerdem wieder verstärkt mit bibliographischen, sowie Kopier- und Beschriftungsarbeiten und behinderten die Fortsetzung der Arbeiten am Kommentar der Briefausgabe.

Eveline Bartlitz hat als freie Mitarbeiterin im Laufe des Jahres die vorläufige Auswertung des ertragreichen, nahezu 1500 Dokumente umfassenden Jähnsschen Briefbestandes abgeschlossen, wichtige Briefe zur Edition vorbereitet und Ergänzungen der Briefkommentare vorgenommen. Margot Apel überprüfte und ergänzte im Rahmen eines Werkvertrages Teile der Bibliographie und der Kopistensammlung.
Alle Mitarbeiter beteiligten sich an der Ergänzung vorhandener und der Einrichtung etlicher neuer Datenbanken; die Drucknachweise wuchsen wiederum um insgesamt ca. 450 Einträge.

Ulrich Stinzendörfer (Würzburg) und Markus Schroer (Münster) hielten sich zu Arbeiten an ihren Dissertationen über Webers Liedschaffen bzw. seinen „Oberon" in der Detmolder Arbeitsstelle auf, das Ehepaar Alice und Donald Henderson zu Arbeiten an ihrem „Freischütz-Buch". Mehrfache Besprechungen mit Frank Litterscheid (Hildesheim/Leipzig) dienten der Vorbereitung und Korrektur der Druckvorlagen zu den Bänden III, 9 und V, 2 sowie der Optimierung des Notenherstellung-Verfahrens.

Frank Ziegler führte in Prag Recherchen zu Bd. 4 der „Weber-Studien" durch und nutzte einen privaten Wien-Aufenthalt zur Durchsicht des neu aufgearbeiteten Bestands des Theaters an der Wien, wobei überraschend der Stimmensatz zur Wiener Erstaufführung der „Preciosa" zugänglich wurde. Ferner überprüfte er für die Edition Bestände im Österreichischen Theatermuseum Wien, sah einen unbearbeiteten Bestand der Nürnberger Musikbibliothek durch und inspizierte mit dem Ehepaar Prof. Kurt und Prof. Renate Hofmann in Lübeck eine „Preciosa"-Partitur aus Brahms Besitz.
Joachim Veit überprüfte in Hamburg Handschriften Webers und seiner Brüder und konnte dabei u. a. eine zweifelhafte Komposition als Werk Edmund Webers identifizieren. In der Theatersammlung der Universität Köln kollationierte er Textbücher, darunter ein handschriftliches „Preciosa"-Textbuch. Im Rahmen eigenfinanzierter Aufenthalte vervollständigte er in Karlsruhe die Durchsicht des Dusch-Nachlasses, unterzog in Innsbruck den Nachlaß Gänsbachers einer erneuten genaueren Prüfung und sichtete Briefe im Spohr-Nachlaß sowie Handschriften der Kasseler Landesbibliothek.

Mit Unterstützung der Deutschen Forschungsgemeinschaft veranstaltete die Weber-Ausgabe am 26. und 27. November des Jahres in Zusammenarbeit mit der Staatsbibliothek zu Berlin – Preußischer Kulturbesitz und der Hochschule für Musik Hanns Eisler unter Leitung des Herausgebers in Berlin ein wissenschaftliches Rundgespräch zum Thema „Carl Maria von Weber und die Schauspielmusik seiner Zeit". Neben 13 Referaten wurden dabei die Editionsprinzipien zu Band III, 9 mit der Musik zu „Preciosa" in einem interdisziplinären Round-Table zur Diskussion gestellt. Eine Ausstellung von Autographen bekannter Schauspielmusiken und ein Konzert mit Schauspielmusik Webers ergänzten das Programm.

Am 28. November fand in der Staatsbibliothek zu Berlin die zweite Arbeitstagung der Bandherausgeber der Weber-Gesamtausgabe statt. Im Mittelpunkt standen Fragen der typographischen Gestaltung des Notentextes. Dr. Helga Lühning, Dr. Bernhard Appel, Hans-Henning Oelmann, Prof. Dr. Christian Martin Schmidt, Dr. Michael Struck und Dr. Egon Voss diskutierten mit den Bandherausgebern über die ersten beiden Bände der Gesamtausgabe und über ggf. ratsame Modifikationen der bisherigen Editionsprinzipien.

Während der Schauspielmusiktagung referierten Joachim Veit über Schauspielmusiken Abbé Voglers und Frank Ziegler über die Musik zu „Preciosa". Beide hielten außerdem mehrere Kurzreferate während der Bandherausgebertagung. Im März 1998 hielten sie während des Wochenendseminars der Fachgruppe Freie Forschungsinstitute in Berlin gemeinsam ein Seminar mit dem Thema „Der Klavierauszug – Eine Quelle für die Partituredition von Bühnenwerken?", das in einer ausgeweiteten Fassung zur Drucklegung vorbereitet wurde. In diesem Rahmen hatten die Mitarbeiter für die Vorstellungen der Berliner Gesamtausgaben im Staatlichen Institut für Musikforschung eine kleine Ausstellung zur Weber-Ausgabe konzipiert. Zusammen mit Joachim Veit führte der Herausgeber im Wintersemster 1998/99 ein editionswissenschaftliches Praktikum durch, bei dem in Teamarbeit eine kritische Edition von Webers Klarinettenquintett erstellt wurde, die Anfang 1999 bei einem Meisterwerk-Kurs der Detmolder Hochschule für Musik diskutiert, auf ihre Tauglichkeit auch für die musikalische Praxis geprüft und anschließend in Band VI, 2 der Gesamtausgabe aufgenommen werden soll.

DAS ERBE DEUTSCHER MUSIK

Träger: Musikgeschichtliche Kommission e.V., unter Vorsitz von Professor Dr. Friedhelm Krummacher, Kiel.
Herausgeber: Musikgeschichtliche Kommission e.V., unter Vorsitz von Professor Dr. Friedhelm Krummacher. Leiter des „Erbes deutscher Musik" ist Professor Dr. Martin Staehelin, Göttingen. Hauptamtlicher Redakteur des „Erbes" sowie der Ausgabe E.T.A. Hoffmann, Ausgewählte musikalische Werke, ist Professor Dr. Thomas Kohlhase, Tübingen.
Anschrift: Das Erbe deutscher Musik, Musikwissenschaftliches Institut der Universität Tübingen, Schulberg 2, D-72070 Tübingen, Tel. und Fax: 07071/ 551619, e-mail: erbe. deutscher.musik.@t-online.de.

Aus der Gemeinschaftsfinanzierung über die Konferenz werden die Denkmälerreihe „Das Erbe deutscher Musik" mit dem besonderen Projektteil „Archivsparten" sowie jene „Gesamt- und Auswahlausgaben" gefördert, die von der Musikgeschichtlichen Kommission betreut oder in ihrem Namen herausgegeben werden. Im „Erbe deutscher Musik" werden wichtige Werke der deutschen Musikgeschichte vorgelegt, die für eine

Epoche, eine Gattung oder einen Komponisten besonders charakteristisch sind. In den „Gesamt- und Auswahlausgaben“ erscheinen vor allem Werke von Komponisten, die ein Œuvre geringeren Umfangs hinterlassen haben (z. B. Leonhard Lechner – die vierzehnbändige, 1954 begonnene Ausgabe konnte 1998 abgeschlossen werden –, Georg Rhau, Johann Hermann Schein und Silvius Leopold Weiß Band 1–4 – die angekündigten Bände 5–10 werden als Band 11–16 in der Sonderreihe des „Erbes“ erscheinen) oder deren Werke zunächst nur in Auswahl ediert werden sollen (z. B. die musikalischen Werke von Ernst Theodor Amadeus Hoffmann); dazu kommen die Monumenta Monodica Medii Aevi samt Subsidia, eine Denkmäler- und Schriftenreihe, in der einstimmige geistliche und weltliche Gesänge des Mittelalters erschlossen und publiziert werden. Die Ausgaben erscheinen in mehreren Verlagen. Sie gehen zurück auf die im Jahre 1900 gegründeten „Denkmäler Deutscher Tonkunst“. Seit 1953, als das 1933 gegründete „Erbe“ von der Musikgeschichtlichen Kommission wiederbelebt wurde, sind im „Erbe deutscher Musik“ 90 (seit 1933 ingesamt 114) und innerhalb der Gesamt- und Auswahlausgaben 83 Bände erschienen; zu den bis 1991 erschienenen Bänden siehe im einzelnen „Musikgeschichtliche Kommission e.V., Verzeichnis der Gesamt- und Auswahlausgaben“, Tübingen 1991. Zum „Erbe“ siehe: „Das Erbe deutscher Musik. Katalog“, Tübingen 1996.

Im Projektteil Archivsparten werden Notenmanuskripte von Werken, die unbeschadet ihrer musikwissenschaftlichen oder musikpraktischen Bedeutung nicht oder noch nicht gedruckt werden sollen, nach historisch-kritischen Editionsprinzipien erarbeitet und in druckfertigem Zustand mit kritischem Apparat im Deutschen Musikgeschichtlichen Archiv in Kassel, ebenfalls einer Einrichtung der Musikgeschichtlichen Kommission, oder bei der Redaktion des „Erbes deutscher Musik“ in Tübingen zugänglich gehalten. Die Sparten werden in den Katalogen des Archivs sowie in der Zeitschrift „Die Musikforschung“ der Fachwelt annonciert (siehe auch „Das Erbe deutscher Musik, Verzeichnis der handschriftlichen Archivsparten und Depotarbeiten“, Tübingen 1991, und „Addenda 1992–1997“).

Anfang Juni 1998 ist der langjährige und hochverdiente Leiter des „Erbes deutscher Musik“, Professor Dr. Georg von Dadelsen, in seiner Funktion durch Professor Dr. Martin Staehelin abgelöst worden.

I. Im Berichtsjahr sind erschienen:

1. Im „Erbe deutscher Musik“:
Johann Wenzel Kalliwoda (1801–1866), Sinfonien Nr. 1 und 5 (Erbe **109**), herausgegeben von Albrecht Dürr, Stuttgart.

Der in Prag geborene Komponist und Geigenvirtuose Kalliwoda wirkte von 1822 an fast vierzig Jahre lang als fürstlicher Hofkapellmeister in Donaueschingen. Bedeutendes hat er vor allem in der Instrumentalmusik geleistet. Von seinen sieben Sinfonien, in der Epoche zwischen Beethovens letzten Lebensjahren und dem Erscheinen von Schumanns Erster sowie Mendelssohns „Schottischer“ Sinfonie entstanden, enthält der Band die sehr erfolgreiche erste sowie die fünfte Sinfonie Kalliwodas, die auch Robert Schumanns Aufmerksamkeit und Anerkennung erregte: „sie ist eine ganz besondere und, was die von Anfang bis zum Schluß sich gleichbleibende Zärte und Lieblichkeit anlangt, wohl einzig in der Sinfonienwelt“ (NZfM 1840). Für Schumann lieferte Kalliwoda – ähnlich wie Schubert – den Beweis dafür, daß man auch nach Beethoven Sinfonien schreiben konnte, ohne in dessen kompositorischen und ästhetischen Bahnen zu wandeln. (Das Thema des Menuetts der 1. Sinfonie Kalliwodas verwandelte Schumann übrigens zum Scherzothema seiner d-Moll-Sinfonie.)

2. In den Gesamt- und Auswahlausgaben:

Leonhard Lechner, Werke, Band **14**: Gelegenheitswerke, herausgegeben von Uwe Martin, München.

Der letzte Band der von Konrad Ameln (†) herausgegebenen Lechner-Gesamtausgabe (1954–1998) – der früher angekündigte Dokumentenband 15 kann nicht mehr erscheinen – enthält dreizehn bisher weitgehend unbekannte, zwischen 1575 und 1604 entstandene Kompositionen zu verschiedenen Anlässen, unter denen die dreichörige Hochzeitsmotette (a 24 voci) für den Nürnberger Patrizier Sebald Welser (1582) auf einen Dialogtext des Humanisten Paul Schede Melissus herausragt. Die Ausgabe schließt ein Register aller bekannt gewordenen Kompositionen Lechners ein; von zwei als verloren anzusehenden Gelegenheitswerken sind nur die Textdrucke des Melissus überliefert.

II. In Herstellung bei den Verlagen befinden sich:

1. „Das Erbe deutscher Musik"
Psalmi varii. Psalmmotetten deutscher Komponisten der Generation Ludwig Senfls (Erbe **119**), herauszugeben von Christian Meyer, Straßburg;
Philipp Dulichius, Die Evangelienmotetten des „Fasciculus novus" (Stettin 1598) (Erbe **123**), herauszugeben von Martin Ruhnke und Wolfgang Schmidt, beide Erlangen;
Johannes Knöfel, Teutsche Liedlein (Erbe **125**), herauszugeben von Hartmut Möller, Rostock;
Johann Gottlieb Naumann, „Um Erden wandeln Monde". Psalm mit dem Vater unser, Text von Friedrich Gottlieb Klopstock. Fotomechanischer Nachdruck der Partiturausgabe Leipzig 1823 (Erbe **Sonderreihe 8**), herauszugeben von Ortrun Landmann, Dresden.

2. Gesamt- und Auswahlausgaben:
E.T.A. Hoffmann, Ausgewählte musikalische Werke, Band **6–8**, Liebe und Eifersucht, aus dem Nachlaß von Friedrich Schnapp herauszugeben von Hartmut Schick, Tübingen;
Georg Rhau, Musikdrucke aus den Jahren 1538 bis 1545, Band **12:** Officia de Nativitate (1545), herauszugeben von Franz Krautwurst, Erlangen;
Monumenta Monodica Medii Aevi, Band **V**, Antiphonen-Melodien (2 Teilbände), herauszugeben von László Dobszay und Janka Szendrei, Budapest;
Monumenta Monodica Medii Aevi, Band **XIII:** Normanno-sizilische Tropare I, herauszugeben von David Hiley, Regensburg;
Monumenta Monodica Medii Aevi, Subsidia **IV:** Der lateinische Hymnus im Mittelalter. Überlieferung – Ästhetik – Ausstrahlung, herauszugeben von Andreas Haug, Christoph März, Fritz Reckow (†) und Lorenz Welker.

III. In Vorbereitung bei der „Erbe"-Redaktion befinden sich:

Annaberger Chorbuch, Mus 1-D-505 (Ms. 1248) (Erbe **72 und 73**), herauszugeben von Jürgen Kindermann, Kassel;

Das Liederbuch des Dr. Hartmann Schedel, Teil I und II (Erbe **74** und **75**), herausgegeben von Heinrich Besseler (†), redigiert und für den Druck vorbereitet von Peter Gülke, Wuppertal, und Wolfgang Horn, Erlangen; Textrevision von Richard Kienast (†) und Paul Sappler, Tübingen;
Leopold Schefer (1784–1862), Ausgewählte Lieder und Gesänge zum Pianoforte (Erbe **122**), herauszugeben von Ernst-Jürgen Dreyer, Kaarst;
Philipp Dulichius, Die Evangelienmotetten des „Novum opus musicum" (Stettin 1599) (Erbe **124**), herauszugeben von Martin Ruhnke und Wolfgang Schmidt, beide Erlangen;
Johann Friedrich Reichardt, Vertonungen von Schiller-Texten (Erbe **126**), herauszugeben von Rainer Gstrein, Innsbruck, und Andreas Meier, Wuppertal;
Thomas Fritsch, „Novum et insigne opus musicum" (Breslau 1620), Teil I und II (Erbe **Sonderreihe 9 und 10**), herauszugeben von Rudolf Walter, Heidelberg.

WISSENSCHAFTLICHE EDITION DES DEUTSCHEN KIRCHENLIEDS, Arbeitsstelle Kassel

Träger: Gesellschaft zur wissenschaftlichen Edition des deutschen Kirchenlieds e.V., Kassel. Vorsitzender: Professor Dr. Joachim Stalmann, Hänigsen.
Herausgeber: Gesellschaft zur wissenschaftlichen Edition des deutschen Kirchenlieds e.V., Kassel.
Anschrift der Arbeitsstelle: Gesellschaft zur wissenschaftlichen Edition des deutschen Kirchenlieds e.V., Gießbergstraße 41–47, D-34127 Kassel, Tel.: 0561/893216, Fax: 0561/85395, e-mail: Kirchenlied@t-online.de. Anschrift des Vorsitzenden: Professor Dr. Joachim Stalmann, Görlitzer Str. 16, D-31311 Hänigsen.
Verlag: Bärenreiter-Verlag, Kassel.
Umfang der Ausgabe: Geplant sind je 5 Bände Edition und Kritischer Bericht, gegebenenfalls in mehreren Teillieferungen; davon sind bisher 6 Teillieferungen von Band 1 erschienen.

Aufgabe der Kasseler Arbeitsstelle ist die Edition der deutschen Kirchenlieder aus gedruckten Quellen (= Abteilung III des Projektes „Das deutsche Kirchenlied. Kritische Gesamtausgabe der Melodien"; Abteilung I, „Verzeichnis der Drucke", erschien in Reihe B als Band VIII in RISM; Abteilung II wird die Melodien der handschriftlichen Überlieferung enthalten). Hauptamtliche Wissenschaftliche Mitarbeiter in der Kasseler Arbeitsstelle sind Dr. Hans-Otto Korth, Dr. des. Daniela Wissemann-Garbe (im Erziehungsurlaub) und Rainer Jung, M.A. (Vertretung); freie Mitarbeiterin ist Silke Berdux, M.A., München.

Im Berichtszeitraum erschien:

Band 1, Teil 3 (Noten- und Textband): Die Melodien bis 1570. Melodien aus Gesangbüchern II.

Mit Abschluß von Band 1 liegen in 3 Teillieferungen (mit jeweils Noten- und Textband) insgesamt 1500 Melodien aus ca. 600 Drucken in wissenschaftlichen Editionen vor.

Dazu wird für die drei Lieferungen von Band I ein ergänzender Registerband erscheinen. Neben Text-, Personen-, Quellen- und Nachweisregistern enthält dieser Band ein Register über Verweisungen in den Quellen auf bestimmte Melodien („Töne") sowie ein Melodie-Incipitregister nach Intervallabfolgen. Eine Konkordanzliste gibt Querverweise zur Edition der Melodien aus der handschriftlichen Überlieferung (unter Leitung von Prof. Dr. Max Lütolf, Zürich). Der Band enthält außerdem Addenda und Corrigenda sowie gänzlich neu definierte oder wieder aufgefundene DKL-Quellen. Aus der Reihe der melodiegeschichtlichen Recherchen, die in begrenztem Ausmaß bei der Edition durchgeführt und in Anmerkungen vorgelegt werden, sei angesichts der fachübergreifenden Bedeutung die Identifizierung einer frühen Fassung der Melodie zur Ballade „Der Graf von Rom" besonders genannt (Melodie Eg98).

Im Zusammenhang mit einer turnusmäßigen Überprüfung des Vorhabens wurde der Editionsplan überarbeitet und modifiziert. Als wesentliche Maßnahme zur Beschleunigung der Edition wurde der Editionszeitraum bis zum Jahr 1640 (statt bisher 1680) eingeschränkt.

Die beiden hauptamtlichen Mitarbeiter beteiligten sich mit einem gemeinsamen Beitrag „Philipp Nicolai und seine Lieder" an einem Begleitband zu einer Ausstellung über Philipp Nicolai, die im Winter 1997/98 in Unna stattfand. Hans-Otto Korth hielt im Juni bei den Arolser Festspielen einen Vortrag über die Lieder Nicolais.

Anläßlich der Jahrestagung der Gesellschaft für Musikforschung in Halle fand eine Präsentation des Vorhabens statt, an der neben den wissenschaftlichen Mitarbeitern auch der Projektleiter beteiligt war.

Auf der Mitgliederversammlung des Trägervereins im November 1997 wurde Dr. Andreas Haug (Erlangen) als Nachfolger von Prof. Dr. Johannes Overath in den Vorstand gewählt.

RÉPERTOIRE INTERNATIONAL DES SOURCES MUSICALES (RISM)
Zentralredaktion Frankfurt

Träger: Internationales Quellenlexikon der Musik e.V., Kassel. Ehrenpräsident: Professor Dr. Kurt von Fischer, Zürich; Präsident: Dr. Harald Heckmann, Ruppertshain; Vizepräsidentin: Catherine Massip, Paris; Sekretär: Dr. Hartmut Schaefer, München; Schatzmeister: Dr. Martin Bente, München; Leiter der Zentralredaktion: Klaus Keil, Rodgau.
Anschrift: Internationales Quellenlexikon der Musik, Zentralredaktion an der Stadt- und Universitätsbibliothek, Sophienstraße 26, D-60487 Frankfurt am Main, Tel.: 069/706231, Fax: 069/706026, e-mail: RISM@StUB.uni-frankfurt.de.
Verlage: für Serie A/I, für die Bände VIII,1 und 2 der Serie B sowie für Serie C Bärenreiter-Verlag, Kassel; für Serie A/II, CD-ROM K. G. Saur-Verlag, München; für Serie B (ohne Bände VIII,1 und 2) G. Henle-Verlag, München.

Hauptamtliche Mitarbeiterinnen und Mitarbeiter: Yvonne Babioch, Heike Berlenbach (z.Z. im Erziehungsurlaub), Susanne Büchner (3/8-tags), Georg Gheorghita, Birgit Grün (geb. Röben; 1/2-tags), Eva Hauptfleisch (1/2-tags), Stephan Hirsch (1/2-tags), Martina Janitzek (Vertretung für Christine Martin), Klaus Keil, Guido Kraus (Vertretung für Heike Berlenbach), Christine Martin (z. Z. im Erziehungsurlaub), Sigrit Möres (z. Z. im Erziehungsurlaub), Markus Pacher (Vertretung für Sigrit Möres). Unterstützt wird die Arbeit der Zentralredaktion durch studentische Mitarbeiterinnen und Mitarbeiter auf Werkvertragsbasis.

Das Internationale Quellenlexikon der Musik (Répertoire International des Sources Musicales – RISM) mit der Zentralredaktion in Frankfurt steht unter dem Patronat der „Association Internationale des Bibliothèques, Archives et Centres de Documentation Musicaux" (AIBM) und der „Société Internationale de Musicologie" (SIM) und hat die Aufgabe, weltweit die gedruckte und handschriftliche Überlieferung der Musik zu dokumentieren. In einer Serie A/I werden Einzeldrucke unter den Namen der Komponisten mit den Fundorten, in einer Serie A/II die Musikhandschriften nach 1600 nachgewiesen. Die Serie B ist für Spezialrepertorien vorgesehen wie z.B. Sammeldrucke des 16. und 17. Jahrhunderts, das deutsche Kirchenlied, musiktheoretische Quellen usw. Diese drei Serien werden durch eine Serie C, das Directory of Music Research Libraries, ergänzt.

Serie A/I: Erschienen in 9 Bänden und 3 Supplementbänden. Der dritte Supplementband mit Drucken von Komponisten mit den Anfangsbuchstaben M–R ist im Januar 1998 erschienen. Der abschließende vierte Supplementband mit den Buchstaben S–Z wird derzeit vorbereitet und erscheint Anfang 1999. Ein die Gesamtserie über die Verleger und Verlagsorte erschließendes Register, in dem diese Namen und Orte wie auch die Namen der Komponisten vereinheitlicht sind, ist in Vorbereitung.

Serie B: Im Rahmen dieser Reihe sind bisher 25 Bände erschienen. Daneben wurden 3 Sonderbände „Das Tenorlied" herausgebracht.

Serie C: Bisher erschienen 5 Bände. Die Revision zweier Bände mit den Bibliotheken von 17 europäischen Ländern wird in Zusammenarbeit mit dem Publications Committee der AIBM vorbereitet. Darüber hinaus wird in der Zentralredaktion ein Verzeichnis aller Bibliothekssigel weltweit erarbeitet.

Serie A/II: Diese Serie, in der die Handschriften mit mehrstimmiger Musik, die zwischen 1600 und 1800 entstanden sind, komplett erfaßt und erschlossen werden sollen, bildet den umfangreichsten Komplex des gesamten RISM und ist gegenwärtig der eigentliche Schwerpunkt der Arbeit des RISM. Für sie erarbeiten Mitarbeiterinnen und Mitarbeiter in mehr als 30 Ländergruppen der ganzen Welt Titelaufnahmen von Musikhandschriften vor Ort in den Bibliotheken und Archiven. Teilweise werden der Zentralredaktion diese Aufnahmen als Karteikarte übermittelt, zunehmend benutzen die Ländergruppen jedoch Computer. Eine Übermittlung der auf diese Weise digitalisierten Informationen ist geeignet, den redaktionellen Aufwand zu minimieren und damit die Fertigstellung des Projektes zu beschleunigen.

Von den weltweit in Bibliotheken und Archiven vermuteten ca. 1,5 Millionen Musikmanuskripten, die zwischen 1600 und 1800 entstanden sind, wurden bisher ca. 447000 Titelaufnahmen nach Frankfurt gemeldet.

Dreizehn Länder- bzw. Arbeitsgruppen arbeiten mit dem von der Zentralredaktion für die Katalogisierung von Musikhandschriften entwickelten Programm PIKaDo, einige haben sogar mehrere Arbeitsplätze damit einrichten können: Belgien (8525 übertragene Titel), Deutschland: Dresden (3170), München (3920 + 243), Estland (0), Italien (8349), Kroatien (0), Österreich: Wien (0), Innsbruck (347), Polen: Warschau (39), Breslau (1170), Danzig (93), Schweiz (664), Slowenien (161), Spanien (0), Tschechien (598). In Amerika und Dänemark benutzt man ein eigenes Programm. Das gleiche gilt für eine Arbeitsstelle in Klagenfurt, Österreich. Aus Dänemark konnten 1057 Titel übertragen werden.

Das Institut für deutsche Musikkultur im östlichen Europa in Bonn hat mit 19 Titeln bei einer Katalogisierungsaktion in Polen beigetragen.

Die Mitarbeiterinnen und Mitarbeiter der Zentralredaktion arbeiteten ausschließlich an der Serie A/II. Im Vordergrund standen die Vorbereitungen der Daten für die vierte CD-ROM (s.u.), die Übernahme der Daten der Ländergruppen und die Redaktion der noch im Hause vorhandenen Titelkarten.

Im Berichtsjahr konnte die RISM-Manuskriptdatenbank um 48 256 Titel erweitert werden und enthält nun 310 470 Titel.

Nach ersten Versuchen der Publikation von Teilen der Datenbank in Form von Microfiches wurde im Dezember 1995 zum ersten Mal eine CD-ROM mit ca. 160 000 Nachweisen von Musikhandschriften veröffentlicht. Seither erscheint jährlich eine neue Ausgabe. Die neueste, 6. Ausgabe (vierte CD-ROM) enthält gegenüber der ersten ca. 120 000 neue Eintragungen und damit insgesamt ca. 280 000 Titel. Zusätzlich werden erstmals drei Spezialdateien veröffentlicht, die als Normdateien bei der Erfassung der Handschriftennachweise erarbeitet und verwendet werden: RISM Komponisten, Bibliothekssigel und Literatur.

Seit Juni 1997 kann man die Datenbank zur Serie A/II dank einer Zusammenarbeit mit der Harvard University, Cambridge, USA, auch im Internet abfragen. Für die Recherche in der Datenbank werden keine Gebühren verlangt. Die Adresse ist: http://www.rism.harvard.edu/rism/DB.html.

Die RISM home page, die die US-RISM group zusammen mit der RISM-Zentralredaktion pflegt, findet man unter http://www.rism.harvard.edu/rism.

Für weitere Informationen steht auch die Zeitschrift INFO-RISM zur Verfügung. Das zuletzt erschienene Heft Nr. 9, August 1998, kann von der RISM-Zentralredaktion bezogen werden.

RÉPERTOIRE INTERNATIONAL DES SOURCES MUSICALES (RISM)

Arbeitsgruppe Deutschland

Träger: Répertoire International des Sources Musicales (RISM) – Arbeitsgruppe Deutschland e.V., München. Vorsitzender: Dr. Kurt Dorfmüller, Lt. Bibliotheksdirektor

i.R., München; Stellvertretender Vorsitzender: Dr. phil. habil. Wolfgang Frühauf, Sächsische Landesbibliothek – Staats- und Universitätsbibliothek Dresden.
Anschriften: Répertoire International des Sources Musicales, Arbeitsgruppe Deutschland. Vereinsvorstand und Arbeitsstelle München: Bayerische Staatsbibliothek, D-80328 München, Tel.: 089/28638395, Fax: 089/28638353. Arbeitsstelle Dresden: Sächsische Landesbibliothek – Staats- und Universitätsbibliothek Dresden, D-01054 Dresden, Tel. und Fax: 0351/8130105.

Die RISM-Arbeitsgruppe der Bundesrepublik Deutschland ist rechtlich selbständiger Teil des internationalen Gemeinschaftsunternehmens RISM, das ein Internationales Quellenlexikon der Musik erarbeitet. Ihre Aufgabe, die für die Musikforschung wichtigen Quellen in Deutschland von circa 1600 bis zur Mitte des 19. Jahrhunderts zu erfassen, wird von zwei Arbeitsstellen wahrgenommen. Für das Gebiet der alten Bundesrepublik ist die Münchener Arbeitsstelle an der Bayerischen Staatsbibliothek zuständig, für die neuen Bundesländer die Dresdener Arbeitsstelle mit Sitz an der Sächsischen Landesbibliothek – Staats- und Universitätsbibliothek Dresden. Die Titelaufnahmen werden von den Arbeitsstellen zur Weiterverarbeitung an die RISM-Zentralredaktion in Frankfurt (vgl. S. XXXVIII) übermittelt.

Hauptamtliche Wissenschaftliche Mitarbeiterinnen und Mitarbeiter sind: bei der Münchener Arbeitsstelle Dr. Gertraut Haberkamp, Klaus Kindler, Dr. Hans Rheinfurth für die Erfassung der Musikhandschriften sowie Dr. Monika Holl (halbtags, bis 30. Juni 1998) und Dr. Armin Brinzing (halbtags, seit 1. Oktober 1998) für die Erfassung der musikikonographischen Quellen; bei der Dresdener Arbeitsstelle Dr. Ortrun Landmann und Dr. Andrea Hartmann. Weitere Mitarbeiter werden auf der Basis von Werkverträgen beschäftigt; dies gilt vorrangig für die Dresdener Arbeitsstelle, der im Berichtsjahr vier freie Mitarbeiter mit einem Gesamt-Arbeitsvolumen von einer vollen Stelle und einer Viertel-Stelle zuarbeiteten.

Im Berichtsjahr wurden folgende Arbeiten geleistet:

Handschriften, Reihe A II
In Dresden erfolgt die Katalogisierung seit 1994 rechnergestützt, so daß an die Zentralredaktion ausschließlich elektronische Daten geliefert werden. Die in den letzten Jahren dabei aufgetretenen Probleme konnten durch weitere Abstimmungen mit der Zentralredaktion deutlich verringert werden, was sich positiv auf das Jahresergebnis von 3945 Titelaufnahmen (im Vorjahr 2830 Titelaufnahmen) ausgewirkt hat.
Die Musikalienbestände folgender Institutionen wurden katalogisiert:
Augustusburg, Kantoreiarchiv (begonnen)
Dresden, Sächsische Landesbibliothek – Staats- und Universitätsbibliothek
Ebersbach/Sa., Kantoreiarchiv (abgeschlossen)
Halle/Saale, Universitäts- und Landesbibliothek
Herrnhut, Unitätsarchiv
Schwerin, Landesbibliothek Mecklenburg-Vorpommern
Sondershausen, Schloß-Museum (begonnen)
Waldenburg, Kantoreiarchiv (abgeschlossen)

Weimar, Thüringisches Hauptstaatsarchiv (abgeschlossen)
Weimar, Goethe-Schiller-Archiv

Ortrun Landmann schloss die redaktionellen Arbeiten an dem Bestandsverzeichnis „Die Hasse-Handschriften der Sächsischen Landesbibliothek – Staats- und Universitätsbibliothek Dresden" ab. Der Katalog wird beim Saur-Verlag München erscheinen und zwar in Form einer CD-ROM, der ein konventionell hergestellter Kommentarband beigefügt wird. Der Verein RISM und die Generaldirektion der Sächsischen Landesbibliothek – Staats- und Universitätsbibliothek als Herausgeber gehen davon aus, daß die Publikation zu Beginn des Hasse-Jahres 1999 vorliegt.

Das von der DFG finanzierte und in Verbindung mit RISM realisierte Projekt „Dresdener Opernarchiv" (1200 Titelaufnahmen) ist noch nicht publiziert worden, weil die endredaktionelle Bearbeitung wegen der ausgelaufenen DFG-Förderung noch nicht aufgenommen werden konnte. Trotzdem wird mit dem Erscheinen dieses großen Kataloges am Ende des Jahres 1999 gerechnet.

Gute Fortschritte hingegen machte die Zusammmenarbeit mit der sächsischen Landeskirche, die sich bereit fand, die Musikalienbestände der sächsischen Kantoreiarchive in die Dresdener RISM-Arbeitsstelle zu entleihen, damit sie dort unter besseren Bedingungen als vor Ort katalogisiert werden können. Mit den auf diese Weise eingesparten Reisekosten wird versucht, die durch die Sperrung von Haushaltsmitteln eingetretene Kürzung der Gelder für Werkverträge auszugleichen.

Die Münchener Arbeitsstelle hat die Katalogisierung der Musikhandschriften inzwischen weitgehend auf EDV umgestellt. Es wurden etwa 3000 Titel an die RISM-Zentralredaktion in Frankfurt überspielt: aus Berlin (Staatsbibliothek), Hamburg (Museum für Hamburgische Geschichte – Hasse-Archiv Bergedorf), Hannover (Stadtbibliothek, Sammlung Kestner), Lübeck (Bibliothek der Hansestadt), wo noch ein Rest aufzuarbeiten ist, sowie aus Göttingen (Staats- und Universitätsbibliothek). Dieser Bestand wurde (mit Ausnahme einiger späterer Nachlässe) von Dr. Armin Brinzing, als Mitarbeiter auf Vertragsbasis, katalogisiert. Er enthält neben den Göttinger Universitätsmusiken und Musikalien des Nachlasses von Johann Friedrich von Uffenbach vor allem evangelische Kirchenmusiken des 18. und 19. Jahrhunderts, die als Depositum der Chorbibliothek Bösenrode in der Staats- und Universitätsbibliothek Göttingen aufbewahrt werden.

Fortgesetzt wurde die Katalogisierung der etwa 3000 während des Krieges ausgelagerten älteren Musikhandschriften, die 1992 von St. Petersburg an die Staats- und Universitätsbibliothek in Hamburg zurückgegeben worden waren. Der größte Teil wurde erfaßt, ein Rest von etwa 200 Manuskripten des Opernbestands soll 1999 bearbeitet werden. Dafür konnte die Katalogisierung der 1997 aus Armenien der Hamburger Staats- und Universitätsbibliothek zurückgegebenen Manuskripte beendet werden. – Die etwa 2200, schon vor einigen Jahren erstellten Katalogisate des älteren Bestands der Hamburger Staats- und Universitätsbibliothek sind bereits in der RISM-CD-ROM der „Musikhandschriften nach 1600" zugänglich.

Die Drucklegung des von Klaus Kindler über das PIKaDO-Programm der Frankfurter RISM-Zentralredaktion erstellten Katalogs der Sammlung Kestner in der Stadtbibliothek Hannover ist weitgehend abgeschlossen. Der Katalog wird Ende 1998 in einer

Präsentation der Stadtbibliothek Hannover der Öffentlichkeit vorgestellt. August Kestner (1777–1853), römischer Legationsrat des Königs von Hannover, sammelte vornehmlich in Italien geistliche Musik und Opernstücke in Abschriften. 1831 übergab er die Handschriften seinem Neffen Hermann Kestner (1810–1890), der sich im wesentlichen auf das Sammeln von Volksmusik spezialisierte, wobei er den Begriff sehr weit faßte und auch geistliche Lieder, Madrigale, Chansons, Romanzen, mittelalterliche Lieder (z. B. von Oswald von Wolkenstein) und vieles andere in Abschriften erwarb oder selbst abschrieb (Drucke sind kaum vorhanden). Das Ergebnis war eine Fülle und Vielfalt von Volksliedern und Tänzen aus zahlreichen Ländern, in vielen Sprachen und Dialekten, wie sie in Deutschland kaum zu übertreffen sein dürfte. Der übrige Bestand der Stadtbibliothek enthält außerdem Autographen der in Hannover lebenden und wirkenden Musiker.

Der seit 1991 noch konventionell katalogisierte und etwa 3300 Titelaufnahmen umfassende handschriftliche Musikalienbestand der Sammlung Mettenleiter in der Bischöflichen Zentralbibliothek in Regensburg wurde 1998 in zwei Katalogbänden innerhalb der Reihe „Kataloge Bayerischer Musiksammlungen" (München: Henle, Band 14/9 und 10) vorgelegt. Die Sammlung Mettenleiter wurde von den Brüdern Johann Georg und Dominicus Mettenleiter zusammengetragen. Sie umfaßt neben den Musikhandschriften (darunter zahlreiche autographe Kompositionen der Brüder und von ihnen eigenhändig abgeschriebene oder spartierte Werke anderer Komponisten) auch zahlreiche Musikdrucke, Bücher, Zeitschriften und umfangreiche Opernmaterialien (Partituren, Stimmen, Textbücher, Theaterzettel u.a.) aus der ersten Hälfte des 19. Jahrhunderts des Theaters in Regensburg.

Auch einige neu erworbene Musikhandschriften der Bayerischen Staatsbibliothek München wurden noch konventionell erfaßt. Kaum veränderter Stand der konventionell erstellten Gesamtkartei: etwa 130420 Titel.

Fortgesetzt wurde die Katalogisierung der Musikhandschriften des Benediktiner-Klosters Metten, die für die Dauer der Bearbeitung in die Bischöfliche Zentralbibliothek in Regensburg überführt wurden. Die bereits von Seiten des Klosters konventionell erstellten Titelaufnahmen müssen ergänzt und korrigiert, ein großer Teil der Musikhandschriften noch neu katalogisiert werden. Bisher wurden etwa 1400 Manuskripte überprüft bzw. neu katalogisiert.

Die Überprüfung, Korrektur und Ergänzung der früher konventionell erarbeiteten und bereits auf der CD-ROM 1996 enthaltenen 14678 Titelaufnahmen der Santini-Bibliothek in Münster, die in der Zentralredaktion in Frankfurt der Datenbank eingegeben worden waren, konnte im Berichtsjahr endgültig abgeschlossen werden. Begonnen wurde in Zusammenarbeit mit der Zentralredaktion in Frankfurt mit der Eingabe der ebenfalls früher konventionell erstellten Titelaufnahmen der Lippischen Landesbibliothek in Detmold.

Musikdrucke, Reihe A I

Die alphabetische Kartei der Musikdrucke in der Münchener Arbeitsstelle wuchs um etwa 400 Titel, die aus Augsburg (Staats- und Stadtbibliothek) und Coburg (Landesbibliothek) gemeldet oder von RISM-Mitarbeitern, z.T. im Zusammenhang mit der Handschriftenkatalogisierung, erfaßt wurden (Göttingen, Universitätsbibliothek; Hamburg, Staats- und Universitätsbibliothek; Hannover, Stadtbibliothek; Kiel, Schleswig-Holsteinische Landesbibliothek; Lübeck, Musikhochschule; München, Bayerische Staatsbibliothek). Stand der Kartei: etwa 61070 Titel.

In der Dresdener Arbeitsstelle wurden für das Supplement S bis Z und Anonyma 525 neue Titel gemeldet und in den Fahnen 2160 Titel überprüft (s. a. *Sonstiges*).

Libretti

Die in München geführte Gesamtkartei wuchs nur geringfügig durch einige Titel der Staats- und Universitätsbibliothek Hamburg, der Schleswig-Holsteinischen Landesbibliothek Kiel, der Bayerischen Staatsbibliothek München und der Universitätsbibliothek in Münster auf etwa 34400 Titel.

Sonstiges

In Verbindung mit der Zentralredaktion wirkte Gertraut Haberkamp an der Fertigstellung des Supplements zur Serie A I „Einzeldrucke vor 1800" mit. Das von Ilse und Jürgen Kindermann vorbereitete und von der Zentralredaktion in Frankfurt auf Computer übertragene Manuskript zu Band 13 (Buchstabe M bis einschließlich R) wurde 1998 abgeschlossen und publiziert. Vorbereitet wird das Supplement zu Band 14 (S bis einschließlich Z und Anhänge mit den anonymen Ausgaben). Eingearbeitet werden müssen sowohl die von den einzelnen Ländergruppen noch eingegangenen zahlreichen Korrekturen und Ergänzungen als auch eine große Anzahl von neu gemeldeten Titeln. Auch Einträge aus einigen inzwischen veröffentlichten Bibliothekskatalogen, vor allem aus Belgien und Frankreich, sollen für die Datenbank des Supplements übernommen werden.

Durch die Münchener Arbeitsstelle wurde die Erschließung der Sammelwerke der zweiten Hälfte des 16. Jahrhunderts anhand der Filme des Deutschen Musikgeschichtlichen Archivs in Kassel fortgesetzt. Es ist geplant, diese Arbeiten mit der bei der Bayerischen Akademie der Wissenschaften automatisiert vorliegenden Lasso-Bibliographie zusammenzuführen; damit wird der Anschluß an den von Howard M. Brown erarbeiteten Katalog der Sammelwerke der ersten Hälfte des 16. Jahrhunderts geschaffen.

Andrea Hartmann verfaßte im Rahmen ihres externen bibliothekswissenschaftlichen Zusatzstudiums an der Humboldt-Universität zu Berlin eine Hausarbeit mit dem Titel „Die Richtlinien zur Katalogisierung von Musikhandschriften des Internationalen Quellenlexikons der Musik. Konstruktive Analyse eines speziellen Katalogisierungsregelwerks" (Berliner Handreichungen zur Bibliothekswissenschaft und Bibliothekarsausbildung Bd. 44, 1998). In Anwendung dieser Analyse hielt sie sich drei Wochen (April bis Mai 1998) in der Zentralredaktion in Frankfurt auf, um an der Aktualisierung der Richtlinien zur Handschriftenkatalogisierung (RISM A/II) mitzuarbeiten.

Ortrun Landmann veröffentlichte im Jahrbuch „Musik in Württemberg" (4, 1997) einen aus früherer RISM-Arbeit in Rostock erwachsenen Aufsatz „‚Pour l'usage de Son Altesse Serenissime Monseigneur le Prince Hereditaire de Wirtemberg' – Stuttgarter Musikhandschriften des 18. Jahrhunderts in der Universitätsbibliothek Rostock" (mit einer Bestandsliste), sowie im „Amtsblatt der Ev. – luth. Landeskirche Sachsens" (Heft 16, 1998) einen Beitrag über Charakter und Aufgaben der RISM-Arbeitsstelle Dresden.

Von Klaus Kindler erschien im „Mitteilungsblatt Arbeitsgemeinschaft Katholisch-Theologischer Bibliotheken“ (45, 1998, S. 137–145) der Beitrag „Die Musiksammlung Fortunato Santinis in der Diözesanbibliothek zu Münster“.

Bildquellen

In der ersten Jahreshälfte 1998 wurden von Monika Holl bei den Arbeiten zur Verzeichnung der Musikdarstellungen in der bildenden Kunst etwa 600 Dokumente aus bereits gesichteten Sammlungen neu im EDV-Datenpool gespeichert und aufgeschlüsselt. Damit sind ca. 7200 Bildquellen zur Musik nach allen wesentlichen kunst- und musikwissenschaftlichen Gesichtspunkten abrufbar.

Bei der Erfassung neuer Bildquellen wurde die systematische Auswertung der Bestandskataloge aus bisher noch nicht bearbeiteten Museen und Sammlungen der alten Bundesländer weitergeführt. Im gegebenen Zeitraum wurden an die 900 Kunstwerke mit Musikdarstellungen neu erfaßt.

Insgesamt sind derzeit ca. 17900 Werke der bildenden Kunst mit musikikonographischem Inhalt aus Museen und Sammlungen der alten Bundesländer nachgewiesen.

Nach knapp zwanzigjähriger Tätigkeit für die deutsche Arbeitsstelle des Répertoire International d’Iconographie Musicale (RIdIM) beendete Monika Holl ihre Dienstzeit und trat in den Ruhestand. Nachfolger wurde am 1. Oktober 1998 Armin Brinzing. Er nahm vom 30. 9. bis 4. 10. 1998 an einem mehrtägigen Internationalen Workshop in Innsbruck teil, bei dem in die Arbeit mit musikikonographischen Quellen und ihre EDV-Katalogisierung eingeführt wurde.

Personenregister
zu den Seiten I-XLV

HAUSHALTSVORANSCHLAG 1998 – EINNAHMEN (in DM) –[1)]

Vorhaben	Akademienprogramm	Sonstige	Zusammen
Bach	957.700	–	957.700
Brahms	277.700	–	277.700
Gluck	234.800	4.000	238.800
Händel	349.400	–	349.400
Haydn	552.800	47.000	599.800
Mozart	248.700	68.000	316.700
Schönberg	404.400	4.000	408.400
Schubert	374.300	45.600	419.900
Schumann	384.100	–	384.100
Telemann	114.200	–	114.200
Wagner	557.100	–	557.100
Weber	329.800	–	329.800
Erbe	212.100	–	212.100
Kirchenlied, Kassel	280.800	25.000	305.800
RISM, Frankfurt	773.000	25.000	798.000
RISM, München und Dresden	744.000	–	744.000
Koordinierung	272.800	–	272.800
Zusammen	7.067.700	218.600	7.286.300

[1)] ohne Mendelssohn-Ausgabe

HAUSHALTSVORANSCHLAG 1998 – AUSGABEN (in DM) –[1)]

Vorhaben	Personalmittel	Sachmittel	Werkverträge	Druckbeihilfen	Zusammen
Bach	862.300	80.400	15.000	–	957.700
Brahms	240.300	25.000	12.400	–	277.700
Gluck	184.800	24.000	30.000	–	238.800
Händel	311.600	22.500	15.300	–	349.400
Haydn	538.000	57.800	4.000	–	599.800
Mozart	244.900	23.800	48.000	–	316.700
Schönberg	372.400	36.000	–	–	408.400
Schubert	378.100	29.600	12.200	–	419.900
Schumann	342.500	37.600	4.000	–	384.100
Telemann	94.000	12.200	8.000	–	114.200
Wagner	519.300	37.800	–	–	557.100
Weber	291.800	20.000	18.000	–	329.800
Erbe	144.100	19.000	24.000	25.000	212.100
Kirchenlied, Kassel	248.400	31.200	15.000	11.200	305.800
RISM, Frankfurt	625.600	136.400	36.000	–	798.000
RISM, München und Dresden	647.000	44.000	53.000	–	744.000
Koordinierung	242.800	30.000	–	–	272.800
Zusammen	6.287.900	667.300	294.900	36.200	7.286.300

1) ohne Mendelssohn-Ausgabe